해커스
투자자산운용사
최종 실전모의고사
합격 시크릿북 [3종]

초단기 합격을 위한 합격 시크릿북

고빈출 7일 완성

목차

제1과목 금융상품 및 세제

Topic 01	조세의 분류	6
Topic 02	납세의무의 성립·소멸·승계	8
Topic 03	거주자와 비거주자	10
Topic 04	금융소득	12
Topic 05	종합소득세의 신고납부	16
Topic 06	양도소득세	18
Topic 07	증권거래세	20
Topic 08	증여세	22
Topic 09	신탁상품	24
Topic 10	예금자보호대상 금융상품	26
Topic 11	생명보험과 손해보험	28
Topic 12	집합투자기구 (1)	30
Topic 13	집합투자기구 (2)	32
Topic 14	주가연계증권(ELS)과 주가지수연동형 금융상품	34
Topic 15	자산유동화증권(ABS)	36
Topic 16	주택저당증권(MBS)	38
Topic 17	퇴직연금제도	40
Topic 18	부동산 물권	42
Topic 19	부동산투자의 분석	44
Topic 20	용도지역별 용적률과 건폐율	46
Topic 21	저당제도와 담보신탁제도	48
Topic 22	부동산 감정평가방법	50
Topic 23	부동산 투자회사(REITs)	52

제2과목 투자운용 및 전략 II/투자분석

Topic 01	대안투자상품	56
Topic 02	부동산금융	58
Topic 03	PEF	62
Topic 04	헤지펀드 운용전략	64
Topic 05	신용파생상품	68
Topic 06	CDO	72
Topic 07	국제 주가지수	74
Topic 08	해외 주식발행(DR)	76
Topic 09	외국채와 유로채	78
Topic 10	미국 국채	80
Topic 11	환위험 관리 전략	82
Topic 12	기업분석(재무제표 분석) - 재무비율 해석	84
Topic 13	기업분석(재무제표 분석) - ROA, ROE	88
Topic 14	레버리지 분석	90
Topic 15	현금흐름표 작성	92
Topic 16	항상성장모형과 PER	94
Topic 17	EV/EBITDA	96
Topic 18	EVA 모형	98
Topic 19	패턴 분석	100
Topic 20	산업구조 변화에 대한 경제이론	102
Topic 21	산업연관표	104
Topic 22	VaR의 계산	106
Topic 23	VaR의 측정방법	108
Topic 24	VaR의 유용성 - 한계 VaR, RAROC	110
Topic 25	EDF모형(부도율 측정모형)	112
Topic 26	부도모형(Default Mode)	114

해커스 **투자자산운용사**
최종 실전모의고사

제3과목 (1) 직무윤리 및 법규

Topic 01	정보보호	118
Topic 02	내부통제의 주체 - 준법감시인	120
Topic 03	내부통제의 주체 - 내부통제위원회	122
Topic 04	금융투자상품	124
Topic 05	건전성 규제 - 순자본비율 규제	126
Topic 06	건전성 규제 - 적기시정조치	128
Topic 07	자기계약의 금지	130
Topic 08	신용공여에 관한 규제	132
Topic 09	투자자예탁금의 별도 예치	134
Topic 10	집합투자업자의 영업행위 규칙	136
Topic 11	투자일임업자의 금지행위	138
Topic 12	집합투자증권의 환매	140
Topic 13	집합투자재산의 평가	142
Topic 14	집합투자기구 이익금의 분배	144
Topic 15	미공개 중요정보 이용행위 금지	146
Topic 16	금융기관 검사 및 제재에 관한 규정	148
Topic 17	조사분석자료 작성 및 공표	150
Topic 18	투자광고	152
Topic 19	재산상 이익의 제공 및 수령	154
Topic 20	신상품 보호	156

제3과목 (2) 투자운용 및 전략 I / 거시경제 및 분산투자

Topic 01	효율적 시장가설	160
Topic 02	자산집단의 기대수익률, 위험 추정	162
Topic 03	전략적·전술적 자산배분	164
Topic 04	보험자산배분	166
Topic 05	주식 포트폴리오 운용전략	168
Topic 06	채권의 분류	172
Topic 07	합성채권	174
Topic 08	채권의 수익률	176
Topic 09	듀레이션과 볼록성	178
Topic 10	채권운용전략	180
Topic 11	선도거래와 선물거래	184
Topic 12	선물의 균형가격	186
Topic 13	옵션의 기초	188
Topic 14	옵션을 이용한 합성전략	190
Topic 15	옵션 프리미엄의 민감도	192
Topic 16	투자수익률 계산	194
Topic 17	투자위험	198
Topic 18	위험조정 성과지표	200
Topic 19	IS-LM 모형	202
Topic 20	재정정책과 통화정책	204
Topic 21	주요 경제변수	206
Topic 22	포트폴리오 위험분산 효과	208
Topic 23	변동성 보상비율(RVAR)	210
Topic 24	자본자산 가격결정 모형(CAPM)	212
Topic 25	증권시장선(SML)	214

합격의 기준, 해커스금융

fn.Hackers.com

해커스 투자자산운용사 최종 실전모의고사

제1과목
금융상품 및 세제

Topic 01 조세의 분류

대표 출제 유형

01 다음 중 지방세에 해당하지 않는 것은?

① 재산세
② 증여세
③ 주민세
④ 취득세

TIP '증여세'는 국세에 해당한다.

02 다음 중 간접세에 해당하지 않는 것은?

① 인지세
② 소득세
③ 개별소비세
④ 부가가치세

TIP '소득세'는 직접세에 해당한다.

정답 01 ② 02 ②

01~02 핵심포인트 해설

1 우리나라 조세체계 → 국세 vs. 지방세, 직접세 vs. 간접세는 출제 빈도 높음!

우리나라 조세체계는 크게 국세와 제방세로 분류되며, 국세와 지방세는 다시 아래와 같이 분류된다.

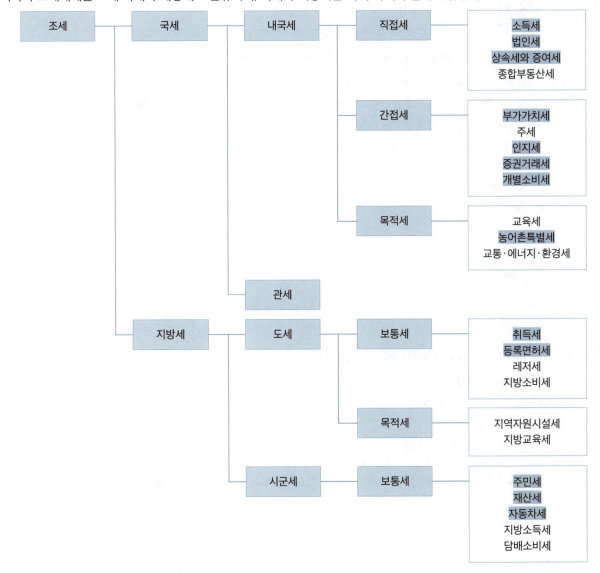

Topic 02 납세의무의 성립·소멸·승계

대표 출제 유형

01 국세기본법에 따른 납세의무에 대한 설명으로 가장 거리가 먼 것은?

① 납부독촉된 때에는 확정된 납세의무가 소멸한다.
② 상속인은 피상속인에게 부과되거나 납부할 국세를 상속받은 재산 범위 내에서 납부할 의무를 진다.
③ 증권거래세는 해당 매매거래가 확정되는 때에 납세의무가 성립한다.
④ 소득세는 과세기간이 끝나는 때에 납세의무가 성립한다.

TIP 납부독촉된 때에는 시효기간의 효력이 중단된다.

02 다음 중 납부의무의 소멸사유에 해당하지 않는 것은?

① 납부·충당되거나 부과가 취소된 때
② 국세 부과의 제척기간이 끝난 때
③ 납부고지·독촉된 때
④ 국세징수권의 소멸시효가 완성된 때

TIP 납부고지·독촉된 때는 이미 경과한 시효기간의 효력이 중단되는 사유이며, 납부의무의 소멸사유에 해당하지 않는다.

03 국세기본법상 납부의무의 소멸과 승계에 대한 설명으로 가장 거리가 먼 것은?

① 국세의 부과제척기간은 국가가 납세의무자에게 국세를 부과할 수 있는 법정기간으로, 그 기간이 끝난 날 후에는 국세 부과권의 소멸로 인해 납세의무도 소멸한다.
② 8억원의 국채는 10년간 행사하지 아니하면 소멸시효가 완성하고 이로 인해 납세의무도 소멸한다.
③ 국세부과의 제척기간이 끝나거나 납부고지·독촉의 경우에는 납세의무가 소멸한다.
④ 상속이 개시된 때에 상속인은 피상속인에게 부과되거나 납부할 국세 및 강제징수비를 상속받은 재산을 한도로 납부해야 한다.

TIP 납부고지·독촉의 경우에는 이미 경과한 시효기간의 효력이 중단된다.

정답 01 ① 02 ③ 03 ③

01~03 핵심포인트 해설

1 납세의무의 성립시기

소득세, 법인세, 부가가치세	과세기간이 끝나는 때
원천징수하는 소득세, 법인세	소득금액 또는 수입금액을 지급하는 때
상속세	상속이 개시되는 때
증여세	증여에 의하여 재산을 취득하는 때
인지세	과세문서를 작성한 때
증권거래세	해당 매매거래가 확정되는 때
종합부동산세	과세기준일

2 납세의무의 소멸

1) 납세의무의 소멸사유
   - 납부·충당되거나 부과가 취소된 때
     → 납부고지·독촉 (X)
   - 국세 부과의 제척기간이 끝난 때
   - 국세징수권의 소멸시효가 완성된 때

   참고 '납부고지·독촉' 또는 '교부청구·압류'는 이미 경과한 시효기간의 효력이 중단되는 경우에 해당한다.

2) 국세의 부과제척기간

구분	일반조세	상속·증여세
사기 등 부정행위로 국세를 포탈 또는 환급받는 경우(가산세 포함)	10년	15년
법정신고기한까지 과세표준신고서를 제출하지 아니한 경우	7년 (역외거래 10년)	15년
역외거래가 수반되는 부정행위	15년	15년
법정신고기한까지 상속·증여세 과세표준신고서를 제출하였으나 허위, 누락신고한 경우	-	15년
부정행위로 상속·증여세를 포탈한 경우로서 상속인이 명의이전 없이 재산가액 50억원 초과분을 취득하는 경우 등	-	안 날로부터 1년
기타의 경우	5년	10년

3) 국세징수권의 소멸시효
   - 국세징수권은 국가가 권리를 행사할 수 있는 때부터 5년간 행사하지 아니하면 소멸시효가 완성하고, 이로 인하여 납세의무도 소멸한다.
     → 5억원 이상의 국세채권은 10년간 행사하지 아니하면 소멸시효가 완성함

3 납세의무의 승계

1) 법인이 합병한 경우
   - 합병법인은 피합병법인에게 부과되거나 납부할 국세 및 강제징수비를 납부할 의무를 진다.

2) 상속이 개시된 경우
   - 상속인은 피상속인에게 부과되거나 납부할 국세 및 강제징수비를 상속받은 재산을 한도로 납부할 의무를 진다.

Topic 03 거주자와 비거주자

대표 출제 유형

01 소득세법상 거주자와 비거주자에 대한 설명으로 가장 거리가 먼 것은?

① 외국을 항해하는 선박의 승무원의 경우 그 승무원과 생계를 같이하는 가족이 거주하는 장소 또는 그 승무원이 근무기간 외의 기간 중 통상 체재하는 장소를 주소로 본다.
② 국내에서 190일 동안 거소를 두고 있는 외국인이 분리과세 근로소득만 있는 경우 원천징수로써 과세를 종결할 수 있다.
③ 국외에서 근무하는 공무원이나 내국법인의 국외 사업장에 파견된 직원은 거주자로 본다.
④ 국내에 주소를 두고 있던 개인이 출국하는 경우에는 1월 1일부터 출국일 전일까지를 과세기간으로 한다.

TIP 국내에 주소를 두고 있던 개인이 출국하는 경우에는 1월 1일부터 '출국일'까지를 과세기간으로 한다.

02 소득세법상 비거주자에 대한 설명으로 가장 적절한 것은?

① 국내에 183일 동안 거소를 둔 개인은 비거주자에 해당하며, 원천징수대상이 되는 소득은 원천징수로써 과세를 종결한다.
② 비거주자의 퇴직소득과 양도소득은 분리과세된다.
③ 국내 사업장이나 부동산 임대사업소득이 없는 경우 비거주자의 소득은 종합과세된다.
④ 비거주자의 국내 원천소득 중 유가증권 양도소득에 대해서는 유가증권의 종류와 거래 주체에 따라 과세유형을 달리하고 있으나, 장내파생상품을 통한 소득은 과세대상 국내 원천소득으로 보지 않는다.

TIP 소득세법은 비거주자 등에 대해 '장내파생상품을 통한 소득'과 '위험회피목적 거래의 장외파생상품을 통한 소득'은 과세대상 국내 원천소득으로 보지 않는다.

정답 01 ④ 02 ④

01~02 핵심포인트 해설

1 거주자와 비거주자

'거주자'란 국내에 주소를 두거나 183일 이상 거소를 둔 개인을 말하며, '비거주자'란 거주자가 아닌 개인을 말한다.

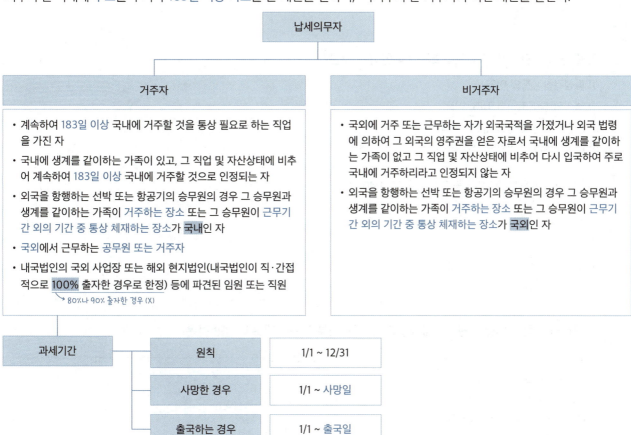

2 비거주자 등의 과세 → 열거된 것 과세

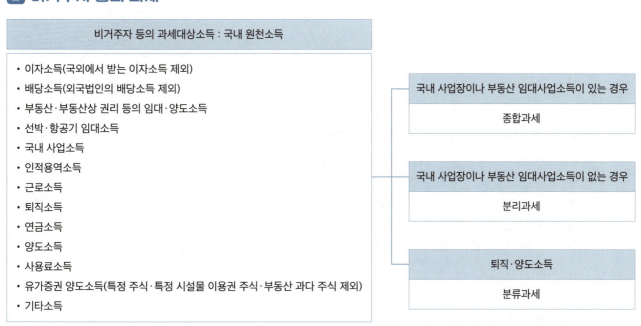

참고 '장내파생상품을 통한 소득'과 '위험회피목적 거래의 장외파생상품을 통한 소득'은 과세대상 국내 원천소득으로 보지 않는다.

Topic 03 거주자와 비거주자

Topic 04 금융소득

대표 출제 유형

01 다음 중 무조건 분리과세대상 소득에 해당하는 것은?

① 파생결합상품의 이익
② 채권의 환매조건부 매매차익
③ 원천징수한 비영업대금의 이익
④ 비실명거래로 인한 배당소득

TIP '비실명거래로 인한 배당소득'은 무조건 분리과세대상 소득이다.

02 <보기>의 소득에 대한 원천징수세율을 가장 높은 것부터 순서대로 나열한 것은?

―<보기>―
㉠ 비영업대금의 이익
㉡ 채권의 환매조건부 매매차익
㉢ 비실명거래로 인한 배당소득

① ㉡ > ㉠ > ㉢   ② ㉡ > ㉢ > ㉠   ③ ㉢ > ㉠ > ㉡   ④ ㉢ > ㉡ > ㉠

TIP ㉢ 비실명거래로 인한 배당소득(45% 혹은 90%) > ㉠ 비영업대금의 이익(25%) > ㉡ 채권의 환매조건부 매매차익(14%)

03 <보기> 중 배당소득의 수입시기에 대한 적절한 설명으로만 모두 묶인 것은?

―<보기>―
㉠ 법인이 분할하는 경우의 의제배당은 분할합병으로 인한 액면배당일을 수입시기로 한다.
㉡ 법인의 인정배당은 당해 사업연도의 결산확정일을 수입시기로 한다.
㉢ 법인이 해산하는 경우의 의제배당은 잔여재산가액 확정일을 수입시기로 한다.
㉣ 무기명주식의 배당은 실제 지급받은 날을 수입시기로 한다.

① ㉠, ㉢   ② ㉡, ㉣   ③ ㉠, ㉡, ㉣   ④ ㉡, ㉢, ㉣

TIP '㉡, ㉢, ㉣'은 배당소득의 수입시기에 대한 적절한 설명이다.

정답 01 ④ 02 ③ 03 ④

01~03 핵심포인트 해설

1 이자소득과 배당소득 → 이자소득 + 배당소득 = 금융소득

```
                    금융소득
                   ┌────┴────┐
                 이자소득      배당소득
```

이자소득
- 채권·증권의 이자와 할인액
- 국내·외에서 받는 예금·적금의 이자
- 채권·증권의 환매조건부 매매차익
  → 일반적인 채권·증권의 매매차익은 원래 과세하지 않으나, '환매조건부' 매매차익은 이자소득으로 보아 과세함
- 저축성 보험의 보험차익
- 직장공제회 초과반환금
- 비영업대금의 이익
- 파생결합상품의 이익 등(이자소득을 발생시키는 경우)

배당소득
- 이익배당
- 의제배당
- 법인으로 보는 단체로부터 받는 배당 또는 분배금
- 국내·외에서 받은 대통령령으로 정하는 집합투자기구로부터의 이익
- 인정배당
- 외국법인으로부터의 배당
- 출자공동사업자의 손익분배금
- 파생결합상품의 이익 등(배당소득을 발생시키는 경우)

2 소득세법상 집합투자기구로부터의 이익

소득세법상 집합투자기구로부터의 이익으로 보는 손익과 집합투자기구로부터의 이익으로 보지 않는 손익은 아래와 같다.

집합투자기구로부터의 이익으로 보는 손익 O	• 비거주자나 외국법인이 일반 사모집합투자기구나 동업기업과세특례를 적용받지 아니하는 기관전용 사모집합투자기구를 통하여 취득한 주식 등의 거래로 발생한 손익 • 집합투자증권 및 외국 집합투자증권을 계좌간 이체, 계좌의 명의변경, 집합투자증권의 실물양도의 방법으로 거래하여 발생하는 이익
집합투자기구로부터의 이익으로 보는 손익 X	• 다음의 어느 하나에 해당하는 증권의 거래나 평가로 인한 손익 　① 증권시장에 상장된 증권(채권, 외국법령에 따라 설립된 외국 집합투자기구의 주식 또는 수익증권 제외) 및 동 증권을 대상으로 하는 장내파생상품 　② 벤처기업육성에 관한 특별조치법에 따른 벤처기업의 주식출자지분 　③ ①의 증권을 대상으로 하는 장내파생상품 • 자본시장법에 따른 장내파생상품의 거래나 평가로 인한 손익

참고 집합투자기구로부터의 이익은 배당소득으로 과세하고, 집합투자기구 이외의 신탁의 이익은 재산권에서 발생하는 소득의 내용별로 소득을 구분하여 과세한다.

3 금융소득의 종합과세와 분리과세

무조건 분리과세소득	• 무조건 분리과세소득은 종합소득 과세표준에 합산하지 않고, 원천징수로 과세를 종결한다. → 완납적 원천징수 • 다음의 소득에 대해 무조건 분리과세한다. 　- 직장공제회 초과반환금 　- 비실명거래로 인한 이자·배당소득 　- 법원에 납부한 경매보증금 및 경락대금에서 발생하는 이자소득 　- 1거주자로 보는 단체의 이자·배당소득 　- 개인종합자산관리계좌(ISA)의 비과세 한도 초과 이자·배당소득
조건부 종합과세소득	• 금융소득의 합계액(무조건 분리과세소득 및 Gross-up 금액 제외) > 2천만원 → 종합과세 • 금융소득의 합계액(무조건 분리과세소득 및 Gross-up 금액 제외) ≤ 2천만원 → 분리과세
무조건 종합과세소득	• 무조건 분리과세소득과 Gross-up 금액을 제외한 금융소득의 합계액이 2천만원 이하인 경우에도 종합과세한다. • 다음의 소득에 대해 무조건 종합과세한다. 　- 출자공동사업자의 배당소득 　- 국내에서 원천징수되지 아니한 국외발생금융소득 　- 국내에서 지급되는 이자·배당소득 중 원천징수되지 않는 소득

종합과세대상 금융소득	분리과세대상 금융소득
• 무조건 종합과세소득 • 2천만원 초과분의 조건부 종합과세소득	• 무조건 분리과세소득 • 2천만원 이하의 조건부 종합과세소득

4 금융소득의 원천징수

1) 국내에서 거주자에게 이자·배당소득금액을 지급하는 자는 그 거주자에 대한 소득세를 원천징수하여 그 징수일이 속하는 달의 다음 달 10일까지 관할세무서 등에 납부하여야 한다.
　↘ 그 징수일이 속하는 달의 10일 (X)

2) 금융소득별 원천징수세율

일반적인 이자·배당소득		14%
직장공제회 초과반환금		기본세율
비실명거래로 인한 이자·배당소득	금융기관을 통하지 않은 경우	45%
	금융기관을 통해 지급되는 경우	90%
법원에 납부한 경매보증금 및 경락대금에서 발생하는 이자소득		14%
1거주자로 보는 단체의 이자·배당소득		14%
개인종합자산관리계좌(ISA)의 비과세 한도 초과 이자·배당소득		9%
비영업대금의 이익		25%
출자공동사업자의 배당소득		25%

※ 직장공제회 초과반환금 ~ ISA 비과세 한도 초과: 무조건 분리과세대상소득
※ 출자공동사업자의 배당소득: 무조건 종합과세대상소득

5 금융소득의 수입시기(귀속연도)

1) 이자소득 총수입금액의 수입시기

양도 가능한 채권 등의 이자와 할인액	무기명 채권	• 그 지급을 받은 날
	기명 채권	• 약정에 의한 지급일
	채권 등 보유기간이자	• 매도일 또는 이자지급일

예금·적금 또는 부금의 이자		• 실제로 이자를 지급받는 날
		  - 원본 전입 특약 시 : 원본전입일
		  - 해약 시 : 해약일
		  - 계약기간 연장 시 : 연장하는 날
		• 통지예금의 이자 : 인출일

채권·증권의 환매조건부 매매차익		• 약정에 의한 당해 채권·증권의 환매수일·환매도일 - 기일 전 환매수·환매도 시 : 그 환매수일·환매도일
저축성 보험의 보험차익		• 보험금·환급금의 지급일 - 기일 전 해지 시 : 해지일
직장공제회 초과반환금		• 약정에 따른 납입금 초과이익 및 반환금 추가이익의 지급일
비영업대금의 이익		• 약정에 의한 이자지급일 - 약정이 없거나 약정일 전에 지급받는 경우 또는 회수 불능채권으로서 총수입금액 계산에서 제외하였던 이자를 지급받는 경우 : 그 이자지급일
기타 금전사용에 따른 대가의 성격이 있는 이자와 할인액		• 약정에 따른 상환일 - 기일 전 상환 시 : 그 상환일
위의 이자소득이 발생하는 재산이 상속·증여되는 경우		• 상속개시일 또는 증여일

2) 배당소득 총수입금액의 수입시기

이익 배당	잉여금처분에 의한 배당	• 당해 법인의 잉여금처분결의일
	무기명주식의 이익이나 배당	• 실제 지급을 받은 날
의제 배당	감자, 퇴사·탈퇴의 경우	• 감자결의일, 퇴사·탈퇴일
	해산의 경우	• 잔여재산가액 확정일 → 해산등기일 (X)
	합병의 경우	• 합병등기일
	분할 또는 분할합병의 경우	• 분할등기 또는 분할합병등기일
	잉여금의 자본전입	• 자본전입결의일
인정배당		• 당해 법인의 당해 사업연도의 결산확정일
집합투자기구로부터의 이익		• 집합투자기구로부터의 이익을 지급받은 날 - 원본 전입 특약이 있을 경우 : 그 특약에 의한 원본 전입일
출자공동사업자의 배당		• 해당 공동사업자의 총수입금액과 필요경비가 확정된 날이 속하는 과세기간 종료일
수익분배의 성격이 있는 배당 또는 분배금		• 지급을 받은 날
파생상품 배당소득		
파생결합증권 또는 파생결합사채로부터의 이익		• 그 이익을 지급받은 날 - 원본 전입 특약이 있을 경우 : 그 특약에 의한 원본 전입일

Topic 05 종합소득세의 신고납부

대표 출제 유형

01 <보기>의 소득 중 종합소득금액을 계산한 것은?

<보기>
- 외국법인으로부터의 배당소득 : 3,000만원
- 5년 만기 저축성 보험의 보험차익 : 1,200만원
- 직장공제회 초과반환금 : 1,200만원
- 비실명거래로 인한 이자소득 : 500만원
- 근로소득 : 3,600만원

① 7,100만원　　② 7,800만원　　③ 8,300만원　　④ 9,500만원

TIP 종합소득금액 = 3,000만원(외국법인으로부터의 배당소득) + 1,200만원(5년 만기 저축성 보험의 보험차익) + 3,600만원(근로소득) = 7,800만원

02 금융소득종합과세에 대한 설명으로 가장 적절한 것은?
① 부부의 금융소득을 합산하여 2천만원이 넘을 경우 종합소득신고를 해야 한다.
② 금융소득은 다른 종합소득금액과 달리 필요경비를 인정하지 않으며 유형별 포괄주의를 채택하고 있다.
③ 자녀 명의의 금융소득은 원칙적으로 부모의 금융소득과 합산하여 과세된다.
④ 법원에 납부한 경락대금에서 발생하는 이자소득이 2천만원을 초과하는 경우 종합소득세율을 적용한다.

TIP 금융소득은 필요경비가 인정되지 않고, 종합과세는 원칙적으로 열거주의지만 금융소득에 대해서는 유형별 포괄주의를 채택하고 있다.

03 다음 중 거주자가 분리과세를 선택할 수 있는 소득으로 가장 적절한 것은?
① 1,800만원의 출자공동사업자의 배당
② 2,000만원의 외국배당소득금액(원천징수하지 않음)
③ 300만원의 기타소득금액
④ 2,100만원의 정기예금이자

TIP 거주자는 연 300만원 이하의 기타소득에 대해 분리과세를 선택할 수 있다.

정답　01 ②　02 ②　03 ③

01~03 핵심포인트 해설

1 종합과세

1) 종합과세란 소득을 그 종류에 관계없이 일정한 기간을 단위로 합산하여 과세하는 방식이다.

2) 이자·배당·사업·근로·연금·기타소득을 인별(人別)로 종합하여 과세한다.
   → 부부·자녀의 소득 합산 과세 (X)

3) 구체적으로 열거한 소득만을 과세대상으로 하는 것이 원칙이지만, 이자·배당·사업소득에 대해서는 유형별 포괄주의를 채택한다.

4) 이자·배당·근로·연금·기타소득 중 분리과세소득은 다음과 같다.

분리과세 이자·배당소득	• 무조건 분리과세대상 이자·배당소득 • 2천만원 이하의 조건부 종합과세대상 이자·배당소득
분리과세 근로소득	• 일용근로자의 급여
분리과세 연금소득	• 연간 1,500만원 이하 저율분리과세 선택 • 연간 1,500만원 초과 16.5%(지방소득세 포함) 분리과세 또는 종합과세 선택
분리과세 기타소득	• 연간 300만원 이하 선택

5) 납세의무자가 과세기간의 다음 연도 5월 1일부터 5월 31일까지 과세표준을 확정신고함으로써 소득세의 납세의무가 확정된다.

6) 6~45%의 초과누진세율을 채택하고 있다.

7) 주소지를 납세지로 한다.
   → 소득 발생지 (X)

2 종합소득금액의 계산 → 분리과세 및 분류과세(퇴직·양도소득) 소득은 제외

종합소득금액은 종합과세대상 이자소득금액, 배당소득금액, 사업소득금액, 근로소득금액, 연금소득금액, 기타소득금액의 합으로 계산한다. 이때, 이자·배당소득은 필요경비를 인정하지 않음에 주의한다.

	이자소득 총수입금액	배당소득 총수입금액	사업소득 총수입금액	근로소득 총수입금액	연금소득 총수입금액	기타소득 총수입금액
+	-	배당가산액 (Gross-up)	-	-	-	-
-	-	-	필요경비	근로소득공제	연금소득공제	필요경비
=	이자소득금액	배당소득금액	사업소득금액	근로소득금액	연금소득금액	기타소득금액

↓

종합소득금액

Topic 06 양도소득세

대표 출제 유형

01 <보기> 중 양도소득의 과세대상 자산에 해당하는 것은 모두 몇 개인가?

<보기>
- ㉠ 미등기된 부동산 임차권
- ㉡ 상장채권
- ㉢ 사업용 고정자산과 함께 양도하지 않는 영업권

① 0개 ② 1개 ③ 2개 ④ 3개

TIP '㉠ 미등기된 부동산 임차권, ㉡ 상장채권, ㉢ 사업용 고정자산과 함께 양도하지 않는 영업권'은 모두 양도소득의 과세대상 자산에 해당하지 않는다.

02 양도소득세의 과세에 대한 설명으로 가장 거리가 먼 것은?

① 비상장주식을 거래할 때 발생하는 증권거래세는 양도소득세 과세 시 필요경비로 인정된다.
② 대주주가 아닌 자가 거래소의 유가증권시장에서 거래되는 주권상장법인의 주식을 양도하는 경우 양도소득세가 과세되지 않는다.
③ 부동산, 주식 및 출자지분, 파생상품 등의 양도소득금액을 합산한 금액에 연 250만원의 기본공제를 적용한다.
④ 양도란 자산에 대한 등기나 등록에 관계없이 매도·교환·현물출자 등으로 인하여 그 자산이 유상으로 사실상 이전되는 것을 말한다.

TIP 양도소득 기본공제는 호별 자산별로 각각 연 250만원을 공제한다.

정답 01 ① 02 ③

01~02 핵심포인트 해설

1 양도소득세의 과세대상

→ 등기·등록에 관계없이 매도, 교환, 현물출자, 대물변제, 공용수용, 부담부증여 등으로 그 자산이 유상으로 사실상 이전되는 것

토지와 건물	• 1세대 1주택의 양도소득은 과세되지 않으나, 고가주택의 양도소득은 과세됨 → 주택 외 건물은 하나라도 과세됨!
부동산에 대한 권리	• 부동산을 취득할 수 있는 권리(아파트당첨권, 지방자치단체 및 한국토지주택공사가 발행하는 토지상환채권, 한국토지주택공사가 발행하는 주택상환채권, 부동산 매매계약을 체결한 자가 계약금만 지급한 상태에서 양도하는 권리) • 지상권, 전세권 • 등기된 부동산 임차권 → 등기되지 않은 부동산 임차권 (X)
주식 및 출자지분	• 주권상장법인 및 코스닥상장법인의 장내거래주식 : 대주주 • 주권상장법인 및 코스닥상장법인의 장외거래주식 : 대주주 & 소액주주 • 비상장법인 주식 : 대주주 & 소액주주
기타 자산	• 특정 시설물의 이용권(골프회원권, 헬스클럽회원권, 콘도미니엄회원권 등) • 사업용 고정자산과 함께 양도하는 영업권 → 사업용 고정자산 없이 양도하는 영업권은 '기타소득'임
파생상품	• 대통령령으로 정하는 파생상품 등의 거래 또는 행위로 발생하는 소득

[참고] '채권(상장·비상장 불문)'은 양도소득세 과세대상이 아니다.

2 양도소득세의 계산

	총수입금액	• 원칙 : 실지거래가액 • 실지거래가액을 확인할 수 없는 경우 : '매매사례가액 → 감정가액 → 환산가액 → 기준시가' 순으로 적용함
-	필요경비	• 취득가액 + 자본적 지출액 + 기타 필요경비(증권거래세, 신고서 작성비용, 인지대 등)
=	양도차익	→ 주식 (X)
-	장기보유특별공제	• 토지·건물 중 보유기간이 3년 이상일 때 보유기간에 따라 6 ~ 30% 적용(미등기 양도자산은 장기보유특별공제 X) • 1세대 1주택은 보유기간에 따른 12 ~ 40%와 거주기간에 따른 8 ~ 40%를 가산해 적용 → 최대 80%까지 공제 가능
=	양도소득금액	
-	양도소득 기본공제	• 다음 호별 자산별로 각각 연 250만원을 공제함 → 합산하여 연 250만원 공제 (X) - 제1호 : 토지·건물 및 부동산에 관한 권리, 기타 자산(미등기 양도자산 제외) - 제2호 : 주식 및 출자지분 - 제3호 : 파생상품 등
=	양도소득 과세표준	
×	세율	• 일반자산 : 기본세율(6 ~ 45%) • 미등기자산 : 70% • 중소기업 주식(대주주가 아닌 자가 양도) : 10% • 중소기업 외의 주식(대주주 양도, 1년 미만 보유) : 30% • 그 밖의 주식 : 20%(대주주의 과세표준 3억 초과분은 25%) • 파생상품 : 20%(탄력세율 10%)
=	양도소득 산출세액	

Topic 06 양도소득세

Topic 07 증권거래세

정답 01 ① 02 ②

대표 출제 유형

01 증권거래세에 대한 설명으로 가장 거리가 먼 것은?

① 코넥스시장에 상장된 외국법인이 발행한 주권을 양도할 경우 증권거래세가 부과되지 않는다.
② 런던증권거래소에 상장된 주권을 양도할 경우 증권거래세가 부과되지 않는다.
③ 주권을 목적물로 하는 소비대차의 경우에는 증권거래세가 부과되지 않는다.
④ 예탁결제원과 금융투자업자는 매월 분의 증권거래세 과세표준과 세액을 다음 달 10일까지 신고·납부하여야 한다.

TIP 코넥스시장에 상장된 외국법인이 발행한 주권을 양도할 경우, 0.10%의 세율로 증권거래세가 부과된다.

02 <보기>의 증권거래세법상 납세의무자에 대한 설명 중 빈칸에 들어갈 내용으로 가장 적절한 것은?

―― <보기> ――
비거주자이면서 국내에 사업장을 가지고 있지 않은 자가 금융투자업자를 통하지 않고 주권을 양도하였다. 이 경우 주권의 양도에 대해 납세의무를 지는 자는 (　　)(이)다.

① 주권의 양도인　　　　　② 주권의 양수인
③ 금융투자업자　　　　　④ 예탁결제원

TIP 비거주자이면서 국내에 사업장을 가지고 있지 않은 자가 금융투자업자를 통하지 않고 주권을 양도하였다. 이 경우 주권의 양도에 대해 납세의무를 지는 자는 (주권의 양도인)이다.

01~02 핵심포인트 해설

1 증권거래세의 과세대상

증권거래세 부과 O	• 상법 또는 특별법에 따라 설립된 법인의 주권 • 외국법인이 발행한 주권으로 자본시장법에 의한 거래소의 유가증권시장이나 코스닥시장, 코넥스시장에 상장된 것

증권거래세
부과 X
	• 다음 외국 증권시장에 상장된 주권의 양도나 동 외국 증권시장에 주권을 상장하기 위하여 인수인에게 주권을 양도하는 경우
	   - 뉴욕 증권거래소
	   - 전미증권업협회중개시장(Nasdaq)
	   - 동경증권거래소
	   - 런던증권거래소
	   - 도이치증권거래소
	   - 자본시장법 제 406조 제1항 제2호의 외국 거래소
	• 자본시장법 제377조 제1항 제3호에 따라 채무인수를 한 거래소가 주권을 양도하는 경우
	• 국가 또는 지방자치단체가 주권 등을 양도하는 경우(단, 국가재정법에 따른 기금이 주권을 양도하는 경우 및 우정사업 총괄기관이 주권을 양도하는 경우 제외)
	• 자본시장법 제119조에 따라 주권을 매출하는 경우(발행매출)
	• 주권을 목적물로 하는 소비대차의 경우

2 증권거래세의 납세의무자

	납세의무자	신고납부
예탁결제원	장내 또는 금융투자협회를 통한 장외거래(K-OTC)에서는 양도되는 주권을 계좌 간 대체로 매매결제하는 경우	매월분의 증권거래세 과세표준과 세액을 다음 달 10일까지
금융투자업자	예탁결제원 외에 자본시장법상의 금융투자업자를 통하여 주권 등을 양도하는 경우	
양도인	예탁결제원, 금융투자업자 외에 주권 등을 양도하는 경우	매반기분의 과세표준과 세액을 양도일이 속하는 반기의 말일부터 2개월 이내
양수인	예탁결제원, 금융투자업자 외에 주권 등을 양도하는 경우 중, 국내 사업장을 가지고 있지 아니한 비거주자(외국법인 포함)가 주권 등을 금융투자업자를 통하지 아니하고 양도하는 경우	

3 증권거래세율 → 국내·외국인 투자자에 관계없이 모두 과세됨

↗ 유가증권시장에서 양도되는 주권에 대해서는 농어촌특별세 0.15%가 부과됨

유가증권시장에서 양도되는 주권	0.00%
코스닥시장에서 양도되는 주권	0.15%
금융투자협회를 통하여 양도되는 주권	
코넥스시장에서 양도되는 주권	0.10%
위 외의 주권	0.35%

Topic 08 증여세

대표 출제 유형

01 증여세 절세전략에 대한 설명으로 가장 거리가 먼 것은?

① 성년이 아닌 자녀에게 10년간 2,000만원을 증여한다면 증여세를 내지 않아도 된다.
② 같은 금액을 증여하더라도 증여자가 여러 명일 경우 증여세 부담이 줄어든다.
③ 자녀에게 증여하는 경우 고평가되어 있는 자산보다 저평가되어 있는 자산을 우선 증여하는 것이 더 유리하다.
④ 자녀에게 증여하는 경우 기대수익률이 높은 자산보다 기대수익률이 낮은 자산을 우선 증여하는 것이 더 유리하다.

TIP 자녀에게 증여하는 경우, 기대수익률이 높은 자산을 우선 증여하는 것이 더 바람직하다.

02 성년이 아닌 자녀에게 증여하고자 할 때 증여재산공제의 한도로 적절한 것은?

① 5년간 2,000만원을 한도로 한다.
② 5년간 5,000만원을 한도로 한다.
③ 10년간 2,000만원을 한도로 한다.
④ 10년간 5,000만원을 한도로 한다.

TIP 성년이 아닌 자녀(미성년자)에게 증여할 때 증여재산공제는 10년간 2,000만원을 한도로 한다.

정답 01 ④ 02 ③

01~02 핵심포인트 해설

1 증여세 절세전략

1) 같은 금액을 증여하더라도 증여자를 여럿으로 하는 것이 유리하다.

2) 자녀가 어릴 때 분할하여 증여하는 것이 유리하다.

3) 증여재산공제 범위에 있어 증여세를 내지 않더라도, 증여세를 신고하는 것이 유리하다.

4) 큰 금액이 아닌 경우에는 기대수익률이 높은 자산을 증여하는 것이 유리하다.

5) 자산가치가 저평가되어 있는 자산일수록 유리하다.

2 증여재산공제 범위

성년인 자녀	10년간 5천만원
성년이 아닌 자녀(미성년자)	10년간 2천만원

[참고] 혼인증여재산공제는 1억원이다.

Topic 09 신탁상품

대표 출제 유형

01 신탁에 대한 설명으로 가장 적절한 것은?
① 위탁자는 수익자의 지위를 동시에 겸할 수 없다.
② 신탁재산은 수탁자의 고유재산, 상속재산 및 파산재단으로부터 독립되어 있다.
③ 신탁재산을 관리 및 처분한 결과로 생긴 제3자와의 권리와 의무는 수익자에게 귀속된다.
④ 신탁은 수탁자가 사망 또는 사임할 경우 종료된다.

TIP 신탁재산은 수익자를 위한 재산이므로 수탁자 및 위탁자의 고유재산으로부터 독립되어 있으며, 수탁자의 상속재산 및 파산재단에 속하지 않는다.

02 특정금전신탁에 대한 설명으로 가장 거리가 먼 것은?
① 특정금전신탁의 위탁자는 수익자와 다를 수 있다.
② 고객의 투자성향, 투자기간 등에 따라 맞춤형 투자가 가능하다.
③ 위탁자가 운용대상, 운용방법, 운용조건, 운용자 등을 지정할 수 있다.
④ 특정금전신탁에서 발생한 수익은 고객이 직접 유가증권 등에 투자한 것으로 보아 과세한다.

TIP 위탁자는 '운용자'를 지정할 수 없고, 은행에게 운용대상, 운용방법, 운용조건 등을 지정할 수 있다.

정답 01 ② 02 ③

01~02 핵심포인트 해설

1 신탁상품의 특징

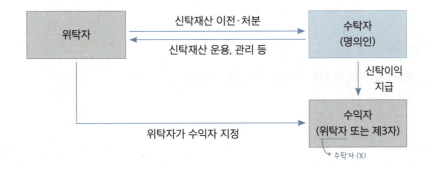

1) 위탁자
   - 수탁자에게 지시할 수 있으나, 신탁재산상의 권리를 스스로 행사할 수 없다.
   - 위탁자는 유언으로 신탁을 설정할 수 있다.
   - 자익신탁 : 위탁자는 수익자의 지위를 겸할 수 있다.

2) 수탁자
   - 신탁재산에 대하여 대외적으로 유일한 관리처분권자이다.
   - 신탁재산의 관리처분 결과로 생긴 제3자와의 권리의무가 수탁자에 귀속되어 있다.
     → 위탁자 (X), 수익자 (X)
   - 임무의 수행과 권리의 행사를 신탁목적에 따라 수익자를 위해 행해야 한다.
     → 위탁자 (X)
   - 자기계약 금지 : 수탁자는 수익자 및 위탁자의 지위를 동시에 겸할 수 없다.

3) 신탁재산
   - 수탁자 및 위탁자의 고유재산으로부터 독립되어 있으며, 수탁자의 상속재산 및 파산재단에 속하지 않는다.
   - 신탁재산에 대한 강제집행 및 경매가 불가하다.
   - 신탁재산인 채권과 다른 채무와의 상계가 금지된다.
   - 수탁자가 사망 또는 사임하더라도 신탁관계가 종료되지 않는다.

2 특정금전신탁

1) 의의
   - 고객의 투자성향, 투자기간, 기대수익률 등에 따라 맞춤형 투자가 가능하다.
   - 특정금전신탁에서 발생한 수익은 고객이 직접 유가증권 등에 투자한 것으로 가정하여 과세한다.

2) 위탁자
   - 신탁재산인 금전의 운용대상, 운용방법, 운용조건 등을 지정한다.
     → 운용자 (X)

3) 수탁자
   - 위탁자가 지정한 방법에 따라 신탁을 운용하고, 운용수익에서 신탁보수 등과 같은 일정한 비용을 차감 후 실적배당한다.
   - 다른 신탁상품과 합동운용할 수 없다.

Topic 10 예금자보호대상 금융상품

대표 출제 유형

01 다음 중 은행의 예금자보호대상 상품과 가장 거리가 먼 것은?

① 외화예금
② 주택청약부금
③ 환매조건부채권(RP)
④ 연금신탁

TIP '환매조건부채권(RP)'은 예금자비보호대상 상품이다.

02 <보기> 중 예금자보호법상 예금자보호대상 상품으로만 모두 묶인 것은?

─── <보기> ───
㉠ 주택청약저축
㉡ 외화예금
㉢ 환매조건부채권(RP)
㉣ 종금형 CMA

① ㉠, ㉡   ② ㉠, ㉢   ③ ㉡, ㉢   ④ ㉡, ㉣

TIP '㉡ 외화예금, ㉣ 종금형 CMA'는 예금자보호법상 예금자보호대상 상품이다.

정답 01 ③ 02 ④

01~02 핵심포인트 해설

1 금융회사별 및 상품별 예금자보호대상 금융상품

구분	보호대상 금융상품	비보호대상 금융상품
은행	• 요구불예금 : 보통예금, 기업자유예금, 별단예금, 당좌예금 등 • 저축성예금 : 정기예금, 저축예금, 주택청약예금, 표지어음, 외화예금 등 • 적립식 예금 : 정기적금, 주택청약부금, 상호부금, 재형저축 등 • 연금신탁, 퇴직신탁 등 원금이 보전되는 신탁 등	• 양도성예금증서(CD) • 환매조건부채권(RP) • 특정금전신탁 등 실적배당형 신탁 • 집합투자상품(수익증권, 뮤추얼펀드, MMF 등) • 은행 발행 채권 • 주택청약저축, 주택청약종합저축 등
투자매매업자, 투자중개업자	• 금융상품 중 매수에 사용되지 않고 고객계좌에 현금으로 남아있는 금액 • 자기신용대주담보금, 신용거래계좌 설정보증금, 신용공여 담보금 등의 현금잔액 • 원금이 보전되는 금전신탁 등(예금보호대상 금융상품으로 운용되는 확정기여형 퇴직연금 및 개인퇴직계좌 적립금 등)	• 금융투자상품 : 수익증권, 뮤추얼펀드, MMF 등 • 청약자 예수금, 제세금예수금, 선물옵션 거래예수금, 유통금융대주담보금 • 환매조건부채권(RP) • 증권사 발행 채권 • CMA(RP형, MMF형, MMW형) • 랩어카운트, ELS, ELW 등
보험회사	• 개인이 가입한 보험계약(변액보험 제외) • 퇴직보험계약 • 원금이 보전되는 금전신탁 등(예금보호대상 금융상품으로 운용되는 확정기여형 퇴직연금 및 개인퇴직계좌 적립금 등)	• 법인보험계약(보험계약자 및 보험료 납부자가 법인인 보험계약), 보증보험계약, 재보험계약 등 • 변액보험계약 주계약 등
종합금융회사	• 발행어음 • 표지어음 • 종금형 CMA	• 금융투자상품 : 수익증권, 뮤추얼펀드, MMF 등 • 환매조건부채권(RP), 종금사발행채권, 기업어음 등
상호저축은행	• 보통예금 • 저축예금 • 정기예금 • 정기적금 • 신용부금 • 표지어음 등	• 저축은행 발행 채권(후순위채권) 등

참고 '주택청약' 관련 금융상품의 예금자보호 여부

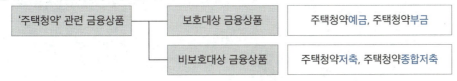

Topic 11 생명보험과 손해보험

대표 출제 유형

01 생명보험에 대한 설명으로 가장 거리가 먼 것은?

① 양로보험은 정기보험과 생존보험이 결합된 것으로, 피보험자가 만기까지 생존하여도 보험금이 지급된다.
② 연생보험은 2인 이상을 피보험자로 한다.
③ 체증식보험은 기간이 경과함에 따라 보험료가 점점 증가한다.
④ 변액보험은 화폐가치 변동에 따라 보험금의 실질 가치가 변동하는 것을 보완하고자 개발되었다.

TIP 체증식보험은 기간이 경과함에 따라 보험료가 아닌 '보험금'이 점점 증가한다.

02 <보기> 중 손해보험으로만 모두 묶인 것은?

<보기>
㉠ 자동차보험
㉡ 특종보험
㉢ 양로보험

① ㉠, ㉡　　　② ㉠, ㉢　　　③ ㉡, ㉢　　　④ ㉠, ㉡, ㉢

TIP '㉠ 자동차 보험, ㉡ 특종보험'은 손해보험에 해당한다.

정답 01 ③　02 ①

01~02 핵심포인트 해설

1 생명보험의 보험료

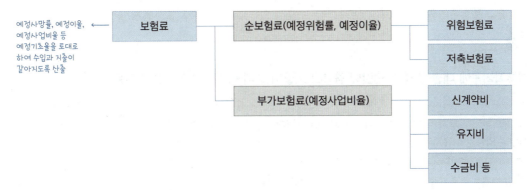

2 생명보험의 분류

1) 보험사고에 따른 분류

사망보험	• 정기보험 : 일정기간 내에 사망 시 보험금 지급 • 종신보험 : 피보험자가 사망할 때까지 보장
생존보험	• 일정기간 동안 생존 시 보험금 지급
양로보험(생사혼합보험)	• 일정기간 동안 사망하거나 중도 또는 만기 생존 시 보험금 지급 → 정기보험 + 생존보험

2) 보험금 정액 유무에 따른 분류

보험료 (X)

부정액 보험	체증식보험	• 기간이 경과함에 따라 보험금이 점점 증가하는 보험
	체감식보험	• 기간이 경과함에 따라 보험금이 점점 감소하는 보험
	감액보험	• 보장사고가 가입 시부터 일정기간 내에 발생했을 경우 보험금을 감액하는 보험
	변액보험	• 주가의 변동에 따라 화폐가치의 하락에 대처하는 보험
정액보험		• 보험금 지급 시기와 관계없이 항상 일정액의 보험금이 지급되는 보험

3) 피보험자의 수(數)에 의한 분류

단생보험	• 특정한 1인을 피보험자로 하는 보험
연생보험	• 2인 이상을 피보험자로 하는 보험
단체취급보험	• 개인보험이나 단체보험의 중간 수준의 보험 • 5인 이상의 일괄가입 시 보험료의 일정률을 할인해 줌
단체보험	• 수십 명 이상의 다수의 사람을 1매의 보험증권으로 하는 보험

3 손해보험의 종류

• 화재보험	• 책임보험	• 운송보험
• 해상보험	• 자동차보험 등	

Topic 12 집합투자기구 (1)

대표 출제 유형

01 <보기>의 집합투자기구에 대한 설명 중 빈칸에 공통으로 들어갈 내용으로 가장 적절한 것은?

<보기>
( )을(를) 제외한 집합투자기구의 투자자의 출자지분이 표시된 지분증권 소유자가 되지만, ( )의 투자자의 지위는 수익권이 표시된 수익증권 소유자가 된다.

① 투자익명조합
② 투자합자회사
③ 투자유한회사
④ 투자신탁

TIP (투자신탁)을 제외한 집합투자기구의 투자자의 출자지분이 표시된 지분증권 소유자가 되지만, (투자신탁)의 투자자의 지위는 수익권이 표시된 수익증권 소유자가 된다.

02 집합투자업자 등은 같은 집합투자기구에서 판매보수의 차이로 인하여 기준 가격이 다르거나 판매수수료가 다른 여러 종류의 집합투자증권을 발행하는 이 집합투자기구를 설정하여 설립할 수 있다. 여러 종류의 집합투자증권 간에 전환하는 경우 그 전환 가격은 각 종류의 집합투자증권의 기준 가격으로 해야 하며, 전환을 청구한 투자자에게 환매수수료를 부과하지 않아야 하는 집합투자기구로 가장 적절한 것은?

① 환매금지형 집합투자기구
② 전환형 집합투자기구
③ 모자형 집합투자기구
④ 종류형 집합투자기구

TIP '종류형 집합투자기구'에 대한 설명이다.

03 모자형 집합투자기구에 대한 설명으로 가장 적절한 것은?

① 투자설명서를 작성하는 경우 집합투자기구의 명칭, 투자목적·투자방침·투자전략 등의 모집합투자기구에 관한 사항만 작성하면 된다.
② 자집합투자기구와 모집합투자기구의 집합투자재산을 운용하는 집합투자업자는 동일해야 한다.
③ 자집합투자기구는 모집합투자기구의 집합투자증권이 아닌 다른 집합투자증권도 취득할 수 있다.
④ 자집합투자기구 외의 자도 모집합투자기구의 집합투자증권을 취득할 수 있다.

TIP 자집합투자기구와 모집합투자기구의 집합투자재산을 운용하는 집합투자업자는 동일해야 한다.

정답 01 ④ 02 ④ 03 ②

01~03 핵심포인트 해설

1 집합투자증권의 발행

자본시장법상 집합투자증권을 발행할 수 있는 집합투자기구는 투자신탁, 투자회사, 투자유한회사, 투자합자회사, 투자익명조합, 투자조합, 사모투자전문회사 등이 있다.

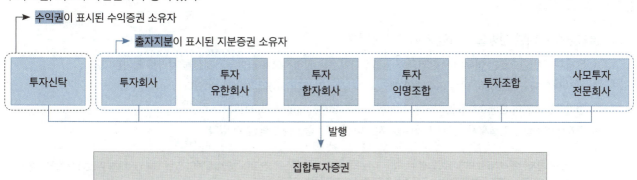

2 특수한 형태의 집합투자기구

환매금지형 집합투자기구	• 투자자가 집합투자기구에 투자한 이후 집합투자증권의 환매청구에 의하여 그 투자자금을 회수하는 것이 불가능한 집합투자기구이다.
	• 존속기간을 정한 집합투자기구의 집합투자증권을 최초로 발행한 날부터 90일 이내에 그 집합투자증권을 증권시장에 상장하여야 한다.
	• 다음의 경우에는 집합투자증권을 추가 발행할 수 있다.
	  - 환매금지형 집합투자기구로부터 받은 이익분배금의 범위에서 그 집합투자증권을 추가로 발행하는 경우
	  - 기존 투자자의 이익을 해칠 염려가 없다고 신탁업자로부터 확인을 받은 경우
	  - 기존 투자자 전원의 동의를 받은 경우
	  - 기존 투자자에게 집합투자증권의 보유비율에 따라 추가로 발행되는 집합투자증권의 우선매수기회를 부여하는 경우

종류형 집합투자기구	• 같은 집합투자기구에서 판매보수의 차이로 인하여 기준 가격이나 판매수수료가 다른 여러 종류의 집합투자증권이다. • 집합투자업자 등은 같은 집합투자기구에서 판매보수의 차이로 인하여 기준 가격이 다르거나 판매수수료가 다른 여러 종류의 집합투자증권을 발행하는 종류형 집합투자기구를 설정하여 설립할 수 있다. • 여러 종류의 집합투자증권 간에 전환하는 경우, 그 전환가격은 각 종류의 집합투자증권의 기준 가격으로 하여야 한다. → 이 경우, 전환을 청구한 투자자에게 환매수수료를 부과해서는 안 됨

전환형 집합투자기구	• 복수의 집합투자기구 간에 각 집합투자기구의 투자자가 소유하고 있는 집합투자증권을 다른 집합투자기구의 집합투자증권으로 전환할 수 있는 권리를 투자자에게 부여한다.
	• 전환형 집합투자기구가 설정 또는 설립된 경우 등록신청서에 전환이 가능한 집합투자기구에 관한 사항을 기재해야 한다.
	  → 전환형 집합투자기구로 변경하려는 경우에도 기재해야 함
	• 여러 종류의 집합투자증권 간에 전환하는 경우, 그 전환가격은 각 종류의 집합투자증권의 기준 가격으로 하여야 한다.
	  → 이 경우, 전환을 청구한 투자자에게 환매수수료를 부과해서는 안 됨

모자형 집합투자기구	• 투자자는 모집합투자기구가 발행하는 집합투자증권을 취득하는 구조의 자집합투자기구를 설정·설립할 수 있으며, 이 경우 아래의 요건을 갖추어야 한다.
	  - 자집합투자기구가 모집합투자기구의 집합투자증권 외 다른 집합투자증권을 취득하는 것이 허용되지 않음
	  - 자집합투자기구 외의 자가 모집합투자기구의 집합투자증권을 취득하는 것이 허용되지 않음
	  - 자집합투자기구와 모집합투자기구의 집합투자재산을 운용하는 집합투자업자가 동일할 것
	• 투자설명서는 아래의 사항을 기재해야 한다.
	  - 모집합투자기구에 관한 사항으로서 집합투자기구의 명칭, 투자목적·투자방침·투자전략 등
	  - 자집합투자기구 각각의 보수·수수료 등 투자자가 부담하는 비용

Topic 13 집합투자기구 (2)

대표 출제 유형

01 금융상품에 대한 설명으로 가장 거리가 먼 것은?

① 투자자가 법인으로만 이루어진 단기금융 집합투자기구는 원칙적으로 집합투자재산을 시가로 평가한다.
② 직전 연도에 근로소득이 있는 거주자만 개인종합자산관리계좌(ISA)에 가입할 수 있다.
③ 집합투자증권의 환매수수료는 투자자가 부담하며 집합투자재산에 귀속된다.
④ 투자익명조합은 집합투자기구에 대한 출자지분이 표시된 증권을 발행할 수 있다.

TIP 개인종합자산관리계좌(IRP)에 가입할 수 있는 자는 '만 19세 이상 또는 직전 연도 근로소득이 있는 만 15 ~ 19세 미만의 대한민국 거주자'이면서 '직전 3개년 중 1회 이상 금융소득종합과세 대상이 아닌 자'이다.

02 집합투자재산의 기준 가격 산정에 대한 설명으로 가장 거리가 먼 것은?

① 기준 가격이란 집합투자증권의 거래 단위당 순자산가치로서 실현된 투자성과를 나타내는 척도가 되며 통상 1,000좌 단위로 표시한다.
② 공고일 전일의 대차대조표상에 계상된 순자산총액을 공고일 전일의 수익증권 총좌수 또는 투자회사의 발행주식 총수로 나누어 산정한다.
③ 주식 등 매매 및 평가손실이 큰 경우에는 실질적인 수익이 없으므로 세액상당액을 원천징수할 수 없다.
④ 집합투자재산을 외화자산에 투자하여 매일 공고·게시가 곤란할 경우 집합투자규약에서 기준 가격의 공고·게시 주기를 15일 이내의 범위에서 별도로 정할 수 있다.

TIP 주식 등 매매 및 평가손실이 큰 경우에는 실질적인 수익이 없음에도 불구하고 세액상당액이 원천징수될 수 있다.

03 집합투자증권의 평가와 기준 가격 산정에 대한 설명으로 가장 적절한 것은?

① 집합투자업자는 집합투자재산평가위원회가 집합투자재산을 평가한 경우 그 평가명세서를 신탁업자에게 통보할 의무는 없다.
② 공고·게시된 기준 가격을 변경할 경우 준법감시인에게 확인을 받아야 하지만, 신탁업자에게는 확인을 받지 않을 수 있다.
③ 과세표준 기준 가격은 집합투자증권 기준 가격보다 클 수 없다.
④ 기준 가격은 집합투자증권의 추가 발행 시에 필요한 추가 신탁금 산정의 기준이 된다.

TIP 기준 가격은 집합투자증권의 추가 발행 시에 필요한 추가 신탁금 산정의 기준이 되며, 실현된 투자성과를 나타내는 척도가 된다.

정답 01 ② 02 ③ 03 ④

01~03 핵심포인트 해설

1 집합투자증권의 환매 ^{제3과목 (1) Topic 12 연계 학습}

투자자는 환매금지형 간접투자기구를 제외하고 언제든지 집합투자증권의 환매를 청구할 수 있다. 이때, 집합투자증권을 환매하는 경우 부과하는 환매수수료는 투자자가 부담하며, 집합투자재산에 귀속된다.

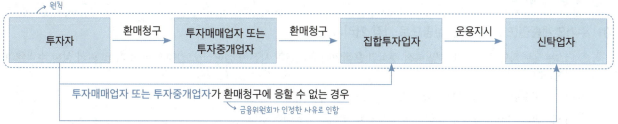

2 집합투자재산의 평가 ^{제3과목 (1) Topic 13 연계 학습}

1) 집합투자재산의 평가

신뢰할만한 시가가 있는 경우	시가
신뢰할만한 시가가 없는 경우	공정가액

→ 집합투자재산평가위원회가 충실의무, 평가의 일관성을 유지하여 평가한 가격

2) 기준 가격과 과세기준 가격

→ 집합투자증권의 매매 또는 집합투자증권의 추가 발행 시에 필요한 추가 신탁금 산정의 기준이 되는 가격으로, 집합투자증권의 거래 단위당 순자산가치임 (통상 1,000좌 단위로 표시)

주식 등 매매, 평가손익이 없는 경우	기준 가격 = 과세기준 가격
주식 등 매매, 평가손익이 (+)인 경우	기준 가격 > 과세기준 가격
주식 등 매매, 평가손익이 (-)인 경우	기준 가격 < 과세기준 가격

[참고] 주식 등 매매 및 평가손실이 큰 경우에는 실질적인 수익이 없음에도 불구하고 세액상당액이 원천징수될 수 있다.

3) 기준 가격 공고 및 게시

원칙	• 집합투자업자 또는 투자회사 등은 산정된 기준 가격을 매일 공고·게시하여야 한다. • 집합투자재산의 매일 공고·게시가 곤란한 경우, 해당 집합투자규약에서 기준 가격의 공고게시 주기를 15일 이내의 범위에서 별도로 정할 수 있다.
평가오류의 수정	• 집합투자업자 또는 투자회사 등은 집합투자재산 평가오류의 수정에 따라 공고·게시한 기준 가격이 잘못 계산된 경우에는 기준 가격을 지체 없이 변경한 후 다시 공고·게시하여야 한다 → 처음 산정 기준 가격과 변경 산정 기준 가격의 차이가 1,000분의 1을 초과하지 않는 경우 제외 • 집합투자업자 또는 투자회사 등은 기준 가격을 변경하려는 때에 집합투자업자의 준법감시인과 신탁업자의 확인을 받아야 한다.
기준 가격의 변경	• 집합투자업자 또는 투자회사 등은 기준 가격을 변경한 때에 금융위원회가 정하여 고시하는 바에 따라 그 사실을 금융위원회에 보고하여야 한다. • 금융위원회에 보고하는 때에는 기준 가격의 변경내용, 변경사유, 투자자 보호를 위한 조치방법 등을 기재한 서면 및 준법감시인과 신탁업자의 확인서류 등 변경내역을 증빙할 수 있는 서류를 첨부하여야 한다.

[참고] '신탁업자'는 집합투자재산과 관련하여 기준 가격 산정이 적정한지, 집합투자재산의 평가가 공정한지의 여부 등을 확인해야 하며, 이에 위반된 사실이 있을 때에는 집합투자업자에게 시정을 요구하거나 투자회사의 감독이사에게 위반사실을 지체 없이 보고하여야 한다.

Topic 14 **주가연계증권(ELS)과 주가지수연동형 금융상품**

대표 출제 유형

01 주가연계증권(ELS)에 대한 설명으로 가장 거리가 먼 것은?

① ELS는 일반적으로 주가지수 및 특정 주식의 움직임에 연계하여 사전에 정해진 조건에 따라 조기 및 만기 상환 수익률이 결정된다.
② ELS는 원금보장 여부에 따라 상품구조나 목표수익도 달라진다.
③ ELS는 만기, 수익구조 등을 다양하게 설계할 수 있지만 유동성이 낮다.
④ 파생상품의 성격을 갖고 있는 파생결합증권의 한 종류로 은행에서 모집하는 상품이다.

TIP 주가연계증권(ELS)은 장외파생상품 겸영업무인가를 획득한 '증권사'가 발행한다.

02 <보기>에서 설명하는 주가연계증권(ELS)의 수익구조로 가장 적절한 것은?

―― <보기> ――
투자기간 중 사전에 정해둔 주가 수준에 도달하면 확정된 수익으로 조기상환되며, 그 외의 경우에는 만기 시 주가에 따라 수익이 정해지는 구조이다. 투자기간 중 기초자산이 한 번이라도 사전에 일정주가 이상 초과(장중 포함) 상승하는 경우 만기 시 주가지수와 상관없이 최종 수익률은 리베이트 수익률로 확정된다.

① Digital형
② Step-down형
③ Knock-out형
④ Bull Spread형

TIP 'Knock-out형'에 대한 설명이다.

03 주가지수연동형 금융상품에 대한 설명으로 가장 거리가 먼 것은?

① 주가지수연동정기예금(ELD)은 중도해지 시 원금이 보장되지 않는다.
② 주가지수연동펀드(ELF)는 중도환매가 가능하다.
③ 주가지수연동증권(ELS)은 증권회사가 발행한다.
④ 주가지수연동펀드(ELF)와 주가지수연동증권(ELS)은 예금자보호가 되지 않으나, 주가지수연동정기예금(ELD)은 예금자보호법상 한도 내로 예금자보호가 가능하다.

TIP '주가지수연동정기예금(ELD)'은 원금보장형 주가지수연동 금융상품이다.

정답 01 ④ 02 ③ 03 ①

01~03 핵심포인트 해설

1 주가연계증권(ELS)의 특징과 수익구조

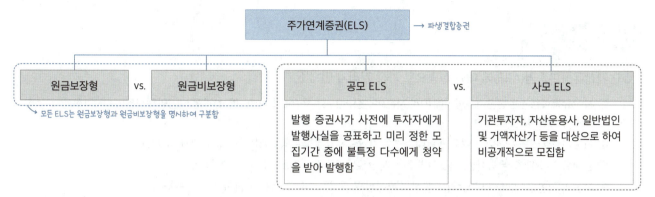

1) 특징
- 투자수익률이 연동되는 기초자산에 따라 지수형 상품, 개별 주식형 상품, 혼합형 상품으로 나눌 수 있다.
  - 지수형 상품이 대부분을 차지함
  - 지수형 + 주식형
- 만기, 수익구조 등을 다양하게 설계할 수 있다.
- 유가증권시장에 상장되지 않음에 따라 유동성이 낮고, 발행 증권사의 신용리스크에 노출되는 단점이 있다.
  - 투자자가 신용위험에 노출됨

2) 수익구조

Knock-out형	투자기간 중 미리 정해둔 주가 수준에 도달하면 확정된 수익으로 조기상환되며, 그 외의 경우에는 만기 시 주가에 따라 수익이 정해지는 구조
Bull Spread형	만기 시점의 주가 수준에 비례하여 손익을 얻되 최대 수익과 손실이 일정하게 제한되는 구조
Digital형	만기 시 주가가 일정 수준을 상회하는지 여부에 따라 사전에 정한 두 가지 수익 중 한 가지를 지급하는 구조
Reverse Convertible형	미리 정한 하락폭 이하로 주가가 하락하지만 않으면 사전에 약정한 수익률을 지급하며 미리 정한 하락폭 이하로 하락하면 원금에 손실이 발생하는 구조
Step-down형	기초자산 가격이 대폭 하락하여 Knock-in이 발생하지 않은 상황에서 3~6개월마다 주가가 일정 수준 이상인 경우 특정 약정수익률로 자동 조기상환되는 구조 [참고] Knock-in은 기초자산의 가격이 일정 수준(Knock-in barrier) 이하로 하락하여 원금보장조건이 사라지고 만기 시 기초자산의 가격에 따라 수익률이 결정되는 상황을 말한다.

2 주가지수연동형 금융상품 : ELS, ELD, ELF

구분	주가지수연동증권(ELS)	주가지수연동정기예금(ELD)	주가지수연동펀드(ELF)
발행주체	증권사(인가증권사)	은행	자산운용사
수익상환방법	사전에 정해진 조건에 따라 결정 (원금보장형, 원금비보장형)	사전에 정해진 조건에 따라 결정 (원금 100% 보장형 이상만 가능)	운용성과에 따라 실적배당 (원금보존추구형, 원금비보장형)
상환보장 여부	발행사가 지급보장 (발행사 신용도 중요)	초과수익은 은행이 지급보장 (원금 보장)	신탁재산 신용도 및 운용성과에 따라 지급
중도해지 가능 여부	중도해지 가능(원금손실 가능)	중도해지 가능	중도환매 가능(원금손실 가능)
장점	증권사가 제시한 수익을 달성할 수 있도록 상품 구성	은행이 제시한 수익 보장	추가 수익 발생 가능
단점	추가 수익 없음	추가 수익 없음	제시 수익 보장 없음
예금자보호 여부	없음	법상 한도 내 보호	없음

Topic 15 자산유동화증권(ABS)

대표 출제 유형

01 자산유동화증권(ABS)에 대한 설명으로 가장 거리가 먼 것은?

① 자산유동화증권은 현금수취방식에 따라 지분이전증권(pass-through securities)과 원리금이체채권(pay-through bond)으로 구분된다.
② 지분이전증권은 자산이 매각되는 형태이므로 자산보유자에게 부외효과(off-balance)가 발생한다.
③ 임대료, 부실대출, 무형자산, 리스채권 등은 자산유동화증권의 기초자산이 될 수 없다.
④ 자산의 집합(pooling)이 가능하고 자산의 특성상 동질성을 지니고 있는 자산이 주로 유동화된다.

TIP 자산유동화증권의 기초자산으로는 임대료, 부실대출, 무형자산, 리스채권 등의 다양한 유형이 있다.

02 자산유동화증권(ABS)에 대한 설명으로 가장 거리가 먼 것은?

① 신용카드는 단기의 자산이라는 특징을 가지고 있으며, 이러한 단기채권의 유동화를 위해 리볼빙(revolving) 구조가 이용되기도 한다.
② 자산의 수익률과 발행증권의 수익률 차이에 따른 초과 스프레드, 예치금, 신용공여 등은 내부 신용보강에 해당한다.
③ 자산유동화증권은 자산의 신용도와 신용보강의 효과로 자산보유자의 신용등급보다 높은 신용등급의 증권을 발행할 수 있다.
④ 자산유동화증권은 투자자의 선호에 의해 증권을 설계하여 일반적으로 다계층증권이 발행된다.

TIP '신용공여'는 외부 신용보강에 해당한다.

정답 01 ③ 02 ②

01~02 핵심포인트 해설

1 자산유동화증권(ABS)의 구조

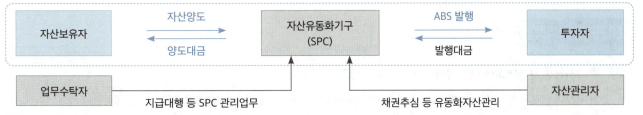

참고 「자산유동화에 관한 법률」에 근거한 자산유동화증권의 경우 유동화계획에 대한 '금융위원회'의 승인이 필요하다.

1) 자산보유자
   - 보유하고 있는 자산을 표준화하고 특정 조건별로 집합(pooling)하여 이를 유동화회사에 양도한다.

2) 자산유동화기구(SPC)
   - 자산보유자로부터 받은 자산을 기초로 증권을 발행하고, 기초자산의 현금흐름을 이용하여 증권을 상환한다.

2 현금수취방식에 따른 자산유동화증권(ABS)

지분이전증권 (pass-through securities)	• 지분권을 나타내는 일종의 주식형태로 발행되는 증권이다. • 자산보유자 입장에서 부외효과(off-balance)가 발생한다. • 유동화자산이 매각됨으로써 발행자는 유동화자산과 관련된 모든 위험을 투자자들에게 전가시킬 수 있다.
원리금이체채권 (pay-through bond)	• 유동화자산집합에서 발생되는 현금흐름을 이용하여 증권화하되, 상환우선순위가 다른 채권을 발행한다.

3 자산유동화증권(ABS)의 기초자산

1) 특징
   - 집합(pooling) 가능성 : 자산의 특성상 동질성을 지니고 있는 자산이 주로 유동화된다.
   - 매매 가능성 : 자산보유자의 파산 시 파산재단에서 분리될 수 있는 자산이 주로 유동화된다.
   - 현금흐름예측 가능성 : 자산의 신용도에 대한 분석이 가능한 자산이 주로 유동화된다.

2) 유형

   - 주택저당채권
   - 자동차 할부금융
   - 대출채권
   - 신용카드채권 ← 리볼빙(revolving) 제도가 있음
   - 리스채권
   - 기업대출
   - 기업매출채권
   - 부동산 PF 대출채권
   - 회사채
   - 미래 현금흐름
   - 부실대출
   - 임대료
   - 무형자산 등

4 신용보강

내부 신용보강	• 후순위 증권의 발행	• 초과 스프레드	• 예치금 등
외부 신용보강	• 신용공여	• 신용도 높은 외부기관의 보증 등	

Topic 15 자산유동화증권(ABS)

Topic 16 주택저당증권(MBS)

대표 출제 유형

01 주택저당증권(MBS)에 대한 설명으로 가장 거리가 먼 것은?
① 자산이 담보되어 있고 보통 별도의 신용보완이 이루어지므로 회사채보다 높은 신용등급의 채권을 발행한다.
② 조기상환에 의해 수익이 변동한다.
③ 채권구조가 복잡하고 현금흐름이 불확실하기 때문에 국채나 회사채보다 수익률이 높다.
④ 주택저당대출 만기와 대응하므로 통상 단기로 발행하는 특징이 있다.

TIP 주택저당대출 만기와 대응하므로 통상 '장기'로 발행한다.

02 저당대출상품에 대한 설명으로 가장 적절한 것은?
① 주택저당증권은 주로 단기로 발행되며, 조기상환의 위험으로 수익이 변동하기도 한다.
② 원리금 균등상환 고정금리부 저당대출은 매월 상환될수록 상환액 중 원금 비중이 줄어들고 이자 비중이 커진다.
③ 저당대출지분이전증권은 조기상환위험이 투자자에게 이전된다는 특징이 있다.
④ 저당대출담보부채권은 초과담보로 자금조달비용이 상승하지만, 시장에서의 유통성이 높다.

TIP 저당대출지분이전증권은 조기상환위험 등의 저당대출에 수반되는 제반 위험이 '투자자'에게 이전된다.

03 역모기지(Reverse Mortgage)에 대한 설명으로 가장 거리가 먼 것은?
① 역모기지계약이 체결될 경우 대출자는 중도상환의무를 부담하지 않고 연금을 수령할 수 있다.
② 역모기지를 공급하는 금융기관은 이자율 위험, 장수위험, 주택 가격평가 위험 등에 노출된다.
③ 국내 역모기지(주택연금)는 가입자 부부 사망 후 주택을 처분하여 집값이 남으면 그 잔액을 상속인에게 지급한다.
④ 역모기지는 대출신청자의 신용상태 및 상환능력에 근거하여 대출금액이 결정된다.

TIP 역모기지는 대출신청자의 신용상태 및 상환능력보다 '미래의 특정 시점에 예상되는 주택가치'에 근거하여 대출금액이 결정된다.

정답 01 ④ 02 ③ 03 ④

01~03 핵심포인트 해설

1 주택저당증권(MBS)

1) 주택저당증권(MBS)의 특징

- 통상 장기로 발행한다.
- 국채나 회사채보다 수익률이 높다.
- 주택저당대출의 형식 등에 따라 다양한 상품이 구성되어 있다.
- 매월 대출원리금 상환액에 기초하여 발행증권에 대해 매달 원리금을 상환한다.
- 조기상환에 의해 수익이 변동한다.
- 회사채보다 높은 신용등급의 채권을 발행한다.
- 채권상환과정에서 각종 수수료(자산관리수수료 등)가 발생한다.

2) 주택저당증권(MBS)의 유형

저당대출지분이전증권 (pass-through securities)	• 매월 수입된 원리금 총액 중 지분만큼 상환을 받게 됨 • 담보의 중도상환 시 지분만큼 중도상환을 받게 됨 • 대출상환 원리금(관리수수료와 보증료 등의 비용 제외)이 투자자에게 그대로 이체됨 • 만기 : 통상 장기 • 채무불이행위험, 조기상환위험 등 : 투자자 부담 • 부외효과(off-balance) : 가능 • Mortgage pool : 투자자의 지분권(equity)	→ 지분형
저당대출담보부채권 (MBB; Mortgage-Backed Bond)	• 일정 주기로 이자가 지급되고, 원금은 만기일에 일시 상환 • 만기 : 통상 중단기 • 채무불이행위험, 조기상환위험 등 : 발행자 부담 • 부외효과(off-balance) : 불가능(발행자의 부채) • Mortgage pool : 투자자의 담보(collateral)	→ 채권형
저당대출원리금이체증권 (pay-through securities)	• 원리금이 배당금 형태로 배분되지 않아 이중과세문제가 발생할 수 있음	→ 지분·채권 혼합형

3) 원리금 균등상환 고정금리부 대출
- 매월 상환될수록 원금잔액과 이자가 줄어들어, 이자부분의 비중이 점차 감소하고 원금부분의 비중은 점차 증가한다.

2 역모기지(Reverse Mortgage)

1) 역모기지 계약이 체결될 경우, 금융기관은 종신시점까지 상환청구권을 행사할 수 없으며, 대출자는 중도상환 의무를 부담하지 않는다.

2) 미래의 특정 시점에 예상되는 주택가치에 근거해 대출금액이 결정된다.
   ↳ 대출신청자의 신용상태 및 상환능력 (X)

3) 공급자와 이용자의 역모기지 관련 위험은 아래와 같다.

공급자 (금융기관)	• 장수 위험 • 특정주택 가격평가 위험	• 이자율 위험 • 비용 위험	• 일반주택 가격평가 위험
이용자	• 거래 금융기관의 파산 가능성	• 과세 문제 관련 위험	

4) 주택연금은 가입자 부부가 사망한 후 주택을 처분하여 정산한다.

5) 연금수령액 등이 집값을 초과할 경우 상속인에게 청구하지 않으며, 집값이 남을 경우 상속인에게 잔액을 지급한다.

Topic 17 퇴직연금제도

대표 출제 유형

01 퇴직연금제도에 대한 설명으로 가장 적절한 것은?

① 확정급여(DB)형 제도는 기업이 부담해야 할 부담금 수준이 사전에 확정된다.
② 확정기여(DC)형 제도의 적립금 운용주체는 근로자로 운용손익이 근로자에게 귀속된다.
③ 개인형 IRP는 확정급여(DB)형 및 확정기여(DC)형 제도와 달리 퇴직 후 일시금으로 수령할 수 없으며, 55세 이후 연금으로 수령할 수 있다.
④ 확정급여(DB)형 제도와 확정기여(DC)형 제도는 모두 IRP에 추가로 납입할 수 없다.

TIP 확정기여(DC)형 제도는 근로자가 운용의 주체가 되어 적립금을 운용한 후 그 손익에 따라 근로자의 퇴직급여가 변동된다.

02 개인형 퇴직연금제도(IRP)에 대한 설명으로 가장 적절한 것은?

① 기업형 IRP에 가입할 수 있는 특례사업장은 상시근로자 5인 미만을 사용하는 것을 기준으로 한다.
② 개인형 퇴직연금제도는 사용자에 의해 관리되고 운용손익은 기업에 귀속된다.
③ 가입자가 어떤 운용상품을 선택하여 적립금을 운용하느냐에 따라 본인의 퇴직급여가 달라진다는 점에서 확정급여형 제도와 운용방법이 같다.
④ 확정기여형과 확정급여형 퇴직연금에서 개인형 퇴직연금제도를 통해 추가 납입이 가능하다.

TIP 확정기여형과 확정급여형 퇴직연금 모두 개인형 퇴직연금제도를 통해 추가 납입이 가능하다.

정답 01 ② 02 ④

01~02 핵심포인트 해설

1 확정급여(DB)형과 확정기여(DC)형의 비교

구분	확정급여(DB)형	확정기여(DC)형
개념	• 근로자가 수령할 퇴직금 수준이 사전에 확정되어 있는 제도	• 기업이 부담할 부담금 수준이 사전에 확정되어 있는 제도
사용자 부담금	• 퇴직금 추계액 또는 연금계리방식에 따라 산출된 금액으로 대통령령에서 최저 90%(2022. 1. 1. 이후 100%) 사외 적립	• 연간 임금총액의 1/12 이상 당해연도 전액 사외 적립
적립금 운용주체	• 사용자(기업)	• 근로자
운용손익 귀속자	• 사용자(기업)	• 근로자
추가납입 여부	• 개인형 IRP(연간 1,800만원 한도)	• 제도 내 또는 개인형 IRP(연간 1,800만원 한도)
퇴직급여 지급	• 개인형 IRP 의무 이전 후 해지 또는 55세 이후 연금수급	
담보대출 및 중도인출	• 담보대출 가능(대통령령에서 정한 사유 해당 시)	• 담보대출 및 중도인출 가능(대통령령에서 정한 사유 해당 시)
퇴직급여 지급	• 개인형 IRP 의무 이전 후 해지 또는 55세 이후 연금수급	
이·전직시 처리	• 개인형 IRP로 이전 통산	
연금계리	• 필요 O	• 필요 X
적합한 사업장	• 임금상승률이 높은 기업 • 장기근속을 유도하고자 하는 기업 • 연공급 임금체계, 누진제 적용 기업 • 경영이 안정적이고 영속적인 기업	• 연봉제, 임금피크제 적용 기업 • 재무구조 변동이 큰 기업 • 근로자들의 재테크 관심이 높은 기업

2 개인형 퇴직연금제도(IRP)

1) 개인형 IRP는 근로자 개인명의로 관리된다.

2) 적립금 운용과 수급방법은 확정기여(DC)형과 동일하다.

3) 우리나라 퇴직연금은 개인연금과 합산하여 추가 납입금의 연 900만원을 한도로 세액공제 혜택을 주고 있다.

4) 기업형 IRP
   • 상시근로자 10인 미만을 사용하는 특례 사업장에서 근로자 대표의 동의를 얻어 가입자의 개인퇴직계좌를 설정한다.

Topic 18 부동산 물권

대표 출제 유형

01 <보기> 중 용익물권에 해당하는 것으로만 모두 묶인 것은?

<보기>
㉠ 지상권
㉡ 지역권
㉢ 저당권
㉣ 전세권

① ㉠, ㉡, ㉢ ② ㉠, ㉡, ㉣ ③ ㉠, ㉢, ㉣ ④ ㉡, ㉢, ㉣

TIP '㉠ 지상권, ㉡ 지역권, ㉣ 전세권'은 용익물권에 해당한다.

02 다음 중 제한물권으로만 이루어진 것은?

① 질권, 유치권, 점유권
② 질권, 유치권, 저당권
③ 질권, 점유권, 저당권
④ 유치권, 점유권, 저당권

TIP '질권, 유치권, 저당권'은 제한물권에 해당한다.

03 <보기>의 부동산 소유권에 대한 본등기의 효력에 대한 설명 중 빈칸에 들어갈 적절한 내용으로만 나열한 것은?

<보기>
부동산 소유권에 대한 등기의 효력에 있어서 본등기는 (   ), (   ), (   ) 등을 가진다.

① 대항적 효력, 청구권 보전 효력, 물권 변동적 효력
② 물권 변동적 효력, 청구권 보전 효력, 순위 확정적 효력
③ 대항적 효력, 순위 확정적 효력, 청구권 보전 효력
④ 대항적 효력, 물권 변동적 효력, 순위 확정적 효력

TIP 부동산 소유권에 대한 등기의 효력에 있어서 본등기는 (대항적 효력), (물권 변동적 효력), (순위 확정적 효력) 등을 가진다. '청구권 보전 효력'은 가등기와 관련된다.

정답 01 ② 02 ② 03 ④

01~03 핵심포인트 해설

1 부동산 물권

부동산 물권은 크게 점유권과 본권으로 나누어지며, 본권은 소유권, 제한물권으로 다시 분류된다. 이때 제한물권은 다시 용익물권과 담보물권으로 구성된다.

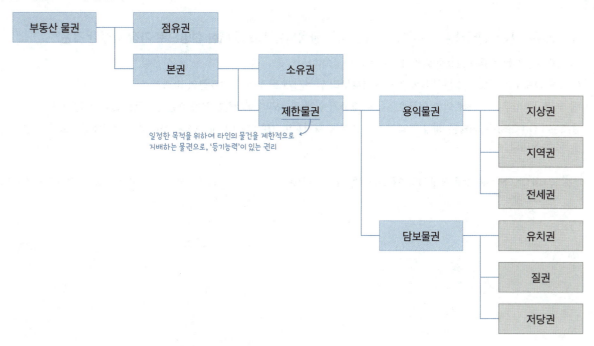

일정한 목적을 위하여 타인의 물건을 제한적으로 지배하는 물권으로, '등기능력'이 있는 권리

2 부동산 소유권에 대한 등기의 효력

1) 부동산 등기의 대상

↪ 등기관이 부동산 등기법령이 정하는 절차에 따라 등기부에 부동산의 표시 및 부동산에 관한 권리관계를 기재하는 것, 또는 그 기재자체

부동산 등기법에 의한 대상	토지, 건물에 대한 소유권, 지상권, 지역권, 전세권, 저당권(지상권, 전세권 목적 저당권 포함), 권리질권(저당권부), 부동산 임차권, 환매권 등
기타 특별법에 의한 대상	입목, 공장재단, 광업재단, 선박 등에 대한 소유권, 저당권 등

2) 부동산 소유권에 대한 본등기와 가등기의 효력

본등기	• 물권 변동적 효력 • 형식적 확정력 • 권리존재 추정력	• 순위 확정적 효력 • 대항적 효력 • 점유권 효력
가등기	• (본등기 전) 청구권 보전의 효력	• (본등기 후) 순위 보전적 효력

↪ 실체법상 요건이 불비한 때 권리의 설정, 이전, 변경, 소멸의 청구권을 보전하기 위한 등기

Topic 19 부동산투자의 분석

대표 출제 유형

01 부동산투자 시 사업타당성 및 리스크관리 분석에 활용되는 지표에 대한 설명으로 가장 적절한 것은?

① 순소득승수는 순운용소득을 총투자액으로 나눈 값이다.
② 수익성지수는 최초의 부동산 투자액을 투자로부터 얻어지게 될 장래 현금흐름의 미래가치로 나눈 값이다.
③ 부채상환비율은 운용에 의한 현금흐름을 산출하기 위해 사용되며 부채상환액을 순운용소득으로 나눈 값이다.
④ Cash On Cash 수익률은 해당 기의 순현금흐름을 자기자본으로 나누어 계산하며, 화폐의 시간가치를 고려하지 않은 것이 특징이다.

TIP Cash On Cash 수익률은 해당 기의 순현금흐름을 자기자본으로 나눈 것을 말하며, 내부수익률과 다르게 화폐의 시간적 가치를 고려하지 않는다.

02 부동산투자 시 사업타당성 및 리스크관리 분석에 활용되는 지표에 대한 설명 중 가장 거리가 먼 것은?

① 부채상환비율(DSCR)은 부채상환액을 순운용소득으로 나누어 계산한다.
② 대출비율(LTV)은 저당대출원금을 부동산 가격으로 나누어 계산한다.
③ 현금흐름할인법은 현재의 부동산 가격이 장래의 현금흐름을 할인한 현재가치와 같다고 가정한다.
④ Cash on Cash 수익률은 화폐의 시간가치를 고려하지 않는다.

TIP 부채상환비율(DSCR)은 순운용소득을 부채상환액으로 나누어 계산한다.

정답 01 ④ 02 ①

01~02 핵심포인트 해설

1 레버리지 비율

레버리지 비율은 투자대상 부동산의 자본구조(= 부채의존도)를 나타내는 재무비율로, 금융위험을 나타내는 척도로 이용된다.

대출비율 (LTV; Loan-To-Value ratio)	$\dfrac{\text{대출잔고}}{\text{부동산 가격}}$ (= 저당대출원금)	• 저당대출원금을 부동산 가격으로 나누어 계산한다. • 부동산 투자의 자본구조를 나타내는 비율이다. • 대출자(금융기관 등)에게 대출비율은 부채의 안전도를 나타내는 것이다. → 대출비율이 크다 = 채무불이행위험이 크다 • 투자자에게 대출비율은 금융위험을 나타내는 것이다. → 대출비율이 크다 = 이자부담이 증가한다
부채상환비율 (부채부담능력비율, DSCR; Debt Service Coverage Ratio)	$\dfrac{\text{순운용소득}}{\text{부채상환액}}$	• 순운용소득을 부채상환액으로 나누어 계산한다. • 부채의 원리금 상환능력을 측정하기 위한 보조적인 재무비율이다.

2 투자의 타당성 분석

1) 간편법

순소득승수	투자이율	자기자본수익률
$\dfrac{\text{총투자액}}{\text{순운용소득}}$	$\dfrac{\text{순운용소득}}{\text{총투자액}}$	$\dfrac{\text{납세 전 현금흐름}}{\text{자기자본투자액}}$

2) 현금흐름할인법

순현재가치 (NPV)	• 순현재가치 = 현금유입의 현재가치 - 현금유출의 현재가치 • 순현재가치(NPV) ≥ 0 → 채택 • 순현재가치(NPV) < 0 → 기각
내부수익률 (IRR)	• 투자안의 현금유입의 현재가치와 현금유출의 현재가치를 일치시키는 할인율 → 화폐의 시간적 가치 고려 O • 순현재가치를 0으로 만드는 할인율 • 내부수익률(IRR) ≥ 요구수익률(k) → 채택 • 내부수익률(IRR) < 요구수익률(k) → 기각
수익성지수 (PI)	• 최초 투자액에 비하여 부동산 투자로부터 얻어지게 될 장래의 현금흐름의 현재가치가 몇 배인지 구하는 지수 • 수익성지수(PI) ≥ 1 → 채택 • 수익성지수(PI) < 1 → 기각

3) 전통적인 감정평가방법 → 거래사례비교법, 수익환원법, 원가법을 적용해 투자대상 부동산의 정상 가격 산출

투자안	의사결정
부동산의 감정평가에 의한 정상 가격 ≥ 최초의 부동산 투자액	채택
부동산의 감정평가에 의한 정상 가격 < 최초의 부동산 투자액	기각

3 Cash on Cash 수익률(CoC 수익률)

Cash on Cash 수익률은 해당 기의 순현금흐름을 자기자본으로 나눈 것으로, 화폐의 시간적 가치를 고려하지 않는다.

Topic 20 용도지역별 용적률과 건폐율

대표 출제 유형

01 용도지역 중 도시지역에 해당하지 않는 것은?

① 주거지역
② 녹지지역
③ 공업지역
④ 농림지역

TIP '농림지역'은 도시지역에 해당하지 않는다.

02 국토의 계획 및 이용에 관한 법률상 도시지역의 용적률 상한 크기를 가장 적절하게 비교한 것은?

① 주거지역 > 상업지역 > 공업지역 > 녹지지역
② 주거지역 > 상업지역 > 녹지지역 > 공업지역
③ 상업지역 > 주거지역 > 공업지역 > 녹지지역
④ 상업지역 > 주거지역 > 녹지지역 > 공업지역

TIP 도시지역의 용적률 상한 크기는 '상업지역(1,500%) > 주거지역(500%) > 공업지역(400%) > 녹지지역(100%)' 순이다.

정답 01 ④ 02 ③

01~02 핵심포인트 해설

1 용도지역별 용적률과 건폐율

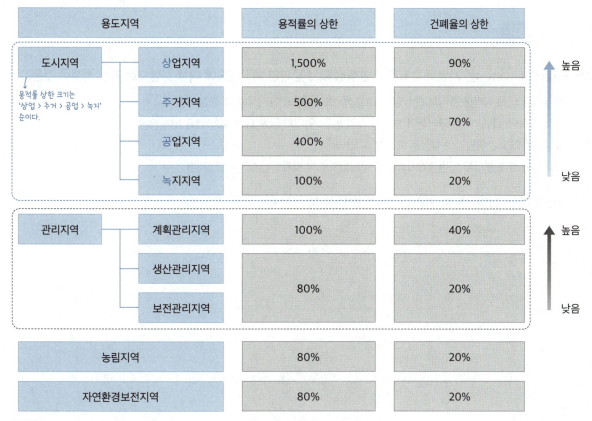

참고 관리지역, 농림지역, 자연환경보전지역은 도시지역에 해당하지 않음에 주의해야 한다.

1) 용적률

   대지면적에 대한 건축물의 지상층 연면적(대지에 2 이상의 건축물이 있는 경우에는 이들 연면적의 합계)의 비율
   → 지하 연면적 (X)

2) 건폐율

   대지면적에 대한 건축면적(대지에 2 이상의 건축물이 있는 경우에는 이들 건축면적의 합계)의 비율

Topic 21 저당제도와 담보신탁제도

대표 출제 유형

01 PF(Project Financing) 사업의 대표적인 안정성 확보 방안인 저당제도에 대한 설명으로 가장 적절한 것은?

① 신탁설정에 비해 목적물 관리의 안정성 및 효율성, 채권실행의 편리성 등의 장점이 있다.
② 신탁회사가 담보물을 직접 관리하여 부동산 가격 변동, 임대차 등 변동 여부를 점검한다.
③ 신규임대차와 후순위권리의 설정을 배제할 수 없다.
④ 채권회수가 요구될 경우 일반공개시장에서 공매함으로써 적극적인 매각활동을 한다.

TIP 저당제도는 신규임대차와 후순위권리의 설정을 배제할 수 없다.

02 PF(Project Financing) 사업 중 담보신탁제도에 대한 설명으로 가장 거리가 먼 것은?

① 등록세 및 교육세와 채권 매입비가 면제되며, 신탁보수가 부과된다.
② 신탁회사가 직접 공매함으로써 채권실행이 이루어진다.
③ 후순위권리설정을 배제함으로써 담보가치 유지에 유리하다.
④ 채권기관에서 담보물을 관리하며, 채권실행에 비교적 장기간이 소요된다.

TIP 담보신탁제도는 신탁회사가 직접 담보물을 관리하며, 채권실행에 비교적 단기간이 소요된다.

정답 01 ③ 02 ④

01~02 핵심포인트 해설

1 저당제도와 담보신탁제도의 비교

> 저당권에 비해 목적물 관리의 안전성 및 효율성, 채권실행의 편리성 등의 장점이 있음

구분		저당제도	담보신탁제도
담보설정방식		(근)저당권 설정	신탁설정(신탁등기)
담보물 관리 주체		채권기관	신탁회사
소요경비	등록세 및 교육세	채권 최고액의 0.24%	-
	채권 매입비	채권 최고액의 1%	
	신탁보수	-	수익권증서 금액의 0.4% 이하
채권실행방법		법원경매	신탁회사 직접 공매
채권실행비용		등록세, 경매수수료 등 경매비용 과다소요	현저히 절감
소요기간		장기간	단기간
환가 가액		저가처분 (폐쇄시장에서 경매, 매각활동 전무)	상대적 고가처분 (일반공개시장에서 공매, 적극적 매각활동)
신규임대차·후순위권리설정		배제 불가	배제 가능 (담보가치 유지에 유리)

Topic 22 부동산 감정평가방법

대표 출제 유형

01 부동산 감정평가 3방식 중 비교방식(거래사례비교법)에 대한 설명으로 가장 적절한 것은?

① 극단적인 호황이나 불황일수록 적용하기 유용하다는 특징이 있다.
② 대상물건의 재조달원가에 감가수정을 통해 대상물건의 가액을 산정한다.
③ 토지평가에 있어 감정평가 3방식 중 중추적인 역할을 수행한다.
④ 부동산의 가격을 부동산의 1년간 순영업이익으로 나눈 자본환원율을 중요한 요소로 이용한다.

TIP '비교방식(거래사례비교법)'은 토지평가에 있어 세 가지 방식 중 중추적인 역할을 수행한다.

02 부동산 감정평가 3방식 중 원가방식(원가법)에 대한 설명으로 가장 거리가 먼 것은?

① 기술이 진보할수록 재조달원가나 감가상각액의 파악이 힘들다.
② 건축물, 구조물 등에 대해서 관찰로만 확인이 불가능한 부분이 많다.
③ 비수익성, 비시장성 부동산에 대한 평가에 유용하다.
④ 토지와 같이 재생산이 불가능한 자산에 적용하기 유용하다.

TIP '원가방식(원가법)'은 토지와 같이 재생산이 불가능한 자산에 적용할 수 없고, 토지는 비교방식(거래사례비교법)으로 평가하는 것이 적절하다.

03 부동산의 총수익과 총비용이 6억원과 2.4억원이고, 환원이율은 12%이다. 해당 부동산의 가치를 수익환원법을 통해 확인하고자 할 때, 부동산의 수익가격을 계산한 것은?

① 20억원
② 30억원
③ 40억원
④ 50억원

TIP 부동산의 수익가격 = (총수익 - 총비용)/환원이율 = (6억원 - 2.4억원)/12% = 30억원

정답 01 ③   02 ④   03 ②

01~03 핵심포인트 해설

1 부동산 감정평가의 3방식

	거래사례비교법 (매매사례비교법)	원가법 (복성식 평가법)	수익환원법
방식	비교방식(시장접근법)	원가방식(비용접근법)	수익방식(소득접근법)
의의	• 대상물건과 가치형성요인이 같거나 비슷한 물건의 거래사례와 비교하여 대상물건의 현황에 맞게 사정보정, 시점수정, 가치형성요인 비교 등의 과정을 거쳐 대상물건의 가액을 산정하는 감정평가방법 └ 비준가격 = 사례 가격(단가) × 사정보정 × 시점수정 × 지역요인보정 × 개별요인보정 × 면적	• 대상물건의 재조달원가에 감가수정(정액법, 정률법)을 하여 대상물건의 가액을 산정하는 감정평가방법 [참고] 재조달원가란 현존하는 부동산을 부동산 감정평가 시점에 재생산 또는 재취득하는 것을 가정하고 그에 소요되는 적정원가이다.	• 대상물건이 장래 산출할 것으로 기대되는 순수익이나 미래의 현금흐름을 환원하거나 할인하여 대상물건의 가액을 산정하는 감정평가방법 • 수익가격 = 순수익/환원이율 = (총수익 - 총비용)/환원이율
장점	• 현실적이고 실증적이기 때문에 설득력이 있음 • 토지평가에 있어 세 가지 방법 중 중추적인 역할을 수행함 • 이해하기 쉽고 간편함	• 건물, 구축물, 기계장치 등 재생산이 가능한 물건 등에 널리 적용함 • 회사의 재산재평가에 유용함 • 비시장성, 비수익성 부동산에 대한 평가 시 유용함 • 평가사의 주관적 개입 여지가 적음 • 조성지, 매립지 등의 토지평가에 유용함	• 임대용 부동산, 기업용 부동산 등 수익성 부동산 평가에 유용함 • 매우 논리적이고 이론적임 • 안정적 시장에서 정확한 자료를 입수하면 가격산정이 정확한 편임
단점	• 매매가 잘 이루어지지 않는 부동산에는 적용하기 곤란함 • 평가사의 지식, 경험 등에 대한 의존도가 높음 • 사정보정이나 시점수정 등 분석 판단에 명확성을 기하기 어려움 • 극단적인 호황이나 불황에는 적용이 곤란함 • 비교사례들이 모두 과거의 자료들임 • 비교사례들이 여러 가지 사정으로 오염되었을 가능성이 있음	• 토지와 같은 재생산이 불가능한 자산에 적용 불가 • 시장성과 수익성이 반영되지 못함 • 건축물, 구조물 등에 대해 관찰로만 확인이 불가능한 부분이 많음 • 기술이 진보할수록 재조달원가나 감가상각액의 파악이 곤란함	• 주거용, 교육용, 공공용 등 비수익성 부동산에 대한 적용이 곤란함 • 수익에만 치중하기 때문에 부동산이 노후도의 차이가 크지 않음 • 부동산 시장이 불안정한 지역에서는 순수익과 환원이율의 파악이 어려움

2 자본환원율(Capitalization Rate)

1) 자본환원율은 수익형 부동산의 소득접근법 적용 시 중요한 요소이며, 일반적으로 시장추출법을 이용하여 확인한다.

2) 수익형 부동산의 1년간 순영업이익(NOI)을 부동산의 가격으로 나눈 비율이다.

Topic 23 부동산 투자회사(REITs)

대표 출제 유형

01 부동산 투자회사(REITs)에 대한 설명으로 가장 거리가 먼 것은?

① 부동산 투자회사는 자산의 투자와 운용을 자산관리회사에 위탁하기도 한다.
② 부동산 투자회사는 발기설립을 원칙으로 하며, 상법에 따라 현물출자에 의해 설립할 수도 있다.
③ 부동산 투자회사가 자산의 투자 및 운용업무를 하려는 때에는 부동산 투자회사의 종류별로 국토교통부장관에게 영업인가를 받거나 등록해야 한다.
④ 부동산 투자회사는 최저자본금 준비기간이 끝난 후에는 분기말 현재 총자산의 70% 이상을 부동산으로 구성해야 한다.

TIP 부동산 투자회사는 발기설립을 원칙으로 하며, 현물출자에 의한 설립은 할 수 없다.

02 <보기>의 부동산 투자회사법상 부동산 투자회사(REITs)의 종류에 대한 설명 중 빈칸에 들어갈 내용으로 가장 적절한 것은?

───── <보기> ─────
부동산 투자회사는 자산을 부동산에 투자하여 운용하는 것을 주된 목적으로 설립된 회사이다. 이때, 자산운용 전문인력을 포함한 임직원을 상근으로 두고, 자산의 투자와 운용을 직접 수행하는 부동산 투자회사는 (   )이다.

① 개발전문 부동산 투자회사
② 기업구조조정 부동산 투자회사
③ 위탁관리 부동산 투자회사
④ 자기관리 부동산 투자회사

TIP 부동산 투자회사는 자산을 부동산에 투자하여 운용하는 것을 주된 목적으로 설립된 회사이다. 이때, 자산운용 전문인력을 포함한 임직원을 상근으로 두고, 자산의 투자와 운용을 직접 수행하는 부동산 투자회사는 (자기관리 부동산 투자회사)이다.

정답 01 ② 02 ④

01~02 핵심포인트 해설

1 부동산 투자회사(REITs)의 개요

1) 정의
- 자산을 부동산에 투자하여 운용하는 것을 주된 목적으로 설립된 회사이다.

2) 법인격
- 부동산 투자회사는 '주식회사'로 한다.
- 부동산 투자회사에서 특별히 정한 경우를 제외하고는 '상법'의 적용을 받는다.
  → 자본시장법 (X)

3) 설립 및 영업인가
- 발기설립의 방법으로 설립한다.
  → 현물출자 (X)
- 자산의 투자운용업무를 하려는 경우, 영업인가를 받거나 등록한 사항을 변경하려는 경우에는 부동산 투자회사의 종류별로 국토교통부장관의 영업인가를 받거나 국토교통부장관에게 등록해야 한다.

4) 자산운용 및 규제
- 부동산 투자회사는 최저자본금 준비기간이 끝난 후에는 매 분기말 현재 총자산의 80% 이상을 부동산, 부동산 관련 증권 및 현금으로 구성해야 한다. 이때, 총자산의 70% 이상은 부동산이어야 한다.
  → 건축 중인 건축물 포함
- 부동산 투자회사는 해당 연도 이익배당한도의 90% 이상을 주주에게 배당하여야 한다.

2 부동산 투자회사(REITs)의 종류 → '개발전문 부동산 투자회사'는 2015년 법 개정으로 폐지되었음

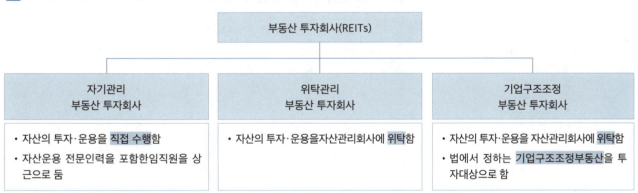

합격의 기준, 해커스금융
fn.Hackers.com

해커스 투자자산운용사 최종 실전모의고사

제2과목

투자운용 및 전략 II / 투자분석

Topic 01 대안투자상품

대표 출제 유형

01 대안투자펀드에 해당하는 펀드로만 모두 묶인 것은?

① MMF, 헤지펀드
② MMF, 주식형펀드
③ 부동산펀드, 헤지펀드
④ 부동산펀드, 채권형펀드

TIP '부동산펀드, 헤지펀드'는 대안투자펀드에 해당한다.

02 대안투자에 대한 일반적인 설명으로 가장 거리가 먼 것은?

① 헤지펀드, 부동산펀드, PEF 등은 대안투자펀드에 해당한다.
② 대안투자에서 거래하는 대부분의 자산은 장내시장에서 거래되어 환금성이 높은 편이다.
③ 전통투자상품과의 상관관계가 낮다.
④ 차입, 공매도의 사용 및 파생상품 활용이 높아 위험관리가 중요하다.

TIP 대안투자에서 거래하는 대부분의 자산은 장외시장에서 거래되어 환금성이 낮다. 이로 인해 대안투자는 환매금지기간이 있고 투자기간이 긴 편이다.

03 대안투자상품의 특징에 대한 설명으로 가장 적절한 것은?

① 일반적으로 대안투자상품은 전통투자상품과 높은 상관관계를 가진다.
② 거래 자산 대부분이 장내시장에서 거래된다.
③ 거래방식은 주로 매수 중심(long only)을 취한다.
④ 전통투자에 비해 운용자의 능력이 중요하기 때문에 그 보수율도 높은 수준이다.

TIP 전통투자에 비해 운용자의 스킬이 중요시되고 이로 인해 보수율이 높은 수준이며, 경우에 따라 성공보수가 징구되기도 한다.

정답 01 ③ 02 ② 03 ④

01~03 핵심포인트 해설

1 대안투자

대안투자는 주식, 채권, 현금과 같은 전통적인 투자 자산이 아닌 다양한 자산에 투자하는 것으로, 전통적인 금융 시장의 흐름과 상관성이 낮은 자산에 투자함으로써 포트폴리오를 다각화하고 위험을 분산하는 데 목적이 있다.

```
                        투자 자산
                   ┌──────┴──────┐
                전통투자        대안투자
```

전통투자	대안투자
• 주식　　• 주식형펀드	• 부동산　　　　　　　• 부동산펀드
• 채권　　• 채권형펀드	• 일반상품(원자재)　　• 일반상품펀드
• 현금　　• 혼합형펀드	• 인프라스트럭처　　　• 인프라스트럭처펀드
• MMF	(사회간접시설)　　　• 헤지펀드
	• PEF

2 대안투자상품의 특징

1) **전통적인 투자상품과 낮은 상관관계를 가진다.**
   - 전통투자상품 + 대안투자상품으로 포트폴리오를 구성하면 효율적인 포트폴리오 구성이 가능하다. (분산투자효과 ↑)

2) **환매금지기간이 존재하고, 투자기간이 길다.**
   - 주로 장외시장에서 거래되고, 전통적 투자 자산에 비해 거래가 활발하지 않아 환금성이 떨어진다. (유동성 위험)

   ↗ 기존 전통적 투자 방식
3) (매수 중심(long only)의 방식이 아닌) **차입, 공매도의 사용 및 파생상품 활용이 높다.**
   - 차입, 공매도 및 파생상품 등 레버리지를 이용하는 거래전략으로 인해 규제가 많고, 위험관리가 관건이다.
   - 주로 기관투자자 또는 거액자산가들이 투자한다.

4) **운용자의 운용 능력과 스킬이 중요하다.**
   - 운용자 능력이 중요시되기 때문에 보수율이 높고, 성공보수가 징구되기도 한다.

Topic 02 부동산금융

대표 출제 유형

01 부동산금융에 대한 설명으로 가장 거리가 먼 것은?

① REITs의 주권은 증권시장에 상장됨으로써 유동성 확보가 가능하다.
② MBS는 주택자금대출을 통한 채권과 담보로 확보된 저당권을 기초자산으로 한다.
③ 차입상환액이 4억원, NOI가 5억원이라면, DCR(부채부담능력 비율)은 0.8이다.
④ 건물이 100억원에 매각되고, 해당 건물의 NOI가 11억원이었다면 수익환원율은 11%이다.

TIP DCR = NOI/차입상환액 = 5억/4억 = 1.25

02 부동산금융에 대한 설명으로 가장 거리가 먼 것은?

① 담보대출은 수익형 부동산금융의 대표적인 형태이다.
② MBS는 ABS의 일종으로, 주택자금으로부터 발생하는 채권과 채권의 변제를 위해 담보로 확보하는 저당권을 기초자산으로 발행한다.
③ MBS는 주택저당채권을 전문으로 유동화하는 유동화 중개기관이 있다는 점에서 ABS와 차이가 있다.
④ PF(프로젝트 금융)는 사업자와 법적으로 독립된 프로젝트에서 발생하는 미래 현금흐름을 상환재원으로 하여 자금을 조달한다.

TIP 담보대출은 주택금융의 대표적인 형태이다.

03 부동산 개발사업 관련 주요 위험관리 방안에 대한 설명으로 가장 거리가 먼 것은?

① 사업부지의 지주 수가 다수인 경우 각각의 지주와 개별 계약을 함으로써 토지 매입대금 상승 위험을 축소할 수 있다.
② 에스크로(escrow) 계좌를 통해서 분양수입금을 관리함으로써 사업 위험을 축소할 수 있다.
③ 인허가 리스크에 대비해 일정 인허가 승인 조건부 자금 인출을 계약사항에 명문화해두어야 한다.
④ 분양이 저조할 경우를 대비해 할인 분양권 보유, 시공사 대물조건 등의 대처방안을 강구한다.

TIP 사업부지의 지주 수가 다수인 경우 전체 지주와 일괄계약 및 동시 자금 집행을 함으로써 토지 매입대금 상승 위험을 축소할 수 있다.

정답 01 ③ 02 ① 03 ①

01~03 핵심포인트 해설

1 부동산금융

부동산금융은 부동산과 관련된 자산을 매입, 개발 또는 운영하는 데 필요한 자금을 조달하는 모든 금융 활동을 의미한다. 부동산 프로젝트에 투자할 자금을 제공하거나, 자금을 조달받는 방식으로 이루어지며, 다양한 금융 상품과 구조가 사용된다.

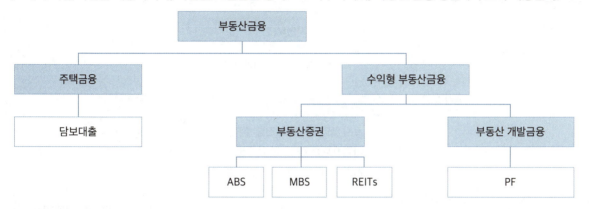

2 부동산증권

1) ABS(자산담보부증권) 제1과목 Topic 15 연계 학습

- ABS는 금융기관이나 기업이 보유한 자산을 기초로 증권화한 후 투자자에게 판매하여 자금을 조달하는 구조로, 자산보유자는 조기에 현금흐름을 창출시켜 유동성 위험을 회피할 수 있다.

2) MBS(주택저당증권) 제1과목 Topic 16 연계 학습

- MBS는 금융기관이 보유한 주택저당채권을 기초자산으로 증권화한 것으로, ABS의 일종이다.
- 주택저당채권을 전문적으로 유동화하는 유동화 중개기관이 있다는 점에서 ABS와 차이가 있다.

3) REITs 제1과목 Topic 23 연계 학습

- REITs는 다수의 투자자로부터 자금을 모아 부동산 및 관련 사업에 투자한 후 투자자에게 배당을 통해 이익을 분배하는 부동산 투자회사이다.
- 부동산 소유지분, 주택저당담보증권에 투자하여 얻은 수익을 투자자에게 되돌려주는 방식으로 운영된다.
- REITs의 주권은 증권시장에 상장된다.
  → 유동성이 확보되고, 일반투자자들도 소액으로 부동산 투자가 가능하다.

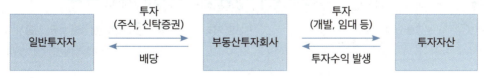

3 부동산 개발금융 - 프로젝트 금융(PF)

1) 프로젝트 금융(PF)이란?
- 프로젝트 금융(PF)은 기업의 신용이 아닌 사업 자체의 미래 현금흐름을 담보로 자금을 조달하는 금융기법이다. 기존의 대출과 달리, 모기업(차주)의 재무구조가 아니라 해당 프로젝트의 수익 창출 잠재력에 기반하여 투자와 대출이 이루어진다.

2) 프로젝트 금융의 기본구조

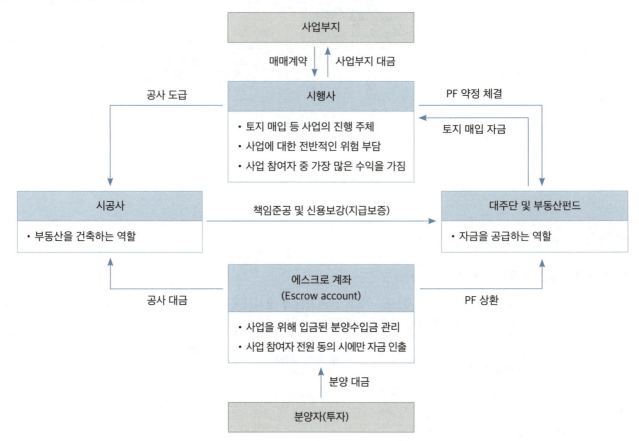

3) 부동산 개발사업 관련 주요 위험과 관리 방안

구분	주요 위험요소	위험관리 방안
토지 확보 위험	• 지주 수가 여러 명인 토지	• 사업부지 전체 지주와 일괄계약 및 동시 자금을 집행하여 토지 매입대금 상승 위험을 축소함 → 각각의 지주와 개별 계약 (X)
사업 위험	• 분양수입금의 관리 위험	• 분양수입금의 에스크로 계좌(Escrow account)를 통한 관리
인허가 위험	• 인허가 완료 전 중도금 및 잔금 등 자금 투입되어야 하는 상황 발생	• 금융기관에서 인허가 리스크를 파악하고 통제하기 어려우므로, 대주단 및 부동산펀드는 인허가 위험을 시공사에 부담 • 일정 인허가 승인 조건부 자금 인출을 계약사항에 명문화함
시공 위험	• 시공사의 책임준공 → 시공사의 재무능력 중요	• 양호한 신용도의 시공사 선정 필요
분양성 검토	• 분양률 달성 여부	• 분양 저조 시 대처 방안 강구(할인 분양권 보유, 시공사 대물조건 등) 미분양 물량을 시공사에서 직접 인수하는 조건

4 부동산 투자성과 측정(비율 활용)

부동산에 대한 투자성과를 평가하는 일반적인 방법으로 비율방식이 있다. → 간편하다는 장점이 있음

1) 수익환원율(Cap Rate)	2) Equity 배당률	3) 부채부담능력 비율(DCR)
NOI(순영업소득) / 매도호가	초년도 세전 현금흐름 / 최초 Equity 투입액(자기자본)	NOI(순영업소득) / 차입상환액

→ 분자/분모 순서에 주의하여 정확하게 암기할 것!

1) 수익환원율(Cap Rate)

부동산이 100억원에 매각되었고, 매각된 건물의 NOI(순영업소득)가 11억원이라면?

∴ Cap Rate = NOI ÷ 매도호가 = 11억 ÷ 100억 = 11%

→ 즉, 해당 부동산은 연 11% 정도의 수익률을 보장한다는 의미로 해석할 수 있다.

2) Equity 배당률 → 현재 자본 이익률의 개략치

부동산을 100억원에 매입하였고, 차입금은 50억원, 초년도 세전 현금흐름이 5억원이라면?

∴ Equity 배당률 = 초년도 세전 현금흐름 ÷ 최초 Equity 투입액 = 5억 ÷ (100억 - 50억) = 10%

→ 자기자본(= 매입가 - 차입금)

→ 즉, 해당 부동산은 순수 자기자본 기준으로 연 10% 정도의 수익률을 보장한다는 의미로 해석할 수 있다.

3) 부채부담능력 비율(DCR)

매입한 부동산의 초기 NOI가 5억원, 차입상환액이 4억원이라면?

∴ DCR = NOI ÷ 차입상환액 = 5억 ÷ 4억 = 1.25

→ 즉, 해당 부동산은 연간 순영업소득이 차입금상환액을 25% 정도 초과한다는 의미로 해석할 수 있다.

Topic 03 PEF

대표 출제 유형

01 PEF에 대한 설명으로 가장 거리가 먼 것은?

① 펀드를 설립하고 투자와 운영을 책임지는 사원은 무한책임사원이다.
② 업무집행사원은 유한책임사원 중에서 선정하며, 1인 또는 수인으로 구성할 수 있다.
③ 일반 회사도 PEF의 무한책임사원이 될 수 있다.
④ 투자회수(Exit) 전략에는 매각, 상장, 유상감자 및 배당, PEF 자체 상장 등이 있다.

TIP 업무집행사원은 '무한책임사원' 중에서 선정하며, 1인 또는 수인으로 구성할 수 있다.

02 PEF에 대한 설명으로 가장 거리가 먼 것은?

① PEF는 1인 이상의 무한책임사원과 1인 이상의 유한책임사원으로 구성되어 있다.
② 무한책임사원은 펀드운용에 따른 최종 책임을 부담하며, 본인이 출자한 금액을 초과하여 책임질 수도 있다.
③ PEF의 등기·등록사항에서 유한책임사원의 내역은 대상이 아니지만, 무한책임사원은 대상으로 규정한다.
④ 증자는 가장 고전적인 PEF 투자회수(Exit) 전략이다.

TIP PEF 투자회수 전략에는 '매각, 상장(IPO), 유상감자 및 배당, PEF 자체 상장' 등이 있으며, '증자'는 PEF 투자회수 전략에 해당하지 않는다.

03 PEF의 투자회수(Exit) 전략으로 가장 거리가 먼 것은?

① 다른 PEF에 매각하여 현금화
② 인수한 회사의 IPO 후 지분 매각
③ PEF 자체의 상장
④ 유상증자

TIP PEF의 투자회수 전략에는 '매각, 상장(IPO), 유상감자 및 배당, PEF 자체 상장'이 있으며, '유상증자'는 PEF 투자자금 회수 전략으로는 거리가 멀다.

정답 01 ② 02 ④ 03 ④

01~03 핵심포인트 해설

1 PEF의 법적 형태

PEF의 사원은 1인 이상의 무한책임사원과 1인 이상의 유한책임사원으로 구성되며, 사원의 총 수는 100인 이하이어야 한다.

→ 비상장기업이나 사업 또는 지배구조의 개선이 필요한 기업에 투자하여 기업가치가 제고된 후 투자가치를 회수하는 구조

무한책임사원
- 펀드의 설립, 투자 및 운용을 책임지는 사원
- 투자액을 초과하는 책임부담
- PEF 전문운용사, 은행계 자회사 등이 무한책임사원 기능을 수행함
- 투자자 출자 내역 공개
- 업무집행사원은 무한책임사원 중에서 선정함

유한책임사원
- 투자액에 대해서만 책임부담
- 연기금, 은행, 보험, 재단 등이 유한책임사원 기능을 수행함
- 투자자 출자 내역 비공개

2 PEF의 무한책임사원 특례 → 상법상 합자회사 규정에 대한 특례

1) 일반 회사도 PEF의 무한책임사원이 될 수 있다.
   - 상법상 일반 회사는 무한책임사원이 될 수 없도록 규정하고 있으나, 이를 배제함으로써 금융기관이 PEF의 자산운용을 담당할 수 있게 했다.

2) 반드시 금전 또는 시장성 있는 유가증권만 출자할 수 있다.
   - PEF 투자자로서 자격을 부여받기 위해서는 현금 또는 이와 유사한 금전적 출자가 있어야 한다. 무한책임사원은 노무 또는 신용 출자를 할 수 없다.

3) 무한책임사원의 경업금지 의무를 배제한다. → 2개 이상의 PEF 운용 가능

4) 무한책임사원의 임의적 퇴사권을 인정하지 않는다.

3 PEF의 투자회수(Exit) 전략

	→ 고전적 방식
매각(Sale)	• 일반기업에 매각 또는 다른 PEF에 매각
상장(IPO)	• IPO를 통해 주식시장을 거쳐 일반투자자들에게 매각하는 방식 • 인수기업에 대해 계속해서 일정 지분을 보유할 수 있어 지속적인 영향력 행사가 가능함 → 장점 • 복잡한 공모절차와 감독당국의 심사과정이 필요함 → 단점 • 일반기업에 매각하는 방식보다 후순위 전략으로 분류됨
유상감자 및 배당	• 해당 기업의 수명 단축, 장기 성장성 저해 등의 부작용 초래
PEF 자체 상장	• 금리 상승, 자금시장의 경색 등으로 대규모 차입이 어려울 경우 인수자금조달 수단 측면뿐 아니라 투자자 자금회수전략 측면에서도 유리함 • 공격적인 회수 전략으로 분류

→ '증자'는 PEF 투자회수(Exit) 전략이 아님!

Topic 04 헤지펀드 운용전략

대표 출제 유형

01 <보기> 중 헤지펀드 운용 시 방향성 전략에 해당하는 전략으로만 모두 묶인 것은?

―― <보기> ――
- ㉠ 주식시장중립형 전략
- ㉡ 글로벌 매크로 전략
- ㉢ 선물거래 전략
- ㉣ 이머징마켓 헤지펀드 전략

① ㉠, ㉡, ㉢
② ㉠, ㉡, ㉣
③ ㉠, ㉢, ㉣
④ ㉡, ㉢, ㉣

TIP '㉡ 글로벌 매크로 전략, ㉢ 선물거래 전략, ㉣ 이머징마켓 헤지펀드 전략'은 방향성 전략에 해당한다.

02 헤지펀드 운용전략에 대한 설명으로 가장 적절한 것은?

① 전환증권 차익거래자는 기초자산의 변동성이 크고, 유동성이 높은 전환사채를 선호한다.
② 수익률곡선 차익거래는 방향성 전략에 해당한다.
③ 롱숏 전략은 강세시장에서만 좋은 성과를 달성할 수 있다.
④ 캐리트레이드는 높은 금리로 자본을 조달하여 낮은 금리에 투자하는 전략이다.

TIP
② 수익률곡선 차익거래는 채권 차익거래의 한 종류로, 차익거래전략에 해당한다.
③ 롱숏 전략은 두 개의 서로 다른 주식을 동시에 매수하고 매도함으로써 이익을 추구하는 전략이다. 롱숏 전략은 강세시장은 물론 약세시장에서도 좋은 성과를 달성할 수 있다.
④ '낮은' 금리로 자본을 조달하여 '높은' 금리에 투자하는 전략이 캐리트레이드 전략이다.

03 <보기>에서 설명하는 헤지펀드 운용전략에 해당하는 것은?

―― <보기> ――
- 기업의 합병, 사업 개편, 청산 및 파산 등 기업상황에 영향이 큰 사건을 예측하고 이에 따라 발생하는 가격변동으로 수익을 창출하는 전략이다.
- 부실채권투자와 위험 차익/합병 차익거래로 구분된다.
- 적극적으로 위험을 취하고, 경우에 따라 공매도와 차입을 사용한다.

① 차익거래전략
② Event Driven 전략
③ Global macro 전략
④ Fund of hedge funds 전략

TIP Event Driven 전략에 대한 설명이다.

정답 01 ④ 02 ① 03 ②

01~03 핵심포인트 해설

1 헤지펀드의 개요

1) 헤지펀드란?
   - 헤지펀드는 고도의 투자 전략과 복잡한 금융기법을 활용하여 시장 상황과 무관하게 절대수익을 추구하는 사모펀드의 한 형태이다. 단순한 시장 수익률을 뛰어넘어 안정적이고 차별화된 수익을 창출하는 것을 목표로 한다.

2) 주요 특징
   - 전문투자자 중심의 고위험 투자상품
   - 규제가 상대적으로 적은 자율적 투자 구조
   - 성과 중심의 보수체계

2 헤지펀드 운용전략의 종류

3 헤지펀드 운용전략 - (1) 차익거래전략

1) 개요
- 차익거래기회를 통해 수익을 추구하고 시장 전체의 움직임에 대한 노출을 회피함으로써 시장 변동성에 중립화하는 전략이다.
- 공매도와 차입을 일반적으로 사용한다.

2) 종류
- 전환사채 차익거래, 채권 수익률곡선 차익거래, 주식시장중립형 전략 등

3) 전환증권 차익거래
- 전환증권 차익거래는 전환사채를 매수하고, 기초자산 주식을 매도하고, 이자율 변동 위험과 신용위험 같은 위험은 헤지하면서, 전환사채의 이론가와 시장 가격의 괴리에서 수익을 추구하는 전략이다.

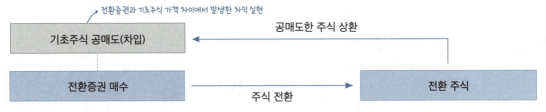

- 전환증권 차익거래자가 선호하는 전환사채의 특징
  - 기초자산의 변동성이 크고 볼록성(convexity)이 큰 전환사채 → 볼록성이 큰 채권일수록 수익률에 유리함
  - 유동성이 높은 전환사채
  - 기초주식을 쉽게 빌릴 수 있는 전환사채
  - 낮은 전환 프리미엄을 가진 전환사채 → 전환사채의 매입가가 낮아짐
  - 기초자산인 주식에서 발생하는 배당률이 낮은(또는 배당이 없는) 전환사채
  - 낮은 내재변동성으로 발행된 전환사채

4) 캐리트레이드(Carry trade) 전략
- 캐리트레이드 전략은 낮은 금리로 자본을 조달하여 높은 금리에 투자하는 전략으로서, 저금리-고금리 간의 차익을 추구하는 레버리지 투자전략이다. (높은 금리 (X), 낮은 금리 (X))

4 헤지펀드 운용전략 - (2) Event Driven 전략

1) 개요
    - 기업 합병 등 기업 상황에 영향이 큰 사건을 예측하고, 이에 따라 발생하는 가격 변동을 이용해 수익을 창출한다.
    - 위험을 적극적으로 취하고, 상황에 따라 공매도와 차입을 사용한다.

2) 종류
    - 부실채권투자, 위험 차익/합병 차익거래 등 → 차익거래전략 아님!

3) 합병 차익거래 → 'Event Driven 전략'에 해당
    - 합병 차익거래는 발표된 M&A, 공개매수 등과 관련된 주식을 사고파는 전략으로, 인수합병이 완료되면 발생하는 주식가치의 변화에서 이익을 창출하는 것을 목표로 한다.
    - 일반적으로 피인수 합병 기업의 주식을 매수하고, 인수기업의 주식을 매도하는 포지션을 취한다. → 매도 (X)   → 매수 (X)
    - 합병 차익거래는 발표되지 않은 추측 정보에 투자하지 않는다.

5 헤지펀드 운용전략 - (3) 방향성 전략

1) 개요
    - 특정 주가나 시장의 방향성에 근거하는 전략으로, 시장위험을 헤지한 종목 선택으로 수익을 극대화하기보다는 증권이나 시장의 방향성에 따라 매매 기회를 포착하는 기법이다.
    - 위험을 적극적으로 취하고, 상황에 따라 공매도와 차입을 사용한다.

2) 종류
    - 주식의 롱숏 전략, 글로벌 매크로(Global macro), 이머징마켓 헤지펀드, 섹터헤지펀드, 선물거래 전략 등

3) 글로벌 매크로(Global macro) 전략 → '방향성 전략'에 해당
    - 거시경제 분석을 바탕으로 특정 국가나 시장에 제한되지 않고 전세계를 대상으로 역동적으로 자본을 운용한다.
    - 헤지펀드 투자전략 중 가장 광범위한 자산에 다양한 투자수단을 사용하여 제약 없이 투자한다. → 공매도/레버리지/파생상품 등 활용
    - 투자 결정 시 경제상황에 대한 분석방법으로 Top-down 방식을 사용하며, 여러 거시경제변수에 대한 계량분석에 의해 변수들의 방향을 예측하여 투자를 수행한다.

Topic 05 신용파생상품

대표 출제 유형

01 신용파생상품에 대한 일반적인 설명으로 가장 거리가 먼 것은?

① CDS는 준거자산의 신용위험을 분리하여 보장매입자가 보장매도자에게 이전한다.
② TRS 계약에서 총수익매도자는 준거자산에 대한 신용위험뿐만 아니라 시장위험도 헤지할 수 있다.
③ 합성 CDO는 보장매입자가 준거자산을 양도하여 자산에 내재된 신용위험을 이전한다.
④ CLN 발행자는 투자자로부터 수령한 대금을 신용등급이 높은 담보자산에 투자하고, 이로부터 발생하는 현금흐름으로 투자자에게 이자와 원금을 상환한다.

TIP 합성 CDO는 보장매입자가 준거자산을 양도하는 것이 아니라, 신용파생상품을 이용하여 자산에 내재된 신용위험을 SPC에 이전하는 유동화 방식이다.

02 신용파생상품에 대한 설명으로 가장 적절한 것은?

① CDO의 Senior 트랜치는 Equity 트랜치보다 위험과 수익이 모두 높다.
② CDS는 보장매도자가 보장매입자에게 프리미엄을 지급하는 금융상품이다.
③ TRS 계약에 따라 현금흐름과 이에 따른 위험, 투표권 등의 경영권은 모두 TRS 수취자에게 이전된다.
④ TRS는 만기일에 준거자산의 가치가 최초 계약일의 가치와 달라질 경우 총수익매입자와 총수익매도자 간에 그 차액을 지급한다.

TIP TRS는 만기일의 준거자산의 가치보다 최초 계약일의 준거자산의 가치가 작을 경우 총수익매도자는 그 차이만큼을 총수익매입자에게 지급해야 한다. 반대의 경우에는 총수익매입자가 총수익매도자에게 그 차액을 지불해야 한다.

정답 01 ③ 02 ④

01~02 핵심포인트 해설

1 신용파생상품의 개요

1) 신용파생상품이란?
   - 신용파생상품은 신용위험을 관리하기 위해 신용위험을 분리하여 거래할 수 있는 금융상품이다.
     ↳ 거래상대방이 약속한 금액을 지불하지 못하는 경우 발생하는 손실에 대한 위험

2) 주요 유형

CDS	• 준거자산(ex. 채권) 발행기업의 채무불이행 위험을 거래하는 상품 • 보험과 유사한 구조로, 보장매입자는 프리미엄(보험료)을 지급하고, 신용(부도)사건 발생 시 보장매도자는 손실을 보전해줌으로써 신용위험을 헤지함 • 신용위험(only)만 전가하는 상품
TRS	• 준거자산에서 발생하는 전체 수익과 위험을 이전하는 계약 • 총수익매도자는 보유한 자산의 총수익을 지급하고, 총수익매입자는 기준금리 등을 지급함 • 총수익매입자는 자산의 총수익만을 수취하며, 자산의 소유권/경영권은 여전히 총수익매도자에게 있음 • 신용위험과 시장위험을 모두 전가하는 상품 ↳ 준거자산에서 발생하는 수익률이 변동할 수 있는 위험
CLN	• 특정 기업이나 국가의 신용위험을 채권 형태로 전가시키는 상품 • (보장매입자 → CLN 발행자) CDS 계약을 통해 신용위험을 전가하고, (CLN 발행자 → 투자자) CLN 발행을 통해 신용위험을 다시 전가함 • CLN 발행자는 기초자산의 신용상태와 연계된 채권(CLN)을 발행하고, 채권을 매입한 투자자에게 이자를 지급, 신용사건이 발생하는 경우 보장매입자에게 손실을 보전해야 함
CDO	• 여러 종류의 채권을 재포장하여 새로운 채권으로 만드는 구조화 금융상품 • CDO는 개별적인 신용위험보다는 포트폴리오의 위험을 다룸 • CDO는 여러 개의 트랜치(tranche)로 구성되며, 각각의 트랜치는 서로 다른 위험도와 수익률을 가짐
합성 CDO	• 일반적인 CDO와 달리, 준거자산을 양도하지 않고 합성하여 CDO를 발행함

2 CDS

CDS(Credit Default Swap)는 준거자산의 신용위험을 거래상대방에게 전가시키는 상품으로, 보장매입자가 보장매도자에게 보장 프리미엄을 지급하고 신용위험을 이전한다. → 보장 프리미엄과 부도사건 발생 시 손실보전금액을 교환하는 계약

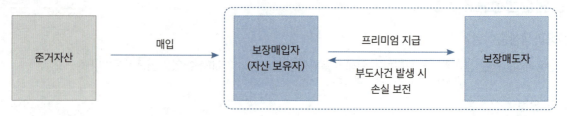

3 TRS

TRS(Total Return Swap)는 준거자산의 신용위험과 시장위험을 모두 거래상대방에게 전가시키는 상품으로, 자산 보유자(총수익매도자)는 총수익매입자에게 준거자산의 모든 현금흐름(총수익)을 지급하고 총수익매입자는 '시장 기준금리+TRS 스프레드 금리'를 지급한다.
→ 현금흐름과 위험은 이전되지만, 경영권(투표권 등)은 이전되지 않음

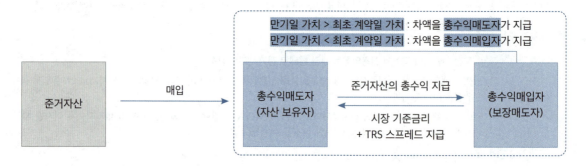

4 CLN

CLN(Credit Linked Note)은 일반채권에 CDS를 결합한 상품으로, 보장매입자는 준거자산의 신용위험을 CLN 발행자에게 전가하고 CLN 발행자는 이를 다시 채권의 형태로 변형하여 투자자들에게 발행함으로써 위험을 전가한다.

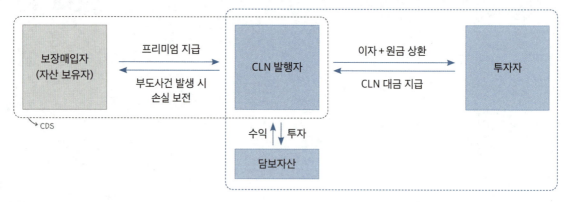

5 CDO

CDO(Collateralized Debt Obligation)는 부채 포트폴리오를 기초로 발행되는 유동화증권으로 여러 개의 트랜치(tranche)로 구성된다. 준거자산에 대한 신용사건이 발생할 경우 CDO 트랜치의 손실부담 우선순위에 따라 CDO 채권이 전액 또는 부분 손실 처리된다.

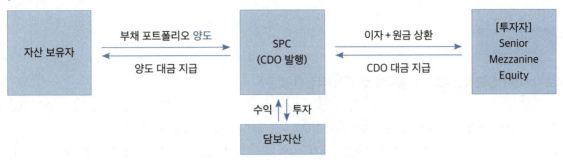

6 합성 CDO

합성 CDO(Synthetic Collateralized Debt Obligation)는 CDO의 일종이지만, 보장매입자가 <u>준거자산을 양도하지 않고</u> 합성하여 신용파생상품을 이용해 준거자산의 신용위험을 SPC에 이전한다. SPC는 이 신용위험과 연계된 CDO를 발행하여 투자자에게 다시 위험을 전가하고, CDO 발행대금으로 담보자산에 재투자함으로써 신용사건 발생 시 손실보전 의무를 담보하는 형태이다.

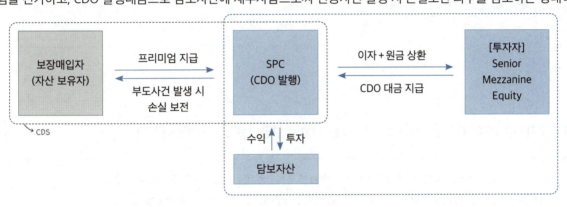

Topic 06 CDO

대표 출제 유형

01 <보기>에서 설명하는 CDO의 유형으로 가장 적절한 것은?

<보기>
- 기초자산의 수익률과 유동화 증권의 수익률 간의 차이에서 발생하는 차익을 얻을 목적으로 발행된다.
- SPC는 신용도가 높은 선순위 CDO 트랜치를 발행함으로써 낮은 이자비용을 발생시키고, 기초자산으로부터 얻는 높은 수익과의 차익을 남긴다.
- 기초자산으로 주로 수익률이 높은 자산을 구성한다.

① Arbitrage CDO
② Balance Sheet CDO
③ Cash Flow CDO
④ Synthetic CDO

TIP Arbitrage CDO에 대한 설명이다.

02 <보기> 중 CDO 및 트랜치(tranche)에 대한 적절한 설명으로만 모두 묶인 것은?

<보기>
㉠ CDO 발행자는 CDO 발행을 통해 자산의 신용위험을 투자자에게 전가함으로써 위험 관리를 할 수 있다.
㉡ CDO 발행자는 자산을 부외(off balance)로 옮기면서 재무비율을 개선시키는 효과를 얻을 수 있다.
㉢ Equity 트랜치 투자자의 수익은 up-front 방식으로 초기에 한 번에 받고, 만기에 남아있는 담보자산의 원금을 받는다.
㉣ Mezzanine 트랜치는 Senior 트랜치와 Equity 트랜치의 중간에 위치하며, 잔여이익에 대한 참여권이 없다.

① ㉠
② ㉠, ㉡
③ ㉠, ㉡, ㉢
④ ㉠, ㉡, ㉢, ㉣

TIP '㉠, ㉡, ㉢, ㉣'은 모두 CDO 및 트랜치에 대한 적절한 설명이다.

03 CDO의 트랜치(tranche)에 대한 일반적인 설명으로 가장 거리가 먼 것은?

① Equity 트랜치는 가장 위험이 높고 수익이 높은 트랜치이다.
② Mezzanine 트랜치는 두 번째로 손실을 입는 트랜치로서, 잔여 이익에 대한 참여권이 있다.
③ Senior 트랜치는 mark-to-market 위험이 있다.
④ 투자자는 Super Senior 트랜치 투자 시 신용평가사의 신용등급 없이 투자하게 된다.

TIP Mezzanine 트랜치는 잔여 이익에 대한 참여권이 없다.

정답 01 ① 02 ④ 03 ②

01~03 핵심포인트 해설

1 CDO의 구분

CDO는 크게 발행 목적, 위험의 전이 방법, CDO 기초자산 운용 관점에서 다음과 같이 분류할 수 있다.

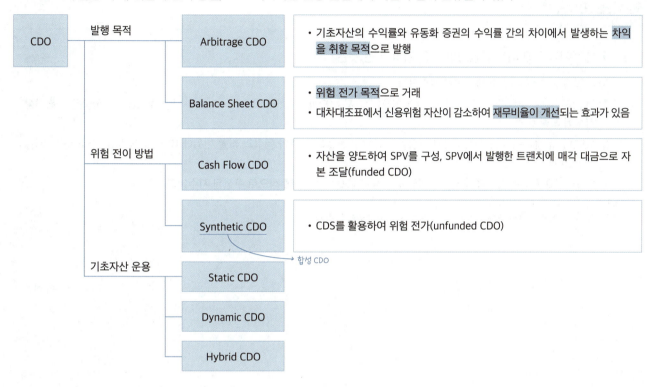

2 트랜치(tranche)

1) 트랜치란?

- 트랜치는 CDO의 리스크와 수익을 투자자에게 나눠주는 방식을 말한다. CDO 발행 시 자산을 분할하여 각각 다른 우선순위와 수익률을 갖도록 하는데, 이렇게 분할된 자산은 서로 다른 위험도와 수익률을 갖게 되며, 각각의 트랜치는 서로 다른 투자자들에게 판매된다.

2) CDO의 투자

Topic 07 국제 주가지수

대표 출제 유형

01 국제 주가지수에 대한 설명으로 가장 거리가 먼 것은?

① MSCI 지수는 시가총액 방식으로 산출한다.
② MSCI 지수는 세계지수(World Index)와 신흥시장 지수(Emerging Markets Index)로 나눌 수 있는데, 한국은 신흥시장 지수에 포함된다.
③ MSCI EM 지수는 주요 신흥시장의 기업을 기준으로 산출되며 주가 등락과 환율 변동에 따라 각 국가별 편입비중도 매일 변동한다.
④ FTSE 100 지수는 런던증권거래소(LSE)에 상장된 100개의 우량주식으로 구성된 지수이다.

TIP MSCI 지수는 '시가총액 방식'이 아닌 '유동주식 방식'으로 산출한다.

02 MSCI 지수에 대한 설명으로 가장 거리가 먼 것은?

① 미국계 펀드의 운용에 주요 기준으로 사용된다.
② MSCI 지수는 유동주식 방식으로 산출된다.
③ MSCI 지수는 크게 세계지수(World Index)와 신흥시장지수(EM Index)로 나뉘며, 한국은 세계지수에 포함된다.
④ 신흥시장지수는 주가 등락과 환율 변동에 따라 각 국가별 편입비중이 바뀐다.

TIP 한국은 MSCI 신흥시장지수(EM Index)에 포함된다.

정답 01 ① 02 ③

01~02 핵심포인트 해설

1 국제 주가지수

국제 투자에서는 국제 주가지수가 포트폴리오의 벤치마크로 설정되어 포트폴리오 구성이나 성과평가의 기준으로 활용한다. 국제 투자의 벤치마크로서 주로 사용되는 국제 지수는 MSCI 지수와 FTSE 지수 등이 있다.

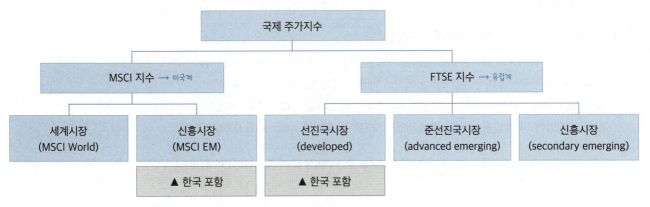

2 MSCI 지수

1) 개요

- 미국계 펀드의 운용에 주요 기준으로 사용된다. → 기본적으로 '미국 달러(USD)' 기준으로 산출
- MSCI 지수는 크게 세계지수(World Index)와 신흥시장 지수(Emerging Markets Index)로 나눌 수 있다.
- MSCI 지수는 시가총액 방식이 아닌, 유동주식 방식으로 산출된다.

시가총액 방식	유동주식 방식
- 모든 발행 주식을 기준으로 함 → 실제 시장의 영향력을 정확히 반영하지 못함	- 시장에서 실제 거래 가능한 주식을 기준으로 함
- MSCI 지수는 시가총액 (가중) 방식으로 산출된다. (X)	- MSCI 지수는 유동주식 (가중) 방식으로 산출된다. (O) - MSCI 지수는 유동시가 (가중) 방식으로 산출된다. (O) - MSCI 지수는 유동시가총액 (가중) 방식으로 산출된다. (O)

2) MSCI EM지수(신흥시장 지수)

- 한국을 포함한 주요 신흥시장 기업을 기준으로 산출되며, 주가 등락과 환율 변동에 따라 각 국가별 편입비중도 매일 바뀐다.
- MSCI 지수의 경우, 현재 우리나라는 신흥시장으로 분류되어 있다.

3 FTSE 지수

1) 개요

- MSCI와 함께 세계시장을 대상으로 하는 대표적인 양대 지수로, 주로 유럽계 자금의 투자 벤치마크 역할을 한다.
  → 기본적으로 '영국 파운드(GBP)' 기준으로 산출
- FTSE 지수는 전세계 국가를 선진국시장(developed), 준선진국시장(advanced emerging), 신흥시장(secondary emerging)으로 분류한다.
- FTSE 지수의 경우, 현재 우리나라는 선진국시장으로 분류되어 있다.

2) FTSE100 지수

- FTSE 지수의 한 종류인 'FTSE100 지수'는 런던증권거래소에 상장된 100개의 우량주식으로 구성된 지수이다.

Topic 08 해외 주식발행(DR)

대표 출제 유형

01 DR에 대한 설명으로 가장 거리가 먼 것은?

① 거래소에 따라 DR의 형태를 취하지 않고 기업 본국에서 거래되는 주식이 그대로 상장되기도 한다.
② ADR은 외국 주식이 미국 증권으로 등록되고 미국 증시에 상장되어 거래되도록 한다.
③ 정의상 GDR은 미국달러 표시 DR이 미국 이외의 거래소에 상장되는 것을 의미한다.
④ 해당 기업이 DR의 발행 및 상장 관련 비용을 부담하는 형태를 sponsored DR이라고 한다.

TIP 미국달러 표시 DR이 미국 이외의 거래소에 상장되는 것은 정의상 EDR이다. GDR은 미국달러 표시 DR이 미국과 미국 이외의 시장에서 동시에 상장되는 것을 의미한다.

02 DR에 대한 설명으로 가장 적절한 것은?

① 미국 증시에 상장되기를 원하는 기업이 발행·상장 관련 비용을 직접 부담하는 경우 Unsponsored DR이라고 한다.
② 외국 주식을 DR의 형태가 아닌 원주 그대로 증권시장에 상장시키는 것도 가능하다.
③ 달러화 표시 해외 DR 발행이 미국과 미국 이외의 시장에서 동시에 이루어지면 이는 EDR이라고 한다.
④ 기업의 본국시장에 상장되지 않은 기업이 해외 주식시장에 상장한 사례는 없다.

TIP 외국 주식을 DR의 형태가 아닌 원주 그대로 증권시장에 상장시키는 것도 가능하며, 이러한 형태를 '원주상장 방식'이라고 한다. 이 경우 거래소 내 외국 주식거래를 위한 별도의 시장소속부에서 거래되며, 주식의 표시통화도 현지의 통화나 본국의 통화를 그대로 사용하여 투자자들이 환전 비용을 최소화할 수 있다는 장점이 있다.

03 <보기> 중 복수상장에 따른 효과로만 모두 묶인 것은?

<보기>
㉠ 외화자금의 조달
㉡ 기업의 투명성 제고
㉢ 글로벌 홍보효과
㉣ 상장 유지비용 절감

① ㉠　　② ㉠, ㉡　　③ ㉠, ㉡, ㉢　　④ ㉠, ㉡, ㉢, ㉣

TIP '㉠, ㉡, ㉢'은 복수상장에 따른 효과에 해당한다.

정답 01 ③　02 ②　03 ③

01~03 핵심포인트 해설

1 해외 상장

해외 주식발행 방식에는 기업이 해외 시장에서 자금을 조달하고 주식을 발행하는 방법에 따라 DR 상장, 원주 상장 방식이 있다.

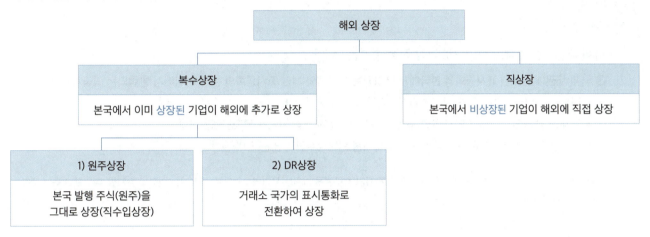

1) **원주상장(직수입상장)**
   - 원주상장은 기업이 해외 증권거래소에 자사의 원주(본국에서 발행한 주식)를 그대로 상장하는 방식이다.
   - 해외 주식의 표시통화를 거래소 국가의 표시통화로 전환하지 않고, 본국의 통화를 그대로 사용한다.

2) **DR상장** → 기업의 주식을 현지 금융기관에 예치하고, 그에 대응하는 증서를 발행하여 투자자들이 거래할 수 있도록 하는 것
   - DR상장은 예탁증서를 발행하는 방식으로, 해외에 직접 상장하는 대신, 현지 금융기관을 통해 주식을 간접적으로 발행하는 형태이다.
   - 해외 주식의 표시통화를 거래소 국가의 표시통화로 전환한다.

2 DR의 유형

1) **거래되는 시장에 따른 구분**

ADR	미국 증권으로 등록하고 미국 증시에 상장되어 거래
EDR	달러 표시로 DR을 발행하고, 미국 이외의 시장에서 상장
GDR	달러 표시로 DR을 발행하고, 미국과 미국 이외의 시장에서 동시에 상장

2) **발행 및 상장 관련 비용 부담 주체에 따른 구분**

Sponsored DR	미국 증시에 상장되기를 원하는 해당 기업이 직접 비용을 부담하고 상장하는 것
Unsponsored DR	미국 투자자들이 해당 기업의 상장을 원할 경우 미국 증권회사가 비용을 부담하고 상장하는 것

3 복수상장의 효과 → 복수상장을 하는 경우 '상장 유지비용 절감'되지 않음!
(오히려 추가 상장에 따라 상장 유지비용이 추가될 수 있음)

- 외화자금의 조달
- 기업의 투명성 제고
- 글로벌 홍보 효과

Topic 09 외국채와 유로채

대표 출제 유형

01 국제 채권시장에 대한 설명으로 가장 적절한 것은?

① 국제 채권에는 채권 표시통화의 본국에서 발행되는 유로채와 채권 표시통화의 본국 이외에서 발행되는 외국채가 있다.
② 판다본드는 외국기업이 홍콩에서 발행하는 위안화 표시 채권이다.
③ 유로채는 감독 당국에 등록되지 않고 채권의 소지자가 청구권을 가지는 무기명채권이다.
④ 외국채는 채권에서 발생하는 수익에 대한 소득세를 원천징수하지 않는 것이 일반적이다.

TIP 유로채는 감독 당국에 등록되지 않고 채권의 소지자가 청구권을 가지는 무기명채권으로, 투자자는 익명을 유지할 수 있고 소득에 대한 원천징수가 없다.

02 외국채와 유로채에 대한 설명으로 가장 적절한 것은?

① 외국채는 기명식으로 발행된다.
② 외국채를 발행하는 경우 발행지 현지국의 공시, 신용등급평가 등에 대한 규제가 미미하다.
③ 양키본드는 채권 표시통화의 본국 외에서 발행되는 채권에 해당한다.
④ 딤섬본드는 중국에서 위안화로 발행되는 채권이다.

TIP 외국채는 기명식으로 발행되는 반면에, 유로채는 무기명식으로 발행된다.

03 <보기> 중 국제 채권에 대한 적절한 설명으로만 모두 묶인 것은?

― <보기> ―
㉠ 미달러화 표시 채권이 미국 이외의 국가에서 발행되는 경우 무기명식으로 발행된다.
㉡ 양키본드는 미국에서 발행되는 외국채이다.
㉢ 딤섬본드는 외국기업이 홍콩에서 홍콩달러 표시로 발행하는 채권이다.

① ㉠, ㉡   ② ㉠, ㉢   ③ ㉡, ㉢   ④ ㉠, ㉡, ㉢

TIP '㉠, ㉡'은 국제 채권에 대한 적절한 설명이다.
㉠ 미달러화 표시 채권이 미국 이외의 국가에서 발행되는 것은 유로달러본드(유로채)이다. 유로채는 채권의 소지자가 청구권을 가지는 '무기명식'으로 발행된다.
㉡ 양키본드는 외국기업이 미국에서 미달러화 표시로 발행하는 채권(외국채)이다.

정답 01 ③ 02 ① 03 ①

01~03 핵심포인트 해설

1 국제 채권시장

국제 채권시장은 기업이나 정부기관 등이 해외에서 채권을 발행하여 자금을 조달하고, 발행된 국제 채권이 유통되는 시장을 말한다. 해외자금조달을 위해서 발행되는 국제 채권은 외국채(Foreign bonds)와 유로채(유로본드, Eurobonds)로 구분된다.

2 외국채 vs. 유로채

구분	외국채	유로채
발행지	• 채권 표시통화의 본국	• 채권 표시통화의 본국 외
제약 및 규제	• 현지국(발행지)의 채권 발행 및 조세에 관한 규제 • 공시, 신용등급평가에 따른 엄격한 규제	• 사실상 현지국(발행지)의 규제가 없음(역외채권) • 공시, 신용등급평가에 따른 규제 미미
이자소득세	• 부담 있음	• 부담 없음
무기명/기명	• 기명식 채권 → 익명 유지 X	• 무기명식 채권 → 익명 유지 O
대표 유형	• 양키본드 : 미국에서 달러로 발행되는 외국채 • 사무라이본드 : 일본에서 엔화로 발행되는 외국채 • 판다본드 : 중국에서 위안화로 발행되는 외국채	• 딤섬본드 : 홍콩에서 위안화로 발행되는 유로채

※ 이자소득세: 채권에서 발생하는 수익에 대한 이자소득세

Topic 10 미국 국채

대표 출제 유형

01 미국 재무부채권 중 이표채로 발행되는 채권으로만 모두 묶인 것은?

① T-bill
② T-bill, T-note
③ T-note, T-bond
④ T-bill, T-note, T-bond

TIP T-note, T-bond는 이표채로 발행되며, T-bill은 할인채로 발행된다.

02 미국 국채에 대한 설명으로 가장 적절한 것은?

① T-bond는 만기 1년 미만의 단기채에 해당한다.
② T-bond는 할인채로 발행된다.
③ T-note는 만기 10년 이상의 장기채에 해당한다.
④ T-bill은 할인채로, T-note는 이표채로 발행된다.

TIP T-bill은 만기 1년 이하의 단기채로 만기가 짧은 대신 할인채로 발행한다. 반면에 T-note, T-bond는 이표채로 발행되어 6개월마다 이자를 받을 수 있다.

03 미국 국채 투자 시 유의해야 할 사항으로 가장 거리가 먼 것은?

① 위험도에 따른 가산금리
② 미 달러화의 가치 변동
③ 미국 연준(Fed)의 금리정책
④ 채권의 수급

TIP 미국 국채는 위험성 없는 채권(안전자산)으로 보아 가산금리가 붙지 않는다. 따라서 미국 국채 투자 시 가산금리는 고려대상이 아니다. 한편, 기타 국가의 채권은 미국 국채 금리에 위험도에 따른 가산금리가 붙게 된다.

정답 01 ③ 02 ④ 03 ①

01~03 핵심포인트 해설

1 미국 국채(재무부증권)의 종류

미국 국채(재무부증권)는 '발행 시의 만기'와 '이자지급방법'에 따라 다음과 같이 구분된다.

구분	T-bill	T-note	T-bond
성격	단기채	중기채	장기채
만기	1년 이하	1년 초과 10년 이하	10년 이상
이자 지급	이자 없음	6개월마다 이자 지급	
형태	할인채	이표채	

→ 만기가 짧기 때문에 이자를 지급하는 대신 '할인채'로 발행함

2 미국 국채 투자 시 유의해야 할 사항

- 수익률곡선(Yield Curve) 분석
- 채권 수급
- 미국달러 가치의 움직임
- 미국 연준(Fed)의 금리정책
- 안전자산 선호
- 미국 물가/GDP/실업률 등 거시경제지표

'위험도에 따른 가산금리'는 미국 국채 투자 시 고려대상 아님!
(미국 국채는 안전자산으로 보기 때문)

Topic 11 환위험 관리 전략

대표 출제 유형

01 환위험 관리 전략에 대한 설명으로 가장 거리가 먼 것은?
① 롤링헤지는 전체 투자기간을 일시에 헤지한다.
② 통화 간의 움직임의 상관관계를 분석하여 여러 종류의 통화에 분산투자함으로써 헤지할 수 있다.
③ 국제 채권투자의 경우 환위험을 완전하게 제거하기 위해서 각 쿠폰이자 지급분과 만기 시 원금상환에 대해 선물환계약을 맺을 수 있다.
④ 국제 투자펀드는 환위험 헤지를 거의 하지 않고, 환율예측과 적극적인 투기를 통하여 환율변동을 초과수익의 기회로 이용하기도 한다.

TIP 투자기간을 고려한 헤지 전략은 '장기헤지'와 '롤링헤지'로 나누어진다. '롤링헤지'는 전체 투자기간을 몇 개의 단기간으로 나누어서 하나의 기간이 만기가 되면 또 다른 헤지를 이어서 하는 방식이다. 반면, '장기헤지'는 전체 투자기간을 일시에 헤지하는 방식이다.

02 환위험 관리 전략에 대한 설명으로 가장 거리가 먼 것은?
① 통화파생상품을 이용하는 전략의 경우 통화파생상품시장이 존재하더라도 충분한 유동성이 없다면 헤지수단으로서 유용하지 않다.
② 내재적 헤지는 주가와 통화가치 간의 상관관계에 의해 환노출이 낮아지는 전략으로 별도의 헤지비용이 추가된다.
③ 롤링헤지는 장기헤지에 비해 유동성 높은 헤지수단을 탄력적으로 이용할 수 있어 비용을 낮출 수 있다.
④ 장기적으로 환위험을 헤지하는 전략이 비용만 초래하는 결과를 가져올 수 있으므로, 헤지를 하지 않는 환노출 관리도 고려할 필요가 있다.

TIP 내재적 헤지는 주가와 통화가치 간의 상관관계에 의해 환노출이 낮아지는 전략으로, 별도의 헤지비용 없이 환위험을 헤지할 수 있다.

03 <보기>의 환위험 관리 전략에 대한 설명 중 빈칸에 들어갈 내용으로 가장 적절한 것은?

<보기>
( )은/는 투자대상 증권과 환율 간의 상관관계를 이용한 환위험 관리 전략으로 별도의 헤지비용이 없다는 장점이 있다.

① 롤링헤지
② 내재적 헤지
③ 통화파생상품 이용 전략
④ 통화 분산투자 전략

TIP (내재적 헤지)는 투자대상 증권과 환율 간의 상관관계를 이용한 환위험 관리 전략으로 별도의 헤지비용이 없다는 장점이 있다.

정답 01 ① 02 ② 03 ②

01~03 핵심포인트 해설

1 환위험 관리 전략 의의

해외 투자포트폴리오를 구성함에 있어서 환율의 변동은 투자성과에 결정적인 영향을 미친다. 따라서 해외 투자전략을 수립할 때에는 환위험을 관리하는 문제를 우선적으로 고려해야 한다.

2 환위험 관리 전략(방안)

1) **통화파생상품의 이용**
    - 투자대상국의 통화를 미리 팔고 자국 통화를 미리 사는 거래로서, 선물환, 통화선물, 통화옵션, 통화스왑 등이 이용될 수 있다.
    - 국제 채권 투자의 경우, 각 쿠폰이자 지급분과 만기 시 원금상환에 대해 선물환계약을 맺어 환위험을 완전히 제거할 수 있다.
    - 통화파생상품의 경우, 주요 통화 이외에는 시장의 유동성이 적기 때문에 현실적으로 이용이 어려운 경우가 많다.

2) **투자하려는 현물자산을 기초자산으로 하는 파생상품의 이용**
    - 통화파생상품을 이용하지 않고 환위험을 줄일 수 있는 방법은, 투자하려는 현물자산을 기초자산으로 하는 파생상품에 투자하는 방법이다.
    - 해외 주식에 투자하려는 경우 해당 국가의 통화가치 변동 위험에 노출되고 싶지 않다면, 그 나라의 주가지수선물을 매입하는 방법을 고려할 수 있다.
      예) 주가지수선물에 투자하는 경우 필요한 투자금액은 거래 증거금에 한하므로 전체 투자금액 가운데 증거금 이외의 자금은 본국 통화표시 확정금리상품에 투자하면, 투자 국가의 통화가치 변동 위험에 대한 노출을 최소화하면서 현물(주식)에 투자하는 것과 동일한 노출을 가질 수 있다.

3) **투자기간을 고려한 헤지**

장기헤지	• 전체 투자기간을 일시에 헤지하는 방법 • 헤지기간이 길 경우 합당한 파생상품을 찾기 어렵고, 비용이 높고, 유동성이 낮아 탄력적으로 전략을 사용하기 어렵다.
롤링헤지	• 짧은 헤지기간을 연결해서 전체 투자기간을 헤지하는 방법 → 전체 투자기간을 몇 개의 단기간으로 나누어 하나의 기간이 만기가 되면 또 다른 헤지를 이어서 하는 방법이다. • 유동성 높은 헤지수단을 이용할 수 있어 비용을 낮출 수 있다.

4) **내재적 헤지**
    - 주가와 통화가치 간의 상관관계에 의해 환노출을 낮추는 방법을 말한다.
      예) 미국 투자자가 달러화의 가치와 높은 양(+)의 상관관계를 갖는 해외 기업의 주식에 투자하는 경우, 투자대상국의 통화가치 하락이 주가의 상승으로 상쇄되어 일부 헤지가 가능할 수 있다.
    - 내재적 헤지의 경우 별도의 헤지비용이 발생하지 않는다는 장점이 있다.

5) **통화구성의 분산**
    - 통화 간의 상관관계를 이용하여, 여러 종류의 통화에 분산투자함으로써 환노출을 줄이는 방법이다.

6) **아무런 헤지를 하지 않는 방안**
    - 환율 변동은 위험요인인 동시에 수익의 요인도 되기 때문에 면밀한 환율 분석을 통해 적극적으로 환율 노출을 가질 경우 높은 초과 수익을 얻을 수도 있다.

Topic 12 기업분석(재무제표 분석) - 재무비율 해석

대표 출제 유형

01 재무비율에 대한 일반적인 설명으로 가장 거리가 먼 것은?

① 매출채권회전율(ART)이 높을 경우 현금흐름에 어려움을 겪는 기업이 매출채권을 높은 할인율로 현금화했을 가능성이 있다.
② 총자산회전율(TAT)이 높을 경우 기업의 매출이 둔화되거나 기계설비가 노후화되고 있는 것으로 해석한다.
③ 비유동자산회전율(NAT)이 높을 경우 비유동자산에 충분한 투자를 하고 있지 않다고 분석할 수도 있다.
④ 재고자산회전율(IVT)이 급격히 증가할 경우 기업이 덤핑으로 재고를 처분했을 가능성이 있다.

TIP 총자산회전율(TAT)이 높을 경우 보통 기업의 매출이 신장되거나 자산의 활용이 더욱 효율적으로 이루어지고 있다는 것으로 해석할 수 있다. 반대로, 총자산회전율이 낮다면 기업의 매출이 둔화되거나 기계설비가 노후화된 것으로 해석한다.

02 재무제표 분석 중 재무비율을 해석한 내용으로 가장 거리가 먼 것은?

① 총자산회전율이 상승한다면 기업의 매출이 신장되고 있거나 자산의 활용이 더욱 효율적으로 이루어지고 있는 것이다.
② 고정비용보상비율이 낮다면 해당 기업이 부채의 레버리지 효과를 충분히 활용하고 있지 않다는 것이다.
③ 부채-자산비율이 낮으면 기업의 이익은 안정적이며, 해당 기업이 발행한 주식의 위험이 낮고, 주주의 기대수익률도 낮다.
④ 유동비율은 높지만 당좌비율은 낮게 산출된다면, 재고자산과 선급금이 많은 것이다.

TIP 고정비용보상비율(FCC)이 낮다는 것은 해당 기업이 현재 과다한 레버리지를 사용하거나, 차입한 부채 규모 또는 리스료에 비해 충분한 수익을 내지 못하고 있다는 것을 의미한다. 반대로, 고정비용보상비율이 높다는 것은 해당 기업이 부채의 레버리지 효과를 충분히 활용하지 못한다는 것을 의미한다.

03 다음 중 재무상태표와 손익계산서를 동시에 활용하여 산출하는 재무비율이 아닌 것은?

① 이자보상비율
② 총자산회전율
③ 총자산이익률
④ 자기자본이익률

TIP 이자보상비율은 재무상태표 활용 없이 손익계산서만을 활용하여 산출하는 비율이다.

정답 01 ② 02 ② 03 ①

01~03 핵심포인트 해설

1 재무제표(재무상태표 vs. 손익계산서)

```
                          재무제표
                    ┌────────┴────────┐
                재무상태표          손익계산서
```

재무상태표
- 부채와 자기자본의 합계만큼의 보유자산이 어떻게 구성되어 있는지를 보여줌
- 총자산 = 부채 + 자기자본

손익계산서
- 정해진 기간 동안 실현된 매출액 정도, 발생한 비용, 이에 따른 순이익과 순손실을 보여줌

재무상태표 20xx. 12. 31. 현재	
자산	부채
유동자산 　현금및현금성자산 　매출채권 　재고자산	유동부채 　매입채무 비유동부채
비유동자산 　투자자산 　유형자산 　무형자산	자기자본 　자본금 　자본잉여금 　이익잉여금
총자산	부채 및 자기자본

손익계산서 20xx. 1. 1. ~ 20xx. 12. 31.
매출액
매출원가
매출총이익
판매관리비 감가상각비 임차료 세금공과
영업이익
영업외수익 영업외비용
법인세차감전순이익
법인세비용
당기순이익

▼

재무상태표에서 확인 가능한 항목
- 유동자산
- 비유동자산
- 총자산
- 유동부채
- 비유동부채
- 총부채
- 자기자본 등

▼

손익계산서에서 확인 가능한 항목
- 매출액
- 매출원가
- 각종 비용
- 순이익
- 주당이익 등

2 재무비율의 분류

보유자산 활용 능력 (효율성) 측정	활동성지표	$\dfrac{순매출}{\boxed{}}$	• 비유동자산회전율 • 재고자산회전율 • 매출채권회전율 • 총자산회전율	재무상태표 손익계산서 모두 활용 → 활동성지표, 수익성지표 (매출액영업이익률 예외)

기업의 수익성 측정	수익성지표	$\dfrac{순이익(영업이익)}{\boxed{}}$	• 총자산이익률(ROA)
			• 자기자본이익률(ROE)
			• 매출액영업이익률
			  → 매출액영업이익률은 수익성지표이지만,
			  '손익계산서'만 활용하여 계산하는 점에 유의!	

재무적 부담 이행 능력 측정	보상비율	-	• 이자보상비율 • 고정비용보상비율	손익계산서만 활용 → 보상비율, 이익지표 (+ 매출액영업이익률)
보통주 1주당 이익 측정	이익지표	$\dfrac{우선주\ 배당금\ 차감한\ 순이익}{보통주\ 총\ 발행주수}$	• 주당이익(EPS)	
중장기적 채무 이행 능력 측정	안정성지표	$\dfrac{총부채}{\boxed{}}$	• 부채-자산비율 • 부채-자기자본비율	재무상태표만 활용 → 안정성지표, 유동성지표
단기부채 상환 능력 측정	유동성지표	$\dfrac{\boxed{}}{유동부채}$	• 현금비율 • 유동비율 • 당좌비율	

3 주요 재무비율의 해석

1) 활동성지표

비유동자산 회전율 (NAT)	$\dfrac{순매출}{비유동자산}$	• NAT가 높으면 기업의 생산공정이 효율적이거나 비유동자산에 충분히 투자하지 않고 있다는 의미 • NAT가 낮으면 기업이 투자한 자금에 비해 매출이 빈약하다는 의미
재고자산 회전율 (IVT)	$\dfrac{순매출}{재고자산}$	• IVT가 상승하고 있다면 기업의 매출이 증가하고 있거나 경영통제가 매우 엄격하게 이루어지고 있다는 의미 → 갑자기 높아지면 현금흐름에 어려움을 겪는 기업이 덤핑으로 재고를 처분하였을 가능성 있음(부실징후) • IVT가 하락하고 있다면 매출이 둔화되고 있거나 재고 누적, 또는 기업이 보유자산을 비효율적으로 사용하고 있다는 의미
매출채권 회전율 (ART)	$\dfrac{순매출}{순매출채권}$	• ART가 상승하고 있다면 기업이 효율적으로 영업을 수행하고 있다는 의미 → 갑자기 상승하면 현금흐름에 어려움을 겪는 기업이 매출채권을 높은 할인율로 현금화하였을 가능성 있음(부실징후) • ART가 하락하고 있다면 매출이 둔화되고 있거나 고객들의 대금지불이 지연되고 있다는 신호로 볼 수 있음
총자산 회전율 (TAT)	$\dfrac{순매출}{총자산}$	• TAT가 상승하고 있다면 기업의 매출이 신장되고 있거나 자산의 활용이 효율적으로 이루어지고 있다는 의미 → 지나치게 높으면 기업이 충분한 자산을 보유하고 있지 않거나 또는 생산시설이 더 필요하다는 신호 • TAT가 하락하고 있다면 기업의 매출이 둔화되고 있거나 경영효율이 하락, 또는 기계설비가 노후해지고 있다는 의미

2) 보상비율

이자 보상비율 (ICR)	$\dfrac{\text{이자 및 법인세 차감 전 이익}}{\text{이자비용}}$	• 비율이 높게 나타나면 부채 레버리지 효과를 충분히 활용하고 있지 않다는 의미 (주주의 부 극대화 X) • 비율이 낮으면 기업에서 과도한 레버리지를 사용하거나, 차입 규모에 비해 충분한 수익을 내지 못한다는 의미
고정비용 보상비율 (FCC)	$\dfrac{\text{고정비용 및 법인세 차감 전 이익}}{\text{고정비용}}$	

3) 유동성지표

유동비율 (CR)	$\dfrac{\text{유동자산}}{\text{유동부채}}$	• 유동비율은 높은데, 당좌비율이 낮으면, 재고자산과 선급금이 많다는 의미
당좌비율 (QR)	$\dfrac{\text{유동자산 - 재고자산 - 선급금}}{\text{유동부채}}$	

Topic 13 기업분석(재무제표 분석) – ROA, ROE

대표 출제 유형

01 A기업의 ROE가 ROA의 5배이고, 총자산이 400억원이라면 자기자본과 총부채는 각각 얼마인가?

① 자기자본 320억원, 총부채 80억원
② 자기자본 275억원, 총부채 125억원
③ 자기자본 125억원, 총부채 275억원
④ 자기자본 80억원, 총부채 320억원

TIP ROE = 순이익/자기자본 = $\dfrac{\text{순이익}}{\text{총자산}} \times \dfrac{\text{총자산}}{\text{자기자본}}$ = ROA × $\dfrac{\text{총자산}}{\text{자기자본}}$

위 식에 'ROE = 5ROA, 총자산 = 400억'을 대입하면,

5ROA = ROA × $\dfrac{400억}{\text{자기자본}}$

5 = $\dfrac{400억}{\text{자기자본}}$

∴ 자기자본 = $\dfrac{400억}{5}$ = 80억

'총자산 = 자기자본 + 총부채'이므로,
∴ 총부채 = 400억(총자산) − 80억(자기자본) = 320억

02 총자산회전율이 2회이고, 매출액순이익률이 20%라고 할 때 총자산이익률(ROA)은 얼마인가?

① 10%   ② 20%   ③ 40%   ④ 60%

TIP 총자산이익률(ROA) = 매출액순이익률 × 총자산회전율
= 0.2 × 2 = 0.4

정답 01 ④ 02 ③

01~02 핵심포인트 해설

1 ROA vs. ROE

- 기업이 보유하고 있는 자산으로 어느 정도의 이익을 창출시키는지를 측정
- ROA는 전체 자산(부채 포함)을 이용하여, 자산 전반에 걸친 경영 효율성을 평가함

- 기업이 주주들이 투자한 자기자본으로 어느 정도의 이익을 창출시키는지를 측정
- ROE는 자기자본만을 고려하기 때문에 자본의 효율성에 초점을 맞춤

2 ROA 계산

1) 산출공식

$$ROA = \frac{순이익}{총자산} = 매출액순이익률 \times 총자산회전율(TAT)$$

2) 공식 살펴보기

$$ROA = \frac{순이익}{총자산} = \frac{순이익}{1} \times \frac{1}{총자산} = \frac{순이익}{순매출액} \times \frac{순매출액}{총자산} = 매출액순이익률 \times 총자산회전율(TAT)$$

분자/분모를 분리하면 | $\frac{순매출액}{순매출액}$ (= 1)을 곱하면

매출액순이익률 ← | → 총자산회전율

3 ROE 계산

1) 산출공식

$$ROE = \frac{순이익}{자기자본} = ROA \times \frac{총자산}{자기자본} = \frac{ROA}{자기자본비율} = \frac{ROA}{1 - 부채비율}$$

2) 공식 살펴보기

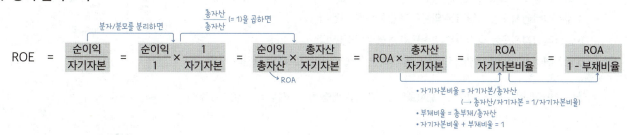

- 자기자본비율 = 자기자본/총자산
  (→ 총자산/자기자본 = 1/자기자본비율)
- 부채비율 = 총부채/총자산
- 자기자본비율 + 부채비율 = 1

Topic 13 기업분석(재무제표 분석)- ROA, ROE

Topic 14 레버리지 분석

대표 출제 유형

01 결합레버리지도(DCL)에 대한 설명으로 가장 거리가 먼 것은?

① 매출액의 변화율에 대한 주당순이익의 변화율의 비율로 정의된다.
② 영업레버리지도와 재무레버리지도의 곱으로 계산된다.
③ 영업고정비와 이자비용을 많이 지급할수록 결합레버리지도는 높다.
④ 타인자본 의존도가 높은 기업은 결합레버리지도가 낮다.

TIP 타인자본 의존도(I)가 높은 기업은 결합레버리지도가 높다.

02 영업고정비와 이자비용이 다음과 같을 때, 결합레버리지도가 가장 작게 나타나는 것은? (단, 나머지 조건은 모두 동일하다고 가정함)

① 영업고정비 130, 이자비용 110
② 영업고정비 130, 이자비용 150
③ 영업고정비 150, 이자비용 100
④ 영업고정비 150, 이자비용 110

TIP 결합레버리지도(DCL) = $\dfrac{PQ - VQ}{PQ - VQ - FC - I}$ = $\dfrac{PQ - VQ}{PQ - VQ - (FC + I)}$

영업고정비(FC)와 이자비용(I)의 합이 작을수록 분모가 커져, 결과적으로 결합레버리지도(DCL)가 작아지게 된다. 따라서 영업고정비와 이자비용의 합이 가장 작은 ①이 결합레버리지도 또한 가장 작게 나타난다.

03 레버리지도에 대한 설명으로 가장 거리가 먼 것은?

① 판매량의 변화율을 영업이익의 변화율로 나누면 영업레버리지도가 계산된다.
② 재무레버리지도는 타인자본 의존도가 높을수록 커진다.
③ 결합레버리지도는 타인자본 의존도가 높을수록 커진다.
④ 영업레버리지도에 재무레버리지도를 곱하면 결합레버리지도가 계산된다.

TIP 영업레버리지도는 영업이익의 변화율을 판매량(또는 매출액)의 변화율로 나누어 계산한다.

정답 01 ④ 02 ① 03 ①

01~03 핵심포인트 해설

1 레버리지도의 비교

2 레버리지도 세부설명

1) 영업레버리지도(DOL)
   - 영업레버리지 효과 : 영업고정비(FC)의 존재로 인해 매출액의 변동보다 영업이익(EBIT)의 변동이 증폭되는 현상을 의미한다.
   - 영업고정비(FC)를 부담하지 않는 기업은 영업레버리지 효과가 발생하지 않는다.

2) 재무레버리지도(DFL)
   - 재무레버리지 효과 : 고정 이자비용(I)의 존재로 인해 영업이익(EBIT)의 변동보다 순이익의 변동이 증폭되는 현상을 의미한다.
   - 재무레버리지도는 타인자본 의존도(= 이자비용)가 높을수록 크고, 영업이익이 커질수록 낮아진다.

3) 결합레버리지도(DCL)
   - 영업고정비(FC)와 고정 이자비용(I)이 존재하는 경우, 분자(매출액 − 변동비) > 분모(매출액 − 변동비 − 고정비 − 이자비용) 결합레버리지는 항상 1보다 크다.
   - 영업고정비(FC)와 고정 이자비용(I)을 많이 지급할수록 결합레버리지는 커지며, 기업의 주당순이익 변화율은 매출액 변화율보다 항상 확대되어 나타난다.
   - 결합레버리지도는 타인자본 의존도(= 이자비용)가 높을수록 크다.

Topic 15 현금흐름표 작성

대표 출제 유형

01 기업의 현금흐름 분석에 대한 설명으로 가장 거리가 먼 것은?

① 현금흐름표를 통해 분석대상 기업의 미래 현금흐름을 추정하고, 부채상환능력 및 배당지급능력을 파악할 수 있다.
② 현금의 범위에는 현금 및 현금성자산이 포함된다.
③ 영업활동으로 인한 현금흐름은 간접법을 이용하여 계산할 수 있다.
④ 현금의 차입과 원금상환은 투자활동으로 인한 현금흐름으로 본다.

TIP 현금의 차입과 원금상환은 '재무활동으로 인한 현금흐름'에 해당한다.

02 다음 중 현금흐름표 작성 시 간접법에 의해 당기순이익에서 차감하는 항목은 무엇인가?

① 유가증권 처분손실
② 매입채무의 감소
③ 매출채권의 감소
④ 감가상각비

TIP '매입채무의 감소'는 당기순이익에서 차감하는 항목에 해당한다. 반대로, '매입채무의 증가'는 당기순이익에 가산하는 항목에 해당한다.

03 <보기> 중 기업 현금흐름 분석에 대한 적절한 설명으로만 모두 묶인 것은?

─── <보기> ───
㉠ 현금의 범위는 현금 및 현금성자산이다.
㉡ 자기주식의 처분은 현금유입으로 본다.
㉢ 차입금의 차입은 투자활동으로 인한 현금흐름에 해당한다.

① ㉠
② ㉠, ㉡
③ ㉡, ㉢
④ ㉠, ㉡, ㉢

TIP '㉠, ㉡'은 기업 현금흐름 분석에 대한 적절한 설명이다.

정답 01 ④ 02 ② 03 ②

01~03 핵심포인트 해설

1 현금흐름표의 개요

1) 현금흐름표란?
   - 현금흐름표는 일정기간 동안 부문별 현금흐름에 관한 정보를 제공하는 재무제표이다.
     (→ 영업활동, 투자활동, 재무활동)

2) 현금흐름표는 재무상태표나 손익계산서에서 구할 수 없는 정보를 제공한다.
   - 분석대상 기업의 미래 현금흐름 추정에 도움을 준다.
   - 기업의 부채상환능력 및 배당지급능력을 파악할 수 있다.
   - 기업의 투자활동·재무활동을 파악함으로써 자산/부채의 증감 원인을 구체적으로 파악할 수 있다.
   - '당기순이익'과 영업활동에서 발생한 '현금흐름'의 차이 및 원인을 파악할 수 있다.

2 현금흐름표의 작성

1) 현금의 범위는 **현금 및 현금성자산**으로 정의된다.

2) 부문별 현금흐름

영업활동	원재료 및 상품 등의 구매활동, 제품 생산 및 판매활동, 투자·재무활동 이외의 현금흐름을 수반하는 모든 거래활동을 포함함
	→ 영업활동으로 인한 현금흐름은 직접법 또는 간접법으로 표시
투자활동	현금의 대여와 회수활동, 유가증권, 투자자산 및 비유동자산의 취득과 처분활동을 의미함
재무활동	현금의 차입 및 상환활동, 자기주식의 취득과 처분활동과 같이 부채와 자본의 증감에 관련된 활동을 의미함

3) 영업활동으로 인한 현금흐름(w/ 간접법)

당기순이익에 가산(+)	당기순이익에서 차감(-)
[현금유출이 없는 비용]	[현금유입이 없는 수익]
· 감가상각비 · 대손상각비	· 유가증권 평가이익
· 재고자산 평가손실 · 유가증권 평가손실	
[투자와 재무활동상 손실]	[투자와 재무활동상 이익]
· 유가증권 처분손실 · 설비자산 처분손실	· 유가증권 처분이익 · 설비자산 처분이익
[영업활동으로 인한 자산 감소 및 부채 증가]	[영업활동으로 인한 자산 증가 및 부채 감소]
· 매출채권의 감소 · 재고자산의 감소	· 매출채권의 증가 · 재고자산의 증가
· 매입채무의 증가	· 매입채무의 감소

4) 투자활동으로 인한 현금흐름

현금유입	현금유출
· 대여금 회수 · 유가증권 처분 · 설비자산 처분	· 대여금 대여 · 유가증권 매입 · 설비자산 취득

5) 재무활동으로 인한 현금흐름

현금유입	현금유출
· 차입금 차입 · 유상증자 · 자기주식 처분	· 차입금 상환 · 신주, 사채 등 발행비용 · 자기주식 취득

Topic 16 항상성장모형과 PER

대표 출제 유형

01 항상성장모형에 따라 계산한 주식 A의 현재 주가는 27,000원이다. 당기 주당순이익은 5,000원, 배당성향은 40%, 배당성장률은 8%로 예상될 때, 투자자의 요구수익률은 얼마인가?

① 8% ② 12% ③ 14% ④ 16%

TIP $P = \dfrac{D_1}{k-g} = \dfrac{D_0 \times (1+g)}{k-g} = \dfrac{\{EPS_0 \times (1-b)\} \times (1+g)}{k-g}$

$27{,}000 = \dfrac{(5{,}000 \times 0.40) \times 1.08}{k - 0.08}$

$k - 0.08 = \dfrac{(5{,}000 \times 0.40) \times 1.08}{27{,}000}$

$\therefore k = 0.08 + 0.08 = 0.16$

02 A기업은 투자자의 요구수익률이 10%, 자기자본이익률이 10%, 배당성향은 20%이다. 고든의 항상성장모형에 따라 A기업의 PER을 계산하면 얼마인가? (단, EPS는 다음기의 예측된 주당이익을 이용하는 것으로 가정함)

① 20 ② 15 ③ 10 ④ 5

TIP $PER = \dfrac{P_0}{EPS_1} = \dfrac{1-b}{k-g}$

$= \dfrac{1-b}{k - (b \times ROE)} = \dfrac{0.2}{0.1 - (0.8 \times 0.1)} = \dfrac{0.2}{0.02} = 10$

정답 **01** ④ **02** ③

01~02 핵심포인트 해설

1 고든의 항상성장모형

1) 보통주의 가치(P) 평가

$$P = \frac{D_1}{k-g} = \frac{D_0 \times (1+g)}{k-g} = \frac{\{EPS_0 \times (1-b)\} \times (1+g)}{k-g}$$

* P : 주식의 가치, D_0 : 현재의 배당금, D_1 : 다음기의 배당금, k : 요구수익률, g : 성장률, EPS_0 : 당기의 주당순이익, b : 유보율, (1 - b) : 배당성향

2) 투자자의 요구수익률(k) 계산 → 위 1) 식을 변형

$$k = \frac{D_1}{P_0} + g = \frac{D_0 \times (1+g)}{P_0} + g$$

2 PER 계산

1) PER 계산(기본)

$$PER = \frac{P}{EPS}$$

* P : 주식의 가치, EPS: 주당순이익

2) PER 계산(w/ 항상성장모형 이용)

$$PER = \frac{P_0}{EPS_1} = \frac{1-b}{k-g} = \frac{1-b}{k-(b \times ROE)}$$

↳ 이론적으로 다음기의 예측된 주당순이익을 사용함

* P_0 : 주식의 가치, EPS_1 : 다음기의 주당순이익, b : 유보율, (1 - b) : 배당성향, k : 요구수익률, g : 성장률, ROE : 자기자본이익률

Topic 16 항상성장모형과 PER

Topic 17 EV/EBITDA

대표 출제 유형

01 <보기>의 A기업 정보를 참고하여 계산한 A기업의 주당가치는 얼마인가?

<보기>
- 유사기업의 EV/EBITDA : 10배
- A기업의 EBITDA : 60억원
- 채권자가치 : 200억원
- 발행주식수 : 100만주(단, 발행주식수와 유통주식수는 동일함)

① 4만원　　　② 5만원　　　③ 7만원　　　④ 9만원

TIP 유사기업의 EV/EBITDA에 A기업의 EBITDA를 곱하여 A기업의 EV를 추정한다.
A기업의 EV = 유사기업의 EV/EBITDA × A기업의 EBITDA
　　　　　 = 10 × 60억
　　　　　 = 600억
'EV = 주주가치(시가총액) + 채권자가치'이므로
600억 = 주주가치(시가총액) + 200억
주주가치(시가총액) = 600억 - 200억 = 400억
∴ 주당가치 = $\frac{시가총액}{발행주식수}$ = $\frac{400억}{100만}$ = 4만

02 PER은 당기순이익을 기준으로 평가하는 모형이라는 점에서 한계점이 있다. 다음 중 PER의 한계점을 보완하고 기업의 자본구조를 감안하여 평가하는 지표는 무엇인가?

① PBR　　　　　　　　　　　　② Tobin's Q
③ EV/EBITDA　　　　　　　　　④ PEGR

TIP 'EV/EBITDA' 방식에 의한 가치 추정은 당기순이익을 기준으로 평가하는 PER 모형의 한계점을 보완하고, 기업 자본구조를 감안한 평가방식이라는 점에서 유용성이 있다.

정답 01 ① 02 ③

01~02 핵심포인트 해설

1 EV/EBITDA 비율의 개요

1) EV/EBITDA 비율이란?

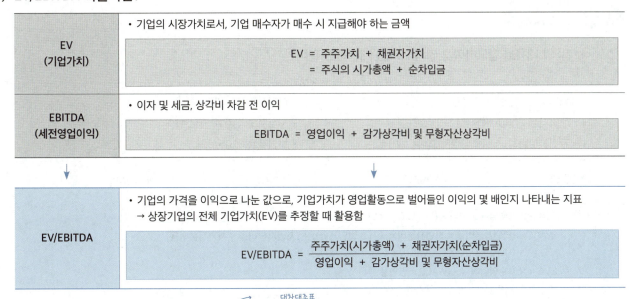

EV (기업가치)	• 기업의 시장가치로서, 기업 매수자가 매수 시 지급해야 하는 금액 EV = 주주가치 + 채권자가치 　 = 주식의 시가총액 + 순차입금
EBITDA (세전영업이익)	• 이자 및 세금, 상각비 차감 전 이익 EBITDA = 영업이익 + 감가상각비 및 무형자산상각비
EV/EBITDA	• 기업의 가격을 이익으로 나눈 값으로, 기업가치가 영업활동으로 벌어들인 이익의 몇 배인지 나타내는 지표 → 상장기업의 전체 기업가치(EV)를 추정할 때 활용함 EV/EBITDA = (주주가치(시가총액) + 채권자가치(순차입금)) / (영업이익 + 감가상각비 및 무형자산상각비)

2) 의의

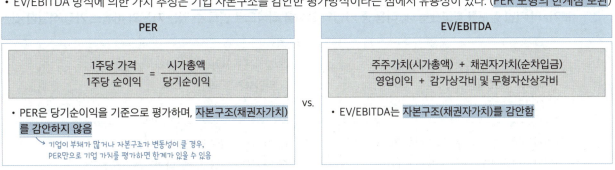

• EV/EBITDA 방식에 의한 가치 추정은 기업 자본구조를 감안한 평가방식이라는 점에서 유용성이 있다. (PER 모형의 한계점 보완)

PER	EV/EBITDA
1주당 가격 / 1주당 순이익 = 시가총액 / 당기순이익	(주주가치(시가총액) + 채권자가치(순차입금)) / (영업이익 + 감가상각비 및 무형자산상각비)
• PER은 당기순이익을 기준으로 평가하며, 자본구조(채권자가치)를 감안하지 않음 → 기업이 부채가 많거나 자본구조가 변동성이 클 경우, PER만으로 기업 가치를 평가하면 한계가 있을 수 있음	• EV/EBITDA는 자본구조(채권자가치)를 감안함

2 EV/EBITDA 비율을 활용한 기업가치 추정 방법

Step1 '추정하려는 기업의 EBITDA'와 '유사기업의 EV/EBITDA'로 기업의 EV를 추정한다.

　유사기업 EV/EBITDA × 상장기업 EBITDA = 상장기업 EV
　　　　　　　　　　　　↳ 추정하려는 기업

Step2 추정하려는 기업의 예상 시가총액을 추정한다.

　상장기업 EV - 채권자가치 = 시가총액

Step3 추정하려는 기업의 주당 가치를 추정한다.

　시가총액 ÷ 공모 후 발행주식수 = 주당 가치

Topic 18 EVA 모형

정답 01 ② 02 ④

대표 출제 유형

01 <보기>의 내용을 참고하여 기업의 EVA를 계산하면 얼마인가?

<보기>
- 영업이익(세전) : 500억원
- 투하자본 : 1,000억원
- 자기자본비율 : 60%, 타인자본비율 : 40%
- 타인자본 조달비용 : 10%
- 자기자본의 기회비용 : 12%
- 법인세율 : 20%

① 288억 ② 296억 ③ 388억 ④ 396억

TIP
- 세후순영업이익 = 500억 × (1 - 0.20) = 400억
- WACC = {타인자본비율 × 타인자본비용 × (1 - 법인세율)} + {자기자본비율 × 자기자본비용}
  = {0.40 × 0.10 × (1 - 0.20)} + {0.60 × 0.12} = 0.104
- ∴ EVA = 세후순영업이익 - (WACC × 영업용 투하자본)
  = 400억 - (0.104 × 1,000억) = 296억

02 <보기>의 기업 정보를 참고했을 때, 다음 중 기업의 EVA를 최적으로 만들 수 있는 자본의 비율로 가장 적절한 것은?

<보기>
- 세후순영업이익 : 100억원
- 투하자본 : 250억원
- 법인세율 : 20%
- 자기자본 기회비용 : 10%
- 타인자본 조달비용 : 10%

① 자기자본비율 80%, 타인자본비율 20%
② 자기자본비율 60%, 타인자본비율 40%
③ 자기자본비율 40%, 타인자본비율 60%
④ 자기자본비율 20%, 타인자본비율 80%

TIP EVA = 세후순영업이익 - (WACC × 영업용 투하자본)
= 100억 - (WACC × 250억)

→ EVA가 최적이 되려면(가장 커지려면), WACC가 낮아져야 한다.

WACC = {타인자본비율 × 타인자본비용 × (1 - 법인세율)} + {자기자본비율 × 자기자본비용}
= {타인자본비율 × 0.10 × (1 - 0.20)} + {자기자본비율 × 0.10}
= {타인자본비율 × 0.08} + {자기자본비율 × 0.10}

위 식에 '타인자본비율 = 1 - 자기자본비율'을 대입하면,
WACC = {(1 - 자기자본비율) × 0.08} + {자기자본비율 × 0.10}
= {0.08 - (자기자본비율 × 0.08)} + {자기자본비율 × 0.10}
= 0.08 + (자기자본비율 × 0.02)

→ WACC가 낮아지려면, 자기자본비율이 낮아져야 한다. (즉, 타인자본 비율은 높아져야 한다.)
따라서 자기자본비율이 가장 낮고 타인자본 비율이 가장 높은 ④이 정답이다.

01~02 핵심포인트 해설

1 EVA(경제적 부가가치)

NOPLAT (세후순영업이익)	• 기업의 영업이익에서 법인세를 차감한 이익 NOPLAT = 세전영업이익 × (1 - 법인세율)
WACC (가중평균 자본비용)	• 외부차입에 의한 '타인자본비용'과 주주가 제공한 '자기자본비용'이 모두 포함된 자본비용 WACC = {타인자본비율 × 타인자본비용 × (1 - 법인세율)} + {자기자본비율 × 자기자본비용}
IC (영업용 투하자본)	• 영업활동에 투입된 자본
↓	↓
EVA	• 기업이 창출한 영업이익에서 자본비용을 차감한 잔여이익 EVA = NOPLAT - (WACC × IC) 　　　　　　　　　　↳ 자본비용(특히, 자기자본비용)을 고려함

2 당기순이익과 EVA 비교(EVA의 유용성)

당기순이익 → 손익계산서		EVA
• 경영활동에 투입한 자기자본비용이 반영되어 있지 않음 • 당기순이익을 영업성과 측정도구로 사용할 경우, 지분투자자들의 기대수익에 미치지 못하는 이익이 발생하였음에도 긍정적 평가가 될 수 있다는 한계가 있음	vs.	• 자본비용(특히, 자기자본비용)을 고려하여 가치창출을 계산함 • EVA를 영업성과 측정도구로 사용할 경우, 총자본비용(타인자본비용 + 자기자본비용) 이상의 이익을 실현하는 것을 목표로 설정함 　↳ '자기자본비용' 이상의 이익을 실현하는 것을 목표로 설정함 (X) • 주주자본비용의 기회비용적 성격을 명확히 설정할 수 있게 함 • 회계이익이 경제적 이익을 반영하도록 수정하는 대체적 회계처리 방법을 사용함

Topic 19 패턴 분석

대표 출제 유형

01 패턴 분석에는 크게 반전형 패턴과 지속형 패턴이 있다. 다음 중 반전형 패턴에 해당하는 것은?

① 쐐기형
② 깃발형
③ 페넌트형
④ 헤드 앤 숄더형

TIP 헤드 앤 숄더형은 반전형 패턴에 해당한다.

02 주가 패턴에 대한 설명으로 가장 거리가 먼 것은?

① 원형 바닥형은 주가의 상승추세가 완만한 곡선을 그리면서 서서히 하락추세로 전환되는 패턴이다.
② 삼각형은 그래프상 가장 빈번하게 나타나는 지속형 패턴으로, 최소 4번 이상 주가의 등락이 있어야 하고 밑변과 꼭지점으로 구성된다.
③ 다이아몬드형은 확대형과 대칭 삼각형이 합쳐진 모양으로, 주로 주가의 큰 변동이 있고 난 이후에 나타난다.
④ 확대형은 주가의 등락 폭이 점차 확대되는 형태로서 상승 추세의 말기적 현상으로 보는데, 투자자들의 심리가 극도로 민감하고 불안정한 상태에 있음을 의미한다.

TIP 주가의 상승추세가 완만한 곡선을 그리면서 서서히 하락추세로 전환되는 패턴은 '원형 천장형'이다. '원형 바닥형'은 주가의 하락추세가 상승추세로 전환되는 패턴이다.

정답 01 ④ 02 ①

01~02 핵심포인트 해설

1 주가 패턴의 분류

```
                        주가 패턴
                   ┌───────┴───────┐
              반전형 패턴         지속형 패턴
```

반전형 패턴
- 헤드앤숄더, 역헤드앤숄더
- 이중 천장형, 이중 바닥형
- 원형 천장형, 원형 바닥형
- 확대형
- 선형

지속형 패턴
- 깃발형
- 삼각형
- 쐐기형 → 깃발형 + 삼각형
- 페넌트형
- 직사각형
- 다이아몬드형 → 확대형 + 대칭 삼각형

2 주요 내용

1) [반전형 패턴] 원형 천장형, 원형 바닥형, 확대형

원형 천장형	원형 바닥형	확대형
• 상승추세 → 하락추세 전환 • 주가의 상승추세가 완만한 곡선을 그리면서 서서히 하락추세로 전환되는 패턴	• 하락추세 → 상승추세 전환	• 좁은 등락 폭으로 움직이던 주가가 점점 그 등락 폭이 확대되는 패턴

2) [지속형 패턴] 삼각형, 직사각형

삼각형	직사각형
• 최소 4번 이상 주가의 등락이 있어야 함	• 최소 2개의 산과 골이 형성되어 4번 이상 주가 등락이 있어야 함

Topic 20 산업구조 변화에 대한 경제이론

대표 출제 유형

01 산업구조 변화이론에 대한 설명으로 가장 적절한 것은?

① 내생적 성장이론은 산업구조의 변화에서 요소부존이 요소창출보다 더 중요하다.
② 헥셔-올린 모형에 따르면 노동이 상대적으로 풍부한 국가는 노동집약적인 제품에서 비교우위를 갖는다.
③ 신무역이론에서는 산업 내 무역과 정부개입이 불필요하다.
④ 리카도 비교우위론에서는 국가 간에 각 제품생산에 필요한 노동투입량이 다르므로 각국은 상대적으로 생산비가 높은 제품의 생산에 특화하는 것이 이익이다.

TIP 노동이 상대적으로 풍부한 국가는 노동의 상대 가격이 싸므로 노동을 상대적으로 많이 사용하는 노동집약적인 제품에서 비교우위를 갖는다.

02 산업구조 변화 경제이론에 대한 설명으로 가장 거리가 먼 것은?

① 비교우위론에 따르면 각국은 상대적으로 생산비가 낮은 제품을 특화하여 생산하고 수출해야 한다.
② 제품 수명주기 이론은 한 국가의 공급능력 변화에서 기술혁신 또는 신제품 개발이 갖는 중요성을 분석했다.
③ 신무역이론은 규모의 경제와 불완전경쟁 등 시장실패를 가정하여 산업 내 무역과 정부개입의 필요성을 주장한다.
④ 내생적 성장이론은 동태적 비교우위와 산업구조의 변화에서 요소창출보다 요소부존이 더욱 중요하다.

TIP 내생적 성장이론은 경제성장을 인적자본 등 요소의 내생적 축적에 의해서 이루어진다고 보고 있으며, 이를 국제무역에 응용하면 산업구조의 변화에서 요소창출이 요소부존보다 더 중요하다.

정답 01 ② 02 ④

01~02 핵심포인트 해설

1 전통적 국제무역이론

전통적 국제무역이론 → 완전경쟁시장이라는 비현실적인 가정(한계점)

비교우위이론(D. Ricardo)
- 생산요소 : 노동(only)
- 각 나라가 다른 나라보다 상대적으로 생산비가 낮은 제품을 특화하여 생산한 후 무역
  → 즉, 비교우위가 있는 제품

헥셔-올린 모형
- 생산요소 : 노동, 자본
- 각 나라가 다른 나라보다 상대적으로 생산요소 가격이 낮은 자원을 많이 사용하는 제품을 특화하여 무역
  → '노동'이 풍부한 국가는 노동의 상대 가격이 저렴하므로 '노동집약적 제품'에서 비교우위를 가짐
  → 노동이 풍부한 국가는 '자본집약적 제품'에서 비교우위를 가짐 (X)

2 신규 이론

신규 이론 → 전통적 이론을 보완함

제품 수명주기 이론
한 국가의 공급능력 변화에서 기술혁신 또는 신제품 개발의 중요성을 분석

신무역이론
시장실패를 상정하여 산업 내 무역과 정부개입의 필요성을 강조
→ 규모의 경제, 시장실패 등

내생적 성장이론
산업구조의 변화에서 요소부존보다 요소창출이 더 중요함을 강조

Topic 21 산업연관표

대표 출제 유형

01 산업분석표에 대한 설명으로 가장 거리가 먼 것은?

① 투입계수는 중간투입액과 부가가치액을 총투입액으로 나눈 것으로, 중간투입계수와 부가가치계수로 나뉜다.
② 후방 연쇄효과는 특정 산업제품에 대한 최종 수요 1단위의 증가가 모든 산업의 생산에 미치는 영향을 말한다.
③ 장래 특정 연도에 대한 경제 전체의 공급과 수요를 산업별로 세분하여 예측할 수는 없다.
④ 생산유발계수는 최종 수요가 1단위 증가할 때 각 산업에서 직·간접적으로 유발되는 산출물의 단위를 나타낸다.

TIP 산업연관표를 이용하여 장래 특정 연도에 대한 경제 전체의 공급과 수요를 산업별로 세분하여 예측할 수 있다. 즉, 계획기간 중의 최종 수요항목에 대한 목표가 주어지면 산업연관표를 이용하여 필요한 생산규모, 생산 증가를 위해 필요한 수입, 목표 달성 시의 일자리 창출 정도 등을 예측할 수 있다.

02 산업연관표에 대한 설명으로 가장 거리가 먼 것은?

① 중간생산물의 산업 간 거래를 포괄한다.
② 생산유발계수는 각 투입요소의 가격 변화가 각 산업의 생산물 가격에 어느 정도 영향을 주는지 분석할 수 있다.
③ 후방 연쇄효과는 특정 산업제품에 대한 최종 수요 1단위의 증가가 모든 산업의 생산에 미치는 영향을 의미한다.
④ 국민경제 전체의 공급과 수요구조뿐만 아니라 각 산업의 공급과 수요구조도 파악할 수 있다.

TIP 각 투입요소의 가격 변화가 각 산업의 생산물 가격에 어느 정도 영향을 주는지 분석할 수 있는 계수는 '투입계수'이다. 산업연관표의 투입계수는 각 산업의 투입구조(비용 구성)를 나타내기 때문이다.

정답 01 ③ 02 ②

01~02 핵심포인트 해설

구분	중간수요					최종수요	총수요	수입	총산출액
중간투입	x_{11}	x_{12}	⋯	x_{1j}	⋯	x_{1n}	f_1	y_1	m_1	z_1
	x_{21}	x_{22}	⋯	x_{2j}	⋯	x_{2n}	f_2	y_2	m_2	z_2
	⋮	⋮		⋮		⋮	⋮	⋮	⋮	⋮
	x_{j1}	x_{j2}	⋯	x_{jj}	⋯	x_{jn}	f_j	y_j	m_j	z_j
	⋮	⋮		⋮		⋮	⋮	⋮	⋮	⋮
	x_{n1}	x_{n2}	⋯	x_{nj}	⋯	x_{nn}	f_n	y_n	m_n	z_n
부가가치	v_1	v_2	⋯	v_j	⋯	v_n				
총투입액	x_1	x_2	⋯	x_j	⋯	x_n				

(중간수요 합계, 수입 차감, 총투입액 = 총산출액 동일)

1 산업연관표 주요 지표

1) **투입계수** → 상품의 생산기술 구조를 표현
   - 투입계수는 각 산업 생산물 1단위 생산에 필요한 투입구조(비용구성)를 나타내는 계수이다.
   - 중간투입계수 = 중간투입액/총투입액(또는 총산출액)
   - 부가가치계수 = 부가가치액/총투입액(또는 총산출액)

2) **생산유발계수** → 산업 간 상호의존관계 분석에 활용
   - 생산유발계수는 최종 수요가 1단위 증가할 때 각 산업에서 직·간접적으로 유발되는 산출물의 단위를 나타내는 계수이다.
     [참고] 수입유발계수: 최종 수요가 1단위 증가할 때 각 산업에서 직·간접적으로 유발되는 수입의 단위를 나타내는 계수
   - 생산유발계수는 투입계수를 기초로 산출된다.
   - **전방 연쇄효과**: 모든 산업제품에 대한 최종 수요 1단위의 증가가 특정 산업의 생산에 미치는 영향
   - **후방 연쇄효과**: 특정 산업제품에 대한 최종 수요 1단위의 증가가 모든 산업의 생산에 미치는 영향

2 산업연관표의 의의

1) 산업연관표는 중간생산물의 산업 간 거래도 포괄한다.
   - 국민소득 통계는 소득순환만을 대상으로 하여 소득이 어떻게 순환되는지를 나타내며, 중간생산물의 산업 간 거래는 제외한다. 반면, 산업연관표는 소득순환과 함께 중간생산물의 산업 간 순환까지 포함한다.

2) 국민경제 전체의 공급과 수요구조뿐만 아니라 각 산업의 공급과 수요구조도 한눈에 파악할 수 있다.

3) 장래 특정 연도에 대한 경제 전체의 공급과 수요를 산업별로 세분하여 예측함으로써 중장기 경제개발계획 수립에 필요한 기초자료를 제공한다.

4) 투입된 원재료나 임금 등의 가격 변화에 따른 가격 파급효과를 측정하는 도구로 활용된다.
   - 투입계수는 각 산업의 투입구조(비용구성)를 나타내므로, 각 투입요소의 가격 변화가 각 산업의 생산물 가격에 어느 정도 영향을 주는지 분석할 수 있다.

Topic 22 VaR의 계산

대표 출제 유형

01 KOSPI200 주가지수 옵션의 가격 및 델타가 20pt, 0.2이고, KOSPI200 주가지수가 300pt, 주가지수 수익률의 1일 기준 표준편차가 6%인 경우, 95% 신뢰도 1일 VaR은 얼마인가? (단, 95% 신뢰수준 z = 1.65이며, 정답은 계산 값에서 가장 가까운 값으로 함)

① 0.4pt ② 1.2pt ③ 5.9pt ④ 11.8pt

TIP 옵션의 VaR = $S \cdot \sigma(\Delta S/S) \cdot z \cdot f'$
= 300pt × 0.06 × 1.65 × 0.2 = 5.94pt

02 5년 만기 국채를 200억 보유한 경우, 이 국채 만기수익률 증감(Δy)의 1일 기준 표준편차가 1%, 수정 듀레이션이 2년일 때, 99% 신뢰수준에서의 1일 VaR은 얼마인가? (단, 99% 신뢰수준 z = 2.33)

① 4.66억 ② 6.99억 ③ 9.32억 ④ 46.6억

TIP 채권의 VaR = $B \cdot \sigma(\Delta y) \cdot z \cdot D^*$
= 200억 × 0.01 × 2.33 × 2 = 9.32억

03 주식 A의 VaR이 3억, 주식 B의 VaR이 4억, 주식 A와 B의 수익률 간 상관계수가 0일 때, 주식 A와 B를 매입하여 구성한 포트폴리오의 VaR은 얼마인가? (단, VaR은 델타-노말분석법에 의해 측정한다고 가정함)

① 1억 ② 4억 ③ 5억 ④ 7억

TIP 포트폴리오의 VaR = $\sqrt{VaR_A^2 + VaR_B^2 + 2 \cdot \rho \cdot VaR_A \cdot VaR_B}$
= $\sqrt{3억^2 + 4억^2 + 2 \cdot 0 \cdot 3억 \cdot 4억}$
= $\sqrt{3억^2 + 4억^2}$ = 5억

04 99% 신뢰도 1일 VaR이 6.99인 경우 95% 신뢰도 4일 VaR은 얼마인가? (단, 95% 신뢰수준 z = 1.65, 99% 신뢰상수 z = 2.33)

① 2.33 ② 4.66 ③ 6.99 ④ 9.90

TIP 95% 신뢰도 4일 VaR = (99% 신뢰도 1일 VaR × $\frac{1.65}{2.33}$) × $\sqrt{N}$
= 6.99 × $\frac{1.65}{2.33}$ × $\sqrt{4}$ = 9.90

정답 01 ③ 02 ③ 03 ③ 04 ④

01~04 핵심포인트 해설

1 개별 자산의 VaR 계산

1) 자산이 '옵션'인 경우(공식) → '옵션의 가격, 행사가격, 무위험이자율, 만기까지의 잔존기간' 등은 계산 시 필요하지 않음

$$옵션의\ VaR = S \cdot \sigma(\Delta S/S) \cdot z \cdot f'$$

* S : 기초자산의 가격, $\sigma(\Delta S/S)$: 기초자산 수익률의 변동성, z : 신뢰상수, f' : 옵션의 델타
  → 신뢰도 95%인 경우 : 1.65, 신뢰도 99%인 경우 : 2.33
  (문제에 주어지는 내용이므로 암기 X)

2) 자산이 '채권'인 경우(공식) → '표면이율, 무위험이자율' 등은 계산 시 필요하지 않음

$$채권의\ VaR = B \cdot \sigma(\Delta y) \cdot z \cdot D^*$$

* B : 채권의 가치, $\sigma(\Delta y)$: 만기수익률의 변동성, z : 신뢰상수, D^* : 수정 듀레이션

2 포트폴리오의 VaR 계산

1) 공식

$$포트폴리오의\ VaR = \sqrt{VaR_A^2 + VaR_B^2 + 2 \cdot \rho \cdot VaR_A \cdot VaR_B}$$

* VaR_A : A자산의 VaR, VaR_B : B자산의 VaR, ρ : 두 자산의 상관계수

2) 특수한 상관계수에 따른 포트폴리오 VaR과 분산투자효과

상관계수가 '+1'만 아니라면 항상 분산투자효과가 있음!

두 자산의 상관계수	포트폴리오 VaR	분산투자효과
$\rho = -1$ 인 경우	$\|VaR_A - VaR_B\|$	분산투자효과 최대
$\rho = 0$ 인 경우	$\sqrt{VaR_A^2 + VaR_B^2}$	분산투자효과 있음
$\rho = +1$ 인 경우	$VaR_A + VaR_B$	분산투자효과 없음

[참고] 개별자산 간의 상관계수를 무시하고, 포트폴리오의 분산투자효과를 고려하지 않는 상황은 '상관계수(ρ) = +1'인 경우와 같다.

3 VaR의 전환

1) 신뢰도를 변경하는 경우

$$99\%\ 신뢰도\ 1일\ VaR = 95\%\ 신뢰도\ 1일\ VaR \times \frac{2.33}{1.65}$$

$$95\%\ 신뢰도\ 1일\ VaR = 99\%\ 신뢰도\ 1일\ VaR \times \frac{1.65}{2.33}$$

2) 보유기간을 변경하는 경우

$$N일\ VaR = 1일\ VaR \times \sqrt{N}$$

3) 신뢰도와 보유기간을 동시에 변경하는 경우 → '신뢰도 변경 공식' 적용 후, '보유기간 변경 공식'을 적용하면 됨

$$99\%\ 신뢰도\ N일\ VaR = (95\%\ 신뢰도\ 1일\ VaR \times \frac{2.33}{1.65}) \times \sqrt{N}$$

$$95\%\ 신뢰도\ N일\ VaR = (99\%\ 신뢰도\ 1일\ VaR \times \frac{1.65}{2.33}) \times \sqrt{N}$$

Topic 23 VaR의 측정방법

대표 출제 유형

01 델타-노말분석법에 대한 설명으로 가장 거리가 먼 것은?
① 각 자산의 가치를 평가하는 가격 모형을 요구하지 않는다.
② 몬테카를로 시뮬레이션법으로 산출한 VaR과 값이 동일하다.
③ 보유기간이 길수록, 신뢰도가 높을수록 VaR은 높게 측정된다.
④ 델타 리스크를 제외한 모든 종류의 리스크를 고려하지 않는다.

TIP 옵션이 포함된 포트폴리오의 경우 델타분석법으로 산출한 VaR과 몬테카를로 시뮬레이션법으로 산출한 VaR은 차이가 있을 수 있다. 몬테카를로 시뮬레이션법은 옵션의 가치를 가격 모형을 이용하여 평가하기 때문에 정확한 측정이 가능하지만, 델타분석법에서는 옵션 가치 평가 시 델타를 이용한 선형 근사치를 계산하기 때문에 오차가 크게 발생한다.

02 역사적 시뮬레이션 방법에 대한 설명으로 가장 거리가 먼 것은?
① 완전가치 평가법에 해당한다.
② 과거 일정기간 동안의 위험요인의 변동을 향후에 나타날 변동으로 가정한다.
③ 분산, 공분산 등 모수에 대한 추정을 요구한다.
④ 옵션과 같은 비선형의 수익구조를 가진 상품에 대해서도 사용할 수 있다.

TIP 역사적 시뮬레이션 방법은 분산, 공분산 등과 같은 모수에 대한 추정을 요구하지 않는다.

03 몬테카를로 시뮬레이션법에 대한 설명으로 가장 적절한 것은?
① 위험요인의 변동과 포지션의 가치 변동 중 하나만 파악하여도 VaR 측정이 가능하다.
② 주가의 움직임에 대한 확률 모형으로 기하학적 브라운운동 모형을 주로 사용한다.
③ 리스크 요인의 분포는 정규분포만을 가정할 수 있다.
④ 옵션 포지션을 포함하는 경우 몬테카를로 시뮬레이션법보다는 델타분석법이 더 정확하다.

TIP ① 몬테카를로 시뮬레이션법은 위험요인의 변동을 몬테카를로 시뮬레이션을 이용하여 구한 후, 보유하고 있는 포지션의 가치 변동으로부터 VaR을 측정하는 방법이므로, 위험요인의 변동과 포지션의 가치 변동 모두 파악해야 한다.
③ 몬테카를로 시뮬레이션법의 경우 리스크 요인의 분포는 정규분포 이외에 어떠한 분포를 가정하든지 분석이 가능하다.
④ 옵션 포지션을 포함하는 경우 델타분석법보다는 몬테카를로 시뮬레이션법이 더 정확하다.

정답 01 ② 02 ③ 03 ②

01~03 핵심포인트 해설

1 VaR의 측정방법

2 각 측정방법의 주요 내용

1) 델타-노말분석법
   - 각 자산의 가치를 평가하는 가격 모형을 요구하지 않는다.
   - 수익률의 정규분포를 가정한다.
   - 델타 리스크에만 의존하여 리스크를 측정한다. → 이외의 다른 종류의 리스크 고려하지 않음(한계점)
   - 포트폴리오에 비선형 수익구조(옵션)를 가진 상품이 포함되어 있는 경우 오차가 커질 수 있다.
   - 극단적 사건 발생 시 왜곡될 우려가 있다.

2) 역사적 시뮬레이션법
   - 각 자산의 가치를 평가하는 가격 모형이 필요하다.
   - 과거의 데이터만 있으면 비교적 쉽게 VaR 측정이 가능하다.
   - 수익률의 정규분포 가정이 필요하지 않다.
   - 분산, 공분산 등과 같은 모수에 대한 추정을 요구하지 않는다.
   - 포트폴리오에 비선형 수익구조(옵션)를 가진 상품이 포함되어 있는 경우에도 사용이 가능하다.

3) 몬테카를로 시뮬레이션 분석법
   - 각 자산의 가치를 평가하는 가격 모형이 필요하다.
   - 위험요인(리스크 요인)의 변동을 몬테카를로 시뮬레이션을 이용하여 구한 후, 보유하고 있는 포지션의 가치 변동의 분포로부터 VaR을 측정한다.
   - 리스크 요인의 분포는 어떠한 분포를 가정하더라도 분석이 가능하다.
     참고 주가의 움직임(리스크 요인)에 대한 확률 모형으로 기하학적 브라운운동 모형을 주로 사용한다.
   - 포트폴리오에 비선형 수익구조(옵션)를 가진 상품이 포함되어 있는 경우에도 사용이 가능하다.

4) 스트레스 검증법 → '시나리오 분석법'이라고도 함
   - 포트폴리오의 주요 변수들에 큰 변화가 발생했을 때 포트폴리오의 가치가 얼마나 변할 것인지 측정하기 위해 이용된다.
     → 포트폴리오가 단 한 개의 리스크 요소에 의존하는 경우에 적절하게 사용할 수 있다.
   - 과거 데이터가 없는 경우에도 사용할 수 있다.
   - 최악의 상황을 나타내는 시나리오의 효과를 잘 설명해준다.
   - 가정하는 시나리오가 주관적이기 때문에 과학적으로 VaR을 계산하지 못한다.
   - 포트폴리오 리스크의 기본적인 구성요소인 상관관계를 정확하게 계산하지 못한다.
   - 다른 측정방법의 대체 방법이라기 보다는 보완적인 방법으로 사용하는 것이 적절하다.

Topic 24. VaR의 유용성 – 한계 VaR, RAROC

대표 출제 유형

01 투자자는 기존 포트폴리오에 다음 중 하나의 투자대안을 편입하고자 한다. 투자자가 선택할 우월한 대안과 해당 대안을 추가했을 때의 추가되는 위험(Marginal VaR)이 순서대로 나열된 것은? (단, 기존 포트폴리오 VaR은 100억이라고 가정함)

투자대안	A	B
기대수익률	15%	15%
VaR	90억	80억
편입 후 포트폴리오 VaR	130억	160억

① 투자대안 A, 30억
② 투자대안 A, 40억
③ 투자대안 B, 60억
④ 투자대안 B, 80억

TIP 투자대안 A를 편입한 경우의 VaR이 더 낮기 때문에 결과적으로 투자대안 A가 더 우월한 대안이다. 또한, 기존의 포트폴리오에 새로운 자산을 편입시킴에 따라 추가되는 위험인 Marginal VaR이 투자대안 A는 30억(= 130억 - 100억), B는 60억(= 160억 - 100억)으로 A가 더 낮기 때문에 우월한 대안이 된다.

02 다음 투자 포트폴리오를 RAROC로 평가했을 때 성과가 가장 우수한 것은? (단, Risk의 값은 VaR이며, 투자금액은 동일한 것으로 가정함)

포트폴리오	A	B	C	D
순수익률	8%	7%	6%	5%
VaR	8억	8억	3억	3억

① 포트폴리오 A
② 포트폴리오 B
③ 포트폴리오 C
④ 포트폴리오 D

TIP RAROC가 높을수록 성과가 우수하기 때문에 포트폴리오 C가 가장 우수하다.

포트폴리오	A	B	C	D
순수익률	8%	7%	6%	5%
VaR	8억	8억	3억	3억
RAROC (= 순수익/VaR)	$\frac{8}{8} = 1$	$\frac{7}{8} = 0.875$	$\frac{6}{3} = 2$	$\frac{5}{3} = 1.67$

정답 01 ① 02 ③

01~02 핵심포인트 해설

1 VaR의 유용성

1) 정보로서의 가치
   - 기존의 회계 자료가 제공하지 못한 리스크에 대한 정보를 제공한다.

2) 위험 대비 수익률의 측정
   - 특정한 포지션을 기존의 포트폴리오에 편입하거나 제거할 때 추가적으로 증가 또는 감소하는 VaR(한계 VaR, Marginal VaR)을 고려하여 투자대안을 선택할 수 있다.
   - RAPM에서는 투자로 얻은 수익을 그 수익을 얻기 위해 사용한 리스크로 조정한 위험조정 수익률의 개념인 RAROC를 활용한다.

2 한계 VaR(Marginal VaR)을 활용한 투자대안 선택

기존 포트폴리오		투자대안 A		A 편입 후 포트폴리오
VaR 100억	+	기대수익률 15% VaR 90억	=	VaR 130억 → Marginal VaR 30억(= 130억 - 100억)

기존 포트폴리오		투자대안 B		B 편입 후 포트폴리오
VaR 100억	+	기대수익률 15% VaR 80억	=	VaR 160억 → Marginal VaR 60억(= 160억 - 100억)

- 투자대안 자체만 비교하면, 기대수익률은 동일하지만 'B의 VaR < A의 VaR'이기 때문에 B가 우월한 대안이다.

- 기존 포트폴리오를 감안하면, 'A 편입 포트폴리오 VaR < B 편입 포트폴리오 VaR'이고, 'A의 한계 VaR < B의 한계 VaR'이기 때문에 A가 우월한 대안이다.

3 RAROC를 활용한 성과측정

포트폴리오	A	B
투자금액	100억	100억
순수익률	8%	6%
VaR	8억	3억
순수익	100억 × 8% = 8억	100억 × 6% = 6억
RAROC(= 순수익/VaR)	8억/8억 = 1	6억/3억 = 2

- 순수익만 고려했을 때, A 투자가 B 투자에 비해 수익은 항상 높다.
- 그러나, A 투자에서는 손실 가능성이 높기 때문에 리스크를 감안한 RAROC를 기준으로 판단하면 B 투자가 우월하다.

Topic 25 EDF모형(부도율 측정모형)

대표 출제 유형

01 기업의 1년 후 기대 기업가치는 100억, 부채가치는 70억, 표준편차는 10억이다. <보기>의 EDF 모형에 의해 측정한 기업의 부도거리와 부도율에 대한 설명 중 빈칸에 들어갈 내용이 순서대로 나열된 것은? (단, 1년 후 기업가치는 정규분포를 이룬다고 가정함)

<보기>
기업의 부도거리(DD)는 (　　)이고, 부도율은 표준정규분포상 (　　)일 확률이다.

① 1, 1표준편차 이내
② 1, 1표준편차 초과
③ 3, 3표준편차 이내
④ 3, 3표준편차 초과

TIP 기업의 부도거리(DD)는 (3)이고, 부도율은 표준정규분포상 (3표준편차 초과)일 확률이다.

- 부도거리(DD) = $\dfrac{A - D}{\sigma} = \dfrac{100억 - 70억}{10억} = 3$
- 부도거리가 3이므로, 부도율은 3표준편차 초과일 확률이다.

정답 **01** ④

01 핵심포인트 해설

1 신용리스크의 측정 방법

→ 거래상대방이 약속한 금액을 지불하지 못하는 경우 발생하는 손실에 대한 위험

```
                        신용리스크 측정 방법          → 상대방의 부도 여부 판별
        ┌───────────────────┼───────────────────┐
    신용평가모형            부도율 측정모형          신용손실 분포
```

- 신용분석모형, 신용평점모형, 신경망분석 모형 등 다양한 형태의 신용평가모형 제시
- 거래상대방의 부도율 측정
- KMV의 EDF모형
- 신용손실 분포로부터 신용리스크 측정
- 부도모형(Default Mode), MTM모형

2 KMV의 EDF모형(부도율 측정모형)

1) 개념
- 주가의 옵션적 성격을 이용하여 미래 특정 시점의 기업 도산 가능성을 예측하는 모형이다.
- 특정 기간 내에 기업의 자산가치가 상환해야 할 부채 규모 이하로 떨어질 확률을 계산하고, 이 확률로 실제 부도율과의 관계를 파악하여 기대 채무불이행 빈도(EDF)를 계산한다.

2) 문제에의 적용

→ 부도거리는 '표준정규분포'를 따르는 것으로 가정함

- 부도거리(DD)를 구하고, 이 부도거리를 실제 부도율과 대응시켜 기대 채무불이행 빈도(EDF)를 구한다.
- 이때, 부도거리(DD)는 기업의 자산가치가 채무 불이행점으로부터 떨어진 거리를 표준화하여 구한다.

3 부도거리(DD)와 부도율 계산 방법

Step1 '기업가치(A), 부채가치(D), 기업가치의 변동성(σ_A)'으로 부도거리(DD)를 계산한다.

$$\text{부도거리(DD)} = \frac{A - D}{\sigma_A}$$

Step2 부도거리의 의미를 파악한다.
- '부도거리'는 기업의 자산이 부채를 충당할 만큼 충분한지를 보여주는 지표이다.
- 표준정규분포에서 평균을 중심으로 ± 부도거리 내의 영역은 '정상 범위'라고 이해할 수 있으며, 이를 벗어나는 영역(즉, 부도거리를 초과하는 확률)은 '위험 범위'로 본다.

Step3 부도율의 의미를 파악하고 추정한다.

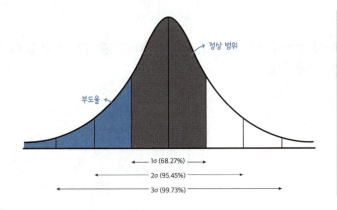

- 정확하게는 부도거리 초과의 확률(위험 범위) 중에서 특히 하락방향 단측 확률이 바로 '부도율'이 된다.
  → 다만, 시험에서는 '부도율은 표준정규분포상 부도거리를 초과할 확률이다' 정도로 간단하게 표현함
- 예를 들어, 부도거리(DD) = 1σ라면,
  정상 범위는 평균 중심 ± 1σ 내 데이터로 68.27%가 되고, 이를 벗어나는 위험 범위는 31.73%가 된다.
  그 중에서 하락방향의 단측 확률인 15.87%(= 31.73/2)가 부도율이 된다.

Topic 26 부도모형(Default Mode)

대표 출제 유형

01 다음 중 부도모형(Default Mode)에서 신용리스크 측정 시 필요하지 않은 변수는 무엇인가?

① 부도율　　　② 신용등급　　　③ 부도 시 손실률　　　④ 신용리스크 노출 금액

TIP 부도모형(Default Mode)에서는 부도가 발생한 경우에만 신용손실이 발생한 것으로 간주하고 리스크를 추정하며, 신용등급의 변화에 따른 손실리스크는 고려하지 않는다. 따라서 부도모형에서 신용리스크는 신용리스크 노출 금액(EAD), 부도율(p), 손실률(LGD)에 의해 결정된다.

$\sigma_{EL} = \sqrt{p \cdot (1-p)} \times EAD \times LGD$

02 A은행은 100억원의 대출을 하고 있다. 부도율은 10%이고, 회수율은 70%라고 할 때, 부도모형에 따라 계산한 기대손실(EL)은 얼마인가? (단, 부도율은 베르누이분포하는 것으로 가정함)

① 3억원　　　② 5억원　　　③ 7억원　　　④ 10억원

TIP 기대손실(EL) = EAD × 부도율(p) × LGD
= 100억 × 0.10 × (1 − 0.70) = 3억

03 A은행은 100억원의 대출을 하고 있다. 대출의 부도율은 10%이고, 부도 시 손실률(LGD)은 30%라고 할 때, 부도모형에 따라 예상손실의 변동성(표준편차)을 계산한 것은?

① 3억　　　② 6억　　　③ 9억　　　④ 12억

TIP $\sigma_{EL} = \sqrt{p \cdot (1-p)} \times EAD \times LGD$
$= \sqrt{0.1 \cdot (1-0.1)} \times 100억 \times 0.03 = 9억$

정답　01 ②　02 ①　03 ③

01~03 핵심포인트 해설

1 부도모형(Default Mode)

- 신용리스크의 측정을 위한 신용손실 분포를 추정할 때 부도(default)가 발생한 경우에만 신용손실이 발생한 것으로 추정하는 모형이다.
  → '신용등급의 변화'에 따른 손실리스크는 고려하지 않음!
- 부도모형에서 신용리스크는 예상손실(EL)의 불확실성으로 측정된다.
- 부도율(p)은 베르누이 분포를 한다.

2 예상손실(EL)과 신용리스크의 계산

1) 예상손실(EL) 계산

$$\text{예상손실(EL)} = EAD \times p \times LGD$$

* EAD : 신용리스크 노출 금액, p : 부도율, LGD : 부도 시의 손실률(= 1 - 회수율)

2) 신용리스크 계산

신용리스크는 '예상손실(EL)의 불확실성'으로 측정되며, 이는 '예상손실의 변동성(σ_{EL})'으로 측정한다.

$$\text{예상손실의 변동성}(\sigma_{EL}) = \sqrt{p \cdot (1-p)} \times EAD \times LGD$$

3) '예상손실(EL) = 예상손실의 변동성(σ_{EL})'인 특수한 상황에 대한 이해

○○은행의 대출 중인 금액(EAD)이 10억원, 대출 손실률(LGD)이 3%이고, 예상손실(EL)과 예상손실의 변동성(σ_{EL})이 동일한 상황이라면, 이때 대출의 부도율(p)은 얼마인가?

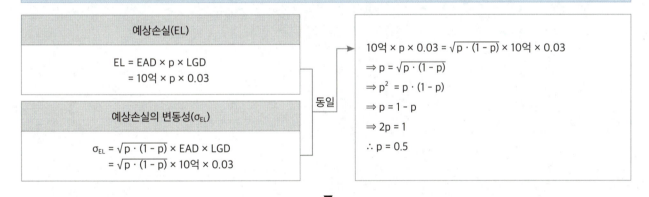

예상손실(EL)과 예상손실의 변동성(σ_{EL})이 동일하면,

$$EAD \times p \times LGD = \sqrt{p \cdot (1-p)} \times EAD \times LGD$$

이기 때문에 대출 중인 금액(EAD)과 대출 손실률(LGD)이 얼마이든 관계없이 p = 0.5가 나오게 된다.
→ 결과적으로, 예상손실(EL)과 예상손실의 변동성(σ_{EL})이 동일한 상황이라면 부도율(p)은 50%가 된다.

합격의 기준, 해커스금융

fn.Hackers.com

해커스 투자자산운용사 최종 실전모의고사

제3과목 (1)
직무윤리 및 법규

Topic 01 정보보호

대표 출제 유형

01 금융투자회사의 표준윤리준칙 제6조(정보보호)에 대한 설명으로 가장 거리가 먼 것은?

① 회사의 경영전략이나 새로운 상품 및 비즈니스 등에 관한 정보는 비밀정보로 본다.
② 임직원은 회사가 요구하는 업무를 수행하기 위한 목적 이외에 어떠한 경우라도 자신 또는 제3자를 위하여 비밀정보를 이용해서는 안 된다.
③ 비밀정보가 다뤄지는 회의는 다른 임직원의 업무장소와 분리되어 정보노출이 차단된 장소에서 이루어져야 한다.
④ 특정한 정보가 비밀정보인지 불명확한 경우 그 정보를 이용한 후에 준법감시인의 사후 확인을 받아야 한다.

TIP 특정 정보가 비밀정보인지 불명확한 경우 그 정보를 이용하기 전 준법감시인의 사전 확인을 받아야 하며, 준법감시인의 사전 확인을 받기 전까지 당해 정보는 표준내부통제기준이 정하는 바에 따라 비밀정보로 분류·관리되어야 한다.

02 <보기> 중 금융투자회사 표준준칙 제6조(정보보호)에 대한 적절한 설명으로만 모두 묶인 것은?

―――――― <보기> ――――――
㉠ 비밀정보가 보관되는 장소는 책임있는 자에 의해 효과적으로 통제가 가능해야 하며, 권한이 없는 자는 접근할 수 없는 곳이어야 한다.
㉡ 특정한 정보가 비밀정보인지 불명확한 경우 준법감시인의 사전 확인을 받기 전까지 당해 정보를 공유하거나 제공할 수 없다.
㉢ 고객 또는 거래상대방에 관한 신상정보, 매매거래내역, 계좌번호 등은 비밀정보의 범위에 포함된다.
㉣ 회사와 임직원이 업무의 수행을 위해 비밀정보를 이용하는 것은 어떠한 경우에도 허용되지 않는다.

① ㉠, ㉡   ② ㉠, ㉢   ③ ㉠, ㉡, ㉢   ④ ㉡, ㉢, ㉣

TIP '㉠, ㉡, ㉢'은 정보보호에 대한 적절한 설명이다.

정답 01 ④ 02 ③

01~02 핵심포인트 해설

1 금융투자회사의 표준윤리준칙 제6조(정보보호)

회사와 임직원은 업무수행 과정에서 알게 된 회사의 업무정보와 고객정보를 안전하게 보호하고 관리해야 한다.
→ 금융투자회사에서 취득하는 정보 중에서도 일부는 관련 규정 등에 따라 비밀정보로 분류되는데, 이에 대해서는 보다 특별한 관리가 필요함

2 정보보호

비밀정보의 범위	• 금융투자회사의 표준내부통제기준에서 다음에 해당하는 미공개 정보는 기록 형태나 기록 유무와 관계없이 비밀정보로 본다. 　- 회사의 재무건전성이나 경영 등에 중대한 영향을 미칠 수 있는 정보 　- 고객 또는 거래상대방에 관한 정보 　　예 신상정보, 매매거래내역, 계좌번호, 비밀번호 등 　- 회사에 관한 정보 　　예 경영전략, 새로운 상품 및 비즈니스 등
비밀정보의 관리	• 비밀정보는 회사에서 정한 기준에 따라 정당한 권한을 보유하고 있거나 권한을 위임받은 자만이 열람할 수 있다 • 비밀정보가 포함된 서류는 필요 이상의 복사본을 만들거나 안전이 보장되지 않는 장소에 보관해서는 안 된다. • 비밀정보가 보관되는 장소는 책임있는 자에 의해 효과적으로 통제가능하고, 권한없는 자의 접근을 차단할 수 있는 곳이어야 한다. • 임직원은 회사가 요구하는 업무를 수행하기 위한 목적 이외에 어떠한 경우라도 자신 또는 제3자를 위해 비밀정보를 이용해서는 안 된다. → 회사 업무 수행을 목적으로 하는 경우는 비밀정보 사용이 가능함! • 비밀정보가 다뤄지는 회의는 다른 임직원의 업무장소와 분리되어 정보노출이 차단된 장소에서 이루어져야 한다. • 특정한 정보가 비밀정보인지 불명확한 경우 그 정보를 이용하기 전 준법감시인의 사전 확인을 받아야 하며, 준법감시인의 사전 확인을 받기 전까지 당해 정보는 표준내부통제기준이 정하는 바에 따라 비밀정보로 분류·관리되어야 한다. → 사후 (X)
비밀정보의 제공 및 이용	• 회사와 임직원이 제3자에게 회사의 정보를 제공하는 것은 원칙적으로 금지되나, 회사가 요구하는 업무의 수행을 위해 비밀정보를 이용하는 것은 예외적으로 가능하며, 비밀정보의 이용은 회사가 정하는 사전승인 절차에 따라 이루어져야 한다.

Topic 02 내부통제의 주체 – 준법감시인

대표 출제 유형

01 준법감시인에 대한 설명으로 가장 적절한 것은?

① 준법감시인은 이사회 및 대표이사의 지시에 따라 금융투자회사의 전반적인 내부통제업무를 수행한다.
② 준법감시인은 어떠한 경우에도 준법감시업무 중 일부를 준법감시업무를 담당하는 임직원에게 위임할 수 없다.
③ 금융투자회사는 준법감시인에게 회사의 재무적 경영성과와 연계된 보수지급 및 평가 기준을 적용해야 한다.
④ 준법감시인을 임면한 경우 임면일로부터 10영업일 이내에 금융위원회에 보고해야 한다.

TIP 준법감시인은 이사회 및 대표이사의 지시에 따라 금융투자회사의 전반적인 내부통제업무를 수행한다.

02 준법감시인에 대한 설명으로 가장 적절한 것은?

① 금융투자회사는 준법감시인에 대하여 회사의 재무적 성과와 연동한 보수지급 및 평가 기준을 마련하여 운영해야 한다.
② 준법감시인은 준법감시업무 중 일부를 준법감시업무를 담당하는 임직원에게 위임할 수 없다.
③ 준법감시인을 임면하는 경우에는 이사회의 의결을 거쳐야 하나, 해임하는 경우에는 이사회의 의결을 거치지 않을 수 있다.
④ 법에 따라 금융투자회사는 대표이사를 위원장으로 하는 내부통제위원회를 두어야 한다.

TIP 법에 따라 금융투자회사는 대표이사를 위원장으로 하는 내부통제위원회를 두어야 한다.

정답 01 ① 02 ④

01~02 핵심포인트 해설

1 내부통제

1) 내부통제란?
- 내부통제는 회사의 임직원이 업무수행 시 법규를 준수하고 조직운영의 효율성 제고 및 재무보고의 신뢰성을 확보하기 위해 회사 내부에서 수행하는 모든 절차와 과정을 말한다.

2) 준법감시제도
- 금융투자업에 있어 내부통제의 하나로 두고 있는 준법감시제도는 회사의 임직원 모두가 '신의성실의 원칙'과 '고객우선의 원칙'을 바탕으로 금융소비자에 대해 선량한 관리자로서 의무에 입각하여 금융소비자의 이익을 위해 최선을 다했는지, 업무를 수행함에 있어 직무윤리를 포함한 제반 법규를 엄격히 준수하고 있는지에 대해 사전적으로 또는 상시적으로 통제·감독하는 장치를 말한다.

2 준법감시인

업무	· 준법감시인은 이사회 및 대표이사의 지휘를 받아 금융투자회사 전반의 내부통제업무를 수행함
임면	· 회사는 사내이사 또는 업무집행책임자 중에서 준법감시인을 선임해야 함 · 이사회의 의결을 거쳐 임면일로부터 7영업일 이내 금융위원회에 보고해야 함 · 금융투자회사는 준법감시인에게 회사의 재무적 경영성과와 연계되지 않은 별도의 보수지급 및 평가 기준을 적용해야 함 → 역할 수행에 대한 독립성 강화 조치 → 연계된 (X)
임기	· 2년 이상
해임	· 이사 총수의 2/3 이상 찬성으로 의결함
위임	· 위임의 범위와 책임의 한계 등이 명확히 구분된 경우 준법감시업무 중 일부를 준법감시업무를 담당하는 임직원에게 위임 가능

Topic 03 내부통제의 주체 – 내부통제위원회

대표 출제 유형

01 <보기> 중 금융회사의 내부통제위원회에 대한 적절한 설명으로만 모두 묶인 것은?

<보기>
㉠ 금융회사는 내부통제기준의 운영에 관하여 준법감시인을 위원장으로 하는 내부통제위원회를 두어야 한다.
㉡ 내부통제위원회는 매년 1회 이상 회의를 개최해야 하며, 회의 내용을 기재한 의사록을 작성 및 보관해야 한다.
㉢ 최근 사업연도말 현재 자산총액이 7천억원 미만인 상호저축은행은 내부통제위원회를 두지 않을 수 있다.

① ㉠ ② ㉢ ③ ㉠, ㉡ ④ ㉡, ㉢

TIP ㉢은 금융투자회사의 내부통제위원회에 대한 적절한 설명이다.

02 내부통제위원회에 대한 설명으로 가장 거리가 먼 것은?

① 내부통제기준의 운영과 관련하여 대표이사를 위원장으로, 준법감시인을 위원으로 두어야 한다.
② 내부통제위원회는 매 분기별 1회 이상 회의를 개최해야 한다.
③ 최근 사업연도말 현재 자산총액이 7천억원 미만인 상호저축은행은 내부통제위원회를 두지 않을 수 있다.
④ 내부통제위원회는 회의 내용을 기재한 의사록을 작성 및 보관해야 한다.

TIP 내부통제위원회는 매 반기별 1회 이상 회의를 개최해야 한다.

03 내부통제기준을 위반한 회사에 대한 조치로서 지배구조법 제43조에 따라 3천만원 이하의 과태료를 부과하는 사항으로 가장 적절한 것은?

① 준법감시인이 자산 운용에 관한 업무를 겸직한 경우
② 준법감시인을 두지 않은 경우
③ 내부통제기준을 마련하지 않은 경우
④ 이사회 결의를 거치지 않고 준법감시인을 임면한 경우

TIP '준법감시인이 자산 운용에 관한 업무를 겸직한 경우'는 3천만원 이하의 과태료가 부과된다.

정답 01 ② 02 ② 03 ①

01~03 핵심포인트 해설

1 내부통제위원회

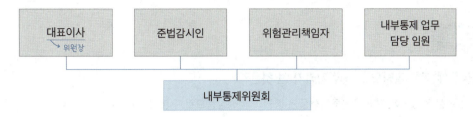

1) 개요
- 금융회사는 내부통제기준의 운영에 관하여 <mark>대표이사를 위원장으로 하는 내부통제위원회</mark>를 두어야 한다.
  ↳ 준법감시인 (X)
- 내부통제위원회는 <mark>매 반기별</mark> 1회 이상 회의를 개최해야 하며, 회의 내용을 기재한 의사록을 작성 및 보관해야 한다.
  ↳ 매 분기별 (X)

2) 내부통제위원회 설치 예외
- 아래의 금융투자회사는 예외적으로 내부통제위원회를 두지 <u>않을</u> 수 있다.

  - 최근 사업연도 말 현재 자산총액이 7천억원 미만인 상호저축은행
  - 최근 사업연도 말 현재 자산총액이 5조원 미만인 금융투자업자 또는 종합금융회사, 보험회사, 여신전문금융회사
  - 기타 자산규모, 영위하는 금융업무 등을 고려하여 금융위원회가 정하여 고시하는 자

2 내부통제기준 위반 시 회사에 대한 조치(과태료 부과)

1억원 이하	• <mark>내부통제기준을 마련하지 않은 경우</mark> • 준법감시인을 두지 않은 경우 • 사내이사 또는 업무집행책임자 중에서 준법감시인을 선임하지 않은 경우 • 이사회 결의를 거치지 않고 준법감시인을 임면한 경우 • 금융위원회가 위법·부당한 행위를 한 회사 또는 임직원에게 내리는 제재조치를 이행하지 않은 경우

3천만원 이하	• 준법감시인에 대한 별도의 보수지급 및 평가기준을 마련·운영하지 않은 경우
	• <mark>준법감시인이 다음의 업무를 겸직하거나 이를 겸직하게 한 경우</mark>
	  - 자산 운용에 관한 업무
	  - 해당 금융회사의 본질적 업무 및 그 부수업무
	  - 해당 금융회사의 겸영업무
	  - 금융지주회사의 경우 자회사 등의 업무

2천만원 이하	• 준법감시인의 임면 사실을 금융위원회에 보고하지 않은 경우

Topic 04 금융투자상품

대표 출제 유형

01 금융투자상품에 대한 설명으로 가장 거리가 먼 것은?
① 원금 초과 손실 가능성에 따라 금융투자상품은 증권과 파생상품으로 구분된다.
② 원화표시 CD는 금융투자상품에 해당하지 않는다.
③ 지분증권은 금융투자상품 중 증권에 해당한다.
④ 주가연계증권은 파생상품에 해당한다.

TIP '주가연계증권(ELS)'는 파생상품이 아닌 증권에 해당한다.

02 자본시장법상 금융투자상품에 대한 설명으로 가장 거리가 먼 것은?
① 투자금액 산정 시 투자자가 지급하는 판매수수료 및 보수, 보험계약에 따른 사업비, 위험보험료는 투자금액에 포함하지 않는다.
② 증권의 정의는 '금융상품의 권리를 취득하기 위해 지급했거나 지급해야 할 금전 등의 총액이 그 권리로부터 회수했거나 회수할 수 있는 금전 등의 총액을 초과하게 될 위험'이다.
③ 취득 이후에 추가적인 지급의무를 부담할 수 있는 금융투자상품은 파생상품이다.
④ 원화로 표시된 양도성예금증서(CD)와 수탁자에게 신탁재산의 처분권한이 부여되지 않은 관리형신탁의 수익권은 금융투자상품에 해당하지 않는다.

TIP '금융상품의 권리를 취득하기 위해 지급했거나 지급해야 할 금전 등의 총액이 그 권리로부터 회수했거나 회수할 수 있는 금전 등의 총액을 초과하게 될 위험'은 투자성에 대한 정의이다.

03 자본시장법상 금융투자상품에 대한 설명으로 가장 거리가 먼 것은?
① 취득과 동시에 어떤 명목이든 추가적인 지급의무를 부담하지 않는 금융투자상품은 증권이다.
② 사적인 금전채권은 채무증권으로 인정하지 않는다.
③ 정형화된 시장에서의 거래 여부에 따라 장내파생상품과 장외파생상품으로 구분된다.
④ 원화로 표시된 양도성예금증서(CD)는 금융투자상품에 해당한다.

TIP 원화로 표시된 양도성예금증서(CD)는 유통과정에서 손실이 발생할 위험이 존재하지만, 사실상 예금에 준하여 취급되므로 금융투자상품에 해당하지 않는다.

정답 01 ④ 02 ② 03 ④

01~03 핵심포인트 해설

1 금융투자상품

이익을 얻거나 손실을 회피할 목적으로 현재 또는 장래의 특정 시점에 금전, 그 밖의 재산적 가치가 있는 것을 지급하기로 약정함으로써 취득하는 권리로서, 그 권리를 취득하기 위해 지급하였거나 지급하여야 할 금전 등의 총액이 그 권리로부터 회수하였거나 회수할 수 있는 총액을 초과하게 될 위험(투자성)이 있는 것을 말한다.
→ 원금손실 가능성

2 금융투자상품 구분

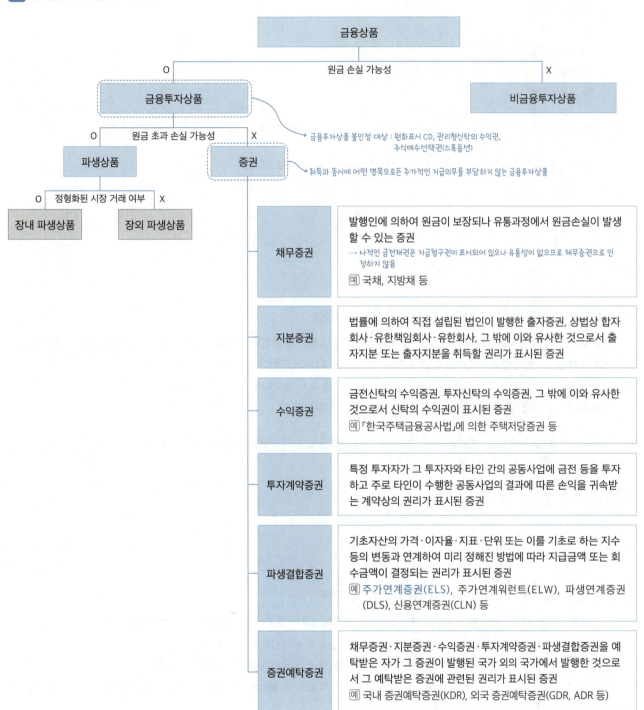

Topic 04 금융투자상품 125

Topic 05 건전성 규제 - 순자본비율 규제

대표 출제 유형

01 <보기> 중 순자본비율 산정 시 총위험액에 포함되는 위험액으로만 모두 묶인 것은?

<보기>
㉠ 운영위험액
㉡ 법적위험액
㉢ 유동성위험액
㉣ 시장위험액
㉤ 신용위험액

① ㉠, ㉤ ② ㉡, ㉢ ③ ㉠, ㉣, ㉤ ④ ㉡, ㉢, ㉣

TIP '운영위험액, 시장위험액, 신용위험액'은 순자본비율 산정 시 총위험액에 포함된다.

02 순자본비율 규제에 관한 설명으로 가장 거리가 먼 것은?

① 필요 유지 자기자본은 금융투자업자가 영위하는 인가업무 또는 등록업무 단위별로 요구되는 자기자본을 합계한 금액이다.
② 순자본비율은 영업용 순자본을 필요 유지 자기자본으로 나누어 구한다.
③ 영업용 순자본 계산 시 차감항목은 재무상태표상 자산 중 즉시 현금화하기 곤란한 자산을 의미한다.
④ 영업용 순자본의 계산은 재무상태표상 순재산액을 기본으로 한다.

TIP 순자본비율은 영업용순자본에서 총위험액을 차감한 금액을 필요 유지 자기자본으로 나누어 구한다.

03 순자본비율 규제에 대한 설명으로 가장 거리가 먼 것은?

① 순자본비율 규제는 금융투자업자의 재무건전성을 도모함으로써 투자자를 보호하는 데 목적이 있다.
② 순자본비율이 0% 이상 ~ 50% 미만인 경우 경영개선권고의 적기시정조치가 발동된다.
③ 순자본비율 산정 시 총위험액은 시장위험액과 운영위험액, 신용위험액을 합한 값으로 계산한다.
④ 필요 유지 자기자본은 금융투자업자가 영위하는 인가업무 또는 등록업무 단위별로 요구되는 자기자본을 합한 금액이다.

TIP 순자본비율이 0% 이상 ~ 50% 미만인 경우 경영개선요구의 적기시정조치가 발동된다.

정답 01 ③ 02 ② 03 ②

01~03 핵심포인트 해설

1 순자본비율 산정방식

$$순자본비율 = \frac{순자본}{필요 유지 자기자본} = \frac{영업용순자본 - 총위험액}{필요 유지 자기자본}$$

1) **영업용순자본**
   - 영업용순자본의 계산은 기본적으로 **재무상태표상 순재산액(자산 - 부채)에서 출발**한다.
     → (총자산 - 총부채) - 차감항목 + 가산항목
   - 차감항목 : 재무상태표상 자산 중 즉시 현금화하기 곤란한 자산
   - 가산항목 : 재무상태표에서 부채로 계상되었으나 실질적인 채무이행 의무가 없는 항목 등

2) **총위험액**
   - 금융투자업자가 영업을 영위함에 있어 직면하게 되는 손실을 미리 예측하여 계량화한 것으로 시장위험액, 신용위험액, 운영위험액의 합으로 계산한다.

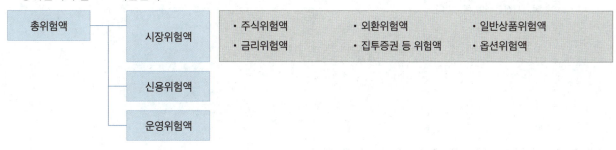

3) **필요 유지 자기자본**
   - 금융투자업자가 영위하는 인가업무 또는 등록업무 단위별로 요구되는 자기자본을 합계한 금액이다.

2 레버리지 규제

레버리지 비율은 개별 재무상태표상의 자기자본 대비 총자산의 비율로 계산되며 구체적인 산정방식은 금감원장이 정한다.

Topic 06 건전성 규제 – 적기시정조치

대표 출제 유형

01 <보기>의 적기시정조치에 대한 설명 중 빈칸에 들어갈 내용으로 가장 적절한 것은?

---<보기>---
금융투자업자의 순자본비율이 0% 미만인 경우 금융위원회는 (　　)의 적기시정조치를 취해야 한다.

① 자본금의 증액 또는 감액
② 조직의 축소
③ 임원진 교체 요구
④ 영업의 전부 양도

TIP 금융투자업자의 순자본비율이 0% 미만인 경우 경영개선명령의 적기시정조치를 취해야 하며, '영업의 전부 양도'는 경영개선명령에 따른 적기시정조치에 해당한다.

02 적기시정조치에 대한 설명으로 가장 거리가 먼 것은?

① 금융투자업자의 순자본비율이 0% 미만인 경우 경영개선명령 조치가 발동된다.
② 금융투자업자가 경영실태평가 결과 종합평가등급을 4등급 이하로 판정받은 경우 경영개선명령 조치가 발동된다.
③ 주식의 전부 소각, 임원의 직무집행 정지는 경영개선명령 조치에 해당한다.
④ 금융위원회는 금융투자업자가 경영개선명령의 요건에 해당하더라도 단기간 내에 적기시정조치의 요건에 해당하지 않게 될 수 있다고 판단하는 경우 일정기간 동안 조치를 유예할 수 있다.

TIP 금융투자업자가 경영실태평가 결과 종합평가등급을 4등급 이하로 판정 받은 경우 '경영개선요구' 조치가 발동된다.

03 적기시정조치 중 경영개선명령 조치에 해당하는 사항으로 가장 적절한 것은?

① 조직의 축소
② 경비절감
③ 영업의 전부 양도
④ 신규업무 진출의 제한

TIP '영업의 전부 또는 일부의 양도'는 적기시정조치 중 경영개선명령 조치에 해당한다.

정답　01 ④　02 ②　03 ③

01~03 핵심포인트 해설

1 적기시정조치

구분		경영개선권고	경영개선요구	경영개선명령
요건	순자본비율	순자본비율 100% 미만	순자본비율 50% 미만	순자본비율 0% 미만
	경영실태 평가등급	3등급 이상 & 자본적정성 부문 4등급 이하	4등급 이하	요건 없음
조치		• 인력 및 조직운용의 개선 • 경비절감 • 부실자산의 처분 • 신규업무 진출의 제한 • 자본금의 증액 또는 감액 • 특별대손충당금의 설정	• 점포의 폐쇄·통합·신설제한 • 영업의 일부정지 • 조직의 축소 • 임원진 교체 요구	• 주식의 일부 또는 전부소각 • 임원의 직무집행 정지 • 영업의 전부 또는 일부 양도

→ 금융위원회는 금융투자업자가 경영개선권고, 경영개선요구, 경영개선명령의 요건에 해당하더라도 단기간 내에 적기시정조치의 요건에 해당하지 않게 될 수 있다고 판단되는 경우 일정기간 동안 조치를 유예할 수 있음

2 긴급조치

사유	• 발행한 어음 또는 수표가 부도로 되거나 은행과의 거래가 정지 또는 금지되는 경우 • 유동성이 일시적으로 급격히 악화되어 투자자예탁금 등의 지급불능사태에 이른 경우 • 휴업 또는 영업의 중지 등으로 돌발사태가 발생하여 정상적인 영업이 불가능하거나 어려운 경우
조치	• 투자자예탁금 등의 일부 또는 전부의 반환명령 또는 지급정지 • 투자자예탁금 등의 수탁금지 또는 다른 금융투자업자로의 이전 • 채무변제행위의 금지 • 경영개선명령조치 • 증권 및 파생상품의 매매 제한 등

Topic 07 자기계약의 금지

대표 출제 유형

01 <보기> 중 투자매매업자가 금융투자상품을 매매하는데 있어 예외적으로 자기계약이 가능한 경우로만 모두 묶인 것은?

<보기>
- ㉠ 투자매매업자가 자신이 판매하는 집합투자증권을 매수하는 경우
- ㉡ 투자중개업자가 증권시장을 통해 매매가 이루어지도록 한 경우
- ㉢ 종합금융투자사업자가 자본시장법에 따라 금융투자상품의 장외매매가 이루어지도록 한 경우

① ㉠, ㉡ ② ㉠, ㉢ ③ ㉡, ㉢ ④ ㉠, ㉡, ㉢

TIP '㉠, ㉡, ㉢'는 투자매매업자가 금융투자상품을 매매하는 데 있어 예외적으로 자기계약이 가능한 경우에 해당한다.

02 <보기> 중 자기계약(자기거래)의 금지에 대한 적절한 설명으로만 모두 묶인 것은?

<보기>
- ㉠ 투자매매업자가 다자간매매체결회사를 통하여 매매가 이루어지도록 한 경우 자기거래는 금지된다.
- ㉡ 투자중개업자가 자기가 판매하는 집합투자증권을 매수하는 경우 자기거래가 가능하다.
- ㉢ 금융투자업 종사자는 금융소비자가 동의한 경우 금융소비자와의 거래 당사자가 될 수 있다.

① ㉠, ㉡ ② ㉠, ㉢ ③ ㉡, ㉢ ④ ㉠, ㉡, ㉢

TIP '㉡, ㉢'은 자기계약(자기거래)의 금지에 대한 적절한 설명이다.

정답 01 ④ 02 ③

01~02 핵심포인트 해설

1 투자매매업자 및 투자중개업자에 대한 영업행위규제
→ 투자매매업 또는 투자중개업을 영위하면서 발생할 수 있는 이해상충 방지 & 건전한 영업질서 유지

- 매매형태 명시
- **자기계약 금지**
- 시장매매 의무
- 자기주식 취득제한
- 매매명세 통지
- 임의매매 금지
- 불건전 영업행위 금지
- **신용공여 제한**
- 예탁금 예금증권 보관

2 자기계약의 금지

정의	• 투자매매업자 또는 투자중개업자는 금융투자상품의 매매에 있어서 자신이 본인이 됨과 동시에 상대방의 투자중개업자가 될 수 없다. • 금융투자업 종사자는 금융소비자와의 거래 당사자가 되거나 자기 이해관계인의 대리인이 되어서는 안 된다.
예외	• 투자매매업자 또는 투자중개업자가 자기가 판매하는 집합투자증권을 매수하는 경우 • 투자매매업자 또는 투자중개업자가 증권시장, 파생상품시장 또는 다자간매매체결회사를 통하여 매매가 이루어지도록 한 경우 (장내시장) • 종합금융투자사업자가 금융투자상품의 장외매매가 이루어지도록 한 경우 • 그 밖에 공정한 가격 형성과 매매, 거래의 안정성과 효율성 도모 및 투자자 보호에 우려가 없는 경우로서 금융위가 정하여 고시하는 경우

→ 자기계약이 가능한 경우

Topic 08 신용공여에 관한 규제

대표 출제 유형

01 신용공여에 관한 규제로 가장 거리가 먼 것은?

① 투자매매업자가 청약자금을 대출할 때에는 원칙적으로 청약하여 배정받은 증권을 담보로 징구해야 한다.
② 투자매매업자의 총 신용공여 규모는 원칙적으로 총자산의 범위 이내로 한다.
③ 투자매매업자는 투자자의 신용상태 및 종목별 거래상황 등을 고려하여 원칙적으로 신용공여금액의 140% 이상에 상당하는 담보를 징구해야 한다.
④ 한국증권거래소가 관리종목으로 지정한 증권에 대해서는 신규의 신용거래를 할 수 없다.

TIP 투자매매업자의 총 신용공여 규모는 원칙적으로 자기자본의 범위 이내로 한다.

02 <보기>는 신용공여에 대한 설명이다. 빈칸에 들어갈 내용이 순서대로 나열된 것은?

<보기>
- 투자매매업자는 투자자의 신용상태 및 종목별 거래상황 등을 고려하여 원칙적으로 신용공여금액의 (   ) 이상에 상당하는 담보를 징구해야 한다.
- 투자매매업자는 증권의 인수일로부터 (   ) 이내에 투자자에게 그 증권을 매수하도록 금전의 융자, 그 밖의 신용공여를 할 수 없다.

① 120%, 3개월
② 120%, 6개월
③ 140%, 3개월
④ 140%, 6개월

TIP
- 투자매매업자는 투자자의 신용상태 및 종목별 거래상황 등을 고려하여 원칙적으로 신용공여금액의 (140%) 이상에 상당하는 담보를 징구해야 한다.
- 투자매매업자는 증권의 인수일로부터 (3개월) 이내에 투자자에게 그 증권을 매수하도록 금전의 융자, 그 밖의 신용공여를 할 수 없다.

정답 01 ② 02 ③

01~02 핵심포인트 해설

1 신용공여의 개요

1) 신용공여란 증권과 관련하여 금전의 융자 또는 증권 대여의 방법으로 투자자에게 신용을 공여하는 것을 말한다.
   [예] 청약자금대출, 신용거래융자, 신용거래대주, 예탁증권담보융자

2) 신용공여행위는 투자매매업자 또는 투자중개업자의 고유업무는 아니지만, 증권과 관련된 경우에는 예외적으로 허용된다.

2 신용공여의 기준과 방법

1) 신용공여의 회사별 한도
   - 투자매매업자 또는 투자중개업자의 총 신용공여 규모는 자기자본의 범위 이내로 한다. → 총자산 (X)
   - 신용공여 종류별로 투자매매업자 또는 투자중개업자의 구체적인 한도는 금융위원장이 따로 결정할 수 있다.

2) 담보의 징구 및 비율

청약자금대출	• 원칙 : 청약하여 배정받은 증권을 담보 • 당해 증권이 교부되지 아니한 때는 당해 증권이 교부될 때까지 그 납입영수증으로 갈음할 수 있다.
신용거래융자 및 신용거래대주	• 신용거래융자 : 매수한 주권 또는 상장지수집합투자기구의 집합투자증권을 담보 • 신용거래대주 : 매도대금을 담보
예탁증권담보융자	• 원칙 : 예탁증권을 담보 • 가치산정이 곤란하거나 담보권의 행사를 통한 대출금의 회수가 곤란한 증권을 담보로 징구하여서는 안 된다.
담보비율	• 투자매매업자 또는 투자중개업자는 투자자의 신용상태 및 종목별 거래상황 등을 고려하여 신용공여금액의 100분의 140 이상(신용거래 대주의 경우에는 대주 시가상당액의 100분의 105 이상)에 상당하는 담보를 징구하여야 한다.

3) 신용거래 등의 제한
   - 투자자가 신용거래에 의해 매매할 수 있는 증권은 증권시장에 상장된 주권 및 상장지수집합투자증권으로 한다.
   - 예외적으로 아래의 증권에 대해서는 신규의 신용거래를 할 수 없다.
     - 거래소가 투자경고종목, 투자위험종목 또는 관리종목으로 지정한 증권
     - 거래소가 매매호가 전 예납조치 또는 결제 전 예납조치를 취한 증권

3 인수증권에 대한 신용공여의 제한

투자매매업자는 증권의 인수일로부터 3개월 이내에 투자자에게 그 증권을 매수하게 하기 위하여 그 투자자에게 금전의 융자, 그 밖의 신용공여를 할 수 없다.

Topic 09 투자자예탁금의 별도 예치

대표 출제 유형

01 투자자예탁금의 별도 예치 시 유의사항으로 가장 거리가 먼 것은?

① 원칙적으로 예치기관에 예치한 투자자예탁금을 상계, 압류해서는 안 된다.
② 투자매매업자는 투자자예탁금을 증권금융회사에 예치할 경우 고유재산과 구분하여 예치해야 한다.
③ 예치 금융투자업자의 파산이 선고될 경우 예치기관에 예치한 투자자예탁금을 인출하여 투자자에게 우선적으로 지급해야 한다.
④ 예치 금융투자업자가 금융투자업의 일부를 양도하는 경우 양도내용에 따라 양수회사에 예치기관에 예치한 투자자예탁금을 양도할 수 없다.

TIP 예치 금융투자업자가 금융투자업의 전부 또는 일부를 양도하는 경우 양도내용에 따라 양수회사에 예치기관에 예치한 투자자예탁금을 양도할 수 있다.

02 투자자예탁금에 대한 설명으로 가장 거리가 먼 것은?

① 투자매매업자는 일반적으로 예치기관에 예치한 투자자예탁금을 양도하거나 담보로 제공할 수 없다.
② 예치 금융투자업자가 다른 회사에 흡수합병될 경우에는 예외적으로 투자자예탁금을 양도할 수 있다.
③ 예치 금융투자업자가 파산선고를 받은 경우에는 예치한 투자자예탁금을 인출하여 투자자에게 우선하여 지급해야 한다.
④ 투자매매업자는 신탁업자에게 투자자예탁금을 신탁하는 경우 그 투자자예탁금이 투자매매업자의 재산이라는 점을 명시해야 한다.

TIP 투자매매업자는 신탁업자에게 투자자예탁금을 신탁하는 경우 그 투자자예탁금이 '투자자'의 재산이라는 점을 명시해야 한다.

정답 01 ④ 02 ④

01~02 핵심포인트 해설

1 투자자 재산보호를 위한 규제

투자중개업자 또는 투자매매업자가 파산하는 경우 투자자들이 이들에게 예탁하거나 보관을 의뢰한 금전 또는 증권이 파산재단에 속하게 되는 경우, 투자자를 보호하기 위해 사전에 예탁금 및 예탁증권을 별도로 보관하도록 하고 있다.

2 투자자예탁금의 별도 예치

→ 투자자로부터 금융투자상품의 매매, 그 밖의 거래와 관련하여 예탁받은 금전

1) 원칙

- 투자매매업자 또는 투자중개업자는 투자자예탁금을 고유재산과 구분하여 증권금융회사에 예치하거나 신탁업자에 신탁해야 한다.
- 투자자예탁금을 신탁업자에 신탁할 수 있는 금융투자업자는 은행, 한국산업은행, 중소기업은행, 보험회사이며, 신탁법에도 불구하고 자기계약을 할 수 있다.
- 투자매매업자 또는 투자중개업자는 증권금융회사 또는 신탁업자에게 투자자예탁금을 예치 또는 신탁하는 경우, 그 투자자예탁금이 투자자의 재산이라는 점을 명시해야 한다.
  → 투자매매업자 (X)

2) 상계 또는 압류의 금지

- 누구든지 예치기관에 예치 또는 신탁한 투자자예탁금을 상계·압류하지 못한다.
- 투자자예탁금을 예치 또는 신탁한 투자매매업자 또는 투자중개업자는 일반적으로 예치기관에 예치 또는 신탁한 투자자예탁금을 양도하거나 담보로 제공할 수 없다.
- 예치 금융투자업자는 다음의 어느 하나에 해당하는 경우 예외적으로 투자자예탁금을 양도하거나 담보로 제공할 수 있다.

  - 예치 금융투자업자가 흡수합병 또는 신설합병으로 인해 존속되거나 신설되는 회사에 예치기관에 예치 또는 신탁한 투자자예탁금을 양도하는 경우
  - 예치 금융투자업자가 금융투자업의 전부나 일부를 양도하는 경우로서 양도내용에 따라 양수회사에 예치기관에 예치 또는 신탁한 투자자예탁금을 양도하는 경우

3) 투자자예탁금의 우선지급

- 예치 금융투자업자는 다음의 어느 하나에 해당하게 된 경우 예치기관에 예치 또는 신탁한 투자자예탁금을 인출하여 투자자에게 우선하여 지급해야 한다.

  - 인가 취소, 해산 결의, 파산선고
  - 투자매매업 또는 투자중개업 전부 양도·전부 폐지가 승인된 경우 및 전부의 정지명령을 받은 경우

- 예치기관이 인가취소, 파산 등 예치 금융투자업자의 우선지급사유와 동일한 사유에 해당하게 된 경우 예치 금융투자업자에게 예치 또는 신탁받은 투자자예탁금을 우선하여 지급해야 한다.

Topic 10 집합투자업자의 영업행위 규칙

대표 출제 유형

01 <보기>는 집합투자업자의 영업행위 규칙 중 자산운용의 제한에 대한 설명이다. 빈칸에 들어갈 내용이 순서대로 나열된 것은?

<보기>
원칙적으로 각 집합투자기구 자산총액의 (　　)%를 초과하여 동일종목의 증권에 투자하는 행위는 금지되지만, 파생결합증권의 경우에는 (　　)%까지 투자가 가능하다.

① 10, 20　　② 10, 30　　③ 20, 30　　④ 20, 50

TIP 원칙적으로 각 집합투자기구 자산총액의 (10)%를 초과하여 동일종목의 증권에 투자하는 행위는 금지되지만, 파생결합증권의 경우에는 (30)%까지 투자가 가능하다.

02 집합투자업자의 금전차입·대여 등의 제한에 대한 설명으로 가장 거리가 먼 것은?

① 집합투자업자는 집합투자재산을 운용함에 있어서 원칙상 집합투자기구의 계산으로 금전을 차입할 수 없다.
② 집합투자재산으로 해당 집합투자기구 외의 자를 위한 채무보증은 금지된다.
③ 집합투자재산으로 부동산을 취득하는 경우 집합투자기구의 계산으로 금전차입이 예외적으로 허용되며, 기타집합투자기구는 부동산가액의 70% 이내로 차입이 가능하다.
④ 부동산 개발사업을 영위하는 법인은 집합투자기구 자산총액에서 부채총액을 뺀 가액의 200% 이내로 대여가 가능하다.

TIP 부동산 개발사업을 영위하는 법인은 집합투자기구 자산총액에서 부채총액을 뺀 가액(순자산총액)의 100% 이내로 대여가 가능하다.

03 <보기>는 집합투자기구의 금전차입·대여의 특례에 관한 설명이다. 빈칸에 들어갈 내용이 순서대로 나열된 것은?

<보기>
· 금전차입 특례에 따라 집합투자재산으로 부동산을 취득하는 경우 집합투자기구의 계산으로 금전차입이 예외적으로 허용되며, 부동산 집합투자기구는 (　　)를 한도로 하여 차입이 가능하다.
· 금전대여 특례에 따라 부동산 개발사업을 영위하는 법인에 대해 집합투자기구 (　　)를 한도로 대여가 가능하다.

① 순자산의 100%, 순자산총액의 100%
② 순자산의 100%, 순자산총액의 150%
③ 순자산의 200%, 순자산총액의 100%
④ 순자산의 200%, 순자산총액의 150%

TIP · 금전차입 특례에 따라 집합투자재산으로 부동산을 취득하는 경우 집합투자기구의 계산으로 금전차입이 예외적으로 허용되며, 부동산 집합투자기구는 (순자산의 200%)를 한도로 하여 차입이 가능하다.
· 금전대여 특례에 따라 부동산 개발사업을 영위하는 법인에 대해 집합투자기구 (순자산총액의 100%)를 한도로 대여가 가능하다.

정답　01 ②　02 ④　03 ③

01~03 핵심포인트 해설

1 자산운용의 제한

1) 동일종목 증권 및 동일 지분증권 투자 제한

구분	동일종목 증권 투자 제한	동일 지분증권 투자 제한
원칙	• 각 집합투자기구 자산총액의 10%를 초과하여 동일종목의 증권에 투자하는 행위 금지	• 전체 집합투자기구에서 동일 법인 등이 발행한 지분증권 총수의 20%를 초과하여 투자하는 행위 금지 • 각 집합투자기구에서 동일 법인 등이 발행한 지분증권 총수의 10%를 초과하여 투자하는 행위 금지
예외	• 100% 투자 가능 　- 국채, 한국은행통화안정증권, 정부보증채 • 30% 투자 가능 　- 지방채, 특수채, 파생결합증권, 법률에 의해 직접 설립된 법인이 발행한 어음	• 발행 총수의 100%까지 투자 가능 　- 부동산 개발회사·투자목적회사 발행 지분증권

2) 부동산 투자 제한
   • 원칙적으로 국내에 있는 부동산 중 주택법에 따른 주택 및 주택 및 주택법에 따른 주택에 해당하지 않는 부동산을 1년 내에 처분하는 행위는 금지된다. (집합투자규약에서 정하는 기간)

3) 집합투자증권 투자 제한
   • 원칙적으로 각 집합투자기구 자산총액의 50%를 초과하여 동일 집합투자업자가 운용하는 집합투자증권에 투자하는 행위는 금지된다.

2 금전차입, 대여 등의 제한

1) 원칙
   • 집합투자업자는 집합투자재산을 운용함에 있어서 집합투자기구의 계산으로 금전을 차입하지 못한다.
   → 대량 환매청구·매수청구 발생 시에는 가능!(순자산총액의 10% 한도)
   • 집합투자업자는 집합투자재산을 운용함에 있어서 집합투자재산으로 금전을 대여해서는 안 된다.
   • 집합투자재산으로 해당 집합투자기구 외의 자를 위한 채무보증·담보제공은 금지된다.

2) 특례

금전차입 특례	금전대여 특례
• 집합투자재산으로 부동산 취득 시 집합투자기구의 계산으로 금전차입이 예외적으로 허용된다. • 차입한도 (자산총액 - 부채총액) 　- 부동산 집합투자기구 : 순자산의 200% 　- 기타 집합투자기구 : 부동산가액의 70%	• 부동산 개발사업을 영위하는 법인에 대해 예외적으로 대여가 가능하다. • 대여한도 　- 집합투자기구 순자산총액의 100% 　　↳ 200% (X)

Topic 11 투자일임업자의 금지행위

대표 출제 유형

01 <보기> 중 투자일임업자의 영업행위 규칙에서 원칙적으로 금지행위에 해당하는 것으로만 모두 묶인 것은?

<보기>
㉠ 투자일임업자가 자신이 인수한 증권을 투자일임재산으로 매수하는 행위
㉡ 투자일임업자가 투자자로부터 금전이나 증권을 보관하는 행위
㉢ 투자일임업자가 투자일임재산을 예탁하는 투자매매업자를 지정하거나 변경하는 행위

① ㉠, ㉡ ② ㉠, ㉢ ③ ㉡, ㉢ ④ ㉠, ㉡, ㉢

TIP '㉠, ㉡, ㉢' 모두 투자일임업자의 영업행위 규칙 중 금지행위에 해당한다.

02 <보기>는 투자일임업자의 금지행위에 대한 설명이다. 빈칸에 들어갈 내용이 순서대로 나열된 것은?

<보기>
• 투자일임재산으로 투자일임업자 또는 그 이해관계인의 고유재산과 거래하는 행위는 금지되지만, 이해관계인이 되기 (   ) 이전에 체결한 계약에 따른 거래의 경우는 허용된다.
• 자기 또는 관계인수인이 인수한 증권을 투자일임재산으로 매수하는 행위는 금지되지만, 인수일로부터 (   )이 지난 후에 매수하는 경우는 허용된다.

① 3개월, 3개월 ② 3개월, 6개월 ③ 6개월, 3개월 ④ 6개월, 6개월

TIP • 투자일임재산으로 투자일임업자 또는 그 이해관계인의 고유재산과 거래하는 행위는 금지되지만, 이해관계인이 되기 (6개월) 이전에 체결한 계약에 따른 거래의 경우는 허용된다.
• 자기 또는 관계인수인이 인수한 증권을 투자일임재산으로 매수하는 행위는 금지되지만, 인수일로부터 (3개월)이 지난 후에 매수하는 경우는 허용된다.

03 투자일임업자가 자기 또는 관계인수인이 인수한 증권을 투자일임재산으로 매수할 수 있는 항목으로 가장 거리가 먼 것은?

① 국채
② 주권 관련 사채권
③ 지방채
④ 특수채

TIP 투자일임업자가 자기 또는 관계인수인이 인수한 증권을 투자일임재산으로 매수할 수 있는 항목으로 사채권 중 주권 관련 사채권 및 상각형 조건부자본증권은 제외한다.

정답 01 ④ 02 ③ 03 ②

01~03 핵심포인트 해설

1 투자자문업자 및 투자일임업자의 영업행위 규칙

1) 불건전 영업행위의 규제
   - 자본시장법은 투자자문업자 또는 투자일임업자와 투자자와의 사이에 거래가 이루어지는 자기거래와 그 외의 이해상충 행위를 중심으로 불건전영업행위의 유형을 규정하고 있다.

2) 공통 금지행위
   - 투자자로부터 금전·증권, 그 밖의 재산의 보관·예탁을 받는 행위
   - 투자자에게 금전·증권, 그 밖의 재산을 대여하거나 투자자에 대한 제3자의 금전·증권, 그 밖의 재산의 대여를 중개·주선 또는 대리하는 행위 등

2 투자일임업자의 금지행위

1) 정당한 사유 없이 투자자의 운용방법의 변경 또는 계약의 해지 요구에 응하지 않는 행위

2) 자기 또는 관계인수인이 인수한 증권을 투자일임재산으로 매수하는 행위
   - 단, 다음의 경우는 예외적으로 가능하다.
     - 인수일부터 3개월이 지난 후 매수하는 경우
     - 인수한 상장주권을 증권시장에서 매수하는 경우
     - 국채, 지방채, 통안채, 특수채, 사채권(주권 관련 사채권 및 상각형 조건부자본증권은 제외)을 매수하는 경우

3) 투자일임재산으로 자기가 운용하는 다른 투자일임재산, 집합투자재산 또는 신탁재산과 거래하는 행위

4) 투자일임재산으로 투자일임업자 또는 그 이해관계인의 고유재산과 거래하는 행위
   - 단, 다음의 경우는 예외적으로 가능하다.
     - 이해관계인이 되기 6개월 이전에 체결한 계약에 따른 거래의 경우 (→ 3개월 (X))
     - 증권시장 등 불특정 다수인이 참여하는 공개시장을 통한 거래의 경우
     - 환매조건부매매의 경우
     - 이해관계인이 매매중개를 통하여 채무증권, 원화로 표시된 양도성예금증서(CD) 또는 어음(기업어음증권은 제외)을 그 이해관계인과 매매하는 경우

5) 투자일임재산을 각각의 투자자별로 운용하지 않고 여러 투자자의 자산을 집합하여 운용하는 행위

6) 투자자로부터 다음 중 하나의 행위를 위임받는 행위
   - 투자일임재산을 예탁하는 투자매매업자·투자중개업자, 그 밖의 금융기관을 지정하거나 변경하는 행위
   - 투자일임재산을 예탁하거나 인출하는 행위
   - 투자일임재산에 속하는 증권의 의결권, 그 밖의 권리를 행사하는 행위

Topic 12 집합투자증권의 환매

대표 출제 유형

01 집합투자증권의 환매에 대한 설명으로 가장 적절한 것은?

① 환매 가격은 환매청구일 이전에 산정되는 기준 가격으로 하는 것이 원칙이다.
② 투자자가 집합투자증권의 환매를 청구할 경우 원칙적으로 그 집합투자증권을 판매한 투자매매업자 또는 투자중개업자에게 청구해야 한다.
③ 환매수수료는 집합투자업자가 직접 부담해야 한다.
④ 집합투자업자는 투자자 과반수의 동의를 얻은 경우 집합투자재산으로 환매대금을 지급할 수 있다.

TIP 투자자가 집합투자증권의 환매를 청구할 경우 그 집합투자증권을 판매한 투자매매업자 또는 투자중개업자에게 청구하는 것이 원칙이다.

02 <보기> 중 집합투자증권의 환매에 대한 적절한 설명으로만 모두 묶인 것은?

<보기>
⊙ 투자자가 집합투자증권의 환매를 청구하고자 하는 경우에는 원칙상 신탁업자에게 청구해야 한다.
ⓒ 환매수수료는 해당 집합투자기구가 부담해야 한다.
ⓒ 집합투자업자는 일반적으로 환매청구일로부터 15일 이내에 집합투자규약에서 정한 환매일에 환매대금을 지급해야 한다.

① ⊙   ② ⓒ   ③ ⓒ, ⓒ   ④ ⊙, ⓒ, ⓒ

TIP 'ⓒ'은 집합투자증권의 환매에 대한 적절한 설명이다.

03 집합투자증권의 환매에 대한 설명으로 가장 적절한 것은?

① 투자자가 집합투자증권의 환매를 청구하고자 하는 경우에는 일반적으로 해당 집합투자재산을 보관·관리하는 신탁업자에게 청구해야 한다.
② 집합투자업자는 투자자 2/3 이상의 동의를 얻은 경우 집합투자재산으로 환매대금을 지급할 수 있다.
③ 집합투자업자는 일반적으로 환매청구일부터 10일 이내에 집합투자규약에서 정한 환매일에 환매대금을 지급해야 한다.
④ 환매수수료는 집합투자규약에서 정한 기간 이내에 환매하는 경우에 부과하며, 환매금액 또는 이익금을 기준으로 부과할 수 있다.

TIP 환매수수료는 집합투자규약에서 정한 기간 이내에 환매하는 경우에 부과하며, 환매금액 또는 이익금 등을 기준으로 부과할 수 있다.

정답 01 ② 02 ② 03 ④

01~03 핵심포인트 해설

1 환매 절차

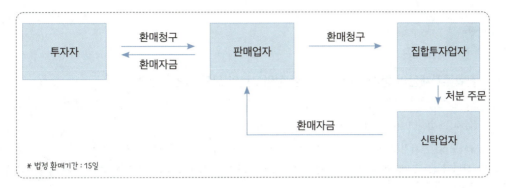

* 법정 환매기간 : 15일

2 집합투자증권의 환매

원칙	• 투자자는 언제든지 집합투자증권의 환매를 청구할 수 있다. → 환매금지형은 제외
환매청구대상	• 원칙 : 해당 집합투자증권을 판매한 투자매매·투자중개업자 • 예외 - 해당 집합투자기구의 집합투자업자에게 직접 환매청구 : 투자매매·투자중개업자가 환매청구에 응할 수 없는 경우 - 신탁업자에게 환매청구 : 환매청구를 받은 집합투자업자가 해산 등으로 인해 환매에 응할 수 없는 경우
환매방법	• 집합투자업자 또는 투자회사 등은 일반적으로 환매청구일로부터 15일 이내에 집합투자규약에서 정한 환매일에 환매대금을 지급한다. • 집합투자업자 또는 투자회사 등은 환매대금을 지급하는 경우 집합투자재산으로 소유 중인 금전 또는 집합투자재산을 처분하여 조성한 금전으로 해야 한다. → 단, 투자자 전원의 동의를 얻은 경우에는 집합투자재산으로 환매대금 지급이 가능함
환매 가격	• 원칙 : 환매청구일 후에 산정되는 기준 가격으로 환매 → 전에 (X)
환매수수료	• 환매수수료는 집합투자증권의 환매를 청구하는 투자자가 부담하며, 수수료는 집합투자재산에 귀속된다. • 환매수수료는 집합투자규약에서 정한 기간 이내에 환매하는 경우에 부과하며, 환매금액 또는 이익금 등을 기준으로 부과할 수 있다.
환매의 연기	• 환매를 연기한 경우 6주 이내에 집합투자자 총회를 개최하여 환매에 관한 사항을 결의해야 한다.

Topic 13 집합투자재산의 평가

대표 출제 유형

01 <보기> 중 집합투자재산의 평가에 대한 적절한 설명으로만 모두 묶인 것은?

<보기>
㉠ 집합투자재산은 공정가액으로 평가하는 것을 원칙으로 한다.
㉡ 기관전용사모집합투자기구가 지배목적으로 취득한 주식은 취득 가격으로 평가할 수 있다.
㉢ MMF는 장부가격으로 평가한 가격과 시가·공정가액으로 평가한 가격과의 차이가 0.1%를 초과할 경우 집합투자규약에서 정하는 바에 따라 필요한 조치를 취해야 한다.

① ㉠　　　② ㉡　　　③ ㉠, ㉢　　　④ ㉡, ㉢

TIP '㉡'은 집합투자재산의 평가에 대한 적절한 설명이다.

02 집합투자재산의 평가에 대한 설명으로 가장 거리가 먼 것은?

① 집합투자업자는 평가위원회가 집합투자재산을 평가한 경우 그 평가명세를 지체 없이 해당 집합투자재산을 보관·관리하는 신탁업자에게 통보해야 한다.
② 단기금융 집합투자기구의 공고된 기준 가격이 잘못 계산되어 그 오차가 0.05%를 초과할 경우 지체 없이 기준 가격을 변경한 후에 다시 공고·게시해야 한다.
③ 기준 가격을 변경하려는 때에는 집합투자기구평가회사의 확인을 받아야 한다.
④ 기준 가격을 변경한 때에는 금융위원회가 정하여 고시하는 바에 따라 그 사실을 금융위원회에 보고해야 한다.

TIP 기준 가격을 변경하려는 때에는 집합투자업자의 준법감시인과 신탁업자의 확인을 받아야 한다.

03 <보기>는 집합투자재산의 평가에 대한 내용이다. 빈칸에 들어갈 내용이 순서대로 나열된 것은?

<보기>
집합투자재산은 원칙상 (　　)(으)로 평가하되, 원칙을 적용하기 어려울 경우 (　　)(으)로 평가하며, MMF의 경우에는 (　　)(으)로 평가할 수 있다.

① 공정가액, 시가, 장부가격
② 시가, 장부가격, 공정가액
③ 시가, 공정가액, 장부가격
④ 장부가격, 시가, 공정가액

TIP 집합투자재산은 원칙상 (시가)로 평가하되, 원칙을 적용하기 어려울 경우 (공정가액)으로 평가하며, MMF의 경우에는 (장부 가격)으로 평가할 수 있다.

정답　01 ②　02 ③　03 ③

01~03 핵심포인트 해설

1 집합투자재산의 평가

1) 신뢰할 만한 시가가 있는 경우 : **시가**로 평가 → 원칙
   - 기관전용사모집합투자기구가 지배목적으로 취득한 주식은 취득 가격으로 평가할 수 있다.

2) 신뢰할 만한 시가가 없는 경우 : **공정가액**으로 평가

3) MMF 장부가평가 : **장부가격**으로 평가
   - 장부가격으로 평가한 가격과 시가·공정가액으로 평가한 가격과의 차이가 0.5%를 초과하거나 초과할 우려가 있는 경우, 집합투자규약에서 정하는 바에 따라 필요한 조치를 취해야 한다.

4) 집합투자재산 평가명세 통보
   - 집합투자업자는 평가위원회가 집합투자재산을 평가한 경우 그 평가명세를 지체 없이 해당 집합투자재산을 보관·관리하는 신탁업자에게 통보해야 한다.

2 기준 가격

기준 가격 산정	• 집합투자업자 또는 투자회사 등은 집합투자재산의 평가결과에 따라 집합투자증권의 기준 가격을 산정해야 한다.

↓ 평가오류의 수정에 따라 공고·게시한 기준 가격이 잘못 계산된 경우

기준 가격 변경	• 기준 가격을 변경하려는 때에는 **집합투자업자의 준법감시인과 신탁업자의 확인**을 받아야 한다. ↘ 집합투자기구평가회사 (X) • 기준 가격을 변경한 때에는 금융위원회가 정하여 고시하는 바에 따라 그 사실을 금융위원회에 보고해야 한다.

↓

기준 가격 재공고·게시	• 단기금융 집합투자기구의 공고된 기준 가격이 잘못 계산되어 그 오차가 0.05%를 초과할 경우 지체 없이 기준 가격을 변경한 후에 다시 공고·게시해야 한다.

Topic 14 집합투자기구 이익금의 분배

대표 출제 유형

01 <보기> 중 집합투자기구 이익금의 분배에 대한 적절한 설명으로만 모두 묶인 것은?

<보기>
㉠ 집합투자업자는 집합투자기구의 집합투자재산 운용에 따라 발생한 이익금을 투자자에게 금전 또는 새로 발행하는 집합투자증권으로 분배해야 한다.
㉡ MMF의 경우 집합투자규약이 정하는 바에 따라 이익금의 분배를 집합투자기구에 유보할 수 있다.
㉢ 집합투자기구의 특성에 따라 이익금의 초과분배가 허용될 수 있으나, 투자회사의 경우 순자산액에서 최저 순자산액을 뺀 금액을 초과하여 분배할 수 없다.

① ㉠　　　② ㉡　　　③ ㉠, ㉢　　　④ ㉡, ㉢

TIP '㉠, ㉢'은 집합투자기구 이익금의 분배에 대한 적절한 설명이다.

02 집합투자기구 이익금의 분배에 관한 설명으로 가장 거리가 먼 것은?

① 집합투자업자는 집합투자기구의 집합투자재산 운용에 따라 발생한 이익금을 투자자에게 금전 또는 새로 발행하는 집합투자증권으로 분배해야 한다.
② 투자회사는 이익금 전액을 새로 발행하는 주식으로 분배하려는 경우 정관에서 정하는 주식발행에 필요한 사항에 관하여 이사회의 결의를 거쳐야 한다.
③ MMF를 제외한 집합투자기구의 경우 집합투자규약이 정하는 바에 따라 이익금의 분배를 집합투자기구에 유보할 수 있다.
④ 집합투자업자 또는 투자회사는 이익금을 초과하여 분배할 수 없다.

TIP 집합투자업자 또는 투자회사는 집합투자기구의 특성에 따라 이익금을 초과하여 분배할 필요가 있는 경우에는 이익금을 초과하여 분배할 수 있다.

정답 01 ③ 02 ④

01~02 핵심포인트 해설

1 집합투자기구 이익금의 분배

이익금 분배(원칙)	분배유보(예외)
• 집합투자업자 또는 투자회사 등은 집합투자기구의 집합투자재산 운용에 따라 발생한 이익금을 투자자에게 금전 또는 새로 발행하는 집합투자증권으로 분배해야 한다. • 집합투자업자 또는 투자회사 등은 집합투자기구의 특성에 따라 이익금을 초과하여 분배할 필요가 있는 경우 이익금의 초과분배가 가능하다. • 투자회사의 경우에는 순자산액에서 최저 순자산액을 뺀 금액을 초과하여 분배할 수 없다.	• 집합투자기구의 경우에는 집합투자규약이 정하는 바에 따라 이익금의 분배를 집합투자기구에 유보할 수 있다. → 'MMF'는 제외!

→ 이익금의 초과분배도 가능!

2 이익금의 분배방법 및 시기

- 이익금의 분배방법 및 시기는 집합투자규약에서 정하는 바에 따른다.
- 투자회사는 이익금 전액을 새로 발행하는 주식으로 분배하려는 경우 정관에서 정하는 바에 따라 주식발행에 필요한 사항에 관하여 이사회의 결의를 거쳐야 한다.

Topic 15 미공개 중요정보 이용행위 금지

대표 출제 유형

01 <보기> 중 미공개정보 이용 규제대상자로만 모두 묶인 것은?

―――――――― <보기> ――――――――
㉠ 계열회사의 주요 주주
㉡ 해당 법인과 계약을 체결하고 있는 자
㉢ 계열회사 대리인

① ㉠, ㉡   ② ㉠, ㉢   ③ ㉡, ㉢   ④ ㉠, ㉡, ㉢

TIP '㉠, ㉡, ㉢'은 모두 미공개정보 이용 규제대상자에 해당한다.

02 미공개 중요정보 이용행위 규제대상자에 대한 설명으로 가장 거리가 먼 것은?

① 해당 법인의 대리인으로서 그 직무와 관련하여 미공개 중요정보를 알게 된 자는 준내부자에 해당한다.
② 해당 법인과 계약을 체결하고 있는 자로서 그 계약을 이행하는 과정에서 미공개 중요정보를 알게 된 자는 준내부자에 해당한다.
③ 해당 법인의 임원으로부터 미공개 중요정보를 받은 자는 정보수령자에 해당한다.
④ 해당 법인의 주요 주주로서 그 권리를 행사하는 과정에서 미공개 중요정보를 알게 된 자는 내부자에 해당한다.

TIP '해당 법인의 대리인으로서 그 직무와 관련하여 미공개 중요정보를 알게 된 자'는 내부자에 해당한다.

정답 01 ④ 02 ①

01~02 핵심포인트 해설

1 미공개정보 이용(내부자거래) 규제의 의의

내부자거래 규제란 협의로는 상장회사의 내부자 등이 당해 회사의 미공개 중요정보를 당해 회사의 증권거래에 이용하는 것을 금지하는 미공개 중요정보 이용행위의 금지를 의미하나, 광의로는 미공개 시장정보의 이용행위 규제와 내부자 등의 미공개 중요정보의 사적 이용행위를 예방할 수 있는 제반 공시제도를 포함한다.

2 미공개정보 이용(내부자거래) 규제대상자

내부자	㉠ 해당 법인(해당 계열회사 포함) 및 해당 법인의 임직원·대리인으로서 그 직무와 관련하여 미공개 중요정보를 알게 된 자 ㉡ 해당 법인(해당 계열회사 포함)의 주요 주주로서 그 권리를 행사하는 과정에서 미공개 중요정보를 알게 된 자
준내부자	㉢ 해당 법인에 대하여 법령에 따른 허가·인가·지도 등 그 밖의 권한을 가지는 자로서 그 권한을 행사하는 과정에서 미공개 중요정보를 알게 된 자 ㉣ 해당 법인과 계약을 체결하고 있거나 체결을 교섭하고 있는 자로서 그 계약을 체결·교섭 또는 이행하는 과정에서 미공개 중요정보를 알게 된 자 ㉤ ㉡부터 ㉣까지의 어느 하나에 해당하는 자의 대리인·사용인, 그 밖의 종업원으로서 그 직무와 관련하여 미공개 중요정보를 알게 된 자
정보수령자	㉠부터 ㉤까지의 어느 하나에 해당하는 자로부터 미공개 중요정보를 받은 자

Topic 16 금융기관 검사 및 제재에 관한 규정

대표 출제 유형

01 금융기관 검사 및 제재에 관한 규정에 대한 설명으로 가장 거리가 먼 것은?

① 금융감독원의 장은 현장검사를 실시하는 경우 원칙적으로 사전에 통지해서는 안 된다.
② 검사는 현장검사 또는 서면검사의 방법으로 실시된다.
③ 금융감독원의 장은 매년 당해 연도의 검사업무의 기본 방향과 검사를 실시한 금융기관 등이 포함된 검사계획을 금융위원회에 보고해야 한다.
④ 검사결과의 조치는 금융위원회의 심의·의결을 거쳐 조치해야 한다.

TIP 금융감독원의 장은 현장검사를 실시하는 경우 검사목적 및 검사기간 등이 포함된 검사사전예고통지서를 당해 금융기관에 검사착수일 7일 전까지 통지해야 한다.

02 <보기> 중 금융기관 검사 및 제재규정에 대한 적절한 내용으로만 모두 묶인 것은?

<보기>
㉠ 금융감독원의 장은 제재에 관한 사항을 심의하기 위해 제재심의위원회를 설치·운영해야 하나, 금융감독원의 장이 필요하다고 인정하는 때에는 심의회의 심의를 생략할 수 있다.
㉡ 제재를 받은 금융기관이 당해 조치요구가 위법·부당하다고 인정하는 경우에는 금융감독원의 장에게 이의신청이 가능하며, 이의신청 처리결과에 대해서는 1회에 한하여 다시 이의신청이 가능하다.
㉢ 금융기관의 이의신청에 대하여 이의신청이 이유 없다고 인정할 명백한 사유가 있는 경우에는 제제심의위원회의 심의를 거친 후에 금융감독원의 장이 이의신청을 기각할 수 있다.

① ㉠   ② ㉠, ㉢   ③ ㉡, ㉢   ④ ㉠, ㉡, ㉢

TIP 금융감독원의 장은 제재에 관한 사항을 심의하기 위해 제재심의위원회를 설치·운영해야 하나, 금융감독원의 장이 필요하다고 인정하는 때에는 심의회의 심의를 생략할 수 있다.

03 금융기관의 검사결과 조치에 대한 이의신청의 규정으로 가장 거리가 먼 것은?

① 제재를 받은 금융기관은 당해 제재처분이 위법 또는 부당하다고 인정하는 경우에는 금융위원회에 이의신청을 할 수 있다.
② 이의신청이 이유 없다고 인정할 명백한 사유가 있더라도 금융감독원의 장은 이의신청을 기각할 수 없다.
③ 이의신청 처리결과에 대해서는 다시 이의신청을 할 수 없다.
④ 금융감독원의 장은 증거서류의 오류로 그 제재가 위법함을 발견했을 때에는 직권으로 재심하여 조치를 취할 수 있다.

TIP 이의신청이 이유 없다고 인정할 명백한 사유가 있는 경우에는 금융감독원의 장이 이의신청을 기각할 수 있다.

정답 01 ① 02 ① 03 ②

01~03 핵심포인트 해설

1 금융기관 검사

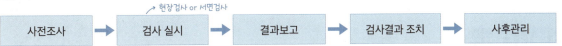
현장검사 or 서면검사
사전조사 → 검사 실시 → 결과보고 → 검사결과 조치 → 사후관리

1) **검사 실시**
   - 검사의 실시는 현장검사 또는 서면검사의 방법으로 행한다.
   - 금융감독원의 장은 매년 당해 연도의 검사업무의 기본 방향과 검사를 실시할 금융기관 등이 포함된 검사계획을 금융위원회에 보고해야 한다.

2) **검사의 사전통지 및 검사방법**
   - 금융감독원의 장은 현장검사를 실시하는 경우 검사목적 및 검사기간 등이 포함된 검사사전예고통지서를 당해 금융기관에 사전 통지해야 한다.
     → 검사착수일 1주일 전까지!
   - 긴급한 현안사항 점검 등 사전통지를 위한 시간적 여유가 없는 불가피한 경우 사전통지를 생략할 수 있다.
   - 현장검사는 검사대상기관에 실제로 임하여 필요한 사항을 조사하는 반면, 서면검사는 장부, 서류를 제출받아 그 내용을 조사·검토하는 것으로 종합검사는 대부분 현장검사의 방법으로 실시한다.

3) **검사결과의 조치**
   - 검사결과의 조치는 금융위원회의 심의·의결을 거쳐 조치하되, 금감원장 위임사항은 금감원장이 직접 조치하며, 금융투자업자 또는 그 임직원에 대한 과태료 부과, 자본시장법에 의한 조치·명령 등은 증선위의 사전 심의를 거쳐 조치한다.

2 제재절차

심의회의 설치	• 금융감독원의 장은 제재에 관한 사항을 심의하기 위해 제재심의위원회를 설치·운영해야 하나, 금융감독원의 장이 필요하다고 인정하는 때에는 심의회의 심의를 생략할 수 있다.
사전통지 및 의견진술	• 금감원장이 제재조치를 하는 때에는 위규행위 사실, 관련 법규, 제재 예정내용 등을 제재대상자에게 구체적으로 사전 통지하고 상당한 기간을 정하여 구술 또는 서면에 의한 의견진술 기회를 주어야 한다. → 사전통지가 명백히 불필요하다고 인정될 만한 사유가 있는 경우는 생략 가능
이의신청	• 제재를 받은 금융기관은 당해 제재처분이 위법 또는 부당하다고 인정하는 경우에 금융위 또는 금감원장에게 이의를 신청할 수 있다. • 이의신청이 이유 없다고 인정할 명백한 사유가 있는 경우에는 금융감독원의 장이 이의신청을 기각할 수 있다. • 이의신청 처리결과에 대해서는 다시 이의신청을 할 수 없다. • 금융감독원의 장은 증거서류의 오류 등으로 그 제재가 위법함을 발견했을 때에는 직권으로 재심하여 조치를 취할 수 있다.
제재내용의 이사회 등 보고	• 금융기관의 장은 제재조치를 받은 경우 금감원장이 정하는 바에 따라 필요한 절차를 거쳐야 한다.

Topic 17 조사분석자료 작성 및 공표

대표 출제 유형

01 <보기>는 조사분석자료의 작성 및 공표에 관한 내용이다. 빈칸에 들어갈 내용이 순서대로 나열된 것은?

<보기>
- 금융투자회사는 발행주식 총수의 (　　) 이상의 주식을 보유한 경우 법인이 발행한 금융투자상품과 주식을 기초자산으로 하는 주식선물에 대한 조사분석자료 공표 시 회사와의 이해관계를 조사분석자료에 명시해야 한다.
- 금융투자회사는 증권시장에 주권을 최초로 상장하기 위해 대표주관업무를 수행한 경우 해당 법인에 대하여 최초 거래일로부터 1년간 (　　) 이상의 조사분석자료를 무료로 공표해야 한다.

① 1%, 2회　　② 1%, 3회　　③ 5%, 2회　　④ 5%, 3회

TIP
- 금융투자회사는 발행주식 총수의 (1%) 이상의 주식을 보유한 경우 법인이 발행한 금융투자상품과 주식을 기초자산으로 하는 주식선물에 대한 조사분석자료 공표 시 회사와의 이해관계를 조사분석자료에 명시해야 한다.
- 금융투자회사는 증권시장에 주권을 최초로 상장하기 위해 대표주관업무를 수행한 경우 해당 법인에 대하여 최초 거래일로부터 1년간 (2회) 이상의 조사분석자료를 무료로 공표해야 한다.

02 조사분석자료 작성 및 공표 시 유의사항으로 가장 거리가 먼 것은?

① 금융투자분석사는 조사분석업무를 수행함에 있어 선량한 관리자로서의 주의의무를 다해야 한다.
② 금융투자회사가 조사분석자료를 공표하거나 제3자에게 제공하기 위해서는 금융투자분석사의 확인이 필요하다.
③ 금융투자회사는 발행주식 총수의 1% 이상의 주식을 보유한 경우 해당 법인이 발행한 금융투자상품에 대한 조사분석자료를 공표할 수 없다.
④ 금융투자회사는 자사에서 발행한 금융투자상품에 대한 조사분석자료를 공표할 수 없다.

TIP 금융투자회사는 발행주식 총수의 1% 이상의 주식을 보유하고 있는 경우 법인이 발행한 금융투자상품에 관한 조사분석자료를 공표하거나 특정인에게 제공할 수 있으며, 제공 시 회사와의 이해관계를 조사분석자료에 명시해야 한다.

정답　01 ①　02 ③

01~02 핵심포인트 해설

1 조사분석자료의 의의

조사분석자료란 금융투자회사의 명의로 공표 또는 제3자에게 제공되는 것으로 특정 금융투자상품(집합투자증권은 제외)의 가치에 대한 주장이나 예측을 담고 있는 자료를 말한다.

2 조사분석자료 작성 원칙

1) 조사분석의 원칙
   - 금융투자회사 및 금융투자분석사는 조사분석업무를 수행함에 있어 선량한 관리자로서의 주의의무를 다해야 한다.
     → 조사분석자료의 작성, 심사 및 승인 업무를 수행하는 자
   - 금융투자회사 및 금융투자분석사는 조사분석 대상법인 등 외부로부터 취득한 자료를 인용하는 경우 해당 자료의 신뢰도를 철저히 검증해야 한다.

2) 금융투자분석사의 확인
   - 금융투자회사는 금융투자분석사의 확인 없이 조사분석자료를 공표하거나 제3자에게 제공해서는 안 된다.
   - 금융투자회사는 해당 금융투자회사의 임직원이 아닌 제3자가 작성한 조사분석자료를 공표하는 경우 해당 제3자의 성명을 조사분석자료에 기재해야 한다.

3 조사분석대상법인의 제한 및 이해관계 고지

1) 조사분석대상법인의 제한
   - 금융투자회사는 다음의 어느 하나에 해당하는 금융투자상품에 대해서 조사분석자료를 공표하거나 특정인에게 제공하는 것은 금지된다.
     - 자신이 발행한 금융투자상품
     - 자신이 발행한 주식을 기초자산으로 하는 주식선물·주식옵션 및 주식워런트증권(ELW)

2) 회사와의 이해관계 고지
   - 금융투자회사는 자신이 채무이행을 직·간접적으로 보장하거나, 발행주식 총수의 1% 이상의 주식을 보유하는 등 각종 이해관계가 있는 경우 법인이 발행한 금융투자상품과 해당 법인이 발행한 주식을 기초자산으로 하는 주식선물·주식옵션·주식워런트증권에 대한 조사분석자료를 공표하거나 특정인에게 제공하는 경우 회사와의 이해관계를 조사분석자료에 명시해야 한다.

4 조사분석자료의 공표 및 중단 사실 고지

조사분석자료의 의무 공표	• 회사는 증권시장에 주권을 최초로 상장하기 위해 대표주관업무를 수행한 경우 해당 법인에 대하여 최초 거래일로부터 1년간 2회 이상의 조사분석자료를 무료로 공표해야 한다.
조사분석자료 공표 중단 사실 고지	• 금융투자회사는 최근 1년간 3회 이상의 조사분석자료를 공표한 경우 최종 공표일이 속하는 월말로부터 6개월 이내에 조사분석자료를 추가로 공표해야 한다. • 더 이상 자료를 공표하지 않고자 할 경우에는 중단 사실과 사유를 고지해야 한다.

Topic 18 투자광고

대표 출제 유형

01 <보기> 중 펀드 투자광고 시 의무표시사항으로만 모두 묶인 것은?

― <보기> ―
㉠ 환매금액의 수령이 가능한 구체적 시기
㉡ 환매수수료
㉢ 투자에 따른 손실보전이나 이익보장

① ㉠, ㉡ ② ㉠, ㉢ ③ ㉡, ㉢ ④ ㉠, ㉡, ㉢

TIP '㉠, ㉡'는 펀드 투자광고 시 의무표시사항에 해당한다.

02 펀드 투자광고 시 의무표시사항에 대한 설명으로 가장 거리가 먼 것은?

① A4용지 기준 9포인트 이상의 활자체로 투자자가 쉽게 알아볼 수 있도록 표시해야 한다.
② 바탕색과 구별되는 색상으로 선명하게 표시해야 한다.
③ 영상매체를 이용한 투자광고의 경우 위험고지내용을 1회 이상 표시해야 하며, 10분 이상의 광고물은 2회 이상 표시해야 한다.
④ 인터넷 배너를 이용한 투자광고의 경우에는 위험고지내용을 포함하지 않아도 된다.

TIP 인터넷 배너를 이용한 투자광고의 경우에는 위험고지내용이 3초 이상 보일 수 있도록 해야 하며, 파생상품과 그 밖에 투자위험성이 큰 거래에 관한 내용을 포함하는 경우에는 해당 위험고지내용이 5초 이상 보일 수 있도록 해야 한다.

정답 01 ① 02 ④

01~02 핵심포인트 해설

1 펀드 투자광고 시 의무표시사항

투자광고 시에는 다음의 내용을 의무적으로 포함해야 한다.

- 환매수수료 및 환매신청 후 환매금액의 수령이 가능한 구체적인 시기
- 증권거래비용의 발생 가능성
- 투자자가 직·간접적으로 부담하게 되는 각종 보수 및 수수료
- 고유한 특성 및 투자 위험성이 있는 집합투자기구의 경우 해당 특성 및 투자 위험성에 관한 설명

2 투자광고 시 주요 매체별 위험고지 표시기준

1) 바탕색과 구별되는 색상으로 선명하게 표시할 것

2) A4용지 기준 9포인트 이상의 활자체로 표시할 것 → 단, 신문에 전면으로 게재하는 광고물의 경우 10포인트 이상의 활자체로 표시

3) 영상매체를 이용한 투자광고의 경우
   - 1회당 투자광고 시간의 1/3 이상의 시간 동안 투자자가 쉽게 알아볼 수 있도록 충분한 면적에 걸쳐 해당 위험고지내용을 표시하거나, 1회 이상 소비자가 명확하게 인식할 수 있는 속도의 음성과 자막으로 설명할 것
     → 단, 10분 이상의 광고물은 2회 이상!

4) 인터넷 배너를 이용한 투자광고의 경우
   - 위험고지내용이 3초 이상 보일 수 있도록 할 것
     → 단, 파생상품 등 투자위험성이 큰 거래에 관한 내용을 포함하는 경우 해당 위험고지내용이 5초 이상 보일 수 있도록 해야 함

3 비교광고

금융투자회사가 투자광고에 펀드 운용실적 또는 유형별 판매실적 등을 비교하고자 하는 경우 다음을 준수해야 한다.

- 비교대상이 동일한 유형의 집합투자기구일 것
- 협회 등 증권유관기관의 공시자료 또는 집합투자기구평가회사의 평가자료를 사용할 것
- 기준일로부터 과거 1년, 2년 및 3년 수익률과 설정일 또는 설립일로부터 기준일까지의 수익률을 표시하되, 연 단위 비교대상 내의 백분위 순위 또는 서열 순위 등을 병기할 것
- 평가자료의 출처 및 공표일을 표시할 것
- MMF 운용실적을 표시하는 경우 과거 1개월 수익률을 표시할 것
  → 다른 금융투자회사가 판매하는 MMF와 운용실적 등에 관한 비교광고를 하지 말 것

Topic 19 재산상 이익의 제공 및 수령

대표 출제 유형

01 <보기> 중 금융투자회사의 재산상 이익 제공 및 수령이 가능한 경우로만 모두 묶인 것은?

─ <보기> ─
⊙ 경제적 가치가 5만원인 기프티콘
ⓒ 금융회사가 자체적으로 작성한 조사분석자료
ⓒ 거래상대방만 참석한 오락활동에 수반되는 비용의 제공
ⓔ 10만원 상당의 화환

① ⊙, ⓒ   ② ⓒ, ⓒ   ③ ⓒ, ⓔ   ④ ⊙, ⓒ, ⓔ

TIP 'ⓒ, ⓔ'은 재산상 이익으로 보지 않으므로 제공 및 수령이 가능한 경우에 해당한다.

02 자본시장법 시행령 및 금융투자업규정의 내용 중 재산상 이익의 제공 및 수령에 대한 설명으로 가장 적절한 것은?

① 10만원 상당의 경조비는 재산상 이익에 해당한다.
② 투자중개회사 및 그 임직원과 투자권유대행인에게 공연관람권을 제공하는 것은 허용된다.
③ 투자자문계약 또는 신탁계약의 체결 등의 방법을 통해 재산상 이익을 제공하는 것은 허용된다.
④ 거래상대방만 참석한 여가 및 오락활동에 수반되는 비용을 제공하는 것은 허용된다.

TIP 거래상대방에게 금전, 상품권, 금융투자상품을 제공해서는 안되지만, 사용범위가 공연·운동경기 관람, 도서·음반 구입 등 문화활동으로 한정된 상품권을 제공하는 것은 허용된다.

03 재산상 이익의 제공 및 수령에 관한 설명으로 가장 거리가 먼 것은?

① 재산상 이익의 수령 한도는 협회가 일률적인 금액 기준을 제시하지는 않고 있으며, 회사가 스스로 정하여 준수하도록 하고 있다.
② 금융투자회사가 최근 5개 사업연도를 합산하여 특정 투자자에게 10억원을 초과하는 금전을 제공받은 경우에는 재산상 이익 제공 및 수령내역을 공시해야 한다.
③ 금융투자회사는 재산상 이익의 제공현황 및 적정성 점검 결과 등을 3년마다 이사회에 보고해야 한다.
④ 금융투자회사가 거래상대방에게 재산상 이익을 제공하거나 제공받은 경우 제공목적, 제공내용 등을 5년 이상 기록 보관해야 한다.

TIP 금융투자회사는 재산상 이익의 제공현황 및 적정성 점검 결과 등을 매년 이사회에 보고해야 한다.

정답 01 ③   02 ②   03 ③

01~03 핵심포인트 해설

1 재산상 이익의 범위

1) 재산상 이익으로 보지 않는 범위

- 금융투자상품에 대한 가치분석·매매정보 또는 주문의 집행 등을 위해 자체적으로 개발한 소프트웨어 및 해당 소프트웨어의 활용에 불가피한 컴퓨터 등 전산기기
- 금융투자회사가 자체적으로 작성한 조사분석자료
- 경제적 가치가 3만원 이하의 물품, 식사, 신유형 상품권, 거래실적에 연동되어 거래상대방에게 차별없이 지급되는 포인트 및 마일리지
- 20만원 이하의 경조비 및 조화·화환
- 국내에서 불특정 다수를 대상으로 하여 개최되는 세미나 또는 설명회로서 1인당 재산상 이익의 제공금액을 산정하기 곤란한 경우 그 비용
- 사용범위가 공연·운동경기 관람, 도서·음반 구입 등 문화활동으로 한정된 상품권

2) 재산상 이익의 가치 산정

금전	해당 금액
물품	구입 비용
접대	해당 접대에 소요된 비용 → 다만, 금융투자회사 임직원과 거래상대방이 공동으로 참석한 경우 해당 비용은 전체 소요경비 중 거래상대방이 점유한 비율에 따라 산정된 금액
연수·기업설명회·기업탐방·세미나	거래상대방에게 직접적으로 제공되었거나 제공받은 비용
기타	해당 재산상 이익의 구입 또는 제공에 소요된 실비

2 재산상 이익의 제공 및 수령

금융투자회사가 최근 5개 사업연도를 합산하여 특정 투자자에게 10억원을 초과하는 금전을 제공받은 경우에는 재산상 이익 제공 및 수령내역을 공시해야 한다.

재산상 이익의 수령 한도	협회가 일률적인 금액 기준을 제시하지는 않고 있으며, 회사가 스스로 정하여 준수하도록 하고 있다.
기록유지	금융투자회사가 거래상대방에게 재산상 이익을 제공하거나 제공받은 경우 제공목적, 제공내용 등을 5년 이상 기록 보관해야 한다.
이사회를 통한 내부통제	금융투자회사는 재산상 이익의 제공현황 및 적정성 점검 결과 등을 매년 이사회에 보고해야 한다.

3 부당한 재산상 이익의 제공 및 수령 금지

금융투자회사는 다음 중 어느 하나에 해당하는 재산상 이익을 제공하거나 제공받아서는 안 되며, 임직원 및 투자권유대행인이 이 규정을 위반하여 제공한 재산상 이익을 보전하여 주어서는 안 된다.

- 경제적 가치의 크기가 일반인이 통상적으로 이해하는 수준을 초과하는 경우
- 재산상 이익의 제공 또는 수령이 비정상적인 조건의 금융투자상품 매매거래, 투자자문계약, 투자일임계약 또는 신탁계약의 체결 등의 방법으로 이루어지는 경우
- 거래상대방만 참석한 여가 및 오락활동 등에 수반되는 비용을 제공하는 경우
- 금융투자상품 및 경제정보 등과 관련된 전산기기의 구입이나 통신서비스 이용에 소요되는 비용을 제공하거나 제공받는 경우
- 집합투자회사가 자신이 운용하는 집합투자증권의 판매실적과 연동하여 이를 판매하는 투자매매회사·투자중개회사에게 재산상 이익을 제공하는 경우
- 투자매매회사 또는 투자중개회사가 판매회사의 변경 또는 변경에 따른 이동액을 조건으로 하여 재산상 이익을 제공하는 경우

Topic 20 신상품 보호

대표 출제 유형

01 신상품 보호에 관한 협회 규정의 내용으로 가장 거리가 먼 것은?

① 신상품 보호는 금융투자회사의 신상품 개발에 따른 선발이익을 보호하고, 금융투자회사 간 신상품의 개발을 촉진시켜 금융산업발전에 기여함을 목적으로 한다.
② 배타적 사용권이란 신상품을 개발한 금융투자회사가 일정기간 동안 독점적으로 신상품을 판매할 수 있는 권리를 말한다.
③ 금융투자회사의 임직원이 심의위원회에 제출하는 자료를 고의적으로 조작한 경우 협회는 위반내용을 인터넷 홈페이지 등에 공시해야 한다.
④ 심의위원회 위원장은 침해배제 신청 접수일로부터 14영업일 이내에 심의위원회를 소집하여 배타적 사용권 침해배제 신청에 대하여 심의해야 한다.

TIP 심의위원회 위원장은 침해배제 신청 접수일로부터 7영업일 이내에 심의위원회를 소집하여 배타적 사용권 침해배제 신청에 대하여 심의해야 한다.

02 <보기> 중 신상품 보호 관련 규정에 대한 적절한 설명으로만 모두 묶인 것은?

<보기>
㉠ 신상품은 금융투자상품 또는 이에 준하는 서비스로서 국내외에서 이미 공지되었거나 판매된 적이 없어야 한다.
㉡ 심의위원회 위원장은 배타적 사용권 침해배제 신청 접수일로부터 14영업일 이내에 심의위원회를 소집하여 신청에 대해 심의해야 한다.
㉢ 기존의 금융투자상품과 구별되는 독창적인 금융투자상품은 신상품에 해당한다.

① ㉡   ② ㉠, ㉢   ③ ㉡, ㉢   ④ ㉠, ㉡, ㉢

TIP '㉠, ㉢'은 신상품 보호 관련 규정에 대한 적절한 설명이다.

정답 01 ④ 02 ②

01~02 핵심포인트 해설

1 신상품 보호

1) 신상품 보호의 취지
- 신상품 보호는 금융투자회사의 신상품 개발에 따른 선발이익을 보호하고, 금융투자회사 간 신상품의 개발을 촉진시켜 금융산업발전에 기여함을 목적으로 한다.

2) 신상품이란?
- 금융투자상품 또는 이에 준하는 서비스로서 다음의 어느 하나에 해당하는 것을 말한다.
  → 단, 국내외에서 이미 공지되었거나 판매된 적이 없어야 함!

  - 새로운 비즈니스 모델을 적용한 금융투자상품 또는 이에 준하는 서비스
  - 금융공학 등 신금융기법을 이용하여 개발한 금융투자상품 또는 이에 준하는 서비스
  - 기존의 금융투자상품 또는 이에 준하는 서비스와 구별되는 독창성이 있는 금융투자상품 또는 이에 준하는 서비스

2 배타적 사용권 보호

배타적 사용권 침해 발생	• 배타적 사용권이란 신상품을 개발한 금융투자회사가 일정기간 동안 독점적으로 신상품을 판매할 수 있는 권리를 말한다.
↓	
협회 신상품 심의위원회에 침해배제 신청	• 배타적 사용권을 부여받은 금융투자회사는 배타적 사용권에 대한 직접적인 침해가 발생하는 경우, 협회 신상품 심의위원회가 정한 서식에 따라 침해배제를 신청할 수 있다.
↓	
심의위원회 위원장의 심의·결정	• 심의위원회 위원장은 침해배제 신청 접수일로부터 7영업일 이내에 심의위원회를 소집하여 배타적 사용권 침해배제 신청에 대해 심의해야 한다. → 14영업일 (X) • 침해배제 신청이 이유가 있다고 결정된 경우 심의위원회는 지체 없이 침해회사에 대해 침해의 정지를 명할 수 있다.

3 금지행위

- 금융투자회사 및 금융투자회사 임직원은 다음의 어느 하나에 해당하는 행위를 해서는 안 된다.
  - 타 금융투자회사의 배타적 사용권을 침해하는 행위
  - 심의위원회에 제출하는 자료의 고의적인 조작행위
  - 타당성이 없는 빈번한 이의신청 등으로 심의위원회의 업무 또는 배타적 사용권의 행사를 방해하는 행위

- 금지행위를 위반한 경우 협회는 그 위반내용을 협회 인터넷 홈페이지 등을 통해 공시하고, 심의위원회는 자율규제위원회에 제재를 요청할 수 있다.

합격의 기준, 해커스금융

fn.Hackers.com

제3과목 (2)

투자운용 및 전략 I
/거시경제 및 분산투자

Topic 01 효율적 시장가설

대표 출제 유형

01 효율적 시장가설에 대한 설명으로 가장 거리가 먼 것은?

① 효율적 시장가설은 패시브 운용을 반대하는 논거로 이용된다.
② 약형의 효율적 시장가설에 의하면 기술적 분석은 아무런 가치가 없다.
③ 준강형의 효율적 시장가설에 의하면 공개된 정보로부터 이익을 얻는 것은 불가능하다.
④ 강형의 효율적 시장가설에 의하면 기업에 대해 알려진 정보는 주식의 분석에 도움이 되지 않는다.

TIP 효율적 시장가설은 '액티브 운용'을 반대하는 논거로 이용된다.

02 <보기> 중 효율적 시장가설에 대한 적절한 설명으로만 모두 묶인 것은?

<보기>
㉠ 효율적 시장가설은 패시브 운용을 반대하는 논거로 이용된다.
㉡ 약형의 효율적 시장가설에 의하면 기술적 분석은 아무런 가치가 없다.
㉢ 준강형의 효율적 시장가설에 의하면 어떤 형태의 액티브 운용도 시도할 필요가 없다.
㉣ 강형의 효율적 시장가설에 의하면 기업에 대해 알려진 정보는 주식의 분석에 도움이 되지 않는다.

① ㉠, ㉢   ② ㉠, ㉣   ③ ㉡, ㉢   ④ ㉡, ㉣

TIP '㉡, ㉣'은 효율적 시장가설에 대한 적절한 설명이다.

정답 01 ① 02 ④

01~02 핵심포인트 해설

1 효율적 시장가설

효율적 시장가설은 액티브 운용을 반대하는 논거로 이용되며, 어떤 효율적 시장가설을 신뢰하는지에 따라 영향을 받는 정보가 결정된다.

[참고] 액티브 운용 vs. 패시브 운용

액티브 운용	초과수익을 내기 위해 적극적으로 주식 정보를 발굴하고 분석하는 운용방식
패시브 운용	효율적 시장가설에 기반하여 현재 주가에 주식 가치가 정확하게 반영되었다고 보아 시장지수를 따라가는 운용방식

2 효율적 시장가설의 구분

1) 약형 vs. 준강형 vs. 강형

```
          약형과 준강형을 신뢰 → 액티브 운용 (O)              강형을 신뢰 → 액티브 운용 (X)
```

약형	준강형	강형
주가에 과거 정보가 이미 반영됨 → 기술적 분석은 의미 없음 　주가 차트 등을 통해 주식 및 금융시장을 예측하는 　분석 방법	주가에 과거 정보 + 공개된 정보가 이미 반영됨 → 기술적 분석, 공개된 정보는 의미 없음	주가에 과거 정보 + 공개된 정보 + 공개 가능성 있는 정보가 이미 반영됨 → 기술적 분석, 공개된 정보, 공개 가능성 있는 정보는 의미 없음 → 어떤 정보에 따른 분석, 즉 액티브 운용은 의미 없음

강한 효율적 시장가설일수록 더 많은 정보가 주가에 반영되었다고 봄

2) 주가 반영 정보의 범위 비교

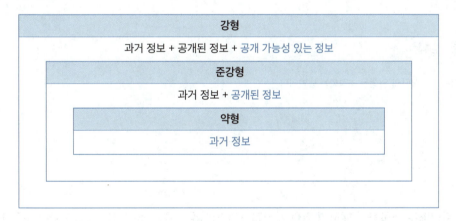

Topic 02 자산집단의 기대수익률, 위험 추정

대표 출제 유형

01 <보기>에서 설명하는 수익률 추정방법으로 가장 적절한 것은?

<보기>
과거 시계열 자료를 바탕으로 하되 미래의 특정 상황이 발생한 경우에 대한 기대치를 반영하여 수익률을 추정한다. 과거 자료에 각 자산집단별 리스크 프리미엄 구조를 반영하는 기법으로, 회귀분석, CAPM, APT 등의 방법이 있다.

① 시장공통 예측치 사용방법
② 추세분석법(technical analysis)
③ 근본적 분석방법(fundamental analysis)
④ 시나리오 분석법(multi-scenario analysis)

TIP 근본적 분석방법에 대한 설명이다.

02 자산집단의 위험 추정방법으로 가장 적절한 것은?

① 시나리오분석법
② 추세분석법
③ GARCH
④ 근본적 분석방법

TIP GARCH는 자산집단의 위험을 추정하는 방법이다.

03 <보기> 중 자산배분 전략을 수행하기 위한 자산집단의 기대수익률을 추정하는 방법으로만 모두 묶인 것은?

<보기>
㉠ 추세분석법
㉡ GARCH
㉢ 시장공통 예측치 사용방법

① ㉠ ② ㉠, ㉡ ③ ㉠, ㉢ ④ ㉠, ㉡, ㉢

TIP '㉠, ㉢'은 자산집단의 기대수익률을 추정하는 방법에 해당한다.

정답 01 ③ 02 ③ 03 ③

01~03 핵심포인트 해설

```
                        자산집단의 추정방법
                    ┌──────────┴──────────┐
            기대수익률 추정방법              위험 추정방법
        • 추세분석법    • 시나리오 분석법      • GARCH
        • 근본적 분석법  • 시장공통 예측치 사용방법
```

1 기대수익률 추정방법 → (추·시·근·시)

1) 추세분석법
- 장기간의 과거 수익률을 분석하여 미래의 수익률로 사용하는 방법이다.

2) 시나리오 분석법
- 주요 경제변수의 예상 변화 과정을 여러 시나리오로 구성하여 시뮬레이션 함으로써, 경제변수 간 상관성을 고려한 더욱 합리적인 수익률 추정이 가능한 방법이다.

3) 근본적 분석법
- 과거 자료를 바탕으로 미래에 대한 기대치를 추가하여 수익률을 추정하는 방법으로, 펀더멘탈 분석법이라고도 한다.
  → 과거 시계열 자료 + 자산집단별 리스크 프리미엄
- 회귀분석, CAPM, APT 등의 방법이 있다.

4) 시장공통 예측치 사용방법
- 시장참여자들이 공통으로 가지고 있는 미래수익률에 대한 추정치를 이용하는 방법이다.

5) 기타
- 이외에도 경기순환 접근방법, 시장 타이밍방법, 전문가의 주관적인 방법으로 자산집단의 기대수익률을 추정한다.

2 위험 추정방법

위험은 주로 자산집단 수익률의 표준편차를 말하며, GARCH를 사용하여 추정한다.

[참고] GARCH : 시계열 데이터의 변동성을 분석하고 예측하는 데 사용되는 통계 모델의 일종

Topic 03 전략적·전술적 자산배분

대표 출제 유형

01 <보기>의 전략적 자산배분의 실행단계 중 빈칸에 들어갈 내용이 순서대로 나열된 것은?

<보기>
투자자의 투자목적 및 투자제약조건의 파악 ⇨ ( ) ⇨ 자산종류별 기대수익, 위험, 상관관계의 추정 ⇨ ( )

① 가치평가 과정, 투자위험 인내 과정
② 투자위험 인내 과정, 가치평가 과정
③ 최적 자산구성의 선택, 자산집단 선택
④ 자산집단 선택, 최적 자산구성의 선택

TIP 투자자의 투자목적 및 투자제약조건의 파악 ⇨ (자산집단 선택) ⇨ 자산종류별 기대수익, 위험, 상관관계의 추정 ⇨ (최적 자산구성의 선택)

02 <보기>의 빈칸에 들어갈 내용으로 가장 적절한 것은?

<보기>
( )은 수익률과 위험의 공간에서 연속선으로 동일 위험 대비 가장 높은 수익률의 여러 포트폴리오를 연결한 것을 말한다.

① 증권시장선　　　　　　　　　② 효율적 투자기회선
③ 이동평균선　　　　　　　　　④ 수익률곡선

TIP (효율적 투자기회선)은 수익률과 위험의 공간에서 연속선으로 동일 위험 대비 가장 높은 수익률의 여러 포트폴리오를 연결한 것을 말한다.

03 전술적 자산배분에 대한 설명으로 가장 적절한 것은?

① 내재가치는 시장 가격보다 매우 높은 변동성을 보이므로 역투자전략의 수행을 어렵게 만든다.
② 시장 가격이 내재가치 대비 저평가되면 매수하며, 내재가치 대비 고평가되면 매도한다.
③ 장기적인 가격 착오를 적극적으로 활용하여 고수익을 지향하는 운용전략이다.
④ 시장변화를 따라가며 사후적으로 비중을 변화하는 소극적 전략이다.

TIP 전술적 자산배분은 본질적으로 역투자전략이므로 시장 가격이 내재가치 대비 저평가되면 매수하며, 내재가치 대비 고평가되면 매도한다.

정답　01 ④　02 ②　03 ②

01~03 핵심포인트 해설

1 전략적 자산배분과 전술적 자산배분의 관계

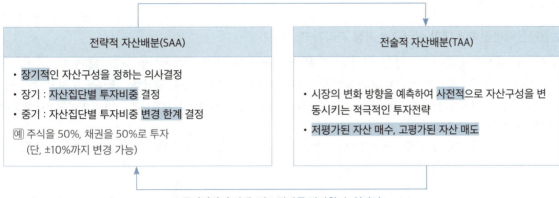

2 전략적 자산배분

1) 실행 단계

투자자의 투자목적 및 투자제약조건의 파악 → 자산집단 선택 → 자산종류별 기대수익, 위험, 상관관계의 추정 → 최적 자산구성의 선택

2) 이론적 배경

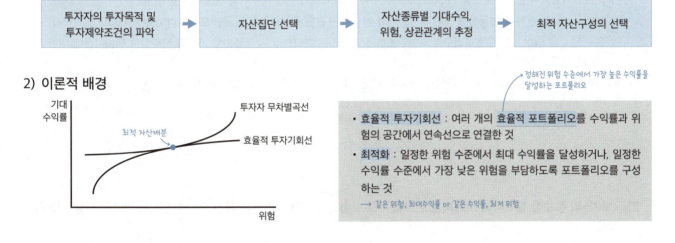

- 효율적 투자기회선 : 여러 개의 효율적 포트폴리오를 수익률과 위험의 공간에서 연속선으로 연결한 것
- 최적화 : 일정한 위험 수준에서 최대 수익률을 달성하거나, 일정한 수익률 수준에서 가장 낮은 위험을 부담하도록 포트폴리오를 구성하는 것
  → 같은 위험, 최대수익률 or 같은 수익률, 최저 위험

> 정해진 위험 수준에서 가장 높은 수익률을 달성하는 포트폴리오

3 전술적 자산배분

1) 운용 방법
- 중단기적인 가격 착오를 활용하여 전략적 자산배분에 의해 결정된 자산 구성비율을 변경한다.

2) 이론적 배경

역투자전략	• 주가가 고평가되면 매도하고, 저평가되면 매수한다. (negative feedback) • 일반적으로 내재가치가 시장 가격보다 변동성이 매우 낮아 역투자전략이 용이해진다.
과잉반응	• 자산집단이 과대·과소평가되는 과잉반응 현상이 나타나기 때문에 전술적 자산배분이 가능하다.
평균반전	• 자산집단의 가격은 단기적으로 내재가치에서 벗어나도 장기적으로는 내재가치로 돌아온다고 가정한다.

[비교] 랜덤워크 : 이용·예측 가능한 모든 정보는 증권가격에 반영되어 있으므로 가격은 전혀 예측할 수 없다.

Topic 04 보험자산배분

대표 출제 유형

01 보험자산배분전략에 대한 설명으로 가장 거리가 먼 것은?

① 포트폴리오 보험에서는 투자기간 동안 자산의 기대수익, 위험, 상관관계가 변화하지 않는다고 가정한다.
② 포트폴리오 보험 전략을 원하는 투자자는 일반적인 투자자들보다 하락 위험을 더 싫어하는 특성을 가진다.
③ 옵션을 이용하지 않고 보험 포트폴리오의 수익구조를 창출하기 위한 전략으로, 포트폴리오 가치가 하락하면 위험자산에 대한 투자비중을 증가시킨다.
④ 초단기적으로 자산배분을 변경하는 전략으로, 가능한 한 미래 예측치를 사용하지 않고 시장 가격의 변화 추세만을 반영하여 운용하는 수동적인 전략이다.

TIP 포트폴리오 가치가 하락하면 무위험자산에 대한 투자비중을 증가시키고 상승하면 위험자산에 대한 투자비중을 증가시키는 자산배분 원칙을 가진다.

02 보험자산배분전략에 대한 설명으로 가장 거리가 먼 것은?

① 포트폴리오의 쿠션, 즉 포트폴리오와 최저 보장수익 간의 차이가 커질수록 위험 허용치는 증가한다.
② 보험자산배분 전략 중 변동성에 대한 추정문제가 발생하는 것은 옵션모형을 이용한 포트폴리오 보험(OBPI) 전략이다.
③ 옵션의 사용 없이 보험 포트폴리오의 수익구조를 창출하려는 전략으로, 포트폴리오 가치가 하락하면 위험자산에 대한 투자비중을 증가시킨다.
④ 가능한 한 시장 가격의 변화 추세만을 반영하여 운용하는 수동적인 전략이며, 초단기적으로 변경하는 전략이다.

TIP 포트폴리오 가치가 하락하면 '무위험자산'에 대한 투자비중을 증가시킨다.

03 <보기>의 정보를 참고하여 고정비율 포트폴리오 보험전략(CPPI)을 통해 계산한 주식투자금액으로 가장 적절한 것은?

<보기>
- 포트폴리오 평가액 : 200억원
- 투자기간 : 1년
- 만기 시 최저보장수익 : 160억원
- 무위험수익률 : 4%
- 투자승수 : 3

① 115.38억원　　② 120억원
③ 138.45억원　　④ 153.85억원

TIP 주식투자금액 = 승수 × (포트폴리오 평가액 − 최저보장수익의 현재가치)
= 3 × {200억원 − 160억원/(1 + 0.04)} = 138.45억원

정답 01 ③　02 ③　03 ③

01~03 핵심포인트 해설

구분	전략적 자산배분	전술적 자산배분	보험 자산배분
관점	중장기적	중단기적	초단기적
전략	자산집단별 투자비중 변경	Negative feedback • 주가↑ → 주식매수 비중↓ • 주가↓ → 주식매수 비중↑	Positive feedback • 주가↑ → 주식매수 비중↑ • 주가↓ → 주식매수 비중↓

1 보험자산배분

1) 개념
- **초단기적**으로 자산배분을 변경하는 전략이며, 미래 예측치를 최대한 사용하지 않고 시장 가격 변화의 추세만을 반영하여 운용하는 **수동적**인 전략이다.
  > [비교] 중단기적으로 자산집단간 가격착오를 이용해 성과를 내고자 하는 적극적인 투자전략은 전술적 자산배분이다.

2) 이론적 배경
- 보험자산배분 전략은 **최소한의 수익률을 보장**하면서도 주가가 상승하면 수익도 일정 부분 획득할 수 있는 포트폴리오 보험과 같은 수익구조를 추구한다. → 극단적으로 하락위험을 싫어하는 비정상적인 투자자가 선호

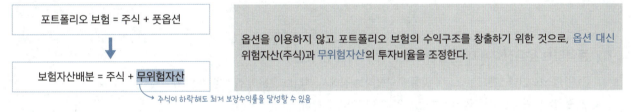

포트폴리오 보험 = 주식 + 풋옵션
↓
보험자산배분 = 주식 + **무위험자산**
→ 주식이 하락해도 최저 보장수익률을 달성할 수 있음

옵션을 이용하지 않고 포트폴리오 보험의 수익구조를 창출하기 위한 것으로, **옵션 대신** 위험자산(주식)과 **무위험자산**의 투자비율을 조정한다.

3) 실행 메커니즘

> 쿠션 = 포트폴리오 현재가치 - 최저 보장수익의 현재가치

- 투자기간 동안 자산의 **기대수익, 위험, 상관관계는 변하지 않는다고 가정**한다.
- 쿠션이 커질수록 위험허용치가 증가하고, 쿠션이 작아질수록 위험허용치가 줄어든다. → 쿠션과 위험허용치는 비례
- → 포트폴리오 가치가 **상승하면 위험자산** 비중을 높이고, 가치가 **하락하면 무위험자산** 비중을 높인다. (= positive feedback)
  > [비교] 주가가 고평가되면 매도하고, 저평가되면 매수하는 negative feedback전략은 전술적 자산배분이다.

2 OBPI & CPPI

1) OBPI(옵션모형을 이용한 포트폴리오 보험)
- 주식과 채권의 투자비율을 동적으로 조정하여 **방어적 풋**과 같은 성과를 모방하려는 **합성풋옵션 전략**이다. → 위험자산과 풋옵션을 함께 보유
- 위험자산 가격의 변동성은 직접 관찰할 수 없어, 변동성을 잘못 추정할 문제가 있다.

2) CPPI(고정비율 포트폴리오 보험)

> • 주식투자금액 = 승수 × 쿠션
>   = 승수 × (전체 포트폴리오 평가액 - 최저 보장수익의 현재가치)
> • 채권투자금액 = 전체 포트폴리오 평가액 - 주식투자금액
> → 만기 시점의 최저 보장수익 ÷ 무위험수익률

Topic 05 주식 포트폴리오 운용전략

대표 출제 유형

01 <보기> 중 액티브 운용에 대한 적절한 설명으로만 모두 묶인 것은?

<보기>
- ㉠ 가치투자 스타일에는 저 PER 투자, 역행투자, 고 배당수익률 투자 방식 등이 있다.
- ㉡ 성장투자 스타일은 저 PER 투자, 고 PBR 투자, 저 배당수익률 투자 방식 등을 포함한다.
- ㉢ 혼합투자 스타일은 단기간에 호평을 받을 것으로 예상되는 스타일로 변경시키는 방식을 포함한다.

① ㉡   ② ㉠, ㉡   ③ ㉠, ㉢   ④ ㉠, ㉡, ㉢

TIP '㉠, ㉢'은 액티브 운용에 대한 적절한 설명이다.

02 준액티브 운용전략에 대한 설명으로 가장 거리가 먼 것은?
① 인핸스드 인덱스펀드는 초과수익을 추구한다는 점에서 액티브 운용의 성격을 가진다.
② 준액티브 운용은 계량적 액티브 운용이라고 불리기도 한다.
③ 추가적인 위험을 과도하게 발생시키지 않으면서도 벤치마크보다는 높은 수익을 획득하려는 전략이다.
④ 일반적인 액티브 운용전략에 비해 추적오차가 크다.

TIP 준액티브 운용전략은 일반적인 액티브 운용전략에 비해 추적오차가 작다.

03 인덱스펀드의 구성방법에 대한 설명으로 가장 거리가 먼 것은?
① 완전복제법은 모든 종목을 벤치마크의 구성비율대로 모방하여 매수하는 방법이다.
② 표본추출법을 이용하면 관리 및 거래비용을 절감하면서도 벤치마크와 유사한 성과를 얻을 수 있다.
③ 표본추출법은 대형주는 모두 포함하되 중소형주들은 펀드의 성격이 벤치마크와 유사하게 되도록 적은 종목만을 포함하는 방법이다.
④ 최적화법은 벤치마크에 대비한 잔차위험이 허용 수준 이상이 되도록 포트폴리오를 만드는 방법이다.

TIP 최적화법은 벤치마크에 대비한 잔차위험이 허용 수준 '이하'가 되도록 포트폴리오를 만드는 방법이다.

정답 01 ③ 02 ④ 03 ④

01~03 핵심포인트 해설

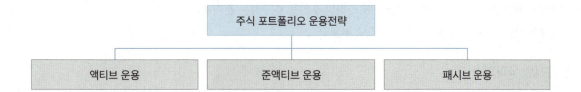

1 액티브 운용(스타일 투자)

1) 가치투자 스타일 vs. 성장투자 스타일

구분	가치투자 스타일	성장투자 스타일
정의	• 상대적으로 가격이 싼 주식에 투자	• 기업의 수익성에 높은 관심
가정	• 기업의 수익은 평균으로 회귀하는 경향 → 최근 낮았던 기업의 이익은 증가	• 주당순이익이 증가했는데 PER(= $\frac{주가↑}{주당순이익↑}$)이 감소하지 않음 → 주가는 최소 주당순이익의 증가율만큼 상승한다고 예상
특징	• 투자자들이 충분히 인정해주지 않으면 가격이 낮을 수밖에 없다는 사실을 인지하지 못함 • 진입장벽이 높고 이익의 swing factor가 적은 방어주를 선택하는 경향	• 성장률이 높은 기업에 시장 PER보다 높은 가격을 지불함 • 기업의 이익이 예상보다 상회·하회했는지 여부가 주가에 큰 영향을 줌 • 성장성에 투자하는 방식뿐만 아니라 이익의 탄력성에 투자하기도 함
방식	• 저 PER 투자, 고 배당수익률 투자, 역행투자	• 고 PER 투자, 고 PBR 투자, 저 배당수익률 투자

2) 혼합투자 스타일

혼합투자 스타일
• 가치투자와 성장투자를 절충한 형태이다. • 해당 종목이 가치주인지 성장주인지와는 관계없이 내재가치보다 주가가 낮으면 매입한다. • 혼합투자 스타일로 시장과 비슷한 수익률을 올렸다면, 비용 면에서 손해이다. 　　　　　　　　　　　패시브 운용으로도 시장수익률을 달성할 수 있는데, 이보다 비용이 많이 들기 때문임 [예] 가치 편향 혼합투자, 성장 편향 혼합투자, 적정 가격을 가진 성장투자, 스타일 선택형 투자 　　　　　　　　　　　　　　　　　　　　　　　단기간 내에 호평을 받을 것으로 예측되는 스타일로 변경하는 방법

3) 시장가치에 의한 투자 스타일

안정성	대형주 > 중형주 > 소형주
수익성	소형주 > 중형주 > 대형주

→ 시가총액이 큰 대형주일수록 재무적 안정성이 높고, 소형주일수록 가격이 아직 적절하게 책정되지 않았거나 성장성이 높은 종목을 발견할 가능성이 높다.

2 준액티브 운용

1) 특징
   - 추가적인 위험을 줄이면서도 벤치마크를 초과하는 수익을 추구하는 전략이다.
   - 계량적 액티브 운용, 인핸스드 인덱스라고도 부른다. → 액티브 운용의 성격

2) 다른 운용방식과의 비교

구분		액티브 운용	준액티브 운용	패시브 운용
목표수익		벤치마크에 비해 가능한 한 높은 수익	추가적인 위험을 줄이면서 벤치마크를 초과하는 수익	공개된 벤치마크의 수익
초과수익 및 추적오차		높음 ←――――――――――――――――→ 낮음		
예시	초과수익률	2%+α	1~2%	0%
	추적오차	4%+α	1~2%	0.5%
	정보비율	0.50	0.75	0

3 패시브 운용(인덱스 펀드)

1) 주가지수 → 주식 포트폴리오의 성과를 평가하기 위한 벤치마크로 이용함

```
                        주가지수
        ┌──────────────────┼──────────────────┐
   주가가중 주가지수      시가가중 주가지수      동일가중 주가지수
```

주가가중 주가지수	시가가중 주가지수	동일가중 주가지수
• 주당 가격이 가중치가 됨 • DJIA, NIKKEI225	• 시가총액이 가중치가 됨 • KOSPI, KOSPI200 　(유동시가가중 주가지수)	• 각 종목의 가중치가 동일하게 적용됨

2) 인덱스 펀드 구성 방법

완전복제법	• 벤치마크를 구성하는 모든 종목을 벤치마크의 구성비율대로 보유한다. • 벤치마크를 거의 완벽하게 추종할 수 있지만, 운용 및 관리 보수, 거래 비용 등이 든다.
표본추출법	• 대형주는 모두 포함하되 중소형주는 벤치마크와 유사하도록 일부만 보유한다. • 완전복제법보다는 정확도가 떨어지지만, 관리·거래 비용을 줄이면서도 벤치마크와 유사한 성과를 얻을 수 있다.
최적화법	• 주어진 벤치마크에 대비한 잔차위험이 허용 수준 이하인 포트폴리오를 만든다. 　　↳ 시장상황과 무관한 기업의 고유한 위험 (= 비체계적 위험) • 근본적으로 과거의 가격정보를 사용하여 주식의 속성을 정확히 반영하지 못하지만, 가장 적은 종목으로도 위험이 충분히 낮은 인덱스펀드를 만들 수 있다.

Topic 06 채권의 분류

대표 출제 유형

01 이자지급 방법에 따라 채권을 분류한 것에 해당하지 않는 것은?

① 특수채　　　　② 복리채　　　　③ 할인채　　　　④ 이표채

TIP 특수채는 발행주체에 따라 분류한 채권에 해당한다.

02 <보기>의 빈칸에 들어갈 내용으로 가장 적절한 것은?

― <보기> ―

액면가 20,000원, 표면금리 6%의 3년 만기 연단위 후급 이표채의 만기상환금액은 (　　　)이다.

① 20,000원　　　② 21,200원　　　③ 23,600원　　　④ 23,820원

TIP 연단위 후급 이표채의 만기상환금액 = 연단위 이자 + 원금
　　　　　　　　　　　　　　　　　 = 20,000 × 0.06 + 20,000 = 21,200

03 <보기>의 빈칸에 들어갈 내용이 순서대로 나열된 것은?

― <보기> ―

- (　　　)은 기준금리가 상승하면 현금흐름이 감소하도록 설정된 채권을 말한다.
- (　　　)는 만기 이전에 이자지급이 없는 채권으로, 통화안정증권이 대표적이다.

① 변동금리채권, 이표채　　　　　　② 변동금리채권, 할인채
③ 역변동금리채권, 이표채　　　　　④ 역변동금리채권, 할인채

TIP 기준금리가 상승하면 현금흐름이 감소하도록 설정된 채권은 '역변동금리채권'이며, 만기 이전에 이자지급이 없고, 통화안정증권이 대표적인 채권은 '할인채'이다.

정답　01 ①　02 ②　03 ④

01~03 핵심포인트 해설

1 발행주체에 따른 분류

국채(정부), 지방채(지방자치단체), 특수채(공기업 등), 회사채(일반 회사, 은행 등)로 구분한다.

2 이자지급 방법에 따른 분류

1) **이표채** → 정기적으로 이자를 주는 채권

- 이자지급일마다 일정 이자를 지급받는 채권으로, 만기일에 원금과 일정 이자를 지급한다.
- 대부분의 회사채, 국고채, 비금융특수채가 해당한다.

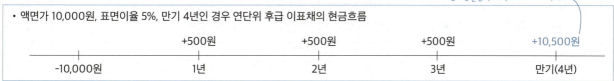

- 액면가 10,000원, 표면이율 5%, 만기 4년인 경우 연단위 후급 이표채의 현금흐름
- 이표채의 만기상환금액: 10,000 × (1 + 0.05)

2) **할인채(무이표채)** → 이자만큼 미리 할인한 채권

- 할인된 가격으로 매입하고 만기에 액면금액을 수령하는 채권으로, 만기일 이전에 이자지급이 없다.
- 통화안정증권 등 금융채 일부가 해당한다.

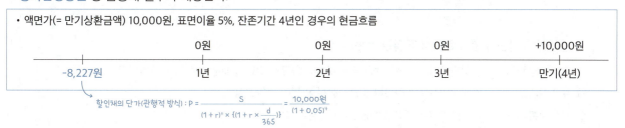

- 액면가(= 만기상환금액) 10,000원, 표면이율 5%, 잔존기간 4년인 경우의 현금흐름
- 할인채의 단가(관행적 방식): $P = \dfrac{S}{(1+r)^n \times \{(1+r \times \dfrac{d}{365})\}} = \dfrac{10,000원}{(1+0.05)^4}$

3) **복리채** → 이자를 재투자하는 채권

- 이자를 복리로 재투자하여, 만기일에 원금과 재투자된 이자를 한꺼번에 지급한다.
- 국민주택채권, 지역개발공채, 금융채 일부가 해당한다.

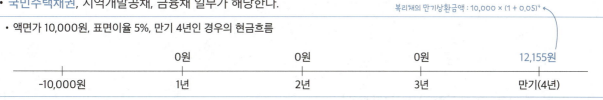

- 액면가 10,000원, 표면이율 5%, 만기 4년인 경우의 현금흐름
- 복리채의 만기상환금액: $10,000 \times (1 + 0.05)^4$

4) **거치분할상환채**

- 원금을 일정기간 거치 후 분할 상환하는 채권이다.

3 이자금액의 변동 유무에 따른 분류

변동금리채권	• 일정기간마다 기준금리 + 가산금리로 액면이자를 지급하는 채권이다. • 기준금리에 연동된 이자율이 매 기간 초마다 정해지며, 해당 기간 말에 이자를 지급한다.
역변동금리채권	• 고정금리채권의 가치 - 변동금리채권의 가치로 표현된다. • 기준금리가 상승하면 현금흐름이 감소하는 채권이다.

Topic 07 합성채권

대표 출제 유형

01 <보기> 중 합성채권에 대한 적절한 설명으로만 모두 묶인 것은?

<보기>
㉠ 전환사채를 주식으로 전환하면 자본이 증가하고 부채가 감소한다.
㉡ 사채권자가 신주인수권을 행사하면 자본과 자산이 동시에 증가한다.
㉢ 교환사채를 행사하면 발행사의 자산이 증가하며 부채는 감소한다.
㉣ 시장이자율이 상승하면 채권 발행기업은 수의상환채권을 행사할 가능성이 높아진다.

① ㉠, ㉡ ② ㉠, ㉢ ③ ㉡, ㉢ ④ ㉡, ㉣

TIP '㉠, ㉡'은 합성채권에 대한 적절한 설명이다.

02 합성채권에 대한 설명으로 가장 적절한 것은?
① 수의상환채권은 시장이자율이 하락하면 채권자에게 불리하므로 일반사채에 비해 높은 액면이자율로 발행한다.
② 수의상환청구채권은 시장이자율이 하락하면 중도상환 위험이 높아진다.
③ 수의상환채권은 행사 기간의 제한 없이 언제든지 행사할 수 있다.
④ 수의상환채권의 가치는 일반채권의 가치에 풋옵션 가치를 더하여 나타낸다.

TIP 수의상환채권은 채권자에게 불리하므로 일반사채보다 액면이자율과 만기수익률이 높은 것이 일반적이다.

03 <보기>를 참고하여 계산한 전환사채의 패리티는?

<보기>
- 채권액면 : 200,000원
- 전환주수 : 10주(전환비율 100%)
- 채권의 현재가격 : 40,000원
- 전환사채 발행기업의 주가 : 10,000원

① 50% ② 100% ③ 150% ④ 200%

TIP
- 전환가격 = $\dfrac{채권액면}{전환주수}$ = $\dfrac{200,000}{10}$ = 20,000
- 전환사채의 패리티 = $\dfrac{주가}{전환가격}$ = $\dfrac{10,000}{20,000}$ = 50%

정답 **01** ① **02** ① **03** ①

01~03 핵심포인트 해설

1 합성채권의 종류

1) 합성채권별 재무구조의 변동

구분	전환사채	교환사채	신주인수권부사채
특징	발행회사의 주식으로 전환	발행회사가 보유하고 있는 주식과 교환	발행회사의 신주를 인수할 수 있는 권리를 부여
행사 시 재무구조의 변동	자본↑ 부채↓	자산↓ 부채↓	자본↑ 자산↑

2) 기타
- 이외에도 이익참가부사채, 수의상환채권과 수의상환청구채권 등이 있다.

2 수의상환채권 vs. 수의상환청구채권

채권의 일부 또는 전부를 만기일 이전에 상환하거나 상환받을 수 있는 조건이 첨부된 사채이다.

수의상환채권	수의상환청구채권
일반채권가치 - 콜옵션 가치	일반채권가치 + 풋옵션 가치
• 기업이 일정기간 동안에 정해진 가격으로 채권을 상환할 수 있는 채권 • 시장이자율 하락 시, 채권 발행기업이 행사 • 일반사채보다 액면이자율이 높음 → 채권자에게 불리하기 때문	• 채권 보유자가 일정기간 동안에 정해진 가격으로 원금 상환을 청구할 수 있는 채권 • 시장이자율 상승 시, 채권 보유자가 행사

3 전환사채의 가치

1) 패리티

$$패리티 = \frac{주가}{전환가격} = \frac{주가}{\frac{채권액면}{전환주수}}$$

2) 전환가치(=패리티 가격)

$$전환가치 = 주가 \times 전환주수$$

3) 괴리율

$$괴리율 = \frac{괴리}{패리티\ 가격} \times 100 = \frac{전환사채\ 가격 - 패리티\ 가격}{패리티\ 가격} \times 100$$

Topic 08 채권의 수익률

대표 출제 유형

01 <보기> 중 채권수익률에 대한 적절한 설명으로만 묶인 것은?

― <보기> ―
- ㉠ 이표채의 채권 시장 가격이 하락하면 경상수익률도 하락한다.
- ㉡ 만기수익률은 채권에서 발생하는 현금흐름의 현재가치와 채권 시장가격을 일치시키는 할인율이다.
- ㉢ 무이표채의 경우 재투자위험이 없어 만기까지 보유 시 만기수익률을 실현할 수 있다.

① ㉢ ② ㉠, ㉡ ③ ㉡, ㉢ ④ ㉠, ㉡, ㉢

TIP '㉡, ㉢'는 채권수익률에 대한 적절한 설명이다.

02 <보기>의 정보를 참고하여 계산한 이표채의 경상수익률로 가장 적절한 것은?

― <보기> ―
- 채권 액면 : 20,000원
- 이자율 : 연 6%
- 잔존만기 : 3년
- 이표채 금액 : 19,000원

① 2.56% ② 6.32% ③ 11.2% ④ 18.94%

TIP 경상수익률 = $\dfrac{\text{연이자 지급액}}{\text{채권의 시장 가격}}$ = $\dfrac{20,000 \times 6\%}{19,000}$ = 6.32%

03 <보기> 중 경상수익률에 대한 적절한 설명으로만 모두 묶인 것은?

― <보기> ―
- ㉠ 채권가격이 상승하면 채권의 경상수익률도 상승한다.
- ㉡ 가격 대비 발행자로부터 직접 수령하는 이자의 비율을 의미한다.
- ㉢ 할인 채권 매입자에 대한 잠재적 이익과 할증 채권 매입자에 대한 자본손실을 고려하지 못한다.

① ㉠ ② ㉠, ㉢ ③ ㉡, ㉢ ④ ㉠, ㉡, ㉢

TIP '㉡, ㉢'은 경상수익률에 대한 적절한 설명이다.

정답 01 ③ 02 ② 03 ③

01~03 핵심포인트 해설

1 만기수익률

1) 개념

→ 채권에서 발생하는 현금흐름의 현재가치와 채권의 시장가격을 일치시키는 할인율을 말한다.

2) 계산법
- 시행착오법, 재무계산기 사용법, 간이법 등

3) 특징
- 무이표채의 경우 만기까지 보유하면 약속된 만기수익률을 실현할 수 있다.
  → 재투자위험이 존재하지 않음을 의미한다.
- 이표채의 경우 만기가 길어지거나 이표율이 높아질수록 만기수익률을 실현하려면 이자에 대한 이자에 의존한다.
  → 재투자위험이 증가함을 의미한다.

2 경상수익률

1) 개념
- 가격 대비 발행자로부터 직접 수령하는 이자의 비율을 의미한다.

2) 공식

$$경상수익률 = \frac{연이자\ 지급액}{채권의\ 시장\ 가격}$$

↳ 연이자 지급액이 동일할 때, 채권의 시장 가격이 상승하면 경상수익률은 하락한다.

3) 단점
- 할인 채권 매입자의 잠재적 이익과 할증 채권 매입자의 자본손실을 고려하지 못한다.

Topic 09 듀레이션과 볼록성

대표 출제 유형

01 <보기> 중 맥컬레이 듀레이션에 대한 적절한 설명으로만 모두 묶인 것은?

―― <보기> ――
㉠ 이자율이 10%인 영구채권의 듀레이션은 11년이다.
㉡ 이표채의 듀레이션은 액면금리가 낮을수록 길어진다.
㉢ 복리채의 듀레이션은 만기보다 짧다.
㉣ 이표채의 듀레이션은 항상 만기보다 길다.

① ㉠, ㉡ ② ㉠, ㉢ ③ ㉡, ㉢ ④ ㉡, ㉣

TIP '㉠, ㉡'은 맥컬레이 듀레이션에 대한 적절한 설명이다.

02 <보기>에 제시된 채권들을 듀레이션이 큰 순서대로 적절하게 나열한 것은?

―― <보기> ――
㉠ 잔존만기 4년, 표면이율 8%, 채권수익률 5%
㉡ 잔존만기 5년, 표면이율 7%, 채권수익률 4%
㉢ 잔존만기 5년, 표면이율 8%, 채권수익률 4%
㉣ 잔존만기 5년, 표면이율 8%, 채권수익률 5%

① ㉠ > ㉡ > ㉢ > ㉣
② ㉠ > ㉣ > ㉢ > ㉡
③ ㉡ > ㉢ > ㉠ > ㉣
④ ㉡ > ㉢ > ㉣ > ㉠

TIP 듀레이션은 잔존만기가 길수록, 표면이율이 낮을수록, 채권수익률이 낮을수록 크다.

03 <보기>를 참고하여 계산한 채권의 볼록성은?

―― <보기> ――
• 채권의 만기수익률 : 3%에서 4%로 상승함
• 채권 가격 : 3.55% 하락
• 수정듀레이션 : 3.66

① 11 ② 22 ③ 33 ④ 44

TIP $\frac{dP}{P} = -0.0355 = -3.66 \times 0.01 + \frac{1}{2} \times C \times (0.01)^2$
∴ C = 22

정답 01 ① 02 ④ 03 ②

01~03 핵심포인트 해설

1 맥컬레이 듀레이션의 개요

1) 의의
- 듀레이션이란 각 현금흐름의 시간 단위를 총현금흐름의 현가에서 각 시점별 현금흐름의 현가가 차지하는 비율로 가중한 값, 즉 현가로 산출된 가중평균 만기를 말한다.

2) 특성
- 듀레이션은 처음 투자할 당시의 만기수익률에 의한 투자수익을 수익률 변동위험 없이 실현할 수 있는 투자의 가중평균 회수기간(면역 전략)과 같다.
- 듀레이션은 시점이 다른 일련의 현금흐름을 가진 채권을 현금흐름이 한 번만 발생하는 채권으로 등가 전환할 때의 그 채권의 잔존만기에 해당한다.
- 일련의 현금흐름의 현재가치들의 무게 중심 역할을 하는 균형점이다.
- 무액면금리채권의 만기는 듀레이션과 같다.
  → 무액면금리채권(할인채, 복리채)은 만기에 한 번만 현금흐름이 생기기 때문임
- 액면금리가 낮을수록, 만기가 길수록 듀레이션은 길어진다.
  → 이표채권의 경우
- 이자율이 i%인 영구채권의 듀레이션은 $\frac{1+i}{i}$
- 이표채의 듀레이션은 항상 만기보다 짧다.
  → 만기 전에 현금흐름(이자지급)이 존재하기 때문에 듀레이션이 만기보다 짧다.

2 말킬의 채권가격 정리 5가지와 듀레이션의 결정요인

- 채권 가격과 채권수익률은 반대로 움직인다.
- 채권의 잔존기간이 길수록 동일한 수익률 변동에 대한 가격 변동폭은 커진다.
- 채권수익률 변동에 의한 채권 가격 변동은 만기가 길어질수록 증가하나 그 증감률은 체감한다.
  → 만기가 길수록 듀레이션(채권가격 변동성)은 증가
- 만기가 일정할 때 채권수익률 하락으로 인한 가격 상승폭은 동일한 폭의 채권수익률 상승으로 인한 가격 하락폭보다 크다.
  → 채권수익률이 낮을수록 듀레이션(채권가격 변동성)은 증가
- 표면이자율이 높을수록 동일한 크기의 수익률 변동에 대한 가격 변동률은 작아진다.
  → 표면이자율이 낮을수록 듀레이션(채권가격 변동성)은 증가

⇒ 듀레이션은 만기가 길수록(+), 채권수익률이 낮을수록(-), 표면이자율이 낮을수록(-) 증가한다.

3 볼록성과 채권 가격 변동률

1) 의의
- 볼록성은 수익률이 상승하는 경우 듀레이션으로 측정한 가격의 하락폭을 축소시키고, 수익률이 하락하는 경우 듀레이션으로 측정한 가격의 상승폭을 확대한다.

2) 볼록성을 활용한 채권 가격 변동률 공식

$$\frac{dP}{P} = -D_H \times \Delta r + \frac{1}{2} \times C \times (\Delta r)^2$$

- 수정 듀레이션에 의한 채권 가격 변동률
- 볼록성에 의한 채권 가격 변동률

* D_H : 힉스 듀레이션(수정 듀레이션), Δr : 수익률의 변화분, C : 볼록성

Topic 10 채권운용전략

대표 출제 유형

01 <보기> 중 적극적 채권운용전략으로만 모두 묶인 것은?

<보기>
- ㉠ 금리예측 전략
- ㉡ 수익률 곡선 전략
- ㉢ 현금흐름 일치 전략

① ㉠　　② ㉠, ㉡　　③ ㉡, ㉢　　④ ㉠, ㉡, ㉢

TIP '㉠, ㉡'은 적극적 채권운용전략에 해당한다.

02 두 자산의 수익률 격차가 일시적으로 확대되었을 때 시간이 경과함에 따라 다시 수익률 격차가 축소하여 정상적인 수준으로 되돌아오는 특성을 이용한 채권투자전략은?

① 사다리형만기전략　　② 롤링효과
③ 스프레드 운용전략　　④ 채권면역전략

TIP 스프레드 운용전략에 대한 설명이다.

03 소극적 채권운용전략에 대한 설명으로 가장 거리가 먼 것은?

① 목표투자기간 중 시장수익률의 변동에 관계없이 채권 매입 당시에 설정하였던 최선의 수익률을 목표기간 말에 큰 차이 없이 실현하도록 하는 기법은 전통적 면역 전략이다.
② 자산과 부채의 듀레이션 갭을 최소화하여 순자산 가치의 변동성을 최소화하고자 하는 방법은 상황대응적 면역 전략이다.
③ 채권시장 전체의 흐름을 그대로 따르는 포트폴리오를 구성하여 채권시장 전체의 수익률을 달성하려는 전략은 채권 인덱싱 전략이다.
④ 채권별 보유량을 각 잔존기간마다 동일하게 유지하여 시세변동의 위험을 평준화하고 적정 수준의 수익성도 확보하려는 전략은 사다리형 만기 전략이다.

TIP 순자산가치 면역 전략에 대한 설명이다.

정답 01 ②　02 ③　03 ②

01~03 핵심포인트 해설

1 채권운용전략의 비교

구분	적극적 채권운용전략	소극적 채권운용전략
가정	• 채권시장은 비효율적임 • 채권 가격에 모든 투자정보가 반영되지 못해 차익기회가 있음	• 채권시장은 효율적임 • 현재 채권 가격에 모든 투자정보가 이미 반영되어 있음
목적	• 수익성	• 안정성, 유동성
종류	• 금리예측 전략 • 채권교체 전략 • 스프레드 운용전략 • 수익률 곡선 타기 전략(롤링/숄더) • 수익률 곡선 전략(바벨/불렛)	• 만기보유 전략 • 사다리형 만기 전략 • 채권 면역 전략(전통적/순자산가치/상황대응) • 현금흐름 일치 전략 • 채권 인덱싱 전략

2 적극적 채권운용전략

1) **금리예측 전략**
   - 금리 변화가 예상될 때에는 장·단기 채권을 교체 운용하여 투자 수익을 극대화한다.

2) **채권교체 전략**

동종채권교체	사실상 서로 거의 같은 조건임에도 일시적인 시장 불균형으로 인해 가격이 낮게 평가된 채권으로 교체한다.
이종채권교체	미래 예측에 따라 상대적으로 저평가된 다른 종류의 채권으로 교체한다.

3) **스프레드 운용전략**

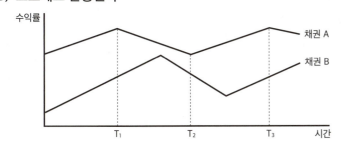

- 두 종목의 수익률 격차가 일시적으로 확대·축소되었다가, 정상 수준으로 되돌아오는 시점에서 교체매매를 실시하여 투자효율을 제고하는 전략이다.

4) 수익률 곡선 타기 전략

- 수익률 곡선이 우상향인 경우에 한하여 실시 가능하다.

롤링효과
금리 수준이 일정해도 잔존기간이 짧으면 그만큼 수익률이 하락하여 채권 가격이 상승함

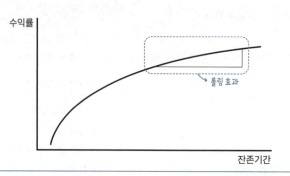

숄더효과
잔존기간별로 수익률 격차의 차이가 있는데, 만기가 짧을수록 수익률 격차가 커짐

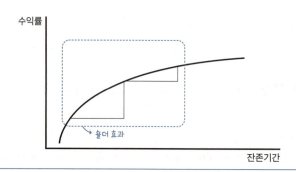

5) 수익률 곡선 전략

- 바벨형 채권운용 : 단기채(O), 중기채(X), 장기채(O) 보유
- 불렛형 채권운용 : 단기채(X), 중기채(O), 장기채(X) 보유

3 소극적 채권운용전략의 종류

만기보유 전략	채권매입 후 만기까지 보유해서 매입 시점에서 미리 투자수익을 확정하는 전략
사다리형 만기 전략	각 잔존기간마다 채권별 보유량을 동일하게 하여 시세변동의 위험을 평준화하고 수익성도 적정 수준을 확보하려는 전략
채권 면역 전략	전통적 면역 전략, 순자산가치 면역 전략, 상황대응적 면역 전략이 있음
현금흐름 일치 전략	채권 포트폴리오에서 발생하는 현금유입이 향후 예상되는 현금유출액을 상회하도록 포트폴리오를 구성하는 전략
채권 인덱싱 전략	채권시장의 흐름을 그대로 따르는 포트폴리오를 구성하여 채권시장 전체의 수익률을 달성하려는 전략

4 채권 면역 전략

1) 전통적 면역 전략

의의	투자기간 중 수익률 변동과 관계없이 채권매입 시 설정한 최선의 수익률을 투자기간 말에 큰 차이 없이 실현하는 기법이다.
원리	채권수익률이 상승하면 채권 가격이 하락함과 동시에 이자수입의 재투자수입이 증가한다. → 가격변동의 매매손익과 재투자수익이 상쇄되어 채권의 투자수익률을 일정 수준 이상으로 유지할 수 있다.
방법	투자자의 목표 투자기간과 채권의 듀레이션을 일치시킨다.
한계	수익률 곡선에 대한 가정과 듀레이션 개념을 이용하므로 면역전략 자체에 위험요소가 있다. → 상황에 따른 리밸런싱이 필요하다.

2) 순자산가치 면역 전략

- 자산과 부채의 듀레이션 갭을 최소화하여 순자산 가치의 변동성을 최소화하는 전략이다.

3) 상황대응적 면역 전략(= 동적 자산배분)

- 최소한의 투자목표를 설정한 다음, 현재의 투자성과에 따라 전략을 다르게 적용한다.
  - 여유수익이 있는 정도 → 적극적 전략 구사
  - 추가손실이 있는 정도 → 면역전략으로 전환

Topic 11 선도거래와 선물거래

대표 출제 유형

01 선도거래의 특징에 대한 설명으로 가장 적절한 것은?

① 주로 거래소 내에서 거래된다.
② 거래상대방의 신용이 중시되지 않는다.
③ 가격과 거래의 제한이 없다.
④ 증거금의 추가 조치가 발동될 수 있다.

TIP 선도거래는 가격과 거래의 제한이 없다.

02 선도거래의 특징에 대한 설명으로 가장 적절한 것은?

① 거래대상, 만기 등의 거래조건이 표준화되어 있다.
② 당사자 간 직접계약이므로 신용위험이 높다.
③ 만기일 이전에 반대매매가 가능하다.
④ 증거금과 일일정산제도가 도입되어 있다.

TIP 선도거래는 거래의 중개자가 없는 당사자 간 직접계약이므로 신용위험이 높고 당사자의 신용이 중시된다.

03 <보기>의 정보를 참고했을 때, 선물거래를 지속하기 위해 투자자가 추가로 납입해야 하는 증거금은 얼마인가?

<보기>
- 초기증거금 : 100억원
- 유지증거금 : 75억원
- 일일정산 후 증거금 : 60억원

① 15억원　　② 25억원　　③ 30억원　　④ 40억원

TIP 추가로 부담해야 하는 변동 증거금은 40억원(= 100억원 - 60억원)이다.

정답　01 ③　02 ②　03 ④

01~03 핵심포인트 해설

1 선도거래와 선물거래

구분		선도거래	선물거래
의미		현재 정해진 가격으로 특정한 미래에 상품을 사거나 파는 거래	
거래장소		장외거래 중심	거래소 내 거래
거래 방법	가격과 거래 제한	제한 없음	제한함
	표준화	비표준화	표준화(증거금, 일일정산)
	유동성	낮음	높음
	상품의 인수도	만기일	만기일 이전에 반대매매
	결제시점	만기일	일일정산
	참여거래자	한정됨	다수

2 선도거래 : 비표준화 계약

- 거래당사자가 상호 합의하여 거래조건을 결정한다.
  → 가격과 거래 제한 X
- 거래의 중개자 없이 계약당사자가 직접거래한다.
  → 당사자의 신용 중시 O
- 상품의 인수도와 결제는 만기일에 이루어진다.

3 선물거래 : 표준화 계약

1) 거래방법

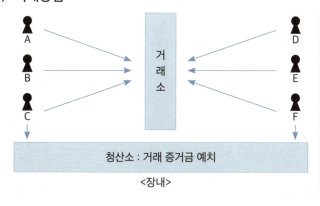

- 거래당사자는 공인된 거래소에서 거래하며, 거래 조건이 표준화되어 있다.
  → 가격과 거래 제한 O
- 거래의 당사자는 중개자인 청산소에 거래증거금을 예치해야 한다.
  → 당사자의 신용 중시 X
- 상품의 정산은 일일정산을 통해 매일 결제된다.

2) 증거금 제도

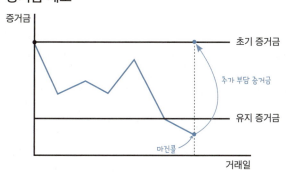

- 유지 증거금 수준 이하로 내려간 경우, 추가 조치(마진콜)가 발동한다.
- 마진콜이 발동하면 증거금을 초기 증거금 수준으로 회복시켜야 한다.
  → 추가 부담 증거금 = 초기 증거금 - 일일정산 후 남은 증거금

Topic 12 선물의 균형가격

대표 출제 유형

01 <보기>의 정보를 참고하여 계산한 잔여 만기가 1년인 균형 선물환 가격은 얼마인가? (단, 차익거래 포지션의 만기는 1년으로 가정함)

<보기>
- 원-달러 환율 : 1,200원/달러
- 국내 이자율 : 4%
- 미국 이자율 : 2%

① 1,212원/달러 ② 1,224원/달러
③ 1,248원/달러 ④ 1,272원/달러

TIP 균형 선물환 가격 = $S_T \times \{1 + (r - r^f) \times \frac{T-t}{365}\}$
= $1,200 \times \{1 + (0.04 - 0.02) \times \frac{365}{365}\}$ = 1,224원/달러

02 선물시장에서 선물 가격이 현물 가격보다 높은 현상을 나타내는 것으로 가장 적절한 것은?

① 베이시스 ② 롤링헤지 ③ 콘탱고 ④ 백워데이션

TIP 선물시장에서 선물 가격이 현물 가격보다 더 높은 경우를 콘탱고 상태(정상시장)라고 표현한다.

03 <보기> 중 매수차익거래에 대한 적절한 설명으로만 모두 묶인 것은?

<보기>
㉠ 현물을 매도하고 선물을 매수하는 포지션이다.
㉡ 시장 베이시스가 양수인 경우에 매수차익거래가 가능하다.
㉢ 선물의 가격이 균형 선물 가격보다 큰 경우 매수차익거래가 가능하다.

① ㉠ ② ㉠, ㉡ ③ ㉡, ㉢ ④ ㉠, ㉡, ㉢

TIP '㉡, ㉢'은 매수차익거래에 대한 적절한 설명이다.

정답 01 ② 02 ③ 03 ③

01~03 핵심포인트 해설

1 균형 선물(환) 가격

$$F^*_{T,t} = S_t \{1 + (r - r^f) \times \frac{T - t}{365}\}$$

* S_t : 현물가격, r : 국내 이자율, r_f : 외국 이자율, (T-t) : 잔여 만기

2 콘탱고와 백워데이션

1) 콘탱고 vs. 백워데이션

콘탱고(정상시장)	백워데이션(역조시장)
선물 > 현물($F_{t,T} > S_t$)	현물 > 선물($S_t > F_{t,T}$)
→ 원월물 선물 > 근월물 선물	→ 근월물 선물 > 원월물 선물

2) 베이시스(보유비용)

$$\text{시장 베이시스}(b_{t,T}) = \text{선물 가격}(F_{t,T}) - \text{현물 가격}(S_t)$$

- 제로 베이시스 헤지 : 현물과 선물 포지션을 만기 시점까지 보유한 후 청산하여, 선물 만기 시점의 베이시스가 0이 되게 하는 헤지이다.
- 랜덤 베이시스 헤지 : 만기 시점까지 보유하지 않고 선물 만기 시점이 도래하기 전에 포지션을 청산하는 헤지이다.

3 차익거래

구분		매수차익거래	매도차익거래
전략		선물 매도, 현물 매수	선물 매수, 현물 매도
발생 조건	선물과 균형 선물	선물 가격 > 균형 선물 가격 (선물 가격이 고평가)	선물 가격 < 균형 선물 가격 (선물 가격이 저평가)
	시장 베이시스	시장 베이시스 > 0	시장 베이시스 < 0

↳ 실제 선물 가격 − 현물 지수

Topic 13 옵션의 기초

대표 출제 유형

01 옵션의 정의에 대한 설명으로 가장 적절한 것은?

① A전자 주식 1주를 1개월 뒤 30만원으로 매도할 수 있는 권리는 콜옵션에 해당한다.
② 콜옵션의 내재가치가 양의 값을 지니는 경우 기초자산가격은 행사가격보다 크다.
③ 옵션의 사용 시점을 만기 시점에 한 번으로 제한한 경우는 미국식 옵션이라고 한다.
④ 콜옵션과 풋옵션에서 내재가치가 양의 값을 보이는 상태를 외가격이라고 한다.

TIP 콜옵션의 경우 기초자산가격이 행사가격보다 큰 내가격일 때 내재가치가 존재한다.

02 행사가격이 292.5pt인 콜옵션의 옵션 프리미엄이 12.5pt이고 현재 기초자산가격이 297.5pt인 경우, 이 옵션의 내재가치는 얼마인가? (단, 단위는 point)

① 2.5　　　　　② 5　　　　　③ 12.5　　　　　④ 15

TIP 콜옵션 내재가치 = 기초자산 가격(297.5pt) - 행사가격(292.5pt) = 5pt

03 투자자 A가 행사 가격이 X인 유럽형 풋옵션을 매수한 경우, A가 만기 시점에 획득할 수 있는 수익구조를 표현한 것으로 가장 적절한 것은? (단, P는 풋옵션 프리미엄, S_T는 만기 시점의 주가임)

① $P - Max[0, S_T - X]$
② $P - Max[0, X - S_T]$
③ $Max[0, S_T - X] - P$
④ $Max[0, X - S_T] - P$

TIP 풋옵션의 손익 = $Max[0, X - S_T] - P$

정답 01 ②　02 ②　03 ④

01~03 핵심포인트 해설

1 옵션의 정의

1) 유럽식 옵션과 미국식 옵션

유럽식 옵션	옵션을 사용하는 시점이 '만기 시점에 한 번'인 옵션
미국식 옵션	옵션을 사용하는 시점이 '만기 이전에 아무 때나 한 번'인 옵션

2) 콜옵션과 풋옵션

구분	콜옵션	풋옵션
정의	자산을 미래의 일정시점에서 미리 정한 가격으로 매수할 권리	자산을 미래의 일정시점에서 미리 정한 가격으로 매도할 권리
내가격	기초자산가격 > 행사가격	행사가격 > 기초자산가격
내재가치	기초자산가격 - 행사가격	행사가격 - 기초자산가격

2 옵션 프리미엄

옵션 프리미엄 = 내재가치 + 시간가치
→ 기초자산가격과 행사가격의 차이

3 옵션의 수익구조

구분	콜옵션	풋옵션	
매수	Max[(기초자산가격 - 행사가격), 0] - 옵션 프리미엄	Max[(행사가격 - 기초자산가격), 0] - 옵션 프리미엄	→ 옵션 프리미엄 지불
매도	-{Max[(기초자산가격 - 행사가격), 0]} + 옵션 프리미엄	-{Max[(행사가격 - 기초자산가격), 0]} + 옵션 프리미엄	→ 옵션 프리미엄 수취

Topic 14 옵션을 이용한 합성전략

대표 출제 유형

01 만기가 동일하고 행사가격이 110인 콜옵션과 풋옵션의 옵션 프리미엄이 각각 4포인트와 6포인트이다. 이 두 개의 옵션을 동시에 매도하였을 때, 수익이 발생하는 기초자산가격의 범위로 가장 적절한 것은? (단, 단위는 point)

① 108 < P < 112
② 106 < P < 114
③ 104 < P < 116
④ 100 < P < 120

TIP 수익이 발생하는 기초자산가격 범위 = 110 - (4 + 6) < P < 110 + (4 + 6)

02 투자자 A가 행사가격 295pt의 풋옵션을 옵션 프리미엄 1.5pt에 1계약 매수하였고, 행사가격 300pt의 풋옵션을 옵션 프리미엄 5.0pt에 1계약 매도하였다. 향후 옵션만기시점에 주가지수가 292.5pt로 하락한 경우 투자자 A의 손익으로 가장 적절한 것은? (단, 단위는 point)

① 1.5pt 손실   ② 1.5pt 이익   ③ 5pt 손실   ④ 5pt 이익

TIP
- 풋옵션 매수 포지션의 손익 = Max[(295pt - 292.5pt), 0] - 1.5pt = 1pt
- 풋옵션 매도 포지션의 손익 = -Max[(300pt - 292.5pt), 0] + 5pt = -2.5pt
- ∴ 투자자 A의 최종 손익 = 1pt + (-2.5pt) = -1.5pt

정답 01 ④   02 ①

01~02 핵심포인트 해설

1 스트래들 전략

기초자산가격이 현재에 비해 어떻게 변동하는지에 따라 수익이 발생하는 포지션이며, 동일한 만기와 동일한 행사 가격의 콜옵션과 풋옵션을 동시에 매수·매도하는 전략이다.

1) 숏 스트래들 → 동시에 매도하는 경우

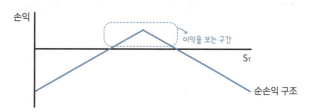

→ 수익이 발생하는 기초자산가격(P)의 범위 : 기초자산가격 - 옵션 프리미엄의 합 < P < 기초자산가격 + 옵션 프리미엄의 합

2) 롱 스트래들 → 동시에 매수하는 경우

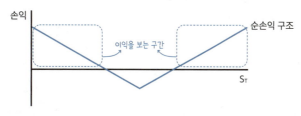

→ 수익이 발생하는 기초자산가격(P)의 범위 : 기초자산가격 - 옵션 프리미엄의 합 > P < 기초자산가격 + 옵션 프리미엄의 합

2 불 스프레드 전략

1) 낮은 가격의 옵션을 매수하고, 높은 가격의 옵션을 매도하는 전략으로, 기초자산가격이 상승하면 이익을 본다.
   투자자의 최종 손익 = 매수 포지션 수익 + 매도 포지션 손익
2) 콜 불 스프레드

- 콜옵션 매수 포지션 손익 = Max[(기초자산가격 - 행사가격), 0] - 옵션 프리미엄
- 콜옵션 매도 포지션 손익 = -Max[(기초자산가격 - 행사가격), 0] + 옵션 프리미엄

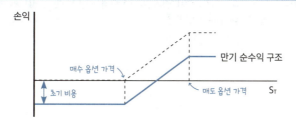

3) 풋 불 스프레드

- 풋옵션 매수 포지션 손익 = Max[(행사가격 - 기초자산가격), 0] - 옵션 프리미엄
- 풋옵션 매도 포지션 손익 = -Max[(행사가격 - 기초자산가격), 0] + 옵션 프리미엄

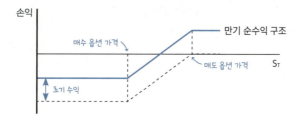

Topic 15 옵션 프리미엄의 민감도

대표 출제 유형

01 <보기> 중 콜옵션 매수, 풋옵션 매수 시 민감도 부호가 모두 양수인 민감도 지표로만 모두 묶인 것은?

― <보기> ―
㉠ 델타
㉡ 감마
㉢ 베가

① ㉠   ② ㉠, ㉡   ③ ㉡, ㉢   ④ ㉠, ㉡, ㉢

TIP '㉡ 감마, ㉢ 베가'는 콜옵션 매수, 풋옵션 매수 시 민감도 부호가 모두 양수이다.

02 <보기>의 옵션 프리미엄의 민감도 지표에 대한 설명 중 빈칸에 들어갈 내용이 순서대로 나열된 것은?

― <보기> ―
( )는 기초자산의 가격이 변화할 때 옵션 프리미엄이 얼마나 변하는지에 대한 민감도를 보여주는 지표이며, ( )는 시간의 경과에 따른 옵션 가치의 변화분을 나타내는 지표이다.

① 델타, 감마   ② 델타, 쎄타
③ 쎄타, 베가   ④ 감마, 로우

TIP (델타)는 기초자산의 가격이 변화할 때 옵션 프리미엄이 얼마나 변하는지에 대한 민감도를 보여주는 지표이며, (쎄타)는 시간의 경과에 따른 옵션 가치의 변화분을 나타내는 지표이다.

03 감마에 대한 설명으로 가장 거리가 먼 것은?

① 풋옵션 매수 시 감마 부호는 (-)이다.
② 감마는 옵션 프리미엄의 기초자산 가격에 대한 2차 미분치이다.
③ 기초자산가격의 변화에 대한 델타의 변화 비율을 나타내는 지표이다.
④ 옵션이 등가격 근처에 있는 경우 감마의 크기가 가장 커진다.

TIP 풋옵션 매수 시 감마 부호는 (+)이다.

정답 01 ③ 02 ② 03 ①

01~03 핵심포인트 해설

1 옵션 포지션에 대한 민감도 부호

구분		델타	감마	쎄타	베가
콜옵션	매수	+	+	-	+
	매도	-	-	+	-
풋옵션	매수	-	+	-	+
	매도	+	-	+	-

2 옵션 프리미엄 민감도 지표

1) 델타(Delta)

$$\text{델타} = \frac{\text{옵션 가격의 변화분}}{\text{기초자산 가격의 변화분}}$$

- 기초자산의 가격이 변화할 때 옵션 프리미엄이 얼마나 변하는지에 대한 민감도 지표이다.
- 델타는 기초자산 가격의 변화에 대한 옵션 프리미엄의 기울기(1차 미분치)로 나타낼 수 있다.
- 델타값의 범위 : -1 < 풋옵션의 델타 < 0 < 콜옵션의 델타 < 1

> 기초자산가격이 100에서 110으로 상승하고 옵션의 가격이 10에서 13으로 상승한 경우, 델타의 값은?
>
> ∴ 델타 = $\frac{+3}{+10}$ = 0.3
>
> → 델타값이 양수(+)이므로 콜옵션의 델타임을 알 수 있다.

2) 감마(Gamma)
- 기초자산의 가격이 변화할 때 델타값이 얼마나 변하는지에 대한 민감도 지표이다.
- 감마는 기초자산가격의 변화에 대한 옵션 프리미엄의 2차 미분치와 같다.
- 감마는 ATM(등가격)에서 가장 값이 커진다.
  ↳ 기초자산가격과 행사가격이 같은 지점

3) 쎄타(Theta)
- 시간의 경과에 따라 옵션 프리미엄이 얼마나 변하는지에 대한 민감도 지표이다.

4) 베가(Vega)
- 변동성 계수가 변화할 때 옵션 프리미엄이 얼마나 변하는지에 대한 민감도 지표이다.

5) 로우(Rho)
- 금리가 변화할 때 옵션 프리미엄이 얼마나 변하는지에 대한 민감도 지표이다.
- 콜옵션의 로우값은 양수, 풋옵션의 로우값은 음수이다.

Topic 16 투자수익률 계산

대표 출제 유형

01 <보기>의 자료를 참고했을 때, 금액가중수익률과 시간가중수익률이 가장 적절하게 나열된 것은? (단, 시간가중수익률은 기하평균으로 구함)

―― <보기> ――
- 첫해 A주식 1만주를 주당 8,000원에 매수했다.
- 둘째 해 A주식 1만주를 주당 7,000원에 매수했다.
- 셋째 해 A주식 2만주를 주당 10,000원에 매도했다.

① 10%, 12%　　② 10%, 25%　　③ 20%, 12%　　④ 20%, 25%

TIP · 금액가중수익률 ≒ 20%

$$0.8억원 + \frac{0.7억원}{1 + 0.2} = 1.38, \frac{2억원}{(1 + 0.2)^2} = 1.39$$

· 시간가중수익률 = $\sqrt{(1 - 0.125)(1 + 0.4286)} - 1 = 0.12$

02 투자자 A가 100만원을 투자하여 160%의 수익을 얻은 후, 원금과 수익금을 모두 재투자하여 30%의 손실을 입었을 경우 투자자 A의 기하평균수익률로 가장 적절한 것은?

① 30%　　② 35%　　③ 40%　　④ 45%

TIP 투자자 A의 기하평균수익률 = $\sqrt{(1 + 1.6) \times \{1 + (-0.3)\}} - 1 = 0.35$

03 금액가중수익률에 대한 설명으로 가장 적절한 것은?

① 펀드매니저가 통제할 수 없는 수익률 왜곡현상을 해결했다.
② 펀드매니저의 운용능력을 측정하기 위하여 사용된다.
③ 각 기간별 현금의 유·출입액에 의하여 변동한다.
④ 투자기간을 고려한 투자자의 실제 획득 수익을 측정하기 어렵다.

TIP 금액가중수익률은 기간별로 현금 유·출입액에 의하여 변동한다.

정답　01 ③　02 ②　03 ③

01~03 핵심포인트 해설

1 금액가중수익률

1) 의의
- 측정기간 동안 얻은 수익금액을 반영하여 투자자가 얻은 수익성을 측정하는 성과지표이다.

2) 특징
- 금액가중수익률은 자산규모와 자금 유출입 시기의 영향을 받는다.
- 자금 유출입 시기는 펀드매니저가 아닌 투자자가 직접 결정하는 것이므로 금액가중 수익률로 펀드매니저의 운용능력을 평가하는 것은 부적절하다.
- 반면 투자자가 실제로 획득한 수익을 투자기간을 고려하여 측정하기에는 가장 정확한 지표이다.

3) 계산
- 시행착오법(적절한 해답을 찾을 때까지 여러 번 시도하여 수정해나가는 방법)을 통해 펀드에 투자한 현금흐름의 현재가치와 수익의 현재가치를 일치시키는 할인율 r(= 금액가중수익률)을 구한다.

$$1기\ 현금\ 유출 + \frac{2기\ 현금\ 유출}{1+r} + \cdots + \frac{n-1기\ 현금\ 유출}{(1+r)^{n-2}} = \frac{n기\ 현금\ 유입}{(1+r)^{n-1}}$$

(각 기간별 현금 유출, 최종 현금 유입)

4) 계산 예시

> 1기에 1만주를 주당 8,000원에 매수, 2기에 1만주를 주당 7,000원에 매수, 3기에 2만주를 주당 10,000원에 매도하는 경우, 시행착오법에 따라 계산한 금액가중수익률(r)은 얼마인가?

Step1 r = 0.1(10%)을 가정한 경우

현금 유출	$(1만주 \times 8,000원) + (\frac{1만주 \times 7,000원}{1 + 0.1}) = 1.44억원$
≠	1기의 현금 유출, 2기의 현금 유출
현금 유입	$\frac{2만주 \times 10,000원}{(1 + 0.1)^2} = 1.65억원$ (3기의 현금 유입)

→ 할인된 현금 유출과 현금 유입을 합산한 값이 서로 다르므로, 금액가중수익률은 10%가 아니다.

Step2 r = 0.2(20%)을 가정한 경우

현금 유출	$(1만주 \times 8,000원) + (\frac{1만주 \times 7,000원}{1 + 0.2}) = 1.38억원$
≒	1기의 현금 유출, 2기의 현금 유출
현금 유입	$(\frac{2만주 \times 10,000원}{(1 + 0.2)^2}) = 1.39$ (3기의 현금 유입)

→ 할인된 현금 유출과 현금 유입을 합산한 값이 서로 유사하므로, 금액가중수익률은 20%가 된다.

2 시간가중수익률

1) 의의
- 세부기간별 수익률을 계산한 후, 이를 기하학적으로 연결하여 총수익률을 구하는 방법이다.

2) 특징
- 펀드매니저가 통제할 수 없는 수익률 왜곡현상을 해결하여, 펀드매니저의 능력을 평가하는 지표로 적합하다.

3) 계산

Step1 매기간의 수익률을 구한다.

$$\text{매기간 수익률} = \frac{\text{기말 자산총액}}{\text{기초 투자금액}} - 1$$

Step1 시간가중수익률을 구한다. → 기하평균 방식

$$\text{시간가중수익률} = \sqrt{(1 + 1\text{기간 수익률}) \times (1 + 2\text{기간 수익률})} - 1$$

4) 계산 예시

1기에 1만주를 주당 8,000원에 매수, 2기에 1만주를 주당 7,000원에 매수, 3기에 2만주를 주당 10,000원에 매도하는 경우, 시간가중수익률은 얼마인가?

- 1기간 수익률 = $\dfrac{1\text{기말 자산총액}}{1\text{기초 투자금액}} - 1 = \dfrac{7,000}{8,000} - 1 = -12.5\%$

- 2기간 수익률 = $\dfrac{2\text{기말 자산총액}}{2\text{기초 투자금액}} - 1 = \dfrac{10,000}{7,000} - 1 = 42.86\%$

- 시간가중수익률 = $\sqrt{(1 - 0.125) \times (1 + 0.4286)} - 1 = 0.12$

∴ 시간가중수익률 = 12%

[참고] 1기말 = 2기초

3 평균수익률

1) 산술평균수익률

$$\text{산술평균수익률} = \frac{R_1 + R_2 + \cdots + R_T}{T}$$

* R_T : T기의 수익률

2) 기하평균수익률

$$\text{기하평균수익률} = \sqrt[T]{(1 + R_1)(1 + R_2) \cdots (1 + R_T)} - 1$$

* R_T : T기의 수익률

4 연환산수익률

측정기간이 1년이 아닌 수익률을 연간 단위로 환산한 것을 말한다.

Topic 17 투자위험

대표 출제 유형

01 상대적 위험을 측정하는 지표로만 나열된 것은?

① 표준편차, 하락편차
② 절대 VaR, 베타
③ 하락편차, 상대 VaR
④ 잔차 위험, 베타

TIP 잔차 위험, 베타는 모두 상대적 위험을 측정하는 지표에 해당한다.

02 <보기>의 빈칸에 들어갈 내용이 순서대로 나열된 것은?

<보기>
- ( )는 수익률 분포가 좌나 우로 기울어진 정도를 측정하는 통계량이며, 이것이 양수라면 평균에 비해 ( ) 수익률이 발생할 확률이 높음을 의미한다.
- ( )는 수익률 분포 중 가운데 봉우리가 얼마나 뾰족한가를 측정하는 지표이다.

① 왜도, 낮은, 첨도
② 첨도, 낮은, 왜도
③ 왜도, 높은, 첨도
④ 첨도, 높은, 왜도

TIP
- (왜도)는 수익률 분포가 좌나 우로 기울어진 정도를 측정하는 통계량이며, 이것이 양수라면 평균에 비해 (높은) 수익률이 발생할 확률이 높음을 의미한다.
- (첨도)는 수익률 분포 중 가운데 봉우리가 얼마나 뾰족한가를 측정하는 지표이다.

03 다음 중 시장수익률이 하락할 경우, 포지션의 수익률이 가장 크게 상승하는 포지션베타로 가장 적절한 것은? (단, 다른 조건은 모두 동일함)

① -1.0
② +1.0
③ -0.5
④ +0.5

TIP 시장수익률이 하락할 경우, 포지션의 수익률이 가장 크게 상승하는 포지션베타는 -1.0이다.

정답 01 ④ 02 ③ 03 ①

01~03 핵심포인트 해설

1 투자위험의 종류

절대적 위험	전체위험	• 표준편차	• 수익률의 안정성을 중시하는 전략에 활용
	하락위험	• 절대 VaR • 하락편차 • 반편차 • 적자 위험	• 목표수익률을 추구하는 전략에 활용 • 보다 정확한 의미의 위험 측정
상대적 위험	전체위험	• 베타 • 잔차 위험	• 자산배분 전략에 기초한 장기투자전략에 적합 • 기준지표가 미리 정해진 투자에 활용
	하락위험	• 상대 VaR	

2 표준편차

1) 의의
   - 펀드의 수익률이 평균으로부터 얼마나 떨어져 있는가를 나타내는 지표이다.

2) 왜도와 첨도

왜도	• 수익률 분포가 얼마나 기울어졌는가를 나타낸다. • 분포의 우측 꼬리가 좌측보다 더 길게 늘어지면 왜도는 양의 값(+)을 가진다. 　→ 평균보다 높은 수익률이 발생할 확률 ↑ • 분포의 좌측 꼬리가 우측보다 더 길게 늘어지면 왜도는 음의 값(-)을 가진다. 　→ 평균보다 낮은 수익률이 발생할 확률 ↑
첨도	• 첨도는 분포의 가운데 봉우리가 얼마나 뾰족한가를 나타낸다. • 정규분포의 경우 첨도의 값은 3이며, 3보다 크면 봉우리가 정규분포보다 더 뾰족하고, 3보다 작으면 정규분포보다 완만하다는 의미이다. 　→ 평균 근처의 수익률 발생 ↑　　　→ 평균 근처의 수익률 발생 ↓

3 베타

1) 의의
   - 펀드의 수익률이 기준 수익률의 변동에 비해 어느 정도의 민감도를 가졌는가를 나타내는 지표이다.

2) 특징
   - 베타계수가 클수록 시장수익률에 민감하게 반응하는 경향이 있다
   - 베타가 1보다 크면 공격적으로 운영한 포트폴리오이고, 1보다 작으면 방어적으로 운용한 포트폴리오라고 할 수 있다.
     예 시장수익률이 1% 하락하는 경우, 베타가 1.5인 펀드는 -1.5%의 하락 수익률로 예상한다.

Topic 18 위험조정 성과지표

대표 출제 유형

01 다음은 모두 같은 기간 동안 운용된 주식형 펀드이다. 샤프비율과 트레이너비율의 성과가 가장 우수한 펀드를 순서대로 나열한 것은? (단, 시장 포트폴리오 수익률은 15%, 무위험수익률은 3%로 가정함)

구분	A	B	C	D
펀드수익률	25%	24%	21%	18%
베타	1.8	1.6	1.4	1.2
표준편차	35%	30%	25%	20%

① 샤프비율 B, 트레이너비율 B
② 샤프비율 B, 트레이너비율 D
③ 샤프비율 D, 트레이너비율 B
④ 샤프비율 D, 트레이너비율 D

TIP • D펀드 샤프비율 = (0.18 − 0.03)/0.2 = 0.75
 • B펀드 트레이너비율 = (0.24 − 0.03)/1.6 = 0.13

02 <보기>를 참고하였을 때, 회귀분석을 통해 계산한 정보비율로 가장 적절한 것은? (단, 정보비율은 연율로 표기함)

---- <보기> ----
• 젠센의 알파(월간 기준) : 0.87
• 베타(월간 기준) : 0.83
• 잔차위험(월간 기준) : 2.59

① 0.38　② 1.16　③ 1.73　④ 3.02

TIP 정보비율 = 젠센의 알파/잔차위험 × $\sqrt{12}$ = 0.87/2.59 × $\sqrt{12}$ ≒ 1.16

03 <보기>의 정보를 참고하여 계산한 젠센의 알파 값은 얼마인가?

---- <보기> ----
• 포트폴리오 수익률 : 7%
• 무위험수익률 : 3%
• 기준지표 수익률 : 4%
• 포트폴리오 베타 : 1.3
• 표준편차 : 8%

① 2.7%　② 3.8%　③ 4.1%　④ 5%

TIP 젠센의 알파 = (포트폴리오 수익률 − 무위험수익률) − 베타 × (기준지표 수익률 − 무위험수익률)
= (0.07 − 0.03) − 1.3 × (0.04 − 0.03) = 0.027

정답　01 ③　02 ②　03 ①

01~03 핵심포인트 해설

1 위험조정 성과지표 공식

샤프비율	$\dfrac{R_p - R_f}{\sigma_p}$	$\dfrac{\text{펀드수익률 - 무위험수익률}}{\text{표준편차}}$
트레이너비율	$\dfrac{R_p - R_f}{\beta_p}$	$\dfrac{\text{펀드수익률 - 무위험수익률}}{\text{베타}}$
젠센의 알파(α_p)	$(R_p - R_f) - \beta_p(R_B - R_f)$	(펀드 수익률 - 무위험수익률) - 베타 × (기준지표 수익률 - 무위험수익률)
정보비율	$\dfrac{\alpha_p}{sd(\varepsilon_p)}$ → 회귀분석 이용	$\dfrac{\text{젠센의 알파}}{\text{잔차위험}} \times \sqrt{12}$ → 연율화(지표가 모두 월간 기준인 경우)
	$\dfrac{R_p - R_B}{sd(R_p - R_B)}$ → 초과수익률 이용	$\dfrac{\text{펀드수익률 - 기준지표 수익률}}{\text{잔차위험}}$

Topic 19 IS-LM 모형

대표 출제 유형

01 <보기> 중 IS-LM 모형에 대한 적절한 설명으로만 모두 묶인 것은?

―――――――――――― <보기> ――――――――――――
㉠ 조세가 증가하면 IS곡선은 좌측이동한다.
㉡ 통화량이 증가하면 LM곡선은 우측이동한다.
㉢ LM 곡선이 수평이면 완전구축효과가 발생한다.

① ㉠　　　　② ㉠, ㉡　　　　③ ㉡, ㉢　　　　④ ㉠, ㉡, ㉢

TIP '㉠, ㉡'은 IS-LM 모형에 대한 적절한 설명이다.

02 화폐시장의 균형에 대한 설명으로 가장 적절한 것은?

① 명목화폐공급과 국민소득은 음의 관계이다.
② 이자율과 국민소득은 음의 관계이다.
③ 물가와 국민소득은 양의 관계이다.
④ 화폐수요의 균형식에서 국민소득과 이자율은 내생변수, 명목화폐공급은 외생변수이다.

TIP 화폐수요의 균형식에서 국민소득과 이자율은 내생변수이고, 명목화폐공급은 외생변수이다.

03 IS-LM 곡선에 대한 설명으로 가장 거리가 먼 것은?

① 확대재정정책을 시행하면 국민소득과 이자율이 증가한다.
② IS곡선은 재화시장의 균형을 이루는 이자율과 국민소득의 조합이다.
③ LM곡선은 화폐시장의 균형을 이루는 이자율과 국민소득의 조합이다.
④ 화폐공급을 증대시키면 LM곡선이 좌측으로 이동한다.

TIP 화폐공급을 증대시키면 LM곡선이 우측으로 이동한다.

정답 01 ② 02 ④ 03 ④

01~03 핵심포인트 해설

1 IS-LM 모형

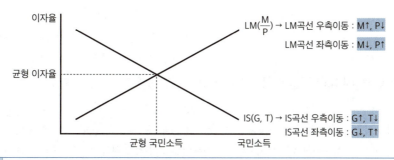

IS곡선	· 재화시장의 균형을 이루는 이자율과 국민소득의 조합 · 내생변수는 이자율(R)과 국민소득(Y), 외생변수는 정부지출(G), 조세(T)
LM곡선	· 화폐시장의 균형을 이루는 이자율과 국민소득의 조합 · 내생변수는 이자율(R)과 국민소득(Y), 외생변수는 명목화폐공급(M)

※ 실질화폐공급은 $\frac{M}{P}$

2 재화시장과 화폐시장의 균형

1) 재화시장의 균형 : IS곡선

$$Y = C(Y - T) + I(R) + G$$

* Y : 국민소득, C : 소비, T : 조세, I : 투자, R : 이자율, G : 정부지출

- Y ⊖ R : 이자율이 상승하면 투자가 감소하여 수요가 감소하고, 균형을 회복하기 위해 국민소득이 감소하여 공급도 감소해야 한다. → R↑,Y↓
- Y ⊕ G : 정부지출이 증가하면 균형을 회복하기 위해 국민소득이 증가하여 공급이 증가해야 한다. → G↑,Y↑
- Y ⊖ T : 조세가 증가하면 소비 및 수요가 감소하고, 균형을 회복하기 위해 국민소득이 감소하여 공급이 감소해야 한다. → T↑,Y↓

2) 화폐시장의 균형 : LM곡선

$$Y = \frac{M}{P}$$

* Y : 국민소득, M : 명목화폐공급, P : 물가

- Y ⊕ R : 이자율이 상승하면 화폐수요가 감소하므로, 균형을 회복하기 위해 국민소득이 증가하여 화폐수요가 증가해야 한다. → R↑,Y↑
- Y ⊕ M : 화폐공급이 증가하면 균형을 회복하기 위해 국민소득이 증가하여 화폐수요가 증가해야 한다. → M↑,Y↑
- Y ⊖ P : 물가가 증가하면 화폐공급이 감소하므로, 균형을 회복하기 위해 국민소득이 감소하여 화폐수요가 감소해야 한다. → P↑,Y↓

3 거시경제정책의 효과

확대재정정책	확대재정 → IS곡선 우측이동 → 국민소득↑, 이자율↑
확대통화정책	확대통화 → LM곡선 우측이동 → 국민소득↑, 이자율↓

↗ 투자가 위축되어 국민소득 증가 효과가 감소 : 구축효과

Topic 20 재정정책과 통화정책

대표 출제 유형

01 <보기> 중 거시경제정책에 대한 적절한 설명으로만 모두 묶인 것은?

─────────── <보기> ───────────
㉠ 확대재정정책이 이자율을 상승시켜 민간투자를 위축시키는 현상을 구축효과라고 한다.
㉡ 유동성 함정 구간에서는 LM곡선이 수평이 되므로 재정정책이 효과가 없게 된다.
㉢ 유동성 함정 구간을 탈출할 수 있는 고전학파의 이론은 피구효과이다.
──────────────────────────

① ㉠   ② ㉠, ㉢   ③ ㉡, ㉢   ④ ㉠, ㉡, ㉢

TIP '㉠, ㉢'은 거시경제정책에 대한 적절한 설명이다.

02 <보기> 중 유동성 함정에 대한 적절한 설명으로만 모두 묶인 것은?

─────────── <보기> ───────────
㉠ 유동성 함정에 빠지면 구축효과가 발생하지 않는다.
㉡ 유동성 함정 구간에서는 LM곡선이 수평이 되므로 재정정책이 효과가 없게 된다.
㉢ 화폐수요의 이자율 탄력성이 0에 수렴한다.
──────────────────────────

① ㉠   ② ㉠, ㉢   ③ ㉡, ㉢   ④ ㉠, ㉡, ㉢

TIP '㉠'은 유동성 함정에 대한 적절한 설명이다.

03 <보기>의 빈칸에 들어갈 내용이 순서대로 나열된 것은?

─────────── <보기> ───────────
물가 하락 시 실질화폐가치 상승으로 인해 민간의 부가 증가하고 소비와 총수요가 증가하는 현상은 (   )이며, (   )에 대항하여 불황에서 자동적으로 탈출하여 완전고용을 이룩할 수 있다는 논거로 사용된다.
──────────────────────────

① 피구효과, 유동성 함정   ② 피구효과, 구축효과
③ 유동성 함정, 깁슨의 패러독스   ④ 유동성 함정, 구축효과

TIP 물가 하락 시 실질화폐가치 상승으로 인해 민간의 부가 증가하고 소비와 총수요가 증가하는 현상은 (피구효과)이며, (유동성 함정)에 대항하여 불황에서 자동적으로 탈출하여 완전고용을 이룩할 수 있다는 논거로 사용된다.

정답 01 ② 02 ① 03 ①

01~03 핵심포인트 해설

1 재정정책과 통화정책의 효과

1) 구축효과 vs. 유동성 함정 vs. 피구효과

	구축효과	유동성 함정	피구효과
의의	• 확대재정 → IS곡선 우측이동 → 국민소득↑, 이자율↑ → 민간투자 위축	• 화폐수요가 폭발적으로 증가 → 화폐수요의 이자율 탄력성이 무한대 → LM곡선 수평 → 확대통화정책 효과 없음	• 물가가 급격히 하락 → 화폐의 실질가치 증가 → 소비 및 총수요가 증가
효과	• 재정정책의 효과 반감	• 통화정책은 무력해짐 • 재정정책은 효과가 극대화 (= 무 구축효과)	• 유동성 함정 논리에 대항 • 유동성 함정이 있더라도 물가가 신축적이라면 불황을 탈출하여 완전고용 달성 가능
종류	• 완전 구축효과 • 부분 구축효과 • 무 구축효과 ← LM곡선이 '수평'일 때 나타남		

2) 리카르도 불변정리

• 세금 감소는 민간의 저축을 증가시킬 뿐 총수요에는 변동이 없다는 주장이다.

Topic 21 주요 경제변수

대표 출제 유형

01 국민소득 지표와 관련한 설명으로 가장 거리가 먼 것은?

① 국내총생산(GDP)이란 국내 생산자가 생산한 부가가치 또는 최종생산물의 총계이다.

② 국민소득 3면 등가의 원칙이란 국민소득의 생산, 분배, 지출의 양이 모두 같게 되는 것을 말한다.

③ 국민총소득(GNI)은 국내총생산에 국외순수취 요소소득을 가산한 값이다.

④ 국민총소득(GNI)이란 국민이 해외에서 벌어들인 수입에 국내에서 외국인에게 지급한 소득을 더한 값이다.

TIP 국민총소득(GNI)에 국민이 해외로부터 벌어들인 수입은 포함되지만 국내총생산 중에서 외국인에게 지급한 소득은 제외된다.

02 <보기>의 고용지표에 따라 계산한 실업률과 경제활동참가율을 순서대로 나열한 것은?

<보기>
- 실업자 수 : 50명
- 취업자 수 : 150명
- 비경제활동인구 : 50명

① 실업률 20%, 경제활동참가율 60%
② 실업률 25%, 경제활동참가율 60%
③ 실업률 25%, 경제활동참가율 80%
④ 실업률 20%, 경제활동참가율 80%

TIP
- 실업률 = $\dfrac{\text{실업자}}{\text{경제활동인구(= 취업자 + 실업자)}} \times 100 = \dfrac{50}{200} \times 100 = 25\%$
- 경제활동 참가율 = $\dfrac{\text{경제활동인구(= 취업자 + 실업자)}}{\text{생산활동 가능 인구(= 경제활동인구 + 비경제활동인구)}} \times 100 = \dfrac{200}{250} \times 100 = 80\%$

정답 01 ④ 02 ③

01~02 핵심포인트 해설

1 국민소득지표

1) 국민소득 3면 등가의 법칙

> 생산국민소득 = 분배국민소득 = 지출국민소득

2) GDP(국내총생산)
   - 국내 생산자가 생산한 부가가치 또는 최종 생산물의 총계를 말한다.

3) GNI(국민총소득)
   - 한 나라의 국민이 생산활동에 참여하고 받은 소득의 합계를 말한다.

   - 명목 GNI = 명목 GDP + 국외순수취 요소소득
   - 실질 GNI = 실질 GNI + 국외순수취 요소소득 + 교역조건 변화에 따른 실질 무역손익

   [참고] 국외순수취 요소소득 = 해외로부터 국민이 받은 소득(국외수취 요소소득) − GDP 중 외국인에게 지급한 소득(국외지급 요소소득)

2 고용지표

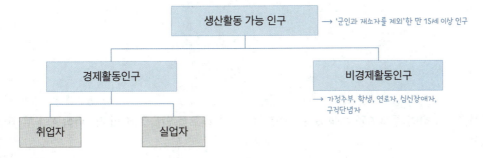

생산활동 가능 인구 → '군인과 재소자를 제외'한 만 15세 이상 인구
- 경제활동인구
  - 취업자
  - 실업자
- 비경제활동인구 → 가정주부, 학생, 연로자, 심신장애자, 구직단념자

1) 경제활동 참가율

$$\text{경제활동 참가율} = \frac{\text{경제활동인구}}{\text{생산활동 가능 인구}} \times 100 = \frac{\text{취업자 + 실업자}}{\text{경제활동인구 + 비경제활동인구}} \times 100$$

2) 실업률

$$\text{실업률} = \frac{\text{실업자}}{\text{경제활동인구}} \times 100 = \frac{\text{실업자}}{\text{취업자 + 실업자}} \times 100$$

Topic 22 포트폴리오 위험분산 효과

대표 출제 유형

01 수익률과 표준편차가 동일한 자산들의 상관계수가 다음 자료와 같을 때, 위험이 최소가 되는 포트폴리오로 가장 적절한 것은?

구분	A자산	B자산	C자산
A자산	(+)1.0	0.4	0.5
B자산	0.4	(+)1.0	-0.4
C자산	0.5	-0.4	(+)1.0

① A자산을 100% 편입한다.
② A를 50%, B를 50% 편입한다.
③ B를 50%, C를 50% 편입한다.
④ C를 50%, A를 50% 편입한다.

TIP 포트폴리오의 위험을 최소로 하려면 분산투자의 효과를 높일 수 있도록 상관계수의 조합이 가장 작은 B와 C를 50%씩 조합하여 구성한 포트폴리오의 위험이 가장 작다.

02 <보기>의 내용을 참고하여 주식 A와 주식 B의 최소분산 포트폴리오를 만들려고 할 때, 주식 A의 투자비율로 가장 적절한 것은?

─ <보기> ─
- 주식 A의 표준편차 : 0.5
- 주식 B의 표준편차 : 0.8
- 주식 A와 주식 B의 상관계수 : 0

① 0.28 ② 0.45 ③ 0.64 ④ 0.72

TIP 주식A의 투자비율 $= \dfrac{\sigma_B^2 - \sigma_{AB}}{\sigma_A^2 + \sigma_B^2 - 2\sigma_{AB}} = \dfrac{\sigma_B^2 - \sigma_A \sigma_B \rho_{AB}}{\sigma_A^2 + \sigma_B^2 - 2\sigma_A \sigma_B \rho_{AB}}$

$= \dfrac{0.8^2 - 0.5 \times 0.8 \times 0}{0.5^2 + 0.8^2 - 2 \times 0.5 \times 0.8 \times 0} ≒ 0.72$

정답 01 ③ 02 ④

01~02 핵심포인트 해설

1 상관계수와 포트폴리오 위험

1) 두 개의 자산으로 이루어진 포트폴리오의 위험은 구성 자산 간의 상관계수와 각 자산의 투자 비율에 따라 달라진다.

2) 상관계수별 포트폴리오 위험

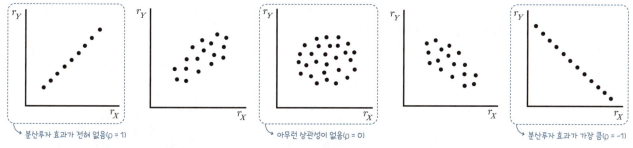

→ 상관계수가 가장 작아지는 조합의 포트폴리오가 위험이 가장 작다.

2 최소분산 포트폴리오

1) 의의
   - 포트폴리오 결합선에서 위험이 최소가 되는 포트폴리오를 최소분산 포트폴리오라고 한다.

2) 공식

$$\text{주식 A의 투자비율} = \frac{\sigma_B^2 - \sigma_{AB}}{\sigma_A^2 + \sigma_B^2 - 2\sigma_{AB}} = \frac{\sigma_B^2 - \sigma_A\sigma_B\rho_{AB}}{\sigma_A^2 + \sigma_B^2 - 2\sigma_A\sigma_B\rho_{AB}}$$

* σ_A : 자산 A의 표준편차, σ_B : 자산 B의 표준편차, σ_{AB} : 자산 A, B의 공분산, ρ_{AB} : 자산 A, B의 상관계수

Topic 23 변동성 보상비율(RVAR)

대표 출제 유형

01 <보기>의 내용을 참고하여 계산한 포트폴리오 A의 변동성 보상비율은?

― <보기> ―
- 포트폴리오 A는 자산 A를 50%, 무위험자산을 50%로 편입했다.
- 자산 A의 기대수익률 : 8%
- 자산 A의 표준편차 : 5%
- 무위험수익률 : 2%

① 0.1　　　② 0.4　　　③ 1.2　　　④ 1.6

TIP 변동성 보상비율 $= \dfrac{E(R_A) - R_f}{\sigma_A} = \dfrac{0.08 - 0.02}{0.05} = 1.2$

02 포트폴리오 A는 자산 A가 20%, 무위험자산이 80%가 되도록 구성되어 있다. <보기>의 내용을 참고하여 계산한 포트폴리오 A의 변동성 보상비율은?

― <보기> ―
- 자산 A의 기대수익률 : 16%
- 자산 A의 표준편차 : 10%
- 무위험수익률 : 2%

① 1.1　　　② 1.4　　　③ 1.7　　　④ 2.1

TIP 변동성 보상비율 $= \dfrac{E(R_A) - R_f}{\sigma_A} = \dfrac{0.16 - 0.02}{0.1} = 1.4$

정답 01 ③ 02 ②

01~02 핵심포인트 해설

1 변동성 보상비율(RVAR)

1) 개념
   - 무위험자산과 위험자산으로 구성되는 두 펀드 포트폴리오의 기대수익률과 위험의 조합의 기울기를 말한다.
     → 위험(변동성)에 비하여 보상받는 수익률의 비율

2) 공식

$$\text{변동성 보상비율(RVAR)} = \frac{E(R_A) - R_f}{\sigma_A}$$

* $E(R_A)$: 위험자산 A의 기대수익률, R_f : 무위험수익률, σ_A : 위험자산 A의 표준편차

2 자본배분선과의 관계

1) 자본배분선
   - 무위험자산과 위험자산으로 구성되는 두 펀드 포트폴리오의 기대수익률과 위험의 조합을 직선으로 표시한 선이다.

2) 자본배분선과 변동성 보상비율
   - 자본배분선은 직선으로 나타나므로, 투자금액의 비율이 어떻게 조정되더라도 기울기인 변동성 보상비율은 항상 일정하다.
     → 변동성 보상비율은 투자자산의 비율과 관계없이 일정하다.
        ↳ 위험자산과 무위험자산의 비율이 어떻게 제시되더라도 정답에 영향을 주지 않음

Topic 24 자본자산 가격결정 모형(CAPM)

대표 출제 유형

01 <보기> 중 자본자산 가격결정 모형(CAPM)의 기본가정에 대한 적절한 설명으로만 모두 묶인 것은?

<보기>
㉠ 투자자들은 개인마다 모두 다른 방법으로 증권을 분석하므로 미래의 경제상황도 다르게 예측한다.
㉡ 모든 투자자의 투자기간은 동일하며 이후에 발생하는 결과는 무시한다.
㉢ 투자위험이 전혀 없는 무위험자산이란 존재하지 않는다고 가정한다.
㉣ 거래비용과 세금이 없고 자본과 정보의 흐름에 마찰이 없다고 가정한다.

① ㉠, ㉡   ② ㉠, ㉢   ③ ㉡, ㉣   ④ ㉢, ㉣

TIP '㉡, ㉣'은 자본자산 가격결정 모형(CAPM)에 대한 적절한 설명이다.

정답 01 ③

01 핵심포인트 해설

1 자본자산 가격결정 모형의 가정

1) **평균·분산 기준의 가정**
   - 투자자는 평균과 분산을 기준으로 투자 결정을 한다.
     ↳ 평균이 높을수록, 분산이 낮을수록 선호함

2) **동일한 투자기간의 가정**
   - 모든 투자자는 동일한 하나의 투자기간을 가진다고 가정하며, 이 투자기간 이후에 발생하는 결과는 무시한다.

3) **완전시장의 가정**
   - 거래비용과 세금이 없는 완전시장을 가정하므로 자본과 정보의 흐름에 마찰이 없다고 보고, 개인투자자는 가격 순응자 이다.

4) **무위험자산의 존재 가정**
   - 투자위험이 없는 무위험자산이 존재한다고 가정하며, 모든 투자자들은 이러한 무위험이자율 수준으로 자금을 빌리거나 빌려주는 것이 가능하다.

5) **균형시장의 가정**
   - 자본시장은 균형 상태(수요 = 공급)에 있다고 가정한다.

6) **동질적 미래예측의 가정**
   - 모든 투자자는 증권을 분석하는 방법이 동일하고, 미래 경제상황에 대한 예측도 동일하기 때문에 미래의 증권 수익률에 대해서도 동질적으로 예측한다.

Topic 25 증권시장선(SML)

대표 출제 유형

01 시장 포트폴리오의 기대수익률이 8%, 표준편차는 40%, 증권시장선상의 주식 J와 시장기대수익률 간의 공분산은 20%라고 할 때, 주식 J의 요구수익률은 얼마인가? (단, 무위험수익률은 3%임)

① 5.30% ② 6.25% ③ 7.50% ④ 9.25%

TIP $E(R_j) = R_f + [E(R_m) - R_f] \times \dfrac{\sigma_{jm}}{\sigma_m^2}$
= 0.03 + (0.08 − 0.03) × 0.2/0.4² = 0.0925

02 A주식과 B주식의 자료가 다음과 같고, 무위험이자율은 3%, 시장 포트폴리오의 기대수익률은 5%일 때, 증권시장선(SML)에 따른 A주식과 B주식의 평가로 가장 적절한 것은?

구분	기대수익률	베타
A주식	6%	0.5
B주식	7%	1.5

① A주식과 B주식 모두 과대평가되었다.
② A주식은 과대평가, B주식은 과소평가되었다.
③ A주식은 과소평가, B주식은 과대평가되었다.
④ A주식과 B주식 모두 과소평가되었다.

TIP • A주식의 요구수익률 = 0.03 + (0.05 − 0.03) × 0.5 = 0.04
• B주식의 요구수익률 = 0.03 + (0.05 − 0.03) × 1.5 = 0.06
∴ A주식과 B주식은 기대수익률이 요구수익률보다 크므로 모두 과소평가 되었다.

정답 01 ④ 02 ④

01~02 핵심포인트 해설

1 개별 증권의 위험과 균형 기대수익률

1) 증권시장선(SML)의 의의
   - 증권시장선(SML)은 CAPM이 제시하는 개별 증권의 기대수익과 위험(베타)의 관계를 나타낸 선이다.

2) 개별 증권의 기대수익률 도출 과정
   - 개별 증권의 위험보상률은 시장 전체의 평균적인 위험보상률과 개별증권이 가지고 있는 고유한 위험을 곱하여 구한다.

$$E(R_j) - R_f = [E(R_m) - R_f] \times \frac{\sigma_{jm}}{\sigma_m^2}$$

   개별 증권의 초과수익률 (= 위험보상률) / 시장 전체의 평균적인 초과수익률(= 위험보상률) / 체계적 위험 (= 기업의 고유한 위험)

   - 위 식을 정리하면, 개별 증권 j의 (균형)기대수익률을 구할 수 있다.

$$E(R_j) = R_f + [E(R_m) - R_f] \times \frac{\sigma_{jm}}{\sigma_m^2}$$

   베타(β)계수

* $E(R_j)$: 주식 j의 기대수익률, R_f : 무위험수익률, $E(R_m)$: 시장 포트폴리오의 기대수익률, $\frac{\sigma_{jm}}{\sigma_m^2}$: 주식 j의 베타계수

2 증권시장선(SML)의 투자 결정에의 이용

1) 위험증권에 대한 요구수익률 → 무베시무

$$k_j = R_f + \beta_j \times [E(R_m) - R_f]$$

위에서 구한 개별 증권의 (균형)기대수익률을 요구수익률(k_j)로 대용한다.

* k_j : 주식 j의 요구수익률, R_f : 무위험수익률, β_j : 주식 j의 베타계수, $E(R_m)$: 시장 포트폴리오의 기대수익률

2) 증권의 과대·과소 여부 평가
   - 요구수익률(k_j) > 기대수익률 : 과소평가
   - 요구수익률(k_j) < 기대수익률 : 과대평가
     → 실제 증권분석이나 과거 시계열 자료 분석으로 추정한 기대수익률로서, 주로 문제에서 주어짐

해커스
**투자자산운용사
최종 실전모의고사**
합격 시크릿북 [3종]

약점 보완 해설집

합격의 기준, 해커스금융

fn.Hackers.com

: 목차

해커스 투자자산운용사 최종 실전모의고사

투자자산운용사 자격시험 안내	4
투자자산운용사 출제경향 및 학습전략	6
합격을 위한 막판 학습 플랜	8

1회	실전모의고사 정답·취약 과목 분석표·해설	10
2회	실전모의고사 정답·취약 과목 분석표·해설	30
3회	실전모의고사 정답·취약 과목 분석표·해설	52
4회	실전모의고사 정답·취약 과목 분석표·해설	72
5회	실전모의고사 정답·취약 과목 분석표·해설	92
6회	실전모의고사 정답·취약 과목 분석표·해설	112

OMR 답안지 [부록] 고빈출 7일 완성 [부록] 주/채/파 3일 완성 [부록] 빈출 개념 O/X 1000제 [부록]
필수암기공식 [PDF] 온라인 적중모의고사 [수강권]

투자자산운용사 자격시험 안내

투자자산운용사란?

집합투자재산, 신탁재산 또는 투자일임재산을 운용하는 업무를 수행하는 자를 말합니다.

시험 일정

회차	시험일	원서접수일	합격자발표
40회	25.01.19.(일)	24.12.23.(월) – 24.12.27.(금)	25.01.30.(목)
41회	25.04.20.(일)	25.03.24.(월) – 25.03.28.(금)	25.05.01.(목)
42회	25.07.20.(일)	25.06.23.(월) – 25.06.27.(금)	25.07.31.(목)
43회	25.10.19.(일)	25.09.22.(월) – 25.09.26.(금)	25.10.30.(목)

시험 구성

과목	세부과목	문항 수	총 문항 수	과락 기준
제1과목 금융상품 및 세제	세제 관련 법규/세무전략	7	20	8
	금융상품	8		
	부동산 관련 상품	5		
제2과목 투자운용 및 전략 II / 투자분석	대안투자운용/투자전략	5	30	12
	해외증권투자운용/투자전략	5		
	투자분석기법	12		
	리스크관리	8		
제3과목 직무윤리 및 법규/ 투자운용 및 전략 I / 거시경제 및 분산투자	직무윤리	5	50	20
	자본시장 관련 법규	11		
	한국금융투자협회규정	3		
	주식투자운용/투자전략	6		
	채권투자운용/투자전략	6		
	파생상품투자운용/투자전략	6		
	투자운용결과분석	4		
	거시경제	4		
	분산투자기법	5		
계			100	–

시험 관련 기타 정보

주관처	금융투자협회(https://license.kofia.or.kr/)		
시험시간	120분(10:00 - 12:00)		
합격기준	응시과목별 정답비율이 40% 이상인 자 중에서, 응시 과목의 전체 정답 비율이 70%(70문항) 이상인 자		
시험일정	연 4회	기출문제 공개여부	비공개
문제형식	객관식 4지선다형	응시료	50,000원

학습자가 궁금해하는 질문 BEST 4

Q1 시험일까지 얼마 남지 않았는데, 어떻게 공부하는 게 좋을까요?

학습 플랜에 맞춰 합격 시크릿북 3종과 실전모의고사를 반복 학습하여 대비합니다.

본 교재의 [합격을 위한 막판 학습 플랜(p.8~9)]을 참고하여 [고빈출 7일 완성]과 [주/채/파 3일 완성]으로 출제빈도가 높고 중요한 내용을 우선으로 학습한 후, 실전모의고사 6회를 실제 시험 시간에 맞추어 풉니다. [약점 보완 해설집]을 참고해 틀린 문제와 헷갈리는 문제, 풀지 못한 문제를 중점으로 취약한 부분을 집중 보완합니다. 해설에 안내된 정답/오답에 대한 근거와 함께 관련 이론을 완전히 이해할 때까지 반복 학습한다면 단기간에 충분히 시험 준비를 마칠 수 있습니다.

또한, [빈출 개념 O/X 1000제]를 수시로 복습한다면 핵심 이론을 최종정리할 수 있어 더욱 확실하게 대비할 수 있습니다.

Q2 계산 문제가 많이 나오나요? 어떻게 공부해야 하나요?

계산 문제는 약 10~15문제(10~15%) 정도 출제됩니다.

암기해야 할 공식이 많고, 최근 신유형의 문제가 출제되고 있어, 많은 학습자들이 계산 문제를 포기하기도 합니다. 하지만 대부분의 계산 문제는 주요 공식을 암기하고 대입하기만 하면 풀 수 있는 형태이기 때문에, 부가물로 제공되는 [필수암기공식(PDF)]을 활용해 공식을 암기하고 관련 문제를 반복하여 풀어본다면 완벽하게 대비할 수 있습니다.

Q3 투자자산운용사 시험의 난이도는 어떤가요?

전체적인 난이도는 '중~중상' 정도라고 볼 수 있습니다.

투자자산운용사 시험은 출제 문항 수 대비 학습해야 할 범위가 상당히 넓은 편입니다. 하지만 대체로 깊이 있는 문제가 출제되기 보다는 다양한 출제포인트의 문제가 핵심 내용을 위주로 반복하여 출제되기 때문에, <해커스 투자자산운용사 최종 실전모의고사>를 반복 학습한다면 충분히 합격할 수 있습니다.

Q4 꼭 최신 교재로 시험 준비를 해야 하나요?

최신개정판으로 학습하는 것이 가장 정확합니다.

최근 출제경향을 반영한 문제로 학습하는 것이 가장 효과적입니다.

투자자산운용사 출제경향 및 학습전략

최근 2개년 출제경향

상승하는 체감 난도

최근 투자자산운용사 시험의 체감 난도가 상승했다. 그동안의 기출문제에서 보지 못했던 내용이 출제된다거나 비교적 지엽적인 내용이 출제되어 생소할 수 있고, 옳은 선지의 개수를 묻는 유형이 등장하여 어렵게 느껴질 수 있다. 하지만 생소한 보기의 내용이 정답으로 출제되는 문제는 많지 않기 때문에 기본적으로 자주 출제되었던 내용을 중심으로 철저하게 학습하고, 모의고사의 모든 선지를 완벽하게 이해한다면 충분히 풀이가 가능하다.

심플한 계산, 공식의 깊은 이해

대부분의 문제가 복잡한 계산과정을 다루기 보다는 공식을 알면 바로 대입하여 풀 수 있는 심플한 형태 위주로 출제된다. 다만, 최근에는 공식의 의미를 이해하고 있는지 묻는 문제가 출제되는 경향이 있다. 공식의 의미를 완벽하게 이해하고 있다면 간단하게 풀이가 가능하지만, 그렇지 않다면 풀이가 불가능한 형태의 문제가 출제되기 때문에, 공식을 정확하게 이해하고 암기하는 것이 중요하다.

반복되는 출제포인트

매 회차별로 출제경향에 다소 차이는 있으나, 큰 틀에서 중요한 출제포인트는 반복하여 출제되고 있다. 과거 출제된 내용이 유사하게 출제되는 경향이 있으므로, 출제빈도가 높은 내용 위주로 다양한 문제를 풀이해보는 것이 중요하다.

과목별 출제경향 및 학습전략

제1과목 금융상품 및 세제

세제 관련 법규/ 세무전략	① 국세기본법은 전체적인 조세체계의 이해를 바탕으로, 조세별 납세의무 및 심사·심판제도의 종류 등을 비교·정리하여 암기하는 것이 효과적이다. ② 소득세법은 우리나라 소득세 제도의 전체적인 특징을 이해하고, 종합·분류·분리과세대상 소득의 구분을 통해 종합과세의 계산 과정을 유기적으로 연결하여 학습하는 것이 중요하다. ③ 증권거래세법은 과세대상·납세의무자·세율을 중심으로 정리한 후, 특징·차이점 등의 세부 내용을 암기하는 것이 효과적이다.
금융상품	① 금융회사별 및 상품별 예금자보호대상 금융상품, 생명보험과 손해보험 등 각 금융상품이 어떤 분류에 속하는지 파악하는 것이 중요하다. ② 자산유동화증권(ABS), 주택저당증권(MBS), 집합투자기구, 퇴직연금제도 등 자주 출제되는 금융상품별로 특징을 정리하여 암기해야 한다.
부동산 관련 상품	① 부동산 관련 상품은 크게 부동산 고유의 영역(법, 시장, 투자 등)과 부동산 금융상품의 영역으로 구분된다. 부동산 관련 전공자가 아니라면, 지엽적으로 학습하기보다는 부동산의 고유한 특성과 부동산 금융상품 간의 연결 관계를 중심으로 거시적인 관점에서 학습하는 것이 효과적이다. ② 부동산 물권이 어떻게 구분되는지 파악하는 것이 중요하며, 용적률, 건폐율 등 다양한 부동산 관련 용어를 암기한 후 학습하는 것이 효과적이다. ③ 부동산 감정평가방식, 담보 및 신탁제도 등의 특징을 명확히 정리하고 부동산 투자 분석 시 사용되는 각종 비율의 분모와 분자를 확실하게 암기하도록 한다.

제2과목 투자운용 및 전략 II / 투자분석

대안투자운용/투자전략	대안투자와 전통투자의 차이를 이해하고, 이를 바탕으로 대안투자상품 각각의 구조와 특징을 정리해야 한다. 각 상품의 기초개념을 중점으로 학습한 후, 세부 내용을 덧붙여가며 암기하는 것이 효과적이다.
해외증권투자운용/투자전략	① 해외투자는 분산투자효과, 환위험과 수익률 간 상관관계, 국제증권시장의 동조화 등을 유기적으로 연결하여 이해하는 것이 효과적이다. ② 국제주식시장은 DR의 종류 및 복수상장 효과를 중심으로 학습하며, 국제채권시장은 외국채/유로채 구분, 미국국채에 대한 이해가 필요하다. ③ 투자전략 부분에서는 소극적/적극적 투자전략, 하향식/상향식 접근방법, 환위험 관리를 위한 여러 헤지전략을 비교·정리하여 암기한다.
투자분석기법	① 기본적 분석은 계산형 문제에 대비하여 공식을 암기하고, 이외에도 각 개념의 의미와 유형 분류, 활용방법 등을 다각적으로 이해해야 한다. ② 기술적 분석은 추세/지표/패턴 분석법, 갭의 종류, 반전형/지속형 패턴, 추세추종형/반전형 지표, 거래량 지표의 내용 등을 비교·정리하여 암기하는 것이 효과적이다. ③ 산업분석에서는 라이프사이클 단계별 특징과 산업경쟁력 무역이론을 비교·정리해야 한다.
리스크관리	① 리스크관리는 상대적으로 적은 범위에서 출제비중이 높은 파트이므로, 2과목의 다른 파트들에 비해서 매우 꼼꼼한 학습이 요구된다. ② 개별 자산 및 포트폴리오 VaR, 부도율 측정모형(부도거리), 부도모형(예상손실, 부도율) 등에서 계산형 문제가 꾸준히 출제되기 때문에 공식을 반드시 암기하는 것을 추천한다.

제3과목 직무윤리 및 법규 / 투자운용 및 전략 I / 거시경제 및 분산투자

직무윤리 및 법규	① 금융투자업자의 직무윤리에서는 상품 판매 단계와 상품 판매 이후 금융소비자보호, 직무윤리의 준수절차 및 위반 시의 제재에 대한 내용이 가장 중요하다. 모의고사 풀이 후 출제된 보기 내용을 다독하여 숙지하도록 한다. ② 법률 및 규정 파트는 자본시장법 안에서 집합투자기구, 금융투자상품과 같이 큰 주제를 기반으로 내용을 이해하는 것이 중요하다. 빈출되는 키워드를 중심으로 금융위원회와 협회에서 정하는 세부 규정을 암기하는 것이 효과적이다. ③ 한국금융투자협회규정은 금융투자회사의 영업 및 업무에 관한 규정과 금융소비자보호법을 중심으로 하는 핵심내용과 더불어 해당 규정에 따른 예외사항을 파악하는 것 또한 중요하다.
투자운용 및 전략 I	① 전략적/전술적 자산배분, 액티브/패시브 운용, 적극적/소극적 채권 운용전략 등과 같이 대비되는 개념은 별도로 정리하여 혼동을 최소화한다. ② 계산형 문제는 풀이과정이 복잡한 문제보다는 기본문제를 많이 풀어보는 것이 중요하다. 본서에 수록된 문제뿐만 아니라 온라인 부가물「필수암기공식」도 반드시 암기하는 것을 추천한다.
거시경제 및 분산투자	① 비전공자에게 낯선 거시경제 영역은 깊은 내용을 모두 이해하려 하기보다는 출제빈도가 높은 내용 위주로 다독하는 것이 좋다. 경제변수와 정책이 IS-LM 모형을 어떻게 변화시키는지 반드시 학습하고, 통화유통속도, 실업률, 기업경기실사지수(BSI) 등에서 간단한 계산문제가 출제될 수 있으니 쉬운 공식은 암기하도록 한다. ② 분산투자는 CAPM 모형이 가장 중요하다. 자본시장선(CML)과 증권시장선(SML)을 명확히 구분하여 학습하는 것이 필요하다. 또한, 변동성 보상비율, 최소분산 포트폴리오, 단일요인 차익거래 등의 계산문제가 빈출되고 있으니 공식 암기를 통해 계산문제에 대비해야 한다.

:합격을 위한 막판 학습 플랜

자신에게 맞는 학습플랜을 선택하여 본 교재를 학습하시기 바랍니다.
해커스금융(fn.Hackers.com) 동영상강의를 함께 수강하면 더 효과적입니다.

막판 20일 학습 플랜

금융 비전공자 또는 투자자산운용사 시험 응시 경험이 없는 수험생 중 이론을 차근차근 학습한 후에 실전모의고사 연습을 하고 싶은 분에게 추천합니다.

1일 □	2일 □	3일 □	4일 □	5일 □	6일 □	7일 □
고빈출 7일 완성							
1과목	2과목		3과목			

8일 □	9일 □	10일 □	11일 □	12일 □	13일 □	14일 □
주/채/파 3일 완성			실전모의고사(1회독)			
주식투자	채권투자	파생상품투자	1회	2회	3회	4회

15일 □	16일 □	17일 □	18일 □	19일 □	20일 □	
		실전모의고사(2회독)			마무리	D-DAY
5회	6회	1~2회	3~4회	5~6회	복습	

* 실전모의고사 각 회차별 문제지 뒤편에 OMR 답안지가 수록되어 있으니 학습 시 활용하시기 바랍니다.
* 마무리 단계에서는 〈빈출 개념 O/X 1000제(부록)〉 및 〈필수암기공식(PDF)〉을 보며 최종 점검합니다. 온라인으로 제공되는 〈필수암기공식〉은 해커스금융(fn.Hackers.com) → [무료자료 다운로드]에서 교재 구매 인증 후 다운로드 받을 수 있습니다.
* 본 교재에 수록된 실전모의고사(6회분) 이외에 온라인에서 무료로 제공하는 〈적중모의고사(1회분)〉를 추가로 풀이할 수 있습니다.

막판 10일 학습 플랜

금융 비전공자 또는 투자자산운용사 시험 응시 경험이 없는 수험생 중 이론은 빠르게 학습하고, 실전모의고사 연습에 더 집중하고 싶은 분에게 추천합니다.

1일 ☐	2일 ☐	3일 ☐	4일 ☐	5일 ☐	6일 ☐	7일 ☐
고빈출 7일 완성						
1과목	2과목		3과목			주식투자
실전모의고사(1회독)						
1회	2회	3회	4회	5회	6회	1~2회

8일 ☐	9일 ☐	10일 ☐	
주/채/파 3일 완성		마무리	
채권투자	파생상품투자	복습	D-DAY
실전모의고사(2회독)			
3~4회	5~6회		

막판 6일 학습 플랜

금융 전공자 또는 투자자산운용사 시험 응시 경험이 있는 수험생에게 추천합니다.

1일 ☐	2일 ☐	3일 ☐	4일 ☐	5일 ☐	6일 ☐	
고빈출 7일 완성				주/채/파 3일 완성	마무리	
1과목	2과목	3과목		전체	복습	D-DAY
실전모의고사						
1회	2회	3회	4회	5회	6회	

실전모의고사 1회

제1과목 금융상품 및 세제

01	02	03	04	05	06	07	08	09	10
④	②	④	②	③	④	①	④	①	④
11	12	13	14	15	16	17	18	19	20
②	③	③	③	③	①	④	①	③	④

제2과목 투자운용 및 전략 Ⅱ / 투자분석

21	22	23	24	25	26	27	28	29	30
③	②	③	④	①	③	④	①	④	①
31	32	33	34	35	36	37	38	39	40
③	④	④	③	①	④	④	③	④	④
41	42	43	44	45	46	47	48	49	50
②	④	②	②	②	①	②	③	④	④

제3과목 직무윤리 및 법규 / 투자운용 및 전략 Ⅰ / 거시경제 및 분산투자

51	52	53	54	55	56	57	58	59	60
①	④	③	②	②	①	④	②	①	④
61	62	63	64	65	66	67	68	69	70
③	④	③	③	③	②	③	②	④	①
71	72	73	74	75	76	77	78	79	80
③	④	③	④	②	③	①	①	②	③
81	82	83	84	85	86	87	88	89	90
②	③	④	③	③	③	③	①	②	②
91	92	93	94	95	96	97	98	99	100
①	①	②	③	②	③	④	①	③	②

취약 과목 분석표

맞힌 개수, 틀린 문제 번호와 풀지 못한 문제 번호를 적어 보고, 맞힌 개수에 따라 자신의 학습상태를 점검할 수 있습니다. 틀린 문제와 풀지 못한 문제는 해설의 출제포인트를 확인하여 관련 이론을 꼭 복습하세요.

	세부과목	맞힌 개수	틀린 문제 번호	풀지 못한 문제 번호
제1과목 금융상품 및 세제	세제 관련 법규/세무전략			
	금융상품			
	부동산 관련 상품			
	TOTAL		/20	

* 20문제 중 8개 미만 과락

	세부과목	맞힌 개수	틀린 문제 번호	풀지 못한 문제 번호
제2과목 투자운용 및 전략 Ⅱ / 투자분석	대안투자운용/투자전략			
	해외증권투자운용/투자전략			
	투자분석기법			
	리스크관리			
	TOTAL		/30	

* 30문제 중 12개 미만 과락

	세부과목	맞힌 개수	틀린 문제 번호	풀지 못한 문제 번호
제3과목 직무윤리 및 법규/ 투자운용 및 전략 Ⅰ / 거시경제 및 분산투자	직무윤리			
	자본시장 관련 법규			
	한국금융투자협회규정			
	주식투자운용/투자전략			
	채권투자운용/투자전략			
	파생상품투자운용/투자전략			
	투자운용결과분석			
	거시경제			
	분산투자기법			
	TOTAL		/50	

* 50문제 중 20개 미만 과락

제1과목 금융상품 및 세제

[01~07] 세제 관련 법규/세무전략

01 조세의 분류   난이도 하   정답 ④

'부가가치세'는 간접세에 해당한다.

오답 개념 체크

① ② ③ '종합부동산세, 법인세, 증여세'는 직접세에 해당한다.

이것도 알면 합격!

조세의 분류		
국세	직접세	소득세, 법인세, 상속세와 증여세, 종합부동산세
	간접세	부가가치세, 주세, 인지세, 증권거래세, 개별소비세
	목적세	교육세, 농어촌특별세, 교통·에너지·환경세
	관세	
지방세	보통세	취득세, 등록면허세, 레저세, 지방소비세
	목적세	지역자원시설세, 지방교육세
	보통세	주민세, 재산세, 자동차세, 지방소득세, 담배소비세

02 납세의무   난이도 중   정답 ②

소득세는 납세의무자가 과세표준과 세액을 정부에 '신고'함으로써 납세의무가 확정된다. (신고납세제도)

이것도 알면 합격!

납세의무의 확정	
신고확정	납세의무자가 과세표준과 세액을 정부에 신고함으로써 확정 예 소득세, 법인세, 부가가치세, 증권거래세, 교육세, 개별소비세 등
부과확정	정부가 과세표준과 세액을 결정함으로써 확정 예 상속세, 증여세 등
자동확정	납세의무가 성립하는 때에 특별한 절차 없이 확정 예 인지세, 원천징수하는 소득세 또는 법인세, 납세조합이 징수하는 소득세, 중간예납하는 법인세

납세의무의 소멸사유

- 납부·충당되거나 부과가 취소된 때
- 국세 부과의 제척기간이 끝난 때
- 국세징수권의 소멸시효가 완성된 때

03 금융소득 – 수입시기   난이도 중   정답 ④

배당소득의 수입시기에 대한 설명으로 적절한 것은 '㉠, ㉡, ㉢' 3개이다.

04 심사와 심판   난이도 중   정답 ②

- 심사청구는 처분청의 처분을 안 날부터 (90일) 이내에 (국세청장)에게 제기하여야 하는 불복이다.
- (이의신청)은 청구인의 선택에 따라 본 절차를 생략할 수 있다.

오답 개념 체크

조세심판원장에게 제기하여야 하는 불복은 '심판청구'이다.

05 양도소득세 – 과세대상   난이도 상   정답 ③

한국토지주택공사가 발행하는 토지상환채권은 '부동산에 관한 권리'로서 양도소득세 과세대상이다.

오답 개념 체크

① 상장기업 장내거래주식은 '대주주'에 대해서만 양도소득세를 과세한다.
② 사업용 고정자산과 별도로 양도하는 영업권은 기타소득에 해당한다. 단, 사업용 고정자산과 함께 양도하는 영업권은 양도소득세 과세대상이다.
④ 전세권은 등기여부에 관계없이 양도소득세 과세대상이지만, 부동산 임차권은 등기된 것에 한하여 양도소득세 과세대상이다.

이것도 알면 합격!

양도소득세 과세대상	
토지와 건물	토지 및 건물
부동산에 관한 권리	• 부동산을 취득할 수 있는 권리 – 아파트 당첨권 – 지방자치단체 및 한국토지주택공사가 발행하는 토지상환채권 – 한국토지주택공사가 발행하는 주택상환채권 • 지상권 • 전세권 • 등기된 부동산 임차권
주식 및 출자지분	• 주권상장법인 및 코스닥상장법인 주식 – 장내거래주식 : 대주주 – 장외거래주식 : 대주주 & 소액주주 • 비상장법인 주식 : 대주주 & 소액주주
기타 자산	• 골프회원권, 헬스클럽회원권, 콘도미니엄회원권 등의 특정 시설물의 이용권 • 사업용 고정자산과 함께 양도하는 영업권
파생상품	• 대통령령으로 정하는 파생상품 등의 거래 또는 행위로 발생하는 소득

06 종합소득세의 신고납부   난이도 상   정답 ④

'㉠, ㉡, ㉢'는 모두 종합소득세를 신고하지 않아도 되는 자이다.
㉠ 비실명 배당소득은 분리과세 배당소득이다. 근로소득만 있으면서 분리과세 배당소득이 있는 거주자 A는 종합소득세를 신고하지 않아도 된다.
㉡ 국내상장기업으로부터 받은 배당소득 1,500만원은 종합과세기준금액(2,000만원)을 초과하지 않았으므로 분리과세된다. 퇴직소득만 있으면서 분리과세 배당소득이 있는 거주자 B는 종합소득세를 신고하지 않아도 된다.
㉢ 공익신탁의 이익은 비과세 이자소득이므로, 거주자 C는 종합소득세를 신고하지 않아도 된다.

이것도 알면 합격!

종합소득 과세표준 확정신고의무가 없는 자

- 근로소득만 있는 거주자
- 퇴직소득만 있는 거주자
- 근로소득과 퇴직소득만 있는 거주자
- 상기의 자로서 분리과세이자·배당·기타소득만 있는 자
- 분리과세이자·배당·기타소득만 있는 자

07 납세의무자 – 비거주자 정답 ①
난이도 중

비거주자의 유가증권 양도소득 중 열거된 것에 대하여 소득세 및 법인세 과세대상으로 규정하고 있다. 다만, '장내파생상품을 통한 소득'과 '위험회피목적 거래의 장외파생상품을 통한 소득'은 국내 원천소득으로 보지 않는다.

오답 개념 체크

② 국내 사업장이 없는 비거주자에게 투자소득을 지급하는 경우 당해 비거주자 등의 국가와 체결한 조세조약상의 제한세율과 우리나라 원천징수세율 중 '낮은' 세율을 적용한다.
③ 비거주자의 소득은 국내 원천소득만을 과세대상으로 한다.
④ 비거주자의 소득은 원칙적으로 열거된 것에 대해 과세한다.

[08~15] 금융상품

08 환매조건부채권(RP) 정답 ④
난이도 중

환매조건부채권은 예금자보호대상 금융상품에 해당하지 않는다.

오답 개념 체크

① 채권을 일정 기간 후에 일정 가액으로 환매수·환매도할 것으로 조건으로 하는 거래이다.
② 기관 간 조건부채권매매과 대고객 조건부채권매매 모두 가능하다.
③ 투자자는 원하는 투자기간에 맞춰 확정이자를 받을 수 있다.

09 신탁상품 – 특정금전신탁 정답 ①
난이도 중

특정금전신탁이란 수탁자(은행)는 위탁자(고객)가 지시한 내용대로 운용하고, 운용수익에서 신탁보수 등의 일정한 비용을 차감해 실적배당하는 상품이다.

오답 개념 체크

② 특정금전신탁에서 발생하는 매매차익은 유가증권의 매매차익으로 가정하여 '비과세'한다.
③ 위탁자가 원하는 투자기간, 기대수익률 등을 지정할 수 있다.
④ 위탁자는 운용자를 지정할 수 없다.

10 주식워런트증권(ELW) 정답 ④
난이도 중

주식워런트증권(ELW)은 레버리지 효과가 커서 적은 금액으로 고수익을 낼 수 있지만, 반대로 주가의 하락폭보다 더 큰 폭으로 가치 하락할 수 있는 위험성을 내포하고 있다. 따라서 주식워런트증권(ELW)은 가격변동폭이 큰 편이다.

11 집합투자증권 정답 ②
난이도 중

'ⓒ 투자신탁'은 출자지분이 표시된 집합투자증권을 발행하지 않는 집합투자기구이다.
ⓒ 투자신탁은 '수익증권'이 표시되는 집합투자증권을 발행한다.

이것도 알면 합격!

집합투자증권

정의	• 집합투자기구에 대한 출자지분이 표시된 것 • 투자신탁의 경우 수익권이 표시된 것
발행가능주체	• 투자신탁, 투자회사, 투자유한회사, 투자합자회사, 투자익명조합, 투자조합, 사모투자전문회사 등
투자자의 지위	• 투자신탁 : 수익권이 표시된 수익증권 소유자 • 투자신탁을 제외한 집합투자기구 : 출자지분이 표시된 지분증권 소유자

12 집합투자기구 – 환매금지형 집합투자기구 정답 ③
난이도 상

'㉠, ㉡, ㉢'은 공모 환매금지형 집합투자기구가 집합투자증권을 추가로 발행할 수 있는 적절한 사유이다.

오답 개념 체크

㉣ 집합투자증권을 추가로 판매하기 위해 판매업자가 요구하는 경우는 공모 환매금지형 집합투자기구가 집합투자증권을 추가로 발행할 수 있는 사유에 해당하지 않는다. 환매금지형 집합투자기구는 기존 투자자의 이익을 해할 우려가 없는 등의 사유로만 집합투자증권을 추가 발행할 수 있다.

이것도 알면 합격!

환매금지형 집합투자기구의 추가 발행 사유

- 환매금지형 집합투자기구로부터 받은 이익분배금의 범위에서 그 집합투자증권을 추가로 발행하는 경우
- 기존 투자자의 이익을 해칠 염려가 없다고 신탁업자로부터 확인을 받은 경우
- 기존 투자자 전원의 동의를 받은 경우
- 기존 투자자에게 집합투자증권의 보유비율에 따라 추가로 발행되는 집합투자증권의 우선매수기회를 부여하는 경우

13 손해보험의 종류 정답 ③
난이도 하

손해보험에 해당하는 것은 '㉠ 운송보험, ㉡ 화재보험' 2개이다.

오답 개념 체크

ⓒ 생존보험은 '생명보험'이다.

이것도 알면 합격!

생명보험 vs. 손해보험

생명보험	사망보험, 생존보험, 생사혼합보험(양로보험)
손해보험	화재보험, 운송보험, 해상보험, 책임보험, 자동차보험

14 집합투자재산의 평가 — 정답 ③

'ⓒ, ⓒ'은 집합투자재산의 평가에 대한 설명으로 적절하지 않다.
ⓒ 주식 등 매매, 평가손익이 부(-)의 금액인 경우 과세기준 가격이 기준 가격보다 크다.
ⓒ 집합투자업자 또는 투자회사 등은 기준 가격을 변경하고자 할 경우 '준법감시인'과 '신탁업자'의 허가를 받아야 한다. 참고로, 집합투자업자 또는 투자회사 등이 기준 가격을 변경한 때에는 금융위원회가 정하여 고시하는 바에 따라 그 사실을 금융위원회에 보고하여야 한다.

이것도 알면 합격!

매매, 평가손익에 따른 기준 가격과 과세기준 가격

주식 등 매매, 평가손익이 없는 경우	기준 가격 = 과세기준 가격
주식 등 매매, 평가손익이 (+) 경우	기준 가격 > 과세기준 가격
주식 등 매매, 평가손익이 (-) 경우	기준 가격 < 과세기준 가격

15 퇴직연금제도 — 정답 ③

확정급여형 제도는 '사용자'를 적립금의 운용주체로 한다.

이것도 알면 합격!

퇴직연금제도 - 확정급여(DB)형 vs. 확정기여(DC)형

구분	확정급여(DB)형	확정기여(DC)형
개념	근로자가 수령할 퇴직금 수준이 사전에 확정되어 있는 제도	기업이 부담할 부담금 수준이 사전에 확정되어 있는 제도
사용자 부담금	적립금 운용 결과에 따라 변동	연간 임금총액의 1/12 이상 (전액 사외적립)
적립금 운용주체	사용자	근로자
추가 납입 여부	개인형IRP 통해 가능 (연간 1,800만원 한도)	제도 내또는개인형IRP 통해 가능 (연간 1,800만원 한도)
퇴직급여 수준	현행 퇴직일시금과 동일	근로자별 운용실적에 따라 다름
담보대출 및 중도인출	담보대출 가능 (일정 사유 해당 시)	담보대출 및 중도인출 가능 (일정 사유 해당 시)
적합한 사업장	• 임금상승률이 높은 기업 • 장기근속을 유도하려는 기업 • 연공급 임금체계 및 누진제 적용 기업 • 경영이 안정적, 영속적인 기업	• 연봉제, 임금피크제 기업 • 재무구조 변동이 큰 기업 • 근로자들의 재테크 관심이 높은 기업

[16~20] 부동산 관련 상품

16 부동산 관련 용어 — 정답 ①

건폐율은 대지면적에 대한 건축면적(대지에 2 이상의 건축물이 있는 경우 이들 건축면적의 합계)의 비율이다.

오답 개념 체크
② 계획관리구역 : 도시지역으로의 편입이 예상되는 지역 또는 자연환경을 고려하여 제한적인 이용·개발을 하려는 지역
③ 용적률 : 대지면적에 대한 건축물의 지상층 연면적(대지에 2 이상의 건축물이 있는 경우 이들 연면적의 합계)의 비율 ('지하층' 연면적 포함 X)
④ 기준시가 : 국세청이 부동산 거래 등에 따른 양도소득세와 상속·증여세를 매길 때 기준으로 삼는 가격

17 부동산 물권 - 제한물권 — 정답 ④

제한물권은 크게 용익물권과 담보물권으로 분류할 수 있으며, (질권, 유치권, 저당권) 등이 제한물권에 해당한다. '점유권'은 제한물권에 해당하지 않는다.

이것도 알면 합격!

부동산 물권

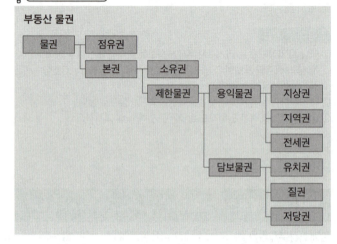

18 개발행위의 허가 — 정답 ①

도시계획사업에 의하지 아니하고 개발행위를 하고자 할 경우 원칙적으로 특별시장·광역시장·시장 또는 군수의 허가를 받아야 하나, (경작에 의한 토지)의 경우는 그렇지 아니하다. 토지의 형질변경은 원칙적으로 특별시장·광역시장·시장 또는 군수의 허가를 받아야 하지만, '경작'을 위한 경우에는 허가를 받지 않을 수 있다.

이것도 알면 합격!

개발행위의 허가

허가가 필요한 경우	• 건축물의 건축 또는 공작물의 설치 • 토지의 형질변경(경작을 위한 형질변경은 제외) • 토석채취 • 토지분할(건축법 제57조에 의한 건축물이 있는 대지는 제외) • 녹지지역, 관리지역 또는 자연환경보전지역에 물건을 1개월 이상 쌓아놓는 행위
허가가 필요하지 않은 경우	• 재해복구 및 재난수습을 위한 응급조치 • 건축법에 의한 신고에 의하여 설치할 수 있는 건축물의 증축, 개축 또는 재축과 이에 필요한 범위 안에서의 토지의 형질변경(도시계획시설사업이 시행되지 아니하고 있는 도시계획시설의 부지인 경우에 한함) • 허가를 받지 아니하여도 되는 경미한 행위

19 PF 사업의 안정성 확보 수단 – 담보신탁제도 | 난이도 중 | 정답 ③

담보신탁제도는 '신탁설정'을 통해 담보를 설정한다.

🔖 이것도 알면 합격!

저당제도 vs. 담보신탁제도

구분	저당제도	담보신탁제도
담보설정방식	• (근)저당권 설정	• 신탁설정(신탁등기)
담보물 관리주체	• 채권기관	• 신탁회사
소요경비	• 등록세 및 교육세, 채권매입비	• 등록세 및 교육세, 채권매입비 면제 • 신탁보수(수익권증서 금액의 0.4% 이하)
채권실행방법	• 법원경매	• 신탁회사 직접 공매
채권실행비용 및 소요기간	• 경매비용 과다 소요 • 장기간 소요	• 현저히 절감 • 단시일 내에 정리
환가 가액	• 저가 처분 (폐쇄시장에서 경매, 매각활동 전무)	• 상대적 고가 처분 (일반공개시장에서 공매, 적극적 매각활동)
신규임대차·후순위권리설정	• 배제 불가	• 배제 가능 (담보가치 유지에 유리)

20 부동산 감정평가 – 수익방식(수익환원법) | 난이도 중 | 정답 ④

부동산의 수익가격 = $\dfrac{\text{순이익}}{\text{환원이율}} = \dfrac{20억원}{8\%} = 250억원$

🔖 이것도 알면 합격!

수익환원법의 수익가격

$$\text{수익가격} = \dfrac{\text{순수익}}{\text{환원이율}} = \dfrac{(\text{총수익} - \text{총비용})}{\text{환원이율}}$$

제2과목 투자운용 및 전략 II/투자분석

[21~25] 대안투자운용/투자전략

21 신용파생상품 | 난이도 중 | 정답 ③

합성 CDO는 CDO의 특수한 형태로서, 보장매입자가 준거자산을 양도하는 것이 아니라, 신용파생상품을 이용하여 자산에 내재된 신용위험을 SPC에 이전하는 유동화방식이다.

오답 개념 체크

① CDS는 보장매입자가 보장매도자에게 준거자산의 신용위험을 이전하고, 보장매도자는 그 대가로 프리미엄을 지급받는다.
② TRS는 만기일의 준거자산의 가치보다 최초 계약일의 준거자산의 가치가 작을 경우 '총수익매도자'가 그 차이만큼을 '총수익매입자'에게 지급해야 한다.
④ CDO Mezzanine 트랜치 투자자는 잔여 이익에 대한 참여권이 없다.

22 CDO의 구분 | 난이도 하 | 정답 ②

'Arbitrage CDO'는 기초자산의 수익률과 유동화 증권의 수익률 간의 차이에서 발생하는 차익을 취할 목적으로 발행된다. 기초자산으로부터 얻는 높은 수익과의 차이를 남겨야 하기 때문에 Arbitrage CDO의 기초자산은 주로 수익률이 높은 자산으로 구성된다.

🔖 이것도 알면 합격!

CDO의 구분

• 발행목적에 따른 구분

Arbitrage CDO	기초자산의 수익률과 유동화 증권의 수익률 간의 차이에서 발생하는 차익을 얻을 목적으로 발행
Balance Sheet CDO	위험 전가를 목적으로 거래하고, 거래를 통해 대차대조표에서 신용위험 자산이 감소하여 재무비율이 개선됨

• 위험 전이 방법에 따른 구분

Cash Flow CDO	자산을 양도하여 SPV를 구성, SPV에서 발행한 트랜치에 매각 대금으로 자본 조달(funded CDO)
Synthetic CDO	기초자산의 양도 없이 CDS를 활용하여 신용위험 전가 (unfunded CDO)

• CDO 기초자산 운용에 따른 구분

Static CDO	포트폴리오의 운용 없이 만기까지 보유
Dynamic CDO	지정된 운용자에 의해 자산이 운용되는 CDO
Hybrid CDO	Ram-up 기간과 자산으로부터 선지급이 있는 경우 자산을 운용 혹은 대체하는 hybrid structure

23 부동산금융 | 난이도 중 | 정답 ③

REITs의 주권은 증권시장에 상장됨으로써 유동성이 확보되고 일반투자자들도 소액의 자금으로 부동산 투자가 가능하다는 점에서 의의가 있다.

24 대안투자상품 | 난이도 하 | 정답 ④

MMF는 전통투자펀드에 해당한다.
MMF의 대안투자펀드 해당 여부를 구분하는 문제의 출제 빈도가 높으므로 주의해야 한다.

🔖 이것도 알면 합격!

대안투자

대안투자는 전통투자자산과는 다르게 새롭게 등장한 투자대상을 통칭한다.
• 대안투자대상으로는 부동산, 일반상품(원자재 등), 인프라스트럭처(사회간접시설 등) 등이 있다.
• 대안투자펀드로는 헤지펀드, 부동산펀드, 일반상품펀드, 인프라스트럭처펀드, PEF, Credit Structure 등이 있다.

25 헤지펀드 운용전략 　　　　정답 ①

'㉠, ㉡, ㉢' 모두 적절하지 않다.

오답 개념 체크
㉠ 수익률곡선 차익거래전략은 채권 차익거래의 일종으로, 대표적인 '차익거래전략'에 해당한다.
㉡ 전환증권 차익거래전략은 기초자산의 변동성이 큰 전환사채를 선호한다.
㉢ 캐리트레이드 전략은 낮은 금리로 자본을 조달하여 높은 금리에 투자하는 전략이다.

이것도 알면 합격!

전환증권 차익거래자가 선호하는 전환사채의 특징
- 기초자산의 변동성이 크고 볼록성(convexity)이 큰 전환사채(볼록성이 큰 채권일수록 수익률에 유리함)
- 유동성이 높은 전환사채
- 기초주식을 쉽게 빌릴 수 있는 전환사채
- 낮은 컨버전 프리미엄을 가진 전환사채(전환사채의 매입가가 낮아짐)
- 기초자산인 주식에서 발생하는 배당률이 낮은(또는 배당이 없는) 전환사채
- 낮은 내재변동성으로 발행된 전환사채

헤지펀드 운용전략

차익거래 전략	• 공매도와 차입을 일반적으로 사용함 • 차익거래기회를 통해 수익을 추구하고 시장 전체의 움직임에 대한 노출을 회피함으로써 시장 변동성에 중립화하는 전략 • 전환사채 차익거래, 채권 차익거래(수익률곡선 차익거래, 회사채 및 국채 간 이자율 스프레드), 주식시장중립형 등이 있음
Event Driven 전략	• 위험을 적극적으로 취하고, 상황에 따라 공매도와 차입을 사용함 • 기업 합병 등 기업 상황에 영향이 큰 사건을 예측하고 이에 따라 발생하는 가격 변동을 이용해 수익을 창출함 • 부실채권투자, 위험차익/합병차익거래로 구분
방향성 전략	• 특정 주가나 시장의 방향성에 근거하는 전략으로, 시장위험을 헤지한 종목 선택으로 수익을 극대화하기보다는 증권이나 시장의 방향성에 따라 매매 기회를 포착하는 기법 • 위험을 적극적으로 취하고, 상황에 따라 차입과 공매도를 사용 • 주식의 롱숏 전략, 글로벌 매크로(Global macro), 이머징마켓 헤지펀드, 선물거래 등이 있음
펀드 오브 헤지펀드 전략	• 자금을 여러 개의 헤지펀드에 배분하여 투자하는 전략 • 위험분산(분산투자효과가 큼), 구매의 적정성, 접근의 용이성, 전문가에 의한 운용, 사전 자산배분 등의 장점이 있음

[26~30] 해외증권투자운용/투자전략

26 국제 분산투자 　　　　정답 ③

개별 기업 특유의 요인은 개별 기업의 주가가 서로 다르게 움직이도록 작용하며 포트폴리오 투자가 이루어졌을 때 서로 다른 움직임이 상쇄되어 위험분산이 가능하다. 따라서 개별 기업 특유의 요인으로 발생하는 비체계적 위험은 국내 분산투자를 통해서 제거가 가능하다.

오답 개념 체크
① 개별 증권의 체계적 위험은 그 증권의 움직임과 전체 시장 움직임 간의 상관관계로 측정된다. 개별 증권과 전체 시장이 비슷하게 움직일 경우 상관관계가 높고, 상관관계가 높을수록 증권의 체계적 위험이 크다.

27 국제 주식시장 　　　　정답 ④

주식시장의 시가총액 대비 거래량 회전율이 높을 경우 단기매매차익을 노리는 투자자의 비중이 크다고 볼 수 있다. 반면, 장기적 투자수익을 노리거나 안정적 경영권 확보를 위한 기관투자자나 대주주의 비중이 크다면 회전율은 상대적으로 낮게 나타난다.

28 환위험 관리 전략 　　　　정답 ①

'㉠, ㉡'은 해외 주식투자에 대한 적절한 설명이다.
㉠ 특정 국가의 주식에 대한 투자수익률(본국 통화 표시)은 대략 해당 국가의 통화로 표시한 투자수익률에 환율의 변동률을 합한 값과 같다. 따라서 투자국 통화가치가 상승하면 투자자의 수익률은 그만큼 높아진다. 주식에서 얻는 수익이 없더라도 투자대상국의 통화가치가 상승하면 양(+)의 투자수익률을 얻을 수 있다.
㉡ 상관관계가 낮거나 음(−)의 상관관계를 가진 통화들에 분산투자해야 환노출 위험이 감소한다.

오답 개념 체크
㉢ 내재적 헤지는 투자대상 증권과 환율 간의 상관관계를 이용하는 방법으로, 별도의 헤지비용이 발생하지 않는다.
㉣ 롤링헤지는 짧은 헤지기간을 연결해서 전체 투자기간을 헤지하는 방법이다.

이것도 알면 합격!

환율 변동과 해외 투자의 수익률
- 본국 통화 표시 투자수익률(R_{id})
  = 투자대상국 통화 표시 투자수익률(R_{if}) + 환율 변동률(e_t)
- '본국 통화 표시 투자수익률(R_{id})'은 '투자대상국 통화 표시 투자수익률(R_{if})'에 '환율 변동률(e_t)'을 합한 값과 같다.
- 환율 변동률(e_t)이 양(+)이라면 투자국 통화가치가 평가절상된 것이며, 환율 변동률(e_t)이 음(−)이라면 투자국 통화가치가 평가절하된 것을 의미한다.
- 따라서 투자국 통화가치가 상승하면 투자자의 수익률(본국 통화 표시)은 상승하고, 투자국 통화가치가 하락하면 투자자의 수익률은 하락한다.

29 국제 주가지수 – MSCI 지수 　　　　정답 ④

한국은 MSCI 신흥시장지수(EM Index)에 포함된다.

오답 개념 체크
③ MSCI 지수는 '시가총액 방식'이 아닌, '유동주식 방식'으로 산출되는 점에 주의한다.

이것도 알면 합격!

시가총액 방식 vs. 유동주식 방식

시가총액 방식	• 시장에서 유통되지 않는 주식까지 포함하여 계산해 실제 공개시장에 대한 영향력을 정확히 반영하지 못한다는 한계점이 있음
유동주식 방식	• 시장에서 유통되기 어려운 주식을 제외한 실제 유동주식을 기준으로 비중을 계산함 • MSCI 지수는 유동주식 방식을 기준으로 산출함

MSCI EM 지수

- MSCI EM(Emerging Market) 지수는 한국을 포함한 주요 신흥시장의 기업을 기준으로 산출되며, 주가 등락과 환율 변동에 따라 각 국가별 편입 비중도 매일 변동한다.
- 대상 국가가 외국인 투자자의 매매를 제한하는 경우 역시 반영비율이 줄어들게 된다.
- 한국 증시를 가장 잘 설명해주며, 해외 펀드들이 한국시장 투자 시 투자판단으로 삼는 대표적인 지수이다.

30 난이도 하 유로채와 외국채 정답 ①

양키본드는 미국에서 발행되는 (외국채)로서 (기명)식 채권으로 발행된다.

이것도 알면 합격!

유로채 vs. 외국채(정의)

유로채 (Eurobonds)	• 채권 표시통화의 본국 외에서 발행되는 채권 • 딤섬본드 : 홍콩에서 위안화로 발행되는 유로채
외국채 (Foreign bonds)	• 채권 표시통화의 본국에서 발행되는 채권 • 양키본드 : 미국에서 달러로 발행되는 외국채 • 사무라이본드 : 일본에서 엔화로 발행되는 외국채 • 판다본드 : 중국에서 위안화로 발행되는 외국채

유로채 vs. 외국채(특징)

유로채 (Eurobonds)	• 사실상 현지국(발행지)의 규제가 없음(역외채권) • 공시, 신용등급평가에 따른 규제 미미 • 수익에 대한 이자소득세 부담 없음 • 무기명식 채권
외국채 (Foreign bonds)	• 외국채 발행 시 현지국(발행지)의 채권 발행 및 조세에 관한 규제 • 공시, 신용등급평가에 따른 엄격한 규제 • 수익에 대한 이자소득세 부담 있음 • 기명식 채권

[31~42] 투자분석기법

31 난이도 상 증권분석을 위한 통계 정답 ③

중앙값은 관찰치를 크기 순서대로 나열하였을 때, 정가운데에 있는 값을 의미한다. 자료의 관찰치가 총 7개이므로 크기 순으로 나열하면, '–11, –4, –2, 3, 3, 5, 13'의 순이고, 4번째에 있는 값인 3이 중앙값이 된다.

∴ 중앙값 = 3

오답 개념 체크

① 산술평균은 관찰치의 평균값을 의미한다.

∴ 산술평균 = $\frac{3 + 3 + 5 + 13 + (-11) + (-4) + (-2)}{7} = 1$

② 최빈값은 빈도수가 가장 높은 관찰치를 의미한다. 자료 중 3만 2회 관찰되었으므로 최빈값은 3이 된다.

∴ 최빈값 = 3

④ 범위는 최대값에서 최소값을 차감한 값을 의미한다.

∴ 범위 = 13 – (–11) = 24

32 난이도 상 기업분석(재무제표분석) 정답 ④

매출액영업이익률은 재무상태표의 활용 없이 손익계산서의 항목만 활용하여 산출하는 비율이다.

- 매출액영업이익률 = $\frac{영업이익}{순매출액}$

이것도 알면 합격!

재무상태표 vs. 손익계산서

재무상태표	• 부채와 자기자본의 합계만큼의 보유자산이 어떻게 구성되어 있는지를 보여줌 • 자산총계 = 부채 + 자기자본 • 확인 가능한 항목 : 유동자산, 총자산, 유동부채, 자기자본 등
손익계산서	• 정해진 기간 동안 실현된 매출액 정도, 발생한 비용, 이에 따른 순이익과 순손실을 보여줌 • 확인 가능한 항목 : 순매출액, 매출원가, 각종 비용, 순이익 등

재무비율의 분류(재무제표 활용 기준)

재무상태표만 활용	• 현금비율 = (현금+시장성 유가증권)/유동부채 • 유동비율 = 유동자산/유동부채 • 당좌비율 = (유동자산–재고자산–선급금)/유동부채 • 부채비율 = 총부채/총자산 • 부채–자기자본비율 = 총부채/자기자본
손익계산서만 활용	• 이자보상비율 = 이자 및 법인세 차감 전 이익(또는 영업이익)/이자비용 • 고정비용보상비율 = 고정비용 및 법인세 차감 전 이익/고정비용 • 매출액영업이익률 = 영업이익/순매출액
재무상태표와 손익계산서 모두 활용	• 비유동자산회전율 = 순매출/비유동자산 • 재고자산회전율 = 순매출(또는 매출원가)/재고자산 • 매출채권회전율 = 순매출/매출채권 • 총자산회전율 = 순매출/총자산 • 총자산이익률 = 순이익/총자산 • 자기자본이익률 = 순이익/자기자본

재무비율의 분류(측정 내용 기준)

활동성지표	비유동자산회전율, 재고자산회전율, 매출채권회전율, 총자산회전율
보상비율	이자보상비율, 고정비용보상비율
이익지표	주당이익(EPS)
안정성지표	부채비율, 부채–자기자본비율
유동성지표	현금비율, 유동비율, 당좌비율
수익성지표	총자산이익률, 자기자본이익률, 매출액영업이익률

33 현금흐름표 작성 — 난이도 중 — 정답 ④

차입금의 차입과 상환은 '재무활동'으로 인한 현금흐름으로 분류한다.

이것도 알면 합격!

현금흐름의 활동별 분류

영업활동	원재료 및 상품 등의 구매활동, 제품 생산 및 판매활동, 투자·재무활동 이외의 현금흐름을 수반하는 모든 거래활동을 포함함	
투자활동	현금의 대여와 회수활동, 유가증권, 투자자산 및 비유동자산의 취득과 처분활동을 의미함	
	현금유입	현금유출
	• 대여금 회수 • 유가증권 처분 • 설비자산 처분	• 대여금 대여 • 유가증권 매입 • 설비자산 취득
재무활동	현금의 차입 및 상환활동, 자기주식의 취득과 처분활동과 같이 부채와 자본의 증감에 관련된 활동을 의미함	
	현금유입	현금유출
	• 차입금 차입 • 자기주식 처분 • 유상증자	• 차입금 상환 • 자기주식 취득 • 신주, 사채 등 발행비용

34 PER — 난이도 중 — 정답 ③

$$\text{PER} = \frac{P_0}{E_1} = \frac{1-b}{k-g} = \frac{1-b}{k-(b \times \text{ROE})} = \frac{0.6}{0.15-(0.4 \times 0.25)} = \frac{0.6}{0.05} = 12$$

이것도 알면 합격!

PER

'PER = 1주당 가격(P)/주당이익(EPS)'이며, 고든의 성장모형에 의한 주식가치를 적용하면 다음과 같이 정리할 수 있다.

- $\text{PER} = \dfrac{P_0}{EPS_1} = \dfrac{1-b}{k-g} = \dfrac{1-b}{k-(b \times \text{ROE})}$

35 EV/EBITDA — 난이도 중 — 정답 ①

유사기업의 EV/EBITDA에 A기업의 EBITDA를 곱하여 A기업의 EV를 추정한다.

A기업의 EV = 유사기업의 EV/EBITDA × A기업의 EBITDA
          = 10 × 100억
          = 1,000억

'EV = 주주가치(시가총액) + 채권자가치'이므로
1,000억 = 주주가치(시가총액) + 400억
주주가치(시가총액) = 1,000억 − 400억 = 600억

∴ 주당가치 = $\dfrac{\text{시가총액}}{\text{발행주식수}} = \dfrac{600억}{600만} = 1만$

36 EVA 모형 — 난이도 상 — 정답 ④

EVA = 세후순영업이익 − (WACC × 영업용 투하자본)
    = 100억 − (WACC × 200억)

→ EVA가 가장 커지려면, WACC가 낮아져야 한다.

WACC = {타인자본비율 × 타인자본비용 × (1 − 법인세율)}
     + {자기자본비율 × 자기자본비용}
     = {타인자본비율 × 0.10 × (1 − 0.20)} + {자기자본비율 × 0.10}
     = {타인자본비율 × 0.08} + {자기자본비율 × 0.10}

위 식에 '자기자본비율 = 1 − 타인자본비율'을 대입하면,
WACC = {타인자본비율 × 0.08} + {자기자본비율 × 0.10}
     = {타인자본비율 × 0.08} + {(1 − 타인자본비율) × 0.10}
     = {타인자본비율 × 0.08} + {0.10 − (타인자본비율 × 0.10)}
     = 0.10 − (타인자본비율 × 0.02)

→ WACC가 낮아지려면, 타인자본비율이 높아져야 한다. 따라서 타인자본비율이 가장 높은 'D기업'이 EVA가 가장 높게 산출된다.

이것도 알면 합격!

추가 풀이 방법(WACC와 자기자본비율의 관계)

위 내용에서 WACC를 타인자본비율이 아닌, 자기자본비율로 정리하면 다음과 같다. 즉, '타인자본비율 = 1 − 자기자본비율'을 대입하면,
WACC = {(1 − 자기자본비율) × 0.08} + {자기자본비율 × 0.10}
     = {0.08 − (자기자본비율 × 0.08)} + {자기자본비율 × 0.10}
     = 0.08 + (자기자본비율 × 0.02)

→ 따라서 WACC가 낮아지려면, 자기자본비율이 낮아져야 한다.

EVA

EVA = 세후영업이익 − 총자본비용
    = 세후영업이익 − (타인자본비용 + 자기자본비용)
    = 세후영업이익 − (WACC × 투하자본)
    = (세후순영업이익/투하자본 − WACC) × 투하자본
    = (ROIC − WACC) × 투하자본

37 잉여현금흐름(FCF) 모형 — 난이도 상 — 정답 ④

'ⓒ 미지급금 증가, ⓔ 지급어음 증가'는 잉여현금흐름이 증가하는 경우에 해당한다.

오답 개념 체크

'㉠ 매출채권 증가, ㉡ 재고자산 증가'는 잉여현금흐름이 감소하는 경우에 해당한다.

잉여현금흐름은 '총현금흐름 유입액'에서 '투하자본 순증가액'을 차감하여 계산한다. '매출채권 증가액, 재고자산 증가액, 시설자금 증가액'이 커지면 투하자본 순증가액이 커져 잉여현금흐름은 감소하게 된다. 반면, '미지급금 증가액, 지급어음 증가액'이 커지면 투하자본 순증가액이 작아져 잉여현금흐름은 증가하게 된다.

이것도 알면 합격!

잉여현금흐름(FCF)의 측정

잉여현금흐름
= 총현금흐름 유입액 − 투하자본 순증가액
= (영업이익 − 법인세 + 감가상각비) − (순운전자본 증가액 + 시설자금 증가액)
= (영업이익 − 법인세 + 감가상각비) − {(매출채권 증가액 + 재고자산 증가액 − 미지급금 증가액 − 지급어음 증가액) + 시설자금 증가액}

38 이동평균선   정답 ③
난이도 중

강세국면에서 주가가 이동평균선 위에서 움직일 경우 반전되지 않고 상승세가 지속될 가능성이 높다.
한편, 하락국면에서 주가가 이동평균선 아래에서 움직일 경우에는 하락세가 지속될 가능성이 높다.

이것도 알면 합격!

이동평균선의 특징

- 일반적으로 주가가 이동평균선을 돌파하는 시점이 매매 타이밍이다.
- 이동평균을 하는 분석기간이 길수록 이동평균선의 기울기는 완만해지며, 짧을수록 가팔라지는 경향이 있다.
- 주가가 이동평균선과 괴리가 지나치게 클 때에는 이동평균선으로 회귀하는 성향이 있다.
- 주가가 장기 이동평균선을 돌파할 경우 주추세가 반전될 가능성이 크다.
- 강세국면에서 주가가 이동평균선 위에서 움직일 경우 상승세가 지속될 가능성이 높다.
- 약세국면에서 주가가 이동평균선 아래에서 움직일 경우 하락세가 지속될 가능성이 높다.
- 상승하고 있는 이동평균선을 주가가 하향 돌파할 경우에 추세는 조만간 하락 반전할 가능성이 높다.
- 하락하고 있는 이동평균선을 주가가 상향 돌파할 경우에 추세는 조만간 상승 반전할 가능성이 높다.

39 캔들 차트 분석   정답 ④
난이도 중

'교수형'은 하락 전환 신호 패턴에 해당한다.

오답 개념 체크

'망치형, 관통형, 샛별형'은 상승 전환 신호 패턴에 해당한다.

이것도 알면 합격!

캔들 차트 패턴의 분류

상승 전환 신호	망치형(해머형), 역망치형, 관통형, 샛별형
하락 전환 신호	교수형, 유성형, 먹구름형, 석별형, 까마귀형

40 엘리어트 파동이론   정답 ④
난이도 중

5개의 파동 중 가장 강력하고 가격 변동도 활발하게 일어나는 파동은 '3번 파동'이다. 일반적으로 3번 파동은 5개의 파동 중 가장 길게 나타난다.

이것도 알면 합격!

엘리어트 파동이론의 절대불가침 법칙

- 2번 파동 저점이 1번 파동 저점보다 반드시 높아야 한다.
- 3번 파동이 상승 파동 중 제일 짧은 파동이 될 수 없다.
- 4번 파동의 저점은 1번 파동의 고점과 겹칠 수 없다.

41 산업연관표   정답 ②
난이도 중

'ⓒ, ⓔ'은 산업연관표에 대한 적절한 설명이다.

오답 개념 체크

ⓐ 투입계수는 다른 산업으로부터 구입한 중간투입액을 총투입액으로 나누어 계산한다.
ⓒ 최종 수요가 1단위 증가할 때 각 산업에서 직·간접적으로 유발되는 '산출물'의 단위를 나타내는 계수는 '생산유발계수'이다.
'수입유발계수'는 최종 수요가 1단위 증가할 때 각 산업에서 직·간접적으로 유발되는 '수입'의 단위를 나타내는 계수이다.

이것도 알면 합격!

산업연관표 주요 분석 계수

생산유발계수	최종 수요가 1단위 증가할 때 각 산업에서 직·간접적으로 유발되는 산출물의 단위를 나타내는 계수
수입유발계수	최종 수요가 1단위 증가할 때 각 산업에서 직·간접적으로 유발되는 수입의 단위를 나타내는 계수
부가가치유발계수	최종 수요가 1단위 증가할 때 각 산업에서 직·간접적으로 유발되는 부가가치의 단위를 나타내는 계수
고용유발계수	최종 수요가 일정 금액(보통 10억원) 증가할 때 각 산업에서 직·간접적으로 유발되는 고용자수를 나타내는 계수

전·후방 연쇄효과

생산유발계수를 이용하여 각 산업 간의 상호의존관계 정도를 나타낸 것으로 전·후방 연쇄효과가 있다.
- 전방 연쇄효과 : 모든 산업제품에 대한 최종 수요가 각각 1단위씩 증가하는 경우 특정 산업의 생산에 미치는 영향을 의미함
- 후방 연쇄효과 : 특정 산업제품에 대한 최종 수요 1단위의 증가가 모든 산업의 생산에 미치는 영향을 의미함

42 시장 경쟁강도의 측정방법 – 허핀달 지수(HHI)   정답 ④
난이도 중

CR(시장집중률 지수)은 소수대기업의 시장점유율을 직접 나타내고, 시장집중도를 측정하는 수단이기 때문에 소수대기업의 시장점유율에만 영향을 받는다. HHI(허핀달지수)는 각 기업 시장점유율 제곱의 합으로 계산하기 때문에 전체적으로 시장점유율 분포가 달라지면 허핀달 지수도 변동한다.

오답 개념 체크
① 산업이 순수 독점인 경우 해당 독점기업의 시장점유율(s_1)은 1이 되고, 다음 공식에 따라 HHI는 1이 된다. 결과적으로 시장집중도를 측정하는 지표인 HHI는 한 기업이 시장을 완전 독점하는 경우에 최대값을 가지며, 그 값은 1이 된다.
- $HHI = \sum_{i=1}^{n} s_i^2 = \sum_{i=1}^{1} s_i^2 = s_1^2 = 1$

② HHI지수의 역수는 가상적인 동등 규모의 기업체 수를 나타낸다. 따라서 HHI가 $0.2(=\frac{1}{5})$라면, 시장 내에 존재하는 동등 규모의 기업체 수는 5개가 된다.

③ 시장 내 존재하는 기업이 n개이고 이들의 시장점유율이 모두 동일하다면, 'HHI = $\frac{1}{n}$'이 된다. 따라서 기업체 수 n이 무한히 증가하면, $\lim_{n \to \infty} \frac{1}{n} = 0$이 되어 HHI는 0으로 수렴한다.

[43~50] 리스크관리

43 재무위험(Financial risk)의 종류 난이도 하 정답 ②

기업이 소유하고 있는 자산을 매각하고자 하는 경우 매입자가 없어 불리한 조건으로 자산을 매각해야 할 때 '유동성위험'에 노출된다.
'신용위험'은 거래상대방이 약속한 금액을 지불하지 못하는 경우에 발생하는 손실에 대한 위험이다.

이것도 알면 합격!

재무위험(Financial risk)

시장위험	• 시장 가격 변동으로부터 발생하는 위험 • 주식위험, 이자율위험, 환위험, 상품 가격 위험 등이 해당됨
신용위험	• 거래상대방이 약속한 금액을 지불하지 못하는 경우 발생하는 손실에 대한 위험
유동성위험	• 포지션을 마감하는 데에서 발생하는 비용에 대한 위험 • 기업이 소유하고 있는 자산을 매각하고자 하는 경우 매입자가 없어 매우 불리한 조건으로 자산을 매각해야 할 때 노출되는 위험
운영위험	• 부적절한 내부시스템, 관리 실패, 잘못된 통제, 사기, 인간의 오류 등으로 인해 발생하는 손실에 대한 위험
법적위험	• 계약을 집행하지 못함으로 인해 발생하는 손실에 대한 위험

44 VaR의 측정방법 – 델타-노말분석법 난이도 중 정답 ②

다른 조건이 동일할 경우 보유기간이 길수록, 신뢰도가 높을수록 VaR은 높게 측정된다.

오답 개념 체크
① 델타-노말분석법은 부분가치 평가법으로, 각 자산의 가치를 평가하는 가격 모형이 불필요하다.
③ 옵션이 포함된 포트폴리오의 경우 델타분석법으로 산출한 VaR과 몬테카를로 시뮬레이션법으로 산출한 VaR은 차이가 있을 수 있다.
  몬테카를로 시뮬레이션법은 옵션의 가치를 가격 모형을 이용하여 평가하기 때문에 정확한 측정이 가능하지만, 델타분석법에서는 옵션 가치 평가 시 델타를 이용한 선형 근사치를 계산하기 때문에 오차가 크게 발생한다.
④ 델타-노말분석법은 극단적인 사건 발생 시 왜곡될 우려가 있다.

이것도 알면 합격!

VaR의 측정방법

구분	부분가치 평가법	완전가치 평가법
가치평가모형	• 불필요	• 필요
종류	• 델타분석법	• 역사적 시뮬레이션법 • 스트레스 검증법 • 몬테카를로 시뮬레이션법

45 개별 자산(옵션)의 VaR 계산 난이도 중 정답 ②

'㉠ 기초자산 수익률의 변동성, ㉡ 옵션의 델타'는 옵션의 VaR 측정 시 필요한 요소에 해당한다.
옵션의 VaR을 측정할 때에는 '기초자산의 가격(S), 표준편차(기초자산의 수익률 변동성, σ), 민감도(옵션의 델타, f′)'가 필요하다.
- 옵션의 VaR = $S \cdot \sigma(\Delta S/S) \cdot z \cdot f'$

오답 개념 체크
이외에 옵션의 가격, 옵션의 행사가격, 옵션의 만기, 무위험이자율 등은 옵션의 VaR 측정에 필요한 요소가 아니다.

이것도 알면 합격!

채권의 VaR 측정 시 필요 요소

채권의 VaR을 측정할 때에는 '채권포지션 금액(B), 표준편차(σ), 수정듀레이션(D*)'이 필요하다. 이외에 표면이율, 무위험이자율 등은 채권의 VaR 측정에 필요한 요소가 아니다.
- 채권의 VaR = $B \cdot \sigma(\Delta y) \cdot z \cdot D^*$

46 포트폴리오의 VaR 계산 난이도 중 정답 ①

투자 자금의 50%를 A자산에, 나머지 50%를 B자산에 배분하여 포트폴리오를 구성할 때, 두 자산의 상관계수가 0인 경우 포트폴리오의 VaR은 (13억)이 된다.
- 포트폴리오 VaR = $\sqrt{12^2 + 5^2} = 13$

이것도 알면 합격!

특수한 상관계수와 포트폴리오의 VaR 계산 공식

두 자산의 상관계수(ρ)	포트폴리오 VaR	분산투자효과
ρ = −1	$\|VaR_A - VaR_B\|$	분산투자효과 최대
ρ = 0	$\sqrt{VaR_A^2 + VaR_B^2}$	분산투자효과 있음
ρ = +1	$VaR_A + VaR_B$	분산투자효과 없음

47 VaR의 측정방법 – 역사적 시뮬레이션 방법 난이도 중 정답 ②

역사적 시뮬레이션 방법은 분산, 공분산 등과 같은 통계적 모수에 대한 추정을 요구하지 않는다.

48 개별 자산(채권)의 VaR 계산   정답 ③
난이도 중

채권의 VaR = $B \cdot \sigma(\Delta y) \cdot z \cdot D^*$
            = 1,500억 × 0.004 × 2.33 × 3 = 41.94억

49 신용리스크와 신용손실 분포   정답 ④
난이도 중

시장수익률과 같이 대칭적인 정규분포를 하는 경우에는 평균과 분산을 이용한 모수적 방법을 이용할 수 있지만, 신용손실 분포와 같이 비대칭적인 분포의 경우에는 퍼센타일(percentile)을 이용하여 신용리스크를 측정하는 것이 적절하다.

오답 개념 체크
① 신용리스크는 신용손실 분포로부터의 예상외손실(UL)로서 정의된다. 일반적으로 예상손실(EL)은 대손충당금 등으로 대비하고 있어 리스크가 아닌 비용으로 인식한다. 따라서 신용리스크의 측정치는 신용리스크에 따른 손실의 불확실성, 즉 신용손실 분포에 의해 결정된다.
② ③ 신용수익률은 비대칭성이 강하고 한쪽으로 두꺼우면서도 긴 꼬리를 가진 형태로 분포한다. 이는 채무불이행 리스크에서 기인한다. 채무불이행은 낮은 확률로 발생하지만, 발생 시 큰 손실을 초래하는 특성이 있기 때문이다.

50 부도모형(Default Mode)   정답 ④
난이도 상

부도모형(Default Mode)에서의 예상손실 변동성은 다음과 같이 신용리스크 노출 금액(EAD), 부도율(p), 손실률(LGD)에 의해 결정된다. 이때 손실률(LGD)은 '1 − 회수율'로 계산한다.

$\sigma_{EL} = \sqrt{p \cdot (1-p)} \times EAD \times LGD$
     = $\sqrt{0.1 \cdot (1-0.1)} \times 100억 \times (1-0.4)$
     = 18억

제3과목 직무윤리 및 법규/투자운용 및 전략I/ 거시경제 및 분산투자

[51~55] 직무윤리

51 준법감시인   정답 ①
난이도 중

준법감시인은 사내이사 또는 업무집행책임자 중에서 선임하여야 한다.

오답 개념 체크
㉠ 준법감시인은 이사회 및 대표이사의 지휘를 받아 금융투자회사 전반의 내부통제 업무를 수행한다.
㉢ 준법감시인을 임면하려는 경우에는 이사회의 의결을 거쳐야 하며, 해임할 경우에는 이사 총수의 2/3 이상의 찬성으로 의결을 거쳐야 한다.

이것도 알면 합격!

준법감시인

업무	준법감시인은 이사회 및 대표이사의 지휘를 받아 금융투자회사 전반의 내부통제업무를 수행
임기	2년 이상
임면	이사회의 의결을 거쳐 임면일로부터 7영업일 이내 금융위원회에 보고
해임	이사 총수의 2/3 이상 찬성으로 의결
위임	위임의 범위와 책임의 한계 등이 명확히 구분된 경우 준법감시업무 중 일부를 준법감시업무를 담당하는 임직원에게 위임 가능

52 금융투자업에서의 직무윤리   정답 ④
난이도 중

회사와 임직원이 제3자에게 고객에 관한 정보를 제공하는 것은 원칙적으로 금지되나, 회사가 요구하는 업무의 수행을 위해 비밀정보를 이용하는 것은 예외적으로 가능하며, 비밀정보의 이용은 회사가 정하는 사전승인 절차에 따라 이루어져야 한다.

53 내부통제기준 위반 시 회사에 대한 조치   정답 ③
난이도 중

'내부통제기준을 마련하지 아니한 경우'는 1억원 이하의 과태료가 부과되는 경우에 해당한다.

이것도 알면 합격!

내부통제기준 위반 시 회사에 대한 조치(과태료 부과)

1억원 이하	• 내부통제기준을 마련하지 않은 경우 • 준법감시인을 두지 않은 경우 • 사내이사 또는 업무집행책임자 중에서 준법감시인을 선임하지 않은 경우 • 이사회 결의를 거치지 않고 준법감시인을 임면한 경우 • 금융위원회가 위법·부당한 행위를 한 회사 또는 임직원에게 내리는 제재조치를 이행하지 않은 경우

3천만원 이하	• 준법감시인에 대한 별도의 보수지급 및 평가기준을 마련·운영하지 않은 경우
	• 준법감시인이 다음의 업무를 겸직하거나 이를 겸직하게 한 경우
	  − 자산 운용에 관한 업무
	  − 해당 금융회사의 본질적 업무 및 그 부수업무
	  − 해당 금융회사의 겸영업무
	  − 금융지주회사의 경우 자회사 등의 업무

2천만원 이하	• 준법감시인의 임면 사실을 금융위원회에 보고하지 않은 경우

54 금융소비자보호 총괄책임자(CCO)의 수행 업무 — 정답 ②

'위험관리지침의 제정 및 개정 업무'는 금융소비자보호 총괄책임자(CCO)의 직무에 해당하지 않는다.

이것도 알면 합격!

금융소비자보호 총괄책임자(CCO)의 직무
- 금융소비자보호 총괄기관의 업무
- 상품설명서, 금융상품 계약서류 등 사전 심의
- 금융소비자보호 관련 제도 기획 및 개선, 기타 필요한 절차 및 기준 수립
- 금융상품 각 단계별 소비자보호 체계에 관한 관리·감독 및 검토
- 민원접수 및 처리에 관한 관리·감독 업무
- 금융소비자보호 관련부서 간 업무협조 및 업무조정 등 업무 총괄
- 대내외 금융소비자보호 관련 교육 프로그램 개발 및 운영 업무 총괄
- 민원발생과 연계한 관련부서·직원 평가 기준의 수립 및 평가 총괄
- 대표이사로부터 위임 받은 업무
- 금융소비자보호 관련 이사회, 대표이사, 내부통제위원회로부터 이행을 지시·요청받은 업무

55 준법감시체제 — 정답 ②

준법감시인은 내부제보 우수자에게 인사상 또는 금전적 혜택을 부여하도록 회사에 요청할 수 있다.

[56~66] 자본시장 관련 법규

56 금융기관 검사 및 제재에 관한 규정 — 정답 ①

이의신청 처리결과에 대하여는 다시 이의신청을 할 수 없다.

57 정기공시 – 사업보고서 제출대상 — 정답 ④

'집합투자증권을 증권시장에 상장한 발행인'은 사업보고서 제출대상법인에서 제외된다.

이것도 알면 합격!

사업보고서 제출대상

다음에 해당하는 증권을 증권시장에 상장한 발행인은 일정한 기한 내에 금융위원회와 거래소에 사업보고서를 제출해야 한다.
- 주권 외의 지분증권(단, 집합투자증권, 자산유동화계획에 따른 유동화전문회사가 발행하는 출자지분은 제외)
- 무보증사채권
- 전환사채권·신주인수권부사채권·이익참가부사채권 또는 교환사채권
- 신주인수권이 표시된 것
- 증권예탁증권
- 파생결합증권

58 금융투자상품 — 정답 ②

'주가연계증권(ELS)'은 파생상품이 아닌 증권에 해당한다.

이것도 알면 합격!

금융투자상품 구분 방법

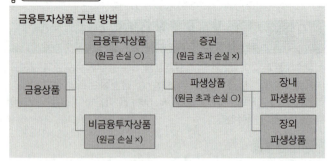

59 집합투자기구의 구성 – 수익자총회 — 정답 ①

수익자총회는 자본시장법 또는 신탁계약에서 정한 사항에 대해서만 결의가 가능하다.

오답 개념 체크

② 수익자총회의 소집을 할 때에는 수익자총회일의 2주 전까지 각 수익자에게 서면 등의 방법으로 통지하여야 한다.
③ 발행된 수익증권 총좌수의 100분의 5 이상을 소유한 수익자는 수익자총회를 열 수 있다.
④ 수익자총회의 통지가 수익자명부상의 수익자 주소에 3년간 계속하여 도달하지 아니한 경우 회사는 그 수익자에게 총회의 소집을 통지하지 아니할 수 있다.

이것도 알면 합격!

수익자총회

결의 사항	• 수익자총회는 자본시장법 또는 신탁계약에서 정한 사항에 대해서만 결의 가능
소집권자	• 투자신탁을 설정한 집합투자업자(원칙) • 투자신탁재산을 보관·관리하는 신탁업자 또는 발행된 수익증권의 총좌수의 5% 이상을 소유한 수익자(예외)
소집통지 방법	• 수익자총회 2주 전에 각 수익자에 대하여 서면 또는 전자문서로 통지 발송 • 그 통지가 수익자명부상의 수익자의 주소에 3년 간 계속 도달하지 않을 때에 집합투자업자는 당해 수익자에게 총회의 소집을 통지하지 않을 수 있음

60 장내파생상품의 대량보유 보고 — 정답 ④

'㉠, ㉡, ㉢'은 자본시장법상 파생상품시장에서의 시세에 영향을 미칠 수 있는 정보를 업무와 관련하여 알게 된 자에 해당한다.

61 순자본비율 규제 — 정답 ③
난이도 하

'신용위험액'은 총위험액 산정 시 시장위험액에 포함되지 않는다.

이것도 알면 합격!

순자본비율 규제

영업용 순자본의 산정	영업용 순자본 = 자산 − 부채 − 차감항목 + 가산항목 • 영업용 순자본의 계산은 기본적으로 재무상태표상 순재산액(자산 − 부채)에서 출발함 • 차감항목 : 재무상태표상 자산 중 즉시 현금화하기 곤란한 자산 • 가산항목 : 재무상태표에서 부채로 계상되었으나 실질적인 채무이행 의무가 없는 항목 등
총위험액 산정	• 총위험액 = 시장위험액 + 신용위험액 + 운영위험액
필요 유지 자기자본	• 금융투자업자가 영위하는 인가업무 또는 등록업무 단위별로 요구되는 자기자본을 합계한 금액
순자본 비율	• 순자본비율 = $\dfrac{(\text{영업용 순자본} - \text{총위험액})}{\text{필요 유지 자기자본}}$

62 환매금지형 집합투자기구 — 정답 ④
난이도 중

'㉠, ㉡, ㉢'은 모두 환매금지형으로 설정(설립)해야 하는 집합투자기구이다.

이것도 알면 합격!

환매금지형 집합투자기구의 설정·설립

- 존속기간을 정한 집합투자기구에 대해서만 환매금지형 집합투자기구를 설정·설립 가능
- 다음의 경우 환매금지형 집합투자기구로 설정·설립해야 함
  - 부동산·특별자산·혼합자산 집합투자기구를 설정·설립하는 경우
  - 집합투자기구 자산총액의 20%를 초과하여 시장성 없는 자산에 투자할 수 있는 집합투자기구를 설정·설립하는 경우

63 집합투자업자의 영업행위 규칙 — 정답 ③
난이도 상

원칙적으로 각 집합투자기구 자산총액의 50%를 초과하여 동일 집합투자업자가 운용하는 집합투자증권에 투자하는 행위는 금지된다.

64 긴급조치 — 정답 ③
난이도 중

'순자본비율이 100% 미만인 경우'는 금융위원회가 경영개선 권고의 적기시정조치를 발동할 수 있는 경우에 해당한다.

이것도 알면 합격!

긴급조치

사유	• 발행한 어음 또는 수표가 부도로 되거나 은행과의 거래가 정지 또는 금지되는 경우 • 유동성이 일시적으로 급격히 악화되어 투자자예탁금 등의 지급 불능사태에 이른 경우 • 휴업 또는 영업의 중지 등으로 돌발사태가 발생하여 정상적인 영업이 불가능하거나 어려운 경우
조치 내용	• 투자자예탁금 등의 일부 또는 전부의 반환명령 또는 지급정지 • 투자자예탁금 등의 수탁금지 또는 다른 금융투자업자로의 이전 • 채무변제행위의 금지 • 경영개선명령 조치 • 증권 및 파생상품의 매매 제한 등

65 집합투자기구의 업무 수행 — 정답 ③
난이도 중

'투자회사 주식의 발행 및 명의개서 업무'는 일반사무관리회사가 수행한다.

66 투자자문업자 및 투자일임업자의 영업행위 규칙 — 정답 ②
난이도 상

원칙적으로 투자자로부터 투자일임재산을 예탁하는 투자매매업자, 투자중개업자, 그 밖의 금융기관을 지정하거나 변경하는 행위를 위임받는 행위는 금지된다.

[67~69] 한국금융투자협회규정

67 집합투자증권 판매 시 준수사항 — 정답 ③
난이도 중

다른 금융투자상품과 연계하여 집합투자증권을 판매할 경우에는 펀드투자권유자문인력으로 협회에 등록되어 있는 자가 투자권유를 해야 한다.

68 불성실 수요예측 등 참여자 관리 — 정답 ②
난이도 상

기업공개와 관련하여 불성실 수요예측 등 참여자로 지정된 자에 대하여 위반금액 규모에 따라 최대 24개월까지 수요예측 참여가 제한된다.

69 조사분석자료 작성 및 공표   난이도 중   정답 ④

금융투자회사는 발행주식 총수의 1% 이상의 주식을 보유하고 있는 경우 법인이 발행한 금융투자상품에 관한 조사분석자료를 공표하거나 특정인에게 제공할 수 있으며, 제공 시 회사와의 이해관계를 조사분석자료에 명시해야 한다.

이것도 알면 합격!

조사분석자료 작성 및 공표

조사분석자료 작성원칙	• 조사분석자료의 작성, 심사 및 승인 등의 업무를 수행하기 위해서는 협회가 인정하는 금융투자분석사 자격을 취득해야 함 • 금융투자회사는 해당 금융투자회사의 임직원이 아닌 제3자가 작성한 조사분석자료를 공표하는 경우 해당 제3자의 성명을 조사분석자료에 기재해야 함

조사분석대상 법인의 제한 등	• 금융투자회사는 다음에 해당하는 금융투자상품에 대해서 조사분석자료를 공표하거나 특정인에게 제공하는 것은 금지 됨
	  - 자신이 발행한 금융투자상품
	  - 자신이 발행한 주식을 기초자산으로 하는 주식선물·주식옵션 및 주식워런트증권(ELW)

조사분석자료의 의무 공표	• 회사는 증권시장에 주권을 최초로 상장하기 위해 대표주관업무를 수행한 경우 해당 법인에 대하여 최초 거래일로부터 1년간 2회 이상의 조사분석자료를 무료로 공표해야 함
조사분석자료 공표 중단 사실 고지	• 금융투자회사는 최근 1년간 3회 이상의 조사분석자료를 공표한 경우 최종 공표일이 속하는 월말로부터 6개월 이내에 조사분석자료를 추가로 공표해야 함 • 자료를 공표하지 않고자 할 경우에는 중단 사실과 사유를 고지해야 함

[70~75] 주식투자운용/투자전략

70 자산집단의 기대수익률 추정   난이도 중   정답 ①

자산배분 전략을 수행하기 위해서는 자산집단의 기대수익률을 추정해야 한다. 이 중 (추세분석법)은 과거 장기간 수익률을 분석하여 미래의 수익률로 사용하는 방법이며, (근본적 분석방법)은 과거 시계열 자료를 바탕으로 수익률을 예측하는 동시에 각 자산집단별 리스크 프리미엄 구조를 반영하는 기법이다.

이것도 알면 합격!

자산집단의 기대수익률과 위험, 상관관계 추정 방법

기대수익률 추정 방법	• 추세분석법, 시나리오 분석법 • 근본적 분석방법(CAPM, APT 등) • 시장공통 예측치 사용방법 • 경기순환 접근방법 • 시장 타이밍 방법 • 전문가의 주관적인 방법
위험, 상관관계 추정 방법	• 과거 자료를 사용하며 위험의 경우 최근 GARCH와 같은 추정 방법을 사용함

71 전략적 자산배분의 이론적 배경   난이도 중   정답 ③

'ⓒ, ⓒ'은 전략적 자산배분의 이론적 배경에 대한 적절한 설명이다.

오답 개념 체크

㉠ '효율적 포트폴리오'는 정해진 위험 수준 하에서 가장 높은 수익률을 달성하는 포트폴리오를 말한다.

72 전술적 자산배분의 실행 방법   난이도 하   정답 ④

시장가치 접근방법은 전략적 자산배분의 실행 방법에 해당한다.

이것도 알면 합격!

자산배분 전략의 실행 방법

전략적 자산배분	시장가치 접근방법, 위험수익 최적화 방법, 투자자별 특수상황을 고려하는 방법, 다른 유사한 기관투자가의 자산배분을 모방하는 방법
전술적 자산배분	가치평가모형(기본적 분석방법, 요인 모형 방식), 기술적 분석, 포뮬러 플랜

73 인덱스펀드 구성 방법   난이도 중   정답 ③

'표본추출법'은 벤치마크에 포함된 대형주를 모두 매수하고 중소형주는 일부만 매수하는 방법이다.

이것도 알면 합격!

인덱스펀드 구성 방법

구분	개념	한계
완전복제법	벤치마크를 구성하는 모든 종목을 벤치마크 구성비율대로 사서 보유	대규모 자금이 필요하며, 관리에 어려움이 있음
표본추출법	벤치마크에 포함된 대형주는 모두 포함하되 중소형주들은 일부 종목만 편입	완전복제법보다는 관리가 용이하나 여전히 관리나 비용의 문제점이 존재
최적화법	벤치마크 대비 잔차위험을 위험허용 수준 이하로 만드는 방식	사용하는 가격정보가 과거 자료라는 점에서 잔차가 크게 나타날 수 있음

74 준액티브 운용   난이도 중   정답 ④

준액티브 운용전략은 위험을 통제하기 위해 계량분석방법을 이용한다는 관점에서 계량적 액티브 운용이라는 표현이 사용되기도 한다.

오답 개념 체크

① '액티브 운용'의 성격에 추가적인 위험이 더 적다는 점이 더해진 전략이다.
② 액티브 운용전략보다 추적오차가 '작은' 전략이다.
③ '패시브 운용'에 비해서 초과수익을 획득하려는 전략이다.

이것도 알면 합격!

준액티브 운용전략

정의	• 추가적인 위험을 많이 발생시키지 않으면서 벤치마크에 비해 초과수익을 획득하는 전략 • 인핸스드 인덱스, 위험통제된 액티브 운용, 계량적 액티브 운용이라고도 불림
특징	• 벤치마크의 성과만을 내는 인덱스펀드에 비해 연 0.5~2.0% 정도의 초과수익을 추구한다는 점에서 액티브 운용의 성격을 가짐 • 벤치마크와 괴리될 위험을 적절히 통제하여 연 1.5% 이내로 낮은 수준의 추적오차를 유지한다는 점에서 액티브 운용과 차이가 있음
전략	• 인덱스 구성 방법의 변경 • 거래를 통한 초과수익 추구 • 포트폴리오 구성 방식의 조정 • 세부 자산군을 선택하는 전략

75 주가지수   정답 ②

'㉠, ㉡'은 주가지수에 대한 적절한 설명이다.

오답 개념 체크

㉢ Nikkei225는 '주가가중방식'으로 주가지수를 구한다.

이것도 알면 합격!

주가지수 구성방법

주가가중 주가지수	절대적인 주당가격을 가중치로 하는 주가지수 예 다우존스 산업평균(DJIA), NIKKEI225
시가가중 주가지수	발행주식 수에 주가를 곱한 시가총액을 가중치로 하는 주가지수 예 KOSPI, KOSPI200
동일가중 주가지수	각 종목에 가중치를 동일하게 적용하는 주가지수

[76~81] 채권투자운용/투자전략

76 채권투자전략의 종류   정답 ③

'㉠ 채권교체전략, ㉡ 금리예측전략, ㉢ 수익률 곡선 전략'은 적극적 채권운용전략에 해당한다.

오답 개념 체크

㉣ 만기보유 전략은 소극적 채권운용전략에 해당한다.

이것도 알면 합격!

적극적 채권운용전략 vs. 소극적 채권운용전략

구분	적극적 채권운용전략	소극적 채권운용전략
가정	• 시장이 비효율적	• 시장이 효율적
종류	• 금리예측 전략 • 채권교체 전략 • 스프레드운용 전략 • 수익률 곡선 타기 전략 • 수익률 곡선 전략	• 만기보유 전략 • 사다리형 만기 전략 • 채권면역전략 • 현금흐름 일치 전략 • 채권 인덱싱 전략

77 채권 종류별 단가계산 – 할인채   정답 ①

잔존기간이 1년 이상이므로 연 단위기간은 연 단위 복리로, 나머지 연 단위 미만 기간은 단리로 계산한다.

$$P = \frac{S}{(1+r)^n (1 + r \times \frac{d}{365})}$$

$$= \frac{10,000}{(1+0.06)(1 + 0.06 \times \frac{91}{365})} = 9,294.92$$

78 자산유동화증권(ABS)   정답 ①

자산유동화증권의 경우 발행자의 신용등급보다 높은 신용 수준의 유동화증권을 발행하는 것이 가능하다. 따라서 일정 규모 이상의 높은 신용 수준의 유동화증권을 발행하면 신용등급이 낮은 자산보유자의 조달비용을 낮출 수 있다.

오답 개념 체크

② 유동화대상 자산의 동질성이 높으면 예측의 정확성이 높아져서 신용보강 및 평가에 따른 비용이 감소한다.
③ 'Pay-Through'는 원금의 상환순위가 다른 다단계 채권을 발행하는 방식을 말한다.
④ 'MBS'는 주택저당채권을 기초로 발행되며, 통상 장기로 발행되는 것이 특징이다.

이것도 알면 합격!

자산유동화증권(ABS)

정의	• 자산을 표준화하고 특정 조건별로 집합(pooling)하여 증권을 발행하고 기초자산의 현금흐름을 상환하는 것
특징	• 유동화대상 자산은 현금흐름의 예측이 가능하고 자산의 동질성이 보장되며 양도가 가능한 것이 좋음 • 동질성이 결여되면 신용보강 및 평가에 따른 비용이 증가함
분류	• Pass-Through : 유동화자산을 유동화 중개기관에 매각하면, 중개기관은 이를 집합화하여 신탁설정 후 이 신탁에 대해서 주식형태로 발행되는 증권으로 금융위험이 투자자에게 전가됨 • Pay-Through : 유동화자산집합에서 발생된 현금흐름을 이용해 증권화한 후 단일증권이 아닌 상환 우선순위가 다른 다단계의 채권을 발행하는 방식

79 합성채권 – 패리티 난이도 중 정답 ②

'㉠, ㉡'은 전환사채에 대한 적절한 설명이다.

오답 개념 체크

㉢ '괴리'는 전환사채시장 가격에서 패리티가격을 뺀 값이다. 전환가치는 패리티가격을 다르게 일컫는 말이다.

이것도 알면 합격!

전환사채 관련 주요 지표

전환가격	채권액면 ÷ 전환주수
패리티	주가/전환가격 × 100% 예) 채권의 전환가격 6,000원, 주가의 현재가격 9,000원 패리티 = 9,000원/6,000원 × 100% = 150%
패리티가격	패리티 × 액면가
괴리	전환사채시장 가격 – 패리티가격
괴리율	(괴리/패리티가격) × 100

80 볼록성의 가치 난이도 중 정답 ③

듀레이션이 같다면 볼록성이 큰 채권은 작은 채권보다 항상 '높은' 가격을 가진다.

이것도 알면 합격!

볼록성의 특성

- 동일한 듀레이션에서 볼록성이 큰 채권은 작은 채권보다 수익률의 상승이나 하락에 관계없이 항상 높은 가격을 지님
- 수익률이 하락할수록 채권의 볼록성은 증가
- 일정한 수익률과 만기에서 표면이자율이 낮을수록 채권의 볼록성은 커짐
- 채권의 볼록성은 듀레이션이 증가함에 따라 가속도로 증가
- 볼록성은 채권의 달러 듀레이션(DD) 변화율을 측정
- 달러 듀레이션(DD)의 변화는 볼록성이 커질수록 증가
- 듀레이션이 동일해도 채권 현금흐름의 분산도가 클수록 볼록성이 더 높음

81 듀레이션 – 채권 가격의 변동성과 볼록성 난이도 상 정답 ②

$\frac{dP}{P}$(채권 가격 변동률) $= -D_H \times \Delta r + \frac{1}{2} C \times (\Delta r)^2$

$\Rightarrow -0.035 = -2.18 \times 0.07 + \frac{1}{2} C \times (0.07)^2$

$\therefore C = 48$

이것도 알면 합격!

채권 가격 변동률 공식

$$\frac{dP}{P} = -D_H \times \Delta r + \frac{1}{2} C \times (\Delta r)^2$$

[82~87] 파생상품투자운용/투자전략

82 선도거래와 선물거래 난이도 중 정답 ③

'㉡, ㉢'은 선도거래의 특징이다.

오답 개념 체크

㉠ 거래소 내에서 거래하는 것은 선물거래의 특징이다.

이것도 알면 합격!

선도거래 vs. 선물거래

구분	선도거래	선물거래
거래장소	장외거래 중심	거래소 내 거래
가격과 거래제한	제한 없음	제한함
표준화	비표준화	표준화
유동성	낮음	높음
상품의 인수도	만기일	만기일 이전에 반대매매
결제시점	만기일	일일정산
참여거래자	한정됨	다수

83 콘탱고와 백워데이션 난이도 하 정답 ④

선물시장에서 선물가격보다 현물가격이 더 높은 현상은 '백워데이션'이다. '백워데이션' 상태에서는 선물가격 내에서 만기가 가까운 근월물의 가격이 만기가 먼 원월물의 가격보다 높다.

이것도 알면 합격!

콘탱고와 백워데이션

콘탱고	선물가격이 현물가격보다 높게 형성된 상태로 정상시장이라고도 표현한다.
백워데이션	선물가격이 현물가격보다 낮게 형성된 상태로 역조시장이라고도 표현한다.

84 스트래들 난이도 중 정답 ③

행사가격 – (콜옵션프리미엄 + 풋옵션프리미엄) < 수익이 발생하는 기초자산가격(P) < 행사가격 + (콜옵션프리미엄 + 풋옵션프리미엄)

$\Rightarrow$ 120 – (7 + 5) < P < 120 + (7 + 5)

$\Rightarrow$ 108 < P < 132

이것도 알면 합격!

스트래들

롱스트래들	동일한 만기와 행사가격을 갖는 콜옵션과 풋옵션을 동시에 매수하는 경우 행사가격을 기준으로 두 옵션 프리미엄의 합을 초과하는 만큼 기초자산 가격이 상승하거나 하락하면 수익이 발생함
숏스트래들	동일한 만기와 행사가격을 갖는 콜옵션과 풋옵션을 동시에 매도하는 경우 행사가격을 기준으로 두 옵션 프리미엄의 합 이상으로 기초자산 가격이 상승하거나 하락하지 않으면 수익이 발생함

85 포트폴리오 보험과의 연결   정답 ③

동적자산배분전략은 주식 가격 상승 시 주식의 편입비율을 '늘리는' 전략이다.

이것도 알면 합격!

포트폴리오 보험전략

방어적 풋 전략	주가 상승 시 주가 상승은 투자자에 귀속, 주가 하락 시 포트폴리오 하락은 풋옵션 이익으로 상쇄
이자추출전략	기초자산 가격 상승 시 콜옵션 가치상승으로 이익 획득, 기초자산 가격 하락 시 콜옵션의 권리행사를 포기해도 채권의 이자로 콜옵션 매수 시 지급한 프리미엄을 상쇄
동적 자산배분 전략	초기에는 주식과 채권의 비중을 50 : 50으로 구축 후 주가 상승 시 채권 매도·주식 추가 매수, 주가 하락 시 주식 매도·채권 매수
동적 헤징전략	동적 자산배분과 유사한 전략을 사용하지만 채권시장의 유동성 문제를 해결하기 위해 합성채권 매수전략(현물 주식매수 + 선물주식매도)을 사용

86 블랙-숄즈 공식의 변수 설명   정답 ③

'㉠ 무위험이자율, ㉡ 기초자산의 변동성계수, ㉣ 옵션의 행사가격'은 블랙-숄즈 모형의 주요 변수에 해당한다.

오답 개념 체크

㉢ 기초자산의 기대수익률은 블랙-숄즈 모형의 주요 변수에 해당하지 않는다.

이것도 알면 합격!

블랙-숄즈 모형

가정	• 옵션 만기까지 주식에 대한 배당은 없음 • 만기일에만 권리행사가 가능한 유럽형 옵션에만 적용(미국식 옵션에 적용할 수 없는 것이 단점) • 비차익거래균형(차익거래가 없음)
주요 변수	• 기초자산의 현재가격, 무위험이자율, 만기까지 남은 기간, 옵션의 행사가격, 변동성 계수

87 옵션 프리미엄의 민감도 지표   정답 ③

콜옵션 매도 시 베가의 민감도 부호는 (-)이다.

이것도 알면 합격!

옵션의 매수·매도 포지션에 대한 민감도 부호

구분		델타	감마	쎄타	베가
Call	매수	+	+	-	+
	매도	-	-	+	-
Put	매수	-	+	-	+
	매도	+	-	+	-

옵션 프리미엄의 민감도 지표

델타	기초자산가격의 변화에 대한 옵션프리미엄의 변화 정도
감마	기초자산가격의 변화에 대한 델타의 변화 정도
쎄타	시간의 경과에 따른 옵션가치의 변화 정도
베가	변동성 계수의 변화에 대한 옵션프리미엄의 변화 정도
로우	금리의 변화에 따른 옵션프리미엄의 민감도

[88~91] 투자운용결과분석

88 표준편차   정답 ①

수익률의 분포가 좌측 또는 우측으로 치우친 정도를 측정하는 통계량은 '왜도'이다.

이것도 알면 합격!

수익률 분포의 또 다른 통계적 특성

- 왜도는 좌나 우로 얼마나 기울어져 있는지를 측정하는 지표로 우로 편중된 경우 평균보다 낮은 수익률이, 좌로 편중된 경우 평균보다 높은 수익률이 발생할 가능성이 높다.
- 첨도는 봉우리가 얼마나 뾰족한가를 측정하는 지표로 뾰족할수록 평균 근처의 수익률이 발생할 가능성이 정규분포보다 높고, 완만할수록 평균 근처의 수익률이 발생할 가능성이 정규분포보다 낮다.

89 기준지표의 바람직한 특성   정답 ②

기준지표는 평가기간이 시작되기 전에 미리 정해져야 한다.

이것도 알면 합격!

기준지표의 바람직한 특성

명확성	기준지표를 구성하는 종목명과 비중이 정확히 표시되어야 하며, 원칙이 있고 객관적 방법으로 구성되어야 함
투자 가능성	실행 가능한 투자대안이어야 함
측정 가능성	일반에게 공개된 정보로부터 계산이 가능해야 하며, 원하는 기간마다 기준지표 자체의 수익률 계산이 가능해야 함
적합성	펀드매니저의 운용 스타일이나 성향에 적합해야 함
투자의견을 반영	펀드매니저가 벤치마크를 구성하는 종목에 대해 투자지식을 가지고 해당 종목에 대한 상태를 판단할 수 있어야 함
사전적으로 결정	벤치마크는 평가기간이 시작되기 전에 미리 정해져야 함

90 위험조정 성과지표 난이도 중 정답 ②

'㉠, ㉡'은 펀드의 성과지표에 대한 적절한 설명이다.

오답 개념 체크

㉢ 정보비율은 잔차위험 대비 초과수익률로 계산하므로, 초과수익률이 동일하다면 정보비율이 낮을수록 잔차위험은 '크다'.

이것도 알면 합격!

위험조정 성과지표

샤프비율	• 샤프비율은 총위험 한 단위당 어느 정도의 보상을 받았는가 하는 위험 보상율을 의미함 • 샤프비율이 높을수록 위험조정 후 성과가 좋음을 의미하고, 낮을수록 성과가 저조함을 의미함
트레이너 비율	• 트레이너비율은 체계적 위험 한 단위당 실현된 위험 프리미엄을 의미함 • 트레이너비율이 클수록 포트폴리오의 성과가 우월하며, 작을수록 성과가 열등한 것으로 평가함
정보비율	• 초과수익률을 이용한 정보비율 : 기준 지표를 초과하기 위하여 추가적으로 부담한 위험과 그에 따라 달성한 초과수익률을 동시에 고려하여 평가하는 지표 • 회귀분석모형을 이용한 정보비율 : 펀드의 위험조정 후 수익률을 비체계적 위험으로 나누어 평가하는 지표
젠센의 알파	• 부담한 위험 수준에 대해 요구되는 수익률보다 펀드가 얼마나 더 높은 수익률을 달성하였는가를 의미함 • 젠센의 알파가 양(+)의 값이면 펀드매니저의 능력이 우수하고 음(−)의 값이면 능력이 열등한 것으로 평가함

91 젠센의 알파 난이도 중 정답 ①

젠센의 알파 = (포트폴리오 수익률 − 무위험수익률) − 포트폴리오 베타 × (벤치마크 수익률 − 무위험수익률)
= (0.15 − 0.02) − 1.7 × (0.08 − 0.02) = 0.028

[92~95] 거시경제

92 IS-LM모형 난이도 중 정답 ①

IS곡선은 재화시장, LM곡선은 화폐시장의 균형을 이루는 이자율과 국민소득의 조합이다.

오답 개념 체크

② 확대재정정책을 시행하면 IS곡선이 '우측'으로 이동한다.
③ 확대통화정책을 시행하면 LM곡선이 '우측'으로 이동한다.
④ LM곡선에서 화폐수요는 소득의 '증가'함수, 이자율의 '감소'함수이다.

93 경기순환 난이도 중 정답 ②

'㉠, ㉢'은 경기순환에 대한 적절한 설명이다.

오답 개념 체크

㉡ 경기순환의 주기는 경기 저점부터 경기 고점을 지나 다음 경기 저점까지의 기간을 의미한다.

이것도 알면 합격!

경기순환

의미	• 경기 확장국면(경기회복, 경기호황)과 경기 수축국면(경기후퇴, 경기불황)이 반복되는 현상 ※ 국면전환이 발생하는 경기 전환점을 기준순환일이라고 함
특징	• 경기 저점 → 경기 정점 → 경기 저점의 순환주기를 거침 • 순환주기가 일정한 것은 아님 • 확장국면이 수축국면보다 길다는 비대칭성이 있음
원인	• 실물요인 : 원유가변동, 해외 경기변동, 기업 투자심리 변화 등 • 금융요인 : 통화량 변화, 금리변동 등

94 재정정책과 통화정책에 대한 논의 난이도 하 정답 ③

합리적 기대학파가 주장한 것으로, 세금 감면 정책은 민간의 저축을 증가시킬 뿐 소비를 증가시키지 않는다는 이론은 '리카르도 불변 정리'이다.

이것도 알면 합격!

재정정책과 통화정책에 대한 논의

구축효과	• 확대재정정책이 이자율을 상승시켜 민간투자를 위축시키는 현상으로 재정정책의 효과를 반감시키는 효과가 있음 • LM곡선이 수평이면 구축효과가 사라짐
유동성 함정	• 화폐수요가 폭발적으로 증가해 화폐수요의 이자율 탄력성이 무한대가 되면 LM곡선이 수평이 되며 통화정책은 무력해지고 재정정책의 효과가 극대화됨
피구 효과	• 경기불황이 심해져서 물가가 급락하면 화폐량의 실질가치가 증가하게 되어 민간의 부가 증가하고 소비 및 총수요가 증가하는 현상 • 재정정책을 취하지 않아도 유동성 함정을 벗어날 수 있음을 보여주는 일부 고전학파의 논리
리카르도 불변 정리	• 세금 감소는 민간의 저축을 증가시킬 뿐 총수요에는 변동이 없다는 주장

95. 주요 경제변수 – 고용지표 정답 ②
난이도 중

취업률은 '경제활동인구' 중 취업자의 비율을 나타낸다.

이것도 알면 합격!

생산활동 가능인구와 생산불가능인구

생산활동 가능인구 (만 15세 이상)	경제활동 인구	• 일할 능력 O & 취업 의사 O • 취업자 & 실업자
	비경제활동 인구	• 일할 능력 O & 취업 의사 × • 가정주부, 학생, 연로자, 심신장애자, 구직단념자
생산불가능인구		• 만 15세 미만, 군인, 재소자

경기종합지수

선행 종합지수	동행 종합지수	후행 종합지수
• 재고순환지표 • 경제심리지수 • 기계류내수출하지수 • 건설수주액(실질) • 수출입물가비율 • 코스피 • 장단기금리차	• 비농림어업취업자수 • 광공업생산지수 • 서비스업생산지수 • 소매판매액지수 • 내수출하지수 • 건설기성액(실질) • 수입액(실질)	• 취업자수 • 생산자제품재고지수 • 소비물가지수변화율 (서비스) • 소비재수입액(실질) • CP 유통수익률

[96~100] 분산투자기법

96. 포트폴리오 위험분산 효과 정답 ③
난이도 중

포트폴리오의 위험을 최소로 하려면 분산투자의 효과를 높일 수 있도록 상관계수의 값이 작은 자산을 선택해야 하는데, B자산과 C자산 조합의 상관계수가 가장 작으므로 B자산과 C자산을 50%씩 조합하여 구성한 포트폴리오의 위험이 가장 작다.

97. 자본자산 가격결정 모형의 의의와 가정 정답 ④
난이도 중

자본자산 가격결정 모형에서는 거래비용과 세금이 존재하지 않아 자본과 정보의 흐름에 아무런 마찰이 없다고 가정한다.

오답 개념 체크
① 무위험자산이 존재하며, 투자대상은 공개적으로 거래되고 있는 금융자산에 한정한다.
② 투자자들은 전부 '단일' 투자기간을 가지며, 이 기간 이후에 발생하는 결과는 고려하지 않는다.
③ 모든 투자자는 동일한 방법으로 증권을 분석하고 경제상황에 대한 예측도 동일하게 하므로 미래 경제상황의 결과에 대하여 동질적으로 예측한다.

이것도 알면 합격!

CAPM 모형의 가정
• 평균·분산 기준의 가정   • 동일한 투자기간의 가정
• 완전시장의 가정   • 무위험자산의 존재 가정
• 균형시장의 가정   • 동질적 미래예측의 가정

98. 차익거래 가격결정이론 – 단일요인 모형 정답 ①
난이도 중

단일요인 차익거래 가격결정이론에서의 차익거래 해소 조건

$$\frac{E(R_A) - R_f}{\beta_A} = \frac{E(R_B) - R_f}{\beta_B}$$

$$\Rightarrow \frac{0.18 - 0.06}{1.2} = \frac{0.14 - 0.06}{\beta_B}$$

$$\therefore \beta_B = 0.8$$

99. 변동성 보상비율 정답 ③
난이도 중

변동성 보상비율 = $\frac{E(R_A) - R_f}{\sigma_A} = \frac{0.1 - 0.04}{0.06} = 1.0$

오답 개념 체크
투자위험이 한 단위 증가할 때 얻게 되는 위험 보상률의 증가인 변동성 보상비율은 투자금액의 비율에 관계없이 일정하다.

100. 포트폴리오의 기대수익률과 위험의 측정 정답 ②
난이도 상

• 각 주식별 기대수익률
 – A주식 : (20% × 25%) + (10% × 50%) + (5% × 25%) = 11.25%
 – B주식 : (7% × 25%) + (3% × 50%) + (–10% × 25%) = 0.75%
 – C주식 : (–15% × 25%) + (8% × 50%) + (25% × 25%) = 6.5%
 – D주식 : (–30% × 25%) + (10% × 50%) + (20% × 25%) = 2.5%
• 지배원리에 의한 주식별 우위
 지배원리에 의하면 위험이 동일한 투자대상들 중에서는 기대수익이 높을수록 우수한 자산이다. A ~ D주식은 위험이 동일하므로 기대수익률이 높은 A - C - D - B의 순서대로 우수하다.

이것도 알면 합격!

기대수익률
• 개별자산의 기대수익률
 – 수익능력을 평균적으로 계산한 기댓값
 – 발생 확률로 가중평균
 – 기대수익률[E(R)] = Σ확률 × 예상수익률
• 포트폴리오의 기대수익률
 – 개별자산 기대수익률을 보유비율로 가중하여 계산
 – $R_P = w_x R_x + w_y R_y$ (단, $w_x + w_y = 1$)

실전모의고사 2회

제1과목 금융상품 및 세제

01	02	03	04	05	06	07	08	09	10
③	③	②	①	④	④	②	④	③	④
11	12	13	14	15	16	17	18	19	20
③	④	①	①	②	①	④	③	③	②

제2과목 투자운용 및 전략 II / 투자분석

21	22	23	24	25	26	27	28	29	30
③	③	④	②	②	④	①	④	①	②
31	32	33	34	35	36	37	38	39	40
②	④	①	①	③	③	③	③	①	④
41	42	43	44	45	46	47	48	49	50
④	③	③	①	③	④	①	②	④	④

제3과목 직무윤리 및 법규 / 투자운용 및 전략 I / 거시경제 및 분산투자

51	52	53	54	55	56	57	58	59	60
②	③	②	④	③	②	④	④	②	①
61	62	63	64	65	66	67	68	69	70
④	④	①	③	③	③	②	④	②	④
71	72	73	74	75	76	77	78	79	80
③	②	③	②	①	②	②	④	④	④
81	82	83	84	85	86	87	88	89	90
②	④	①	②	①	③	③	③	①	③
91	92	93	94	95	96	97	98	99	100
②	④	④	③	①	②	①	③	④	④

취약 과목 분석표

맞힌 개수, 틀린 문제 번호와 풀지 못한 문제 번호를 적어 보고, 맞힌 개수에 따라 자신의 학습상태를 점검할 수 있습니다. 틀린 문제와 풀지 못한 문제는 해설의 출제포인트를 확인하여 관련 이론을 꼭 복습하세요.

	세부과목	맞힌 개수	틀린 문제 번호	풀지 못한 문제 번호
제1과목 **금융상품 및 세제**	세제 관련 법규/세무전략			
	금융상품			
	부동산 관련 상품			
	TOTAL	/20		

* 20문제 중 8개 미만 과락

	세부과목	맞힌 개수	틀린 문제 번호	풀지 못한 문제 번호
제2과목 **투자운용 및 전략 Ⅱ /** **투자분석**	대안투자운용/투자전략			
	해외증권투자운용/투자전략			
	투자분석기법			
	리스크관리			
	TOTAL	/30		

* 30문제 중 12개 미만 과락

	세부과목	맞힌 개수	틀린 문제 번호	풀지 못한 문제 번호
제3과목 **직무윤리 및 법규/** **투자운용 및 전략 Ⅰ /** **거시경제 및 분산투자**	직무윤리			
	자본시장 관련 법규			
	한국금융투자협회규정			
	주식투자운용/투자전략			
	채권투자운용/투자전략			
	파생상품투자운용/투자전략			
	투자운용결과분석			
	거시경제			
	분산투자기법			
	TOTAL	/50		

* 50문제 중 20개 미만 과락

제1과목 금융상품 및 세제

[01~07] 세제 관련 법규/세무전략

01 국세기본법 | 난이도 중 | 정답 ③

'ⓒ, ⓔ'은 국세기본법에 대한 설명으로 적절하지 않다.
ⓒ 심사청구는 '국세청장'에게 불복하는 절차이며, 조세심판원장에게 불복하는 절차는 심판청구이다.
ⓔ 정보통신망을 이용한 전자송달은 서류의 송달을 받아야 할 자가 신청하는 경우에 한하여 행한다.

02 조세의 분류 | 난이도 하 | 정답 ③

'상속세'는 국세에 해당한다.

오답 개념 체크
① ② ④ '자동차세, 등록면허세, 취득세'는 지방세에 해당한다.

이것도 알면 합격!

조세의 분류

국세	직접세	소득세, 법인세, 상속세와 증여세, 종합부동산세
	간접세	부가가치세, 주세, 인지세, 증권거래세, 개별소비세
	목적세	교육세, 농어촌특별세, 교통·에너지·환경세
	관세	
지방세	보통세	취득세, 등록면허세, 레저세, 지방소비세
	목적세	지역자원시설세, 지방교육세
	보통세	주민세, 재산세, 자동차세, 지방소득세, 담배소비세

03 소득세법상 집합투자기구 | 난이도 중 | 정답 ②

국내 증권시장에 상장된 '주식'의 거래로 인해 발생하는 이익은 집합투자기구의 이익으로 과세하지 않지만, '채권'의 거래로 인하여 발생하는 이익은 제외한다.

이것도 알면 합격!

소득세법상 집합투자기구로부터의 이익으로 보는 손익
- 비거주자나 외국법인이 일반 사모집합투자기구나 동업기업과세특례를 적용 받지 아니하는 기관전용 사모집합투자기구를 통하여 취득한 주식 등의 거래로 발생한 손익
- 집합투자증권 및 외국 집합투자증권을 계좌간 이체, 계좌간 명의변경, 집합투자증권의 실물양도의 방법으로 거래하여 발생하는 이익

소득세법상 집합투자기구로부터의 이익으로 보지 않는 손익
- 다음의 어느 하나에 해당하는 증권의 거래나 평가로 인한 손익
  ① 증권시장에 상장된 증권(채권, 외국법령에 따라 설립된 외국 집합투자기구의 주식 또는 수익증권 제외) 및 동 증권을 대상으로 하는 장내파생상품
  ② 벤처기업육성에 관한 특별조치법에 따른 벤처기업의 주식출자지분
  ③ ①의 증권을 대상으로 하는 장내파생상품
- 자본시장법에 따른 장내파생상품의 거래나 평가로 인한 손익

04 종합소득세의 신고납부 – 기타소득 | 난이도 하 | 정답 ①

거주자는 연 300만원 이하의 기타소득에 대해 분리과세를 선택할 수 있다.

이것도 알면 합격!

거주자의 분리과세 가능 소득
- 분리과세 이자소득
- 분리과세 배당소득
- 분리과세 근로소득(일용근로자의 급여)
- 분리과세 연금소득(연간 1,500만원 이하 저율분리과세 선택, 연간 1,500만원 초과 16.5% 분리과세 또는 종합과세 선택)
- 분리과세 기타소득(연간 300만원 이하 선택)

05 종합소득세 | 난이도 중 | 정답 ④

소득세는 원칙적으로 구체적으로 열거한 소득만을 과세대상으로 하는 '열거주의 과세방법'을 채택하고 있다.

오답 개념 체크
① 국내에 주소를 두거나 183일 이상 거소를 둔 외국인은 '거주자'로 본다.
② 거주자의 납세지는 '주소지'로 한다.
③ 원칙적으로 개인을 과세단위로 하여 소득세를 과세하므로, 부부의 소득은 합산하지 않는다.

이것도 알면 합격!

종합소득세의 특징
- 종합과세 및 개인단위주의 : 이자·배당·사업·근로·연금·기타소득을 인별로 종합하여 과세한다. (부부 및 자녀 소득 합산 X)
- 열거주의 : 구체적으로 열거한 소득만을 과세대상으로 하고, 그렇지 않은 경우에는 과세하지 않는다.
- 신고납세제도 : 과세기간의 다음 연도 5월 1일부터 5월 31일까지 과세표준을 확정신고한다.
- 누진과세 : 6 ~ 45%의 초과누진세율을 채택한다.
- 주소지 과세제도 : 주소지를 납세지로 한다. (소득 발생지 X)

06 양도소득세 | 난이도 중 | 정답 ④

증권거래세는 양도소득의 필요경비에 포함된다. 양도소득의 필요경비는 크게 '취득가액, 자본적 지출액, 기타 필요경비'를 말하며, 이 중 기타 필요경비에 증권거래세, 신고서 작성비용, 인지대 등이 포함된다.

오답 개념 체크
① 양도소득이 있는 거주자에 대하여 당해 연도의 양도소득금액에서 다음 호별 자산별로 각각 250만원씩 공제한다.
  - 제1호 : 토지·건물 및 부동산에 관한 권리, 기타자산(미등기 양도자산 제외)
  - 제2호 : 주식 및 출자지분
  - 제3호 : 파생상품 등
② 장기보유특별공제는 토지, 건물의 보유기간이 3년 이상일 때 공제하는 것으로, 주식은 장기보유특별공제를 적용받을 수 없다.
③ 양도란 자산에 대한 등기 또는 등록에 관계없이 매도, 교환, 현물출자 등으로 인하여 그 자산이 유상으로 사실상 이전되는 것이므로, 현물출자로 인하여 자산이 유상으로 사실상 이전되는 경우 양도소득세를 과세한다.

07 증권거래세   정답 ②
난이도 중

주권을 목적물로 하는 소비대차의 경우 증권거래세를 부과하지 않는다.

📝 이것도 알면 합격!

증권거래세의 과세대상

증권거래세 부과대상 O	• 상법 또는 특별법에 따라 설립된 법인의 주권 • 외국법인이 발행한 주권으로 자본시장법에 의한 거래소의 유가증권시장이나 코스닥시장, 코넥스시장에 상장된 것

증권거래세
부과대상 X
	• 다음 외국 증권시장에 상장된 주권의 양도나 동 외국 증권시장에 주권을 상장하기 위하여 인수인에게 주권을 양도하는 경우
	  - 뉴욕 증권거래소
	  - 전미증권업협회중개시장(Nasdaq)
	  - 동경증권거래소
	  - 런던증권거래소
	  - 도이치증권거래소
	  - 자본시장법 제 406조 제1항 제2호의 외국 거래소
	• 자본시장법 제377조 제1항 제3호에 따라 채무인수를 한 거래소가 주권을 양도하는 경우
	• 국가 또는 지방자치단체가 주권 등을 양도하는 경우(단, 국가재정법에 따른 기금이 주권을 양도하는 경우 및 우정사업 총괄 기관이 주권을 양도하는 경우 제외)
	• 자본시장법 제119조에 따라 주권을 매출하는 경우(발행매출)
	• 주권을 목적물로 하는 소비대차의 경우

[08~15] 금융상품

08 개인종합자산관리계좌(ISA)   정답 ④
난이도 중

중개형 ISA는 예금을 제외한 신탁형 ISA에서 담을 수 있는 상품을 모두 담아서 투자할 수 있다. 또한 신탁형 ISA와 달리 국내상장주식에도 투자할 수 있는 특징이 있다. 즉, 중개형 ISA는 '예금'에 투자할 수 없고, 신탁형 ISA는 '국내상장주식'에 투자할 수 없다.

오답 개념 체크
① 당해 연도에 납입한도를 채우지 못하는 경우 미불입 납입한도를 다음 해로 이월할 수 '있다.'
② 일반형·서민형·농어민형 ISA 모두 '3년'의 의무가입기간이 있다.
③ 일임형 ISA는 투자전문가에게 포트폴리오를 일임하여 운용한다. 편입시킬 금융상품을 직접 고르기 원하는 투자자에게 적합한 것은 '중개형 ISA'와 '신탁형 ISA'이다.

09 신탁상품 – 특징   정답 ③
난이도 중

신탁재산은 수탁자의 상속재산에 속하지 않는다.

오답 개념 체크
① 수탁자는 '수익자'를 위해 신탁재산에 대한 임무의 수행과 권리의 행사를 행하여야 한다.
② 신탁재산은 수탁자의 고유재산으로부터 독립되어 있다.
④ 수탁자가 사망 또는 사임하더라도 신탁관계는 종료되지 않는다.

10 랩어카운트   정답 ④
난이도 중

'ⓒ, ⓔ'은 랩어카운트에 대한 적절한 설명이다.

오답 개념 체크
㉠ '자문형 랩어카운트'는 증권사나 투자자문사의 자문을 받아 운용된다.
㉡ '일임형 랩어카운트'는 증권사가 자산 포트폴리오의 구성 및 운용 등과 같은 모든 자산운용 업무를 대신한다.

📝 이것도 알면 합격!

랩어카운트

자문형 랩어카운트	일반적으로 증권사나 투자자문사의 자문에 따라 고객이 투자를 하지만, 투자자문사가 고객들의 계좌를 같은 포트폴리오에 맞춰 집합적으로 운용하는 경우도 있는 상품
일임형 랩어카운트	증권사가 고객의 성향에 따라 주식이나 채권, 주식형 펀드 등 투자자의 자산 포트폴리오 구성에서 운용까지 모든 자산운용 업무를 대신하는 상품
펀드형 랩어카운트	고객의 성향 및 투자목적 등을 파악하여 고객에게 가장 적합한 우수 펀드로 최적의 포트폴리오를 구성하는 투자전략을 제안하는 상품
컨설턴트 랩어카운트	고객의 보다 적극적이고 다양한 투자스타일을 반영하기 위해 일임투자자산운용사와의 상담을 통해 최적의 포트폴리오 및 개별 주식에 대한 투자전략을 제시하는 상품
자문사 연계형 랩어카운트	증권사가 고객으로부터 투자자금을 랩계좌로 받은 후 투자자문계약을 맺은 외부의 우수한 투자자문사로부터 자문을 받아 랩계좌에서 운용하는 상품

11 집합투자기구 관계회사 – 신탁업자   정답 ③
난이도 중

'신탁업자'에 대한 설명이다. 신탁업자는 집합투자재산과 관련하여 기준 가격의 산정이 적정한지 여부를 확인해야 한다.

12 주가연계증권(ELS)   정답 ④
난이도 중

주가연계증권(ELS)은 투자자가 발행 증권사의 신용위험에 노출될 뿐만 아니라 유가증권시장에 상장되지 않음에 따라 유동성이 낮다는 단점이 있다.

오답 개념 체크
① 파생결합증권의 한 종류이며 장외파생상품 겸영인가를 취득한 '증권회사'만이 발행할 수 있다.
② 공모ELS와 사모ELS 모두 발행할 수 있다.
③ 예금자보호가 되지 않는다.

13 보험상품   정답 ①
난이도 중

보험상품에 대한 설명으로 적절하지 않은 것은 'ⓒ' 1개이다.
ⓒ 종신보험은 일생을 보험기간으로 하여 사망할 때 보험금을 지급한다. 일정 기간 내에 사망할 때 보험금을 지급하는 것은 정기보험에 대한 설명이다.

14 자산유동화증권(ABS) — 정답 ①

자산유동화에 따라 최초 자산보유자는 보유하고 있는 자산을 표준화하고 특정 조건별로 집합(pooling)하여 유동화회사에 양도한다.

15 주택저당증권(MBS) — 정답 ②

주택저당대출 만기와 대응하기 때문에 통상 '장기'로 발행한다.

이것도 알면 합격!

주택저당증권(MBS)의 특징
- 통상 장기로 발행한다.
- 조기상환에 의해 수익이 변동한다.
- 국채나 회사채보다 수익률이 높다.
- 회사채보다 높은 신용등급의 채권을 발행한다.
- 주택저당대출의 형식 등에 따라 다양한 상품이 구성되어 있다.
- 채권상환과정에서 각종 수수료(자산관리수수료 등)가 발생한다.
- 매월 대출원리금 상환액에 기초하여 발행증권에 대해 매달 원리금을 상환한다.

[16~20] 부동산 관련 상품

16 부동산의 경기변동 — 정답 ①

상향시장 때에는 부동산 전문가의 활동에 있어서 '매도자' 중시 현상이 커진다. '매수자' 중시 현상이 커지는 시장은 하향시장이다.

이것도 알면 합격!

부동산 시장의 경기별 유형

하향시장	• 일반 경기의 수축에 해당하는 부동산 시장 • 부동산의 가격이 하락하며 거래는 한산하고 금리와 공실률이 높아짐 • 과거의 사례 가격은 새로운 거래 가격의 상한선이 됨 • 부동산 전문가의 활동에 있어서 '매수자' 중시 현상이 커짐
회복시장	• 가격의 하락이 중단·반전하여 가격이 상승하기 시장기로 때문에 투자 또는 투기심리의 작용의 여지가 높음 • 과거의 사례 가격은 새로운 거래 가격의 기준 가격이 되거나 하한선이 됨
상향시장	• 일반 경기의 확장에 해당하는 부동산 시장으로 부동산 가격이 활발하나 경기가 후퇴할 가능성을 가짐 • 과거의 사례 가격은 새로운 거래 가격의 하한선이 됨 • 부동산 전문가의 활동에 있어서 '매도자' 중시 현상이 커짐
후퇴시장	• 가격의 상승이 중단·반전하여 경기의 후퇴가 시작함 • 거래는 점차 한산해지고, 금리는 높고 여유 자금은 부족해짐
안정시장	• 부동산 시장만이 지니고 있는 특수한 국면으로 시장이 안정되어 감 • 가격은 가벼운 상승을 유지하거나 안정되고, 불황에 강한 부동산(위치가 좋은 적정규모의 주택 등)이 대상이 됨 • 과거의 사례 가격은 새로이 신뢰할 수 있는 거래의 기준이 됨

17 부동산 물권 — 용익물권 — 정답 ④

'ⓔ 소유권'은 용익물권에 해당하지 않는다. 용익물권에 해당하는 것은 '지상권, 지역권, 전세권'이다.

이것도 알면 합격!

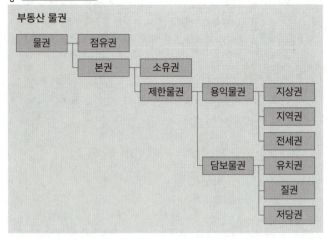

18 부동산투자의 분석 — 수익성지수(PI) — 정답 ③

수익성지수(PI)는 현금유입 현재가치의 합을 현금유출 현재가치의 합으로 나누어 계산한다.

- 수익성지수(PI) = $\dfrac{\text{현금유입 현재가치의 합}}{\text{현금유출 현재가치의 합}}$

  = $\dfrac{\{(120억원/1.2) + 10억원\}}{100억원}$ = 1.10

19 부동산투자의 분석 — 정답 ③

부동산투자의 원리금 상환능력을 측정하기 위한 부채상환비율은 순운용소득을 부채상환액으로 나누어 구한다.

오답 개념 체크

① Cash on Cash 수익률은 화폐의 시간가치를 고려하지 '않는' 수익률이다.
② 자본환원율은 '수익형 부동산의 순영업이익'을 '부동산의 가격'으로 나눈 비율이다.
④ 내부수익률은 투자안의 현금유입의 현재가치와 현금유출의 현재가치를 일치시키는 할인율로, 순현재가치를 '0'으로 만드는 할인율이다.

이것도 알면 합격!

대출비율과 부채상환비율
- 대출비율(LTV) = 저당대출원금/부동산 가격
- 부채상환비율(DSCR) = 순운용소득/부채상환액

부동산투자의 타당성 분석

간편법	• 순소득승수 = 총투자액/순운용소득 • 투자이율 = 순운용소득/ 총투자액 • 자기자본수익률 = 납세 전 현금흐름/자기자본투자액
현금흐름 할인법	• 순현재가치(NPV) : 현금유입의 현재가치에서 현금유출의 현재가치를 차감한 값 → 0(영) ≤ NPV일 때 채택 • 내부수익률(IRR) : 투자안의 현금유입의 현재가치와 현금유출의 현재가치를 일치시키는 할인율(화폐의 시간가치 고려) → 요구수익률(k) ≤ IRR일 때 채택 • 수익성지수(PI) : 부동산 투자로부터 얻어지게 될 장래의 현금흐름의 현재가치를 최초의 부동산 투자액으로 나누어 계산 → 1 ≤ PI일 때 채택
전통적인 감정평가법	• 거래사례비교법, 수익환원법, 원가법 • 최초의 부동산 투자액 ≤ 부동산 감정평가에 의한 정상가격일 때 채택

20 난이도 중 부동산 투자회사(REITs) 정답 ②

부동산 투자회사법에서 특별히 정한 경우를 제외하고 '상법'의 적용을 받는다.

오답 개념 체크
① 부동산 투자회사는 '주식회사'로 분류된다.
③ 발기설립을 원칙으로 하며, 현물출자에 따라 설립할 수 '없다.'
④ 부동산 투자회사가 자산의 투자운용업무를 하기 위해서는 부동산 투자회사의 종류별로 '국토교통부장관'의 영업인가를 받거나 '국토교통부장관'에 등록해야 한다.

제2과목 투자운용 및 전략 II/투자분석

[21~25] 대안투자운용/투자전략

21 난이도 중 PEF 투자회수(Exit) 정답 ③

PEF의 투자회수 전략에는 '매각, 상장(IPO), 유상감자 및 배당, PEF 자체 상장'이 있으며, '증자'는 투자자금 회수 전략으로는 거리가 멀다.

이것도 알면 합격!

PEF 투자회수(Exit) 전략

매각 (Sale)	• 가장 고전적인 방식 • 일반기업에 매각(대다수) 또는 다른 PEF에 매각
상장 (IPO)	• IPO를 통해 주식시장을 거쳐 일반투자자들에게 매각하는 방식 • 복잡한 공모절차와 감독당국의 심사과정이 필요함(단점) • 인수기업에 대해 계속해서 일정 지분을 보유할 수 있어 지속적인 영향력 행사가 가능함(장점) • 일반기업에 매각하는 방식보다 후순위 전략으로 분류됨
유상감자 및 배당	• 해당 기업의 수명 단축, 장기 성장성 저해 등의 부작용 초래
PEF 자체 상장	• 금리 상승, 자금시장의 경색 등으로 대규모 차입이 어려울 경우 인수자금조달 수단 측면뿐 아니라 투자자 자금회수 전략 측면에서도 유리함 • 공격적인 회수 전략으로 분류

22 난이도 중 부동산금융 정답 ③

'㉠, ㉡'은 부동산금융에 대한 적절한 설명이다.

오답 개념 체크
㉢ 부채 부담 능력 비율(DCR) = NOI/차입상환액
         = 5억/1억 = 5

이것도 알면 합격!

부동산 개발사업 주요 위험관리 방안

토지확보위험	• 지주 수가 많은 토지의 경우 전체 지주와 일괄계약 및 동시 자금 집행을 하여 토지 매입대금 상승 위험을 축소함
사업위험	• 사업부지에 대한 채권을 확보함 • 분양수입금을 에스크로(escrow) 계좌를 통해 관리함
인허가위험	• 인허가 리스크는 금융기관이 파악하고 통제하기 어려운 위험이므로, 대주단 및 부동산펀드는 인허가위험을 시공사에 부담함 • 일정 인허가 승인 조건부 자금 인출을 계약사항에 명문화함
시공위험	• 신용도가 양호한 시공사를 선정함
분양성 검토	• 할인 분양권 보유, 시공사 대물조건 등 분양 저조 시 대처방안을 강구함

부동산 투자성과 측정	
수익환원율 (Cap Rate)	• Cap Rate = $\dfrac{NOI}{매도호가}$ • 인근 건물이 100억원에 매각되고, 해당 건물의 NOI가 11억원이었다면, Cap Rate = 11억/100억 = 11%이다.
Equity 배당률	• Equity 배당률 = $\dfrac{초년도\ 세전\ 현금흐름}{최초\ Equity\ 투입액}$ • 매입 가액이 100억원, 차입금 50억원, 초년도 세전 현금흐름이 5억원이라면, Equity 배당률 = 5억/(100억 − 50억) = 10%이다.
부채 부담 능력 비율 (DCR)	• DCR = $\dfrac{NOI}{차입상환액}$ • NOI가 5억원, 차입상환액이 4억원이라면, DCR = 5억/4억 = 1.25이다.

23 신용파생상품 난이도 중 정답 ④

Equity 트랜치 투자자는 up-front 방식으로 수익을 초기에 한 번에 받는다.

오답 개념 체크
① CDS에서 보장매입자는 보장매도자에게 준거자산의 신용위험을 이전하고, 보장매도자는 그 대가로 프리미엄을 지급받는다.
② 합성 CDO는 보장매입자가 준거자산을 양도하지 않고, 신용파생상품을 이용하여 준거자산의 신용위험을 SPC에 이전한다.
③ CDO의 트랜치 중 위험과 수익이 가장 높은 것은 'Equity 트랜치'이다.

이것도 알면 합격!

CDO의 트랜치	
Equity 트랜치	• 가장 위험이 높고 수익이 높은 트랜치 • 잘 분산된 신용 포트폴리오에 대해 높은 레버리지의 노출을 가지고 있음 • 투자자의 수익은 초기에 한 번에 받으며(up-front 방식), 만기에 남아있는 담보자산의 원금을 받음
Mezzanine 트랜치	• Senior 트랜치와 Equity 트랜치의 중간에 위치 • 신용등급이 비슷한 회사채 또는 ABS에 비해 높은 수익이 지급됨 • 잔여 이익에 대한 참여권이 없음
Senior 트랜치	• Equity/Mezzanine/Senior 트랜치 중 가장 위험이 낮은 대신 낮은 수익을 가지고 있는 트랜치 • 높은 신용등급을 가짐 • 실제 현금 손실이 발생하기 어렵지만 Mark-to-Market의 위험이 있음 • 신용등급이 비슷한 채권에 비해 높은 수익을 얻을 수 있으며, 분산화에 대한 이익을 얻을 수 있음
Super Senior 트랜치	• Senior 트랜치에서 추가 손실이 발생하는 경우를 가정함 • Unfunded CDO의 형태를 가짐 • 신용평가기관에서 신용평가를 하지 않기 때문에, 투자자는 신용등급 없이 투자함

24 CDO의 구분 난이도 하 정답 ②

Balance Sheet CDO에 대한 설명이다.

이것도 알면 합격!

CDO의 구분

• 발행목적에 따른 구분

Arbitrage CDO	기초자산의 수익률과 유동화 증권의 수익률 간의 차이에서 발생하는 차익을 얻을 목적으로 발행
Balance Sheet CDO	위험 전가를 목적으로 거래하고, 거래를 통해 대차대조표에서 신용위험 자산이 감소하여 재무비율이 개선됨

• 위험 전이 방법에 따른 구분

Cash Flow CDO	자산을 양도하여 SPV를 구성, SPV에서 발행한 트랜치에 매각 대금으로 자본 조달(funded CDO)
Synthetic CDO	기초자산의 양도 없이 CDS를 활용하여 신용위험 전가 (unfunded CDO)

• CDO 기초자산 운용에 따른 구분

Static CDO	포트폴리오의 운용 없이 만기까지 보유
Dynamic CDO	지정된 운용자에 의해 자산이 운용되는 CDO
Hybrid CDO	Ram-up 기간과 자산으로부터 선지급이 있는 경우 자산을 운용 혹은 대체하는 hybrid structure

25 헤지펀드 운용전략 – 합병 차익거래 난이도 중 정답 ②

일반적으로 합병 차익거래는 피인수기업의 주식을 매수하고, 인수기업의 주식을 매도하는 포지션을 취한다.

오답 개념 체크
① 합병 차익거래는 발표된 M&A, 공개매수, 자본의 재구성, 분사(spin-off) 등과 관련된 주식을 사고파는 Event Driven(이벤트 투자형) 전략이다.
④ 발표되지 않은 추측 정보에 의해 합병 차익거래를 하는 것은 매우 위험한 투자로 이는 내부자 정보와도 상관관계를 가질 수 있기 때문에, 헤지펀드 매니저는 발표된 정보에만 집중해야 한다.

이것도 알면 합격!

헤지펀드 운용전략	
차익거래 전략	• 공매도와 차입을 일반적으로 사용함 • 차익거래기회를 통해 수익을 추구하고 시장 전체의 움직임에 대한 노출을 회피함으로써 시장 변동성에 중립화하는 전략 • 전환사채 차익거래, 채권 차익거래(수익률곡선 차익거래, 회사채 및 국채 간 이자율 스프레드), 주식시장중립형 등이 있음
Event Driven 전략	• 위험을 적극적으로 취하고, 상황에 따라 공매도와 차입을 사용함 • 기업 합병 등 기업 상황에 영향이 큰 사건을 예측하고 이에 따라 발생하는 가격 변동을 이용해 수익을 창출함 • 부실채권투자, 위험차익/합병차익거래로 구분

방향성 전략	• 특정 주가나 시장의 방향성에 근거하는 전략으로, 시장위험을 헤지한 종목 선택으로 수익을 극대화하기보다는 증권이나 시장의 방향성에 따라 매매 기회를 포착하는 기법 • 위험을 적극적으로 취하고, 상황에 따라 차입과 공매도를 사용 • 주식의 롱숏 전략, 글로벌 매크로(Global macro), 이머징마켓 헤지펀드, 선물거래 등이 있음
펀드 오브 헤지펀드 전략	• 자금을 여러 개의 헤지펀드에 배분하여 투자하는 전략 • 위험분산(분산투자효과가 큼), 구매의 적정성, 접근의 용이성, 전문가에 의한 운용, 사전 자산배분 등의 장점이 있음

[26~30] 해외증권투자운용/투자전략

26 해외 주식발행(DR) 난이도 중   정답 ④

미국 달러화 표시 DR이 미국 이외 시장에 상장되면 'EDR'이 된다. 반면, 미국과 미국 이외 시장에 동시에 상장된다면 'GDR'이다.

오답 개념 체크

③ 해당 기업이 DR의 발행 및 상장 관련 비용을 부담하는 경우를 sponsored DR이라고 하며, 미국의 증권회사가 그 비용을 부담하여 DR을 발행·상장하는 경우를 unsponsored DR이라고 한다.

이것도 알면 합격!

해외 주식발행(DR)

ADR	미국 증권으로 등록하고 미국 증시에 상장되어 거래
EDR	달러 표시로 DR을 발행하고, 미국 이외의 시장에서 상장
GDR	달러 표시로 DR을 발행하고, 미국과 미국 이외의 시장에서 동시에 상장

27 유로채와 외국채 난이도 상   정답 ①

'㉠, ㉡'은 국제 채권에 대한 적절한 설명이다.
㉠ 미달러화 표시 채권이 미국 이외의 국가에서 발행되는 것은 유로달러본드(유로채)이다. 유로채는 채권의 소지자가 청구권을 가지는 '무기명식'으로 발행된다.
㉡ 양키본드는 외국기업이 미국에서 미달러화 표시로 발행하는 채권(외국채)이다.

오답 개념 체크

㉢ 딤섬본드는 외국기업이 홍콩에서 '위안화' 표시로 발행하는 채권(유로채)이다. 한편, 외국기업이 중국에서 위안화 표시로 발행하는 채권(외국채)은 '판다본드'라고 부른다.

이것도 알면 합격!

유로채 vs. 외국채(정의)

유로채 (Eurobonds)	• 채권 표시통화의 본국 외에서 발행되는 채권 • 딤섬본드 : 홍콩에서 위안화로 발행되는 유로채
외국채 (Foreign bonds)	• 채권 표시통화의 본국에서 발행되는 채권 • 양키본드 : 미국에서 달러로 발행되는 외국채 • 사무라이본드 : 일본에서 엔화로 발행되는 외국채 • 판다본드 : 중국에서 위안화로 발행되는 외국채

유로채 vs. 외국채(특징)

유로채 (Eurobonds)	• 사실상 현지국(발행지)의 규제가 없음(역외채권) • 공시, 신용등급평가에 따른 규제 미미 • 수익에 대한 이자소득세 부담 없음 • 무기명식 채권
외국채 (Foreign bonds)	• 외국채 발행 시 현지국(발행지)의 채권 발행 및 조세에 관한 규제 • 공시, 신용등급평가에 따른 엄격한 규제 • 수익에 대한 이자소득세 부담 있음 • 기명식 채권

28 미국 국채 난이도 중   정답 ④

T-note는 이표채로 발행되어 6개월마다 이자를 받을 수 있다.

오답 개념 체크

① T-bill은 할인채로 발행된다.
② T-bond는 만기 10년 이상의 장기채이다.
③ T-note는 만기 1년 이상 10년 이하의 중기채이다.

이것도 알면 합격!

미국 국채

T-bill	• 단기채(1년 이하) • 만기가 짧기 때문에 할인채로 발행함(따라서 이자가 없음)
T-note	• 중기채(1년 이상 10년 이하) • 이표채로 발행함(이표가 있어 6개월마다 이자를 받을 수 있음)
T-bond	• 장기채(10년 이상) • 이표채로 발행함(이표가 있어 6개월마다 이자를 받을 수 있음)

29 미국 국채 투자 유의사항 난이도 중   정답 ①

미국 국채는 위험성 없는 채권(안전자산)으로 보아 가산금리가 붙지 않는다. 따라서 미국 재무부채권 투자 시 가산금리는 고려대상이 아니다. 한편, 기타 국가의 채권은 미국 재무부채권 금리에 위험도에 따른 가산금리가 붙게 된다.

이것도 알면 합격!

미국 국채 투자 시 유의사항

• Yield Curve 분석	• 미국 연준(Fed)의 금리정책
• 채권 수급	• 안전자산 선호
• 달러 움직임	• 미국 물가/GDP/실업률 등 거시경제지표

30 해외투자 포트폴리오의 구축 　　　　정답 ②

소극적 투자전략에서는 벤치마크 포트폴리오의 구성을 정확하게 모방하기 때문에 거래비용이 아주 높아진다. 따라서 소극적 투자전략에서는 벤치마크를 모방하면서도 그에 따른 거래비용을 줄여 벤치마크 수익률에 근접하도록 하는 것이 중요하다.

이것도 알면 합격!

소극적 투자전략 vs. 적극적 투자전략

소극적 투자전략	• 환율과 주가전망을 투자결정에 거의 반영하지 않고 벤치마크 지수의 구성을 모방함으로써 벤치마크와의 수익률 격차를 최소화하려는 방어적 전략 • 목표수익률의 상한은 벤치마크의 수익률이 됨 • 벤치마크 포트폴리오의 구성을 정확하게 모방하는 경우 거래비용이 높아짐 • 벤치마크를 모방하면서도 그에 따른 거래비용을 줄여 벤치마크 수익률에 근접하는 것이 중요함
적극적 투자전략	• 환율 및 주가전망과 예측을 포트폴리오 구성 결정에 적극적으로 반영하여 위험을 부담하면서도 수익률을 극대화하고자 하는 공격적 전략 • 목표수익률을 벤치마크의 수익률보다 높게 설정함 • 시장의 비효율성이 존재한다고 가정하여 관련 정보가 가격에 천천히 반영됨으로써 예측이 의미가 있다고 봄 • 전통적으로 해외 주식투자는 환율과 각국 주가 예측을 통한 공격적 전략이 중심이 되어 옴

하향식 접근방법 vs. 상향식 접근방법

하향식 접근방법	• 각국의 거시경제 변수를 보고 국가 비중을 우선 결정한 다음, 각국에서 산업과 개별 기업별 비중을 결정함 • 세계경제를 완전히 통합되지 않고 분리된 각국 경제의 결합체로 봄
상향식 접근방법	• 기업 및 산업분석을 통해 투자대상의 주식과 주식별 투자액을 미리 정하고 그 결과 전체 포트폴리오에서 차지하는 각국의 투자 비중이 결정됨(즉, 국가의 비중은 산업 및 기업선정의 결과로써 결정됨) • 세계경제를 글로벌화된 산업들의 집합으로 봄

[31~42] 투자분석기법

31 현금흐름 추정원칙 　　　　정답 ②

감가상각비는 현금유출을 수반하지 않는 비용이지만, 과세대상 이익에 영향을 미쳐 법인세가 달라질 수 있기 때문에 현금흐름 추정 시 고려되어야 한다.

오답 개념 체크

① 현금흐름은 '세후' 기준으로 추정되어야 한다.
③ 현금흐름 추정 시 '매몰원가'는 고려 대상이 아니지만, '기회비용'은 고려 대상이다.
④ '현금유입액'은 손익계산서에서 추정하고, '현금유출액'은 재무상태표에서 추정한다.

이것도 알면 합격!

현금흐름 추정원칙

• 현금흐름은 증분 기준으로 추정한다.
• 현금흐름은 세후 기준으로 추정한다.
• 현금흐름 추정 시 고려 대상

고려 대상 O	감가상각비, 기회비용
고려 대상 X	매몰원가

• 현금유입액과 현금유출액의 추정

현금유입액	손익계산서로부터 추정
현금유출액	재무상태표(비유동자산, 유동자산, 유동부채)로부터 추정

32 증권분석을 위한 통계 　　　　정답 ④

상관계수는 공분산을 변수 각각의 분산이 아닌 '표준편차'의 곱으로 나누어서 계산한다.

오답 개념 체크

① '최빈값, 산술평균, 중앙값'은 중심위치를 나타내는 지표로서, 자료가 어떤 값을 중심으로 분포하는가를 나타낸다. 참고로, '범위, 평균편차, 분산, 표준편차' 등은 자료가 중심위치로부터 어느 정도 흩어져 있는가(산포 경향)를 나타내는 지표이다.
③ 공분산 및 상관계수가 0보다 크면 양(+)의 관계, 0보다 작으면 음(−)의 관계, 0이면 아무런 선형의 상관관계가 없는 것을 의미한다.

33 기업분석(재무제표 분석) − ROA 　　　　정답 ①

총자산이익률(ROA) = 순이익/순매출액 × 총자산회전율
　　　　　　　　 = 0.4 × 2 = 0.8

이것도 알면 합격!

총자산이익률(ROA)과 자기자본이익률(ROE)

총자산이익률 (ROA)	$= \dfrac{순이익}{총자산}$ $= \dfrac{순이익}{순매출액} \times \dfrac{순매출액}{총자산}$ $=$ 매출액순이익률 × 총자산회전율(TAT)
자기자본이익률 (ROE)	$= \dfrac{순이익}{자기자본}$ $= \dfrac{순이익}{총자산} \times \dfrac{총자산}{자기자본}$ $=$ 총자산이익률(ROA) × $\dfrac{총자산}{자기자본}$

34 레버리지 분석 정답 ①
난이도 중

<보기> 중 레버리지 분석에 대한 적절한 설명은 없다.

오답 개념 체크
㉠ 영업레버리지도는 '영업이익의 변화율'을 '판매량의 변화율'로 나누어 계산한다.
㉡ 영업고정비와 이자비용이 존재한다면 결합레버리지는 1보다 크다.
㉢ 영업이익이 동일할 경우 타인자본 의존도가 높을수록 재무레버리지도는 커진다.

이것도 알면 합격!

레버리지도

영업 레버리지도 (DOL)	$\dfrac{\text{영업이익 변화율}}{\text{판매량(매출액) 변화율}}$	$\dfrac{\text{매출액} - \text{변동비}}{\text{매출액} - \text{변동비} - \text{고정비}}$
재무 레버리지도 (DFL)	$\dfrac{\text{주당순이익 변화율}}{\text{영업이익 변화율}}$	$\dfrac{\text{영업이익}}{\text{영업이익} - \text{이자비용}}$ $\left(=\dfrac{\text{매출액} - \text{변동비} - \text{고정비}}{\text{매출액} - \text{변동비} - \text{고정비} - \text{이자비용}}\right)$
결합 레버리지도 (DCL)	$\dfrac{\text{주당순이익 변화율}}{\text{판매량(매출액) 변화율}}$	$\dfrac{\text{매출액} - \text{변동비}}{\text{매출액} - \text{변동비} - \text{고정비} - \text{이자비용}}$

영업레버리지도
- 영업레버리지 효과 : 고정비의 존재로 인해 매출액의 변동보다 영업이익(EBIT)의 변동이 증폭되는 현상
- 고정비를 부담하지 않는 기업은 영업레버리지 효과가 발생하지 않는다.

재무레버리지도
- 재무레버리지 효과 : 고정 이자비용(I)의 존재로 인해 영업이익(EBIT)의 변동보다 순이익의 변동이 증폭되는 현상으로, 타인자본 의존도가 클수록 재무레버리지 효과가 더 커짐
- 재무레버리지도는 타인자본 의존도가 높을수록 크고, 영업이익이 커질수록 낮아진다.

결합레버리지도
- 영업고정비(FC)와 이자비용(I)이 존재하는 경우, 결합레버리지는 항상 1보다 크다.
- 영업고정비(FC)와 이자비용(I)을 많이 지급할수록 결합레버리지는 커지며, 기업의 주당순이익 변화율은 매출액 변화율보다 항상 확대되어 나타난다.

35 EV/EBITDA 정답 ③
난이도 하

EV/EBITDA 방식에 의한 가치 추정은 당기순이익을 기준으로 평가하는 PER 모형의 한계점을 보완하고, 기업 자본구조를 감안한 평가방식이라는 점에서 유용성이 있다.

36 EVA 모형 정답 ③
난이도 중

- 세후순영업이익 = 600억 × (1 − 0.20) = 480억
- WACC = {타인자본비율 × 타인자본조달비용 × (1 − 법인세율)} + {자기자본비율 × 자기자본비용}
  = {0.60 × 0.20 × (1 − 0.20)} + {0.40 × 0.10}
  = 0.136
- ∴ EVA = 세후순영업이익 − (WACC × 투하자본)
  = 480억 − (0.136 × 1,000억) = 344억

이것도 알면 합격!

EVA

EVA = 세후영업이익 − 총자본비용
   = 세후영업이익 − (타인자본비용 + 자기자본비용)
   = 세후영업이익 − (WACC × 투하자본)
   = (세후순영업이익/투하자본 − WACC) × 투하자본
   = (ROIC − WACC) × 투하자본

37 그랜빌의 주가·이동평균선 정답 ③
난이도 중

'㉠, ㉡, ㉢'은 매입 신호에 해당한다.
㉡ 이동평균선이 상승하고 있을 때 주가가 일시적으로 이동평균선의 아래로 하락하는 경우 매입 신호에 해당한다. 이동평균선의 상승은 장기적인 추세 상승을 의미하므로 주가 하락은 일시적일 가능성이 크다.

오답 개념 체크
㉣ 주가가 상승하고 있는 이동평균선을 상향 돌파한 후 다시 급등하는 경우, 이동평균선 쪽으로 자율 반락 가능성이 있으므로 매도 신호에 해당한다.

이것도 알면 합격!

그랜빌의 주가·이동평균선

매입 신호	• 이동평균선이 하락한 뒤에 상승국면으로 진입한 상황에서 주가가 이동평균선을 상향 돌파하는 경우 • 이동평균선이 상승하고 있을 때 주가가 일시적으로 이동평균선의 아래로 하락하는 경우 • 주가가 이동평균선 위에서 빠르게 하락하다가 이동평균선 부근에서 지지를 받고 재차 상승하는 경우 • 주가가 하락하고 있는 이동평균선을 하향 돌파한 후 다시 급락하는 경우
매도 신호	• 이동평균선이 상승한 후 하락국면에서 주가가 이동평균선을 하향 돌파하는 경우 • 이동평균선이 하락하고 있을 때 주가가 일시적으로 이동평균선의 위로 상승하는 경우 • 주가가 이동평균선 아래에서 상승세를 보이다가 이동평균선을 상향 돌파하지 못하고 하락하는 경우 • 주가가 상승하고 있는 이동평균선을 상향 돌파한 후 다시 급등하는 경우

38 갭(gap)   정답 ③

- (급진갭)은 주가의 움직임이 급속하게 가열 또는 냉각되면서 이전의 추세가 더욱 가속화되고 있음을 확인할 수 있는 갭(gap)으로, 다우 이론의 추세추종국면이나 엘리어트 파동이론의 3번 파동에서 주로 발생한다.
- (돌파갭)은 일반적으로 장기간에 걸친 조정 국면이나 횡보 국면을 마감하고 주가가 과거 중요한 지지선이나 저항선을 돌파할 때 나타난다.

이것도 알면 합격!

갭(gap)의 종류

보통갭	• 횡보 국면에서 자주 나타나며, 큰 의미를 부여하지는 않음
돌파갭	• 일반적으로 장기간에 걸친 조정 국면이나 횡보 국면을 마감하고 주가가 과거 중요한 지지선이나 저항선을 돌파할 때 나타남 • 새로운 주가 움직임이나 새로운 추세의 시작을 알리는 신호가 되기도 함
급진갭	• 주가의 예상 목표치의 중간 지점에서 주로 발생함(중간갭이라고도 함) • 주가 움직임이 급속하게 가열 또는 냉각되면서 이전의 추세가 더욱 가속화됨을 나타냄 • 다우 이론의 추세추종국면이나 엘리어트 파동이론 3번 파동에서 주로 발생함
소멸갭	• 주가가 장기간에 걸쳐 급격한 수직 상승을 지속하는 도중에 나타남 • 주가 상승 막바지에 한두 갭이 발생하는데, 그 후 주가 상승이 멈추고 하락으로 반전되는 경우 바로 앞에서 발생 • 기존의 상승추세가 반전된다고 예상할 수 있음
섬꼴반전	• 상승 소멸 갭이 나타난 뒤 하락추세가 시작되면서 발생한 하향 돌파 갭 사이에 나타난 작은 섬 모양의 주가들을 의미함 • 지금까지의 상승추세가 끝나고 하락추세가 시작된다는 반전의 신호로 인식할 수 있음

39 추세 분석 – 추세반전형 지표   정답 ①

- (스토캐스틱)은 일정기간 동안의 주가 변동폭 중 금일 종가의 위치를 백분율로 나타낸다.
- (RSI)는 일반적으로 14일간 상승폭과 하락폭의 평균값을 구하여 상대강도를 나타낼 수 있는 지표이다.

이것도 알면 합격!

추세추종형 지표

MACD	• MACD = 단기지수 이동 평균 – 장기지수 이동 평균 • 시그널 = n일 MACD 지수 이동 평균 • 매수 시점 : MACD가 시그널을 상향 돌파할 때 • 매도 시점 : MACD가 시그널을 하향 돌파할 때
MAO	• MAO = 단기 이동평균값 – 장기 이동평균값 • 값이 (+)이면 현재 주가가 상승추세에 있고, (–)이면 하락추세에 있음을 의미 • 매수 시점 : (–)에서 0선을 상향 돌파하여 (+)로 전환될 때 • 매도 시점 : (+)에서 0선을 하향 돌파하여 (–)로 전환될 때
소나 차트	–

추세반전형 지표

스토캐스틱	• 일정기간 동안의 주가 변동폭 중 금일 종가의 위치를 백분율로 나타내는 지표 • 상승 중일 때에는 금일 종가가 주가 변동폭의 최고가 부근에, 하락 중일 때에는 금일 종가가 주가 변동폭의 최저가 부근에서 형성됨 • 매수 신호 : %K선이 %D선을 상향 돌파하여 상승할 때 • 매도 신호 : %K선이 %D선을 하향 돌파하여 하락할 때
RSI	• 일정기간 동안 상승과 하락을 평균하여 상대강도로 나타내는 지표 • 매수 신호 : 25% 수준이면 경계신호로 하한선을 나타내며, 약세장이 지속되어 하향 돌파할 때 매수전략 필요 • 매도 신호 : 75% 수준이면 경계신호로 상한선을 나타내며, 강세장이 지속되어 상향 돌파할 때 매도전략 필요
ROC	• 금일 주가와 n일 전 주가 사이의 차이를 나타내는 지표 • 매수 신호 : 0선을 상향 돌파할 때 • 매도 신호 : 0선을 하향 돌파할 때

40 거래량 지표(OBV, VR)   정답 ④

주가지수 OBV의 경우 저가주들의 대량거래가 시장 전체의 거래량을 왜곡할 수 있다. 따라서 이 경우에는 거래량 대신 거래대금으로 OBV를 산출하는 보조적인 방법을 사용할 수 있다.

오답 개념 체크

① 주가가 전일에 비해 상승한 날의 거래량 누계에서 하락한 날의 거래량 누계를 차감하여 집계한 지표는 'OBV'이다.
② 일정기간 동안의 주가 상승일의 거래량과 주가 하락일의 거래량 비율의 백분비는 'VR'이다.
③ OBV선의 상승은 매입세력의 '집중', 하락은 매입세력의 '분산'을 나타낸다.

이것도 알면 합격!

거래량 지표

OBV	• 주가가 전일에 비해 상승한 날의 거래량 누계에서 하락한 날의 거래량 누계를 차감하여 누적적으로 집계, 도표화한 지표 • 시장이 매집단계에 있는지, 분산단계에 있는지 나타냄
VR	• 일정기간 동안의 주가 상승일의 거래량과 주가 하락일의 거래량의 비율을 백분비로 나타낸 지표 • 450%를 초과하면 단기적으로 주가의 경계신호가 되고, 70% 이하이면 단기 매입 시점으로 봄
역시계 곡선	• 주가와 거래량의 n일 이동평균에 의한 교차점을 선으로 연결한 지표

41 산업구조 변화에 대한 경제이론   정답 ④

내생적 성장이론은 경제성장을 인적자본 등 요소의 내생적 축적에 의해서 이루어진다고 보고 있으며, 이를 국제무역에 응용하면 산업구조의 변화에서 요소창출이 요소부존보다 더 중요하다.

오답 개념 체크
① 리카도 비교우위론에서 각국은 상대적으로 생산비가 낮은(즉, 비교우위가 있는) 제품의 생산에 특화하는 것이 이익이다.
③ 신무역이론은 시장실패를 상정하고 산업 내 무역과 정부개입의 필요성을 주장하며, 국가 간의 무역 관계에서 전략적 무역정책을 고려한다.

42 마이클포터의 경쟁우위론   정답 ③

경쟁우위론은 직접적인 결정요인(요소 조건, 수요조건, 연관산업 및 지원산업, 기업전략과 경쟁여건 등)과 간접적인 결정요인(정부 및 우발적 요인)을 종합적으로 고려하여 다이아몬드 모형으로 산업경쟁력을 설명한다.

오답 개념 체크
① 생산비 및 요소부존도가 아닌 '혁신과 요소 축적' 등을 통해 비교우위를 창출함으로써 경쟁우위를 증진시킬 수 있다.
  경쟁우위론에 따르면 생산비 및 요소부존도에 근거한 비교우위는 기술변화가 급격히 이루어지고 생산활동의 세계화가 광범위하게 발생하는 상황에서 현실을 제대로 설명할 수 없다고 주장한다.
② '요소 조건, 수요조건, 연관산업 및 지원산업, 기업전략과 경쟁여건' 등은 직접적인 요인으로, '정부 및 우발적 요인' 등은 간접적인 요인으로 구분한다.
④ 경쟁자산이 충분히 축적되어 있으면 경쟁력을 가질 수 있는 가능성이 있다고 볼 수 있으나, 이것이 곧 높은 산업성과를 의미하는 것은 아니다. 경쟁자산은 잠재적인 산업경쟁력을 나타낸다.

이것도 알면 합격!

마이클포터의 경쟁우위론

개요	· 혁신과 요소 축적 등을 통해 경쟁우위를 확충함으로써 국가의 산업경쟁력을 얻을 수 있음 (혁신과 요소 축적 → 비교우위 창출 → 경쟁우위 증진)
내용	· 생산비 및 요소부존도에 근거한 비교우위(국제무역이론)는 급변하는 현실을 제대로 설명할 수 없다고 주장함 · 산업경쟁력의 결정요인을 직접적 요인과 간접적 요인으로 구분함 <table><tr><td>직접적 요인</td><td>요소 조건, 수요조건, 연관산업 및 지원산업, 기업전략과 경쟁여건 등</td></tr><tr><td>간접적 요인</td><td>정부 및 우발적 요인</td></tr></table> · 결정요인을 종합적으로 고려하는 다이아몬드 모형으로 산업경쟁력을 설명함 · 산업경쟁력을 분석하기 위해서는 먼저 경쟁자산, 시장구조, 산업성과의 측면에서 각각 경쟁력 수준을 평가하고 이들의 연관관계에 따라 미래의 성장성과 수익성을 파악해야 함

[43~50] 리스크관리

43 재무위험(Financial risk)의 종류   정답 ③

'운영위험'은 시장위험에 해당하지 않는다. 운영위험은 부적절한 내부시스템, 관리 실패, 잘못된 통제, 사기, 인간의 오류 등으로 인해 발생하는 손실에 대한 위험이다.

이것도 알면 합격!

재무위험(Financial risk)

시장위험	· 시장 가격 변동으로부터 발생하는 위험 · 주식위험, 이자율위험, 환위험, 상품 가격 위험 등이 해당됨
신용위험	· 거래상대방이 약속한 금액을 지불하지 못하는 경우 발생하는 손실에 대한 위험
유동성위험	· 포지션을 마감하는 데에서 발생하는 비용에 대한 위험 · 기업이 소유하고 있는 자산을 매각하고자 하는 경우 매입자가 없어 매우 불리한 조건으로 자산을 매각해야 할 때 노출되는 위험
운영위험	· 부적절한 내부시스템, 관리 실패, 잘못된 통제, 사기, 인간의 오류 등으로 인해 발생하는 손실에 대한 위험
법적위험	· 계약을 집행하지 못함으로 인해 발생하는 손실에 대한 위험

44 개별 자산(옵션)의 VaR 계산   정답 ①

옵션의 VaR = $S \cdot \sigma(\Delta S/S) \cdot z \cdot f'$
= 200pt × 0.02 × 1.65 × 0.3 = 1.98pt

오답 개념 체크
옵션의 VaR은 '기초자산의 가격(S), 표준편차(σ), 신뢰상수(z), 옵션의 델타(f')'의 곱으로 계산된다. 옵션의 VaR 계산에서 '옵션의 가격'은 필요하지 않은 요소이지만, 해당 문제와 같이 기초자산의 가격과 옵션의 가격 정보를 모두 줌으로써 기초자산의 가격 대신 옵션의 가격을 사용하도록 계산을 유도할 수 있으므로 주의해야 한다.

45 VaR의 정의   정답 ③

1일 VaR이 신뢰구간 99%에서 100억이라면, 해당 포트폴리오를 보유함으로써 향후 1일 동안에 100억을 초과하여 손실을 보게 될 확률이 1%임을 의미한다.

이것도 알면 합격!

신뢰수준 99%에서 1일 VaR이 100억원이라는 것의 의미

· 99% 신뢰수준으로 1일 동안 발생 가능한 최대손실금액은 100억원이다.
· 유의수준이 1%라면 1일 동안 발생 가능한 최소손실금액은 100억원이다.
· 1일 동안 100억원을 초과하여 손실을 입을 확률은 1%이다.
· 1일 동안 100억원 이내의 손실이 발생할 확률은 99%이다.

46 VaR의 전환 — 정답 ④

99% 신뢰도 4일 VaR = $3.30 \times \dfrac{2.33}{1.65} \times \sqrt{4} = 9.32$

이것도 알면 합격!

VaR의 전환 공식

신뢰도 변경 (95% → 99%)	95% 신뢰도 1일 VaR × $\dfrac{2.33}{1.65}$
신뢰도 변경 (99% → 95%)	99% 신뢰도 1일 VaR × $\dfrac{1.65}{2.33}$
보유기간 변경	1일 VaR × $\sqrt{추정기간}$

48 VaR 측정방법 – 구조화된 몬테카를로 분석법 — 정답 ②

몬테카를로 시뮬레이션법에서는 주가의 움직임에 대한 확률 모형으로 기하학적 브라운운동모형을 주로 사용한다.

오답 개념 체크
① 몬테카를로 시뮬레이션법은 위험요인의 변동을 몬테카를로 시뮬레이션을 이용하여 구한 후, 보유하고 있는 포지션의 가치 변동으로부터 VaR를 측정하는 방법이므로, 위험요인의 변동과 포지션의 가치 변동 모두 파악해야 한다.
③ 몬테카를로 시뮬레이션법의 경우 리스크 요인의 분포는 정규분포 이외에 어떠한 분포를 가정하든지 분석이 가능하다.
④ 옵션 포지션을 포함하는 경우 델타분석법보다는 몬테카를로 시뮬레이션법이 더 정확하다.

47 포트폴리오의 VaR 계산 — 정답 ①

- 포트폴리오의 VaR을 계산하면 (10억)이다.
- 포트폴리오의 분산투자효과로 인해 줄어든 VaR 금액은 (4억)이다.

1) 분산투자효과 고려 전 VaR
   - 개별자산 간의 상관계수를 무시했을 때의 VaR을 계산한다. (즉, 개별자산 간의 상관계수가 1인 상황)
   VaR = $\sqrt{VaR_A^2 + VaR_B^2 + 2 \cdot \rho \cdot VaR_A \cdot VaR_B}$
   = $\sqrt{6^2 + 8^2 + 2 \cdot 1 \cdot 6 \cdot 8}$
   = $\sqrt{196} = 14$
   - 또는, 분산투자효과 고려 전 VaR은 개별자산 VaR의 단순 총합(6 + 8 = 14)으로도 계산할 수 있다.

2) 분산투자효과 고려한 VaR(포트폴리오의 VaR)
   - 개별자산 간의 상관계수를 고려하여 VaR을 계산한다.
   VaR = $\sqrt{VaR_A^2 + VaR_B^2 + 2 \cdot \rho \cdot VaR_A \cdot VaR_B}$
   = $\sqrt{6^2 + 8^2 + 2 \cdot 0 \cdot 6 \cdot 8}$
   = $\sqrt{100} = 10$

3) 분산투자효과(VaR 감소 금액)
   = 분산투자효과 고려 전 VaR − 분산투자효과 고려한 VaR
   = 14 − 10 = 4

이것도 알면 합격!

특수한 상관계수와 포트폴리오의 VaR 계산 공식

두 자산의 상관계수(ρ)	포트폴리오 VaR	분산투자효과
$\rho = -1$	$\|VaR_A - VaR_B\|$	분산투자효과 최대
$\rho = 0$	$\sqrt{VaR_A^2 + VaR_B^2}$	분산투자효과 있음
$\rho = +1$	$VaR_A + VaR_B$	분산투자효과 없음

49 RAROC(위험조정 수익률) — 정답 ④

RAROC가 높을수록 성과가 우수하기 때문에 포트폴리오 C가 가장 우수하며, D가 두 번째로 우수하다.

포트폴리오	A	B	C	D
투자금액	100억	100억	100억	100억
순수익률	6%	8%	6%	7%
순수익	6억	8억	6억	7억
VaR	4억	6억	3억	4억
RAROC (= 순수익/VaR)	$\dfrac{6억}{4억}=1.5$	$\dfrac{8억}{6억}=1.33$	$\dfrac{6억}{3억}=2$	$\dfrac{7억}{4억}=1.75$

50 VaR의 측정방법 – 스트레스 검증법 — 정답 ④

스트레스 검증법은 포트폴리오가 단 하나의 리스크 요소에 의존하는 경우에 사용하기 적합하다. 이러한 이유로 스트레스 검증법은 다른 VaR 측정법의 대체 방법이라기 보다는 보완적인 방법으로 사용한다.

제3과목 직무윤리 및 법규/투자운용 및 전략I/ 거시경제 및 분산투자

[51~55] 직무윤리

51 내부통제위원회 | 난이도 중 | 정답 ②

모든 금융투자회사가 내부통제위원회를 두어야 하는 것은 아니며, 최근 사업연도말 현재 자산총액이 5조원 미만인 여신전문금융회사, 최근 사업연도말 현재 자산총액이 7천억원 미만인 상호저축은행 등의 금융투자회사는 내부통제위원회를 두지 않아도 된다.

> **이것도 알면 합격!**
>
> **내부통제위원회 설치 예외**
> - 최근 사업연도 말 현재 자산총액이 7천억원 미만인 상호저축은행
> - 최근 사업연도 말 현재 자산총액이 5조원 미만인 금융투자업자 또는 종합금융회사, 보험회사, 여신전문금융회사
> - 기타 자산규모, 영위하는 금융업무 등을 고려하여 금융위원회가 정하여 고시하는 자

52 정보보호 | 난이도 중 | 정답 ③

회사와 임직원은 제3자에게 회사의 정보를 제공하는 것은 원칙적으로 금지되나, 회사가 요구하는 업무의 수행을 위해 비밀정보를 이용하는 것은 예외적으로 가능하며, 비밀정보의 이용은 회사가 정하는 사전승인 절차에 따라 이루어져야 한다.

53 위법계약해지권 | 난이도 중 | 정답 ②

- 금융상품판매업자 등이 설명의무 위반 시 금융소비자는 위법계약 사실을 안 날로부터 (1년) 이내에 위법계약의 해지 요구가 가능하며, 위법계약 사실을 안 날이 계약 체결일로부터 (5년) 이내여야 한다.
- 금융회사는 금융소비자의 위법계약 해지 요구가 있는 경우 해당일로부터 (10일) 이내에 계약 해지 요구의 수락 여부를 결정하여 금융소비자에게 통지하여야 한다.

54 과당매매 | 난이도 중 | 정답 ④

'해당 거래를 통해 달성한 이익 또는 손실의 정도'는 과당매매를 판단하는 기준에 해당하지 않는다.

> **이것도 알면 합격!**
>
> **과당매매 판단 기준**
> - 일반투자자가 부담하는 수수료의 총액
> - 일반투자자의 재산상태 및 투자목적의 적합성
> - 일반투자자의 투자지식·경험에 비추어 당해 거래에 수반되는 위험에 대한 이해 여부
> - 개별 매매거래 시 권유내용의 타당성 여부 등

55 매매명세의 통지 | 난이도 상 | 정답 ③

투자자가 통지를 받기를 원하지 않는 경우에는 지점, 그 밖의 영업소에 비치하거나 인터넷 홈페이지에 접속하여 수시로 조회가 가능하게 함으로써 통지를 갈음할 수 있다.

[56~66] 자본시장 관련 법규

56 투자설명서제도 | 난이도 중 | 정답 ②

일반투자자가 투자설명서의 교부를 거부한다는 의사를 서면, 전화, 우편 등의 방법으로 표시할 경우 투자설명서를 교부하지 않을 수 있다.

57 집합투자기구의 업무 수행 | 난이도 중 | 정답 ④

투자회사의 집합투자재산에 속하는 지분증권의 의결권 행사는 그 투자회사가 수행한다.

> **이것도 알면 합격!**
>
> **집합투자재산에 속하는 지분증권의 의결권 행사 주체**
> - 투자신탁재산에 속하는 지분증권의 의결권 행사는 그 투자신탁의 집합투자업자가 수행함
> - 투자회사의 집합투자재산에 속하는 지분증권의 의결권 행사는 그 투자회사가 수행함
>   - 단, 투자회사는 해당 투자회사의 집합투자업자에게 지분증권의 의결권 행사를 위탁할 수 있음

58 단기금융 집합투자기구(MMF) | 난이도 중 | 정답 ④

환매조건부매수의 경우에는 남은 만기의 제한을 받지 않는다.

> **이것도 알면 합격!**
>
> **단기금융 집합투자기구(MMF)**
>
> | | |
> |---|---|
> | 정의 | • 집합투자재산 전부를 원화로 표시된 단기금융상품에 투자하는 집합투자기구 |
> | 단기 금융상품 | • 남은 만기가 6개월 이내인 양도성 예금증서
• 남은 만기가 5년 이내인 국채증권
• 남은 만기가 1년 이내인 지방채증권·특수채증권·기업어음증권·사채권(주식 관련 사채 및 사모사채권 제외)
  - 단, 환매조건부매수의 경우 남은 만기의 제한을 받지 않음 |
> | 규제특례 | • 증권을 대여 또는 차입하는 방법으로 운용하지 않아야 함
• 남은 만기가 1년 이상인 국채증권에 집합투자재산의 5% 이내에서 운용해야 함
• 환매조건부매도는 보유 증권 총액의 5% 이내이어야 함 |

59 난이도 중 | 집합투자업자의 금전차입, 대여 등의 제한 | 정답 ②

부동산 개발사업을 영위하는 법인은 집합투자기구 자산총액에서 부채총액을 뺀 가액의 100분의 100 이내로 대여가 가능하다.

이것도 알면 합격!

집합투자업자의 영업행위 규칙 : 금전차입, 대여 등의 제한

원칙	• 집합투자기구의 계산으로 금전 차입 불가 • 집합투자재산으로 금전 대여 불가
예외	• 대량 환매청구·매수청구 발생 시 가능 (한도 : 차입 당시 순자산총액의 10%)
특례	차입	• 집합투자재산으로 부동산 취득 시 집합투자기구의 계산으로 금전차입이 예외적으로 허용됨 • 차입한도 – 부동산 집합투자기구 : 순자산의 200% – 기타 집합투자기구 : 부동산가액의 70%
	대여	• 부동산 개발사업을 영위하는 법인에 대해 예외적으로 대여 가능 • 대여한도 : 집합투자기구 순자산총액의 100%

60 난이도 중 | 집합투자기구 이익금의 분배 | 정답 ①

집합투자기구의 경우 집합투자규약이 정하는 바에 따라 이익금의 분배를 집합투자기구에 유보할 수 있으나, MMF는 제외된다.

이것도 알면 합격!

집합투자기구 이익금의 분배

원칙	집합투자업자 또는 투자회사 등은 집합투자기구의 집합투자재산 운용에 따라 발생한 이익금을 투자자에게 금전 또는 새로 발행하는 집합투자증권으로 분배해야 함
분배유보 (예외)	집합투자기구의 경우에는 집합투자규약이 정하는 바에 따라 이익금의 분배를 집합투자기구에 유보할 수 있음(단, MMF 제외)
초과분배	집합투자업자 또는 투자회사 등은 집합투자기구의 특성에 따라 이익금을 초과하여 분배할 필요가 있는 경우 이익금의 초과분배가 가능함

61 난이도 상 | 집합투자업자의 영업행위 규칙 - 자산운용의 제한 | 정답 ④

원칙적으로 각 집합투자기구 자산총액의 10%를 초과하여 동일종목의 증권에 투자하는 행위는 금지되지만, '㉠ 파생결합증권, ㉡ 특수채'는 동일종목의 증권에 30%까지 투자가 가능하며, '㉢ 한국은행통화안정증권'은 100% 투자가 가능하다.

62 난이도 중 | 투자자예탁금의 별도 예치 | 정답 ④

투자자예탁금을 신탁업자에 신탁할 수 있는 금융투자업자는 은행, 한국산업은행, 중소기업은행, 보험회사이며, 신탁법에도 불구하고 자기계약을 할 수 있다.

이것도 알면 합격!

투자자예탁금의 별도 예치

원칙	• 투자매매업자는 투자자예탁금을 고유재산과 구분하여 증권금융회사에 예치하거나 신탁업자에 신탁해야 함 • 투자매매업자는 증권금융회사 또는 신탁업자에게 투자자예탁금을 예치 또는 신탁하는 경우 그 투자자예탁금이 투자자의 재산이라는 점을 명시해야 함 • 투자자예탁금을 예치한 투자매매업자는 일반적으로 예치기관에 예치한 투자자예탁금을 양도하거나 담보로 제공할 수 없음
상계 또는 압류금지의 예외	• 예치 금융투자업자는 다음의 해당하는 경우 예외적으로 투자자예탁금을 양도하거나 담보로 제공할 수 있음 – 예치 금융투자업자가 흡수합병 또는 신설합병으로 인해 존속되거나 신설되는 회사에 예치기관에 예치한 투자자예탁금을 양도하는 경우 – 예치 금융투자업자가 금융투자업의 전부나 일부를 양도하는 경우로서 양도내용에 따라 양수회사 예치기관에 예치한 투자자예탁금을 양도하는 경우
투자자 예탁금의 우선지급	• 예치금융투자업자는 다음에 해당하게 된 경우 예치기관에 예치한 투자자예탁금을 인출하여 투자자에게 우선하여 지급해야 함 – 인가 취소, 해산 결의, 파산선고 – 투자매매업 전부양도·전부폐지가 승인된 경우 및 전부의 정지명령을 받은 경우

63 난이도 중 | 전매제한조치 | 정답 ①

공개매수신청에 응모하기 위해 인출하는 것은 보호예수의 예외적 인출사유에 해당하지 않는다.

이것도 알면 합격!

보호예수된 증권의 인출사유

• 통일규격증권으로 교환하기 위한 경우
• 전환권, 신주인수권 등 증권에 부여된 권리행사를 위한 경우
• 액면 또는 권면의 분할·병합에 따라 새로운 증권으로 교환하기 위한 경우
• 전환형 조건부자본증권을 주식으로 전환하기 위한 경우

64 적기시정조치 — 정답 ③
난이도 중

금융투자업자가 경영실태평가 결과 종합평가등급을 4등급 이하로 판정받은 경우 경영개선 요구 조치가 발동된다.

> **이것도 알면 합격!**
>
> **적기시정조치**
>
> | 구분 | 요건 | 조치 |
> |---|---|---|
> | 경영개선 권고 | 순자본비율 100% 미만 | • 인력 및 조직운용의 개선
• 경비절감
• 신규업무 진출의 제한 |
> | 경영개선 요구 | 순자본비율 50% 미만 | • 점포의 폐쇄·통합·신설제한
• 영업의 일부 정지
• 조직의 축소 |
> | 경영개선 명령 | 순자본비율 0% 미만 | • 주식의 일부 또는 전부소각
• 임원의 직무집행 정지
• 영업의 전부 또는 일부 양도 |

65 투자일임업자의 금지행위 — 정답 ③
난이도 중

투자일임업자가 자기 또는 관계인수인이 인수한 증권을 투자일임재산으로 매수할 수 있는 항목으로는 국채, 특수채, 통안채, 사채권 등이 있으나, 사채권 중 주권 관련 사채권 및 상각형 조건부자본증권은 제외한다.

> **이것도 알면 합격!**
>
> **투자일임업자의 금지행위**
> - 정당한 사유 없이 투자자의 운용방법의 변경 또는 계약의 해지 요구에 응하지 않는 행위
> - 자기 또는 관계인수인이 인수한 증권을 투자일임재산으로 매수하는 행위 (단, 다음의 경우는 예외적으로 가능)
>   - 인수일로부터 3개월이 지난 후 매수하는 경우
>   - 인수한 상장주권을 증권시장에서 매수하는 경우
>   - 국채, 지방채, 통안채, 특수채, 사채권(주권 관련 사채권 및 상각형 조건부자본증권 제외)을 매수하는 경우
> - 투자일임재산으로 자기가 운용하는 다른 투자일임재산, 집합투자재산 또는 신탁재산과 거래하는 행위
> - 투자일임재산으로 투자일임업자 또는 그 이해관계인의 고유재산과 거래하는 행위(단, 다음의 경우는 예외적으로 가능)
>   - 이해관계인이 되기 6개월 이전에 체결한 계약에 따른 거래의 경우
>   - 증권시장 등 불특정 다수인이 참여하는 공개시장을 통한 거래의 경우
>   - 환매조건부 매매의 경우
>   - 이해관계인이 매매중개를 통하여 채무증권, 원화로 표시된 양도성예금증서(CD) 또는 어음(기업어음증권 제외)을 그 이해관계인과 매매하는 경우

66 위험관리체제 — 정답 ③
난이도 중

위험관리지침의 제정 및 개정에 관한 사항은 금융투자업자의 이사회에서 심의·의결한다.

[67~69] 한국금융투자협회규정

67 재산상 이익의 제공 및 수령 — 정답 ②
난이도 상

금융투자회사 임직원과 거래상대방이 공동으로 접대에 참석한 경우 해당 비용은 전체 소요경비 중 거래상대방이 점유한 비율에 따른 금액으로 산정한다.

> **이것도 알면 합격!**
>
> **재산상 이익의 가치 산정**
> - 금전의 경우 해당 금액
> - 물품의 경우 구입 비용
> - 접대의 경우 해당 접대에 소요된 비용. 다만, 금융투자회사 임직원과 거래상대방이 공동으로 참석한 경우 해당 비용은 전체 소요경비 중 거래상대방이 점유한 비율에 따라 산정된 금액
> - 연수·기업설명회·기업탐방·세미나의 경우 거래상대방에게 직접적으로 제공되었거나 제공받은 비용
> - 기타 위에 해당하지 않는 재산상 이익의 경우 해당 재산상 이익의 구입 또는 제공에 소요된 실비

68 투자광고 시 펀드의 운용실적 표시 — 정답 ④
난이도 상

다른 금융투자회사가 판매하는 MMF와 운용실적 등에 관한 비교광고를 해서는 안 된다.

> **이것도 알면 합격!**
>
> **투자광고 펀드 운영실적 비교 시 준수사항**
> - 비교대상이 동일한 유형의 집합투자기구일 것
> - 협회 등 증권유관기간의 공시자료 또는 집합투자기구평가회사의 평가자료를 사용할 것
> - 기준일로부터 과거 1년, 2년 및 수익률과 설정일 또는 설립일부터 기준일까지의 수익률을 표시하되, 연 단위 비교대상 내의 백분위 순위 또는 서열 순위 등을 병기할 것
> - 평가자료의 출처 및 공표일을 표시할 것
> - 다른 금융투자회사가 판매하는 MMF와 운용실적 등에 관한 비교광고를 하지 말 것

69 금융투자회사의 설명의무 — 정답 ②
난이도 상

일반투자자가 고난도금융투자상품 이외의 공모의 방법으로 발행된 파생결합증권을 매매하는 경우 핵심설명서를 추가로 교부해야 하나, 주식워런트증권(ELW), 상장지수증권(ETN) 등은 제외한다.

[70~75] 주식투자운용/투자전략

70 난이도 중 | 효율적 시장가설과 포트폴리오 관리 방식 | 정답 ④

강형의 효율적 시장가설에 의하면 예측 가능한 정보는 이미 주가에 반영되었을 것이므로, 주식의 분석에 도움이 되지 않는다.

오답 개념 체크
① 효율적 시장가설은 '액티브' 운용을 반대하는 논거로 이용된다.
② 약형의 효율적 시장가설에 의하면 '기술적 분석'은 아무런 가치가 없다.
③ '강형'의 효율적 시장가설을 신뢰하는 경우 액티브 운용을 배제한다.

71 난이도 중 | 자산배분 전략 | 정답 ③

전략적 자산배분은 효율적 시장을 가정하고, 전술적 자산배분은 비효율적 시장을 가정한다.

오답 개념 체크
① 전략적 자산배분은 최초 전략 수립 시의 가정이 크게 변화하지 않는 한 처음 구성한 자산배분을 변경하지 않고 유지해나가는 전략이다.
② 전술적 자산배분은 저평가된 자산을 '매수'하고, 고평가된 자산을 '매도'하는 전략이다.
④ 전술적 자산배분은 시장의 변화 방향을 예상하여 사전적으로 자산구성을 변동시키는 적극적인 전략이며, 시장 변화의 예측치를 사용하지 않는 수동적인 전략은 보험자산배분이다.

이것도 알면 합격!

전략적 자산배분 vs. 전술적 자산배분

구분	전략적 자산배분	전술적 자산배분
정의	중장기적 전략으로 변화를 자주 하지 않는 소극적 전략	시장변화에 앞서 사전적으로 비중을 변화하는 적극적 전략
이론적 배경	효율적 시장 가설, 포트폴리오 이론, 효율적 투자기회선	시장의 비효율성을 지지함 (과잉반응과 평균반전이론)
투자방법	시장의 움직임과 동일한 움직임을 지향 예) INDEX 투자, 시장가치 접근방법 등	역투자전략, 가치투자전략, 기술적 분석 등 매매, 예측전략
투자목표	시장수익률 추구	시장수익률을 초과하는 수익률 추구
투자주체	투자자	자산운용자 (고정된 위험허용도)
시장수익률 변동	예측불가 (랜덤워크)	예측가능 (주관적 가격판단 활용)

72 난이도 중 | 인덱스펀드 구성 방법 | 정답 ②

'㉠, ㉡'은 최적화법에 대한 적절한 설명이다.

오답 개념 체크
ⓒ 대형주는 모두 포함하되 중소형주들은 펀드의 성격이 벤치마크와 유사하게 되도록 적은 종목만을 포함하는 방식은 표본추출법이다.

이것도 알면 합격!

인덱스펀드 구성 방법

구분	개념	한계
완전복제법	벤치마크를 구성하는 모든 종목을 벤치마크 구성비율대로 사서 보유	대규모 자금이 필요하며, 관리에 어려움이 있음
표본추출법	벤치마크에 포함된 대형주는 모두 포함하되 중소형주들은 일부 종목만 편입	완전복제법보다는 관리가 용이하나 여전히 관리나 비용의 문제점이 존재
최적화법	벤치마크 대비 잔차위험을 위험허용 수준 이하로 만드는 방식	사용하는 가격정보가 과거 자료라는 점에서 잔차가 크게 나타날 수 있음

73 난이도 중 | 액티브 운용 - 운용스타일 | 정답 ①

'㉠'은 성장투자 스타일에 대한 적절한 설명이다.

오답 개념 체크
ⓒ 기업의 수익은 평균으로 회귀한다는 점을 가정한 것은 가치투자 스타일에 대한 설명이다.
ⓒ 성장 모멘텀 투자자는 성장률이 높은 기업에 시장 PER보다 '높은' 가격을 지불한다.

이것도 알면 합격!

운용스타일에 따른 투자 방식

가치투자 스타일	저 PER 투자, 역행투자, 고배당수익률 투자
성장투자 스타일	고 PER 투자, 고 PBR 투자, 지속적 성장성 투자, 이익의 탄력성 투자, 주가 탄력성 투자
혼합투자 스타일	가치 편향 혼합투자, 성장 편향 혼합투자, 적정 가격을 가진 성장투자, 스타일 선택형 투자

74 포트폴리오 모형의 종류   정답 ②
난이도 중

다중 요인 모형은 주식의 리스크를 베타, 규모 등의 '체계적'인 요인으로 구분한다.

이것도 알면 합격!

주식 포트폴리오 모형

다중 요인 모형	• 가장 대표적인 리스크 모델 • 위험을 베타, 규모, 성장성, 레버리지, 해외시장 노출도, 산업 등 여러 가지 체계적 요인으로 구분
2차 함수 최적화 모형	• 기대수익률과 추정위험 간의 최적의 균형점을 찾는 방법 • 일반적인 위험요소뿐만 아니라 투자자의 위험선호도를 적극 반영할 수 있다는 것이 장점 • 기대수익과 기대위험 추정치에 오류가 개재되어 있기 마련이므로, 현실적으로 정확한 값을 찾기 어려움 • 제약조건 하에서 최적화하는 방법을 사용하는 것이 일반적
선형계획 모형	• 일정한 제약조건(규모, 산업별 분산 정도, 배당수익률 등)을 만족시키는 포트폴리오 중에서 기대수익률을 최대화하는 것을 찾는 방법 • 2차함수 최적화 모형의 대안 • 투자자나 펀드매니저가 직관적으로 이해할 수 있다는 것이 장점

75 주식 포트폴리오 구성   정답 ①
난이도 중

상향식 방법은 산업, 테마보다 개별 종목 선정을 우선시한다.

오답 개념 체크
② '상향식' 방법에 의하면 산업, 국가별 요소는 부차적 요소로 두고 유망한 개별 종목을 선정하는 것에 중점을 두어 포트폴리오를 구성한다.
③ '액티브' 포트폴리오는 시장 상황에 따라 벤치마크 수익률을 초과달성하기 위해 구성하는 포트폴리오이다.
④ 주식 포트폴리오는 기대수익과 위험, 두 가지 요인을 모두 고려하여 포트폴리오를 구성하여야 한다.

이것도 알면 합격!

종목 선정방법

하향식 (top-down)	• 개별종목보다는 섹터, 산업, 테마 선정을 강조
	• 개별종목은 선정된 섹터, 산업, 테마에 합당한 종목을 중심으로 선정
	• 스코어링 과정을 거쳐 섹터별 비중을 결정
	• 각 섹터 내 종목 선정 방법
	  – 섹터의 성격을 잘 나타내는 종목을 선정
	  – 저평가된 종목을 선정

상향식 (bottom-up)	• 유망한 개별종목을 선정하는 것을 중요시함 • 어떤 형식으로든 개별종목의 내재가치를 측정하는 기법을 보유 • 저평가된 종목이 유망한 종목으로 인정됨 • 산업이나 섹터, 국가별 요소는 부차적 요소

[76~81] 채권투자운용/투자전략

76 채권의 분류   정답 ②
난이도 중

'ⓒ 할인채, ⓒ 이표채'는 이자지급 방법에 따라 분류되는 채권이다.

오답 개념 체크
'㉠ 회사채, ㉢ 특수채'는 발행주체에 따라 분류되는 채권이다.

이것도 알면 합격!

채권의 분류

• 발행주체에 따른 분류 : 국채, 지방채, 특수채, 회사채
• 이자지급방법에 따른 분류 : 이표채, 할인채, 복리채, 거치분할상환채
• 통화 표시, 상환기간, 이자금액의 변동 유무에 따른 분류도 가능하다.

77 경상수익률   정답 ②
난이도 중

$$경상수익률 = \frac{연이자지급액}{채권의 시장 가격} = \frac{30,000 \times 6\%}{27,000} = 6.67\%$$

78 합성채권 – 패리티   정답 ④
난이도 상

'㉠, ㉡, ㉢'은 모두 전환사채에 대한 적절한 설명이다.

• $전환가격 = \frac{채권액면}{전환주수}$

  → $전환주수 = \frac{채권액면}{전환가격} = \frac{100,000}{25,000} = 4$

• $패리티 = \frac{전환주식의 시장 가격}{전환가격} = \frac{15,000}{25,000} = 60\%$

• 전환가치 = 패리티가격
  = 패리티 × 액면가 = 60% × 100,000 = 60,000

이것도 알면 합격!

전환사채 관련 주요 지표

전환가격	채권액면 ÷ 전환주수
패리티	주가/전환가격 × 100% 예 채권의 전환가격 6,000원, 주가의 현재가격 9,000원 패리티 = 9,000원/6,000원 × 100% = 150%
패리티가격	패리티 × 액면가
괴리	전환사채시장 가격 – 패리티가격
괴리율	(괴리/패리티가격) × 100

79 맥컬레이 듀레이션의 의의와 특성   정답 ④
난이도 중

이자율이 20%인 영구채의 듀레이션은 6년이다.
• 영구채 듀레이션 = (1 + i)/i = (1 + 0.2)/0.2 = 6

80 선도 이자율   정답 ④

$$_1f_1 = \frac{(1+S_2)^2}{1+S_1} - 1 = \frac{1.05^2}{1.03} - 1 ≒ 7\%$$

이것도 알면 합격!

선도 이자율

1기 후 1기간 선도 이자율 = $\frac{(1 + 2기\ 현물이자율)^2}{1 + 1기\ 현물이자율} - 1$

81 듀레이션 – 채권 가격의 변동성과 볼록성   정답 ②

- dP/P(채권가격 변동률) = −MD(수정듀레이션) × dy(수익률 변화분)
  = (−)2.78 × (+)2% = −5.56%
- 수익률이 상승하여 채권가격이 하락한 경우, 선형의 수정듀레이션으로 측정한 채권가격 하락은 실제 채권가격 하락보다 더 많이 하락한 것으로 본다. 즉, 채권가격 변동을 과대평가한다.

이것도 알면 합격!

채권가격곡선과 힉스(수정)듀레이션

수익률 하락	• 실제 채권가격 상승보다 힉스듀레이션으로 측정한 채권가격 상승이 더 작음 • 힉스듀레이션으로 측정된 채권가격 상승은 실제 채권가격 상승을 과소평가함
수익률 상승	• 실제 채권가격 하락보다 힉스듀레이션으로 측정한 채권가격 하락이 더 큼 • 힉스듀레이션으로 측정된 채권가격 하락은 실제 채권가격 하락을 과대평가함

[82~87] 파생상품투자운용/투자전략

82 장외파생상품   정답 ④

장외파생상품은 일대일계약을 통해 거래하기 때문에 복수의 매도자와 매수자가 경쟁하는 경쟁매매 방식이 아니다.

이것도 알면 합격!

장내파생상품 vs. 장외파생상품

구분	장내파생상품	장외파생상품
의의	• 거래소에 상장되어 거래되는 파생상품	• 거래소 이외의 장소에서 거래당사자들 간의 계약을 통해 거래가 일어나는 파생상품
특징	• 규칙과 규제의 대상 • 계약의 크기나 거래방법이 표준화 또는 규격화됨 • 유동성 확보와 반대매매가 쉬움 • 계약 이행 가능성이 높음	• 거래성사, 반대매매, 유동성 확보가 어려움 • 상품설계의 유연성, 즉 맞춤형 거래가 가능함 • 계약 불이행 가능성이 높음
종류	• 선물, 옵션	• 선도, 스왑, 일부 옵션

83 증거금   정답 ①

- 초기증거금이 100억원, 유지증거금이 55억원일 때, 일일정산을 실시하는 과정에서 증거금 수준이 75억원으로 하락했다면, 추가로 추가로 부담해야 하는 변동 증거금은 (0원)이다.
- 일일정산 후 증거금이 유지증거금 이하로 하락하지 않았으므로 마진콜이 발동되지 않고, 추가 부담해야 하는 변동 증거금도 없다.

이것도 알면 합격!

증거금

유지 증거금 수준 이하로 하락 시 추가 조치(마진콜)가 발동하게 되며, 이때는 증거금 수준을 초기 증거금 수준으로 회복시켜야 한다.

84 옵션의 발행과 매수   정답 ②

옵션을 행사했을 때, 행사가격으로 기초자산을 매입하게 되는 포지션은 (콜옵션 매수)와 (풋옵션 매도)이다.

오답 개념 체크

옵션 행사 시, 콜옵션 매도자와 풋옵션 매수자는 행사가격으로 기초자산을 팔게 된다.

85 옵션을 이용한 합성전략   정답 ①

불 스프레드 전략은 콜 불 스프레드와 풋 불 스프레드 모두 기초자산가격 상승 시 이익을 본다.

오답 개념 체크

② 풋 불 스프레드 전략은 더 높은 가격의 풋옵션을 '매도'하고 더 낮은 가격의 풋옵션을 '매수'하는 전략이다.
③ 스트랭글 전략은 서로 다른 '행사가격'의 콜옵션과 풋옵션을 동시에 매수하거나 매도하는 전략이다.
④ 스트래들 '매수' 포지션의 경우 기초자산가격이 현재에 비해 크게 등락하는 경우 이익을 본다.

이것도 알면 합격!

옵션을 이용한 합성전략

불 스프레드	• 대표적인 수직 스프레드 • 기초자산가격 상승 시 이익 • 낮은 가격 옵션 매수 + 높은 가격 옵션 매도
시간 스프레드	• 수평 스프레드라고도 함 • 만기가 서로 다른 두 개의 옵션에 대해 매수 및 매도를 취하는 전략

스트래들	• 만기와 행사가격이 동일한 콜옵션과 풋옵션을 동시에 매수하거나 매도하는 전략
	• 포지션
	  – 변동성 확대 예상 : 콜옵션과 풋옵션 동시 매수
	  – 변동성 축소 예상 : 콜옵션과 풋옵션 동시 매도

스트랭글	• 행사가격이 다른 콜옵션과 풋옵션을 동시에 매수하거나 매도하는 전략
	• 포지션
	  – 변동성 확대 예상 : 행사가격 높은 콜옵션, 행사가격 낮은 풋옵션 매수
	  – 변동성 축소 예상 : 행사가격 높은 콜옵션, 행사가격 낮은 풋옵션 매도

86 옵션 프리미엄의 민감도 지표 — 난이도 중 — 정답 ③

'ⓒ 감마, ⓔ 베가'는 콜옵션 매도, 풋옵션 매도 시 민감도 부호가 모두 음수이다.

오답 개념 체크

㉠ 델타의 민감도 부호는 콜옵션 매도 시 음수, 풋옵션 매도 시 양수이다.
ⓒ 쎄타의 민감도 부호는 콜옵션 매도 시 양수, 풋옵션 매도 시 양수이다.

이것도 알면 합격!

옵션의 매수·매도 포지션에 대한 민감도 부호

구분		델타	감마	쎄타	베가
Call	매수	+	+	−	+
	매도	−	−	+	−
Put	매수	−	+	−	+
	매도	+	−	+	−

87 포지션 사이의 동등성 — 난이도 중 — 정답 ③

풋-콜 패리티 조건인 p + S = c + B 는 p = c + B − S로 변형할 수 있으므로 풋옵션 매수 포지션은 '콜옵션 매수 + 채권 매수 + 주식 대차거래'와 동일하다.

이것도 알면 합격!

포지션 사이의 동등성

• 콜옵션 매수 + 채권 매수 + 주식 대차거래 = 풋옵션
• 콜옵션 매수 + 채권 매수 + 풋옵션 매도 = 주식 매수
• 풋옵션 매수 + 주식 매수 + 채권 발행 = 콜옵션
• 풋옵션 매수 + 주식 매수 + 콜옵션 매도 = 채권 매수

[참고]
암기하지 않고도 풋-콜 패리티 조건(p + S = c + B)을 이용하여 쉽게 포지션을 찾을 수 있다. 예를 들어, 풋옵션 매수 포지션을 찾고 있는 경우 S(주식)를 우변으로 이항하여 'p = c + B − S'로 변형이 가능하며, 콜옵션 매수(+c), 채권 매수(+B), 주식 대차거래(−S)의 포지션이 풋옵션 매수(+p)와 동일함을 알 수 있다.

[88~91] 투자운용결과분석

88 투자수익률 계산 – 통합계정수익률 — 난이도 상 — 정답 ③

자산 A와 자산 B의 통합계정 수익률은 7.94%이다.

1) 순자산가중 수익률 = $\dfrac{\text{자산 A 기말 순자산 + 자산 B 기말 순자산}}{\text{자산 A 기초 순자산 + 자산 B 기초 순자산}} - 1$

• 20X4년 순자산가중 수익률 = $\dfrac{1,200 + 1,200}{1,000 + 1,100} - 1 = 0.1429$

• 20X5년 순자산가중 수익률 = $\dfrac{500 + 1,200}{400 + 1,400} - 1 = -0.0556$

2) 통합계정 수익률 = (1기 순자산가중 수익률)(2기 순자산가중 수익률) … (n기 순자산가중 수익률) − 1
= (1 + 0.1429)(1 − 0.0556) − 1
= 0.0794(= 7.94%)

이것도 알면 합격!

통합계정 수익률

정의	투자대상이나 투자전략이 유사한 동류그룹별로 통합하여 측정하는 수익률

계산	1) 통합계정에 속한 펀드들의 세부기간별 순자산가중 수익률 계산
	  1기의 순자산가중 수익률 = $\dfrac{\text{기말 순자산의 합}}{\text{기초 순자산의 합}} - 1$
	2) 순자산가중 수익률을 기하적으로 연결
	  통합계정 수익률 = (1 + 1기 순자산가중 수익률)(1 + 2기 순자산가중 수익률) … (n기 순자산가중 수익률) − 1

89 투자수익률 계산 – 시간가중수익률 — 난이도 하 — 정답 ①

주로 펀드매니저만의 운용능력을 평가하기 위하여 사용되며, 총투자기간을 기간별로 구분하여 계산하는 방식의 수익률은 (시간가중수익률)이다.

이것도 알면 합격!

금액가중수익률과 시간가중수익률

금액가중 수익률	• 측정기간 동안 얻은 수익금액을 반영하는 성과지표 • 펀드매니저와 투자자의 공동의 노력의 결과로 나타나는 수익률 효과가 혼합되어 있음 • 각 기간별 현금유입액에서 현금유출액을 차감한 순현금흐름을 할인하여 합산한 값을 0으로 만드는 할인율
시간가중 수익률	• 세부기간별 펀드의 수익률을 계산한 후 기하학적으로 연결하여 총수익률 계산(기간이 짧을수록 왜곡 감소) • 투자자금의 유출입에 따른 수익률 왜곡을 해결한 방법으로 펀드매니저 운용능력 측정 가능

90. 펀드의 회계처리 — 정답 ③
난이도 중

'ⓒ, ⓒ'은 펀드의 회계처리에 대한 적절한 설명이다.

오답 개념 체크

㉠ 결제일까지 회계처리를 지연시키지 않고 '체결일'에 회계처리를 한다.

이것도 알면 합격!

성과분석을 위한 회계처리 원칙

공정가치 평가	• 시장가격으로 평가하는 것이 원칙 • 평가일 현재 신뢰할 만한 시가가 없는 경우에는 이론가격이나 평가위원회의 적정가격으로 평가
발생주의 원칙	• 현금의 수입이나 지출과 관계없이 그 발생 시점에서 손익을 인식하는 방식 　- 수익인식(실현주의) : 결정적 사건 또는 거래가 발생할 때 수익인식 　- 비용인식(수익-비용 대응의 원칙) : 발생한 원가를 그와 관련된 수익이 인식되는 회계기간에 비용으로 인식 ※ 현금주의 회계처리는 현금의 수입 시점에 수익으로 인식, 현금의 지출 시점에 비용으로 인식하는 방식
체결 시점	• 거래의 이행이 확실시 되는 경우 체결이 확정되는 날에 회계장부에 기록하고 체결일 이후의 손익을 바로 반영하는 방식

91. 위험조정 성과지표 — 정답 ②
난이도 상

B펀드의 트레이너비율은 0.13이다.

- 샤프비율 = (펀드수익률 − 무위험수익률)/표준편차
  A펀드 = (0.18 − 0.04)/0.1 = 1.4
  B펀드 = (0.25 − 0.04)/0.12 = 1.75
- 트레이너비율 = (펀드수익률 − 무위험수익률)/베타
  A펀드 = (0.18 − 0.04)/1.13 = 0.12
  B펀드 = (0.25 − 0.04)/1.56 = 0.13
- 젠센의 알파 = (펀드수익률 − 무위험수익률) − 베타 × (기준지표 수익률 − 무위험수익률)
  A펀드 = (0.18 − 0.04) − 1.13 × (0.15 − 0.04) = 0.02
  B펀드 = (0.25 − 0.04) − 1.56 × (0.15 − 0.04) = 0.04
- 정보비율 = (펀드수익률 − 기준지표 수익률)/잔차위험
  A펀드 = (0.18 − 0.15)/0.12 = 0.25
  B펀드 = (0.25 − 0.15)/0.15 = 0.67

[92~95] 거시경제

92. IS-LM모형 — 정답 ④
난이도 중

'㉠, ㉡, ㉢'은 모두 IS-LM모형에 대한 적절한 설명이다.

93. 경기예측방법 — 정답 ④
난이도 중

화폐유통속도는 명목 GDP를 통화량으로 나눈 값이다.

94. 주요 경제변수 – 국민소득 — 정답 ③
난이도 중

국민총소득(GNI)이란 국민이 해외에서 벌어들인 소득에 국내에서 외국인에게 지급한 소득을 '제외한' 값이다.

95. 경기지수 — 정답 ①
난이도 하

장단기 금리차, KOSPI, 재고순환지표, 건설수주액(실질)이 모두 포함되는 경기지수는 '선행 종합지수'이다.

이것도 알면 합격!

경기종합지수

선행 종합지수	동행 종합지수	후행 종합지수
• 재고순환지표 • 경제심리지수 • 기계류내수출하지수 • 건설수주액(실질) • 수출입물가비율 • 코스피 • 장단기금리차	• 비농림어업취업자수 • 광공업생산지수 • 서비스업생산지수 • 소매판매액지수 • 내수출하지수 • 건설기성액(실질) • 수입액(실질)	• 취업자수 • 생산자제품재고지수 • 소비자물가지수변화율(서비스) • 소비재수입액(실질) • CP 유통수익률

[96~100] 분산투자기법

96. 포트폴리오의 기대수익률과 위험의 측정 — 정답 ②
난이도 상

- 경제상황별 기대수익률
  − 호황 : (50% × −20%) + (50% × 15%) = −2.5%
  − 정상 : (50% × 10%) + (50% × 10%) = 10%
  − 불황 : (50% × 5%) + (50% × −5%) = 0%
- 포트폴리오의 기대수익률
  = (35% × −2.5%) + (40% × 10%) + (25% × 0%)
  = 3.13%

이것도 알면 합격!

기대수익률

- 개별자산의 기대수익률
  − 수익능력을 평균적으로 계산한 기댓값
  − 발생 확률로 가중평균
  − 기대수익률$[E(R)] = \Sigma$확률 × 예상수익률
- 포트폴리오의 기대수익률
  − 개별자산 기대수익률을 보유비율로 가중하여 계산
  − $R_P = w_x R_x + w_y R_y$ (단, $w_x + w_y = 1$)

97. 최소분산 포트폴리오 — 정답 ①
난이도 중

$$\text{주식 B의 투자비율} = \frac{\sigma_A^2 - \sigma_{AB}}{\sigma_A^2 + \sigma_B^2 - 2\sigma_{AB}}$$

$$= \frac{0.3^2 - 0}{0.3^2 + 0.7^2 - 2 \times 0} = 0.16$$

98 포트폴리오 수정　　　　　　　정답 ③

포트폴리오 (리밸런싱)은 상황 변화가 있을 때, 가격 변동에 따른 투자비율의 변화를 원래대로의 비중으로 조정하는 방법이며, 포트폴리오 (업그레이딩)은 변화된 포트폴리오를 해당 시점에서 다시 최적 포트폴리오로 구성하는 방법이다.

오답 개념 체크
트레이딩은 펀드매니저가 의도한대로 포트폴리오가 구성될 수 있게 주식을 실제 매매하는 것을 말한다.

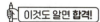

포트폴리오 수정

포트폴리오 리밸런싱	상황 변화가 있는 경우 포트폴리오가 갖는 원래의 특성을 그대로 유지하면서, 구성종목의 상대 가격의 변동에 따른 투자비율의 변화를 원래대로의 비율로 환원시키는 방법
포트폴리오 업그레이딩	위험에 비해 상대적으로 높은 기대수익을 얻고자 하거나, 기대수익에 비해 상대적으로 낮은 위험을 부담하도록 포트폴리오의 구성을 수정하는 방법

99 지배원리와 효율적 증권의 선택　　정답 ④

동일한 수익률에서 더 낮은 위험을 선택하고, 동일한 위험에서 더 높은 수익률을 선택하는 방법은 '지배원리'이다.

100 개별증권의 위험과 균형 기대수익률 – 요구수익률　정답 ④

$E(R_j) = R_f + [E(R_m) - R_f] \times \dfrac{\sigma_{jm}}{\sigma_m^2}$

　　　$= 0.05 + (0.1 - 0.05) \times 0.2/0.25^2 = 21\%$

실전모의고사 3회

제1과목 금융상품 및 세제

01	02	03	04	05	06	07	08	09	10
②	①	③	③	②	①	③	④	②	④
11	12	13	14	15	16	17	18	19	20
③	①	④	③	①	③	①	④	①	④

제2과목 투자운용 및 전략 II / 투자분석

21	22	23	24	25	26	27	28	29	30
③	②	③	②	①	②	①	④	③	②
31	32	33	34	35	36	37	38	39	40
①	④	③	②	③	②	④	③	④	③
41	42	43	44	45	46	47	48	49	50
①	②	③	③	①	①	④	①	②	③

제3과목 직무윤리 및 법규 / 투자운용 및 전략 I / 거시경제 및 분산투자

51	52	53	54	55	56	57	58	59	60
③	④	④	②	④	④	④	③	④	②
61	62	63	64	65	66	67	68	69	70
②	③	①	③	③	②	④	②	①	③
71	72	73	74	75	76	77	78	79	80
④	④	③	②	④	③	③	④	③	②
81	82	83	84	85	86	87	88	89	90
②	②	①	④	④	②	①	②	①	③
91	92	93	94	95	96	97	98	99	100
③	③	④	②	③	④	②	①	③	②

취약 과목 분석표

맞힌 개수, 틀린 문제 번호와 풀지 못한 문제 번호를 적어 보고, 맞힌 개수에 따라 자신의 학습상태를 점검할 수 있습니다. 틀린 문제와 풀지 못한 문제는 해설의 출제포인트를 확인하여 관련 이론을 꼭 복습하세요.

	세부과목	맞힌 개수	틀린 문제 번호	풀지 못한 문제 번호
제1과목 금융상품 및 세제	세제 관련 법규/세무전략			
	금융상품			
	부동산 관련 상품			
	TOTAL	/20		

* 20문제 중 8개 미만 과락

	세부과목	맞힌 개수	틀린 문제 번호	풀지 못한 문제 번호
제2과목 투자운용 및 전략 II / 투자분석	대안투자운용/투자전략			
	해외증권투자운용/투자전략			
	투자분석기법			
	리스크관리			
	TOTAL	/30		

* 30문제 중 12개 미만 과락

	세부과목	맞힌 개수	틀린 문제 번호	풀지 못한 문제 번호
제3과목 직무윤리 및 법규/ 투자운용 및 전략 I / 거시경제 및 분산투자	직무윤리			
	자본시장 관련 법규			
	한국금융투자협회규정			
	주식투자운용/투자전략			
	채권투자운용/투자전략			
	파생상품투자운용/투자전략			
	투자운용결과분석			
	거시경제			
	분산투자기법			
	TOTAL	/50		

* 50문제 중 20개 미만 과락

제1과목 금융상품 및 세제

[01~07] 세제 관련 법규/세무전략

01 조세의 분류   난이도 하   정답 ②

'소득세'는 직접세에 해당한다.

오답 개념 체크

① ③ ④ '인지세, 개별소비세, 부가가치세'는 간접세에 해당한다.

이것도 알면 합격!

조세의 분류

국세	직접세	소득세, 법인세, 상속세와 증여세, 종합부동산세
	간접세	부가가치세, 주세, 인지세, 증권거래세, 개별소비세
	목적세	교육세, 농어촌특별세, 교통·에너지·환경세
	관세	
지방세	보통세	취득세, 등록면허세, 레저세, 지방소비세
	목적세	지역자원시설세, 지방교육세
	보통세	주민세, 재산세, 자동차세, 지방소득세, 담배소비세

02 납세의무 - 소멸   난이도 하   정답 ①

납부독촉된 때에는 납세의무가 소멸하지 않는다.

이것도 알면 합격!

납세의무의 소멸사유
- 납부·충당되거나 부과가 취소된 때
- 국세 부과의 제척기간이 끝난 때
- 국세징수권의 소멸시효가 완성된 때

03 납세의무자 - 비거주자   난이도 상   정답 ③

'ⓒ, ⓔ'은 비거주자에 대한 적절한 설명이다.

오답 개념 체크

㉠ 유가증권의 취득가액 및 양도비용이 확인되는 경우 양도가액의 10%와 양도차익의 20% 중 작은 금액을 원천징수한다.
ⓒ 국내에 거주지가 없는 비거주자의 장내투자상품을 통한 소득은 과세대상 국내원천소득으로 보지 않는다.

04 금융소득 - 원천징수세율   난이도 중   정답 ③

- 법원의 경락대금 등에서 발생한 이자소득의 원천징수세율은 (14%)이다.
- 은행 정기예금이자의 원천징수세율은 (14%)이다.
- 개인종합자산관리계좌의 비과세 한도 초과 이자 및 배당소득의 원천징수세율은 (9%)이다.

05 종합소득세   난이도 상   정답 ②

10년 이상의 장기채권이자에 대해 분리과세를 받고자 할 경우 이자를 받을 때 분리과세를 신청해야 한다. 만일 분리과세 신청을 하지 않으면, 일반 원천징수세율(14%)로 원천징수되고 종합과세대상이 된다.

오답 개념 체크

① 근로소득과 퇴직소득만 있는 거주자는 다음 연도에 확정신고를 하지 않아도 된다.
③ 직장공제회 초과반환금은 '무조건 분리과세대상'이다.
④ 부부의 소득은 합산하지 않고, 개인을 과세단위로 하여 소득세를 과세한다.

이것도 알면 합격!

종합소득세의 특징
- 종합과세 및 개인단위주의 : 이자·배당·사업·근로·연금·기타소득을 인별로 종합하여 과세한다. (부부 및 자녀 소득 합산 X)
- 열거주의 : 구체적으로 열거한 소득만을 과세대상으로 하고, 그렇지 않은 경우에는 과세하지 않는다.
- 신고납세제도 : 과세기간의 다음 연도 5월 1일부터 5월 31일까지 과세표준을 확정신고한다.
- 누진과세 : 6 ~ 45%의 초과누진세율을 채택한다.
- 주소지 과세제도 : 주소지를 납세지로 한다. (소득 발생지 X)

06 금융소득 - 수입시기   난이도 중   정답 ①

무기명주식의 이익이나 배당의 수입시기는 '실제로 지급을 받은 날'이다.

07 증여세 - 증여재산공제   난이도 중   정답 ③

성년이 아닌 자녀(미성년자)에게 증여할 때 증여재산공제는 10년간 2,000만원을 한도로 한다.

[08~15] 금융상품

08 집합투자재산의 평가   난이도 중   정답 ④

기준 가격은 집합투자증권의 추가 발행 시에 필요한 추가 신탁금 산정의 기준이 되며, 실현된 투자성과를 나타내는 척도가 된다.

오답 개념 체크

① 집합투자업자는 집합투자재산평가위원회가 집합투자재산을 평가한 경우 그 평가명세서를 지체 없이 신탁업자에게 통보하여야 한다.
② 공고·게시된 기준 가격을 변경할 경우 준법감시인과 신탁업자에게 확인을 받아야 한다.
③ 주식 등 매매, 평가손익이 부(-)의 금액인 경우 과세표준 기준 가격은 집합투자증권 기준 가격보다 크다.

이것도 알면 합격!

매매, 평가손익에 따른 기준 가격과 과세기준 가격

주식 등 매매, 평가손익이 없는 경우	기준 가격 = 과세기준 가격
주식 등 매매, 평가손익이 (+) 경우	기준 가격 > 과세기준 가격
주식 등 매매, 평가손익이 (−) 경우	기준 가격 < 과세기준 가격

09 금융회사별 및 상품별 예금자보호 <난이도 하> 정답 ②

'ⓒ 상호저축은행 표지어음'은 예금자보호대상 금융상품에 해당한다.

이것도 알면 합격!

예금자보호대상 금융상품 vs. 예금자비보호대상 금융상품

구분	보호대상 금융상품	비보호대상 금융상품
은행	• 요구불예금(보통예금, 당좌예금 등) • 저축성예금(정기예금, 저축예금, 주택청약예금 등) • 적립식예금(정기적금, 주택청약부금, 재형저축 등) • 원금 보전 신탁(연금신탁, 퇴직신탁 등)	• 양도성예금증서(CD), 환매조건부채권(RP) • 실적배당형 신탁(특정금전신탁 등) • 집합투자상품(수익증권, 뮤추얼펀드, MMF 등) • 주택청약저축, 주택청약종합저축 등
투자매매업자, 투자중개업자	• 원금보전 금전신탁 등	• 금융투자상품(수익증권, 뮤추얼펀드, MMF 등) • 청약자/제세금예수금, 선물·옵션 거래예수금 • RP, 증권사 발행 채권 • CMA(RP형, MMF형, MMW형)
보험회사	• 개인이 가입한 보험계약, 퇴직보험계약 • 원금보전 금전신탁 등	• 법인보험계약, 보증보험계약 등 • 변액보험계약 주계약 등
종합금융회사	• 발행어음, 표지어음, 종금형 CMA 등	• 금융투자상품(수익증권, 뮤추얼펀드, MMF 등)
상호저축은행	• 보통예금, 저축예금, 정기예금, 표지어음 등	• 저축은행 발행 채권(후순위채권) 등

10 손해보험의 종류 <난이도 하> 정답 ④

'생존보험'은 손해보험에 해당하지 않고, 생명보험에 해당한다.

이것도 알면 합격!

생명보험 vs. 손해보험

생명보험	사망보험, 생존보험, 생사혼합보험(양로보험)
손해보험	화재보험, 운송보험, 해상보험, 책임보험, 자동차보험

11 집합투자기구의 종류 <난이도 하> 정답 ③

'전환형 집합투자기구'에 대한 설명이다.

오답 개념 체크

① 종류형 집합투자기구: 여러 종류의 집합투자증권 간에 전환하는 경우 그 전환 가격은 각 종류의 집합투자증권의 기준 가격으로 해야 하며, 전환을 청구한 투자자에게 환매수수료를 부과하지 않아야 하는 집합투자기구
② 모자형 집합투자기구: 동일한 집합투자업자의 투자기구를 상하구조로 나누어 하위투자기구(子집합투자기구)의 집합투자증권을 투자자에게 매각하고, 매각된 자금으로 조성된 투자기구의 재산을 다시 상위투자기구(母집합투자기구)에 투자하는 집합투자기구
④ 환매금지형 집합투자기구: 투자자가 집합투자기구에 투자한 이후 집합투자증권의 환매청구에 의하여 그 투자자금을 회수하는 것이 불가능하도록 만들어진 집합투자기구

12 주가지수연동형 금융상품의 비교 <난이도 중> 정답 ①

'주가지수연동정기예금(ELD)'은 원금보장형 주가지수연동 금융상품이다.

이것도 알면 합격!

주가지수연동형 금융상품의 비교 – ELS vs. ELD vs. ELF

구분	ELS (주가지수연동증권)	ELD (주가지수연동정기예금)	ELF (주가지수연동펀드)
발행주체	증권사 (인가증권사)	은행	자산운용사
투자형태	증권 매입(청약)	예금 가입	펀드 매수
자금운용 구조	채권, 주식워런트증권, 주가지수옵션, 주가지수선물	대출금, 증권, 주가지수옵션	펀드 (금융공학기법으로 포트폴리오 조정)
수익상환 방법	사전에 정해진 조건에 따라 결정 (원금보장형, 원금비보장형)	사전에 정해진 조건에 따라 결정 (원금 100% 보장형 이상만 가능)	운용성과에 따라 실적배당 (원금보존추구형, 원금비보장형)
상환보장 여부	발행사가 지급보장 (발행사 신용도 중요)	초과수익은 은행이 지급보장 (원금 보장)	신탁재산 신용도 및 운용성과에 따라 지급
중도해지 가능 여부	중도해지 가능, 원금손실 가능	중도해지 가능	중도환매 가능 (원금손실 가능)
장점	증권사가 제시한 수익을 달성할 수 있도록 상품구성	은행이 제시한 수익보장	추가 수익 발생 가능
단점	추가 수익 없음	추가 수익 없음	제시 수익 보장 없음
예금자 보호 여부	없음	법상 한도 내 보호	없음

13 주택저당증권(MBS)과 저당대출상품 — 정답 ④

저당대출담보부채권은 채무불이행위험을 '발행자'가 부담한다.

이것도 알면 합격!

주택저당증권(MBS)의 특징

- 주택저당대출 만기와 대응하므로 통상 장기로 발행
- 조기상환에 의해 수익이 변동
- 국채나 회사채보다 수익률이 높음(채권구조가 복잡하고 현금흐름이 불확실하기 때문)
- 대상자산인 주택저당대출의 형식 등에 따라 다양한 상품 구성
- 회사채보다 높은 신용등급의 채권 발행(자산 담보, 별도의 신용보완)
- 미국의 경우 회사채보다 유동성이 뛰어남
- 매월 대출원리금 상환액에 기초하여 발행증권에 대해 매달 원리금 상환
- 채권상환과정에서 자산관리수수료 등 각종 수수료 발생

14 퇴직연금제도 — 정답 ③

퇴직연금제도에 대한 설명으로 적절한 것은 모두 '㉠, ㉡, ㉢' 3개이다.

오답 개념 체크

㉣ 근로자가 수령할 퇴직금 수준이 사전에 확정되어 있는 것은 '확정급여형 퇴직급여'에 대한 설명이며, 확정기여형 퇴직급여는 기업이 부담할 부담금 수준이 사전에 확정되어 있다.

이것도 알면 합격!

퇴직연금제도 – 확정급여(DB)형 vs. 확정기여(DC)형

구분	확정급여(DB)형	확정기여(DC)형
개념	근로자가 수령할 퇴직금 수준이 사전에 확정되어 있는 제도	기업이 부담할 부담금 수준이 사전에 확정되어 있는 제도
사용자 부담금	적립금 운용 결과에 따라 변동	연간 임금총액의 1/12 이상 (전액 사외적립)
적립금 운용주체	사용자	근로자
추가 납입 여부	개인형IRP 통해 가능 (연간 1,800만원 한도)	제도내 또는 개인형IRP통해 가능(연간 1,800만원 한도)
퇴직급여 수준	현행 퇴직일시금과 동일	근로자별 운용실적에 따라 다름
담보대출 및 중도인출	담보대출 가능 (일정 사유 해당 시)	담보대출 및 중도인출 가능 (일정 사유 해당 시)
적합한 사업장	• 임금상승률이 높은 기업 • 장기근속을 유도하려는 기업 • 연공급 임금체계 및 누진제 적용 기업 • 경영이 안정적, 영속적인 기업	• 연봉제, 임금피크제 기업 • 재무구조 변동이 큰 기업 • 근로자들의 재테크 관심이 높은 기업

15 자산유동화증권(ABS) — 정답 ①

'㉠ 신용공여'는 외부신용보강방법에 해당하며, '㉡ 예치금, ㉢ 초과 스프레드, ㉣ 후순위 증권의 발행'은 내부신용보강방법에 해당한다.

이것도 알면 합격!

자산유동화증권(ABS) – 외부신용보강방법 vs. 내부신용보강방법

외부신용 보강방법	• 신용도 높은 외부기관의 보증 • 신용공여 • 저당대출집합 보험 • 채권보험
내부신용 보강방법	• 초과 스프레드 • 후순위 증권의 발행 • 예치금

[16~20] 부동산 관련 상품

16 용도지역 – 용적률의 상한 — 정답 ③

용도지역 중 국토의 계획 및 이용에 관한 법률에 따른 용적률 상한이 두 번째로 높은 곳은 '주거지역'이다.

이것도 알면 합격!

용도지역의 용적률 상한

용도지역	용적률 상한(국토의 계획 및 이용에 관한 법률)
도시지역	• 주거지역 : 500% 이하 • 상업지역 : 1,500% 이하 • 공업지역 : 400% 이하 • 녹지지역 : 100% 이하 → 상업지역 > 주거지역 > 공업지역 > 녹지지역
관리지역	• 보전관리지역 : 80% 이하 • 생산관리지역 : 80% 이하 • 계획관리지역 : 100% 이하
농림지역	• 80% 이하
자연환경보전지역	• 80% 이하

17 부동산 지주공동사업 — 정답 ①

개발업자가 토지소유자(지주)로부터 특정 토지에 대한 이용권을 설정받아 그 토지를 개발하고 건축물을 건설하여 그 건축물을 제3자에게 양도·임대하거나, 개발업자가 직접 이용하여 토지소유자(지주)에게 임차료를 지불하는 방식은 '차지개발방식'에 대한 설명이다.

오답 개념 체크

② 합동개발방식 → 토지신탁방식
③ 사업수탁방식 → 등가교환방식
④ 등가교환방식 → 합동개발방식

이것도 알면 합격!

부동산 지주공동사업

등가교환 방식	• 토지소유자(지주)와 개발업자가 공동으로 건물 등을 건설하고, 토지평가액과 건설비를 기준으로 토지소유자(지주)와 개발업자가 토지와 건축물을 공유하거나 구분소유하는 방식 • 토지소유자(지주) : 토지를 개발업자에게 제공 • 개발업자 : 토지를 개발하고 건축물을 건설
합동개발 방식	• 사업을 시행하여 분양, 임대를 통한 수익을 개발사업의 각 주체가 투자한 토지 가격과 건축공사비 등을 금액으로 환산한 투자비율에 따라 수익을 배분하는 방식 • 토지소유자(지주) : 토지를 개발업자에게 제공 • 개발업자 : 건축공사비를 위시한 관련 경비 등의 개발비를 부담, 사업을 시행
사업수탁 방식	• 개발업자 등이 사업의 기획, 설계, 시공, 임대유치 및 운영관리 등의 일체 업무를 수탁 받아 건물을 완공한 후, 건물을 일괄적으로 임대받음으로써 사실상 사업수지를 보증하는 방식
토지신탁 방식	• 토지소유자 : 보유토지의 유효이용을 도모하기 위해 부동산 신탁회사에 위탁 • 신탁회사 : 수탁자로서 필요자금의 조달, 건물의 건설 및 분양·임대를 하고 그 수익의 일부를 신탁배당으로서 수익자인 토지소유자에게 반환 • 임대형 토지신탁과 분양형(처분형) 토지신탁으로 구분
차지개발 방식	• 개발업자가 토지소유자(지주)로부터 특정 토지에 대한 이용권을 설정 받아 그 토지를 개발하고 건축물을 건설하여 그 건축물을 제3자에게 양도·임대하거나, 개발업자가 직접 이용하여 토지소유자(지주)에게 임차료를 지불 → 토지소유자(지주)에게 임차료를 지불할 경우, 차지권의 기한이 도래했을 때 토지를 무상으로 원래 토지소유자(지주)에게 반환하고 건물에 대해서는 일정한 금액으로 토지소유자(지주)에게 양도

18 부동산 소유권의 본등기효력 정답 ④
난이도 상

부동산 소유권에 대한 등기의 효력에 있어서 본등기는 (대항적 효력), (물권 변동적 효력), (순위 확정적 효력) 등을 가진다.

오답 개념 체크

'청구권 보전 효력'은 부동산 소유권의 가등기와 관련된 효력이다.

이것도 알면 합격!

부동산 소유권에 대한 등기의 효력

본등기	• 물권 변동적 효력 • 순위 확정적 효력 • 형식적 확정력 • 대항적 효력 • 권리존재 추정력 • 점유권 효력
가등기	• (본등기 전) 청구권 보전의 효력 • (본등기 후) 순위 보전적 효력

19 부동산투자의 분석 정답 ①
난이도 중

부동산투자의 타당성분석에 대한 설명으로 적절하지 않은 것은 'ㄱ, ㄴ'이다.
ㄱ 수익성지수는 투자로부터 얻어지는 편익을 나눈 비용으로 비율이 '1'보다 크면 투자안을 채택한다.
ㄴ 투자안의 현금유입의 현재가치와 현금유출의 현재가치를 일치시키는 할인율(IRR)이 요구수익율(k)보다 '클 때' 투자안을 채택한다.

이것도 알면 합격!

부동산투자의 타당성 분석

간편법	• 순소득승수 = 총투자액/순운용소득 • 투자이율 = 순운용소득/ 총투자액 • 자기자본수익률 = 납세 전 현금흐름/자기자본투자액
현금흐름 할인법	• 순현재가치(NPV) : 현금유입의 현재가치에서 현금유출의 현재가치를 차감한 값 → 0(영) ≤ NPV일 때 채택 • 내부수익률(IRR) : 투자안의 현금유입의 현재가치와 현금유출의 현재가치를 일치시키는 할인율(화폐의 시간가치 고려) → 요구수익률(k) ≤ IRR일 때 채택 • 수익성지수(PI) : 부동산 투자로부터 얻어지게 될 장래의 현금흐름의 현재가치를 최초의 부동산 투자액으로 나누어 계산 → 1 ≤ PI일 때 채택
전통적인 감정평가법	• 거래사례비교법, 수익환원법, 원가법 • 최초의 부동산 투자액 ≤ 부동산 감정평가에 의한 정상가격일 때 채택

20 PF 사업의 안정성 확보 수단 – 담보신탁제도 정답 ④
난이도 중

담보신탁제도는 신탁회사에 직접 공매함으로써 채권을 실행한다. 반면, 저당제도는 법원 경매를 통해 채권을 실행한다.

오답 개념 체크

① 담보물을 '신탁회사'에서 관리한다.
② 후순위권리설정을 배제할 수 '있다.'
③ '신탁설정'을 통해 담보를 설정한다.

이것도 알면 합격!

저당제도 vs. 담보신탁제도

구분	저당제도	담보신탁제도
담보설정방식	• (근)저당권 설정	• 신탁설정(신탁등기)
담보물 관리주체	• 채권기관	• 신탁회사
소요경비	• 등록세 및 교육세, 채권매입비	• 등록세 및 교육세, 채권매입비 면제 • 신탁보수(수익권증서 금액의 0.4% 이하)
채권실행방법	• 법원경매	• 신탁회사 직접 공매
채권실행비용 및 소요기간	• 경매비용 과다 소요 • 장기간 소요	• 현저히 절감 • 단시일 내에 정리
환가 가액	• 저가 처분 (폐쇄시장에서 경매, 매각활동 전무)	• 상대적 고가 처분 (일반공개시장에서 공매, 적극적 매각활동)
신규임대차·후순위권리설정	• 배제 불가	• 배제 가능 (담보가치 유지에 유리)

제2과목 투자운용 및 전략 II/투자분석

[21~25] 대안투자운용/투자전략

21 난이도 중 | PEF | 정답 ③

PEF의 운영자 역할을 수행하는 업무집행사원은 무한책임사원 중에서 선정된다.

오답 개념 체크

① 무한책임사원은 본인이 출자한 금액을 초과하는 금액까지도 책임지기도 한다.
② 펀드를 설립하고 투자와 운영을 책임지는 사원은 '무한책임사원'이다.
④ 매각(Sale)은 가장 고전적인 투자회수(Exit) 전략으로, 이때 매각상대방은 일반기업뿐만 아니라 다른 PEF가 될 수도 있다.

이것도 알면 합격!

PEF 투자회수(Exit) 전략

매각 (Sale)	· 가장 고전적인 방식 · 일반기업에 매각(대다수) 또는 다른 PEF에 매각
상장 (IPO)	· IPO를 통해 주식시장을 거쳐 일반투자자들에게 매각하는 방식 · 복잡한 공모절차와 감독당국의 심사과정이 필요함(단점) · 인수기업에 대해 계속해서 일정 지분을 보유할 수 있어 지속적인 영향력 행사가 가능함(장점) · 일반기업에 매각하는 방식보다 후순위 전략으로 분류됨
유상감자 및 배당	· 해당 기업의 수명 단축, 장기 성장성 저해 등의 부작용 초래
PEF 자체 상장	· 금리 상승, 자금시장의 경색 등으로 대규모 차입이 어려울 경우 인수자금조달 수단 측면뿐 아니라 투자자 자금회수 전략 측면에서도 유리함 · 공격적인 회수 전략으로 분류

22 난이도 중 | 대안투자상품 | 정답 ②

'㉠ 부동산펀드, ㉢ 헤지펀드'는 대안투자펀드에 해당한다.

오답 개념 체크

'㉡ 주식형펀드, ㉣ MMF'는 전통투자펀드에 해당한다. 특히, MMF를 구분하는 문제의 출제 빈도가 높으므로 주의해야 한다.

이것도 알면 합격!

대안투자

대안투자는 전통투자자산과는 다르게 새롭게 등장한 투자대상을 통칭한다.
· 대안투자대상으로는 부동산, 일반상품(원자재 등), 인프라스트럭처(사회간접시설 등) 등이 있다.
· 대안투자펀드로는 헤지펀드, 부동산펀드, 일반상품펀드, 인프라스트럭처펀드, PEF, Credit Structure 등이 있다.

23 난이도 중 | 신용파생상품 | 정답 ③

합성 CDO는 보장매입자가 준거자산을 양도하는 것이 아니라, 신용파생상품을 이용하여 자산에 내재된 신용위험을 SPC에 이전한다.

오답 개념 체크

① CDS는 보장매입자가 준거자산의 신용위험을 보장매도자에게 이전하고, 보장매도자는 그 대가로 프리미엄을 지급받는다. 따라서 보장 프리미엄과 손실보전금액을 교환하는 계약이라고 할 수 있다.
② TRS는 만기일의 준거자산 가치보다 최초 계약일의 준거자산의 가치가 작을 경우 그 차액을 총수익매도자가 총수익매입자에게 지급해야 한다. 또한, 반대의 경우에는 총수익매입자가 총수익매도자에게 그 차액을 지급해야 한다.
④ CLN은 보장매입자가 준거자산의 신용위험을 CLN 발행자에게 전가하고, CLN 발행자는 이를 다시 채권의 형태로 변형하여 투자자들에게 발행함으로써 위험을 전가하는 방식이다.

24 난이도 중 | 헤지펀드 운용전략 | 정답 ②

'이머징마켓 헤지펀드전략, 선물거래전략'은 방향성 전략에 해당한다.

오답 개념 체크

① '합병 차익거래전략'은 이벤트 드리븐 전략에 해당하지만, '시장중립형전략'은 차익거래전략에 해당한다.
③ '수익률곡선 차익거래전략'은 차익거래전략에 해당하지만, '부실채권투자전략'은 이벤트 드리븐 전략에 해당한다.
④ '전환사채 차익거래전략, 회사채 및 국채 간 이자율 스프레드 전략'은 차익거래전략에 해당한다.

이것도 알면 합격!

헤지펀드 운용전략

차익거래 전략	· 공매도와 차입을 일반적으로 사용함 · 차익거래기회를 통해 수익을 추구하고 시장 전체의 움직임에 대한 노출을 회피함으로써 시장 변동성에 중립화하는 전략 · 전환사채 차익거래, 채권 차익거래(수익률곡선 차익거래, 회사채 및 국채 간 이자율 스프레드), 주식시장중립형 등이 있음
Event Driven 전략	· 위험을 적극적으로 취하고, 상황에 따라 공매도와 차입을 사용함 · 기업 합병 등 기업 상황에 영향이 큰 사건을 예측하고 이에 따라 발생하는 가격 변동을 이용해 수익을 창출함 · 부실채권투자, 위험차익/합병차익거래로 구분
방향성 전략	· 특정 주가나 시장의 방향성에 근거하는 전략으로, 시장위험을 헤지한 종목 선택으로 수익을 극대화하기보다는 증권이나 시장의 방향성에 따라 매매 기회를 포착하는 기법 · 위험을 적극적으로 취하고, 상황에 따라 차입과 공매도를 사용 · 주식의 롱숏 전략, 글로벌 매크로(Global macro), 이머징마켓 헤지펀드, 선물거래 등이 있음
펀드 오브 헤지펀드 전략	· 자금을 여러 개의 헤지펀드에 배분하여 투자하는 전략 · 위험분산(분산투자효과가 큼), 구매의 적정성, 접근의 용이성, 전문가에 의한 운용, 사전 자산배분 등의 장점이 있음

25 헤지펀드 운용전략 – 글로벌 매크로 전략   정답 ①

(글로벌 매크로(Global macro) 전략)은 거시경제 분석을 바탕으로 특정 국가나 시장에 제한되지 않고 전세계를 대상으로 역동적으로 자본을 운용하는 전략으로서, 투자 결정 시 여러 거시경제변수에 대한 계량분석에 의해 변수들의 방향을 예측하여 투자를 수행하는 등 Top-down 방식을 사용한다.

오답 개념 체크
② 캐리트레이드(Carry trade) 전략은 낮은 금리로 자본을 조달하여 높은 금리에 투자하는 전략이다.
③ 이벤트 드리븐(Event Driven) 전략은 기업의 합병 등 기업상황에 영향이 큰 사건을 예측하고 이에 따라 발생하는 가격 변동을 이용하여 수익을 창출하는 전략이다.
④ 펀드 오브 헤지펀드(Fund of hedge funds) 전략은 자금을 여러 개의 헤지펀드에 배분하여 투자하는 전략으로, 분산투자효과가 크다는 장점을 가지고 있다.

이것도 알면 합격!

글로벌 매크로 전략의 특징
- 경제 추세나 특정한 사건에 영향을 받는 시장 방향에 대한 예측을 근거로 시장 방향성에 투자함(방향성 전략)
- 거시경제 분석을 바탕으로 특정 국가나 시장에 제한되지 않고 전세계를 대상으로 역동적으로 자본을 운용함
- 헤지펀드 투자전략 중 가장 광범위한 자산에 공매도/레버리지/파생상품 등 다양한 투자수단을 사용하여 제약 없이 투자함
- 투자 결정 시 경제상황에 대한 분석방법으로 Top-down 방식을 사용하며, 여러 거시경제변수에 대한 계량분석에 의해 변수들의 방향을 예측하여 투자를 수행함

[26~30] 해외증권투자운용/투자전략

26 복수상장의 효과   정답 ②

'㉠, ㉡, ㉣'은 복수상장의 긍정적 효과에 해당한다.

오답 개념 체크
㉢ 복수상장을 하는 경우 상장 유지비용이 절감되는 것은 아니며, 오히려 추가 상장에 따라 상장 유지비용이 추가될 수 있다.

이것도 알면 합격!

복수상장의 효과

장점	• 자금조달 원천의 다양화 • 기업의 인지도·투명성 제고 • 기업가치 제고 • 자본비용 절감
단점	• 해외시장으로 거래가 집중될 경우 가격결정 리더십 상실 우려 • 적대적 M&A 대상이 될 수 있음

27 유로채와 외국채   정답 ①

'㉡'은 국제 채권에 대한 적절한 설명이다.

오답 개념 체크
㉠ 양키본드는 외국채로, 미국에서 발행되는 미달러화 표시 채권이다.
㉢ 외국채는 기명채권이고, 유로채는 무기명채권이다.
㉣ 유로달러본드는 미국 이외 발행지인 현지국의 규제를 따르기 때문에 미증권거래위원회(SEC)의 공시규정이 적용되지 않는다.

이것도 알면 합격!

유로채 vs. 외국채(정의)

유로채 (Eurobonds)	• 채권 표시통화의 본국 외에서 발행되는 채권 • 딤섬본드 : 홍콩에서 위안화로 발행되는 유로채
외국채 (Foreign bonds)	• 채권 표시통화의 본국에서 발행되는 채권 • 양키본드 : 미국에서 달러로 발행되는 외국채 • 사무라이본드 : 일본에서 엔화로 발행되는 외국채 • 판다본드 : 중국에서 위안화로 발행되는 외국채

유로채 vs. 외국채(특징)

유로채 (Eurobonds)	• 사실상 현지국(발행지)의 규제가 없음(역외채권) • 공시, 신용등급평가에 따른 규제 미미 • 수익에 대한 이자소득세 부담 없음 • 무기명식 채권
외국채 (Foreign bonds)	• 외국채 발행 시 현지국(발행지)의 채권 발행 및 조세에 관한 규제 • 공시, 신용등급평가에 따른 엄격한 규제 • 수익에 대한 이자소득세 부담 있음 • 기명식 채권

28 미국 국채   정답 ④

T-bill은 만기 1년 이하의 단기채로 만기가 짧은 대신 할인채로 발행한다. 반면에 T-note, T-bond는 이표채로 발행되어 6개월마다 이자를 받을 수 있다.

오답 개념 체크
① T-bond는 만기 10년 이상의 '장기채'에 해당한다.
② T-bond는 '이표채'로 발행된다.
③ T-note는 만기 1년 이상 10년 이하의 '중기채'에 해당한다.

이것도 알면 합격!

미국 국채

T-bill	• 단기채(1년 이하) • 만기가 짧기 때문에 할인채로 발행함(따라서 이자가 없음)
T-note	• 중기채(1년 이상 10년 이하) • 이표채로 발행함(이표가 있어 6개월마다 이자를 받을 수 있음)
T-bond	• 장기채(10년 이상) • 이표채로 발행함(이표가 있어 6개월마다 이자를 받을 수 있음)

29 국제 주가지수 – MSCI 지수   정답 ③

한국은 MSCI 신흥시장지수(EM Index)에 포함된다.

오답 개념 체크
② MSCI 지수는 '시가총액 방식'이 아닌, '유동주식 방식'으로 산출된다. MSCI 지수가 시가총액 방식 또는 시가총액 가중방식으로 산출된다는 내용으로 오답을 유도하는 경우가 많으니 주의해야 한다.

> 이것도 알면 **합격!**

시가총액 방식 vs. 유동주식 방식

시가총액 방식	• 시장에서 유통되지 않는 주식까지 포함하여 계산해 실제 공개시장에 대한 영향력을 정확히 반영하지 못한다는 한계점이 있음
유동주식 방식	• 시장에서 유통되기 어려운 주식을 제외한 실제 유동주식을 기준으로 비중을 계산함 • MSCI 지수는 유동주식 방식을 기준으로 산출함

MSCI EM 지수
- MSCI EM(Emerging Market) 지수는 한국을 포함한 주요 신흥시장의 기업을 기준으로 산출되며, 주가 등락과 환율 변동에 따라 각 국가별 편입비중도 매일 변동한다.
- 대상 국가가 외국인 투자자의 매매를 제한하는 경우 역시 반영비율이 줄어들게 된다.
- 한국 증시를 가장 잘 설명해주며, 해외 펀드들이 한국시장 투자 시 투자판단으로 삼는 대표적인 지수이다.

30 난이도 하 | 환위험 관리 전략 | 정답 ②

(내재적 헤지)는 투자대상 증권과 환율 간의 상관관계를 이용한 환위험 관리 전략으로 별도의 헤지비용이 없다는 장점이 있다.

> 오답 개념 체크

① '롤링헤지'는 짧은 헤지기간을 연결해서 전체 투자기간을 헤지하는 방법이다.
④ '통화 분산투자 전략'은 여러 종류의 통화에 분산투자함으로써 환노출을 줄이는 방법이다. '통화 분산투자 전략'은 통화 간의 상관관계를 이용하는 것이고, '내재적 헤지'는 투자대상 증권과 환율(통화) 간의 상관관계를 이용한다.

[31~42] 투자분석기법

31 난이도 상 | 증권분석을 위한 통계 | 정답 ①

자료 분석을 통해 산출된 통계 수치가 가장 낮은 것은 '산술평균'이다.

> 오답 개념 체크

① 산술평균은 관찰치의 평균값을 의미한다.
∴ 산술평균 = $\frac{(-5) + (-4) + (-1) + 0 + 0 + 2 + 3}{7}$ = −0.71

② 최빈값은 빈도수가 가장 높은 관찰치를 의미한다. 자료 중 0만 2회 관찰되었으므로 최빈값은 0이 된다.
∴ 최빈값 = 0

③ 중앙값은 관찰치를 크기 순서대로 나열하였을 때, 정가운데에 있는 값을 의미한다. 자료의 관찰치가 총 7개이므로 크기 순으로 나열했을 때 4번째에 있는 값인 0이 중앙값이 된다.
∴ 중앙값 = 0

④ 범위는 최대값에서 최소값을 차감한 값을 의미한다.
∴ 범위 = 3 − (−5) = 8

32 난이도 상 | 고든의 항상성장모형 | 정답 ④

• $P = \frac{D_1}{k-g} = \frac{D_0 \times (1+g)}{k-g}$

$10,800 = \frac{\{4,000 \times (1-0.40)\} \times 1.08}{k - 0.08}$

$k - 0.08 = \frac{\{4,000 \times (1-0.40)\} \times 1.08}{10,800} = 0.24$

∴ k = 0.24 + 0.08 = 0.32

33 난이도 상 | 레버리지 분석 – 결합레버리지도(DCL) | 정답 ③

• 결합레버리지도(DCL) = $\frac{PQ - VQ}{PQ - VQ - FC - I}$
  = $\frac{PQ - VQ}{PQ - VQ - (FC + I)}$

영업고정비(FC)와 이자비용(I)의 합이 클수록 분모가 작아져, 결과적으로 결합레버리지도(DCL)가 커지게 된다.
따라서 ③이 영업고정비와 이자비용의 합이 가장 크고, 결합레버리지도 또한 가장 크게 나타난다.

> 오답 개념 체크

① 영업고정비 240 + 이자비용 220 = 460
② 영업고정비 300 + 이자비용 280 = 580
③ 영업고정비 320 + 이자비용 360 = 680
④ 영업고정비 540 + 이자비용 80 = 620

> 이것도 알면 **합격!**

레버리지도

영업 레버리지도 (DOL)	$\frac{\text{영업이익 변화율}}{\text{판매량(매출액) 변화율}}$	$\frac{\text{매출액} - \text{변동비}}{\text{매출액} - \text{변동비} - \text{고정비}}$
재무 레버리지도 (DFL)	$\frac{\text{주당순이익 변화율}}{\text{영업이익 변화율}}$	$\frac{\text{영업이익}}{\text{영업이익} - \text{이자비용}}$ (= $\frac{\text{매출액} - \text{변동비} - \text{고정비}}{\text{매출액} - \text{변동비} - \text{고정비} - \text{이자비용}}$)
결합 레버리지도 (DCL)	$\frac{\text{주당순이익 변화율}}{\text{판매량(매출액) 변화율}}$	$\frac{\text{매출액} - \text{변동비}}{\text{매출액} - \text{변동비} - \text{고정비} - \text{이자비용}}$

결합레버리지도
- 영업고정비(FC)와 이자비용(I)이 존재하는 경우, 결합레버리지는 항상 1보다 크다.
- 영업고정비(FC)와 이자비용(I)을 많이 지급할수록 결합레버리지는 커지며, 기업의 주당순이익 변화율은 매출액 변화율보다 항상 확대되어 나타난다.

34 현금흐름표 작성   난이도 중   정답 ②

'㉠, ㉢'은 기업 현금흐름 분석에 대한 적절한 설명이다.
㉡ 자기주식의 처분은 '현금유입'으로 보며, 반대로 자기주식의 취득은 '현금유출'로 본다.

오답 개념 체크
㉣ 차입금의 차입은 '재무활동'으로 인한 현금흐름에 해당한다.

이것도 알면 합격!

현금흐름의 활동별 분류

영업활동	원재료 및 상품 등의 구매활동, 제품 생산 및 판매활동, 투자·재무활동 이외의 현금흐름을 수반하는 모든 거래활동을 포함함	
투자활동	현금의 대여와 회수활동, 유가증권, 투자자산 및 비유동자산의 취득과 처분활동을 의미함	
	현금유입	현금유출
	• 대여금 회수 • 유가증권 처분 • 설비자산 처분	• 대여금 대여 • 유가증권 매입 • 설비자산 취득
재무활동	현금의 차입 및 상환활동, 자기주식의 취득과 처분활동과 같이 부채와 자본의 증감에 관련된 활동을 의미함	
	현금유입	현금유출
	• 차입금 차입 • 자기주식 처분 • 유상증자	• 차입금 상환 • 자기주식 취득 • 신주, 사채 등 발행비용

35 현금흐름표 작성 – 간접법(가산항목)   난이도 중   정답 ③

'㉡ 매입채무의 증가, ㉢ 감가상각비'는 당기순이익에 가산하는 항목이다.

오답 개념 체크
'㉠ 매출채권의 증가, ㉣ 유가증권 처분이익'은 당기순이익에서 차감하는 항목이다.

이것도 알면 합격!

영업활동으로 인한 현금흐름(간접법)

당기순이익 가산(+)	당기순이익 차감(-)
현금유출이 없는 비용 • 감가상각비 • 대손상각비 • 재고자산 평가손실 • 유가증권 평가손실	현금유입이 없는 수익 • 유가증권 평가이익
투자와 재무활동상 손실 • 유가증권 처분손실 • 설비자산 처분손실	투자와 재무활동상 이익 • 유가증권 처분이익 • 설비자산 처분이익
영업활동으로 인한 자산 감소 및 부채 증가 • 매출채권의 감소 • 재고자산의 감소 • 매입채무의 증가	영업활동으로 인한 자산 증가 및 부채 감소 • 매출채권의 증가 • 재고자산의 증가 • 매입채무의 감소

36 Tobin's Q 비율   난이도 중   정답 ②

Tobin's Q 비율 계산 시 자산의 대체원가는 장부가가 아닌 자산의 현재가치를 기반으로 한다. PBR의 경우 장부가를 사용하기 때문에 장부가와 시가의 괴리 문제를 가지고 있는데 반해, Tobin's Q 비율은 이러한 시간성의 차이를 극복하는 지표라고 평가할 수 있다.

오답 개념 체크
① '자본의 시장가치'를 '자산의 대체원가'로 나누어 산출한다.
③ 비율이 높을수록 투자수익성이 양호하고 경영이 효율적이어서 투자 매력도가 높다고 평가할 수 있다.
④ 비율이 낮을수록 적극적 M&A 대상이 될 가능성이 높다.

이것도 알면 합격!

PBR

'PBR = 자기자본의 총시장가치/총장부가치'이며, 고든의 성장모형에 의한 주식가치를 적용하면 다음과 같이 정리할 수 있다.

- $PBR = \dfrac{P}{B} = \dfrac{ROE_1 - g}{k - g}$

37 EVA 모형 – EVA와 당기순이익의 비교   난이도 중   정답 ④

EVA는 회계관습과 발생주의 회계원칙의 결과로 산출된 회계이익이 경제적 이익을 반영하도록 수정하는 대체적 회계처리 방법을 사용한다.

오답 개념 체크
① 당기순이익은 기업이 일정기간 동안 경영활동에 투입한 자기자본에 따른 비용이 반영되지 않는다.
② 영업성과 측정도구로서 EVA를 사용하는 경우 자기자본비용과 타인자본비용을 합산한 '자본비용' 이상의 이익을 실현하는 것을 기업투자의 목표로 설정한다.
③ 'EVA'가 주주자본비용의 기회비용적 성격을 명확하게 설정한다.
당기순이익은 자기자본 투입에 따른 비용을 고려하지 않기 때문에 기업이 창출한 이익이 지분투자자들의 기대수익을 초과하는지 여부를 판단하기 어렵다.
반면, EVA는 세후 순영업이익(NOPLAT)에서 자본비용(특히, 자기자본비용)을 공제한 잔여이익이기 때문에 기업이 창출한 이익이 자본비용을 초과했는지를 명확하게 보여준다.

38 기술적 분석   난이도 중   정답 ③

기술적 분석은 투자가치를 무시하고 시장의 변동에만 집중하기 때문에 시장이 변화하는 원인을 분석할 수 없다는 한계점을 가지고 있다.

39 다우 이론의 장기추세 국면 정답 ④

- (약세 1국면)은 주식시장이 지나치게 과열된 것을 감지한 전문투자자들이 투자수익을 취한 후 빠져나가는 단계로, 주가가 조금만 하락해도 그동안 매수하지 못한 대기매수세에 의하여 거래량이 증가하지만 새로운 상승 추세로 진행되지 못한다.
- (강세 2국면)은 전반적인 경제 여건 및 기업의 영업수익이 호전됨으로써 일반투자자들의 관심이 고조되어 주가가 상승하고 거래량도 증가하는 단계로, 마크업(mark-up)국면이라고도 한다.

40 이동평균선 정답 ③

약세국면에서 주가가 이동평균선 아래에서 움직일 경우 반전되지 않고 하락세가 지속될 가능성이 높다.
한편, 강세국면에서 주가가 이동평균선 위에서 움직일 경우에는 상승세가 지속될 가능성이 높다.

이것도 알면 합격!

이동평균선의 특징

- 일반적으로 주가가 이동평균선을 돌파하는 시점이 매매 타이밍이다.
- 이동평균을 하는 분석기간이 길수록 이동평균선의 기울기는 완만해지며, 짧을수록 가팔라지는 경향이 있다.
- 주가가 이동평균선과 괴리가 지나치게 클 때에는 이동평균선으로 회귀하는 성향이 있다.
- 주가가 장기 이동평균선을 돌파할 경우 주추세가 반전될 가능성이 크다.
- 강세국면에서 주가가 이동평균선 위에서 움직일 경우 상승세가 지속될 가능성이 높다.
- 약세국면에서 주가가 이동평균선 아래에서 움직일 경우 하락세가 지속될 가능성이 높다.
- 상승하고 있는 이동평균선을 주가가 하향 돌파할 경우에 추세는 조만간 하락 반전할 가능성이 높다.
- 하락하고 있는 이동평균선을 주가가 상향 돌파할 경우에 추세는 조만간 상승 반전할 가능성이 높다.

41 거래량 지표(OBV) 정답 ①

주가가 전일 대비 상승한 날의 누적 거래량에서 하락한 날의 누적 거래량을 차감하여 산출한다.

오답 개념 체크

② 강세장에서는 OBV선의 고점이 이전의 고점보다 높게 형성된다. 반면, 약세장에서는 OBV선의 저점이 이전의 저점보다 낮게 형성된다.
③ OBV는 거래량을 중심으로 하는 지표이기 때문에 특정 종목이 자전거래가 발생하면 비정상적으로 거래량이 급증하여 분석의 유용성이 줄어들 수 있다.
④ 활황장에서 OBV 기산일을 설정하면 과거의 누적된 상승 거래량이 반영되어, 주가 하락 시 OBV의 매도 신호가 지연될 가능성이 크다.

42 패턴 분석 정답 ②

주가의 상승추세가 완만한 곡선을 그리면서 서서히 하락추세로 전환되는 패턴은 '원형 천장형'이다.
'원형 바닥형'은 주가의 하락추세가 상승추세로 전환되는 패턴이다.

오답 개념 체크

④ 다이아몬드형은 확대형과 대칭 삼각형이 서로 합쳐진 모양으로, 주가의 큰 변동이 있고 난 이후 많이 나타나는 패턴이다. 불안정한 투자 심리 상태가 점차 안정되면서 기존 추세의 방향성대로 주가가 움직이는 추세 지속형 패턴이다.

이것도 알면 합격!

주가 패턴의 분류

반전형 패턴	헤드 앤 숄더, 이중 천장형, 이중 바닥형, 선형, 원형 천장형, 원형 바닥형, 확대형
지속형 패턴	삼각형, 깃발형, 쐐기형, 페넌트형, 직사각형, 다이아몬드형

[43~50] 리스크관리

43 재무위험(Financial risk)의 종류 정답 ③

'유동성위험'은 포지션을 마감하는 데에서 발생하는 비용에 대한 위험이다. 기업이 소유하고 있는 자산을 매각하고자 하는 경우 매입자가 없어 불리한 조건으로 자산을 매각해야 할 때 '유동성위험'에 노출된다.

이것도 알면 합격!

재무위험(Financial risk)

시장위험	• 시장 가격 변동으로부터 발생하는 위험 • 주식위험, 이자율위험, 환위험, 상품 가격 위험 등이 해당됨
신용위험	• 거래상대방이 약속한 금액을 지불하지 못하는 경우 발생하는 손실에 대한 위험
유동성위험	• 포지션을 마감하는 데에서 발생하는 비용에 대한 위험 • 기업이 소유하고 있는 자산을 매각하고자 하는 경우 매입자가 없어 매우 불리한 조건으로 자산을 매각해야 할 때 노출되는 위험
운영위험	• 부적절한 내부시스템, 관리 실패, 잘못된 통제, 사기, 인간의 오류 등으로 인해 발생하는 손실에 대한 위험
법적위험	• 계약을 집행하지 못함으로 인해 발생하는 손실에 대한 위험

44 VaR의 측정방법 – 델타-노말분석법 정답 ③

델타-노말분석법은 부분가치 평가법으로, 각 자산의 가치를 평가하는 가격 모형이 요구되지 않는다.

오답 개념 체크

① 델타-노말분석법은 부분가치 평가(partial valuation)방법으로 VaR을 측정한다. 완전가치 평가(full valuation)방법에는 역사적 시뮬레이션법, 스트레스 검증법, 몬테카를로 시뮬레이션법 등이 있다.
② 리스크 요인이 많아질수록 상관계수의 추정은 어려워지고 나아가 VaR의 측정도 복잡해진다. 한편, 다양한 리스크 요인을 잘 분석함에 따라 리스크 측정은 더 정확해지게 된다. 따라서 리스크 요인을 결정할 때에는 이들의 상반관계(trade-off)를 잘 따져보아야 한다.
④ 델타-노말분석법에서는 델타에 의존하여 시장리스크를 측정하기 때문에, 옵션과 같은 비선형 수익구조를 가진 상품이 포트폴리오에 포함되어 있는 경우 측정된 시장리스크 오차가 커진다는 단점이 있다.

> **이것도 알면 합격!**

VaR의 측정방법

구분	부분가치 평가법	완전가치 평가법
가치평가모형	• 불필요	• 필요
종류	• 델타분석법	• 역사적 시뮬레이션법 • 스트레스 검증법 • 몬테카를로 시뮬레이션법

45 포트폴리오의 VaR 계산   난이도 상   정답 ①

가. 포트폴리오의 VaR = $\sqrt{VaR_A^2 + VaR_B^2 + 2 \cdot \rho \cdot VaR_A \cdot VaR_B}$
= $\sqrt{2^2 + 4^2 + 2 \cdot 1 \cdot 2 \cdot 4}$
= $\sqrt{36}$ = 6

나. 포트폴리오의 VaR = $\sqrt{VaR_A^2 + VaR_B^2 + 2 \cdot \rho \cdot VaR_A \cdot VaR_B}$
= $\sqrt{3^2 + 1^2 + 2 \cdot 0.5 \cdot 3 \cdot 1}$
= $\sqrt{13}$ = 3.61

다. 포트폴리오의 VaR = $\sqrt{VaR_A^2 + VaR_B^2 + 2 \cdot \rho \cdot VaR_A \cdot VaR_B}$
= $\sqrt{3^2 + 4^2 + 2 \cdot 0 \cdot 3 \cdot 4}$
= $\sqrt{25}$ = 5

라. 포트폴리오의 VaR = $\sqrt{VaR_A^2 + VaR_B^2 + 2 \cdot \rho \cdot VaR_A \cdot VaR_B}$
= $\sqrt{6^2 + 10^2 + 2 \cdot (-1) \cdot 6 \cdot 10}$
= $\sqrt{16}$ = 4

> **이것도 알면 합격!**

특수한 상관계수와 포트폴리오의 VaR 계산 공식

두 자산의 상관계수(ρ)	포트폴리오 VaR	분산투자효과
$\rho = -1$	$\|VaR_A - VaR_B\|$	분산투자효과 최대
$\rho = 0$	$\sqrt{VaR_A^2 + VaR_B^2}$	분산투자효과 있음
$\rho = +1$	$VaR_A + VaR_B$	분산투자효과 없음

46 Marginal VaR   난이도 상   정답 ①

투자대안	A	B
기대수익률	20%	20%
VaR	90억	80억
편입 후 포트폴리오 VaR	150억	160억
Marginal VaR (포트폴리오 편입 후 추가된 위험)	150억 – 100억 = 50억	160억 – 100억 = 60억

투자대안 자체로만 비교했을 때, 두 대안의 기대수익률은 동일하지만 투자대안 B가 A보다 VaR이 낮기 때문에 B가 우월한 투자대안이 된다. 그러나 기존에 가지고 있는 포트폴리오를 감안한다면, 투자대안 A를 편입할 경우의 VaR이 더 낮기 때문에 결과적으로 투자대안 A가 더 우월한 대안이다. 이는 투자대안 A가 B보다 기존 포트폴리오와의 분산효과가 더 크게 나타났기 때문이다.
또한, 기존의 포트폴리오에 편입시킴에 따라 추가되는 위험인 Marginal VaR이 투자대안 A의 경우 B보다 더 낮기 때문에 A가 우월한 대안이 된다.

47 VaR의 유용성과 한계   난이도 중   정답 ④

델타-노말분석법과 몬테카를로 시뮬레이션 방법에 의한 VaR은 다르게 도출된다. 특히, 옵션 포지션이 많은 경우에는 그 차이가 더욱 커지게 된다.

48 KMV의 EDF모형(부도율 측정모형)   난이도 상   정답 ①

기업	A	B	C
기대자산가치	200억	300억	500억
부채금액	170억	220억	350억
표준편차	30억	40억	50억
부도거리 (= $\frac{A - D}{\sigma}$)	200억 – 170억 30억 = 1	300억 – 220억 40억 = 2	500억 – 350억 50억 = 3
부도율	1표준편차 이상일 확률 (16%)	2표준편차 이상일 확률 (2.5%)	3표준편차 이상일 확률 (0.5%)

A기업이 부도거리 1표준편차로 가장 짧다. 부도거리가 작을수록 부도율이 높게 나타나기 때문에 부도율이 가장 높은 기업은 A기업이 된다.

> **이것도 알면 합격!**

KMV 부도율 측정모형

부도거리(DD)	부도율
DD = 1	1표준편차 이상일 확률(16% 단측검정)
DD = 2	2표준편차 이상일 확률(2.5% 단측검정)
DD = 3	3표준편차 이상일 확률(0.5% 단측검정)

49 신용리스크와 신용손실 분포   난이도 중   정답 ②

일반적으로 정규분포와 비교했을 때 신용손실 분포는 한쪽으로 치우친 형태로서 꼬리가 두껍고 긴 특성을 가진다. 대칭적인 정규분포를 하는 경우에는 평균과 분산을 이용한 모수적 방법을 이용하지만, 비대칭적인 분포의 경우에는 퍼센타일(percentile)을 이용하여 신용리스크를 측정한다.

> **오답 개념 체크**

③ ④ 신용리스크의 측정을 위한 신용손실 분포를 추정할 때 부도(Default)의 경우에만 손실이 발생한 것으로 추정하는지, 신용등급의 변화에 의한 손실까지도 고려하는지에 따라 두 모형으로 구분된다.
부도모형(Default Mode)은 부도가 발생한 경우에만 신용손실이 발생한 것으로 간주하며, 신용손실은 신용리스크 노출 금액(EAD), 부도율(p), 손실률(LGD)에 의해 결정된다.
MTM모형은 부도 발생뿐만 아니라 신용등급의 변화에 따른 손실리스크까지도 신용리스크에 포함시킨다.

50 부도모형(Default Mode) — 정답 ③
난이도 중

부도모형(Default Mode)에서의 예상손실 변동성은 다음과 같이 신용리스크 노출 금액(EAD), 부도율(p), 손실률(LGD)에 의해 결정된다.

$\sigma_{EL} = \sqrt{p \cdot (1-p)} \times EAD \times LGD$
$= \sqrt{0.1 \cdot (1-0.1)} \times 100억 \times 0.3$
$= 9억$

제3과목 직무윤리 및 법규/투자운용 및 전략I/ 거시경제 및 분산투자

[51~55] 직무윤리

51 준법감시인 — 정답 ③
난이도 중

준법감시인을 해임할 경우에는 이사 총수의 2/3 이상의 찬성으로 의결을 거쳐야 한다.

오답 개념 체크
① 임기는 2년 이상이다.
② 준법감시인은 이사회 및 대표이사의 지휘를 받아 금융투자회사 전반의 내부통제 업무를 수행한다.
④ 준법감시인을 임면한 때에는 임면일로부터 7영업일 이내에 금융위원회에 보고해야 한다.

이것도 알면 합격!

준법감시인

업무	준법감시인은 이사회 및 대표이사의 지휘를 받아 금융투자회사 전반의 내부통제업무를 수행
임기	2년 이상
임면	이사회의 의결을 거쳐 임면일로부터 7영업일 이내 금융위원회에 보고
해임	이사 총수의 2/3 이상 찬성으로 의결
위임	위임의 범위와 책임의 한계 등이 명확히 구분된 경우 준법감시 업무 중 일부를 준법감시업무를 담당하는 임직원에게 위임 가능

52 영업점에 대한 내부통제 — 정답 ④
난이도 중

준법감시인은 영업점별 영업관리자에 대하여 연간 1회 이상 법규 및 윤리 관련 교육을 실시해야 한다.

이것도 알면 합격!

영업점별 영업관리자의 요건
- 영업점에서 1년 이상 근무한 경력이 있거나 준법감시·감사업무를 1년 이상 수행한 경력이 있는 자로서 당해 영업점에 상근하고 있을 것
- 영업점장이 아닌 책임자급일 것(단, 당해 영업점의 직원 수가 적어 영업점장을 제외한 책임자급이 없는 경우는 제외)
- 본인이 수행하는 업무가 과다하거나 수행하는 업무의 성격으로 인해 준법감시 업무에 곤란을 받지 아니할 것

53 내부통제기준 위반 시 회사에 대한 조치 — 정답 ④
난이도 중

'㉠, ㉢'은 3천만원 이하의 과태료가 부과되는 경우에 해당하며, '㉡'은 1억원 이하의 과태료가 부과되는 경우에 해당한다.

이것도 알면 합격!

내부통제기준 위반 시 회사에 대한 조치(과태료 부과)

1억원 이하	• 내부통제기준을 마련하지 않은 경우 • 준법감시인을 두지 않은 경우 • 사내이사 또는 업무집행책임자 중에서 준법감시인을 선임하지 않은 경우 • 이사회 결의를 거치지 않고 준법감시인을 임면한 경우 • 금융위원회가 위법·부당한 행위를 한 회사 또는 임직원에게 내리는 제재조치를 이행하지 않은 경우

3천만원 이하	• 준법감시인에 대한 별도의 보수지급 및 평가기준을 마련·운영하지 않은 경우
	• 준법감시인이 다음의 업무를 겸직하거나 이를 겸직하게 한 경우
	  - 자산 운용에 관한 업무
	  - 해당 금융회사의 본질적 업무 및 그 부수업무
	  - 해당 금융회사의 겸영업무
	  - 금융지주회사의 경우 자회사 등의 업무

2천만원 이하	• 준법감시인의 임면 사실을 금융위원회에 보고하지 않은 경우

54 금융소비자보호 총괄책임자(CCO)의 수행 업무 — 정답 ②
난이도 중

'위험관리기준의 제정 및 개정 업무'는 금융소비자보호 총괄책임자(CCO)의 직무에 해당하지 않는다.

이것도 알면 합격!

금융소비자보호 총괄책임자(CCO)의 직무
- 금융소비자보호 총괄기관의 업무
- 상품설명서, 금융상품 계약서류 등 사전 심의
- 금융소비자보호 관련 제도 기획 및 개선, 기타 필요한 절차 및 기준 수립
- 금융상품 각 단계별 소비자보호 체계에 관한 관리·감독 및 검토
- 민원접수 및 처리에 관한 관리·감독 업무
- 금융소비자보호 관련부서 간 업무협조 및 업무조정 등 업무 총괄
- 대내외 금융소비자보호 관련 교육 프로그램 개발 및 운영 업무 총괄
- 민원발생과 연계한 관련부서·직원 평가 기준의 수립 및 평가 총괄
- 대표이사로부터 위임 받은 업무
- 금융소비자보호 관련 이사회, 대표이사, 내부통제위원회로부터 이행을 지시·요청받은 업무

55 대외활동 — 정답 ④
난이도 중

대외활동 시 회사의 공식의견이 아닌 사견임을 명백히 표현한다면 그 의견을 밝힐 수 있다.

이것도 알면 합격!

금융투자회사의 표준윤리준칙 – 대외활동

임직원이 외부강연이나 기고, 언론매체 접촉, SNS 등 전자통신수단을 이용한 대외활동을 하는 경우 다음을 준수해야 한다.
- 회사의 공식의견이 아닌 경우 사견임을 명백히 표현해야 한다.
- 대외활동으로 인하여 회사의 주된 업무 수행에 지장을 주어서는 안 된다.
- 대외활동으로 인하여 금전적인 보상을 받게 되는 경우 회사에 신고해야 한다.
- 불확실한 사항을 단정적으로 표현하거나 다른 금융투자회사를 비방해서는 안 된다.

[56~66] 자본시장 관련 법규

56 인가·등록대상 금융투자업 정답 ④
난이도 하

투자자문업은 자본시장법에 따른 등록대상 금융투자업에 해당한다.

이것도 알면 합격!

인가·등록대상 금융투자업

인가대상 금융투자업	• 투자매매업 • 투자중개업 • 집합투자업 • 신탁업
등록대상 금융투자업	• 투자자문업 • 투자일임업 • 온라인소액투자중개업 • 일반사모집합투자업

57 집합투자증권의 환매 정답 ④
난이도 상

환매를 연기한 경우 6주 이내에 집합투자자 총회를 개최하여 환매에 관한 사항을 결의해야 한다.

이것도 알면 합격!

집합투자증권의 환매

원칙	• 투자자는 언제든지 집합투자증권의 환매를 청구할 수 있음(환매금지형 제외)
환매청구 대상	• 해당 집합투자증권을 판매한 투자매매·투자중개업자 (단, 환매청구를 받은 집합투자업자가 해산으로 인해 환매에 응할 수 없는 경우에는 예외적으로 해당 집합투자재산을 보관·관리하는 신탁업자에게 청구 가능)
환매방법	• 집합투자업자 또는 투자회사 등은 일반적으로 환매청구일부터 15일 이내에서 집합투자규약에서 정한 환매일에 환매대금을 지급함 • 집합투자업자 또는 투자회사 등은 환매대금을 지급하는 경우 집합투자재산으로 소유 중인 금전 또는 집합투자재산을 처분하여 조성한 금전으로 해야 함 (단, 투자자 전원의 동의를 얻은 경우에는 집합투자재산으로 지급 가능)
환매가격	• 원칙적으로 환매청구일 후에 산정되는 기준가격으로 환매
환매수수료	• 환매수수료는 집합투자증권의 환매를 청구하는 투자자가 부담하며, 수수료는 집합투자재산에 귀속됨
환매의 연기	• 환매를 연기한 경우 6주 이내에 집합투자자 총회를 개최하여 환매에 관한 사항을 결의해야 함

58 집합투자업자의 영업행위 규칙 – 자산운용의 제한 정답 ③
난이도 상

원칙적으로 집합투자업자가 각 집합투자기구 자산총액의 50%를 초과하여 동일 집합투자업자가 운용하는 집합투자증권에 투자하는 행위는 금지된다.

59 순자본비율 규제 정답 ④
난이도 하

순자본비율은 영업용순자본에서 총위험액을 차감한 금액을 필요 유지 자기자본으로 나누어 구한다.

이것도 알면 합격!

순자본비율 규제

영업용 순자본의 산정	영업용 순자본 = 자산 - 부채 - 차감항목 + 가산항목 • 영업용 순자본의 계산은 기본적으로 재무상태표상 순재산액(자산 - 부채)에서 출발함 • 차감항목: 재무상태표상 자산 중 즉시 현금화하기 곤란한 자산 • 가산항목: 재무상태표에서 부채로 계상되었으나 실질적인 채무이행 의무가 없는 항목 등
총위험액 산정	• 총위험액 = 시장위험액 + 신용위험액 + 운영위험액
필요 유지 자기자본	• 금융투자업자가 영위하는 인가업무 또는 등록업무 단위별로 요구되는 자기자본을 합계한 금액
순자본 비율	• 순자본비율 = $\dfrac{(\text{영업용 순자본} - \text{총위험액})}{\text{필요 유지 자기자본}}$

60 집합투자기구의 구성 – 수익자총회 정답 ②
난이도 중

수익자총회는 자본시장법 또는 신탁계약에서 정한 사항에 대해서만 의결이 가능하다.

오답 개념 체크
① 수익자총회는 원칙상 투자신탁을 설정한 집합투자업자가 열 수 있다.
③ 발행된 수익증권의 총좌수의 5% 이상을 보유한 수익자는 예외적으로 수익자총회를 열 수 있다.
④ 수익자총회의 소집을 위해 수익자총회 14일 전에 각 수익자에 대하여 서면 또는 전자문서로 통지해야 한다.

이것도 알면 합격!

수익자총회

결의 사항	• 수익자총회는 자본시장법 또는 신탁계약에서 정한 사항에 대해서만 결의 가능
소집권자	• 투자신탁을 설정한 집합투자업자(원칙) • 투자신탁재산을 보관·관리하는 신탁업자 또는 발행된 수익증권의 총좌수의 5% 이상을 소유한 수익자(예외)
소집통지 방법	• 수익자총회 2주 전에 각 수익자에 대하여 서면 또는 전자문서로 통지 발송 • 그 통지가 수익자명부상의 수익자의 주소에 3년 간 계속 도달하지 않을 때에 집합투자업자는 당해 수익자에게 총회의 소집을 통지하지 않을 수 있음

61 투자자문업자 및 투자일임업자의 영업행위 규칙   정답 ②

원칙적으로 투자일임업자가 투자일임재산에 속하는 증권의 의결권을 행사하는 행위를 위임받는 것은 금지된다.

62 금융기관 검사 및 제재에 관한 규정   정답 ③

이의신청 처리결과에 대하여는 다시 이의신청을 할 수 없다.

63 투자자예탁금의 별도 예치   정답 ①

예치 금융투자업자가 금융투자업의 전부나 일부를 양도하는 경우 예외적으로 양도내용에 따라 양수회사에 예치기관에 예치한 투자자예탁금을 양도하거나 담보로 제공할 수 있다.

이것도 알면 합격!

투자자예탁금의 별도 예치

원칙	• 투자매매업자는 투자자예탁금을 고유재산과 구분하여 증권금융회사에 예치하거나 신탁업자에 신탁해야 함 • 투자매매업자는 증권금융회사 또는 신탁업자에게 투자자예탁금을 예치 또는 신탁하는 경우 그 투자자예탁금이 투자자의 재산이라는 점을 명시해야 함 • 투자자예탁금을 예치한 투자매매업자는 일반적으로 예치기관에 예치한 투자자예탁금을 양도하거나 담보로 제공할 수 없음
상계 또는 압류금지의 예외	• 예치 금융투자업자는 다음의 해당하는 경우 예외적으로 투자자예탁금을 양도하거나 담보로 제공할 수 있음 – 예치 금융투자업자가 흡수합병 또는 신설합병으로 인해 존속되거나 신설되는 회사에 예치기관에 예치한 투자자예탁금을 양도하는 경우 – 예치 금융투자업자가 금융투자업의 전부나 일부를 양도하는 경우로서 양도내용에 따라 양수회사 예치기관에 예치한 투자자예탁금을 양도하는 경우

투자자 예탁금의 우선지급	• 예치금융투자업자는 다음에 해당하게 된 경우 예치기관에 예치한 투자자예탁금을 인출하여 투자자에게 우선하여 지급해야 함 – 인가 취소, 해산 결의, 파산선고 – 투자매매업 전부양도·전부폐지가 승인된 경우 및 전부의 정지명령을 받은 경우

64 집합투자업자의 금전차입, 대여 등의 제한   정답 ③

• 부동산 개발사업을 영위하는 법인은 집합투자기구 자산총액에서 부채총액을 뺀 가액의 (100)% 이내로 대여가 가능하다.
• 집합투자재산으로 부동산을 취득하는 경우 집합투자기구의 계산으로 금전차입이 예외적으로 허용되며, 기타 집합투자기구는 부동산가액의 (70)% 이내로 차입이 가능하다.

이것도 알면 합격!

집합투자업자의 영업행위 규칙 : 금전차입, 대여 등의 제한

원칙	• 집합투자기구의 계산으로 금전 차입 불가 • 집합투자재산으로 금전 대여 불가
예외	• 대량 환매청구·매수청구 발생 시 가능 (한도 : 차입 당시 순자산총액의 10%)
특례	차입	• 집합투자재산으로 부동산 취득 시 집합투자기구의 계산으로 금전차입이 예외적으로 허용됨 • 차입한도 – 부동산 집합투자기구 : 순자산의 200% – 기타 집합투자기구 : 부동산가액의 70%
	대여	• 부동산 개발사업을 영위하는 법인에 대해 예외적으로 대여 가능 • 대여한도 : 집합투자기구 순자산총액의 100%

65 집합투자재산의 평가   정답 ③

집합투자재산은 원칙상 (시가)로 평가하되, 원칙을 적용하기 어려울 경우 (공정가액)으로 평가하며, MMF의 경우에는 (장부 가격)으로 평가할 수 있다.

66 집합투자업자의 영업행위 규칙 – 자산운용의 제한   정답 ②

원칙적으로 각 집합투자기구 자산총액의 (10)%를 초과하여 동일종목의 증권에 투자하는 행위는 금지되지만, 파생결합증권의 경우에는 (30)%까지 투자가 가능하다.

[67~69] 한국금융투자협회규정

67 집합투자증권 판매 시 준수사항 정답 ④
난이도 중

다른 금융투자상품과 연계하여 펀드를 판매할 경우 펀드투자권유자문인력으로 협회에 등록된 자이어야 한다.

68 부당한 재산상 이익의 제공 및 수령 금지 정답 ②
난이도 중

경제적 가치가 3만원을 초과하는 물품은 재산상 이익에 해당한다.

오답 개념 체크
① 금융투자회사가 자체적으로 작성한 조사분석자료는 재산상 이익으로 보지 않는다.
③ 20만원 이하의 경조비 및 조화·화환은 재산상 이익으로 보지 않는다.
④ 금융투자상품에 대한 가치분석을 위해서 자체적으로 개발한 소프트웨어는 재산상 이익으로 보지 않는다.

이것도 알면 합격!

재산상 이익으로 보지 않는 범위
- 금융투자상품에 대한 가치분석·매매정보 또는 주문의 집행 등을 위한 자체적으로 개발한 소프트웨어 및 해당 소프트웨어의 활용에 불가피한 컴퓨터 등 전산기기
- 금융투자회사가 자체적으로 작성한 조사분석자료
- 경제적 가치가 3만원 이하의 물품, 식사, 신유형 상품권, 거래실적에 연동되어 거래상대방에게 차별없이 지급되는 포인트 및 마일리지
- 20만원 이하의 경조비 및 조화·화환
- 국내에서 불특정 다수를 대상으로 하여 개최되는 세미나 또는 설명회로서 1인당 재산상 이익의 제공금액을 산정하기 곤란한 경우 그 비용
- 사용범위가 공연·운동경기 관람, 도서·음반 구입 등 문화활동으로 한정된 상품권

69 펀드 투자광고 시 의무표시사항 정답 ①
난이도 중

'㉠, ㉡'는 펀드 투자광고 시 의무표시사항에 해당한다.

오답 개념 체크
㉢ 투자에 따른 손실보전이나 이익보장으로 오인할 우려가 있는 표시를 하는 행위는 금지된다.

이것도 알면 합격!

펀드 투자광고 시 의무표시사항
- 환매수수료 및 환매신청 후 환매금액의 수령이 가능한 구체적인 시기
- 증권거래비용의 발생 가능성
- 투자자가 직·간접적으로 부담하게 되는 각종 보수 및 수수료
- 고유한 특성 및 투자 위험성이 있는 집합투자기구의 경우 해당 특성 및 투자위험성에 관한 설명
- 수수료 부과기준 및 절차

[70~75] 주식투자운용/투자전략

70 자산집단의 기대수익률 추정 정답 ③
난이도 하

'㉠ 근본적 분석방법, ㉢ 시장공통 예측치 사용방법'은 자산집단의 기대수익률을 추정하는 방법에 해당한다.

오답 개념 체크
㉡ GARCH는 자산집단의 위험을 추정하는 방법으로 자산집단의 기대수익률을 추정하는 방법이 아니다.

이것도 알면 합격!

자산집단의 기대수익률과 위험, 상관관계 추정 방법

기대수익률 추정 방법	• 추세분석법, 시나리오 분석법 • 근본적 분석방법(CAPM, APT 등) • 시장공통 예측치 사용방법 • 경기순환 접근방법 • 시장 타이밍 방법 • 전문가의 주관적인 방법
위험, 상관관계 추정 방법	• 과거 자료를 사용하며 위험의 경우 최근 GARCH와 같은 추정 방법을 사용함

71 전략적 자산배분의 실행 단계 정답 ④
난이도 중

투자자의 투자목적 및 투자제약조건의 파악 ⇨ 자산집단의 선택 ⇨ 자산종류별 기대수익, 위험, 상관관계의 추정 ⇨ 최적 자산구성의 선택

72 고정비율 포트폴리오 보험전략(CPPI) 정답 ④
난이도 상

주식투자금액 = 승수 × (포트폴리오 평가액 − 최저 보장수익의 현재가치)
= 3 × {100억원 − 70억원/(1 + 0.03)}
= 3 × (100억원 − 67.96억원) = 96.12억원

이것도 알면 합격!

쿠션과 익스포저
- 쿠션 = 포트폴리오 평가액 − 최저 보장수익의 현재가치
- 익스포저(= 주식투자금액) = 승수 × 쿠션

73 보험자산배분 정답 ③
난이도 중

포트폴리오 가치가 하락하면 '무위험자산'에 대한 투자비중을 증가시킨다.

이것도 알면 합격!

보험자산배분 전략

정의	• 자산 구성비율을 동적으로 변동시키는 전략 • 예측치를 사용하지 않고 시장가격의 변화추세만을 반영하여 초단기적으로 자산배분을 변경하는 수동적 전략
포트폴리오 보험 전략 투자자	• 포트폴리오 보험 전략을 선호하는 사람은 일반적인 투자자보다 하락위험을 더 싫어함
이론적 배경	• 최소 수익률을 보장하면서 주가 상승 시 수익을 획득하는 포트폴리오 보험을 추구 • 보험 포트폴리오는 '주식 투자(매수) + 풋옵션 매수' • 최저 보장수익률은 반드시 무위험자산수익률 이하로 결정
실행 메커니즘	• 위험자산과 무위험자산 간에 투자자금을 할당하는 방식 • 포트폴리오 가치 하락 시 무위험자산 투자비중 증가, 포트폴리오 가치 상승 시 위험자산 투자비중 증가 • 위험자산의 시장가격이 최저 보장수익을 보장할 수 없을 만큼 하락하면 포트폴리오 전체를 무위험자산에 투자

74 인덱스펀드 구성 방법   정답 ②
난이도 중

표본추출법은 벤치마크에 포함된 대형주는 모두 포함하되 중소형주들은 펀드의 성격이 벤치마크와 유사하게 되도록 일부 종목만을 포함하는 방식이다.

이것도 알면 합격!

인덱스펀드 구성 방법

구분	개념	한계
완전복제법	벤치마크를 구성하는 모든 종목을 벤치마크 구성비율대로 사서 보유	대규모 자금이 필요하며, 관리에 어려움이 있음
표본추출법	벤치마크에 포함된 대형주는 모두 포함하되 중소형주들은 일부 종목만 편입	완전복제법보다는 관리가 용이하나 여전히 관리나 비용의 문제점이 존재
최적화법	벤치마크 대비 잔차위험을 위험허용 수준 이하로 만드는 방식	사용하는 가격정보가 과거 자료라는 점에서 잔차가 크게 나타날 수 있음

75 액티브 운용 – 운용스타일   정답 ④
난이도 중

가치투자 스타일은 현재의 수익과 자산가치보다 미래의 성장성을 보고 투자하는 운용스타일이며, 주식의 시가총액을 기준으로 투자하는 것은 시장가치에 의한 투자 스타일에 해당한다.

이것도 알면 합격!

운용스타일에 따른 투자 방식

가치투자 스타일	저 PER 투자, 역행투자, 고배당수익률 투자
성장투자 스타일	고 PER 투자, 고 PBR 투자, 지속적 성장성 투자, 이익의 탄력성 투자, 주가 탄력성 투자
혼합투자 스타일	가치 편향 혼합투자, 성장 편향 혼합투자, 적정 가격을 가진 성장투자, 스타일 선택형 투자

[76~81] 채권투자운용/투자전략

76 채권수익률   정답 ③
난이도 중

'ⓒ, ⓒ'은 채권수익률에 대한 적절한 설명이다.

오답 개념 체크

⊙ 경상수익률 = $\frac{연이자지급액}{채권의 시장 가격}$ 으로 계산하기 때문에 채권의 시장가격이 하락하면 경상수익률은 증가한다.

77 합성채권   정답 ③
난이도 중

'⊙ 수의상환청구채권 ⓒ 수의상환채권'은 투자자에게 옵션이 부여되는 채권에 해당한다.
⊙ 수의상환청구채권에는 채권 소유자가 상환을 요구할 수 있는 풋옵션이 부여되어 있다.
ⓒ 수의상환채권에는 발행기업이 만기 전에 임의로 채권을 상환시킬 수 있는 콜옵션이 부여되어 있다.

오답 개념 체크

ⓒ 교환사채는 사채 자체가 발행회사의 소유주식으로 교환되는 것으로, 채권 투자자에게 옵션이 부여되지 않는다.

78 채권위험의 종류   정답 ④
난이도 하

채권 투자자는 발행자로부터 채권에 명시된 원금이나 이자의 전부 혹은 일부를 지급받지 못하는 위험, 즉 (채무불이행 위험)에 노출되게 된다.

이것도 알면 합격!

채권위험의 종류

체계적 위험	이자율 변동 위험	채권을 만기까지 보유할 투자자는 가격변동에 관심이 없지만, 중간에 매각할 투자자는 이자율 상승 시 가격 하락 위험(투자손실)이 발생 가능
	구매력 위험	채권투자의 이익이 구매력 손실(물가 상승)을 보충하지 못할 위험
	재투자 위험	중도에 발생하는 현금을 채권수익률보다 낮은 이자율로 투자했을 때 발생하는 위험
비체계적 위험	신용(채무불이행)위험	채권에 명시된 원금·이자의 전부 또는 일부를 받지 못할 위험
	중도상환 위험	만기 이전에 시장수익률 하락으로 발행회사가 기존에 발행한 채권의 중도상환을 요구할 때 발생하는 위험
	시장(유동성) 위험	보유하고 있는 채권을 시장가격에 근접한 가격으로 쉽게 매각할 수 있는가를 나타내는 위험
환율 위험		환율시세 변동의 영향으로 나타나는 위험으로 국제분산투자가 가능하면 비체계적 위험, 아니라면 체계적 위험이 될 수 있음

79 채권 종류별 단가계산 – 할인채 정답 ③
난이도 상

잔존기간이 1년 미만이므로 단리로 계산한다.

$$P = \frac{S}{1 + r \times \frac{d}{365}}$$

$= 12,000/(1 + 0.07 \times 91/365) = 11,794.17$

오답 개념 체크

할인채의 매매가격 계산 시 표면이율은 사용하지 않는다.

80 말킬의 채권가격 정리 정답 ②
난이도 중

만기가 길어질수록 채권 수익률 변동에 의한 채권 가격 변동은 증가하지만 그 증감률은 체감한다.

오답 개념 체크

① 채권의 잔존기간이 길수록 동일한 수익률 변동에 대한 가격 변동폭은 커진다.
③ 만기가 일정할 때 채권수익률 하락으로 인한 가격 상승폭은 동일한 폭의 채권수익률 상승으로 인한 가격 하락폭보다 크다.
④ 표면이자율이 높을수록 동일한 크기의 수익률 변동에 대한 가격 변동률은 작아진다.

이것도 알면 합격!

말킬의 채권가격 정리 5가지

- 채권 가격과 채권수익률은 반대로 움직인다.
- 채권의 잔존기간이 길수록 동일한 수익률 변동에 대한 가격 변동폭은 커진다.
- 수익률 변동에 의한 채권 가격 변동은 만기가 길어질수록 증가하지만 그 증감률은 체감한다.
- 만기가 일정할 때 채권수익률 하락으로 인한 가격 상승폭은 동일한 폭의 채권수익률 상승으로 인한 가격 하락폭보다 크다.
- 표면이자율이 높을수록 동일한 크기의 수익률 변동에 대한 가격 변동률은 작아진다.

81 듀레이션 – 채권 가격의 변동성과 볼록성 정답 ②
난이도 상

$\frac{dP}{P}$ (채권 가격 변동률) $= -D_H \times \Delta r + \frac{1}{2} C \times (\Delta r)^2$

$\Rightarrow -0.0355 = -3.66 \times 0.01 + \frac{1}{2} C \times (0.01)^2$

$\therefore C = 22$

이것도 알면 합격!

채권 가격 변동률 공식

$$\frac{dP}{P} = -D_H \times \Delta r + \frac{1}{2} C \times (\Delta r)^2$$

[82~87] 파생상품투자운용/투자전략

82 옵션의 정의 – 옵션의 내재가치 정답 ②
난이도 중

콜옵션 내재가치 = 기초자산가격(275pt) – 행사가격(270pt) = 5pt

오답 개념 체크

옵션프리미엄은 내재가치와 시간가치의 합이므로 이 문제에서는 사용하지 않는다.

이것도 알면 합격!

옵션의 본질(내재)가치

- Call = Max[0, $S_T - X$]
- Put = Max[0, $X - S_T$]

(S_T = 만기시점의 기초자산가격, X = 행사가격)

83 풋불스프레드 정답 ①
난이도 상

- 풋옵션 매수포지션의 손익
  = Max[(행사가격 – 기초자산가격), 0] – 옵션프리미엄
  = Max[(240pt – 245pt), 0] – 2pt
  = –2pt
- 풋옵션 매도포지션의 손익
  = –{Max[(행사가격 – 기초자산가격), 0]} + 옵션프리미엄
  = –Max[(250pt – 245pt), 0] + 5pt
  = 0pt

∴ 투자자 A의 최종 손익 = (–2pt) + 0pt = –2pt

이것도 알면 합격!

옵션의 본질(내재)가치

- Call = Max[0, $S_T - X$]
- Put = Max[0, $X - S_T$]

(S_T = 만기시점의 기초자산가격, X = 행사가격)

84 스트래들 정답 ④
난이도 중

행사가격 – (콜옵션프리미엄 + 풋옵션프리미엄) < 수익이 발생하는 기초자산가격(P) < 행사가격 + (콜옵션프리미엄 + 풋옵션프리미엄)
⇒ 145 – (2 + 6) < P < 145 + (2 + 6)
⇒ 137 < P < 153

이것도 알면 합격!

스트래들	
롱스트래들	동일한 만기와 행사가격을 갖는 콜옵션과 풋옵션을 동시에 매수하는 경우 행사가격을 기준으로 두 옵션 프리미엄의 합을 초과하는 만큼 기초자산 가격이 상승하거나 하락하면 수익이 발생함
숏스트래들	동일한 만기와 행사가격을 갖는 콜옵션과 풋옵션을 동시에 매도하는 경우 행사가격을 기준으로 두 옵션 프리미엄의 합 이상으로 기초자산 가격이 상승하거나 하락하지 않으면 수익이 발생함

85 난이도 중 | 헤징 | 정답 ④

'랜덤 베이시스 헤지'는 만기시점이 도래하기 전에 현물과 선물을 전부 청산하는 것을 말한다.

86 난이도 중 | 옵션 프리미엄의 민감도 지표 | 정답 ②

'ⓒ, ⓒ'은 옵션 프리미엄의 민감도 지표에 대한 적절한 설명이다.

오답 개념 체크
ⓐ 콜옵션 매수 포지션에서 감마와 로우의 민감도 부호는 모두 양(+)의 값을 가진다.
ⓒ 델타와 베가는 풋옵션 매수, 풋옵션 매도 포지션에서 반대의 민감도 부호를 가진다.

이것도 알면 합격!

옵션의 매수·매도 포지션에 대한 민감도 부호

구분		델타	감마	쎄타	베가
Call	매수	+	+	−	+
	매도	−	−	+	−
Put	매수	−	+	−	+
	매도	+	−	+	−

87 난이도 중 | 옵션 프리미엄의 민감도 지표 – 델타 | 정답 ①

기초자산 가격이 100pt에서 105pt로 상승하고 옵션의 가격이 7pt에서 7.5pt로 상승했다면, 옵션의 델타는 (+0.1)이다.
- 델타 = 옵션가격의 변화분/기초자산 가격의 변화분
  = (7.5 − 7)/(105 − 100) = +0.1

이것도 알면 합격!

델타의 속성
- 델타 = 옵션가격의 변화분/기초자산 가격의 변화분
- 콜옵션의 델타 : 0 < 콜옵션의 델타 < 1, OTM은 0에 가깝고 ITM은 1에 가까움
- 풋옵션의 델타 : −1 < 풋옵션의 델타 < 0, ITM은 −1에 가깝고 OTM은 0에 가까움
- |콜델타| + |풋델타| = 1

[88~91] 투자운용결과분석

88 난이도 중 | 샤프비율 | 정답 ②

$$\text{펀드의 샤프비율} = \frac{\text{펀드수익률} - \text{무위험수익률}}{\text{표준편차}}$$

$$= \frac{0.09 - 0.03}{0.05} = 1.2$$

오답 개념 체크
조건이 연간 단위로 제시되었으므로 별도로 연율화하지 않는다.

89 난이도 중 | 젠센의 알파 | 정답 ①

젠센의 알파 = (포트폴리오 수익률 − 무위험수익률)
− 포트폴리오 베타 × (기준지표 수익률 − 무위험수익률)
= (0.12 − 0.08) − 1.3 × (0.1 − 0.08) = 0.014

오답 개념 체크
젠센의 알파 값을 구할 때 표준편차는 사용하지 않는다.

90 난이도 중 | 표준편차 | 정답 ③

- (왜도)는 수익률 분포가 좌나 우로 기울어진 정도를 측정하는 통계량이다.
- (첨도)는 수익률 분포 중 가운데 봉우리가 얼마나 뾰족한가를 측정하는 지표이며, 정규분포에서 (3)의 값을 갖는다.

이것도 알면 합격!

수익률 분포의 또 다른 통계적 특성
- 왜도는 좌나 우로 얼마나 기울어져 있는지를 측정하는 지표로 우로 편중된 경우 평균보다 낮은 수익률이, 좌로 편중된 경우 평균보다 높은 수익률이 발생할 가능성이 높다.
- 첨도는 봉우리가 얼마나 뾰족한가를 측정하는 지표로 뾰족할수록 평균 근처의 수익률이 발생할 가능성이 정규분포보다 높고, 완만할수록 평균 근처의 수익률이 발생할 가능성이 정규분포보다 낮다.

91 난이도 중 | 투자수익률 계산 – 금액가중수익률 | 정답 ③

금액가중수익률은 펀드매니저의 성과를 시기별로 평가하기 위한 지표로는 적절하지 않다. 펀드매니저의 운용능력을 측정하기 적절한 것은 시간가중수익률이다.

이것도 알면 합격!

금액가중수익률과 시간가중수익률

금액가중 수익률	• 측정기간 동안 얻은 수익금액을 반영하는 성과지표 • 펀드매니저와 투자자의 공동의 노력의 결과로 나타나는 수익률 효과가 혼합되어 있음 • 각 기간별 현금유입액에서 현금유출액을 차감한 순현금흐름을 할인하여 합산한 값을 0으로 만드는 할인율
시간가중 수익률	• 세부기간별 펀드의 수익률을 계산한 후 기하학적으로 연결하여 총수익률 계산(기간이 짧을수록 왜곡 감소) • 투자자금의 유출입에 따른 수익률 왜곡을 해결한 방법으로 펀드매니저 운용능력 측정 가능

[92~95] 거시경제

92 난이도 중 | IS-LM모형 | 정답 ③

'ⓒ, ⓒ'은 IS-LM모형에 따른 국민소득의 변화에 대한 적절한 설명이다.

오답 개념 체크
ⓐ 정부지출이 증가하면 국민소득이 증가한다.

93. 재정정책과 통화정책에 대한 논의 — 정답 ④

유동성 함정 구간에서는 LM곡선이 수평이 되는데, LM곡선이 수평일 때에는 무 구축효과가 나타나므로, 유동성 함정 구간에서는 구축효과가 발생하지 않는다.

오답 개념 체크
① 피구효과에 대한 설명이다.
② 화폐수요의 이자율 탄력성은 무한대에 수렴한다.
③ 정책 시행의 효과가 없는 것은 통화정책이며, 재정정책은 시행하면 큰 효과를 볼 수 있다.

이것도 알면 합격!

재정정책과 통화정책에 대한 논의

구분	내용
구축효과	• 확대재정정책이 이자율을 상승시켜 민간투자를 위축시키는 현상으로 재정정책의 효과를 반감시키는 효과가 있음 • LM곡선이 수평이면 구축효과가 사라짐
유동성 함정	• 화폐수요가 폭발적으로 증가해 화폐수요의 이자율 탄력성이 무한대가 되면 LM곡선이 수평이 되며 통화정책은 무력해지고 재정정책의 효과가 극대화됨
피구 효과	• 경기불황이 심해져서 물가가 급락하면 화폐량의 실질가치가 증가하게 되어 민간의 부가 증가하고 소비 및 총수요가 증가하는 현상 • 재정정책을 취하지 않아도 유동성 함정을 벗어날 수 있음을 보여주는 일부 고전학파의 논리
리카르도 불변 정리	• 세금 감소는 민간의 저축을 증가시킬 뿐 총수요에는 변동이 없다는 주장

94. 이자율의 기간구조이론 — 정답 ②

'㉠, ㉡'은 이자율의 기간구조이론에 대한 적절한 설명이다.

오답 개념 체크
㉢ 특정 시장 선호 이론은 장단기 채권간 불완전한 대체관계를 가정한다.

이것도 알면 합격!

이자율의 기간구조이론

구분	불편기대 이론	시장분할 이론	유동성 프리미엄 이론	특정 시장 선호 이론
채권 간 대체	완전 대체	대체관계 없음	불완전 대체	불완전 대체
우상향의 수익률 곡선	우상/우하향 잘 설명 못함	우상향 잘 설명함	우상향 잘 설명함	우상향 설명함(△)
수익률 곡선의 이동	잘 설명함	잘 설명 못함	잘 설명함	잘 설명함

95. 거시경제변수와 이자율의 변동 — 정답 ③

경상수지가 흑자이면 국내 화폐공급이 '증가'하여 이자율은 '하락'하게 된다.

[96~100] 분산투자기법

96. 지배원리와 효율적 증권의 선택 — 정답 ④

• 표준편차로 측정된 위험 수준이 같은 경우 기대수익률이 높은 포트폴리오가 우월하므로 투자안 Ⅳ은 투자안 Ⅰ를 지배한다.
• 기대수익률이 같은 경우 위험 수준이 낮은 포트폴리오가 우월하므로 투자안 Ⅳ는 투자안 Ⅲ를 지배한다.
∴ 투자안 Ⅳ가 가장 효율적인 포트폴리오다.

97. 변동성 보상비율 — 정답 ②

$$\text{변동성 보상비율} = \frac{E(R_A) - R_f}{\sigma_A} = \frac{0.16 - 0.02}{0.1} = 1.4$$

오답 개념 체크
투자위험이 한 단위 증가할 때 얻게 되는 위험 보상률의 증가인 변동성 보상비율은 투자금액의 비율에 관계없이 일정하다.

98. 균형 가격의 형성과 SML의 투자 결정에의 이용 – 과대·과소평가 — 정답 ①

• 요구수익률(k_j) = RRR_j = $R_f + \beta_j \times [E(R_m) - R_f]$
  – A주식의 요구수익률 = $0.05 + 1.5 \times (0.1 - 0.05) = 0.125$
  – B주식의 요구수익률 = $0.05 + 1.0 \times (0.1 - 0.05) = 0.1$

A주식과 B주식은 기대수익률이 요구수익률보다 크므로 모두 과소평가되었다.

99. 단일 지표 모형에 의한 포트폴리오 선택 – 포트폴리오 베타 — 정답 ③

포트폴리오의 베타는 포트폴리오를 구성하는 개별 자산의 베타를 그 자산의 비중에 따라 가중평균하여 구한다.
⇒ $1.5 \times 50\% + 2.0 \times 50\% = 1.75$

오답 개념 체크
포트폴리오의 베타를 계산할 때 무위험수익률은 사용하지 않는다.

100. 차익거래 가격결정이론 – 단일요인 모형 — 정답 ②

단일요인 차익거래 가격결정이론에서의 차익거래 해소 조건

$$\frac{E(R_A) - R_f}{\beta_A} = \frac{E(R_B) - R_f}{\beta_B}$$

$$\Rightarrow \frac{0.22 - 0.01}{1.4} = \frac{0.19 - 0.01}{\beta_B}$$

∴ $\beta_B = 1.2$

실전모의고사 4회

제1과목 금융상품 및 세제

01	02	03	04	05	06	07	08	09	10
④	③	③	①	①	③	②	④	①	③
11	12	13	14	15	16	17	18	19	20
③	②	④	①	②	①	④	③	②	③

제2과목 투자운용 및 전략 II / 투자분석

21	22	23	24	25	26	27	28	29	30
②	②	③	①	④	②	④	③	③	①
31	32	33	34	35	36	37	38	39	40
②	④	①	③	①	④	①	③	②	③
41	42	43	44	45	46	47	48	49	50
④	②	③	②	③	④	④	③	②	④

제3과목 직무윤리 및 법규 / 투자운용 및 전략 I / 거시경제 및 분산투자

51	52	53	54	55	56	57	58	59	60
④	③	②	③	①	③	④	④	②	③
61	62	63	64	65	66	67	68	69	70
③	②	①	④	②	④	④	③	④	②
71	72	73	74	75	76	77	78	79	80
③	③	④	②	③	②	③	②	④	①
81	82	83	84	85	86	87	88	89	90
②	②	③	②	③	②	③	④	④	①
91	92	93	94	95	96	97	98	99	100
③	②	③	④	①	④	④	④	③	②

취약 과목 분석표

맞힌 개수, 틀린 문제 번호와 풀지 못한 문제 번호를 적어 보고, 맞힌 개수에 따라 자신의 학습상태를 점검할 수 있습니다. 틀린 문제와 풀지 못한 문제는 해설의 출제포인트를 확인하여 관련 이론을 꼭 복습하세요.

	세부과목	맞힌 개수	틀린 문제 번호	풀지 못한 문제 번호
제1과목 금융상품 및 세제	세제 관련 법규/세무전략			
	금융상품			
	부동산 관련 상품			
	TOTAL	/20		

* 20문제 중 8개 미만 과락

	세부과목	맞힌 개수	틀린 문제 번호	풀지 못한 문제 번호
제2과목 투자운용 및 전략 II / 투자분석	대안투자운용/투자전략			
	해외증권투자운용/투자전략			
	투자분석기법			
	리스크관리			
	TOTAL	/30		

* 30문제 중 12개 미만 과락

	세부과목	맞힌 개수	틀린 문제 번호	풀지 못한 문제 번호
제3과목 직무윤리 및 법규/ 투자운용 및 전략 I / 거시경제 및 분산투자	직무윤리			
	자본시장 관련 법규			
	한국금융투자협회규정			
	주식투자운용/투자전략			
	채권투자운용/투자전략			
	파생상품투자운용/투자전략			
	투자운용결과분석			
	거시경제			
	분산투자기법			
	TOTAL	/50		

* 50문제 중 20개 미만 과락

제1과목 금융상품 및 세제

[01~07] 세제 관련 법규/세무전략

01 금융소득 – 수입시기 난이도 중 정답 ④

'ⓒ, ⓒ, ⓔ'은 배당소득의 수입시기에 대한 적절한 설명이다.

오답 개념 체크
ⓐ 법인이 분할하는 경우의 의제배당은 분할등기 또는 분할합병등기일을 수입시기로 한다.

02 종합소득세의 신고납부 – 금융소득 난이도 중 정답 ③

'ⓒ 비실명거래로 인한 배당소득, ⓒ 직장공제회 초과반환금, ⓔ 법원에 납부한 경매보증금'은 모두 무조건 분리과세대상 금융소득이다.

오답 개념 체크
'ⓐ 파생상품결합증권'은 종합과세대상 금융소득이다.

이것도 알면 합격!

무조건 분리과세대상 금융소득

무조건 분리과세대상 금융소득	원천징수세율
직장공제회 초과반환금	기본세율
비실명거래로 인한 이자·배당소득	45%(90%)
법원에 납부한 경매보증금 및 경락대금에서 발생하는 이자소득	14%
1거주자로 보는 단체의 이자·배당소득	
개인종합자산관리계좌의 비과세 한도 초과 이자·배당소득 (조세특례제한법상 분리과세소득)	9%

03 종합소득세의 신고납부 – 기타소득 난이도 하 정답 ③

거주자는 연 300만원 이하의 기타소득에 대해 분리과세를 선택할 수 있다.

오답 개념 체크
① 출자공동사업자의 배당은 무조건 종합과세대상 금융소득이다.
② 2,000만원의 외국배당소득금액(원천징수하지 않음)은 무조건 종합과세대상 금융소득이다.
④ 2,100만원의 정기예금이자는 종합과세대상 금융소득이다.

이것도 알면 합격!

거주자의 분리과세 가능 소득
- 분리과세 이자소득
- 분리과세 배당소득
- 분리과세 근로소득(일용근로자의 급여)
- 분리과세 연금소득(연간 1,500만원 이하 저율분리과세 선택, 연간 1,500만원 초과 16.5% 분리과세 또는 종합과세 선택)
- 분리과세 기타소득(연간 300만원 이하 선택)

04 심사와 심판 난이도 중 정답 ①

심사청구는 처분청의 심사를 안 날부터 90일 이내에 국세청장에게 제기하여야 한다.

오답 개념 체크
② '이의신청'은 청구인의 선택에 따라 본 절차를 생략할 수 있다.
③ 청구인은 심사청구와 심판청구 중 하나를 선택하여야 한다.
④ '심사청구 또는 심판청구절차'는 취소소송의 전제 요건이 되어 있어 본 절차를 거쳐야만 취소소송을 제기할 수 있다.

05 조세의 분류 난이도 하 정답 ①

'취득세, 재산세'는 지방세에 해당한다.

오답 개념 체크
② ③ ④ '농어촌특별세, 증여세'는 국세에 해당한다.

이것도 알면 합격!

조세의 분류

국세	직접세	소득세, 법인세, 상속세와 증여세, 종합부동산세
	간접세	부가가치세, 주세, 인지세, 증권거래세, 개별소비세
	목적세	교육세, 농어촌특별세, 교통·에너지·환경세
	관세	
지방세	보통세	취득세, 등록면허세, 레저세, 지방소비세
	목적세	지역자원시설세, 지방교육세
	보통세	주민세, 재산세, 자동차세, 지방소득세, 담배소비세

06 증여세 – 절세전략 난이도 중 정답 ③

자녀에게 직접 증여하는 경우 10년 단위 증여재산공제를 활용하여 어릴 때부터 증여하는 것이 유리하다.

오답 개념 체크
① 자녀에게 재산분할하여 증여할 경우 큰 금액이 아닌 경우에는 기대수익률이 '높은' 자산을 증여하는 것이 바람직하다.
② 같은 금액을 증여하더라도 증여자가 여럿이면 증여세를 줄일 수 있다.
④ 증여재산공제 범위 내의 금액을 증여할 경우 증여세를 내지 않아도 되지만, 증여세 신고를 하는 것이 미래의 정당한 자금원 확보 측면에서 유리하다.

07 증권거래세 난이도 중 정답 ②

주권을 통해 대물변제하는 경우 증권거래세가 부과된다.

이것도 알면 합격!

증권거래세의 과세대상

증권거래세 부과대상 O	• 상법 또는 특별법에 따라 설립된 법인의 주권 • 외국법인이 발행한 주권으로 자본시장법에 의한 거래소의 유가증권시장이나 코스닥시장, 코넥스시장에 상장된 것
증권거래세 부과대상 X	• 다음 외국 증권시장에 상장된 주권의 양도나 동 외국 증권시장에 주권을 상장하기 위하여 인수인에게 주권을 양도하는 경우 　- 뉴욕 증권거래소 　- 전미증권업협회중개시장(Nasdaq) 　- 동경증권거래소 　- 런던증권거래소 　- 도이치증권거래소 　- 자본시장법 제406조 제1항 제2호의 외국 거래소 • 자본시장법 제377조 제1항 제3호에 따라 채무인수를 한 거래소가 주권을 양도하는 경우 • 국가 또는 지방자치단체가 주권 등을 양도하는 경우(단, 국가재정법에 따른 기금이 주권을 양도하는 경우 및 우정사업 총괄 기관이 주권을 양도하는 경우 제외) • 자본시장법 제119조에 따라 주권을 매출하는 경우(발행매출) • 주권을 목적물로 하는 소비대차의 경우

[08~15] 금융상품

08 퇴직연금제도 - 개인형 퇴직연금제도(IRP)   난이도 중   정답 ④

확정기여형과 확정급여형 퇴직연금 모두 개인형 퇴직연금제도를 통해 추가 납입이 가능하다.

오답 개념 체크
① 상시근로자 '10인' 미만을 사용하는 특례 사업장은 기업형 IRP에 가입할 수 있다.
② 개인형 퇴직연금제도는 근로자 개인명의로 관리되며 운용손익은 근로자에 귀속된다.
③ 가입자가 어떤 운용상품을 선택하여 적립금을 운용하느냐에 따라 본인의 퇴직급여가 달라진다는 점에서 '확정기여형 제도'와 운용방법이 같다.

09 생명보험의 종류   난이도 중   정답 ①

체증식보험은 기간이 경과함에 따라 보험료가 아닌, '보험금'이 점점 증가하는 보험이다.

오답 개념 체크
② '감액보험'은 보장사고가 가입 시부터 일정기간 내에 발생했을 경우 보험금을 감액하는 보험이다.
③ 사망정기보험은 피보험자가 '일정한 기간 내에 사망할 때'까지 보험금을 지급하는 보험이다.
④ 신계약비, 유지비, 수금비 등은 '부가보험료'로 구분된다.

이것도 알면 합격!

생명보험의 분류

분류기준	내용
보험사고	• 사망보험 　- 정기보험 : 일정기간 내 사망 시 보험금 지급 　- 종신보험 : 일생을 보험기간으로 하여 사망 시 보험금 지급 • 생존보험 : 일정기간 동안 생존 시 보험금 지급 • 생사혼합보험(양로보험) : 정기보험 + 생존보험
피보험자 수	• 단생보험 : 피보험자의 수가 1人인 보험 • 연생보험 : 피보험자의 수가 2人 이상인 보험
계약대상	• 개인보험 : 보험계약의 대상이 하나의 보험계약자인 보험 • 단체보험 : 일정한 조건을 구비한 피보험자 집단을 하나의 보험계약으로 하여 가입하는 보험(5인 이상)

10 신탁상품 - 특정금전신탁   난이도 중   정답 ③

위탁자는 운용자를 지정할 수 없다.

11 신탁상품 - 특징   난이도 중   정답 ③

'ⓒ, ⓒ'은 신탁에 대한 적절한 설명이다.

오답 개념 체크
㉠ 위탁자는 자기 외의 자를 수익자로 지정할 수 있다.
㉣ 신탁재산의 관리 및 처분으로 인한 제3자와의 권리는 '수탁자'에 귀속된다.

12 예금상품   난이도 중   정답 ②

비과세 종합저축은 65세 이상인 거주자, 장애인복지법에 따라 등록한 장애인, 독립유공자와 그 유족 또는 가족 등이 가입대상이다.

13 집합투자증권   난이도 중   정답 ④

(투자신탁)을 제외한 집합투자기구의 투자자의 지위는 출자지분이 표시된 지분증권 소유자가 되지만, (투자신탁)의 투자자의 지위는 수익권이 표시된 수익증권 소유자가 된다.

이것도 알면 합격!

집합투자증권

정의	• 집합투자기구에 대한 출자지분이 표시된 것 • 투자신탁의 경우 수익권이 표시된 것
발행가능주체	• 투자신탁, 투자회사, 투자유한회사, 투자합자회사, 투자익명조합, 투자조합, 사모투자전문회사 등
투자자의 지위	• 투자신탁 : 수익권이 표시된 수익증권 소유자 • 투자신탁을 제외한 집합투자기구 : 출자지분이 표시된 지분증권 소유자

14 증권의 종류   난이도 중   정답 ①

'채무증권'은 지급청구권이 표시된 것으로, 국채증권, 지방채증권, 사채권 등이 있다.

🔖 이것도 알면 합격!

증권의 종류

증권	내국인 또는 외국인이 발행한 금융투자상품으로서 투자자가 취득과 동시에 지급한 금전 등 외에 어떠한 명목으로든지 추가로 지급의무를 부담하지 않는 것
채무증권	국채증권, 지방채증권, 특수채증권, 사채권, 기업어음증권 그 밖에 이와 유사한 것으로서 지급청구권이 표시된 것
지분증권	주권, 신주인수권이 표시된 것, 법률에 의하여 직접 설립된 법인이 발행한 출자증권, 상법에 따라 합자회사·유한회사·익명조합의 출자지분, 민법에 따른 조합의 출자지분, 그 밖에 이와 유사한 것으로서 출자지분이 표시된 것
수익증권	금전신탁계약서에 의한 수익증권, 집합투자업자에 있어서 투자신탁의 수익증권, 그 밖에 이와 유사한 것으로서 신탁의 수익권이 표시된 것
투자계약증권	특정 투자자가 그 투자자와 타인 간의 공동사업에 금전 등을 투자하고 주로 타인이 수행한 공동사업의 결과에 따른 손익을 귀속받는 계약상의 권리가 표시된 것
파생결합증권	기초자산의 가격, 이자율, 지표, 단위 또는 이를 기초로 하는 지수 등의 변동과 연계하여 미리 정하여진 방법에 따라 지급금액 또는 회수금액이 결정되는 권리가 표시된 것
증권예탁증권	채무증권, 지분증권, 수익증권, 투자계약증권, 파생결합증권을 예탁받은 자가 그 증권이 발행된 국가 외의 국가에서 발행한 것으로서 그 예탁받은 증권에 관련된 권리가 표시된 것

15 집합투자기구 – 모자형 집합투자기구   난이도 중   정답 ②

자집합투자기구와 모집합투자기구의 집합투자재산을 운용하는 집합투자업자는 동일해야 한다.

오답 개념 체크

① 투자설명서를 작성하는 경우 모집합투자기구에 관한 사항으로서 집합투자기구의 명칭, 투자목적·투자방침·투자전략 등의 사항과 자집합투자기구 각각의 보수·수수료 등 투자자가 부담하는 비용에 관한 사항을 기재해야 한다.
③ 자집합투자기구는 모집합투자기구의 집합투자증권이 아닌 다른 집합투자증권도 취득할 수 없다.
④ 자집합투자기구 외의 자도 모집합투자기구의 집합투자증권을 취득할 수 없다.

[16~20] 부동산 관련 상품

16 용도지역   난이도 하   정답 ①

용도지역은 전국의 토지에 대하여 중복되지 않도록 지정되며, (관리지역, 농림지역, 자연환경보전지역) 등이 용도지역 안에 포함된다. '수산지역'은 용도지역에 포함되지 않는다.

🔖 이것도 알면 합격!

용도지역

도시지역	주거지역, 상업지역, 공업지역, 녹지지역
관리지역	보전관리지역, 생산관리지역, 계획관리지역
농림지역	
자연환경보전지역	

17 개발행위의 허가   난이도 상   정답 ④

토지의 형질변경은 원칙적으로 특별시장·광역시장·시장 또는 군수의 허가를 받아야 하나, 경작을 위한 형질변경은 허가를 받지 않을 수 있다.

🔖 이것도 알면 합격!

개발행위의 허가

허가가 필요한 경우	• 건축물의 건축 또는 공작물의 설치 • 토지의 형질변경(경작을 위한 형질변경은 제외) • 토석채취 • 토지분할(건축법 제57조에 의한 건축물이 있는 대지는 제외) • 녹지지역, 관리지역 또는 자연환경보전지역에 물건을 1개월 이상 쌓아놓는 행위
허가가 필요하지 않은 경우	• 재해복구 및 재난수습을 위한 응급조치 • 건축법에 의한 신고에 의하여 설치할 수 있는 건축물의 증축, 개축 또는 재축과 이에 필요한 범위 안에서의 토지의 형질변경(도시계획시설사업이 시행되지 아니하고 있는 도시계획시설의 부지인 경우에 한함) • 허가를 받지 아니하여도 되는 경미한 행위

18 부동산 감정평가 – 수익방식(수익환원법)   난이도 중   정답 ③

$$부동산의\ 수익가격 = \frac{순영업소득}{환원이율} = \frac{50억원}{10\%} = 500억원$$

🔖 이것도 알면 합격!

수익환원법의 수익가격

$$수익가격 = \frac{순수익}{환원이율} = \frac{(총수익 - 총비용)}{환원이율}$$

19 부동산 감정평가 – 비교방식(거래사례비교법)   난이도 중   정답 ②

시장접근법에 의한 부동산 감정평가방법은 거래사례비교법이며, 대상물건의 재조달원가에 감가수정을 하여 대상물건의 가액을 산정하는 것은 원가법에 대한 설명이다.

이것도 알면 합격!

비교방식(거래사례비교법)의 장·단점

장점	• 대체의 원칙에 이론적 근거를 두고 있어서 현실적이고 실증적이기 때문에 설득력이 있음 • 토지평가에 있어서 세 가지 방식 중에 중추적인 역할을 수행함 • 이해하기 쉽고 간편함
단점	• 매매가 잘 이루어지지 않은 부동산에는 적용하기 곤란함 • 평가사의 지식, 경험 등에 대한 의존도가 높음 • 사정보정이나 시점수정 등 분석 판단에 명확성을 기하기 어려움 • 극단적인 호황이나 불황에는 적용하기 곤란함 • 비교사례들이 모두 과거의 자료임 • 비교사례들이 여러 가지 사정으로 오염(비정상적인 요인들로 인한 오차 발생)되었을 가능성이 있음

20 부동산투자의 분석 (난이도 중) 정답 ③

'㉠, ㉡, ㉢'은 부동산투자 시 사업타당성 및 리스크관리 분석에 활용되는 지표에 대한 적절한 설명이다.

오답 개념 체크
㉣ 부동산투자의 원리금 상환능력을 측정하기 위한 부채상환비율은 순운용소득을 부채상환액으로 나누어 구한다.

이것도 알면 합격!

부동산투자의 타당성 분석

간편법	• 순소득승수 = 총투자액/순운용소득 • 투자이율 = 순운용소득/ 총투자액 • 자기자본수익률 = 납세 전 현금흐름/자기자본투자액
현금흐름 할인법	• 순현재가치(NPV) : 현금유입의 현재가치에서 현금유출의 현재가치를 차감한 값 → 0(영) ≤ NPV일 때 채택 • 내부수익률(IRR) : 투자안의 현금유입의 현재가치와 현금유출의 현재가치를 일치시키는 할인율(화폐의 시간가치 고려) → 요구수익률(k) ≤ IRR일 때 채택 • 수익성지수(PI) : 부동산 투자로부터 얻어지게 될 장래의 현금흐름의 현재가치를 최초의 부동산 투자액으로 나누어 계산 → 1 ≤ PI일 때 채택
전통적인 감정평가법	• 거래사례비교법, 수익환원법, 원가법 • 최초의 부동산 투자액 ≤ 부동산 감정평가에 의한 정상가격일 때 채택

제2과목 투자운용 및 전략 II/투자분석

[21~25] 대안투자운용/투자전략

21 대안투자상품 (난이도 중) 정답 ②

대안투자에서 거래하는 대부분의 자산은 장외시장에서 거래되어 환금성이 낮다. 이로 인해 대안투자는 환매금지기간이 있고 투자기간이 긴 편이다.

오답 개념 체크
③ 대안투자상품은 전통투자상품과 낮은 상관관계를 가지고 있어, 전통투자와 포트폴리오를 구성하면 효율적인 포트폴리오 구성이 가능하다.
④ 차입, 공매도의 사용 및 파생상품 활용이 높아 위험관리가 중요한 이슈이며, 거래에 대한 규제가 많고 투자자들은 기관투자자 또는 거액자산가들로 구성된다.

이것도 알면 합격!

대안투자

대안투자는 전통투자자산과는 다르게 새롭게 등장한 투자대상을 통칭한다.
• 대안투자대상으로는 부동산, 일반상품(원자재 등), 인프라스트럭처(사회간접시설 등) 등이 있다.
• 대안투자펀드로는 헤지펀드, 부동산펀드, 일반상품펀드, 인프라스트럭처펀드, PEF, Credit Structure 등이 있다.

22 부동산금융 (난이도 중) 정답 ②

'㉠, ㉡'은 부동산금융에 대한 적절한 설명이다.

오답 개념 체크
㉢ DCR = NOI/차입상환액
  = 4억/2억 = 2

이것도 알면 합격!

부동산금융

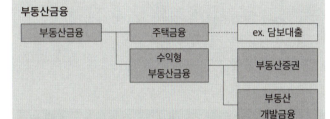

부동산 투자성과 측정

수익환원율 (Cap Rate)	• Cap Rate = $\dfrac{NOI}{매도호가}$ • 인근 건물이 100억원에 매각되고, 해당 건물의 NOI가 11억원이었다면, Cap Rate = 11억/100억 = 11%이다.
Equity 배당률	• Equity 배당률 = $\dfrac{초년도\ 세전\ 현금흐름}{최초\ Equity\ 투입액}$ • 매입 가액이 100억원, 차입금 50억원, 초년도 세전 현금흐름이 5억원이라면, Equity 배당률 = 5억/(100억 − 50억) = 10%이다.
부채 부담 능력 비율 (DCR)	• DCR = $\dfrac{NOI}{차입상환액}$ • NOI가 5억원, 차입상환액이 4억원이라면, DCR = 5억/4억 = 1.25이다.

23 헤지펀드 운용전략 정답 ③

- 수익률곡선 차익거래는 대표적인 (차익거래전략)에 해당한다.
- 무상증자 이벤트 전략은 권리락일에 해당 종목의 주가가 높은 확률로 (상승)하는 현상을 이용하는 전략이다.

이것도 알면 합격!

헤지펀드 운용전략

차익거래 전략	• 공매도와 차입을 일반적으로 사용함 • 차익거래기회를 통해 수익을 추구하고 시장 전체의 움직임에 대한 노출을 회피함으로써 시장 변동성에 중립화하는 전략 • 전환사채 차익거래, 채권 차익거래(수익률곡선 차익거래, 회사채 및 국채 간 이자율 스프레드), 주식시장중립형 등이 있음
Event Driven 전략	• 위험을 적극적으로 취하고, 상황에 따라 공매도와 차입을 사용함 • 기업 합병 등 기업 상황에 영향이 큰 사건을 예측하고 이에 따라 발생하는 가격 변동을 이용해 수익을 창출함 • 부실채권투자, 위험차익/합병차익거래로 구분
방향성 전략	• 특정 주가나 시장의 방향성에 근거하는 전략으로, 시장위험을 헤지한 종목 선택으로 수익을 극대화하기보다는 증권이나 시장의 방향성에 따라 매매 기회를 포착하는 기법 • 위험을 적극적으로 취하고, 상황에 따라 차입과 공매도를 사용 • 주식의 롱숏 전략, 글로벌 매크로(Global macro), 이머징마켓 헤지펀드, 선물거래 등이 있음
펀드 오브 헤지펀드 전략	• 자금을 여러 개의 헤지펀드에 배분하여 투자하는 전략 • 위험분산(분산투자효과가 큼), 구매의 적정성, 접근의 용이성, 전문가에 의한 운용, 사전 자산배분 등의 장점이 있음

24 CDO의 구분 정답 ①

Arbitrage CDO에 대한 설명이다.

오답 개념 체크
② Balance Sheet CDO : 위험 전가 목적으로 거래하고, 거래를 통해 대차대조표에서 신용위험 자산이 감소하여 재무비율이 개선되는 효과가 있다.

이것도 알면 합격!

CDO의 구분

- 발행목적에 따른 구분

Arbitrage CDO	기초자산의 수익률과 유동화 증권의 수익률 간의 차이에서 발생하는 차익을 얻을 목적으로 발행
Balance Sheet CDO	위험 전가를 목적으로 거래하고, 거래를 통해 대차대조표에서 신용위험 자산이 감소하여 재무비율이 개선됨

- 위험 전이 방법에 따른 구분

Cash Flow CDO	자산을 양도하여 SPV를 구성, SPV에서 발행한 트랜치에 매각 대금으로 자본 조달(funded CDO)
Synthetic CDO	기초자산의 양도 없이 CDS를 활용하여 신용위험 전가 (unfunded CDO)

- CDO 기초자산 운용에 따른 구분

Static CDO	포트폴리오의 운용 없이 만기까지 보유
Dynamic CDO	지정된 운용자에 의해 자산이 운용되는 CDO
Hybrid CDO	Ram-up 기간과 자산으로부터 선지급이 있는 경우 자산을 운용 혹은 대체하는 hybrid structure

25 CDO의 투자 정답 ④

'㉠, ㉡, ㉢, ㉣'은 모두 CDO 및 트랜치에 대한 적절한 설명이다.

이것도 알면 합격!

CDO의 트랜치

Equity 트랜치	• 가장 위험이 높고 수익이 높은 트랜치 • 잘 분산된 신용 포트폴리오에 대해 높은 레버리지의 노출을 가지고 있음 • 투자자의 수익은 초기에 한 번에 받으며(up-front 방식), 만기에 남아있는 담보자산의 원금을 받음
Mezzanine 트랜치	• Senior 트랜치와 Equity 트랜치의 중간에 위치 • 신용등급이 비슷한 회사채 또는 ABS에 비해 높은 수익이 지급됨 • 잔여 이익에 대한 참여권이 없음
Senior 트랜치	• Equity/Mezzanine/Senior 트랜치 중 가장 위험이 낮은 대신 낮은 수익을 가지고 있는 트랜치 • 높은 신용등급을 가짐 • 실제 현금 손실이 발생하기 어렵지만 Mark-to-Market의 위험이 있음 • 신용등급이 비슷한 채권에 비해 높은 수익을 얻을 수 있으며, 분산화에 대한 이익을 얻을 수 있음
Super Senior 트랜치	• Senior 트랜치에서 추가 손실이 발생하는 경우를 가정함 • Unfunded CDO의 형태를 가짐 • 신용평가기관에서 신용평가를 하지 않기 때문에, 투자자는 신용등급 없이 투자함

[26~30] 해외증권투자운용/투자전략

26 국제 분산투자 정답 ②

개별 기업 특유의 요인은 개별 기업의 주가가 서로 다르게 움직이도록 작용하며 포트폴리오 투자가 이루어졌을 때 서로 다른 움직임이 상쇄되어 위험분산이 가능하다. 따라서 개별 기업 특유의 요인으로 발생하는 비체계적 위험은 국내 분산투자를 통해서 제거가 가능하다.

27. 국제 주식시장 — 정답 ④

단기매매차익을 노리는 투자자의 비중이 큰 시장에서는 회전율이 높아지며, 반대로 장기적 투자수익을 노리거나 안정적 경영권 확보를 위해 기관투자자나 대주주 비중이 큰 시장에서는 회전율이 상대적으로 낮게 나타난다.

오답 개념 체크
① 헤지펀드를 통한 국제 투자는 규모의 경제를 통하여 거래 비용을 줄인다.
② 경제규모에 비해 주식시장의 규모가 큰 국가는 효율적인 증권시장을 가져서 국제증권업무를 많이 유치한 국가라고 볼 수 있다.
③ 상장주식의 시가총액뿐만 아니라 투자자의 거래행태, 주식보유의 동기와 분포도 주식시장 거래규모에 영향을 주는 중요한 결정요인이다.

28. 해외 주식발행(DR) — 정답 ③

미국달러 표시 DR이 미국 이외의 거래소에 상장되는 것은 정의상 EDR이다. GDR은 미국달러 표시 DR이 미국과 미국 이외의 시장에서 동시에 상장되는 것을 의미한다.

오답 개념 체크
④ 해당 기업이 DR의 발행 및 상장 관련 비용을 부담하는 경우를 sponsored DR이라고 하며, 미국의 증권회사가 그 비용을 부담하여 DR을 발행·상장하는 경우를 unsponsored DR이라고 한다.

이것도 알면 합격!

해외 주식발행(DR)

ADR	미국 증권으로 등록하고 미국 증시에 상장되어 거래
EDR	달러 표시로 DR을 발행하고, 미국 이외의 시장에서 상장
GDR	달러 표시로 DR을 발행하고, 미국과 미국 이외의 시장에서 동시에 상장

29. 유로채와 외국채 — 정답 ③

유로채는 감독 당국에 등록되지 않고 채권의 소지자가 청구권을 가지는 무기명채권으로, 투자자는 익명을 유지할 수 있고 소득에 대한 원천징수가 없다.

오답 개념 체크
① 국제 채권에는 채권 표시통화의 본국에서 발행되는 '외국채'와 채권 표시통화의 본국 이외에서 발행되는 '유로채'가 있다.
② '판다본드'는 외국기업이 중국에서 발행하는 위안화 표시 채권이다. 외국기업이 홍콩에서 발행하는 위안화 표시 채권은 '딤섬본드'이다.
④ 외국채는 기명식채권이기 때문에 이자가 지급되면 바로 투자자의 종합과세대상 소득에 가산된다.

이것도 알면 합격!

유로채 vs. 외국채(정의)

유로채 (Eurobonds)	• 채권 표시통화의 본국 외에서 발행되는 채권 • 딤섬본드 : 홍콩에서 위안화로 발행되는 유로채
외국채 (Foreign bonds)	• 채권 표시통화의 본국에서 발행되는 채권 • 양키본드 : 미국에서 달러로 발행되는 외국채 • 사무라이본드 : 일본에서 엔화로 발행되는 외국채 • 판다본드 : 중국에서 위안화로 발행되는 외국채

유로채 vs. 외국채(특징)

유로채 (Eurobonds)	• 사실상 현지국(발행지)의 규제가 없음(역외채권) • 공시, 신용등급평가에 따른 규제 미미 • 수익에 대한 이자소득세 부담 없음 • 무기명식 채권
외국채 (Foreign bonds)	• 외국채 발행 시 현지국(발행지)의 채권 발행 및 조세에 관한 규제 • 공시, 신용등급평가에 따른 엄격한 규제 • 수익에 대한 이자소득세 부담 있음 • 기명식 채권

30. 해외투자 포트폴리오의 구축 — 정답 ①

소극적 투자전략은 벤치마크 포트폴리오의 구성을 정확하게 모방하기 때문에 거래비용이 아주 높아진다. 따라서 소극적 투자전략에서는 벤치마크를 모방하면서도 그에 따른 거래비용을 줄여 벤치마크 수익률에 근접하도록 하는 것이 중요하다.

이것도 알면 합격!

소극적 투자전략 vs. 적극적 투자전략

소극적 투자전략	• 환율과 주가전망을 투자결정에 거의 반영하지 않고 벤치마크 지수의 구성을 모방함으로써 벤치마크와의 수익률 격차를 최소화하려는 방어적 전략 • 목표수익률의 상한은 벤치마크의 수익률이 됨 • 벤치마크 포트폴리오의 구성을 정확하게 모방하는 경우 거래비용이 높아짐 • 벤치마크를 모방하면서도 그에 따른 거래비용을 줄여 벤치마크 수익률에 근접하는 것이 중요함
적극적 투자전략	• 환율 및 주가전망과 예측을 포트폴리오 구성 결정에 적극적으로 반영하여 위험을 부담하면서도 수익률을 극대화하고자 하는 공격적 전략 • 목표수익률을 벤치마크의 수익률보다 높게 설정함 • 시장의 비효율성이 존재한다고 가정하여 관련 정보가 가격에 천천히 반영됨으로써 예측이 의미가 있다고 봄 • 전통적으로 해외 주식투자는 환율과 각국 주가 예측을 통한 공격적 전략이 중심이 되어 옴

하향식 접근방법 vs. 상향식 접근방법

하향식 접근방법	• 각국의 거시경제 변수를 보고 국가 비중을 우선 결정한 다음, 각국에서 산업과 개별 기업별 비중을 결정함 • 세계경제를 완전히 통합되지 않고 분리된 각국 경제의 결합체로 봄
상향식 접근방법	• 기업 및 산업분석을 통해 투자대상의 주식과 주식별 투자액을 미리 정하고 그 결과 전체 포트폴리오에서 차지하는 각국의 투자 비중이 결정됨(즉, 국가의 비중은 산업 및 기업선정의 결과로써 결정됨) • 세계경제를 글로벌화된 산업들의 집합으로 봄

[31~42] 투자분석기법

31 난이도 상 | 기업분석(재무제표 분석) - 재무비율 해석 | 정답 ②

총자산회전율(TAT)이 높을 경우 보통 기업의 매출이 신장되거나 자산의 활용이 더욱 효율적으로 이루어지고 있다는 것으로 해석할 수 있다. 반대로, 총자산회전율이 낮다면 기업의 매출이 둔화되거나 기계설비가 노후화된 것으로 해석한다.

- 총자산회전율(TAT) = $\dfrac{\text{순매출}}{\text{총자산}}$

오답 개념 체크

① ④ 재고자산회전율(IVT)이나 매출채권회전율(ART)이 급격하게 하락하는 경우뿐만 아니라, 급격하게 상승하는 경우도 부실징후가 될 수 있다. 현금흐름에 어려움을 겪는 기업이 재고를 덤핑으로 처분하거나 매출채권을 높은 할인율로 현금화했을 가능성이 있기 때문이다.

- 재고자산회전율(IVT) = $\dfrac{\text{순매출(또는 매출원가)}}{\text{재고자산}}$
- 매출채권회전율(ART) = $\dfrac{\text{순매출}}{\text{순매출채권}}$

③ 비유동자산회전율(NAT)이 높다는 것은 해당 기업의 생산공정이 매우 효율적이거나 또는 비유동자산에 충분한 투자를 하지 않고 있다는 것을 의미한다.
반대로, 이 비율이 낮다면 기업이 부동산, 플랜트, 기계장비에 투자한 자금에 비해 빈약한 매출을 올리고 있다는 것을 의미한다.

- 비유동자산회전율(NAT) = $\dfrac{\text{순매출}}{\text{비유동자산}}$

32 난이도 상 | 기업분석(재무제표 분석) - ROE, ROA | 정답 ④

- ROE = 순이익/자기자본
  = $\dfrac{\text{순이익}}{\text{총자산}} \times \dfrac{\text{총자산}}{\text{자기자본}}$ = ROA × $\dfrac{\text{총자산}}{\text{자기자본}}$

위 식에 'ROE = 5ROA, 총자산 = 400억'을 대입하면,

5ROA = ROA × $\dfrac{400억}{\text{자기자본}}$

5 = $\dfrac{400억}{\text{자기자본}}$

∴ 자기자본 = $\dfrac{400억}{5}$ = 80억

'총자산 = 자기자본 + 총부채'이므로,
∴ 총부채 = 400억(총자산) − 80억(자기자본) = 320억

이것도 알면 합격!

총자산이익률(ROA)과 자기자본이익률(ROE)

총자산이익률 (ROA)	= $\dfrac{\text{순이익}}{\text{총자산}}$ = $\dfrac{\text{순이익}}{\text{순매출액}} \times \dfrac{\text{순매출액}}{\text{총자산}}$ = 매출액순이익률 × 총자산회전율(TAT)
자기자본이익률 (ROE)	= $\dfrac{\text{순이익}}{\text{자기자본}}$ = $\dfrac{\text{순이익}}{\text{총자산}} \times \dfrac{\text{총자산}}{\text{자기자본}}$ = 총자산이익률(ROA) × $\dfrac{\text{총자산}}{\text{자기자본}}$

33 난이도 중 | 레버리지 분석 | 정답 ①

영업레버리지도는 영업이익의 변화율을 판매량의 변화율로 나누어 계산한다.

이것도 알면 합격!

레버리지도

영업 레버리지도 (DOL)	$\dfrac{\text{영업이익 변화율}}{\text{판매량(매출액) 변화율}}$	$\dfrac{\text{매출액 − 변동비}}{\text{매출액 − 변동비 − 고정비}}$
재무 레버리지도 (DFL)	$\dfrac{\text{주당순이익 변화율}}{\text{영업이익 변화율}}$	$\dfrac{\text{영업이익}}{\text{영업이익 − 이자비용}}$ $\left(= \dfrac{\text{매출액 − 변동비 − 고정비}}{\text{매출액 − 변동비 − 고정비 − 이자비용}}\right)$
결합 레버리지도 (DCL)	$\dfrac{\text{주당순이익 변화율}}{\text{판매량(매출액) 변화율}}$	$\dfrac{\text{매출액 − 변동비}}{\text{매출액 − 변동비 − 고정비 − 이자비용}}$

영업레버리지도

- 영업레버리지 효과 : 고정비의 존재로 인해 매출액의 변동보다 영업이익(EBIT)의 변동이 증폭되는 현상
- 고정비를 부담하지 않는 기업은 영업레버리지 효과가 발생하지 않는다.

재무레버리지도

- 재무레버리지 효과 : 고정 이자비용(I)의 존재로 인해 영업이익(EBIT)의 변동보다 순이익의 변동이 증폭되는 현상으로, 타인자본 의존도가 클수록 재무레버리지 효과가 더 커짐
- 재무레버리지도는 타인자본 의존도가 높을수록 크고, 영업이익이 커질수록 낮아진다.

결합레버리지도

- 영업고정비(FC)와 이자비용(I)이 존재하는 경우, 결합레버리지는 항상 1보다 크다.
- 영업고정비(FC)와 이자비용(I)을 많이 지급할수록 결합레버리지는 커지며, 기업의 주당순이익 변화율은 매출액 변화율보다 항상 확대되어 나타난다.

34 난이도 중 | PER | 정답 ③

PER = $\dfrac{P_0}{E_1}$ = $\dfrac{1 − b}{k − g}$

= $\dfrac{1 − b}{k − (b \times ROE)}$ = $\dfrac{0.2}{0.1 − (0.8 \times 0.1)}$ = $\dfrac{0.2}{0.02}$ = 10

이것도 알면 합격!

PER

'PER = 1주당 가격(P)/주당이익(EPS)'이며, 고든의 성장모형에 의한 주식가치를 적용하면 다음과 같이 정리할 수 있다.

- PER = $\dfrac{P_0}{EPS_1}$ = $\dfrac{1 − b}{k − g}$ = $\dfrac{1 − b}{k − (b \times ROE)}$

35 | EV/EBITDA | 난이도 중 | 정답 ①

유사기업의 EV/EBITDA에 A기업의 EBITDA를 곱하여 A기업의 EV를 추정한다.

A기업의 EV = 유사기업의 EV/EBITDA × A기업의 EBITDA
= 10 × 60억
= 600억

'EV = 주주가치(시가총액) + 채권자가치'이므로
600억 = 주주가치(시가총액) + 200억
주주가치(시가총액) = 600억 − 200억 = 400억

∴ 주당가치 = $\dfrac{\text{시가총액}}{\text{발행주식수}}$ = $\dfrac{400억}{100만}$ = 4만

36 | EVA 모형 | 난이도 상 | 정답 ④

EVA = 세후순영업이익 − (WACC × 영업용 투하자본)
= 150억 − (WACC × 300억)

→ EVA가 최적이 되려면(가장 커지려면), WACC가 낮아져야 한다.

WACC = {타인자본비율 × 타인자본비용 × (1 − 법인세율)} + {자기자본비율 × 자기자본비용}
= {타인자본비율 × 0.10 × (1 − 0.20)} + {자기자본비율 × 0.10}
= {타인자본비율 × 0.08} + {자기자본비율 × 0.10}

위 식에 '자기자본비율 = 1 − 타인자본비율'을 대입하면,
WACC = {타인자본비율 × 0.08} + {자기자본비율 × 0.10}
= {타인자본비율 × 0.08} + {(1 − 타인자본비율) × 0.10}
= {타인자본비율 × 0.08} + {0.10 − (타인자본비율 × 0.10)}
= 0.10 − (타인자본비율 × 0.02)

→ WACC가 낮아지려면, 타인자본비율이 높아져야 한다. 따라서 타인자본비율이 가장 높은 'D기업'의 EVA가 가장 높게 산출된다.

이것도 알면 합격!

추가 풀이 방법(WACC와 자기자본비율의 관계)

위 내용에서 WACC를 타인자본비율이 아닌, 자기자본비율로 정리하면 다음과 같다. 즉, '타인자본비율 = 1 − 자기자본비율'을 대입하면,
WACC = {(1 − 자기자본비율) × 0.08} + {자기자본비율 × 0.10}
= {0.08 − (자기자본비율 × 0.08)} + {자기자본비율 × 0.10}
= 0.08 + (자기자본비율 × 0.02)

→ 따라서 WACC가 낮아지려면, 자기자본비율이 낮아져야 한다.

EVA

EVA = 세후영업이익 − 총자본비용
= 세후영업이익 − (타인자본비용 + 자기자본비용)
= 세후영업이익 − (WACC × 투하자본)
= (세후순영업이익/투하자본 − WACC) × 투하자본
= (ROIC − WACC) × 투하자본

37 | 패턴 분석 | 난이도 중 | 정답 ①

이전까지의 주가 움직임이 잠시 횡보 국면을 보이면서 앞으로 현재의 주가 추이를 지속시키기 위한 모양을 형성하는 과정은 '지속형 패턴'을 의미한다. '헤드 앤 숄더형'은 반전형 패턴에 해당한다.

이것도 알면 합격!

주가 패턴의 분류

반전형 패턴	헤드 앤 숄더, 이중 천장형, 이중 바닥형, 선형, 원형 천장형, 원형 바닥형, 확대형
지속형 패턴	삼각형, 깃발형, 쐐기형, 페넌트형, 직사각형, 다이아몬드형

38 | 추세 분석 − MAO | 난이도 중 | 정답 ③

MAO에 대한 설명이다.

이것도 알면 합격!

추세추종형 지표

MACD	• MACD = 단기지수 이동 평균 − 장기지수 이동 평균 • 시그널 : n일 MACD 지수 이동 평균 • 매수 시점 : MACD가 시그널을 상향 돌파할 때 • 매도 시점 : MACD가 시그널을 하향 돌파할 때
MAO	• MAO = 단기 이동평균값 − 장기 이동평균값 • 값이 (+)이면 현재 주가가 상승추세에 있고, (−)이면 하락추세에 있음을 의미 • 매수 시점 : (−)에서 0선을 상향 돌파하여 (+)로 전환될 때 • 매도 시점 : (+)에서 0선을 하향 돌파하여 (−)로 전환될 때
소나 차트	−

추세반전형 지표

스토캐스틱	• 일정기간 동안의 주가 변동폭 중 금일 종가의 위치를 백분율로 나타내는 지표 • 상승 중일 때에는 금일 종가가 주가 변동폭의 최고가 부근에, 하락 중일 때에는 금일 종가가 주가 변동폭의 최저가 부근에서 형성됨 • 매수 신호 : %K선이 %D선을 상향 돌파하여 상승할 때 • 매도 신호 : %K선이 %D선을 하향 돌파하여 하락할 때
RSI	• 일정기간 동안 상승과 하락을 평균하여 상대강도로 나타내는 지표 • 매수 신호 : 25% 수준이면 경계신호로 하한선을 나타내며, 약세장이 지속되어 하향 돌파할 때 매수전략 필요 • 매도 신호 : 75% 수준이면 경계신호로 상한선을 나타내며, 강세장이 지속되어 상향 돌파할 때 매도전략 필요
ROC	• 금일 주가와 n일 전 주가 사이의 차이를 나타내는 지표 • 매수 신호 : 0선을 상향 돌파할 때 • 매도 신호 : 0선을 하향 돌파할 때

거래량 지표

OBV	• 주가가 전일에 비해 상승한 날의 거래량 누계에서 하락한 날의 거래량 누계를 차감하여 누적적으로 집계, 도표화한 지표 • 시장이 매집단계에 있는지, 분산단계에 있는지 나타냄
VR	• 일정기간 동안의 주가 상승일의 거래량과 주가 하락일의 거래량의 비율을 백분비로 나타낸 지표 • 450%를 초과하면 단기적으로 주가의 경계신호가 되고, 70% 이하이면 단기 매입 시점으로 봄
역시계 곡선	• 주가와 거래량의 n일 이동평균에 의한 교차점을 선으로 연결한 지표

39 산업구조 변화에 대한 경제이론 정답 ②

노동이 상대적으로 풍부한 국가는 노동의 상대 가격이 싸므로 노동을 상대적으로 많이 사용하는 노동집약적인 제품에서 비교우위를 갖는다.
'노동의 부존도가 높은 국가가 자본집약적 제품에 비교우위가 있다'는 오답 보기의 출제 빈도가 높으므로 주의해야 한다.

오답 개념 체크
① 내생적 성장이론에서는 경제성장을 인적자본 등 요소의 내생적 축적에 의해서 이루어진다고 보고 있으며, 이를 국제무역에 응용하면 산업구조의 변화에서 요소창출이 요소부존보다 더 중요하다.
③ 신무역이론에서는 시장실패를 상정하고 산업 내 무역과 정부개입의 필요성을 주장하며, 국가 간의 무역 관계에서 전략적 무역정책을 고려한다.
④ 리카도 비교우위론에서 각국은 상대적으로 생산비가 낮은(즉, 비교우위가 있는) 제품의 생산에 특화하는 것이 이익이다.

40 산업연관표 정답 ③

산업연관표를 이용하여 장래 특정 연도에 대한 경제 전체의 공급과 수요를 산업별로 세분하여 예측할 수 있다. 즉, 계획기간 중의 최종 수요 항목에 대한 목표가 주어지면 산업연관표를 이용하여 필요한 생산규모, 생산 증가를 위해 필요한 수입, 목표 달성 시의 일자리 창출 정도 등을 예측할 수 있다.

이것도 알면 합격!

산업연관표 주요 분석 계수

생산유발계수	최종 수요가 1단위 증가할 때 각 산업에서 직·간접적으로 유발되는 산출물의 단위를 나타내는 계수
수입유발계수	최종 수요가 1단위 증가할 때 각 산업에서 직·간접적으로 유발되는 수입의 단위를 나타내는 계수
부가가치유발계수	최종 수요가 1단위 증가할 때 각 산업에서 직·간접적으로 유발되는 부가가치의 단위를 나타내는 계수
고용유발계수	최종 수요가 일정 금액(보통 10억원) 증가할 때 각 산업에서 직·간접적으로 유발되는 고용자수를 나타내는 계수

전·후방 연쇄효과

생산유발계수를 이용하여 각 산업 간의 상호의존관계 정도를 나타낸 것으로 전·후방 연쇄효과가 있다.
• 전방 연쇄효과 : 모든 산업제품에 대한 최종 수요가 각각 1단위씩 증가하는 경우 특정 산업의 생산에 미치는 영향을 의미함
• 후방 연쇄효과 : 특정 산업제품에 대한 최종 수요 1단위의 증가가 모든 산업의 생산에 미치는 영향을 의미함

41 라이프사이클 분석 정답 ④

라이프사이클 단계 중 '쇠퇴기'에 대한 설명이다.
쇠퇴기는 수요 감소 등으로 매출액 증가율이 시장 평균보다 낮아지거나 감소하게 되고, 이익률은 더욱 하락하여 적자기업이 다수 발생하게 된다. 따라서 많은 기업들이 이 산업에서 철수하거나 업종의 다각화를 적극적으로 실시한다.

42 산업정책 정답 ②

'㉠, ㉡'은 산업정책의 특징에 대한 적절한 설명이다.

오답 개념 체크
㉢ '총수요관리정책'은 실업을 해소하거나 인플레이션 압력을 완화하기 위해 국민경제의 실제 생산 수준을 잠재적 생산 수준에 접근시키며, 잠재적 생산 수준을 주어진 제약조건으로 본다.
반면, 산업정책은 공급지향적 정책으로, 잠재적 생산 수준 자체의 확충을 시도한다.
㉣ 산업정책은 각 국가가 처한 경제상황에 따라 구체적인 모습이 달라진다. 따라서 동일한 국가에서도 경제발전 단계에 따라 효율적인 정책의 방향과 수단이 달라진다.

[43~50] 리스크관리

43 VaR의 측정방법 – 역사적 시뮬레이션 방법 정답 ③

역사적 시뮬레이션 방법은 분산, 공분산 등과 같은 모수에 대한 추정을 요구하지 않는다.

44 VaR의 측정방법 – 델타-노말분석법 정답 ②

옵션이 포함된 포트폴리오의 경우 델타분석법으로 산출한 VaR과 몬테카를로 시뮬레이션으로 산출한 VaR은 차이가 있을 수 있다.
몬테카를로 시뮬레이션은 옵션의 가치를 가격 모형을 이용하여 평가하기 때문에 정확한 측정이 가능하지만, 델타분석법에서는 옵션 가치 평가 시 델타를 이용한 선형 근사치를 계산하기 때문에 오차가 크게 발생한다.

이것도 알면 합격!

VaR의 측정방법

구분	부분가치 평가법	완전가치 평가법
가치평가모형	• 불필요	• 필요
종류	• 델타분석법	• 역사적 시뮬레이션법 • 스트레스 검증법 • 몬테카를로법

45 개별 자산(채권)의 VaR 계산 정답 ③

채권의 VaR = $B \cdot \sigma(\Delta y) \cdot z \cdot D^*$
= 200억 × 0.01 × 2.33 × 2 = 9.32억

46 VaR의 전환   난이도 중   정답 ④

$6.99 \times \dfrac{1.65}{2.33} \times \sqrt{4} = 9.90$

> 📝 **이것도 알면 합격!**
>
> **VaR의 전환 공식**
>
> | 신뢰도 변경
(95% → 99%) | 95% 신뢰도 1일 VaR × $\dfrac{2.33}{1.65}$ |
> |---|---|
> | 신뢰도 변경
(99% → 95%) | 99% 신뢰도 1일 VaR × $\dfrac{1.65}{2.33}$ |
> | 보유기간 변경 | 1일 VaR × $\sqrt{\text{추정기간}}$ |

47 VaR의 측정방법 – 스트레스 검증법   난이도 중   정답 ④

포트폴리오가 단 하나의 리스크 요소에 주로 의존하는 경우에 사용하기 적합하며, 이러한 이유로 스트레스 검증법은 다른 VaR 측정법의 대체 방법이라기 보다는 보완적인 방법으로 사용한다.

> **오답 개념 체크**
>
> ① 스트레스 검증법은 완전가치 평가법에 해당한다.
> ② 과거 데이터가 없는 경우에도 사용이 가능하다.
> ③ 시나리오의 설정이 바뀌면 이에 따른 VaR 측정치도 바뀐다.

48 RAROC(위험조정 수익률)   난이도 중   정답 ③

RAROC가 높을수록 성과가 우수하기 때문에 포트폴리오 C가 가장 우수하다.

포트폴리오	A	B	C	D
투자금액	100억	100억	100억	100억
순수익률	3%	4%	6%	7%
순수익	3억	4억	6억	7억
VaR	2억	3억	3억	4억
RAROC (= 순수익/VaR)	$\dfrac{3억}{2억}$ = 1.5	$\dfrac{4억}{3억}$ = 1.33	$\dfrac{6억}{3억}$ = 2	$\dfrac{7억}{4억}$ = 1.75

49 부도모형(Default Mode)   난이도 하   정답 ②

부도모형(Default Mode)에서는 부도가 발생한 경우에만 신용손실이 발생한 것으로 간주하고 리스크를 추정한다. 따라서 신용리스크는 신용리스크 노출 금액(EAD), 부도율(p), 손실률(LGD)에 의해 결정된다.

$\sigma_{EL} = \sqrt{p \cdot (1-p)} \times EAD \times LGD$

50 신용리스크와 신용손실 분포   난이도 중   정답 ④

신용수익률은 비대칭성이 강하고 한쪽으로 두꺼우면서도 긴 꼬리를 가진 형태로 분포한다. 대칭적인 정규분포의 경우에는 평균과 분산을 이용한 모수적 방법을 이용하지만, 비대칭적인 분포의 경우에는 퍼센타일(percentile)을 이용하여 신용리스크를 측정한다.

> **오답 개념 체크**
>
> ① ② 신용리스크는 신용손실 분포로부터의 예상외 손실(UL)로서 정의된다. 일반적으로 예상손실(EL)은 대손충당금 등으로 대비하고 있어 리스크가 아닌 비용으로 인식한다. 따라서 신용리스크의 측정치는 신용리스크에 따른 손실의 불확실성, 즉 신용손실 분포에 의해 결정된다.
> ③ 시장수익률은 대체로 대칭적인 반면, 신용수익률은 시장수익률에 비해 비대칭성이 강하고 한쪽으로 두꺼우면서 긴 꼬리를 가진 형태로 분포한다.

제3과목 직무윤리 및 법규/투자운용 및 전략 I / 거시경제 및 분산투자

[51~55] 직무윤리

51 상품 판매 단계의 금융소비자보호   난이도 중   정답 ④

부당권유 행위 금지는 일반금융소비자와 전문금융소비자에게 공통적으로 적용되는 원칙이다.

> **오답 개념 체크**
>
> 설명의무, 적합성 원칙, 적정성 원칙은 일반금융소비자에게만 적용되는 원칙이다.

52 과당매매   난이도 중   정답 ③

'일반투자자의 투자로 인해 발생한 수익률의 총액'은 과당매매를 판단하는 기준에 해당하지 않는다.

> 📝 **이것도 알면 합격!**
>
> **과당매매 판단 기준**
>
> - 일반투자자가 부담하는 수수료의 총액
> - 일반투자자의 재산상태 및 투자목적의 적합성
> - 일반투자자의 투자지식·경험에 비추어 당해 거래에 수반되는 위험에 대한 이해 여부
> - 개별 매매거래 시 권유내용의 타당성 여부 등

53 직무윤리 위반행위에 대한 제재   난이도 상   정답 ②

금융위원회는 직무윤리 위반행위에 대하여 금융투자업자의 임원뿐만 아니라 직원에게도 제재 및 조치를 명할 수 있다.

54 정보보호 정답 ③

'㉠, ㉡, ㉢'은 정보보호에 대한 적절한 설명이다.

오답 개념 체크

㉣ 회사와 임직원이 제3자에게 회사의 정보를 제공하는 것은 원칙적으로 금지되나, 회사가 요구하는 업무의 수행을 위해 비밀정보를 이용하는 것은 예외적으로 가능하며, 비밀정보의 이용은 회사가 정하는 사전승인 절차에 따라 이루어져야 한다.

55 상품 판매 이후 금융소비자보호 정답 ①

금융회사가 금융소비자로부터 자료 열람 등을 요구받을 경우 지체없이 승인해야 하나, 다른 사람의 생명이나 신체를 해칠 우려가 있거나 열람으로 인해 해당 금융회사의 영업비밀이 현저히 침해되는 등 열람하기 부적절한 경우에는 금융소비자에게 그 사유를 알리고 열람을 제한하거나 거절할 수 있다.

[56~66] 자본시장 관련 법규

56 집합투자업자의 금전차입, 대여 등의 제한 정답 ③

부동산 개발사업을 영위하는 법인은 집합투자기구 자산총액에서 부채총액을 뺀 가액의 100% 이내로 대여가 가능하다.

이것도 알면 합격!

집합투자업자의 영업행위 규칙 : 금전차입, 대여 등의 제한

원칙	• 집합투자기구의 계산으로 금전 차입 불가 • 집합투자재산으로 금전 대여 불가
예외	• 대량 환매청구·매수청구 발생 시 가능 (한도 : 차입 당시 순자산총액의 10%)
특례 - 차입	• 집합투자재산으로 부동산 취득 시 집합투자기구의 계산으로 금전차입이 예외적으로 허용됨 • 차입한도 – 부동산 집합투자기구 : 순자산의 200% – 기타 집합투자기구 : 부동산가액의 70%
특례 - 대여	• 부동산 개발사업을 영위하는 법인에 대해 예외적으로 대여 가능 • 대여한도 : 집합투자기구 순자산총액의 100%

57 금융투자상품 정답 ④

'주가연계증권(ELS)'는 파생상품이 아닌 증권에 해당한다.

이것도 알면 합격!

금융투자상품 구분 방법

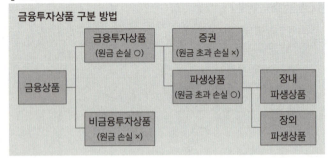

58 미공개 중요정보 이용행위 금지 정답 ④

'㉠, ㉡, ㉢'은 모두 미공개정보 이용 규제대상자에 해당한다.

이것도 알면 합격!

미공개정보 이용(내부자거래) 규제대상자

내부자	ⓐ 해당 법인(해당 계열회사 포함) 및 해당 법인의 임직원·대리인으로서 그 직무와 관련하여 미공개 중요정보를 알게 된 자 ⓑ 해당 법인(해당 계열회사 포함)의 주요 주주로서 그 권리를 행사하는 과정에서 미공개 중요정보를 알게 된 자
준내부자	ⓒ 해당 법인에 대하여 법령에 따른 허가·인가·지도 등 그 밖의 권한을 가지는 자로서 그 권한을 행사하는 과정에서 미공개 중요정보를 알게 된 자 ⓓ 해당 법인과 계약을 체결하고 있거나 체결을 교섭하고 있는 자로서 그 계약을 체결·교섭 또는 이행하는 과정에서 미공개 중요정보를 알게 된 자 ⓔ ⓑ부터 ⓓ까지의 어느 하나에 해당하는 자의 대리인·사용인, 그 밖의 종업원으로서 그 직무와 관련하여 미공개 중요정보를 알게 된 자
정보수령자	ⓐ부터 ⓔ까지의 어느 하나에 해당하는 자로부터 미공개 중요정보를 받은 자

59 환매금지형 집합투자기구 정답 ②

'단기금융 집합투자기구(MMF)'는 환매가 가능한 집합투자기구이다.

이것도 알면 합격!

환매금지형 집합투자기구의 설정·설립

• 존속기간을 정한 집합투자기구에 대해서만 환매금지형 집합투자기구를 설정·설립 가능
• 다음의 경우 환매금지형 집합투자기구로 설정·설립해야 함
 – 부동산·특별자산·혼합자산 집합투자기구를 설정·설립하는 경우
 – 집합투자기구 자산총액의 20%를 초과하여 시장성 없는 자산에 투자할 수 있는 집합투자기구를 설정·설립하는 경우

60 자본시장조사 업무규정 – 조사결과 조치 난이도 중 정답 ③

'벌금 부과'는 자본시장조사 업무규정에 따른 조사결과에 대한 조치에 해당하지 않는다.

이것도 알면 합격!

조사결과 조치
- 1년 이내 범위에서 증권의 발행 제한
- 임원에 대한 해임권고
- 인가·등록 취소
- 과태료 부과
- 과징금 부과

61 순자본비율 규제 난이도 하 정답 ③

'신용위험액'은 총위험액 산정 시 시장위험액에 포함되지 않는다.

이것도 알면 합격!

순자본비율 규제

영업용 순자본의 산정	영업용 순자본 = 자산 - 부채 - 차감항목 + 가산항목
	• 영업용 순자본의 계산은 기본적으로 재무상태표상 순재산액(자산 - 부채)에서 출발함 • 차감항목 : 재무상태표상 자산 중 즉시 현금화하기 곤란한 자산 • 가산항목 : 재무상태표에서 부채로 계상되었으나 실질적인 채무이행 의무가 없는 항목 등
총위험액 산정	• 총위험액 = 시장위험액 + 신용위험액 + 운영위험액
필요 유지 자기자본	• 금융투자업자가 영위하는 인가업무 또는 등록업무 단위별로 요구되는 자기자본을 합계한 금액
순자본 비율	• 순자본비율 = $\dfrac{(\text{영업용 순자본} - \text{총위험액})}{\text{필요 유지 자기자본}}$

62 신용공여에 관한 규제 난이도 상 정답 ②

투자매매업자의 총 신용공여 규모는 원칙적으로 자기자본의 범위 이내로 한다.

이것도 알면 합격!

신용공여에 관한 규제

한도	• 투자매매업자 또는 투자중개업자의 총 신용공여 규모는 자기자본의 범위 이내로 할 것 • 신용공여 종류별로 투자매매업자 또는 투자중개업자의 구체적인 한도는 금융위원장이 따로 결정할 수 있음

담보	• 청약자금대출
	  – 원칙 : 청약하여 배정받은 증권을 담보
	  – 당해 증권이 교부되지 아니한 때는 당해 증권이 교부될 때까지 그 납입영수증으로 갈음할 수 있음
	• 신용거래융자 및 신용거래대주
	  – 신용거래융자 : 매수한 주권 또는 상장지수집합투자기구의 집합투자증권을 담보
	  – 신용거래대주 : 매도대금을 담보
	• 예탁증권담보융자
	  – 원칙 : 예탁증권을 담보
	  – 가치산정이 곤란하거나 담보권의 행사를 통한 대출금의 회수가 곤란한 증권을 담보로 징구하여서는 안됨

비율	신용공여금액의 100분의 140 이상(신용거래 대주의 경우에는 대주 시가상당액의 100분의 105이상)에 상당하는 담보를 징구하여야 함

신용거래 등의 제한	• 투자자가 신용거래에 의해 매매할 수 있는 증권은 증권시장에 상장된 주권 및 상장지수집합투자증권으로 함
	• 예외적으로 아래의 증권에 대해서는 신규의 신용거래를 할 수 없음
	  – 거래소가 관리종목으로 지정한 증권
	  – 거래소가 매매호가 전 예납조치 또는 결제 전 예납조치를 취한 증권

63 집합투자기구 관계회사 난이도 하 정답 ①

<보기>는 '일반사무관리회사'에 대한 등록요건이다.

이것도 알면 합격!

집합투자기구 관계회사

구분	자기자본	전문인력
일반사무관리회사	20억원	집합투자재산계산전문인력 2인 이상
집합투자기구 평가회사	5억원	집합투자기구평가전문인력 3인 이상
채권평가회사	30억원	집합투자재산평가전문인력 10인 이상

64 긴급조치 — 정답 ④

순자본비율이 100% 미만인 경우는 금융위원회가 경영개선 권고의 적기시정조치를 발동할 수 있는 경우에 해당한다.

이것도 알면 합격!

긴급조치

사유	• 발행한 어음 또는 수표가 부도로 되거나 은행과의 거래가 정지 또는 금지되는 경우 • 유동성이 일시적으로 급격히 악화되어 투자자예탁금 등의 지급 불능사태에 이른 경우 • 휴업 또는 영업의 중지 등으로 돌발사태가 발생하여 정상적인 영업이 불가능하거나 어려운 경우
조치 내용	• 투자자예탁금 등의 일부 또는 전부의 반환명령 또는 지급정지 • 투자자예탁금 등의 수탁금지 또는 다른 금융투자업자로의 이전 • 채무변제행위의 금지 • 경영개선명령 조치 • 증권 및 파생상품의 매매 제한 등

65 금융기관 검사 및 제재에 관한 규정 — 정답 ②

이의신청이 이유 없다고 인정할 명백한 사유가 있는 경우에는 금융감독원의 장이 이의신청을 기각할 수 있다.

66 정기공시 – 사업보고서 제출대상 — 정답 ④

'ⓒ, ⓒ, ⓔ'은 증권 상장 시 사업보고서를 제출해야 하는 증권에 해당한다.

오답 개념 체크

㉠ 집합투자증권은 증권 상장 시 사업보고서를 제출해야 하는 증권에서 제외된다.

이것도 알면 합격!

사업보고서 제출대상

다음에 해당하는 증권을 증권시장에 상장한 발행인은 일정한 기한 내에 금융위원회와 거래소에 사업보고서를 제출해야 한다.
• 주권 외의 지분증권(단, 집합투자증권, 자산유동화계획에 따른 유동화전문회사가 발행하는 출자지분은 제외)
• 무보증사채권
• 전환사채권·신주인수권부사채권·이익참가부사채권 또는 교환사채권
• 신주인수권이 표시된 것
• 증권예탁증권
• 파생결합증권

[67~69] 한국금융투자협회규정

67 투자광고 시 주요 매체별 위험고지 표시기준 — 정답 ④

인터넷 배너를 이용한 투자광고의 경우에는 위험고지내용이 3초 이상 보일 수 있도록 해야 하며, 파생상품과 그 밖에 투자위험성이 큰 거래에 관한 내용을 포함하는 경우에는 해당 위험고지내용이 5초 이상 보일 수 있도록 해야 한다.

이것도 알면 합격!

투자광고 시 주요 매체별 위험고지 표시기준

• 바탕색과 구별되는 색상으로 선명하게 표시할 것
• A4용지 기준 9포인트 이상의 활자체로 표시(단, 신문에 전면으로 게재하는 광고물의 경우 10포인트 이상의 활자체로 표시)
• 영상매체를 이용한 투자광고의 경우
  – 1회당 투자광고 시간의 1/3 이상의 시간 동안 투자자가 쉽게 알아볼 수 있도록 충분한 면적에 걸쳐 해당 위험고지내용을 표시
  – 1회 이상 소비자가 명확하게 인식할 수 있는 속도의 음성과 자막으로 설명할 것
• 인터넷 배너를 이용한 투자광고의 경우
  – 위험고지내용이 3초 이상 보일 수 있도록 할 것
  – 파생상품 등 투자위험성이 큰 거래에 관한 내용을 포함하는 경우 해당 위험고지내용이 5초 이상 보일 수 있도록 해야 함

68 부당한 재산상 이익의 제공 및 수령 금지 — 정답 ③

금융투자회사는 재산상 이익의 제공현황 및 적정성 점검 결과 등을 매년 이사회에 보고해야 한다.

69 신상품 보호 — 정답 ④

심의위원회 위원장은 침해배제 신청 접수일로부터 7영업일 이내에 심의위원회를 소집하여 배타적 사용권 침해배제 신청에 대해 심의해야 한다.

[70~75] 주식투자운용/투자전략

70 난이도 중 | 전술적 자산배분 | 정답 ②

전술적 자산배분은 본질적으로 역투자전략이므로 시장 가격이 내재가치 대비 저평가되면 매수하며, 내재가치 대비 고평가되면 매도한다.

오답 개념 체크
① 내재가치는 시장 가격보다 매우 낮은 변동성을 보이므로 역투자전략의 수행을 용이하게 만든다.
③ 중단기적인 가격 착오를 적극적으로 활용하여 고수익을 지향하는 운용전략이다.
④ 시장의 변화 방향을 예측하고 시장변화에 앞서 사전적으로 비중을 변화하는 적극적 전략이다.

71 난이도 중 | 액티브 운용 – 운용스타일 | 정답 ③

'㉠, ㉢'은 액티브 운용에 대한 적절한 설명이다.

오답 개념 체크
㉡ 성장투자 스타일은 고 PER 투자, 고 PBR 투자, 저배당수익률 투자 방식 등을 포함한다.

이것도 알면 합격!

운용스타일에 따른 투자 방식

가치투자 스타일	저 PER 투자, 역행투자, 고배당수익률 투자
성장투자 스타일	고 PER 투자, 고 PBR 투자, 지속적 성장성 투자, 이익의 탄력성 투자, 주가 탄력성 투자
혼합투자 스타일	가치 편향 혼합투자, 성장 편향 혼합투자, 적정 가격을 가진 성장투자, 스타일 선택형 투자

72 난이도 하 | 자산집단의 기대수익률 추정 | 정답 ③

자산배분 전략을 실행하기 위한 자산집단의 기대수익률 추정 방법 중, 과거 시계열 자료를 바탕으로 각 자산집단별 리스크 프리미엄을 반영하는 기법은 (펀더멘탈 분석방법)이다.

이것도 알면 합격!

자산집단의 기대수익률과 위험, 상관관계 추정 방법

기대수익률 추정 방법	• 추세분석법, 시나리오 분석법 • 근본적 분석방법(CAPM, APT 등) • 시장공통 예측치 사용방법 • 경기순환 접근방법 • 시장 타이밍 방법 • 전문가의 주관적인 방법
위험, 상관관계 추정 방법	• 과거 자료를 사용하며 위험의 경우 최근 GARCH와 같은 추정 방법을 사용함

73 난이도 중 | 인덱스펀드 구성 방법 | 정답 ④

최적화법은 벤치마크에 대비한 잔차위험이 허용 수준 '이하'가 되도록 포트폴리오를 만드는 방법이다.

이것도 알면 합격!

인덱스펀드 구성 방법

구분	개념	한계
완전복제법	벤치마크를 구성하는 모든 종목을 벤치마크 구성비율대로 사서 보유	대규모 자금이 필요하며, 관리에 어려움이 있음
표본추출법	벤치마크에 포함된 대형주는 모두 포함하되 중소형주들은 일부 종목만 편입	완전복제법보다는 관리가 용이하나 여전히 관리나 비용의 문제점이 존재
최적화법	벤치마크 대비 잔차위험을 위험허용 수준 이하로 만드는 방식	사용하는 가격정보가 과거 자료라는 점에서 잔차가 크게 나타날 수 있음

74 난이도 하 | 전략적 자산배분의 이론적 배경 | 정답 ②

(효율적 투자기회선)은 수익률과 위험의 공간에서 연속선으로 동일위험 대비 가장 높은 수익률의 여러 포트폴리오를 연결한 것을 말한다.

75 난이도 중 | 주가지수 | 정답 ③

Nikkei225는 주가가중방식으로 주가지수를 산출한다.

이것도 알면 합격!

주가지수 구성방법

주가가중 주가지수	절대적인 주당가격을 가중치로 하는 주가지수 예 다우존스 산업평균(DJIA), NIKKEI225
시가가중 주가지수	발행주식 수에 주가를 곱한 시가총액을 가중치로 하는 주가지수 예 KOSPI, KOSPI200
동일가중 주가지수	각 종목에 가중치를 동일하게 적용하는 주가지수

[76~81] 채권투자운용/투자전략

76 채권의 분류 – 이표채 난이도 중 정답 ②

이표채는 주기적으로 이자를 지급하는 채권이므로 1년 만기와 2년 만기에 각각 1,200원(= 20,000원 × 0.06)의 이자가 지급되었고, 3년 만기에는 3년 만기 이자와 원금을 상환한다.
- 연단위 후급 이표채의 만기상환금액
  = 연단위 이자 + 원금
  = 20,000 × 0.06 + 20,000 = 21,200

77 유통시장의 구조 난이도 중 정답 ③

채권유통시장은 우리나라를 포함한 대부분의 나라에서 장내시장보다 장외시장의 비중이 더 크다.

오답 개념 체크
① 장내시장에서는 익일결제 외에 당일결제도 가능하다.
② 장내시장에서의 거래는 한국거래소에서 이뤄진다.
④ 장내시장에서는 대상채권에 대해 경쟁매매가 이뤄진다.

이것도 알면 합격!

장외거래 vs. 장내거래

구분	장외거래	장내거래
대상채권	제한없음	상장채권, 주식 관련 사채
거래장소	브로커·IDB회사 창구	거래소
거래조건	제한없이 다양한 조건	규격화, 표준화
거래방법	상대매매	경쟁매매, 전산매매

78 합성채권 – 패리티 난이도 하 정답 ②

패리티에 대한 설명이다.

이것도 알면 합격!

전환사채 관련 주요 지표

전환가격	채권액면 ÷ 전환주수
패리티	주가/전환가격 × 100% 예 채권의 전환가격 6,000원, 주가의 현재가격 9,000원 패리티 = 9,000원/6,000원 × 100% = 150%
패리티가격	패리티 × 액면가
괴리	전환사채시장가격 − 패리티가격
괴리율	(괴리/패리티가격) × 100

79 선도 이자율 난이도 중 정답 ④

$$_1f_1 = \frac{(1+S_2)^2}{1+S_1} - 1 = \frac{1.08^2}{1.06} - 1 ≒ 10\%$$

이것도 알면 합격!

선도 이자율

$$1\text{기 후 1기간 선도 이자율} = \frac{(1 + 2\text{기 현물이자율})^2}{1 + 1\text{기 현물이자율}} - 1$$

80 소극적 채권운용전략 – 채권면역전략 난이도 중 정답 ①

채권수익률이 상승하면 채권 가격은 하락하지만 이자수입의 재투자수익은 증가한다. 채권면역전략은 매매손익과 재투자수익의 상충적 성격을 이용하여 일정 수준 이상의 투자수익률을 유지하는 전략이므로 매매이익과 재투자수익을 동시에 추구할 수 없다.

81 채권투자전략의 종류 난이도 중 정답 ②

'㉠, ㉡'은 적극적 채권운용전략에 해당한다.

오답 개념 체크
㉢ 현금흐름 일치 전략은 소극적 채권운용전략에 해당한다.

이것도 알면 합격!

적극적 채권운용전략 vs. 소극적 채권운용전략

구분	적극적 채권운용전략	소극적 채권운용전략
가정	• 시장이 비효율적	• 시장이 효율적
종류	• 금리예측 전략 • 채권교체 전략 • 스프레드운용 전략 • 수익률 곡선 타기 전략 • 수익률 곡선 전략	• 만기보유 전략 • 사다리형 만기 전략 • 채권면역전략 • 현금흐름 일치 전략 • 채권 인덱싱 전략

[82~87] 파생상품투자운용/투자전략

82 난이도 중 | 선물의 균형 가격 | 정답 ②

균형 선물환 가격 = $S_t \times \{1 + (r - r^f) \times \frac{T-t}{365}\}$

$= 1,200 \times \{1 + (0.04 - 0.02) \times \frac{365}{365}\}$

$= 1,224$원/달러

83 난이도 중 | 선도거래와 선물거래 | 정답 ③

선도거래는 가격과 거래의 제한이 없다.

오답 개념 체크
① ④ 선물거래의 특징에 대한 설명이다.
② 당사자 간 직접계약이므로 당사자의 신용이 중시된다.

이것도 알면 합격!

선도거래 vs. 선물거래

구분	선도거래	선물거래
거래장소	장외거래 중심	거래소 내 거래
가격과 거래제한	제한 없음	제한함
표준화	비표준화	표준화
유동성	낮음	높음
상품의 인수도	만기일	만기일 이전에 반대매매
결제시점	만기일	일일정산
참여거래자	한정됨	다수

84 난이도 중 | 스프레드 거래 | 정답 ②

KOSPI200 선물 9월물이 225pt이고, 12월물은 230pt이며 향후 두 월물 간의 스프레드가 축소될 것으로 예상된다면, 9월물을 매수하고, 12월물을 매도하는 전략이 가장 적절하다.

이것도 알면 합격!

시간 스프레드

강세 스프레드 전략	두 선물 가격의 차이가 축소될 것으로 예상하는 경우, 근월물을 매수하고, 원월물을 매도하는 스프레드 전략
약세 스프레드 전략	두 선물 가격의 차이가 확대될 것으로 예상하는 경우, 근월물을 매도하고, 원월물을 매수하는 스프레드 전략

85 난이도 하 | 블랙-숄즈 공식의 변수 설명 | 정답 ③

기초자산의 기대수익률은 블랙-숄즈 모형의 주요 변수가 아니다.

이것도 알면 합격!

블랙-숄즈 모형

가정	• 옵션 만기까지 주식에 대한 배당은 없음 • 만기일에만 권리행사가 가능한 유럽형 옵션에만 적용(미국식 옵션에 적용할 수 없는 것이 단점) • 비차익거래균형(차익거래가 없음)
주요 변수	• 기초자산의 현재가격, 무위험이자율, 만기까지 남은 기간, 옵션의 행사가격, 변동성 계수

86 난이도 중 | 이항모형과 위험중립확률 | 정답 ②

주식가격이 155인 경우 콜옵션 행사에 따라 10의 이익이 발생하고, 주식가격이 135인 경우 콜옵션을 행사하지 않아 손익은 0이다.

• 옵션 프리미엄 = $\frac{\text{옵션 행사 시 이익} \times p + 0 \times (1-p)}{1+r}$

$= \frac{10 \times 0.7 + 0 \times (1-0.7)}{1+0.02} = 6.86$

(p : 주식 상승 확률, 1 − p : 주식 하락 확률, r : 무위험이자율)

87 난이도 중 | 옵션 프리미엄의 민감도 지표 | 정답 ③

'ⓒ 감마, ⓒ 베가'는 콜옵션 매수, 풋옵션 매수 시 민감도 부호가 모두 양수이다.

오답 개념 체크
㉠ 델타의 민감도 부호는 콜옵션 매수 시 양수이지만, 풋옵션 매수 시에는 음수이다.

이것도 알면 합격!

옵션의 매수·매도 포지션에 대한 민감도 부호

구분		델타	감마	쎄타	베가
Call	매수	+	+	−	+
	매도	−	−	+	−
Put	매수	−	+	−	+
	매도	+	−	+	−

[88~91] 투자운용결과분석

88 난이도 중 | 투자위험 | 정답 ④

'잔차 위험, 베타'는 모두 상대적 위험을 측정하는 지표에 해당한다.

이것도 알면 합격!

절대적 위험과 상대적 위험

절대적 위험	전체위험	• 표준편차	• 수익률의 안정성을 중시하는 전략에 활용
	하락위험	• 절대 VaR • 하락편차 • 반편차 • 적자 위험	• 목표수익률을 추구하는 전략에 활용 • 보다 정확한 의미의 위험 측정
상대적 위험	전체위험	• 베타 • 잔차 위험	• 자산배분 전략에 기초한 장기투자전략에 적합
	하락위험	• 상대 VaR	• 기준지표가 미리 정해진 투자에 활용

89 난이도 중 | 기준지표의 바람직한 특성 | 정답 ④

'㉠, ㉡, ㉢' 모두 벤치마크 수익률에 대한 적절한 설명이다.

이것도 알면 합격!

기준지표의 바람직한 특성

명확성	기준지표를 구성하는 종목명과 비중이 정확히 표시되어야 하며, 원칙이 있고 객관적 방법으로 구성되어야 함
투자 가능성	실행 가능한 투자대안이어야 함
측정 가능성	일반에게 공개된 정보로부터 계산이 가능해야 하며, 원하는 기간마다 기준지표 자체의 수익률 계산이 가능해야 함
적합성	펀드매니저의 운용 스타일이나 성향에 적합해야 함
투자의견을 반영	펀드매니저가 벤치마크를 구성하는 종목에 대해 투자지식을 가지고 해당 종목에 대한 상태를 판단할 수 있어야 함
사전적으로 결정	벤치마크는 평가기간이 시작되기 전에 미리 정해져야 함

90 난이도 중 | 상대적 위험 – 베타 | 정답 ①

시장수익률이 하락할 경우, 포지션의 수익률이 가장 크게 상승하는 포지션베타는 –1.0이다. 시장수익률이 마이너스일 경우 포지션베타는 음수여야 포지션의 수익률이 양수가 된다.

이것도 알면 합격!

베타계수
- 펀드수익률이 기준수익률 변동에 대해 어느 정도 민감도를 가지고 있는가를 나타내는 지표이다.
- 베타가 1보다 크면 공격적으로 운용한 포트폴리오, 베타가 1보다 작으면 방어적으로 운용한 포트폴리오이다.

91 난이도 상 | 샤프비율과 트레이너비율 | 정답 ③

샤프비율로 비교했을 때 D펀드가 0.75로 가장 우수하고, 트레이너비율로 비교했을 때 B펀드가 0.13125로 가장 우수하다.
- D펀드 샤프비율
 = (펀드수익률 − 무위험수익률)/표준편차
 = (0.18 − 0.03)/0.2 = 0.75
- B펀드 트레이너비율
 = (펀드수익률 − 무위험수익률)/베타
 = (0.24 − 0.03)/1.6 = 0.13125

오답 개념 체크

- 샤프비율
 A펀드 = (0.25 − 0.03)/0.35 = 0.63
 B펀드 = (0.24 − 0.03)/0.3 = 0.7
 C펀드 = (0.21 − 0.03)/0.25 = 0.72
- 트레이너비율
 A펀드 = (0.25 − 0.03)/1.8 = 0.1222
 C펀드 = (0.21 − 0.03)/1.4 = 0.1286
 D펀드 = (0.18 − 0.03)/1.2 = 0.125

[92~95] 거시경제

92 난이도 중 | IS-LM모형 | 정답 ②

'㉠, ㉡'은 IS-LM모형에서 이자율에 대한 적절한 설명이다.

오답 개념 체크

㉢ 화폐공급을 확대하면 LM곡선이 오른쪽으로 이동하므로 이자율은 하락한다.

93 난이도 상 | 주요 경제변수 – 고용지표 | 정답 ③

- 실업률 = $\dfrac{실업자}{경제활동인구(= 취업자 + 실업자)} \times 100$

 $= \dfrac{50}{200} \times 100 = 25\%$

- 경제활동 참가율

 $= \dfrac{경제활동인구(= 취업자 + 실업자)}{생산활동\ 가능\ 인구(= 경제활동인구 + 비경제활동인구)} \times 100$

 $= \dfrac{200}{250} \times 100 = 80\%$

94 난이도 중 | 유통속도 | 정답 ④

통화유통속도 = 명목GDP/통화량 = 2,400/3,000 = 0.8

오답 개념 체크

통화유통속도를 계산할 때 명목GDP와 통화량이 주어졌다면 실질GDP는 사용하지 않아도 된다.

95 피구효과   정답 ①

물가 하락 시 실질화폐가치 상승으로 인해 민간의 부가 증가하고 소비와 총수요가 증가하는 현상은 (피구효과)이며, (유동성 함정)에 대항하여 불황에서 자동적으로 탈출하여 완전고용을 이룩할 수 있다는 논거로 사용된다.

[96~100] 분산투자기법

96 최소분산 포트폴리오   정답 ④

$$\text{주식 A의 투자비율} = \frac{\sigma_B^2 - \sigma_{AB}}{\sigma_A^2 + \sigma_B^2 - 2\sigma_{AB}}$$

$$= \frac{\sigma_B^2 - \sigma_A \sigma_B \rho_{AB}}{\sigma_A^2 + \sigma_B^2 - 2\sigma_A \sigma_B \rho_{AB}}$$

$$= \frac{0.8^2 - 0.5 \times 0.8 \times 0}{0.5^2 + 0.8^2 - 2 \times 0.5 \times 0.8 \times 0}$$

$$≒ 0.72$$

97 포트폴리오의 기대수익률과 위험의 측정   정답 ④

- 경제상황별 기대수익률
  - 호황 : (50% × −10%) + (50% × 20%) = 5%
  - 정상 : (50% × 5%) + (50% × 10%) = 7.5%
  - 불황 : (50% × 10%) + (50% × −20%) = −5%
- 포트폴리오의 기대수익률
  = (30% × 5%) + (50% × 7.5%) + (20% × −5%)
  = 4.25%

이것도 알면 합격!

기대수익률
- 개별자산의 기대수익률
  - 수익능력을 평균적으로 계산한 기댓값
  - 발생 확률로 가중평균
  - 기대수익률[E(R)] = Σ확률 × 예상수익률
- 포트폴리오의 기대수익률
  - 개별자산 기대수익률을 보유비율로 가중하여 계산
  - $R_P = w_x R_x + w_y R_y$ (단, $w_x + w_y = 1$)

98 개별증권의 위험과 균형 기대수익률 − 요구수익률   정답 ④

$$E(R_j) = R_f + [E(R_m) - R_f] \times \frac{\sigma_{jm}}{\sigma_m^2}$$

$$= 0.03 + (0.08 - 0.03) \times 0.2/0.4^2 = 9.25\%$$

99 자본자산 가격결정 모형의 의의와 가정   정답 ③

'ⓒ, ⓓ'은 자본자산 가격결정 모형(CAPM)에 대한 적절한 설명이다.

오답 개념 체크

㉠ 모든 투자자는 동일한 방법으로 증권을 분석하고 미래의 경제상황도 동일하게 예측한다.
㉢ 투자위험이 전혀 없는 무위험자산이 존재하며 모든 투자자들은 동일한 무위험이자율 수준으로 얼마든지 자금을 차입하거나 빌려줄 수 있다.

이것도 알면 합격!

CAPM 모형의 가정
- 평균·분산 기준의 가정
- 완전시장의 가정
- 균형시장의 가정
- 동일한 투자기간의 가정
- 무위험자산의 존재 가정
- 동질적 미래예측의 가정

100 운용 투자수익률의 측정   정답 ②

내부수익률에 대한 설명이다.

오답 개념 체크

① 연환산 수익률은 연간 단위로 환산한 수익률을 말한다.
③ 산술평균 수익률은 동일한 기간에 대해 측정한 T개의 수익률을 기초로 연도별 예상 수익률을 추정할 때 사용한다.
④ 기하평균 수익률은 중도 투자수익이 재투자되어 증식되는 것을 감안한 계산방법이다.

실전모의고사 5회

제1과목 금융상품 및 세제

01	02	03	04	05	06	07	08	09	10
②	④	②	③	①	②	②	③	②	③
11	12	13	14	15	16	17	18	19	20
②	②	③	④	④	①	②	②	③	④

제2과목 투자운용 및 전략 II / 투자분석

21	22	23	24	25	26	27	28	29	30
④	③	①	④	③	④	③	②	①	②
31	32	33	34	35	36	37	38	39	40
④	④	②	③	④	④	②	②	③	④
41	42	43	44	45	46	47	48	49	50
①	②	①	③	③	④	③	③	③	②

제3과목 직무윤리 및 법규 / 투자운용 및 전략 I / 거시경제 및 분산투자

51	52	53	54	55	56	57	58	59	60
②	③	①	②	④	①	②	④	④	③
61	62	63	64	65	66	67	68	69	70
④	③	④	①	②	③	③	④	①	①
71	72	73	74	75	76	77	78	79	80
②	④	③	③	③	④	①	②	①	②
81	82	83	84	85	86	87	88	89	90
③	②	④	②	④	①	④	②	②	④
91	92	93	94	95	96	97	98	99	100
①	④	①	④	④	③	③	③	④	②

취약 과목 분석표

맞힌 개수, 틀린 문제 번호와 풀지 못한 문제 번호를 적어 보고, 맞힌 개수에 따라 자신의 학습상태를 점검할 수 있습니다. 틀린 문제와 풀지 못한 문제는 해설의 출제포인트를 확인하여 관련 이론을 꼭 복습하세요.

	세부과목	맞힌 개수	틀린 문제 번호	풀지 못한 문제 번호
제1과목 금융상품 및 세제	세제 관련 법규/세무전략			
	금융상품			
	부동산 관련 상품			
	TOTAL	/20		

* 20문제 중 8개 미만 과락

	세부과목	맞힌 개수	틀린 문제 번호	풀지 못한 문제 번호
제2과목 투자운용 및 전략 Ⅱ/ 투자분석	대안투자운용/투자전략			
	해외증권투자운용/투자전략			
	투자분석기법			
	리스크관리			
	TOTAL	/30		

* 30문제 중 12개 미만 과락

	세부과목	맞힌 개수	틀린 문제 번호	풀지 못한 문제 번호
제3과목 직무윤리 및 법규/ 투자운용 및 전략 Ⅰ/ 거시경제 및 분산투자	직무윤리			
	자본시장 관련 법규			
	한국금융투자협회규정			
	주식투자운용/투자전략			
	채권투자운용/투자전략			
	파생상품투자운용/투자전략			
	투자운용결과분석			
	거시경제			
	분산투자기법			
	TOTAL	/50		

* 50문제 중 20개 미만 과락

제1과목 금융상품 및 세제

[01~07] 세제 관련 법규/세무전략

01 국세기본법   정답 ②
난이도 중

'㉠, ㉡, ㉢'은 국세기본법에 대한 적절한 설명이다.

오답 개념 체크
㉣ 정보통신망을 이용한 전자송달은 서류의 송달을 받아야 할 자가 신청하는 경우에 한하여 행한다.

02 조세의 분류   정답 ④
난이도 하

'㉢ 농어촌특별세, ㉣ 개별소비세'는 국세에 해당한다.

오답 개념 체크
㉠ ㉡ '재산세, 취득세'는 지방세에 해당한다.

이것도 알면 합격!

조세의 분류

국세	직접세	소득세, 법인세, 상속세와 증여세, 종합부동산세
	간접세	부가가치세, 주세, 인지세, 증권거래세, 개별소비세
	목적세	교육세, 농어촌특별세, 교통·에너지·환경세
	관세	
지방세	보통세	취득세, 등록면허세, 레저세, 지방소비세
	목적세	지역자원시설세, 지방교육세
	보통세	주민세, 재산세, 자동차세, 지방소득세, 담배소비세

03 종합소득세의 신고납부   정답 ②
난이도 상

내국법인으로부터의 배당소득 1,500만원과 외국법인으로부터의 배당소득 각각 1,500만원으로 총 3,000만원의 배당소득이 있는 B는 다음 해에 종합소득 과세표준 확정신고의무가 있다.

오답 개념 체크
① 비영업대금의 이익 600만원은 종합과세기준금액(2천만원)을 초과하지 않아 분리과세되므로, 근로소득과 분리과세이자소득만 있는 A는 종합소득 과세표준 확정신고의무가 없다.
③ 비실명거래로 인한 이자소득은 무조건 분리과세되므로, 퇴직소득과 분리과세이자소득만 있는 C는 종합소득 과세표준 확정신고의무가 없다.
④ 근로소득과 퇴직소득만 있는 D는 종합소득 과세표준 확정신고의무가 없다.

이것도 알면 합격!

종합소득 과세표준 확정신고의무가 없는 자
- 근로소득만 있는 거주자
- 퇴직소득만 있는 거주자
- 근로소득과 퇴직소득만 있는 거주자
- 상기의 자로서 분리과세이자·배당·기타소득만 있는 자
- 분리과세이자·배당·기타소득만 있는 자

04 납세의무자 – 거주자와 비거주자   정답 ③
난이도 중

국외에서 근무하는 공무원이나 내국법인의 국외 사업장 또는 해외 현지법인(내국법인이 직·간접적으로 100% 출자한 경우)에 파견된 임직원은 거주자이다.

오답 개념 체크
① 현행 소득세법은 원칙적으로 개인단위주의 과세이므로, 거주자인 부부의 이자 및 배당소득은 별도 과세한다.
② 국내에 183일 동안 거소를 둔 개인은 거주자로 본다.
④ 거주자가 사망한 경우 과세기간은 1월 1일부터 '사망한 날'까지로 한다.

05 양도소득세   정답 ①
난이도 중

주식 및 파생상품도 양도차익 계산 시 취득가액, 자본적 지출액, 증권거래세 등의 필요경비를 차감할 수 있다.

오답 개념 체크
② 주식 및 파생상품은 3년 이상 보유하여도 장기보유특별공제가 적용되지 않는다.
③ 파생상품의 양도소득세율은 20%(탄력세율 10%)이다.
④ 주식과 파생상품은 다른 호에 속하므로 각각 250만원씩 공제한다.
- 제1호 : 토지·건물 및 부동산에 관한 권리, 기타자산(미등기 양도자산 제외)
- 제2호 : 주식 및 출자지분
- 제3호 : 파생상품 등

06 증권거래세 – 납세의무자   정답 ②
난이도 중

국내 사업장을 가지고 있지 아니한 비거주자 또는 외국법인이 주권 등을 금융투자업자를 통하지 않고 양도하는 경우, 당해 주권 양수인이 증권거래세의 납세의무자가 된다. 따라서 주권을 양수한 내국법인이 납세의무자에 해당한다.

이것도 알면 합격!

증권거래세 납세의무자
- ⓐ 예탁결제원 : 장내 또는 금융투자협회를 통한 장외거래(K-OTC)에서 양도되는 주권을 계좌 간 대체로 매매결제하는 경우
- ⓑ 해당 금융투자업자 : ⓐ외에 자본시장법상의 금융투자업자를 통하여 주권 등을 양도하는 경우
- ⓒ 당해 양도자 : ⓐ, ⓑ외에 주권 등을 양도하는 경우. 다만, 국내 사업장을 가지고 있지 아니한 비거주자(외국법인 포함)가 주권 등을 금융투자업자를 통하지 않고 양도하는 경우에는 당해 주권의 양수인

07 증권거래세   정답 ②
난이도 중

코넥스시장에서 양도되는 주권도 증권거래세가 부과된다.

오답 개념 체크
① 뉴욕 증권거래소에 상장된 주권을 양도하는 경우 증권거래세가 부과되지 않는다.
③ 주권을 목적물로 하는 소비대차의 경우 증권거래세가 부과되지 않는다.
④ 예탁결제원 또는 금융투자업자가 납세의무자라면 매월 분의 증권거래세 과세표준액과 세액을 다음 달 10일까지 신고납부해야 한다.

[08~15] 금융상품

08 금융회사별 및 상품별 예금자보호
난이도 중 | 정답 ③

금융회사가 영업정지나 파산 등으로 고객의 예금을 지급하지 못하게 될 경우, 해당 예금자와 전체 금융제도의 안정성이 입게 될 타격을 방지하기 위해 (주택청약부금)과 같은 상품은 「예금자보호법」을 통해 보호받는다.

오답 개념 체크
환매조건부채권(RP), 단기금융 집합투자기구(MMF), 양도성예금증서(CD)는 예금자비보호대상 금융상품이다. 또한 주택청약부금이 예금자보호대상 금융상품인 것과 달리, 주택청약저축, 주택청약종합저축 등은 예금자비보호대상 금융상품이다.

이것도 알면 합격!
예금자보호대상 금융상품 vs. 예금자비보호대상 금융상품

구분	보호대상 금융상품	비보호대상 금융상품
은행	• 요구불예금(보통예금, 당좌예금 등) • 저축성예금(정기예금, 저축예금, 주택청약예금 등) • 적립식예금(정기적금, 주택청약부금, 재형저축 등) • 원금 보전 신탁(연금신탁, 퇴직신탁 등)	• 양도성예금증서(CD), 환매조건부채권(RP) • 실적배당형 신탁(특정금전신탁 등) • 집합투자상품(수익증권, 뮤추얼펀드, MMF등) • 주택청약저축, 주택청약종합저축 등
투자매매업자, 투자중개업자	• 원금보전 금전신탁 등	• 금융투자상품(수익증권, 뮤추얼펀드, MMF 등) • 청약자/제세금예수금, 선물·옵션 거래예수금 • RP, 증권사 발행 채권 • CMA(RP형, MMF형, MMW형)
보험회사	• 개인이 가입한 보험계약, 퇴직보험계약 • 원금보전 금전신탁 등	• 법인보험계약, 보증보험계약 등 • 변액보험계약 주계약 등
종합금융회사	• 발행어음, 표지어음, 종금형 CMA 등	• 금융투자상품(수익증권, 뮤추얼펀드, MMF 등)
상호저축은행	• 보통예금, 저축예금, 정기예금, 표지어음 등	• 저축은행 발행 채권(후순위채권) 등

09 생명보험의 종류
난이도 중 | 정답 ②

체증식보험은 기간이 경과함에 따라 보험료가 아닌, '보험금'이 점점 증가하는 보험이다.

오답 개념 체크
① '정기보험'은 피보험자가 일정한 기간 내에 사망할 때 보험금을 지급한다.
③ '생존보험'은 피보험자가 일정 기간 생존 시 보험금을 지급한다.
④ '연생보험'은 2인 이상을 피보험자로 한다.

이것도 알면 합격!
생명보험의 분류

분류기준	내용

보험사고	• 사망보험
	  – 정기보험 : 일정기간 내 사망 시 보험금 지급
	  – 종신보험 : 일생을 보험기간으로 하여 사망 시 보험금 지급
	• 생존보험 : 일정기간 동안 생존 시 보험금 지급
	• 생사혼합보험(양로보험) : 정기보험 + 생존보험

피보험자 수	• 단생보험 : 피보험자의 수가 1人인 보험 • 연생보험 : 피보험자의 수가 2人 이상인 보험
계약대상	• 개인보험 : 보험계약의 대상이 하나의 보험계약자인 보험 • 단체보험 : 일정한 조건을 구비한 피보험자 집단을 하나의 보험계약으로 하여 가입하는 보험(5인 이상)

10 주가연계증권(ELS)
난이도 중 | 정답 ③

주가연계증권은 장외파생상품 겸영업무 인가를 획득한 증권회사만 발행할 수 있으며, 자산운용사는 발행할 수 없다.

이것도 알면 합격!
주식연계증권(ELS)의 수익구조

Knock-out형	투자기간 중 미리 정해둔 주가 수준에 도달하면 확정된 수익으로 조기상환되며, 그 외의 경우에는 만기 시 주가에 따라 수익이 정해지는 구조
Bull Spread형	만기 시점의 주가 수준에 비례하여 손익을 얻되 최대 수익과 손실이 일정하게 제한되는 구조
Digital형	만기 시 주가가 일정 수준을 상회하는지 여부에 따라 사전에 정한 두 가지 수익 중 한 가지를 지급하는 구조
Reverse Convertible형	미리 정한 하락폭 이하로 주가가 하락하지만 않으면 사전에 약정한 수익률을 지급하며 미리 정한 하락폭 이하로 하락하면 원금에 손실이 발생하는 구조
Step-down형	기초자산 가격이 대폭 하락하여 Knock-in이 발생하지 않은 상황에서 3~6개월마다 주가가 일정 수준 이상인 경우 특정 약정수익률로 자동 조기상환되는 구조

11 주택저당증권(MBS) – 역모기지
난이도 중 | 정답 ②

'ⓒ, ⓒ'은 역모기지(Reverse Mortgage)에 대한 적절한 설명이다.

오답 개념 체크
㉠ 연금수령액 등이 집값을 초과하여도 상속인에게 초과분을 청구하지 않는다.
㉣ 대출신청자의 신용상태 및 상환능력이 아닌 '미래 특정시점에 예상되는 주택가치'에 근거하여 대출금액이 결정된다.

12 금융상품 — 정답 ②
난이도 상

개인종합자산관리계좌(ISA)의 가입자격은 다음 두 가지 조건을 동시에 충족해야 한다.
- 만 19세 이상 또는 직전 연도 근로소득이 있는 만 15~19세 미만의 대한민국 거주자
- 직전 3개년 중 1회 이상 금융소득종합과세 대상이 아닌 자

13 자산유동화증권(ABS) — 정답 ③
난이도 중

유동화 가능한 자산의 증권화는 자산이 매각되는 형태이기 때문에 자산보유자의 자산에서 해당 유동화자산이 제외되며 매각되므로, 자산유동화증권의 발행자는 유동화자산이 매각됨으로써 관련 위험을 투자자들에게 전가시킬 수 있다.

오답 개념 체크
① 미래 현금흐름, 부실대출, 임대료, 무형자산 등도 유동화될 수 있다.
② 매매가 가능하고 자산보유자의 파산 시 파산재단에서 분리될 수 있는 자산은 유동화될 수 있다.
④ 자산유동화증권은 현금수취방식에 따라 지분이전증권과 원리금이체채권으로 구분할 수 있다.

14 집합투자기구의 종류 — 정답 ④
난이도 중

'종류형 집합투자기구'에 대한 설명이다.

오답 개념 체크
① 환매금지형 집합투자기구 : 투자자가 집합투자기구에 투자한 이후 집합투자증권의 환매청구에 의하여 그 투자자금을 회수하는 것이 불가능하도록 만들어진 집합투자기구
② 전환형 집합투자기구 : 다양한 자산과 투자전략을 가진 투자기구를 묶어 하나의 투자기구세트를 만들고 투자자로 하여금 그 투자기구 세트 내에 속하는 다양한 투자기구 간에 교체투자를 할 수 있게 한 집합투자기구
③ 모자형 집합투자기구 : 동일한 집합투자업자의 투자기구를 상하구조로 나누어 하위투자기구(子집합투자기구)의 집합투자증권을 투자자에게 매각하고, 매각된 자금으로 조성된 투자기구의 재산을 다시 상위투자기구(母집합투자기구)에 투자하는 집합투자기구

15 퇴직연금제도 — 정답 ④
난이도 중

확정기여형제도의 운용손익은 '근로자'에 귀속되며, 확정급여형제도의 운용손익은 '기업'에 귀속된다.

오답 개념 체크
① 확정기여형제도는 '기업이 부담할 부담금 수준'이 사전에 확정되며, 확정급여형제도는 '근로자가 수령할 퇴직금 수준'이 사전에 확정된다.
② 확정기여형제도와 확정급여형제도 모두 개인형 IRP에 가입할 수 있다.
③ 확정기여형제도의 적립금 운용주체는 '근로자'이며, 확정급여형제도의 적립금 운용주체는 '사용자'이다.

이것도 알면 합격!

퇴직연금제도 - 확정급여(DB)형 vs. 확정기여(DC)형

구분	확정급여(DB)형	확정기여(DC)형
개념	• 근로자가 수령할 퇴직금 수준이 사전에 확정되어 있는 제도	• 기업이 부담할 부담금 수준이 사전에 확정되어 있는 제도
사용자 부담금	• 적립금 운용 결과에 따라 변동	• 연간 임금총액의 1/12 이상 (전액 사외적립)
적립금 운용주체	• 사용자	• 근로자
추가 납입 여부	• 개인형IRP 통해 가능 (연간 1,800만원 한도)	• 제도내 또는 개인형IRP통해 가능(연간 1,800만원 한도)
퇴직급여 수준	• 현행 퇴직일시금과 동일	• 근로자별 운용실적에 따라 다름
담보대출 및 중도인출	• 담보대출 가능 (일정 사유 해당 시)	• 담보대출 및 중도인출 가능 (일정 사유 해당 시)
적합한 사업장	• 임금상승률이 높은 기업 • 장기근속을 유도하려는 기업 • 연공급 임금체계 및 누진제 적용 기업 • 경영이 안정적, 영속적인 기업	• 연봉제, 임금피크제 기업 • 재무구조 변동이 큰 기업 • 근로자들의 재테크 관심이 높은 기업

[16~20] 부동산 관련 상품

16 부동산 관련 용어 — 정답 ①
난이도 중

용적률은 '지하층' 연면적의 비율을 포함하지 않는다.

17 부동산 포트폴리오 — 정답 ②
난이도 중

상관계수가 1인 부동산 포트폴리오는 분산투자효과가 발생하지 않는다.

18 부동산 물권 – 제한물권 — 정답 ②
난이도 하

'질권, 유치권, 저당권'은 제한물권에 해당한다.

이것도 알면 합격!

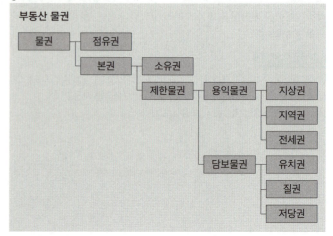

19 부동산 투자회사(REITs) 난이도 중 | 정답 ③

부동산 투자회사는 발기설립을 원칙으로 하며, 현물출자에 의한 설립을 할 수 없다.

오답 개념 체크
① 부동산 투자회사가 투자 및 운용업무를 하려는 때에는 '국토교통부장관'의 영업인가를 받거나 '국토교통부장관'에게 등록해야 한다.
② 자기관리 부동산 투자회사는 자산운용 전문인력을 포함한 임직원을 상근으로 둘 수 '있다.'
④ 부동산 투자회사는 자기관리 부동산 투자회사, 위탁관리 부동산 투자회사, 기업구조조정 부동산 투자회사로 구분된다.

이것도 알면 합격!

부동산 투자회사(REITs)의 종류

자기관리 부동산 투자회사	자산운용 전문인력을 포함한 임직원을 상근으로 두고, 자산의 투자·운용을 직접 수행하는 부동산 투자회사
위탁관리 부동산 투자회사	자산의 투자·운용을 자산관리회사에 위탁하는 부동산 투자회사
기업구조조정 부동산 투자회사	법에서 정하는 기업구조조정 부동산을 투자대상으로 하며, 자산의 투자·운용을 자산관리회사에 위탁하는 부동산 투자회사

20 부동산투자의 분석 난이도 하 | 정답 ④

(순현재가치법)은 현금유입액을 현재가치로 할인하여 현금유출액을 차감한 값을 이용해 투자안을 평가하는 방법이다.

이것도 알면 합격!

부동산투자의 타당성 분석

간편법	• 순소득승수 = 총투자액/순운용소득 • 투자이율 = 순운용소득/ 총투자액 • 자기자본수익률 = 납세 전 현금흐름/자기자본투자액
현금흐름 할인법	• 순현재가치(NPV) : 현금유입의 현재가치에서 현금유출의 현재가치를 차감한 값 → 0(영) ≤ NPV일 때 채택 • 내부수익률(IRR) : 투자안의 현금유입의 현재가치와 현금유출의 현재가치를 일치시키는 할인율(화폐의 시간가치 고려) → 요구수익률(k) ≤ IRR일 때 채택 • 수익성지수(PI) : 부동산 투자로부터 얻어지게 될 장래의 현금흐름의 현재가치를 최초의 부동산 투자액으로 나누어 계산 → 1 ≤ PI일 때 채택
전통적인 감정평가법	• 거래사례비교법, 수익환원법, 원가법 • 최초의 부동산 투자액 ≤ 부동산 감정평가에 의한 정상가격일 때 채택

제2과목 투자운용 및 전략 II/투자분석

[21~25] 대안투자운용/투자전략

21 PEF 투자회수(Exit) 난이도 하 | 정답 ④

PEF의 투자회수 전략에는 '매각, 상장, 유상감자 및 배당, PEF 자체 상장'이 있으며, '유상증자'는 투자자금 회수 전략으로는 거리가 멀다.

오답 개념 체크
① 매각(sale)은 가장 고전적인 투자회수 전략으로서, 일반기업뿐만 아니라, 다른 PEF에게 매각할 수 있다.
② PEF가 인수한 회사를 다시 IPO(공모절차)를 통해 증권시장에서 지분을 매각하는 전략이다. 절차가 다소 복잡하다는 점에서 직접 매각(trade sale)보다 후순위 전략으로 분류된다.
③ PEF를 공개시장에 상장하는 전략으로, PEF 공모 투자자들은 PEF 주식 및 채권을 장기 보유하거나 유통시장에서 매각함으로써 투자자금의 회수가 가능하다.

이것도 알면 합격!

PEF 투자회수(Exit) 전략

매각 (Sale)	• 가장 고전적인 방식 • 일반기업에 매각(대다수) 또는 다른 PEF에 매각
상장 (IPO)	• IPO를 통해 주식시장을 거쳐 일반투자자들에게 매각하는 방식 • 복잡한 공모절차와 감독당국의 심사과정이 필요함(단점) • 인수기업에 대해 계속해서 일정 지분을 보유할 수 있어 지속적인 영향력 행사가 가능함(장점) • 일반기업에 매각하는 방식보다 후순위 전략으로 분류됨
유상감자 및 배당	• 해당 기업의 수명 단축, 장기 성장성 저해 등의 부작용 초래
PEF 자체 상장	• 금리 상승, 자금시장의 경색 등으로 대규모 차입이 어려울 경우 인수자금조달 수단 측면뿐 아니라 투자자 자금회수 전략 측면에서도 유리함 • 공격적인 회수 전략으로 분류

22 대안투자상품 난이도 하 | 정답 ③

'부동산펀드, 헤지펀드'는 대안투자펀드에 해당한다.

오답 개념 체크
'MMF, 주식형펀드, 채권형펀드'는 전통투자펀드에 해당한다. 특히, MMF를 구분하는 문제의 출제 빈도가 높으므로 주의해야 한다.

이것도 알면 합격!

대안투자

대안투자는 전통투자자산과는 다르게 새롭게 등장한 투자대상을 통칭한다.
• 대안투자대상으로는 부동산, 일반상품(원자재 등), 인프라스트럭처(사회간접시설 등) 등이 있다.
• 대안투자펀드로는 헤지펀드, 부동산펀드, 일반상품펀드, 인프라스트럭처펀드, PEF, Credit Structure 등이 있다.

23 부동산금융 – 부동산 개발금융 정답 ①
난이도 중

사업부지의 지주 수가 다수인 경우 전체 지주와 일괄계약 및 동시 자금 집행을 함으로써 토지 매입대금 상승 위험을 축소할 수 있다.

이것도 알면 합격!

부동산 개발사업 주요 위험관리 방안

구분	내용
토지확보위험	• 지주 수가 많은 토지의 경우 전체 지주와 일괄계약 및 동시 자금 집행을 하여 토지 매입대금 상승 위험을 축소함
사업위험	• 사업부지에 대한 채권을 확보함 • 분양수입금을 에스크로(escrow) 계좌를 통해 관리함
인허가위험	• 인허가 리스크는 금융기관이 파악하고 통제하기 어려운 위험이므로, 대주단 및 부동산펀드는 인허가위험을 시공사에 부담함 • 일정 인허가 승인 조건부 자금 인출을 계약사항에 명문화함
시공위험	• 신용도가 양호한 시공사를 선정함
분양성 검토	• 할인 분양권 보유, 시공사 대물조건 등 분양 저조 시 대처방안을 강구함

24 헤지펀드 운용전략 – 방향성 전략 정답 ④
난이도 중

'ⓒ 글로벌 매크로 전략, ⓒ 선물거래 전략, ⓔ 이머징마켓 헤지펀드 전략'은 방향성 전략에 해당한다.

오답 개념 체크
⊙ '주식시장중립형 전략'은 차익거래전략에 해당한다.

이것도 알면 합격!

헤지펀드 운용전략

구분	내용
차익거래 전략	• 공매도와 차입을 일반적으로 사용함 • 차익거래기회를 통해 수익을 추구하고 시장 전체의 움직임에 대한 노출을 회피함으로써 시장 변동성에 중립화하는 전략 • 전환사채 차익거래, 채권 차익거래(수익률곡선 차익거래, 회사채 및 국채 간 이자율 스프레드), 주식시장중립형 등이 있음
Event Driven 전략	• 위험을 적극적으로 취하고, 상황에 따라 공매도와 차입을 사용함 • 기업 합병 등 기업 상황에 영향이 큰 사건을 예측하고 이에 따라 발생하는 가격 변동을 이용해 수익을 창출함 • 부실채권투자, 위험차익/합병차익거래로 구분
방향성 전략	• 특정 주가나 시장의 방향성에 근거하는 전략으로, 시장위험을 헤지한 종목 선택으로 수익을 극대화하기보다는 증권이나 시장의 방향성에 따라 매매 기회를 포착하는 기법 • 위험을 적극적으로 취하고, 상황에 따라 차입과 공매도를 사용 • 주식의 롱숏 전략, 글로벌 매크로(Global macro), 이머징마켓 헤지펀드, 선물거래 등이 있음
펀드 오브 헤지펀드 전략	• 자금을 여러 개의 헤지펀드에 배분하여 투자하는 전략 • 위험분산(분산투자효과가 큼), 구매의 적정성, 접근의 용이성, 전문가에 의한 운용, 사전 자산배분 등의 장점이 있음

25 신용파생상품 정답 ③
난이도 중

합성 CDO는 보장매입자가 준거자산을 양도하는 것이 아니라, 신용파생상품을 이용하여 자산에 내재된 신용위험을 SPC에 이전하는 유동화 방식이다.

오답 개념 체크
① CDS는 준거자산의 신용위험을 분리하여 보장매입자가 보장매도자에게 이전하고 보장매도자는 그 대가로서 프리미엄을 지급받는다.
② TRS 계약에서 총수익 매도자는 준거자산에 대한 신용위험과 시장위험에 대한 노출을 한 번에 헤지할 수 있다는 장점이 있다.
④ CLN 발행자는 투자자로부터 수령한 대금을 신용등급이 높은 담보자산에 투자하여 이로부터 발생하는 현금흐름으로 투자자에게 CLN에 대한 쿠폰이자와 원금을 상환하고, 신용사건이 발생할 경우 보장매입자의 손실금액을 보전한다.

[26~30] 해외증권투자운용/투자전략

26 국제 주가지수 – MSCI 지수 정답 ④
난이도 중

MSCI 지수는 '유동주식 방식'으로 계산된다. 유동주식 방식은 정부 보유 지분 등 시장에서 유통되기 어려운 주식을 제외한 실제 유동주식을 기준으로 계산한다.

오답 개념 체크
③ MSCI 지수에서 한국은 신흥시장으로 분류되는 반면, FTSE 지수에서 한국은 선진국으로 분류된다.

이것도 알면 합격!

시가총액 방식 vs. 유동주식 방식

구분	내용
시가총액 방식	• 시장에서 유통되지 않는 주식까지 포함하여 계산해 실제 공개시장에 대한 영향력을 정확히 반영하지 못한다는 한계점이 있음
유동주식 방식	• 시장에서 유통되기 어려운 주식을 제외한 실제 유동주식을 기준으로 비중을 계산함 • MSCI 지수는 유동주식 방식을 기준으로 산출함

MSCI EM 지수

• MSCI EM(Emerging Market) 지수는 한국을 포함한 주요 신흥시장의 기업을 기준으로 산출되며, 주가 등락과 환율 변동에 따라 각 국가별 편입 비중도 매일 변동한다.
• 대상 국가가 외국인 투자자의 매매를 제한하는 경우 역시 반영비율이 줄어들게 된다.
• 한국 증시를 가장 잘 설명해주며, 해외 펀드들이 한국시장 투자 시 투자판단으로 삼는 대표적인 지수이다.

27 유로채와 외국채 정답 ③
난이도 중

딤섬본드는 외국기업이 홍콩에서 위안화로 발행하는 채권으로서 '유로채'에 해당한다. 참고로 외국기업이 중국에서 위안화로 발행하는 채권은 판다본드(외국채)이다.

오답 개념 체크

④ 원화로 환산한 해외 채권 투자수익률은 투자대상국 통화로 표시한 투자수익률에 두 나라 통화 간의 환율 변동률을 합한 값과 같다. 투자대상국 통화가치가 하락하면 환율 변동률이 음(−)이 되어 원화 환산 투자수익률은 하락하게 된다.

이것도 알면 합격!

유로채 vs. 외국채(정의)

유로채 (Eurobonds)	• 채권 표시통화의 본국 외에서 발행되는 채권 • 딤섬본드 : 홍콩에서 위안화로 발행되는 유로채
외국채 (Foreign bonds)	• 채권 표시통화의 본국에서 발행되는 채권 • 양키본드 : 미국에서 달러로 발행되는 외국채 • 사무라이본드 : 일본에서 엔화로 발행되는 외국채 • 판다본드 : 중국에서 위안화로 발행되는 외국채

유로채 vs. 외국채(특징)

유로채 (Eurobonds)	• 사실상 현지국(발행지)의 규제가 없음(역외채권) • 공시, 신용등급평가에 따른 규제 미미 • 수익에 대한 이자소득세 부담 없음 • 무기명식 채권
외국채 (Foreign bonds)	• 외국채 발행 시 현지국(발행지)의 채권 발행 및 조세에 관한 규제 • 공시, 신용등급평가에 따른 엄격한 규제 • 수익에 대한 이자소득세 부담 있음 • 기명식 채권

환율 변동과 해외 투자의 수익률

- 본국 통화 표시 투자수익률(R_{id})
  = 투자대상국 통화 표시 투자수익률(R_{if}) + 환율 변동률(e_t)
- '본국 통화 표시 투자수익률(R_{id})'은 '투자대상국 통화 표시 투자수익률(R_{if})'에 '환율 변동률(e_t)'을 합한 값과 같다.
- 환율 변동률(e_t)이 양(+)이라면 투자국 통화가치가 평가절상된 것이며, 환율 변동률(e_t)이 음(−)이라면 투자국 통화가치가 평가절하된 것을 의미한다.
- 따라서 투자국 통화가치가 상승하면 투자자의 수익률(본국 통화 표시)은 상승하고, 투자국 통화가치가 하락하면 투자자의 수익률은 하락한다.

28 미국 국채 난이도 하 정답 ②

T-note와 T-bond는 이표채로 발행되어 6개월마다 이자를 받을 수 있다.

오답 개념 체크

① T-bill의 경우에는 만기가 짧기 때문에 할인채로 발행한다.

이것도 알면 합격!

미국 국채

T-bill	• 단기채(1년 이하) • 만기가 짧기 때문에 할인채로 발행함(따라서 이자가 없음)
T-note	• 중기채(1년 이상 10년 이하) • 이표채로 발행함(이표가 있어 6개월마다 이자를 받을 수 있음)
T-bond	• 장기채(10년 이상) • 이표채로 발행함(이표가 있어 6개월마다 이자를 받을 수 있음)

29 미국 국채 투자 유의사항 난이도 하 정답 ①

미국 국채는 위험성 없는 채권(안전자산)으로 보아 가산금리가 붙지 않는다. 따라서 미국 국채 투자 시 가산금리는 고려대상이 아니다. 한편, 기타 국가의 채권은 미국 국채 금리에 위험도에 따른 가산금리가 붙게 된다.

이것도 알면 합격!

미국 국채 투자 시 유의사항

- Yield Curve 분석
- 채권 수급
- 달러 움직임
- 미국 연준(Fed)의 금리정책
- 안전자산 선호
- 미국 물가/GDP/실업률 등 거시경제지표

30 환위험 관리 전략 난이도 중 정답 ②

- 주가와 통화가치 간의 상관관계에 의해 환노출이 낮아지는 전략을 (내재적 헤지)라고 한다.
- 짧은 헤지기간을 연결해서 전체 투자기간을 헤지하는 전략을 (롤링 헤지)라고 한다.

[31~42] 투자분석기법

31 증권분석을 위한 통계 난이도 중 정답 ④

공분산은 −∞에서 +∞의 범위에서 어떤 값이든 가질 수 있으며, 공분산이 0보다 크면 양(+)의 관계, 0보다 작으면 음(−)의 관계, 공분산이 0이면 아무런 선형의 상관관계가 없는 것을 의미한다.

오답 개념 체크

① 평균편차는 자료가 중심위치로부터 어느 정도 흩어져 있는지를 측정하는 '산포 경향'을 나타내는 지표이다. '범위, 평균편차, 분산, 표준편차' 등은 산포 경향을 나타내는 지표이며, '최빈값, 산술평균, 중앙값'은 중심위치를 나타내는 지표로서, 자료가 어떤 값을 중심으로 분포하는가를 나타낸다.
② 상관계수는 공분산을 변수 각각의 분산이 아닌 '표준편차'로 나누어서 계산한다.
③ 공분산은 −∞에서 +∞의 어떤 값이든 가질 수 있다.

32 고든의 항상성장모형 난이도 상 정답 ④

- $P = \dfrac{D_1}{k-g} = \dfrac{D_0 \times (1+g)}{k-g}$

$27{,}000 = \dfrac{(5{,}000 \times 0.40) \times 1.08}{k - 0.08}$

$k - 0.08 = \dfrac{(5{,}000 \times 0.40) \times 1.08}{27{,}000} = 0.08$

∴ $k = 0.08 + 0.08 = 0.16$

33 난이도 상 | 기업분석(재무제표 분석) – 재무비율 해석 | 정답 ②

고정비용보상비율(FCC)이 낮다는 것은 해당 기업이 현재 과다한 레버리지를 사용하거나, 차입한 부채 규모 또는 리스료에 비해 충분한 수익을 내지 못하고 있다는 것을 의미한다.
반대로, 고정비용보상비율이 높다는 것은 해당 기업이 부채의 레버리지 효과를 충분히 활용하지 못한다는 것을 의미한다.

오답 개념 체크

④ · 유동비율(CR) = $\dfrac{\text{유동자산}}{\text{유동부채}}$

· 당좌비율(QR) = $\dfrac{\text{유동자산 − 재고자산 − 선급금}}{\text{유동부채}}$

= $\dfrac{\text{유동자산 − (재고자산 + 선급금)}}{\text{유동부채}}$

유동비율은 높지만 당좌비율이 낮다는 것은 당좌비율의 분자인 '유동자산 − (재고자산 + 선급금)'이 낮다는 것이고, 결과적으로 유동자산에서 차감되는 재고자산과 선급금이 많다는 것을 의미한다.

34 난이도 중 | 기업분석(재무제표 분석) – ROA | 정답 ③

총자산이익률(ROA) = 매출액순이익률 × 총자산회전율
= 0.2 × 2 = 0.4

이것도 알면 합격!

총자산이익률(ROA)과 자기자본이익률(ROE)

총자산이익률 (ROA)	= $\dfrac{\text{순이익}}{\text{총자산}}$ = $\dfrac{\text{순이익}}{\text{순매출액}} \times \dfrac{\text{순매출액}}{\text{총자산}}$ = 매출액순이익률 × 총자산회전율(TAT)
자기자본이익률 (ROE)	= $\dfrac{\text{순이익}}{\text{자기자본}}$ = $\dfrac{\text{순이익}}{\text{총자산}} \times \dfrac{\text{총자산}}{\text{자기자본}}$ = 총자산이익률(ROA) × $\dfrac{\text{총자산}}{\text{자기자본}}$

35 난이도 중 | 레버리지 분석 – 결합레버리지도(DCL) | 정답 ④

타인자본 의존도(I)가 높은 기업은 결합레버리지도가 높다.

오답 개념 체크

· 결합레버리지도(DCL) = DOL × DFL

= $\dfrac{PQ - VQ}{PQ - VQ - FC} \times \dfrac{EBIT}{EBIT - I}$

= $\dfrac{PQ - VQ}{EBIT - I}$

= $\dfrac{PQ - VQ}{PQ - VQ - FC - I}$

② 결합레버리지도는 영업레버리지도(DOL)와 재무레버리지도(DFL)의 곱으로 얻어진다.
③ 영업고정비(FC)와 이자비용(I)을 많이 지급하면, 위 식에서 분모(PQ − VQ − FC − I)가 작아지기 때문에 결과적으로 결합레버리지는 커진다.

이것도 알면 합격!

레버리지도

영업 레버리지도 (DOL)	$\dfrac{\text{영업이익 변화율}}{\text{판매량(매출액) 변화율}}$	$\dfrac{\text{매출액 − 변동비}}{\text{매출액 − 변동비 − 고정비}}$
재무 레버리지도 (DFL)	$\dfrac{\text{주당순이익 변화율}}{\text{영업이익 변화율}}$	$\dfrac{\text{영업이익}}{\text{영업이익 − 이자비용}}$ (= $\dfrac{\text{매출액 − 변동비 − 고정비}}{\text{매출액 − 변동비 − 고정비 − 이자비용}}$)
결합 레버리지도 (DCL)	$\dfrac{\text{주당순이익 변화율}}{\text{판매량(매출액) 변화율}}$	$\dfrac{\text{매출액 − 변동비}}{\text{매출액 − 변동비 − 고정비 − 이자비용}}$

결합레버리지도

- 영업고정비(FC)와 이자비용(I)이 존재하는 경우, 결합레버리지는 항상 1보다 크다.
- 영업고정비(FC)와 이자비용(I)을 많이 지급할수록 결합레버리지는 커지며, 기업의 주당순이익 변화율은 매출액 변화율보다 항상 확대되어 나타난다.

36 난이도 중 | 현금흐름표 작성 | 정답 ④

현금의 차입과 원금상환은 '재무활동으로 인한 현금흐름'에 해당한다.

오답 개념 체크

③ 영업활동으로 인한 현금흐름은 직접법을 이용하거나 또는 간접법을 이용하여 계산할 수 있다.

이것도 알면 합격!

현금흐름의 활동별 분류

영업활동	원재료 및 상품 등의 구매활동, 제품 생산 및 판매활동, 투자·재무활동 이외의 현금흐름을 수반하는 모든 거래활동을 포함함
투자활동	현금의 대여 및 회수활동, 유가증권, 투자자산 및 비유동자산의 취득과 처분활동을 의미함
재무활동	현금의 차입 및 상환활동, 자기주식의 취득과 처분활동과 같이 부채와 자본의 증감에 관련된 활동을 의미함

영업활동으로 인한 현금흐름(간접법)

당기순이익 가산(+)	당기순이익 차감(−)
현금유출이 없는 비용 · 감가상각비 · 대손상각비 · 재고자산 평가손실 · 유가증권 평가손실	현금유입이 없는 수익 · 유가증권 평가이익
투자와 재무활동상 손실 · 유가증권 처분손실 · 설비자산 처분손실	투자와 재무활동상 이익 · 유가증권 처분이익 · 설비자산 처분이익
영업활동으로 인한 자산 감소 및 부채 증가 · 매출채권의 감소 · 재고자산의 감소 · 매입채무의 증가	영업활동으로 인한 자산 증가 및 부채 감소 · 매출채권의 증가 · 재고자산의 증가 · 매입 채무의 감소

37 Tobin's Q 비율, EV/EBITDA   정답 ②

- (Tobin's Q)는 자본의 시장가치 대 자산의 대체원가의 비율로서, 자산의 대체원가를 장부가가 아닌 현재가치에 기반을 둔다는 점에서 시간성의 차이 문제를 가지고 있는 PBR의 한계점을 보완한다.
- (EV/EBITDA)는 순수하게 영업으로 벌어들인 이익에 대한 기업가치의 비율로서, 기업 자본구조를 감안한 평가방식이라는 점에서 당기순이익을 기준으로 평가하는 PER의 한계점을 보완한다.

이것도 알면 합격!

PER

'PER = 1주당 가격(P)/주당이익(EPS)'이며, 고든의 성장모형에 의한 주식가치를 적용하면 다음과 같이 정리할 수 있다.

- $PER = \dfrac{P_0}{EPS_1} = \dfrac{1-b}{k-g} = \dfrac{1-b}{k-(b \times ROE)}$

PBR

'PBR = 자기자본의 총시장가치/총장부가치'이며, 고든의 성장모형에 의한 주식가치를 적용하면 다음과 같이 정리할 수 있다.

- $PBR = \dfrac{P}{B} = \dfrac{ROE_1 - g}{k - g}$

38 EVA 모형   정답 ②

- 세후순영업이익 = 500억 × (1 − 0.20) = 400억
- WACC = {타인자본비율 × 타인자본비용 × (1 − 법인세율)} + {자기자본비율 × 자기자본비용}
  = {0.40 × 0.10 × (1 − 0.20)} + {0.60 × 0.12}
  = 0.104
- ∴ EVA = 세후순영업이익 − (WACC × 영업용 투하자본)
  = 400억 − (0.104 × 1,000억) = 296억

이것도 알면 합격!

EVA

EVA = 세후영업이익 − 총자본비용
  = 세후영업이익 − (타인자본비용 + 자기자본비용)
  = 세후영업이익 − (WACC × 투하자본)
  = (세후순영업이익/투하자본 − WACC) × 투하자본
  = (ROIC − WACC) × 투하자본

39 기술적 분석   정답 ③

기술적 분석은 투자가치를 무시하고 시장의 변동에만 집중하기 때문에 시장이 변화하는 근본원인을 분석할 수 없다는 한계점을 가지고 있다.

40 추세 분석 − 추세선   정답 ④

부채형 추세선은 상승과 하락이 반복됨에 따라 저항선의 기울기가 완만해지면서 저항선이 여러 개 생기는 경우를 의미한다. 부채형 추세선이 시간을 두고 여러 개 형성된다는 것은 기존의 추세가 둔화되면서 향후 추세전환의 가능성이 커지고 있다는 것을 의미한다.

오답 개념 체크

① 추세선의 신뢰도는 추세선의 길이가 길고 기울기가 완만할수록 크다. 추세선의 길이가 길다는 것은 그 추세가 명확하여 주가 움직임이 일관성을 가지고 있다는 의미이다. 또한, 기울기가 완만하다는 것은 추세의 변화가 금방 나타나지 않는다는 것을 의미한다.
② 상승추세에서 저점을 연결한 선을 상승추세선이라고 하고, 하락추세에서 고점을 연결한 선을 하락추세선이라고 한다.
③ 추세선이 상승추세를 나타낼 때 기울기가 커지면 추세의 강화를 나타내며, 기울기가 작아지면 추세의 약화를 예상할 수 있다.

41 패턴 분석   정답 ①

주가의 상승추세가 완만한 곡선을 그리면서 서서히 하락추세로 전환되는 패턴은 '원형 천장형'이다.
'원형 바닥형'은 주가의 하락추세가 상승추세로 전환되는 패턴이다.

42 산업연관표   정답 ②

각 투입요소의 가격 변화가 각 산업의 생산물 가격에 어느 정도 영향을 주는지 분석할 수 있는 계수는 '투입계수'이다. 산업연관표의 투입계수는 각 산업의 투입구조(비용 구성)를 나타내기 때문이다.

오답 개념 체크

① 국민소득 통계는 소득순환만을 대상으로 하는 반면, 산업연관표는 소득순환과 함께 중간생산물의 산업 간 거래관계까지 포함한다.
③ 특정 산업제품에 대한 최종 수요 1단위의 증가가 모든 산업의 생산에 미치는 영향을 '후방 연쇄효과'라고 한다. '전방 연쇄효과'는 모든 산업제품에 대한 최종 수요가 각각 1단위씩 증가하는 경우 특정 산업의 생산에 미치는 영향을 의미한다.

이것도 알면 합격!

산업연관표 주요 분석 계수

생산유발계수	최종 수요가 1단위 증가할 때 각 산업에서 직·간접적으로 유발되는 산출물의 단위를 나타내는 계수
수입유발계수	최종 수요가 1단위 증가할 때 각 산업에서 직·간접적으로 유발되는 수입의 단위를 나타내는 계수
부가가치유발계수	최종 수요가 1단위 증가할 때 각 산업에서 직·간접적으로 유발되는 부가가치의 단위를 나타내는 계수
고용유발계수	최종 수요가 일정 금액(보통 10억원) 증가할 때 각 산업에서 직·간접적으로 유발되는 고용자수를 나타내는 계수

전·후방 연쇄효과

생산유발계수를 이용하여 각 산업 간의 상호의존관계 정도를 나타낸 것으로 전·후방 연쇄효과가 있다.

- 전방 연쇄효과: 모든 산업제품에 대한 최종 수요가 각각 1단위씩 증가하는 경우 특정 산업의 생산에 미치는 영향을 의미함
- 후방 연쇄효과: 특정 산업제품에 대한 최종 수요 1단위의 증가가 모든 산업의 생산에 미치는 영향을 의미함

[43~50] 리스크관리

43. VaR의 측정방법 - 델타-노말분석법 (난이도 중) 정답 ①

'㉠'은 델타-노말분석법에 대한 적절한 설명이다.

오답 개념 체크

㉡ '스트레스 검증법'을 시나리오 분석법이라고도 한다. 스트레스 검증법은 포트폴리오의 주요 변수들에 큰 변화가 발생했을 때 포트폴리오의 가치가 얼마나 변할 것인지를 측정하기 위해 주로 사용된다.

㉢ 델타-노말분석법은 '부분가치 평가법'에 해당하며, 역사적 시뮬레이션법, 스트레스 검증법, 몬테카를로법 등이 '완전가치 평가법'에 해당한다.

이것도 알면 합격!

VaR의 측정방법

구분	부분가치 평가법	완전가치 평가법
가치평가모형	• 불필요	• 필요
종류	• 델타분석법	• 역사적 시뮬레이션법 • 스트레스 검증법 • 몬테카를로법

44. 개별 자산(옵션)의 VaR 계산 (난이도 중) 정답 ③

옵션의 VaR = $S \cdot \sigma(\Delta S/S) \cdot z \cdot f'$
= $300pt \times 0.06 \times 1.65 \times 0.2 = 5.94pt$

오답 개념 체크

옵션의 VaR은 '기초자산의 가격(S), 표준편차(σ), 신뢰상수(z), 옵션의 델타(f')'의 곱으로 계산된다. 옵션의 VaR 계산에서 '옵션의 가격'은 필요하지 않은 요소이지만, 해당 문제와 같이 기초자산의 가격과 옵션의 가격 정보를 모두 줌으로써 기초자산의 가격 대신 옵션의 가격을 사용하도록 계산을 유도할 수 있으므로 주의해야 한다.

45. 포트폴리오의 VaR 계산 (난이도 중) 정답 ③

포트폴리오의 VaR = $\sqrt{VaR_A^2 + VaR_B^2 + 2 \cdot \rho \cdot VaR_A \cdot VaR_B}$
= $\sqrt{3억^2 + 4억^2 + 2 \cdot 0 \cdot 3억 \cdot 4억}$
= $\sqrt{3억^2 + 4억^2}$
= 5억

이것도 알면 합격!

포트폴리오의 VaR 계산 공식

두 자산의 상관계수(ρ)	포트폴리오 VaR	분산투자효과
ρ = -1	$\|VaR_A - VaR_B\|$	분산투자효과 최대
ρ = 0	$\sqrt{VaR_A^2 + VaR_B^2}$	분산투자효과 있음
ρ = +1	$VaR_A + VaR_B$	분산투자효과 없음

46. KMV의 EDF모형(부도율 측정모형) (난이도 중) 정답 ④

기업의 부도거리(DD)는 (3)이고, 부도율은 표준정규분포상 (3표준편차 이상)일 확률이다.

• 부도거리(DD) = $\frac{A - D}{\sigma} = \frac{100억 - 70억}{10억} = 3$

• 부도거리가 3이므로, 부도율은 3표준편차 이상일 확률이다.

이것도 알면 합격!

KMV 부도율 측정모형

부도거리(DD)	부도율
DD = 1	1표준편차 이상일 확률(16% 단측검정)
DD = 2	2표준편차 이상일 확률(2.5% 단측검정)
DD = 3	3표준편차 이상일 확률(0.5% 단측검정)

47. 부도모형(Default Mode) (난이도 상) 정답 ③

• EL = EAD × 부도율(p) × LGD
• $\sigma_{EL} = \sqrt{p \cdot (1-p)} \times EAD \times LGD$

여기서 EL과 σ_{EL}가 동일하다고 했으므로,
EAD × 부도율(p) × LGD = $\sqrt{p \cdot (1-p)}$ × EAD × LGD
p = $\sqrt{p \cdot (1-p)}$
$p^2 = p \cdot (1-p)$
p = 1 - p
2p = 1
∴ p = 0.5

48. 재무위험(Financial risk)의 종류 (난이도 하) 정답 ③

'㉠ 주식위험, ㉡ 이자율위험, ㉢ 환위험'은 시장위험에 해당한다.

오답 개념 체크

㉣ '유동성위험'은 포지션을 마감하는 데에서 발생하는 비용에 대한 위험이며, '시장위험'은 시장 가격의 변동으로부터 발생하는 위험을 말한다.

이것도 알면 합격!

재무위험(Financial risk)

시장위험	• 시장 가격 변동으로부터 발생하는 위험 • 주식위험, 이자율위험, 환위험, 상품 가격 위험 등이 해당됨
신용위험	• 거래상대방이 약속한 금액을 지불하지 못하는 경우 발생하는 손실에 대한 위험
유동성위험	• 포지션을 마감하는 데에서 발생하는 비용에 대한 위험 • 기업이 소유하고 있는 자산을 매각하고자 하는 경우 매입자가 없어 매우 불리한 조건으로 자산을 매각해야 할 때 노출되는 위험
운영위험	• 부적절한 내부시스템, 관리 실패, 잘못된 통제, 사기, 인간의 오류 등으로 인해 발생하는 손실에 대한 위험
법적위험	• 계약을 집행하지 못함으로 인해 발생하는 손실에 대한 위험

49 개별 자산(옵션)의 VaR 계산 정답 ③

옵션의 VaR을 측정할 때에는 '기초자산의 가격(S), 표준편차(σ), 민감도(옵션의 델타, f′)'가 필요하다.
- 옵션의 VaR = $S \cdot \sigma(\Delta S/S) \cdot z \cdot f'$

오답 개념 체크
이외에 옵션의 가격, 옵션의 행사가격, 옵션의 만기, 무위험이자율 등은 옵션의 VaR 측정에 필요한 요소가 아니다.

이것도 알면 합격!

채권의 VaR 측정 시 필요 요소

채권의 VaR을 측정할 때에는 '채권포지션 금액(B), 표준편차(σ), 수정듀레이션(D*)'이 필요하다. 이외에 표면이율, 무위험이자율 등은 채권의 VaR 측정에 필요한 요소가 아니다.
- 채권의 VaR = $B \cdot \sigma(\Delta y) \cdot z \cdot D^*$

50 VaR의 정의 정답 ②

개별 자산의 1일 VaR이 신뢰구간 95%에서 1억원이라는 것은 5%의 확률로 손실이 1억원을 초과하여 발생하거나 또는, 95%의 확률로 손실이 1억원 이내로 발생한다는 의미이다.

이것도 알면 합격!

신뢰수준 95%에서 1일 VaR이 1억원이라는 것의 의미
- 95% 신뢰수준으로 1일 동안 발생 가능한 최대손실금액은 1억원이다.
- 유의수준이 5%라면 1일 동안 발생 가능한 최소손실금액은 1억원이다.
- 1일 동안 1억원을 초과하여 손실을 입을 확률은 5%이다.
- 1일 동안 1억원 이하의 손실이 발생할 확률은 95%이다.
- 1일 동안 1억원을 초과하여 손실이 발생할 확률은 20일에 1번 정도이다.

제3과목 직무윤리 및 법규/투자운용 및 전략I/ 거시경제 및 분산투자

[51~55] 직무윤리

51 위법계약해지권 정답 ②

금융소비자는 금융상품에 관한 계약체결일로부터 5년, 위법계약 사실을 안 날로부터 1년 이내로 위법계약의 해지를 요구할 수 있다.

52 준법감시체제 정답 ③

'㉠, ㉡'은 준법감시체제의 운영에 대한 적절한 설명이다.

오답 개념 체크
㉢ 준법감시인은 내부제보 우수자에게 인사상 또는 금전적 혜택을 부여하도록 회사에 요청할 수 있다.

53 준법감시인 정답 ①

① 준법감시인은 이사회 및 대표이사의 지시에 따라 금융투자회사의 전반적인 내부통제업무를 수행한다.

오답 개념 체크
② 준법감시인은 위임의 범위와 책임의 한계 등이 명확히 구분된 경우에는 예외적으로 준법감시업무 중 일부를 준법감시업무를 담당하는 임직원에게 위임할 수 있다.
③ 금융투자회사는 준법감시인에게 회사의 재무적 경영성과와 연계되지 않은 보수지급 및 평가 기준을 적용해야 한다.
④ 준법감시인을 임면한 때에는 임면일로부터 7영업일 이내에 금융위원회에 보고해야 한다.

이것도 알면 합격!

준법감시인

업무	준법감시인은 이사회 및 대표이사의 지휘를 받아 금융투자회사 전반의 내부통제업무를 수행
임기	2년 이상
임면	이사회의 의결을 거쳐 임면일로부터 7영업일 이내 금융위원회에 보고
해임	이사 총수의 2/3 이상 찬성으로 의결
위임	위임의 범위와 책임의 한계 등이 명확히 구분된 경우 준법감시업무 중 일부를 준법감시업무를 담당하는 임직원에게 위임 가능

54 내부통제위원회 정답 ②

내부통제위원회는 매 반기별 1회 이상 회의를 개최해야 한다.

이것도 알면 합격!

내부통제위원회 설치 예외
- 최근 사업연도 말 현재 자산총액이 7천억원 미만인 상호저축은행
- 최근 사업연도 말 현재 자산총액이 5조원 미만인 금융투자업자 또는 종합금융회사, 보험회사, 여신전문금융회사
- 기타 자산규모, 영위하는 금융업무 등을 고려하여 금융위원회가 정하여 고시하는 자

55 자기계약의 금지 정답 ④

'㉠, ㉡, ㉢'는 투자매매업자가 금융투자상품을 매매하는 데 있어 예외적으로 자기계약이 가능한 경우에 해당한다.

이것도 알면 합격!

자기계약(자기거래)의 금지의 예외
- 투자매매업자가 증권시장 또는 파생상품시장을 통하여 매매가 이루어지도록 한 경우
- 그 밖에 투자자 보호 및 건전한 거래질서를 해할 우려가 없는 경우
  - 투자매매업자가 자기가 판매하는 집합투자증권을 매수하는 경우
  - 투자매매업자가 다자간매매체결회사를 통하여 매매가 이루어지도록 한 경우

[56~66] 자본시장 관련 법규

56 단기금융 집합투자기구(MMF) | 난이도 상 | 정답 ①

일반사무관리회사는 채권의 신용을 평가할 수 없다.

57 집합투자증권의 환매 | 난이도 중 | 정답 ②

투자자가 집합투자증권의 환매를 청구할 경우 그 집합투자증권을 판매한 투자매매업자 또는 투자중개업자에게 청구하는 것이 원칙이다.

오답 개념 체크
① 환매 가격은 환매청구일 이후에 산정되는 기준 가격으로 하는 것이 원칙이다.
③ 환매수수료는 집합투자증권의 환매를 청구하는 투자자가 부담한다.
④ 집합투자업자는 투자자 전원의 동의를 얻은 경우 집합투자재산으로 환매대금을 지급할 수 있다.

이것도 알면 합격!

집합투자증권의 환매

구분	내용
원칙	• 투자자는 언제든지 집합투자증권의 환매를 청구할 수 있음(환매금지형 제외)
환매청구 대상	• 해당 집합투자증권을 판매한 투자매매·투자중개업자 (단, 환매청구를 받은 집합투자업자가 해산으로 인해 환매에 응할 수 없는 경우에는 예외적으로 해당 집합투자재산을 보관·관리하는 신탁업자에게 청구 가능)
환매방법	• 집합투자업자 또는 투자회사 등은 일반적으로 환매청구일부터 15일 이내에서 집합투자규약에서 정한 환매일에 환매대금을 지급함 • 집합투자업자 또는 투자회사 등은 환매대금을 지급하는 경우 집합투자재산으로 소유 중인 금전 또는 집합투자재산을 처분하여 조성한 금전으로 해야 함 (단, 투자자 전원의 동의를 얻은 경우에는 집합투자재산으로 지급 가능)
환매가격	• 원칙적으로 환매청구일 후에 산정되는 기준가격으로 환매
환매수수료	• 환매수수료는 집합투자증권의 환매를 청구하는 투자자가 부담하며, 수수료는 집합투자재산에 귀속됨
환매의 연기	• 환매를 연기한 경우 6주 이내에 집합투자자 총회를 개최하여 환매에 관한 사항을 결의해야 함

58 투자일임업자의 금지행위 | 난이도 상 | 정답 ④

'㉠, ㉡, ㉢' 모두 투자일임업자의 영업행위 규칙 중 금지행위에 해당한다.

59 금융투자업 | 난이도 중 | 정답 ④

'종합금융회사의 어음관리계좌'는 집합투자업에 해당하지 않는다.

60 집합투자기구 이익금의 분배 | 난이도 중 | 정답 ③

'㉠, ㉢'은 집합투자기구 이익금의 분배에 대한 적절한 설명이다.

오답 개념 체크
㉡ 집합투자기구의 경우 집합투자규약이 정하는 바에 따라 이익금의 분배를 집합투자기구에 유보할 수 있으나, MMF는 제외된다.

이것도 알면 합격!

집합투자기구 이익금의 분배

구분	내용
원칙	집합투자업자 또는 투자회사 등은 집합투자기구의 집합투자재산 운용에 따라 발생한 이익금을 투자자에게 금전 또는 새로 발행하는 집합투자증권으로 분배해야 함
분배유보 (예외)	집합투자기구의 경우에는 집합투자규약이 정하는 바에 따라 이익금의 분배를 집합투자기구에 유보할 수 있음(단, MMF 제외)
초과분배	집합투자업자 또는 투자회사 등은 집합투자기구의 특성에 따라 이익금을 초과하여 분배할 필요가 있는 경우 이익금의 초과분배가 가능함

61 적기시정조치 | 난이도 중 | 정답 ④

금융투자업자의 순자본비율이 0%인 경우 경영개선명령의 적기시정조치를 취해야 하며, '영업의 전부 양도'는 경영개선명령에 따른 적기시정조치에 해당한다.

오답 개념 체크
① 경영개선권고에 따른 적기시정조치에 해당한다.
② ③ 경영개선요구에 따른 적기시정조치에 해당한다.

이것도 알면 합격!

적기시정조치

구분	요건	조치
경영개선 권고	순자본비율 100% 미만	• 인력 및 조직운용의 개선 • 경비절감 • 신규업무 진출의 제한
경영개선 요구	순자본비율 50% 미만	• 점포의 폐쇄·통합·신설제한 • 영업의 일부 정지 • 조직의 축소
경영개선 명령	순자본비율 0% 미만	• 주식의 일부 또는 전부소각 • 임원의 직무집행 정지 • 영업의 전부 또는 일부 양도

62 집합투자업자의 영업행위 규칙 | 난이도 중 | 정답 ③

집합투자업자가 운용하는 전체 집합투자기구 자산총액 중 지분증권에 투자한 금액의 5%를 초과하여 투자할 수 없다.

오답 개념 체크
① 일반적인 거래조건에 따라 집합투자기구에 유리한 거래는 허용된다.
② 원칙적으로 집합투자업자는 집합투자재산 운용 시 집합투자기구의 계산으로 집합투자업자가 발행한 증권을 취득할 수 없다.
④ 이해관계인이 되기 6개월 이전에 체결한 계약에 따른 거래는 허용된다.

63 투자자예탁금의 별도 예치   정답 ④

예치 금융투자업자가 금융투자업의 전부 또는 일부를 양도하는 경우 양도내용에 따라 양수회사에 예치기관에 예치한 투자자예탁금을 양도할 수 있다.

이것도 알면 합격!

투자자예탁금의 별도 예치

원칙	• 투자매매업자는 투자자예탁금을 고유재산과 구분하여 증권금융회사에 예치하거나 신탁업자에 신탁해야 함 • 투자매매업자는 증권금융회사 또는 신탁업자에게 투자자예탁금을 예치 또는 신탁하는 경우 그 투자자예탁금이 투자자의 재산이라는 점을 명시해야 함 • 투자자예탁금을 예치한 투자매매업자는 일반적으로 예치기관에 예치한 투자자예탁금을 양도하거나 담보로 제공할 수 없음
상계 또는 압류금지의 예외	• 예치 금융투자업자는 다음의 해당하는 경우 예외적으로 투자자예탁금을 양도하거나 담보로 제공할 수 있음 – 예치 금융투자업자가 흡수합병 또는 신설합병으로 인해 존속되거나 신설되는 회사에 예치기관에 예치한 투자자예탁금을 양도하는 경우 – 예치 금융투자업자가 금융투자업의 전부나 일부를 양도하는 경우로서 양도내용에 따라 양수회사 예치기관에 예치한 투자자예탁금을 양도하는 경우
투자자 예탁금의 우선지급	• 예치금융투자업자는 다음에 해당하게 된 경우 예치기관에 예치한 투자자예탁금을 인출하여 투자자에게 우선하여 지급해야 함 – 인가 취소, 해산 결의, 파산선고 – 투자매매업 전부양도·전부폐지가 승인된 경우 및 전부의 정지명령을 받은 경우

64 금융기관 검사 및 제재에 관한 규정   정답 ①

금융감독원의 장은 현장검사를 실시하는 경우 검사목적 및 검사기간 등이 포함된 검사사전예고통지서를 당해 금융기관에 검사착수일 7일 전까지 통지해야 한다.

65 집합투자업   정답 ②

'㉠, ㉢'은 집합투자업의 정의에 대한 적절한 설명이다.

오답 개념 체크

㉡ 투자자별로 구분하여 자산을 운용하는 것은 투자일임업에 대한 정의에 해당한다.

66 전매제한조치   정답 ③

'㉠, ㉢, ㉣'는 전매제한조치를 위해 예탁된 증권에 대하여 예외적으로 인출을 허용하는 경우에 해당한다.

오답 개념 체크

㉡ '공개매수신청에 대해 응모를 하기 위한 경우'는 전매제한조치를 위해 예탁된 증권에 대하여 예외적으로 인출을 허용하는 경우에 해당하지 않는다.

이것도 알면 합격!

보호예수된 증권의 인출사유
- 통일규격증권으로 교환하기 위한 경우
- 전환권, 신주인수권 등 증권에 부여된 권리행사를 위한 경우
- 액면 또는 권면의 분할·병합에 따라 새로운 증권으로 교환하기 위한 경우
- 전환형 조건부자본증권을 주식으로 전환하기 위한 경우

[67~69] 한국금융투자협회규정

67 조사분석자료 작성 및 공표   정답 ③

금융투자회사는 발행주식 총수의 1% 이상의 주식을 보유하고 있는 경우 법인이 발행한 금융투자상품에 관한 조사분석자료를 공표하거나 특정인에게 제공할 수 있으며, 제공 시 회사와의 이해관계를 조사분석자료에 명시해야 한다.

이것도 알면 합격!

조사분석자료 작성 및 공표

조사분석자료 작성원칙	• 조사분석자료의 작성, 심사 및 승인 등의 업무를 수행하기 위해서는 협회가 인정하는 금융투자분석사 자격을 취득해야 함 • 금융투자회사는 해당 금융투자회사의 임직원이 아닌 제3자가 작성한 조사분석자료를 공표하는 경우 해당 제3자의 성명을 조사분석자료에 기재해야 함
조사분석대상 법인의 제한 등	• 금융투자회사는 다음에 해당하는 금융투자상품에 대해서 조사분석자료를 공표하거나 특정인에게 제공하는 것은 금지 됨 – 자신이 발행한 금융투자상품 – 자신이 발행한 주식을 기초자산으로 하는 주식선물·주식옵션 및 주식워런트증권(ELW)
조사분석자료의 의무 공표	• 회사는 증권시장에 주권을 최초로 상장하기 위해 대표주관업무를 수행한 경우 해당 법인에 대하여 최초 거래일로부터 1년간 2회 이상의 조사분석자료를 무료로 공표해야 함
조사분석자료 공표 중단 사실 고지	• 금융투자회사는 최근 1년간 3회 이상의 조사분석자료를 공표한 경우 최종 공표일이 속하는 월말로부터 6개월 이내에 조사분석자료를 추가로 공표해야 함 • 자료를 공표하지 않고자 할 경우에는 중단 사실과 사유를 고지해야 함

68 투자광고 시 펀드의 운용실적 표시 정답 ④

다른 금융투자회사가 판매하는 MMF와 운용실적 등에 관한 비교광고를 해서는 안 된다.

이것도 알면 합격!

투자광고 펀드 운영실적 비교 시 준수사항
- 비교대상이 동일한 유형의 집합투자기구일 것
- 협회 등 증권유관기간의 공시자료 또는 집합투자기구평가회사의 평가자료를 사용할 것
- 기준일로부터 과거 1년, 2년 및 수익률과 설정일 또는 설립일부터 기준일까지의 수익률을 표시하되, 연 단위 비교대상 내의 백분위 순위 또는 서열 순위 등을 병기할 것
- 평가자료의 출처 및 공표일을 표시할 것
- 다른 금융투자회사가 판매하는 MMF와 운용실적 등에 관한 비교광고를 하지 말 것

69 금융투자전문인력 정답 ①

'㉠'은 금융투자전문인력에 대한 적절한 설명이다.

오답 개념 체크

- ㉡ 투자운용인력은 신탁재산과 집합투자재산, 투자일임재산을 운용하는 업무를 수행한다.
- ㉢ 투자상담관리인력은 금융투자회사의 지점에서 해당 지점에 소속된 권유자문인력 및 투자권유대행인의 업무에 대한 관리·감독 업무를 수행한다.

[70~75] 주식투자운용/투자전략

70 효율적 시장가설과 포트폴리오 관리 방식 정답 ①

효율적 시장가설은 '액티브 운용'을 반대하는 논거로 사용된다.

71 자산집단의 기본적 성격 정답 ②

'㉠, ㉡'은 동질성, 충분성에 대한 적절한 설명이다.

오답 개념 체크

- ㉢ 자산집단 간 상관관계는 낮게 나타나야 한다. 각 자산집단은 분산투자를 통해 위험을 줄여서 효율적 포트폴리오를 구성해야 하며, 이를 위해서는 자산집단이 서로 독립적이어야 한다는 '분산가능성'을 지녀야 한다.

이것도 알면 합격!

자산집단의 특성

동질성	자산집단 내 자산들은 상대적으로 동일한 특성을 가짐
배타성	자산집단 간 서로 배타적이어서 겹치는 부분이 없어야 함
분산가능성	자산집단 간 서로 독립적이어야 하고 이는 자산집단 간 낮은 상관관계를 이용한 분산투자효과를 의미함
포괄성	자산집단 내 동일한 위험 수준에서 수익률을 높이기 위해 대부분의 자산이 포함됨
충분성	자산집단 내 실제 투자할 대상의 규모와 수가 충분해야 함

72 준액티브 운용 정답 ④

준액티브 운용전략은 일반적인 액티브 운용전략에 비해 추적오차가 작다.

이것도 알면 합격!

준액티브 운용전략

정의	• 추가적인 위험을 많이 발생시키지 않으면서 벤치마크에 비해 초과수익을 획득하는 전략 • 인핸스드 인덱스, 위험통제된 액티브 운용, 계량적 액티브 운용이라고도 불림
특징	• 벤치마크의 성과만을 내는 인덱스펀드에 비해 연 0.5~2.0% 정도의 초과수익을 추구한다는 점에서 액티브 운용의 성격을 가짐 • 벤치마크와 괴리될 위험을 적절히 통제하여 연 1.5% 이내로 낮은 수준의 추적오차를 유지한다는 점에서 액티브 운용과 차이가 있음
전략	• 인덱스 구성 방법의 변경 • 거래를 통한 초과수익 추구 • 포트폴리오 구성 방식의 조정 • 세부 자산군을 선택하는 전략

73 인덱스펀드 구성 방법 정답 ③

'㉡, ㉢'은 최적화법에 대한 적절한 설명이다.

㉢ 최적화법의 문제점은 근본적으로 이 모형에 사용된 가격정보가 과거 자료이며, 사용된 모형이 주식의 속성을 정확히 반영하기 어렵다는 점이다. 따라서 미래의 시장이 과거와 현저히 다르다면 실제로 실현된 잔차는 인덱스펀드를 구성할 때 추정된 잔차와 상당히 다를 수 있다.

오답 개념 체크

㉠ 표본추출법에 대한 설명이다.

이것도 알면 합격!

인덱스펀드 구성 방법

구분	개념	한계
완전복제법	벤치마크를 구성하는 모든 종목을 벤치마크 구성비율대로 사서 보유	대규모 자금이 필요하며, 관리에 어려움이 있음
표본추출법	벤치마크에 포함된 대형주는 모두 포함하되 중소형주들은 일부 종목만 편입	완전복제법보다는 관리가 용이하나 여전히 관리나 비용의 문제점이 존재
최적화법	벤치마크 대비 잔차위험을 위험허용 수준 이하로 만드는 방식	사용하는 가격정보가 과거 자료라는 점에서 잔차가 크게 나타날 수 있음

74 액티브 운용 – 운용스타일   정답 ③

저 PER 투자, 역행투자, 고배당수익률 투자 방식 등을 포함한다.

> **이것도 알면 합격!**
>
> **운용스타일에 따른 투자 방식**
>
> | 가치투자 스타일 | 저 PER 투자, 역행투자, 고배당수익률 투자 |
> |---|---|
> | 성장투자 스타일 | 고 PER 투자, 고 PBR 투자, 지속적 성장성 투자, 이익의 탄력성 투자, 주가 탄력성 투자 |
> | 혼합투자 스타일 | 가치 편향 혼합투자, 성장 편향 혼합투자, 적정 가격을 가진 성장투자, 스타일 선택형 투자 |

75 자산집단의 기대수익률 추정   정답 ③

근본적 분석방법에 대한 설명이다.

> **이것도 알면 합격!**
>
> **자산집단의 기대수익률과 위험, 상관관계 추정 방법**
>
> | 기대수익률 추정 방법 | • 추세분석법, 시나리오 분석법
• 근본적 분석방법(CAPM, APT 등)
• 시장공통 예측치 사용방법
• 경기순환 접근방법
• 시장 타이밍 방법
• 전문가의 주관적인 방법 |
> |---|---|
> | 위험, 상관관계 추정 방법 | • 과거 자료를 사용하며 위험의 경우 최근 GARCH와 같은 추정 방법을 사용함 |

[76~81] 채권투자운용/투자전략

76 채권의 분류   정답 ④

- (역변동금리채권)은 기준금리가 상승하면 현금흐름이 감소하도록 설정된 채권을 말한다.
- (할인채)는 만기 이전에 이자지급이 없는 채권으로, 통화안정증권이 대표적이다.

오답 개념 체크

변동금리채권은 액면이자율이 기준금리에 연동되어 기준금리가 상승하면 현금흐름도 증가하도록 설정된 채권이다. 이표채는 이자지급일에 일정 이자를 지급받을 수 있는 채권이며, 국내 회사채가 대부분 이표채로 발행되고 있다.

> **이것도 알면 합격!**
>
> **채권의 분류**
>
> - 발행주체에 따른 분류 : 국채, 지방채, 특수채, 회사채
> - 이자지급방법에 따른 분류 : 이표채, 할인채, 복리채, 거치분할상환채
> - 통화 표시, 상환기간, 이자금액의 변동 유무에 따른 분류도 가능하다.

77 합성채권   정답 ①

'㉠, ㉡'은 합성채권에 대한 적절한 설명이다.

오답 개념 체크

㉢ 교환사채를 행사하면 발행사의 자산과 부채가 동시에 감소한다.
㉣ 시장이자율이 하락하면 채권 발행기업은 수의 상환권을 행사할 가능성이 높아진다.

78 자산유동화증권(ABS)   정답 ②

유동성이 낮고 자산의 동질성이 보장되며 자산의 양도가 가능한 것을 대상 자산으로 하는 것이 좋다.

> **이것도 알면 합격!**
>
> **자산유동화증권(ABS)**
>
> | 정의 | • 자산을 표준화하고 특정 조건별로 집합(pooling)하여 증권을 발행하고 기초자산의 현금흐름을 상환하는 것 |
> |---|---|
> | 특징 | • 유동화대상 자산은 현금흐름의 예측이 가능하고 자산의 동질성이 보장되며 양도가 가능한 것이 좋음
• 동질성이 결여되면 신용보강 및 평가에 따른 비용이 증가함 |
> | 분류 | • Pass-Through : 유동화자산을 유동화 중개기관에 매각하면, 중개기관은 이를 집합화하여 신탁설정 후 이 신탁에 대해서 주식형태로 발행되는 증권으로 금융위험이 투자자에게 전가됨
• Pay-Through : 유동화자산집합에서 발생된 현금흐름을 이용해 증권화한 후 단일증권이 아닌 상환 우선순위가 다른 다단계의 채권을 발행하는 방식 |

79 맥컬레이 듀레이션의 의의와 특성   정답 ①

'㉠, ㉡'은 맥컬레이 듀레이션에 대한 적절한 설명이다.
㉠ 영구채권의 듀레이션은 $(1 + i)/i$이다.
    $(1 + 0.1)/0.1 = 11$

오답 개념 체크

㉢ 복리채는 무액면금리채권에 해당하며, 무액면금리채권의 만기는 듀레이션과 같다.
㉣ 이표채의 듀레이션은 항상 만기보다 짧다.

80 경상수익률   정답 ②

$$경상수익률 = \frac{연이자지급액}{채권의 시장가격} = \frac{20{,}000 \times 6\%}{19{,}000} = 6.32\%$$

81 스프레드 운용전략 — 난이도 하 — 정답 ③

스프레드운용전략에 대한 설명이다.

오답 개념 체크
① 사다리형만기전략은 채권별 보유량을 각 잔존 기간마다 동일하게 유지함으로써 시세변동의 위험을 평준화시키고 수익성도 적정 수준을 확보하려는 전략이다.
② 롤링효과는 금리 수준이 일정하더라도 잔존기간이 짧아지면 그만큼 수익률이 하락하여 채권 가격이 상승하는 현상을 말한다.
④ 채권면역전략은 목표투자기간 중 시장수익률의 변동에 관계없이 채권매입 당시에 설정하였던 최선의 수익률을 목표기간 말에 큰 차이 없이 실현하도록 하는 전략이다.

[82~87] 파생상품투자운용/투자전략

82 선도거래와 선물거래 — 난이도 중 — 정답 ②

선도거래는 거래의 중개자가 없는 당사자 간 직접계약이므로 신용위험이 높고 당사자의 신용이 중시된다.

오답 개념 체크
① ③ ④ 선물거래의 특징에 대한 설명이다.

이것도 알면 합격!

선도거래 vs. 선물거래

구분	선도거래	선물거래
거래장소	장외거래 중심	거래소 내 거래
가격과 거래제한	제한 없음	제한함
표준화	비표준화	표준화
유동성	낮음	높음
상품의 인수도	만기일	만기일 이전에 반대매매
결제시점	만기일	일일정산
참여거래자	한정됨	다수

83 증거금 — 난이도 중 — 정답 ④

일일정산을 실시하는 과정에서 증거금 수준이 유지 증거금 이하로 하락하는 경우 초기 증거금 수준으로 회복시켜야 한다. 따라서 추가로 부담해야 하는 변동 증거금은 40억원(= 100억원 − 60억원)이다.

이것도 알면 합격!

증거금

유지 증거금 수준 이하로 하락 시 추가 조치(마진콜)가 발동하게 되며, 이때는 증거금 수준을 초기 증거금 수준으로 회복시켜야 한다.

84 콘탱고와 백워데이션 — 난이도 하 — 정답 ②

(백워데이션)은 선물시장에서 현물 가격이 선물 가격보다 높은 현상을 말한다.

이것도 알면 합격!

콘탱고와 백워데이션

콘탱고	선물가격이 현물가격보다 높게 형성된 상태로 정상시장이라고도 표현한다.
백워데이션	선물가격이 현물가격보다 낮게 형성된 상태로 역조시장이라고도 표현한다.

85 스트래들 — 난이도 중 — 정답 ④

행사가격 − (콜옵션프리미엄 + 풋옵션프리미엄) < 수익이 발생하는 기초자산가격(P) < 행사가격 + (콜옵션프리미엄 + 풋옵션프리미엄)
⇒ 110 − (4 + 6) < P < 110 + (4 + 6)
⇒ 100 < P < 120

이것도 알면 합격!

스트래들

- 롱스트래들 : 동일한 만기와 행사가격을 갖는 콜옵션과 풋옵션을 동시에 매수하는 경우 행사가격을 기준으로 두 옵션 프리미엄의 합을 초과하는 만큼 기초자산 가격이 상승하거나 하락하면 수익이 발생한다.
- 숏스트래들 : 동일한 만기와 행사가격을 갖는 콜옵션과 풋옵션을 동시에 매도하는 경우 행사가격을 기준으로 두 옵션 프리미엄의 합 이상으로 기초자산 가격이 상승하거나 하락하지 않으면 수익이 발생한다.

86 옵션 프리미엄의 민감도 지표 — 난이도 중 — 정답 ①

콜옵션 매수 포지션과 풋옵션 매도 포지션의 부호가 동일한 민감도 지표는 델타이다.

이것도 알면 합격!

옵션의 매수·매도 포지션에 대한 민감도 부호

구분		델타	감마	쎄타	베가
Call	매수	+	+	−	+
	매도	−	−	+	−
Put	매수	−	+	−	+
	매도	+	−	+	−

87 옵션의 정의 – 옵션의 내재가치 정답 ④

풋옵션 매수의 손익 = Max[0, X − S_T] − P

이것도 알면 합격!

옵션의 본질(내재)가치
- Call = Max[0, S_T − X]
- Put = Max[0, X − S_T]
(S_T = 만기시점의 기초자산가격, X = 행사가격)

[88~91] 투자운용결과분석

88 투자수익률 계산 정답 ②

금액가중수익률(≒10%)이 시간가중수익률(= 0%)보다 크다.

1) 금액가중수익률은 1억원 + $\frac{0.72억원}{1+r}$ = $\frac{2억원}{(1+r)^2}$ 을 만족하는 r이다.

따라서 시행착오법을 통해 계산하면 다음과 같다.

- r = 0.1인 경우

  1억원 + $\frac{0.72억원}{1+0.1}$ = 1.65

  $\frac{2억원}{(1+0.1)^2}$ = 1.65

∴ 금액가중수익률 ≒ 10%

2) 시간가중수익률 = $\sqrt{(1 + 1기간 수익률) \times (1 + 2기간 수익률)}$ − 1
= $\sqrt{(1 − 0.28)(1 + 0.3889)}$ − 1 = 0

- 1기간 수익률 = $\frac{1기말 자산총액}{1기초 투자금액}$ − 1 = $\frac{7,200}{10,000}$ − 1 = −28%
- 2기간 수익률 = $\frac{2기말 자산총액}{2기초 투자금액}$ − 1 = $\frac{10,000}{7,200}$ − 1 = 38.89%

∴ 시간가중수익률 = 0%

89 투자수익률 계산 – 평균 수익률 정답 ②

기하평균 수익률은 $\sqrt[T]{(1 + R_1)(1 + R_2) \cdots (1 + R_T)}$ − 1로 계산한다.

∴ 투자자 A의 기하평균수익률 = $\sqrt{(1 + 1.6) \times \{1 + (-0.3)\}}$ − 1 = 0.35

이것도 알면 합격!

평균 수익률의 종류

산술평균 수익률	• $\frac{R_1 + R_2 + \cdots + R_T}{T}$ • 항상 기하평균 수익률보다 크거나 같음 • 연도별 예상 수익률을 추정할 때 적합함
기하평균 수익률	• $\sqrt[T]{(1 + R_1)(1 + R_2) \cdots (1 + R_T)}$ − 1 • 연평균 수익률을 산출할 때 적합함

90 펀드의 회계처리 정답 ④

기금이나 펀드의 편입자산을 '공정가 평가'와 '발생주의 방식'으로 평가한 자산가치에서 부채가치를 뺀 것을 순자산가치라고 한다.

오답 개념 체크

① 체결일 기준 회계처리에 대한 설명이다.
② 발생주의 회계에 대한 설명이다.
③ 공정가치 평가에 대한 설명이다.

이것도 알면 합격!

성과분석을 위한 회계처리 원칙

공정가치 평가	• 시장가격으로 평가하는 것이 원칙 • 평가일 현재 신뢰할 만한 시가가 없는 경우에는 이론가격이나 평가위원회의 적정가격으로 평가
발생주의 원칙	• 현금의 수입이나 지출과 관계없이 그 발생 시점에서 손익을 인식하는 방식 – 수익인식(실현주의) : 결정적 사건 또는 거래가 발생할 때 수익인식 – 비용인식(수익-비용 대응의 원칙) : 발생한 원가를 그와 관련된 수익이 인식되는 회계기간에 비용으로 인식 ※ 현금주의 회계처리는 현금의 수입 시점에 수익으로 인식, 현금의 지출 시점에 비용으로 인식하는 방식
체결 시점	• 거래의 이행이 확실시 되는 경우 체결이 확정되는 날에 회계장부에 기록하고 체결일 이후의 손익을 바로 반영하는 방식

91 샤프비율과 트레이너비율 정답 ①

A펀드가 B펀드보다 크게 나타나는 지표는 샤프비율이다.

- 샤프비율 = (펀드수익률 − 무위험수익률) / 표준편차

  A펀드 = (20% − 3%)/25% = 0.68

  B펀드 = (26% − 3%)/40% = 0.575

- 트레이너비율 = (펀드수익률 − 무위험수익률) / 베타

  A펀드 = (20% − 3%)/1.4 = 12.14

  B펀드 = (26% − 3%)/1.8 = 12.78

- 젠센의 알파 = (펀드수익률 − 무위험수익률) − 베타 × (기준지표 수익률 − 무위험 수익률)

  A펀드 = (20% − 3%) − 1.4 × (15% − 3%) = 0.2

  B펀드 = (26% − 3%) − 1.8 × (15% − 3%) = 1.4

- 소티노비율은 '주식의 평균 수익률, 최소 수용 가능 수익률, 하락 편차' 정보가 있어야 구할 수 있으며, 주어진 자료로 소티노비율을 구할 수 없다.

[92~95] 거시경제

92 경기지수 정답 ④

장단기금리차는 선행 종합지수의 구성지표이다.

오답 개념 체크

① 생산자제품재고지수는 후행 종합지수의 구성지표이다.
② 수입액은 동행 종합지수의 구성지표이다.
③ 취업자수는 후행 종합지수의 구성지표이다.

이것도 알면 합격!

경기종합지수

선행 종합지수	동행 종합지수	후행 종합지수
• 재고순환지표 • 경제심리지수 • 기계류내수출하지수 • 건설수주액(실질) • 수출입물가비율 • 코스피 • 장단기금리차	• 비농림어업취업자수 • 광공업생산지수 • 서비스업생산지수 • 소매판매액지수 • 내수출하지수 • 건설기성액(실질) • 수입액(실질)	• 취업자수 • 생산자제품재고지수 • 소비자물가지수변화율 (서비스) • 소비재수입액(실질) • CP 유통수익률

93 재정정책과 통화정책에 대한 논의 정답 ①
난이도 중

'㉠'은 유동성 함정에 대한 적절한 설명이다.

오답 개념 체크

㉡ 유동성 함정 구간에서는 LM곡선이 수평이 되므로 재정정책의 효과가 극대화되고 통화정책이 효과가 없게 된다.
㉢ 화폐수요의 이자율 탄력성이 무한대가 된다.

이것도 알면 합격!

재정정책과 통화정책에 대한 논의

구축효과	• 확대재정정책이 이자율을 상승시켜 민간투자를 위축시키는 현상으로 재정정책의 효과를 반감시키는 효과가 있음 • LM곡선이 수평이면 구축효과가 사라짐
유동성 함정	• 화폐수요가 폭발적으로 증가해 화폐수요의 이자율 탄력성이 무한대가 되면 LM곡선이 수평이 되며 통화정책은 무력해지고 재정정책의 효과가 극대화됨
피구 효과	• 경기불황이 심해져서 물가가 급락하면 화폐량의 실질가치가 증가하게 되어 민간의 부가 증가하고 소비 및 총수요가 증가하는 현상 • 재정정책을 취하지 않아도 유동성 함정을 벗어날 수 있음을 보여주는 일부 고전학파의 논리
리카르도 불변 정리	• 세금 감소는 민간의 저축을 증가시킬 뿐 총수요에는 변동이 없다는 주장

94 IS-LM모형 정답 ④
난이도 중

화폐공급을 증대시키면 LM곡선이 우측으로 이동한다.

95 주요 경제변수 – 국민소득 정답 ④
난이도 중

국민총소득(GNI)에 국민이 해외로부터 벌어들인 수입(국외수취 요소소득)은 포함되지만 국내총생산 중에서 외국인에게 지급한 소득(국외지급 요소소득)은 제외된다.

[96~100] 분산투자기법

96 지배원리와 효율적 증권의 선택 정답 ③
난이도 하

위험이 동일한 투자대상들 중에 기대수익이 가장 높은 것을 선택하고, 동일한 기대수익을 가진 투자대상들 중에서는 위험이 가장 낮은 투자대상을 선택하는 방법은 '지배원리'다.

97 포트폴리오 위험분산 효과 정답 ③
난이도 중

포트폴리오의 위험을 최소로 하려면 분산투자의 효과를 높일 수 있도록 상관계수의 값이 작은 증권을 선택해야 하는데, B자산과 C자산의 상관계수의 조합이 가장 작으므로 B와 C를 50%씩 조합하여 구성한 포트폴리오의 위험이 가장 작다.

98 변동성 보상비율 정답 ③
난이도 중

변동성 보상비율 = $\dfrac{E(R_A) - R_f}{\sigma_A} = \dfrac{0.08 - 0.02}{0.05} = 1.2$

오답 개념 체크

투자위험이 한 단위 증가할 때 얻게 되는 위험 보상률의 증가인 변동성 보상비율은 투자금액의 비율에 관계없이 일정하다.

99 균형 가격의 형성과 SML의 투자 결정에의 이용 – 과대·과소평가 정답 ④
난이도 상

• 요구수익률(k_j) = $RRR_j = R_f + \beta_j \times [E(R_m) - R_f]$
 – A주식의 요구수익률 = 3% + 0.5 × (5% − 3%) = 4%
 – B주식의 요구수익률 = 3% + 1.5 × (5% − 3%) = 6%

A주식과 B주식은 기대수익률이 요구수익률보다 크므로 모두 과소평가 되었다.

100 포트폴리오 투자전략 정답 ②
난이도 중

'㉠, ㉡'은 포트폴리오 투자전략에 대한 적절한 설명이다.

오답 개념 체크

포트폴리오 '리밸런싱'은 상황변화가 있을 때 포트폴리오가 갖는 기존의 특성을 유지하고자 투자비율의 변화를 원래대로의 비율로 환원시키는 방법이다.

이것도 알면 합격!

포트폴리오 수정

포트폴리오 리밸런싱	상황 변화가 있는 경우 포트폴리오가 갖는 원래의 특성을 그대로 유지하면서, 구성종목의 상대 가격의 변동에 따른 투자비율의 변화를 원래대로의 비율로 환원시키는 방법
포트폴리오 업그레이딩	위험에 비해 상대적으로 높은 기대수익을 얻고자 하거나, 기대수익에 비해 상대적으로 낮은 위험을 부담하도록 포트폴리오의 구성을 수정하는 방법

합격의 기준, 해커스금융
fn.Hackers.com

실전모의고사 6회

제1과목 금융상품 및 세제

01	02	03	04	05	06	07	08	09	10
②	①	①	③	③	①	④	④	③	②
11	12	13	14	15	16	17	18	19	20
②	②	②	③	①	③	④	②	①	④

제2과목 투자운용 및 전략 II / 투자분석

21	22	23	24	25	26	27	28	29	30
②	③	③	①	④	③	②	③	②	①
31	32	33	34	35	36	37	38	39	40
④	①	②	③	②	④	①	①	④	②
41	42	43	44	45	46	47	48	49	50
①	④	③	②	④	④	③	①	④	④

제3과목 직무윤리 및 법규 / 투자운용 및 전략 I / 거시경제 및 분산투자

51	52	53	54	55	56	57	58	59	60
④	①	②	①	③	④	④	②	③	④
61	62	63	64	65	66	67	68	69	70
②	④	④	④	④	①	①	①	③	③
71	72	73	74	75	76	77	78	79	80
③	③	①	③	④	②	③	④	①	④
81	82	83	84	85	86	87	88	89	90
②	④	②	③	③	①	①	②	③	①
91	92	93	94	95	96	97	98	99	100
②	③	①	③	④	①	③	④	③	②

취약 과목 분석표

맞힌 개수, 틀린 문제 번호와 풀지 못한 문제 번호를 적어 보고, 맞힌 개수에 따라 자신의 학습상태를 점검할 수 있습니다. 틀린 문제와 풀지 못한 문제는 해설의 출제포인트를 확인하여 관련 이론을 꼭 복습하세요.

	세부과목	맞힌 개수	틀린 문제 번호	풀지 못한 문제 번호
제1과목 **금융상품 및 세제**	세제 관련 법규/세무전략			
	금융상품			
	부동산 관련 상품			
	TOTAL		/20	

* 20문제 중 8개 미만 과락

	세부과목	맞힌 개수	틀린 문제 번호	풀지 못한 문제 번호
제2과목 **투자운용 및 전략 Ⅱ /** **투자분석**	대안투자운용/투자전략			
	해외증권투자운용/투자전략			
	투자분석기법			
	리스크관리			
	TOTAL		/30	

* 30문제 중 12개 미만 과락

	세부과목	맞힌 개수	틀린 문제 번호	풀지 못한 문제 번호
제3과목 **직무윤리 및 법규/** **투자운용 및 전략 Ⅰ /** **거시경제 및 분산투자**	직무윤리			
	자본시장 관련 법규			
	한국금융투자협회규정			
	주식투자운용/투자전략			
	채권투자운용/투자전략			
	파생상품투자운용/투자전략			
	투자운용결과분석			
	거시경제			
	분산투자기법			
	TOTAL		/50	

* 50문제 중 20개 미만 과락

제1과목 금융상품 및 세제

[01~07] 세제 관련 법규/세무전략

01 심사와 심판   정답 ②

심사청구는 국세청장에게 불복하는 절차이며, 조세심판원장에게 불복하는 절차는 심판청구이다.

02 납세의무   정답 ①

납부독촉된 때에는 시효기간의 효력이 중단된다.

이것도 알면 합격!

납세의무의 소멸사유
- 납부·충당되거나 부과가 취소된 때
- 국세 부과의 제척기간이 끝난 때
- 국세징수권의 소멸시효가 완성된 때

03 소득세법상 집합투자기구   정답 ①

'㉠'은 소득세법상 집합투자기구의 이익에 대한 적절한 설명이다.

오답 개념 체크
ⓒ 외국법인이 일반 사모 집합투자기구를 통해 취득한 주식의 거래로 발생한 손익은 집합투자기구의 이익에 해당한다.
ⓒ 집합투자증권의 계좌의 명의변경으로 인해 발생한 이익은 집합투자기구의 이익에 해당한다.

04 금융소득 - 원천징수세율   정답 ③

원천징수세율은 'ⓒ 비실명거래로 인한 배당소득(45% 혹은 90%) > ㉠ 비영업대금의 이익(25%) > ⓒ 채권의 환매조건부 매매차익(14%)'의 순서로 높게 나타난다.

05 종합소득세의 신고납부   정답 ③

종합소득금액 = 2,000만원(국내 예금에서 발생한 이자소득)
             + 1,200만원(법인으로부터 받은 의제배당소득)
             + 4,800만원(근무 중인 회사로부터 지급받은 근로소득)
            = 8,000만원

오답 개념 체크
'법원에 납부한 경락대금의 이자소득'은 무조건 분리과세대상 금융소득이므로 종합소득금액에 포함되지 않는다.

이것도 알면 합격!

무조건 분리과세대상 금융소득

무조건 분리과세대상 금융소득	원천징수세율
직장공제회 초과반환금	기본세율
비실명거래로 인한 이자·배당소득	45%(90%)
법원에 납부한 경매보증금 및 경락대금에서 발생하는 이자소득	14%
1거주자로 보는 단체의 이자·배당소득	
개인종합자산관리계좌의 비과세 한도 초과 이자·배당소득 (조세특례제한법상 분리과세소득)	9%

06 양도소득세   정답 ①

양도소득의 총수입금액은 자산의 양도가액으로, 양도 당시의 실지거래가액이다. 단, 실지거래가액을 확인할 수 없는 경우 '매매사례가액, 감정가액, 환산가액, 기준시가'를 순차적으로 적용한다.

오답 개념 체크
② 국내 비상장법인의 주식이 매매될 경우 양도소득세는 모든 주주에게 과세된다. 단, 금융투자협회가 운영하는 장외매매거래(K-OTC)에서 소액주주가 중소·중견기업주식을 양도하는 경우에는 과세 제외된다.
③ 법인의 현물출자로 인해 자산을 이전하는 것은 양도에 해당하므로 양도소득세를 과세한다.
④ 1세대 1주택의 양도로 인해 발생하는 소득은 양도소득세를 과세하지 않지만, 고가주택의 경우에는 양도소득세를 과세한다.

07 증여세 - 절세전략   정답 ④

자녀에게 증여하는 경우, 기대수익률이 낮은 자산보다 기대수익률이 높은 자산을 우선 증여하는 것이 더 바람직하다.

오답 개념 체크
① 미성년 자녀에게 10년간 2,000만원(성인 자녀 5,000만원)을 증여한다면 증여재산공제 범위 내에 해당하므로 증여세를 내지 않아도 된다.

[08~15] 금융상품

08 신탁상품 - 특징   정답 ④

위탁자는 수탁자에게 지시할 수는 있어도, 스스로 신탁재산상의 권리를 행사할 수 없다.

오답 개념 체크
① 신탁은 위탁자가 재산권을 수탁자에게 이전 또는 처분하는 것으로, 수탁자가 그 명의인이 된다.
② 신탁재산의 관리 및 처분으로 인한 제3자와의 권리와 의무는 수탁자에게 귀속된다.
③ 위탁자는 유언으로 신탁을 설정할 수 있다. (유언대용신탁)

09 신탁상품 – 특정금전신탁   정답 ③
난이도 중

위탁자는 '운용자'를 지정할 수 없고, 은행에게 운용대상, 운용방법, 운용조건 등을 지정할 수 있다.

10 파생결합증권   정답 ②
난이도 하

기초자산의 가격·이자율·지표·단위 또는 이를 기초로 하는 지수 등의 변동과 연계하여 미리 정하여진 방법에 따라 지급금액 또는 회수금액이 결정되는 권리가 표시되는 증권은 (파생결합증권)이다.

11 손해보험의 종류   정답 ②
난이도 하

'㉠ 책임보험, ㉢ 운송보험'은 손해보험상품에 해당한다.

오답 개념 체크
㉡ 생존보험은 생명보험상품에 해당한다.

이것도 알면 합격!

생명보험 vs. 손해보험

생명보험	사망보험, 생존보험, 생사혼합보험(양로보험)
손해보험	화재보험, 운송보험, 해상보험, 책임보험, 자동차보험

12 랩어카운트   정답 ②
난이도 상

'ⓒ'은 랩어카운트에 대한 설명으로 적절하지 않다.
ⓒ 고객의 성향 및 투자목적 등을 파악하여 고객에게 가장 적합한 우수 펀드로 최적의 포트폴리오를 구성하는 투자전략을 제안하는 것은 '펀드형 랩어카운트'이다.

이것도 알면 합격!

랩어카운트

자문형 랩어카운트	일반적으로 증권사나 투자자문사의 자문에 따라 고객이 투자를 하지만, 투자자문사가 고객들의 계좌를 같은 포트폴리오에 맞춰 집합적으로 운용하는 경우도 있는 상품
일임형 랩어카운트	증권사가 고객의 성향에 따라 주식이나 채권, 주식형 펀드 등 투자자의 자산 포트폴리오 구성에서 운용까지 모든 자산운용 업무를 대신하는 상품
펀드형 랩어카운트	고객의 성향 및 투자목적 등을 파악하여 고객에게 가장 적합한 우수 펀드로 최적의 포트폴리오를 구성하는 투자전략을 제안하는 상품
컨설턴트 랩어카운트	고객의 보다 적극적이고 다양한 투자스타일을 반영하기 위해 일임투자자산운용사와의 상담을 통해 최적의 포트폴리오 및 개별 주식에 대한 투자전략을 제시하는 상품
자문사 연계형 랩어카운트	증권사가 고객으로부터 투자자금을 랩계좌로 받은 후 투자자문계약을 맺은 외부의 우수한 투자자문사로부터 자문을 받아 랩계좌에서 운용하는 상품

13 환매조건부채권(RP)   정답 ②
난이도 중

환매조건부채권은 예금자보호대상 금융상품에 해당하지 않는다.

14 주택저당증권(MBS)과 저당대출상품   정답 ③
난이도 상

저당대출지분이전증권은 조기상환위험 등의 저당대출에 수반되는 제반 위험이 투자자에게 이전된다.

오답 개념 체크
① 주택저당증권은 주로 장기로 발행된다.
② 원리금 균등상환 고정금리부 저당대출은 매월 상환될수록 상환액 중 원금 비중이 점차 증가하고 이자 비중은 점차 감소한다.
④ 저당대출담보부채권은 초과담보로 자금조달비용이 상승하며, 시장에서의 유통성이 떨어진다.

15 집합투자기구 관계회사 – 신탁업자   정답 ①
난이도 상

(신탁업자)는 집합투자재산과 관련하여 기준 가격의 산정이 적정한지 여부를 확인해야 하며, 확인 결과 법령 등에 위반된 사실이 있음을 알았다면 집합투자업자에게 시정을 요구하거나 투자회사의 감독이사에게 위반사실을 지체 없이 보고해야 한다.

[16~20] 부동산 관련 상품

16 부동산 감정평가 – 비교방식(거래사례비교법)   정답 ③
난이도 중

비교방식(거래사례비교법)은 사정보정, 시점수정 등 분석 판단에 명확성을 기하기 어렵다.

오답 개념 체크
① 부동산의 미래 현금흐름을 할인하여 부동산 가액을 산정하는 방법은 수익방식(수익환원법)이다.
② 시장성과 수익성이 반영되지 못하는 것은 원가방식(원가법)에 대한 설명이다.
④ 주거용, 교육용과 같은 비수익성 부동산을 평가하기 유용한 것은 원가방식(원가법)에 대한 설명이다.

이것도 알면 합격!

비교방식(거래사례비교법)의 장·단점

장점	• 대체의 원칙에 이론적 근거를 두고 있어서 현실적이고 실증적이기 때문에 설득력이 있음 • 토지평가에 있어서 세 가지 방식 중에 중추적인 역할을 수행함 • 이해하기 쉽고 간편함
단점	• 매매가 잘 이루어지지 않은 부동산에는 적용하기 곤란함 • 평가사의 지식, 경험 등에 대한 의존도가 높음 • 사정보정이나 시점수정 등 분석 판단에 명확성을 기하기 어려움 • 극단적인 호황이나 불황에는 적용하기 곤란함 • 비교사례들이 모두 과거의 자료임 • 비교사례들이 여러 가지 사정으로 오염(비정상적인 요인들로 인한 오차 발생)되었을 가능성이 있음

17 난이도 중 | 부동산 감정평가 – 수익방식(수익환원법) | 정답 ④

부동산의 수익가격 = $\dfrac{순이익}{환원이율}$ = $\dfrac{8억원}{5\%}$ = 160억원

이것도 알면 합격!

수익환원법의 수익가격

$$수익가격 = \dfrac{순수익}{환원이율} = \dfrac{(총수익 - 총비용)}{환원이율}$$

18 난이도 상 | 부동산 지주공동사업 | 정답 ②

토지소유자가 보유토지를 부동산 신탁회사에 위탁하고 수익의 일부를 신탁배당으로 반환 받는 것은 '토지신탁방식'에 대한 설명이다.

이것도 알면 합격!

부동산 지주공동사업

등가교환 방식	• 토지소유자(지주)와 개발업자가 공동으로 건물 등을 건설하고, 토지평가액과 건설비를 기준으로 토지소유자(지주)와 개발업자가 토지와 건축물을 공유하거나 구분소유하는 방식 • 토지소유자(지주) : 토지를 개발업자에게 제공 • 개발업자 : 토지를 개발하고 건축물을 건설
합동개발 방식	• 사업을 시행하여 분양, 임대를 통한 수익을 개발사업의 각 주체가 투자한 토지 가격과 건축공사비 등을 금액으로 환산한 투자비율에 따라 수익을 배분하는 방식 • 토지소유자(지주) : 토지를 개발업자에게 제공 • 개발업자 : 건축공사비를 위시한 관련 경비 등의 개발비를 부담, 사업을 시행
사업수탁 방식	• 개발업자 등이 사업의 기획, 설계, 시공, 임대유치 및 운영관리 등의 일체 업무를 수탁 받아 건물을 완공한 후, 건물을 일괄적으로 임대받음으로써 사실상 사업수지를 보증하는 방식
토지신탁 방식	• 토지소유자 : 보유토지의 유효이용을 도모하기 위해 부동산 신탁회사에 위탁 • 신탁회사 : 수탁자로서 필요자금의 조달, 건물의 건설 및 분양·임대를 하고 그 수익의 일부를 신탁배당으로서 수익자인 토지소유자에게 반환 • 임대형 토지신탁과 분양형(처분형) 토지신탁으로 구분
차지개발 방식	• 개발업자가 토지소유자(지주)로부터 특정 토지에 대한 이용권을 설정 받아 그 토지를 개발하고 건축물을 건설하여 그 건축물을 제3자에게 양도·임대하거나, 개발업자가 직접 이용하여 토지소유자(지주)에게 임차료를 지불 → 토지소유자(지주)에게 임차료를 지불할 경우, 차지권의 기한이 도래했을 때 토지를 무상으로 원래 토지소유자(지주)에게 반환하고 건물에 대해서는 일정 금액으로 토지소유자(지주)에게 양도

19 난이도 중 | 부동산투자의 분석 | 정답 ①

부채상환비율(DSCR)은 순운용소득을 부채상환액으로 나누어 계산한다.

이것도 알면 합격!

대출비율과 부채상환비율

• 대출비율(LTV) = 저당대출원금/부동산 가격
• 부채상환비율(DSCR) = 순운용소득/부채상환액

20 난이도 중 | 부동산의 조사·확인 | 정답 ④

소유권에 대한 제한물권은 등기사항증명서의 을구를 통해 확인할 수 있다.

이것도 알면 합격!

부동산공부(公簿)

지적공부	토지대장·임야대장	소재지, 면적, 지목, 면적, 개별공시지가
	지적도	위치, 형상 및 경계 확인
건축물대장		소재지, 건물명칭, 구조, 대지면적, 건축면적, 연면적, 층별 용도 등
등기사항증명서		소유권, 제한물권
토지이용계획확인서		공법상 이용제한

제2과목 투자운용 및 전략 II/투자분석

[21~25] 대안투자운용/투자전략

21 난이도 중 | PEF | 정답 ②

업무집행사원은 '무한책임사원' 중에서 선정하며, 1인 또는 수인으로 구성할 수 있다.

오답 개념 체크

③ PEF의 무한책임사원에 대해서는 상법상 합자회사 규정에 대한 일부 특례를 규정하고 있다. 상법상 일반 회사는 무한책임사원이 될 수 없도록 규정하고 있으나, 이를 배제함으로써 일반 회사(자산운용회사, 투자자문회사, 증권회사, 은행 등 금융기관)가 PEF의 무한책임사원이 될 수 있도록 허용하고 있다.

이것도 알면 합격!

PEF 무한책임사원에 대한 상법상 합자회사 규정의 특례

• 일반 회사는 무한책임사원이 될 수 없도록 한 상법 규정을 배제(회사가 PEF의 무한책임사원이 될 수 있도록 허용함)
• 무한책임사원은 노무 또는 신용출자를 할 수 없고, 반드시 금전 또는 시장성 있는 유가증권을 출자해야 함
• 상법상 합자회사에 대한 무한책임사원의 경업금지 의무 배제

PEF 투자회수(Exit) 전략

매각 (Sale)	• 가장 고전적인 방식 • 일반기업에 매각(대다수) 또는 다른 PEF에 매각
상장 (IPO)	• IPO를 통해 주식시장을 거쳐 일반투자자들에게 매각하는 방식 • 복잡한 공모절차와 감독당국의 심사과정이 필요함(단점) • 인수기업에 대해 계속해서 일정 지분을 보유할 수 있어 지속적인 영향력 행사가 가능함(장점) • 일반기업에 매각하는 방식보다 후순위 전략으로 분류됨
유상감자 및 배당	• 해당 기업의 수명 단축, 장기 성장성 저해 등의 부작용 초래
PEF 자체 상장	• 금리 상승, 자금시장의 경색 등으로 대규모 차입이 어려울 경우 인수자금조달 수단 측면뿐 아니라 투자자 자금회수 전략 측면에서도 유리함 • 공격적인 회수 전략으로 분류

22 부동산금융 난이도 중 정답 ③

DCR = NOI/차입상환액 = 5억/4억 = 1.25

오답 개념 체크

④ 수익환원율(Cap Rate)은 초년도 NOI와 매도호가 간의 비율로 측정되는 수치이다. 따라서 건물이 100억원에 매각되고, 해당 건물의 NOI가 11억원이었다면 수익환원율은 11%이다.
  • Cap Rate = NOI/매도호가

이것도 알면 합격!

부동산 투자성과 측정

수익환원율 (Cap Rate)	• Cap Rate = $\dfrac{NOI}{매도호가}$ • 인근 건물이 100억원에 매각되고, 해당 건물의 NOI가 11억원이었다면, Cap Rate = 11억/100억 = 11%이다.
Equity 배당률	• Equity 배당률 = $\dfrac{초년도 \ 세전 \ 현금흐름}{최초 \ Equity \ 투입액}$ • 매입 가액이 100억원, 차입금 50억원, 초년도 세전 현금흐름이 5억원이라면, Equity 배당률 = 5억/(100억 − 50억) = 10%이다.
부채 부담 능력 비율 (DCR)	• DCR = $\dfrac{NOI}{차입상환액}$ • NOI가 5억원, 차입상환액이 4억원이라면, DCR = 5억/4억 = 1.25이다.

23 헤지펀드 운용전략 – 합병 차익거래 난이도 중 정답 ③

일반적으로 피인수 합병 기업의 주식을 매수하고, 인수기업의 주식을 매도하는 포지션을 취한다.

오답 개념 체크

① 합병 차익거래는 발표된 M&A, 공개매수, 자본의 재구성, 분사(spin-off) 등과 관련된 주식을 사고파는 Event driven(이벤트 투자형) 전략에 해당한다.
② 발표되지 않은 추측 정보에 의해 합병 차익거래를 하는 것은 매우 위험한 투자로 이는 내부자 정보와도 상관관계를 가질 수 있으므로, 헤지펀드 매니저는 발표된 정보에만 집중해야 한다.

24 헤지펀드 운용전략 난이도 중 정답 ①

전환증권 차익거래자는 기초자산의 변동성이 크고, 유동성이 높은 전환사채를 선호한다.

오답 개념 체크

② 채권 수익률곡선 차익거래는 채권 차익거래의 한 종류로, 차익거래전략에 해당한다. 차익거래전략에는 대표적으로 채권 차익거래, 전환사채 차익거래, 주식시장중립형 등이 있다.
③ 롱숏 전략은 두 개의 서로 다른 주식을 동시에 매수하고 매도함으로써 이익을 추구하는 전략이다. 전통적인 매수전략에서는 매수한 주식의 가격이 상승할 때에만 수익이 발생하는 반면, 롱숏 전략에서는 매수 포지션과 매도 포지션 간의 성과차이, 공매도로 발생한 현금에 대한 이자, 매수 포지션과 매도 포지션 간의 배당금 차이로 인해 수익이 발생할 수 있다. 따라서 롱숏 전략은 강세시장은 물론 약세시장에서도 좋은 성과를 달성할 수 있다.
④ 낮은 금리로 자본을 조달하여 높은 금리에 투자하는 전략이 캐리 트레이드 전략이다.

이것도 알면 합격!

전환증권 차익거래자가 선호하는 전환사채의 특징

• 기초자산의 변동성이 크고 볼록성(convexity)이 큰 전환사채(볼록성이 큰 채권일수록 수익률에 유리함)
• 유동성이 높은 전환사채
• 기초주식을 쉽게 빌릴 수 있는 전환사채
• 낮은 컨버전 프리미엄을 가진 전환사채(전환사채의 매입가가 낮아짐)
• 기초자산인 주식에서 발생하는 배당률이 낮은(또는 배당이 없는) 전환사채
• 낮은 내재변동성으로 발행된 전환사채

헤지펀드 운용전략

차익거래 전략	• 공매도와 차입을 일반적으로 사용함 • 차익거래기회를 통해 수익을 추구하고 시장 전체의 움직임에 대한 노출을 회피함으로써 시장 변동성에 중립화하는 전략 • 전환사채 차익거래, 채권 차익거래(수익률곡선 차익거래, 회사채 및 국채 간 이자율 스프레드), 주식시장중립형 등이 있음
Event Driven 전략	• 위험을 적극적으로 취하고, 상황에 따라 공매도와 차입을 사용함 • 기업 합병 등 기업 상황에 영향이 큰 사건을 예측하고 이에 따라 발생하는 가격 변동을 이용해 수익을 창출함 • 부실채권투자, 위험차익/합병차익거래로 구분
방향성 전략	• 특정 주가나 시장의 방향성에 근거하는 전략으로, 시장 위험을 헤지한 종목 선택으로 수익을 극대화하기보다는 증권이나 시장의 방향성에 따라 매매 기회를 포착하는 기법 • 위험을 적극적으로 취하고, 상황에 따라 차입과 공매도를 사용 • 주식의 롱숏 전략, 글로벌 매크로(Global macro), 이머징 마켓 헤지펀드, 선물거래 등이 있음
펀드 오브 헤지펀드 전략	• 자금을 여러 개의 헤지펀드에 배분하여 투자하는 전략 • 위험분산(분산투자효과가 큼), 구매의 적정성, 접근의 용이성, 전문가에 의한 운용, 사전 자산배분 등의 장점이 있음

25 신용파생상품   난이도 중   정답 ④

TRS는 만기일의 준거자산의 가치보다 최초 계약일의 준거자산의 가치가 작을 경우 총수익매도자는 그 차이만큼을 총수익매입자에게 지급해야 한다. 반대의 경우에는 총수익매입자가 총수익매도자에게 그 차액을 지불해야 한다.

오답 개념 체크
① CDO의 Senior 트랜치는 Equity 트랜치보다 위험과 수익이 모두 낮다.
② CDS는 준거자산의 신용위험을 분리하여 보장매입자가 보장매도자에게 이전하고, 보장매도자는 그 대가로 프리미엄을 지급받는 금융상품이다.
③ TRS 계약에 따라 현금흐름과 이에 따른 위험은 TRS 수취자에게 이전되지만, 투표권 등의 경영권은 이전되지 않는다.

[26~30] 해외증권투자운용/투자전략

26 미국 국채   난이도 하   정답 ③

T-note, T-bond는 이표채로 발행되며, T-bill은 할인채로 발행된다.

이것도 알면 합격!

미국 국채

T-bill	• 단기채(1년 이하) • 만기가 짧기 때문에 할인채로 발행함(따라서 이자가 없음)
T-note	• 중기채(1년 이상 10년 이하) • 이표채로 발행함(이표가 있어 6개월마다 이자를 받을 수 있음)
T-bond	• 장기채(10년 이상) • 이표채로 발행함(이표가 있어 6개월마다 이자를 받을 수 있음)

27 유로채와 외국채   난이도 중   정답 ②

유로채는 감독 당국에 등록되지 않고 채권의 소지자가 청구권을 가지는 무기명채권이다. 따라서 투자자는 익명을 유지할 수 있고 소득에 대한 원천징수가 없다.

오답 개념 체크
① 국제 채권은 채권 표시통화의 본국에서 발행되는 '외국채'와 채권 표시통화의 본국 이외에서 발행되는 '유로채'로 나뉜다.
③ 양키본드는 미국에서 발행되는 외국채이다.
④ '유로채'는 발행과 관련된 당국의 규제가 없다는 점에서 역외채권에 해당한다.

이것도 알면 합격!

유로채 vs. 외국채(정의)

유로채 (Eurobonds)	• 채권 표시통화의 본국 외에서 발행되는 채권 • 딤섬본드 : 홍콩에서 위안화로 발행되는 유로채
외국채 (Foreign bonds)	• 채권 표시통화의 본국에서 발행되는 채권 • 양키본드 : 미국에서 달러로 발행되는 외국채 • 사무라이본드 : 일본에서 엔화로 발행되는 외국채 • 판다본드 : 중국에서 위안화로 발행되는 외국채

유로채 vs. 외국채(특징)

유로채 (Eurobonds)	• 사실상 현지국(발행지)의 규제가 없음(역외채권) • 공시, 신용등급평가에 따른 규제 미미 • 수익에 대한 이자소득세 부담 없음 • 무기명식 채권
외국채 (Foreign bonds)	• 외국채 발행 시 현지국(발행지)의 채권 발행 및 조세에 관한 규제 • 공시, 신용등급평가에 따른 엄격한 규제 • 수익에 대한 이자소득세 부담 있음 • 기명식 채권

28 복수상장의 효과   난이도 중   정답 ③

'㉠, ㉡, ㉢'은 복수상장에 따른 효과에 해당한다.

오답 개념 체크
㉣ 복수상장을 하는 경우 상장 유지비용이 절감되는 것은 아니며, 오히려 추가 상장에 따라 상장 유지비용이 추가될 수 있다.

이것도 알면 합격!

복수상장의 효과

장점	• 자금조달 원천의 다양화 • 기업가치 제고 • 기업의 인지도·투명성 제고 • 자본비용 절감
단점	• 해외시장으로 거래가 집중될 경우 가격결정 리더십 상실 우려 • 적대적 M&A 대상이 될 수 있음

29 해외 투자전략   난이도 중   정답 ②

소극적 투자전략은 벤치마크 수익률을 목표로 하고 있기 때문에 벤치마크 지수의 포트폴리오 구성과 유사하도록 포트폴리오를 구성하는 것이 기본방향이 된다. 이때 벤치마크 포트폴리오의 구성을 정확하게 모방하는 경우 거래 비용이 아주 높아진다. 따라서 소극적 투자전략에서는 벤치마크를 모방하면서도 그에 따른 거래비용을 줄이는 것이 중요한 이슈가 된다.

오답 개념 체크
① 인덱스펀드는 소극적 전략의 전형적인 포트폴리오로서, 벤치마크 지수의 수익률을 목표로 하고 벤치마크 포트폴리오의 구성을 모방하는 전략을 취한다.
③ 적극적 투자전략은 시장의 비효율성이 존재하기 때문에 가격에 정보가 천천히 반영된다고 가정한다.
④ 전통적으로 해외 주식투자에서는 환율과 각국의 주가예측을 통한 적극적 투자전략(공격적 전략)이 더 큰 비중을 차지해왔다.

30 환위험 관리 전략   난이도 중   정답 ①

투자기간을 고려한 헤지기간 결정에서는 장기헤지와 롤링헤지로 나누어진다. '롤링헤지'는 투자기간을 몇 개의 단기간으로 나누어서 하나의 기간이 만기가 되면 또 다른 헤지를 이어서 하는 방식이다. 반면, '장기헤지'는 전체 투자기간을 일시에 헤지하는 방식이다.

[31~42] 투자분석기법

31 PER — 정답 ④

$$PER = \frac{P_0}{E_1} = \frac{1-b}{k-g}$$
$$= \frac{1-b}{k-(b \times ROE)} = \frac{0.6}{0.14-(0.4 \times 0.05)} = \frac{0.6}{0.12} = 5$$

이것도 알면 합격!

PER

'PER = 1주당 가격(P)/주당이익(EPS)'이며, 고든의 성장모형에 의한 주식가치를 적용하면 다음과 같이 정리할 수 있다.

- $PER = \dfrac{P_0}{EPS_1} = \dfrac{1-b}{k-g} = \dfrac{1-b}{k-(b \times ROE)}$

32 레버리지 분석 – 결합레버리지도(DCL) — 정답 ①

- 결합레버리지도(DCL) = $\dfrac{PQ-VQ}{PQ-VQ-FC-I}$
  = $\dfrac{PQ-VQ}{PQ-VQ-(FC+I)}$

영업고정비(FC)와 이자비용(I)의 합이 작을수록 분모가 커져, 결과적으로 결합레버리지도(DCL)가 작아지게 된다.
따라서 영업고정비와 이자비용의 합이 가장 작은 ①이 결합레버리지도 또한 가장 작게 나타난다.

오답 개념 체크

① 영업고정비 130 + 이자비용 110 = 240
② 영업고정비 130 + 이자비용 150 = 280
③ 영업고정비 150 + 이자비용 100 = 250
④ 영업고정비 150 + 이자비용 110 = 260

이것도 알면 합격!

레버리지도

영업 레버리지도 (DOL)	$\dfrac{\text{영업이익 변화율}}{\text{판매량(매출액) 변화율}}$	$\dfrac{\text{매출액 - 변동비}}{\text{매출액 - 변동비 - 고정비}}$
재무 레버리지도 (DFL)	$\dfrac{\text{주당순이익 변화율}}{\text{영업이익 변화율}}$	$\dfrac{\text{영업이익}}{\text{영업이익 - 이자비용}}$ $\left(= \dfrac{\text{매출액 - 변동비 - 고정비}}{\text{매출액 - 변동비 - 고정비 - 이자비용}}\right)$
결합 레버리지도 (DCL)	$\dfrac{\text{주당순이익 변화율}}{\text{판매량(매출액) 변화율}}$	$\dfrac{\text{매출액 - 변동비}}{\text{매출액 - 변동비 - 고정비 - 이자비용}}$

결합레버리지도

- 영업고정비(FC)와 이자비용(I)이 존재하는 경우, 결합레버리지는 항상 1보다 크다.
- 영업고정비(FC)와 이자비용(I)을 많이 지급할수록 결합레버리지는 커지며, 기업의 주당순이익 변화율은 매출액 변화율보다 항상 확대되어 나타난다.

33 EVA 모형 – EVA와 당기순이익의 비교 — 정답 ②

회계이익이 경제적 이익을 반영하도록 수정하는 대체적 회계처리 방법을 사용하는 것은 'EVA'이다.

오답 개념 체크

③ EVA를 영업성과의 측정도구로 사용할 경우 타인자본비용과 자기자본비용을 합산한 총 자본비용 이상의 이익을 실현하는 것을 기업투자의 목표로 설정한다. 이때 총 자본비용이 아닌, 자기자본비용 이상을 기업투자의 목표로 설정한다는 내용으로 오답을 유도할 수 있으므로 주의해야 한다.
④ WACC = {타인자본비율 × 타인자본조달비용 × (1 − 법인세율)}
　　　　　+ {자기자본비율 × 자기자본비용}

34 EV/EBITDA — 정답 ③

유사기업의 EV/EBITDA에 A기업의 EBITDA를 곱하여 A기업의 EV를 추정한다.
A기업의 EV = 유사기업의 EV/EBITDA × A기업의 EBITDA
　　　　　　= 9 × 100억
　　　　　　= 900억
'EV = 주주가치(시가총액) + 채권자가치'이므로
900억 = 주주가치(시가총액) + 200억
주주가치(시가총액) = 900억 − 200억 = 700억

∴ 주당가치 = $\dfrac{\text{시가총액}}{\text{발행주식수}} = \dfrac{700억}{100만} = 7만$

35 현금흐름표 작성 – 간접법(차감항목) — 정답 ②

'매입채무의 감소'는 당기순이익에서 차감하는 항목에 해당한다. 반대로 '매입채무의 증가'는 당기순이익에 가산하는 항목에 해당한다.

이것도 알면 합격!

영업활동으로 인한 현금흐름(간접법)

당기순이익 가산(+)	당기순이익 차감(−)
현금유출이 없는 비용 • 감가상각비 • 대손상각비 • 재고자산 평가손실 • 유가증권 평가손실	**현금유입이 없는 수익** • 유가증권 평가이익
투자와 재무활동상 손실 • 유가증권 처분손실 • 설비자산 처분손실	**투자와 재무활동상 이익** • 유가증권 처분이익 • 설비자산 처분이익
영업활동으로 인한 자산 감소 및 부채 증가 • 매출채권의 감소 • 재고자산의 감소 • 매입채무의 증가	**영업활동으로 인한 자산 증가 및 부채 감소** • 매출채권의 증가 • 재고자산의 증가 • 매입채무의 감소

36 Tobin's Q 비율   정답 ④

자산의 대체원가는 장부가가 아닌 현재가치에 기반을 둔다. 따라서 PBR의 문제점 중 하나인 '시간성 차이'를 보완하는 지표라고 할 수 있다.

이것도 알면 합격!

PBR

'PBR = 자기자본의 총시장가치/총장부가치'이며, 고든의 성장모형에 의한 주식가치를 적용하면 다음과 같이 정리할 수 있다.

- $PBR = \dfrac{P}{B} = \dfrac{ROE_1 - g}{k - g}$

37 기업분석(재무제표 분석) – 재무비율 해석   정답 ①

총자산회전율이 낮을 경우 기계설비의 노후화를 의미한다. 총자산회전율은 매출이 둔화되거나 전체적인 비효율이 발생했을 때 낮아진다.

- 총자산회전율 = $\dfrac{순매출}{총자산}$

오답 개념 체크

② 재고자산회전율이 급격하게 상승하는 경우 부실징후가 될 수 있다. 현금흐름에 어려움을 겪는 기업이 재고를 덤핑으로 처분하고 있을 가능성이 있기 때문이다.

- 재고자산회전율 = $\dfrac{순매출(또는 매출원가)}{재고자산}$

③ 비유동자산회전율이 높다는 것은 기업의 생산공정이 효율적이거나 또는 비유동자산에 충분히 투자하지 않는다는 것을 의미한다. 전자의 경우 기업에 유리하지만, 후자의 경우에는 장기적으로 기업 전망이 좋지 않을 수 있다.

- 비유동자산회전율 = $\dfrac{순매출}{비유동자산}$

④ 고정비용보상비율이 높다는 것은 해당 기업이 부채의 레버리지 효과를 충분히 활용하고 있지 않다는 것을 나타내며, 그 결과 주주들의 부를 극대화시키지 못한다는 것을 의미한다.
반대로, 이 비율이 낮다면 해당 기업이 현재 과다한 레버리지를 사용하면서 매우 저돌적인 경영전략을 구사하고 있거나, 차입한 부채규모에 비해 충분한 수익을 내지 못한다는 것을 의미한다.

- 고정비용보상비율 = $\dfrac{고정비용 및 법인세 차감 전 이익}{고정비용}$

38 패턴 분석   정답 ①

'㉠ 깃발형'은 지속형 패턴에 해당한다.

오답 개념 체크

㉡㉢㉣ '헤드 앤 숄더, 원형 바닥형, 이중 바닥형'은 반전형 패턴에 해당한다.

이것도 알면 합격!

주가 패턴의 분류

반전형 패턴	헤드 앤 숄더, 이중 천장형, 이중 바닥형, 선형, 원형 천장형, 원형 바닥형, 확대형
지속형 패턴	삼각형, 깃발형, 쐐기형, 페넌트형, 직사각형, 다이아몬드형

39 이동평균선   정답 ④

하락하고 있는 이동평균선을 주가가 상향 돌파할 경우 추세는 조만간 상승 반전할 가능성이 높다.

오답 개념 체크

① 이동평균을 하는 분석기간이 짧을수록 가팔라지는 경향이 있다.
② 주가가 장기 이동평균선을 돌파할 경우 주추세가 반전될 가능성이 높다.
③ 약세국면에서 주가가 이동평균선 아래에서 움직일 경우 하락세가 지속될 가능성이 높다.

이것도 알면 합격!

이동평균선의 특징

- 일반적으로 주가가 이동평균선을 돌파하는 시점이 매매 타이밍이다.
- 이동평균을 하는 분석기간이 길수록 이동평균선의 기울기는 완만해지며, 짧을수록 가팔라지는 경향이 있다.
- 주가가 이동평균선과 괴리가 지나치게 클 때에는 이동평균선으로 회귀하는 성향이 있다.
- 주가가 장기 이동평균선을 돌파할 경우 주추세가 반전될 가능성이 크다.
- 강세국면에서 주가가 이동평균선 위에서 움직일 경우 상승세가 지속될 가능성이 높다.
- 약세국면에서 주가가 이동평균선 아래에서 움직일 경우 하락세가 지속될 가능성이 높다.
- 상승하고 있는 이동평균선을 주가가 하향 돌파할 경우에 추세는 조만간 하락 반전할 가능성이 높다.
- 하락하고 있는 이동평균선을 주가가 상향 돌파할 경우에 추세는 조만간 상승 반전할 가능성이 높다.

40 거래량 지표(OBV)   정답 ②

OBV선의 상승은 매입세력의 집중을 의미하고, 반대로 하락은 매입세력의 분산을 의미한다.

오답 개념 체크

① OBV는 주가가 전일 대비 상승한 날의 누적 거래량에서 하락한 날의 누적 거래량을 차감하여 계산한다.
③ 주가지수의 OBV의 경우 '저가주'들의 대량거래가 시장 전체의 거래량을 왜곡할 수 있어 유의해야 한다. 이 경우 거래량 대신 거래대금으로 OBV를 산출하는 보조적인 방법을 사용할 수 있다.
④ OBV 선은 주가가 뚜렷한 등락을 보이지 않고 정체되어 있을 때 거래량 동향에 의해 향후 주가 방향을 예측하는 수단으로 유용하게 활용할 수 있다.

41 산업구조 변화에 대한 경제이론   정답 ①

헥셔-올린 모형에 따르면 노동이 상대적으로 풍부한 국가는 노동의 상대 가격이 싸므로 노동집약적인 제품에서 비교우위를 갖는다.

오답 개념 체크

② 리카도 비교우위론과 헥셔-올린 모형과 같은 전통이론들은 완전경쟁시장이라는 비현실적인 가정에 입각하고 있다는 한계점을 가지고 있다.
③ 내생적 성장이론에 따르면 경제성장은 요소의 내생적 축적에 의해 이루어지며, 산업구조의 변화에서 요소창출이 요소부존보다 더 중요하다.
④ Hoffman 법칙은 경제발전에 따라 공업부문 내에서 소비재산업의 생산재 산업에 대한 비중이 점차 하락한다는 법칙이다.

42 시장 경쟁강도의 측정방법 – 허핀달지수(HHI) 정답 ④

허핀달지수는 각 기업 시장점유율 제곱의 합으로 계산하기 때문에 시장점유율 분포가 달라지면 허핀달지수도 변동한다.

오답 개념 체크

① 산업이 순수 독점인 경우 해당 기업의 시장점유율(s_1)은 1이 되고, 다음 공식에 따라 HHI는 1이 된다.
- $HHI = \sum_{i=1}^{n} s_i^2 = \sum_{i=1}^{1} s_i^2 = s_1^2 = 1$

③ 한 시장 내 각 기업의 시장점유율이 동일하다면 HHI = 1/n이 된다. 따라서 기업체 수가 늘어나면 n이 점차 커지기 때문에 허핀달지수는 0으로 수렴하게 된다.

[43~50] 리스크관리

43 재무위험(Financial risk)의 종류 정답 ③

- (유동성위험)은 포지션을 마감하는 데에서 발생하는 비용에 대한 위험으로, 기업이 소유하고 있는 자산을 매각하고자 하는 경우 매입자가 없어 매우 불리한 조건으로 자산을 매각해야 할 때 노출된다.
- (신용위험)은 거래상대방이 약속한 금액을 지불하지 못하는 경우에 발생하는 손실에 대한 위험이다.

이것도 알면 합격!

재무위험(Financial risk)

시장위험	• 시장 가격 변동으로부터 발생하는 위험 • 주식위험, 이자율위험, 환위험, 상품 가격 위험 등이 해당됨
신용위험	• 거래상대방이 약속한 금액을 지불하지 못하는 경우 발생하는 손실에 대한 위험
유동성위험	• 포지션을 마감하는 데에서 발생하는 비용에 대한 위험 • 기업이 소유하고 있는 자산을 매각하고자 하는 경우 매입자가 없어 매우 불리한 조건으로 자산을 매각해야 할 때 노출되는 위험
운영위험	• 부적절한 내부시스템, 관리 실패, 잘못된 통제, 사기, 인간의 오류 등으로 인해 발생하는 손실에 대한 위험
법적위험	• 계약을 집행하지 못함으로 인해 발생하는 손실에 대한 위험

44 개별 자산(옵션)의 VaR 계산 정답 ②

'㉠ 기초자산의 가격, ㉡ 기초자산 수익률의 변동성'은 옵션의 VaR 계산 시 필요한 요소이다. 이외에 옵션의 델타(민감도), 신뢰상수(z) 등이 필요하다.

- 옵션의 $VaR = S \cdot \sigma(\Delta S/S) \cdot z \cdot f'$

오답 개념 체크

㉢ ㉣ '무위험이자율, 만기까지의 잔존기간'은 옵션의 VaR 계산 시 필요하지 않은 요소이다.

이것도 알면 합격!

채권의 VaR 측정 시 필요 요소

채권의 VaR을 측정할 때에는 '채권포지션 금액(B), 표준편차(σ), 수정듀레이션(D*)'이 필요하다. 이외에 표면이율, 무위험이자율 등은 채권의 VaR 측정에 필요한 요소가 아니다.
- 채권의 $VaR = B \cdot \sigma(\Delta y) \cdot z \cdot D^*$

45 개별 자산(채권)의 VaR 계산 정답 ④

채권의 $VaR = B \cdot \sigma(\Delta y) \cdot z \cdot D^*$
$= 2,000억 \times 0.05 \times 1.65 \times 3.2 = 528억$

46 VaR의 전환 정답 ④

99% 신뢰도 4일 VaR = 99% 신뢰도 1일 $VaR \times \sqrt{4}$
$= (95\% \text{ 신뢰도 1일 } VaR \times \frac{2.33}{1.65}) \times \sqrt{4}$
$= 4.95 \times \frac{2.33}{1.65} \times \sqrt{4} = 13.98$

이것도 알면 합격!

VaR의 전환 공식

신뢰도 변경 (95% → 99%)	95% 신뢰도 1일 $VaR \times \frac{2.33}{1.65}$
신뢰도 변경 (99% → 95%)	99% 신뢰도 1일 $VaR \times \frac{1.65}{2.33}$
보유기간 변경	1일 $VaR \times \sqrt{추정기간}$

47 VaR의 측정방법 – 역사적 시뮬레이션 방법 정답 ③

분산, 공분산 등과 같은 모수에 대한 추정이 요구되지 않는다.

이것도 알면 합격!

VaR의 측정방법

구분	부분가치 평가법	완전가치 평가법
가치평가모형	• 불필요	• 필요
종류	• 델타분석법	• 역사적 시뮬레이션법 • 스트레스 검증법 • 몬테카를로법

48 VaR 측정방법 - 구조화된 몬테카를로 분석법 정답 ①

몬테카를로 분석법은 위험요인의 변동을 몬테카를로 시뮬레이션을 이용하여 구한 후, 보유하고 있는 포지션의 가치 변동으로부터 VaR을 측정하는 방법이므로, 위험요인의 변동과 포지션의 가치 변동 모두 파악해야 한다.

49 VaR의 유용성과 한계 정답 ④

VaR은 사용한 모형에 따라 측정치에 차이가 있다. 현재 사용이 가장 용이한 델타분석법이 가장 흔히 이용되고 있지만, 델타분석법과 몬테카를로 분석법에 의한 VaR은 다르게 나타난다. 특히 옵션 포지션이 많은 경우에는 그 차이가 더욱 크게 나타난다.

50 KMV의 EDF모형(부도율 측정모형) 정답 ④

기업	A	B	C
부채금액	60억	90억	140억
기대기업가치	120억	130억	150억
표준편차	20억	20억	10억
부도거리 (= $\frac{A-D}{\sigma}$)	120억 - 60억 / 20억 = 3	130억 - 90억 / 20억 = 2	150억 - 140억 / 10억 = 1
부도율	3σ 이상일 확률 (0.5%)	2σ 이상일 확률 (2.5%)	1σ 이상일 확률 (16%)

부도거리가 작을수록 부도율이 높게 나타나기 때문에 부도율이 가장 높은 순서대로 나열하면 'C > B > A'의 순이다.

이것도 알면 합격!

KMV 부도율 측정모형

부도거리(DD)	부도율
DD = 1	1표준편차 이상일 확률(16% 단측검정)
DD = 2	2표준편차 이상일 확률(2.5% 단측검정)
DD = 3	3표준편차 이상일 확률(0.5% 단측검정)

제3과목 직무윤리 및 법규/투자운용 및 전략I/거시경제 및 분산투자

[51~55] 직무윤리

51 금융소비자보호 총괄책임자(CCO) 정답 ④

'위험관리기준의 제정 및 개정'은 위험관리위원회의 업무에 해당한다.

이것도 알면 합격!

금융소비자보호 총괄책임자(CCO)의 직무

- 금융소비자보호 총괄기관의 업무
- 상품설명서, 금융상품 계약서류 등 사전 심의
- 금융소비자보호 관련 제도 기획 및 개선, 기타 필요한 절차 및 기준 수립
- 금융상품 각 단계별 소비자보호 체계에 관한 관리·감독 및 검토
- 민원접수 및 처리에 관한 관리·감독 업무
- 금융소비자보호 관련부서 간 업무협조 및 업무조정 등 업무 총괄
- 대내외 금융소비자보호 관련 교육 프로그램 개발 및 운영 업무 총괄
- 민원발생과 연계한 관련부서·직원 평가 기준의 수립 및 평가 총괄
- 대표이사로부터 위임 받은 업무
- 금융소비자보호 관련 이사회, 대표이사, 내부통제위원회로부터 이행을 지시·요청받은 업무

52 내부통제기준 위반 시 회사에 대한 조치 정답 ①

'준법감시인이 자산 운용에 관한 업무를 겸직한 경우'는 3천만원 이하의 과태료가 부과된다.

이것도 알면 합격!

내부통제기준 위반 시 회사에 대한 조치(과태료 부과)

1억원 이하	• 내부통제기준을 마련하지 않은 경우 • 준법감시인을 두지 않은 경우 • 사내이사 또는 업무집행책임자 중에서 준법감시인을 선임하지 않은 경우 • 이사회 결의를 거치지 않고 준법감시인을 임면한 경우 • 금융위원회가 위법·부당한 행위를 한 회사 또는 임직원에게 내리는 제재조치를 이행하지 않은 경우

3천만원 이하	• 준법감시인에 대한 별도의 보수지급 및 평가기준을 마련·운영하지 않은 경우
	• 준법감시인이 다음의 업무를 겸직하거나 이를 겸직하게 한 경우
	  – 자산 운용에 관한 업무
	  – 해당 금융회사의 본질적 업무 및 그 부수업무
	  – 해당 금융회사의 겸영업무
	  – 금융지주회사의 경우 자회사 등의 업무

2천만원 이하	• 준법감시인의 임면 사실을 금융위원회에 보고하지 않은 경우

53 내부제보제도 난이도 중 — 정답 ②

내부제보제도에는 회사에 중대한 영향을 미칠 수 있는 위법한 행위를 제보하지 않은 미제보자에 대한 불이익 부과 등에 관한 사항이 반드시 포함되어야 하므로 불이익을 부과할 수 있다.

이것도 알면 합격!

내부제보(고발)제도

개념	임직원이 직무와 관련한 법규 위반, 부조리 및 부당행위 등의 윤리기준 위반 행위가 있거나 있을 가능성이 있는 경우 신분 노출의 위험 없이 해당 행위를 제보할 수 있게 만든 제도
내용	• 제보자는 육하원칙에 따른 정확한 사실만을 제보해야 함 • 회사는 제보자의 신분 및 제보사실을 비밀로 보장하고, 신분상의 불이익을 받지 않도록 해야 함 • 제보자가 신분상의 불이익을 당한 경우 준법감시인에 대하여 당해 불이익처분에 대한 원상회복, 전직 등 신분보장 조치를 요구할 수 있음 • 준법감시인은 제보의 내용이 회사의 재산상의 손실 발생 혹은 확대 방지에 기여한 경우 포상을 추천할 수 있음 • 회사에 중대한 영향을 미칠 수 있는 위법·부당한 행위를 인지하고도 회사에 제보하지 않는 미제보자에 대한 불이익 부과 등에 관한 사항이 반드시 포함되어야 함 • 제보자가 다른 임직원에 대한 무고, 음해, 비방 등을 악의적인 목적으로 제보하는 경우에는 비밀보장 및 근무조건 차별금지 등을 보호받을 수 없음

54 부당권유 행위 금지 - 적정한 표시 의무 난이도 중 — 정답 ①

중요사실에 대한 정확한 표시는 조사분석자료와 같은 문서뿐만 아니라 구두 또는 이메일 등 방법을 불문한다.

55 영업점에 대한 내부통제 난이도 중 — 정답 ③

금융투자회사는 영업점별 영업관리자에게 업무수행 결과에 따라 적절한 보상을 지급할 수 있다.

이것도 알면 합격!

영업점별 영업관리자의 요건

- 영업점에서 1년 이상 근무한 경력이 있거나 준법감시·감사업무를 1년 이상 수행한 경력이 있는 자로서 당해 영업점에 상근하고 있을 것
- 영업점장이 아닌 책임자급일 것(단, 당해 영업점의 직원 수가 적어 영업점장을 제외한 책임자급이 없는 경우는 제외)
- 본인이 수행하는 업무가 과다하거나 수행하는 업무의 성격으로 인해 준법감시 업무에 곤란을 받지 아니할 것

[56~66] 자본시장 관련 법규

56 불건전 영업행위의 금지 난이도 중 — 정답 ④

투자일임업자는 투자일임재산으로 이해관계인의 고유재산과 거래하는 행위는 금지되나, 일반적인 거래조건에 비추어 투자일임재산에 유리한 거래의 경우는 예외적으로 허용된다.

57 순자본비율 규제 난이도 하 — 정답 ④

'㉠ 신용위험액, ㉡ 시장위험액, ㉢ 운영위험액' 모두 순자본비율 계산 시 총위험액에 포함된다.

이것도 알면 합격!

순자본비율 규제

영업용 순자본의 산정	영업용 순자본 = 자산 - 부채 - 차감항목 + 가산항목 • 영업용 순자본의 계산은 기본적으로 재무상태표상 순재산액(자산 - 부채)에서 출발함 • 차감항목 : 재무상태표상 자산 중 즉시 현금화하기 곤란한 자산 • 가산항목 : 재무상태표에서 부채로 계상되었으나 실질적인 채무이행 의무가 없는 항목 등
총위험액 산정	• 총위험액 = 시장위험액 + 신용위험액 + 운영위험액
필요 유지 자기자본	• 금융투자업자가 영위하는 인가업무 또는 등록업무 단위별로 요구되는 자기자본을 합계한 금액
순자본 비율	• 순자본비율 = $\dfrac{(영업용\ 순자본 - 총위험액)}{필요\ 유지\ 자기자본}$

58 투자일임업자의 금지행위 정답 ②

투자일임업자가 자기 또는 관계인수인이 인수한 증권을 투자일임재산으로 매수할 수 있는 항목으로는 국채, 특수채, 지방채, 사채권이 있으나, 사채권 중 주권 관련 사채권 및 상각형 조건부자본증권은 제외한다.

이것도 알면 합격!

투자일임업자의 금지행위
- 정당한 사유 없이 투자자의 운용방법의 변경 또는 계약의 해지 요구에 응하지 않는 행위
- 자기 또는 관계인수인이 인수한 증권을 투자일임재산으로 매수하는 행위 (단, 다음의 경우는 예외적으로 가능)
  - 인수일로부터 3개월이 지난 후 매수하는 경우
  - 인수한 상장주권을 증권시장에서 매수하는 경우
  - 국채, 지방채, 통안채, 특수채, 사채권(주권 관련 사채권 및 상각형 조건부자본증권 제외)을 매수하는 경우
- 투자일임재산으로 자기가 운용하는 다른 투자일임재산, 집합투자재산 또는 신탁재산과 거래하는 행위
- 투자일임재산으로 투자일임업자 또는 그 이해관계인의 고유재산과 거래하는 행위(단, 다음의 경우는 예외적으로 가능)
  - 이해관계인이 되기 6개월 이전에 체결한 계약에 따른 거래의 경우
  - 증권시장 등 불특정 다수인이 참여하는 공개시장을 통한 거래의 경우
  - 환매조건부 매매의 경우
  - 이해관계인이 매매중개를 통하여 채무증권, 원화로 표시된 양도성예금증서(CD) 또는 어음(기업어음증권 제외)을 그 이해관계인과 매매하는 경우

59 집합투자기구의 구성 - 수익자총회 정답 ③

수익자총회는 자본시장법 또는 신탁계약에서 정한 사항에 대해서만 의결이 가능하다.

오답 개념 체크
① 수익자총회는 원칙상 투자신탁을 설정한 집합투자업자가 열 수 있다.
② 수익자총회의 소집을 위해 수익자총회 14일 전에 각 수익자에 대하여 서면 또는 전자문서로 통지해야 한다.
④ 발행된 수익증권의 총좌수의 5% 이상을 보유한 수익자는 금융위원회의 승인을 받아 예외적으로 수익자총회를 열 수 있다.

이것도 알면 합격!

수익자총회

결의 사항	• 수익자총회는 자본시장법 또는 신탁계약에서 정한 사항에 대해서만 결의 가능
소집권자	• 투자신탁을 설정한 집합투자업자(원칙) • 투자신탁재산을 보관·관리하는 신탁업자 또는 발행된 수익증권의 총좌수의 5% 이상을 소유한 수익자(예외)
소집통지 방법	• 수익자총회 2주 전에 각 수익자에 대하여 서면 또는 전자문서로 통지 발송 • 그 통지가 수익자명부상의 수익자의 주소에 3년 간 계속 도달하지 않을 때에 집합투자업자는 당해 수익자에게 총회의 소집을 통지하지 않을 수 있음

60 집합투자기구의 업무 수행 정답 ④

투자회사의 집합투자재산에 속하는 지분증권의 의결권 행사는 그 투자회사가 수행한다. 다만, 투자회사는 해당 투자회사의 집합투자업자에게 지분증권의 의결권 행사를 위탁할 수 있다.

이것도 알면 합격!

집합투자재산에 속하는 지분증권의 의결권 행사 주체
- 투자신탁재산에 속하는 지분증권의 의결권 행사는 그 투자신탁의 집합투자업자가 수행함
- 투자회사의 집합투자재산에 속하는 지분증권의 의결권 행사는 그 투자회사가 수행함
  - 단, 투자회사는 해당 투자회사의 집합투자업자에게 지분증권의 의결권 행사를 위탁할 수 있음

61 적기시정조치 정답 ②

금융투자업자가 경영실태평가 결과 종합평가등급을 4등급 이하로 판정 받은 경우 '경영개선요구' 조치가 발동된다.

이것도 알면 합격!

적기시정조치

구분	요건	조치
경영개선 권고	순자본비율 100% 미만	• 인력 및 조직운용의 개선 • 경비절감 • 신규업무 진출의 제한
경영개선 요구	순자본비율 50% 미만	• 점포의 폐쇄·통합·신설제한 • 영업의 일부 정지 • 조직의 축소
경영개선 명령	순자본비율 0% 미만	• 주식의 일부 또는 전부소각 • 임원의 직무집행 정지 • 영업의 전부 또는 일부 양도

62 자본시장조사 업무규정 - 조사결과 조치 정답 ④

'㉠ 6개월 증권발행 제한, ㉡ 과태료 부과, ㉢ 임원에 대한 해임권고' 모두 자본시장조사 업무규정에 따른 조사결과에 대한 적절한 조치에 해당한다.

이것도 알면 합격!

조사결과 조치
- 1년 이내 범위에서 증권의 발행 제한
- 임원에 대한 해임권고
- 인가·등록 취소
- 과태료 부과
- 과징금 부과

63 집합투자업자의 금전차입, 대여 등의 제한　정답 ④
난이도 중

부동산 개발사업을 영위하는 법인은 집합투자기구 자산총액에서 부채총액을 뺀 가액(순자산총액)의 100% 이내로 대여가 가능하다.

🔖 **이것도 알면 합격!**

집합투자업자의 영업행위 규칙 : 금전차입, 대여 등의 제한

원칙	• 집합투자기구의 계산으로 금전 차입 불가 • 집합투자재산으로 금전 대여 불가
예외	• 대량 환매청구·매수청구 발생 시 가능 　(한도 : 차입 당시 순자산총액의 10%)
특례 – 차입	• 집합투자재산으로 부동산 취득 시 집합투자기구의 계산으로 금전차입이 예외적으로 허용됨 • 차입한도 　- 부동산 집합투자기구 : 순자산의 200% 　- 기타 집합투자기구 : 부동산가액의 70%
특례 – 대여	• 부동산 개발사업을 영위하는 법인에 대해 예외적으로 대여 가능 • 대여한도 : 집합투자기구 순자산총액의 100%

64 투자자예탁금의 별도 예치　정답 ④
난이도 상

투자매매업자는 신탁업자에게 투자자예탁금을 예치하는 경우 그 투자자예탁금이 '투자자의 재산'이라는 점을 명시해야 한다.

🔖 **이것도 알면 합격!**

투자자예탁금의 별도 예치

원칙	• 투자매매업자는 투자자예탁금을 고유재산과 구분하여 증권금융회사에 예치하거나 신탁업자에 신탁해야 함 • 투자매매업자는 증권금융회사 또는 신탁업자에게 투자자예탁금을 예치 또는 신탁하는 경우 그 투자자예탁금이 투자자의 재산이라는 점을 명시해야 함 • 투자자예탁금을 예치한 투자매매업자는 일반적으로 예치기관에 예치한 투자자예탁금을 양도하거나 담보로 제공할 수 없음
상계 또는 압류금지의 예외	• 예치 금융투자업자는 다음의 해당하는 경우 예외적으로 투자자예탁금을 양도하거나 담보로 제공할 수 있음 　- 예치 금융투자업자가 흡수합병 또는 신설합병으로 인해 존속되거나 신설되는 회사에 예치기관에 예치한 투자자예탁금을 양도하는 경우 　- 예치 금융투자업자가 금융투자업의 전부나 일부를 양도하는 경우로서 양도내용에 따라 양수회사 예치기관에 예치한 투자자예탁금을 양도하는 경우
투자자 예탁금의 우선지급	• 예치금융투자업자는 다음에 해당하게 된 경우 예치기관에 예치한 투자자예탁금을 인출하여 투자자에게 우선하여 지급해야 함 　- 인가 취소, 해산 결의, 파산선고 　- 투자매매업 전부양도·전부폐지가 승인된 경우 및 전부의 정지명령을 받은 경우

65 단기금융 집합투자기구(MMF)　정답 ④
난이도 상

환매조건부매수의 경우에는 남은 만기의 제한을 받지 않는다.

🔖 **이것도 알면 합격!**

단기금융 집합투자기구(MMF)

정의	• 집합투자재산 전부를 원화로 표시된 단기금융상품에 투자하는 집합투자기구
단기 금융상품	• 남은 만기가 6개월 이내인 양도성 예금증서 • 남은 만기가 5년 이내인 국채증권 • 남은 만기가 1년 이내인 지방채증권·특수채증권·기업어음증권·사채권(주식 관련 사채 및 사모사채권 제외) 　- 단, 환매조건부매수의 경우 남은 만기의 제한을 받지 않음
규제특례	• 증권을 대여 또는 차입하는 방법으로 운용하지 않아야 함 • 남은 만기가 1년 이상인 국채증권에 집합투자재산의 5% 이내에서 운용해야 함 • 환매조건부매도는 보유 증권 총액의 5% 이내이어야 함

66 경영공시　정답 ①
난이도 중

금융사고 등으로 금융투자업자의 직전 분기말 자기자본의 2% 금액을 초과하는 손실이 발생하였거나 손실이 예상되는 경우는 경영공시사항에 해당하나, 그 금액이 10억원 이하인 경우에는 해당하지 않는다.

🔖 **이것도 알면 합격!**

경영공시사항

- 회계기간의 변경
- 금융투자업자 경영환경에 중대한 변경을 초래하는 사항
- 금융투자업자의 채권·채무관계에 중대한 변동을 초래하는 사항
- 금융사고 등으로 금융투자업자의 직전 분기말 자기자본의 2% 금액을 초과하는 손실이 발생하였거나 손실이 예상되는 경우(단, 그 금액이 10억원 이하인 경우에는 제외)

[67~69] 한국금융투자협회규정

67 집합투자증권 판매 시 준수사항　정답 ①
난이도 중

다른 금융투자상품과 연계하여 펀드를 판매할 경우 펀드투자권유자문인력으로 협회에 등록된 자이어야 한다.

68 펀드 투자광고 시 의무표시사항   정답 ①

'㉠, ㉡'는 펀드 투자광고 시 의무표시사항에 해당한다.

오답 개념 체크

㉢ '투자에 따른 손실보전이나 이익보장'은 펀드 투자광고 시 의무표시사항에 해당하지 않으며, 투자에 따른 손실보전이나 이익보장으로 오인할 우려가 있는 표시를 하는 행위는 금지된다.

이것도 알면 합격!

펀드 투자광고 시 의무표시사항
- 환매수수료 및 환매신청 후 환매금액의 수령이 가능한 구체적인 시기
- 증권거래비용의 발생 가능성
- 투자자가 직·간접적으로 부담하게 되는 각종 보수 및 수수료
- 고유한 특성 및 투자 위험성이 있는 집합투자기구의 경우 해당 특성 및 투자위험성에 관한 설명
- 수수료 부과기준 및 절차

69 신상품 보호   정답 ③

심의위원회 위원장은 침해배제 신청 접수일로부터 7영업일 이내에 심의위원회를 소집하여 배타적 사용권 침해배제 신청에 대해 심의해야 한다.

[70~75] 주식투자운용/투자전략

70 고정비율 포트폴리오 보험전략(CPPI)   정답 ③

주식투자금액 = 승수 × (포트폴리오 평가액 − 최저 보장수익의 현재가치)
= 3 × {200억원 − 160억원/(1 + 0.04)}
= 3 × (200억원 − 153.85억원) = 138.45억원

이것도 알면 합격!

쿠션과 익스포저
- 쿠션 = 포트폴리오 평가액 − 최저 보장수익의 현재가치
- 익스포저(= 주식투자금액) = 승수 × 쿠션

71 이상현상과 종목 선정   정답 ③

'㉡, ㉢'은 수익률 역전 그룹으로 성격이 같은 이상현상으로 분류된다.

오답 개념 체크

㉠ 저PER효과는 상대적 저가주 효과 그룹에 속한다.
㉣ 1월 효과는 정보비효율 그룹에 속한다.

이것도 알면 합격!

이상현상(Anomaly)의 분류

정보 비효율 그룹	· 수익예상 수정효과 · 수익예상 추세효과 · 무시된 기업효과 · 소형주 효과 · 1월 효과
상대적 저가주 효과 그룹	· 저PER 효과 · 저PBR 효과
수익률 역전 그룹	· 장기 수익률 역전 현상/Winner-Loser 효과 · 저베타(β) 효과 · 잔차수익률 역전현상 · 고유수익률 역전현상

72 전술적 자산배분   정답 ③

시장가격이 내재가치 대비 고평가되면 '매도'하며, 내재가치 대비 저평가되면 '매수'한다.

73 효율적 시장가설과 포트폴리오 관리 방식   정답 ①

'㉠, ㉢'은 효율적 시장가설에 대한 적절한 설명이다.

오답 개념 체크

㉡ 준강형의 효율적 시장가설에 의하면 종목 선정 시 공개된 정보로부터 이익을 얻는 것은 불가능하다.
㉣ 효율적 시장가설은 '액티브 운용'을 반대하는 근거로 이용된다.

74 자산집단의 위험 추정   정답 ③

GARCH는 자산집단의 위험을 추정하는 방법이다.

오답 개념 체크

① ② ④ 자산집단의 기대수익률을 추정하는 방법에 해당한다.

이것도 알면 합격!

자산집단의 기대수익률과 위험, 상관관계 추정 방법

기대수익률 추정 방법	· 추세분석법, 시나리오 분석법 · 근본적 분석방법(CAPM, APT 등) · 시장공통 예측치 사용방법 · 경기순환 접근방법 · 시장 타이밍 방법 · 전문가의 주관적인 방법
위험, 상관관계 추정 방법	· 과거 자료를 사용하며 위험의 경우 최근 GARCH와 같은 추정 방법을 사용함

75 전략적 자산배분의 실행 단계 정답 ④
난이도 중

투자자의 투자목적 및 투자제약조건의 파악 ⇨ (자산집단 선택) ⇨ 자산종류별 기대수익, 위험, 상관관계의 추정 ⇨ (최적 자산구성의 선택)

오답 개념 체크
가치평가 과정, 투자위험 인내 과정은 전술적 자산배분의 실행 과정에 해당한다.

[76~81] 채권투자운용/투자전략

76 말킬의 채권가격 정리 정답 ②
난이도 중

만기가 일정하다면 채권 수익률 하락에 따른 가격 상승폭이 동일한 폭의 채권 수익률 상승에 따른 가격 하락폭보다 '크다.'

이것도 알면 합격!

말킬의 채권가격 정리 5가지
- 채권 가격과 채권수익률은 반대로 움직인다.
- 채권의 잔존기간이 길수록 동일한 수익률 변동에 대한 가격 변동폭은 커진다.
- 수익률 변동에 의한 채권 가격 변동은 만기가 길어질수록 증가하지만 그 증감률은 체감한다.
- 만기가 일정할 때 채권수익률 하락으로 인한 가격 상승폭은 동일한 폭의 채권수익률 상승으로 인한 가격 하락폭보다 크다.
- 표면이자율이 높을수록 동일한 크기의 수익률 변동에 대한 가격 변동률은 작아진다.

77 채권 종류별 단가계산 – 할인채 정답 ③
난이도 상

잔존기간이 1년 미만이므로 단리로 계산한다.

$$P = \frac{S}{1 + r \times \frac{d}{365}}$$

$= 10,000/(1 + 0.07 \times 61/365) = 9884.37$

오답 개념 체크
할인채의 매매가격 계산 시 표면이율은 사용하지 않는다.

78 채권위험의 종류 정답 ④
난이도 하

채무불이행위험(Default Risk)에 대한 설명이다.

이것도 알면 합격!

채권위험의 종류

체계적 위험	이자율 변동 위험	채권을 만기까지 보유할 투자자는 가격변동에 관심이 없지만, 중간에 매각할 투자자는 이자율 상승 시 가격 하락 위험(투자손실)이 발생 가능
	구매력 위험	채권투자의 이익이 구매력 손실(물가 상승)을 보충하지 못할 위험
	재투자 위험	중도에 발생하는 현금을 매수수익률보다 낮은 이자율로 투자했을 때 발생하는 위험
비체계적 위험	신용(채무 불이행)위험	채권에 명시된 원금·이자의 전부 또는 일부를 받지 못할 위험
	중도상환 위험	만기 이전에 시장수익률 하락으로 발행회사가 기존에 발행한 채권의 중도상환을 요구할 때 발생하는 위험
	시장(유동성) 위험	보유하고 있는 채권을 시장가격에 근접한 가격으로 쉽게 매각할 수 있는가를 나타내는 위험
환율 위험		환율시세 변동의 영향으로 나타나는 위험으로 국제분산투자가 가능하면 비체계적 위험, 아니라면 체계적 위험이 될 수 있음

79 합성채권 – 패리티 정답 ①
난이도 상

- 전환가격 = $\frac{채권액면}{전환주수} = \frac{200,000}{10} = 20,000$
- 전환사채의 패리티 = $\frac{주가}{전환가격} = \frac{10,000}{20,000} = 50\%$

오답 개념 체크
채권의 현재가격은 전환사채의 패리티를 구할 때 반영되지 않는다.

80 유통시장의 구조 정답 ④
난이도 중

우리나라를 포함하여 대부분의 나라가 장외시장의 거래량 비중이 장내시장보다 크게 높은 것이 특징이다.

오답 개념 체크
① 채권은 주식과 달리 개인투자자에 의해 소화되기 어렵기 때문에 대부분 기관투자자 간 대량매매가 이뤄지며, 경쟁매매보다 상대매매로 거래되는 경우가 다수이므로 장내거래보다 장외거래가 더 높은 비중을 가진다.

이것도 알면 합격!

장외거래 vs. 장내거래

구분	장외거래	장내거래
대상채권	제한없음	상장채권, 주식 관련 사채
거래장소	브로커·IDB회사 창구	거래소
거래조건	제한없이 다양한 조건	규격화, 표준화
거래방법	상대매매	경쟁매매, 전산매매

81 볼록성의 가치 — 난이도 중 — 정답 ②

'㉠, ㉣'은 채권의 볼록성에 대한 적절한 설명이다.

오답 개념 체크
㉡ 동일한 듀레이션에서 볼록성이 큰 채권은 작은 채권보다 수익률의 상승이나 하락에 관계없이 항상 높은 가격을 지닌다.
㉢ 듀레이션이 증가함에 따라 채권의 볼록성은 가속도로 증가한다.

이것도 알면 합격!

볼록성의 특성
- 동일한 듀레이션에서 볼록성이 큰 채권은 작은 채권보다 수익률의 상승이나 하락에 관계없이 항상 높은 가격을 지님
- 수익률이 하락할수록 채권의 볼록성은 증가
- 일정한 수익률과 만기에서 표면이자율이 낮을수록 채권의 볼록성은 커짐
- 채권의 볼록성은 듀레이션이 증가함에 따라 가속도로 증가
- 볼록성은 채권의 달러 듀레이션(DD) 변화율을 측정
- 달러 듀레이션(DD)의 변화는 볼록성이 커질수록 증가
- 듀레이션이 동일해도 채권 현금흐름의 분산도가 클수록 볼록성이 더 높음

[82~87] 파생상품투자운용/투자전략

82 장외파생상품 — 난이도 중 — 정답 ④

'㉠, ㉡, ㉢, ㉣'은 모두 장외파생상품의 기초자산에 해당한다.

이것도 알면 합격!

장외파생상품의 기초자산
- 주가지수
- 금리
- 통화(외환, 환율)
- 신용위험
- 개별 주식
- 채권
- 상품(원자재)

83 옵션의 정의 – 옵션의 내재가치 — 난이도 중 — 정답 ②

콜옵션 내재가치 = 기초자산 가격(297.5pt) − 행사가격(292.5pt) = 5pt

오답 개념 체크
옵션프리미엄은 내재가치와 시간가치의 합이므로 이 문제에서는 사용하지 않는다.

이것도 알면 합격!

옵션의 본질(내재)가치
- Call = Max[0, S_T − X]
- Put = Max[0, X − S_T]
  (S_T = 만기시점의 기초자산가격, X = 행사가격)

84 옵션 기초 — 난이도 중 — 정답 ③

콜옵션의 경우 기초자산 가격이 행사가격에 비해 높다면 내가격 상태, 낮다면 외가격 상태, 두 가격이 같으면 동가격 상태라고 한다.

오답 개념 체크
① '유럽식 옵션'은 옵션 행사 권리를 만기 시점 한 번으로 사용 시기를 제한한 경우를 말하며 미국식 옵션은 만기 전이면 사용 시기 제한이 없다.
② 내재가치가 0이면 시간가치와 옵션프리미엄이 동일하다.
④ '수평스프레드'는 만기가 서로 다른 두 개의 옵션의 매수와 매도가 동시에 취해지는 경우이며 수직스프레드는 행사가격이 다른 경우이다.

85 콘탱고와 백워데이션 — 난이도 중 — 정답 ③

선물시장에서 선물 가격이 현물 가격보다 더 높은 경우를 콘탱고 상태 (정상시장)라고 표현한다.

이것도 알면 합격!

콘탱고와 백워데이션

콘탱고	선물가격이 현물가격보다 높게 형성된 상태로 정상시장이라고도 표현한다.
백워데이션	선물가격이 현물가격보다 낮게 형성된 상태로 역조시장이라고도 표현한다.

86 옵션 프리미엄의 민감도 지표 – 감마 — 난이도 중 — 정답 ①

풋옵션 매수 시 감마의 부호는 (+)이다.

이것도 알면 합격!

옵션의 매수·매도 포지션에 대한 민감도 부호

구분		델타	감마	쎄타	베가
Call	매수	+	+	−	+
	매도	−	−	+	−
Put	매수	−	+	−	+
	매도	+	−	+	−

87 풋불스프레드 — 난이도 상 — 정답 ①

- 풋옵션 매수포지션의 손익
  = Max[(행사가격 − 기초자산가격), 0] − 옵션프리미엄
  = Max[(295pt − 292.5pt), 0] − 1.5pt
  = 1pt
- 풋옵션 매도포지션의 손익
  = −{Max[(행사가격 − 기초자산가격), 0]} + 옵션프리미엄
  = −Max[(300pt − 292.5pt), 0] + 5pt
  = −2.5pt

∴ 투자자 A의 최종 손익 = 1pt + (−2.5pt) = −1.5pt

이것도 알면 합격!

옵션의 본질(내재)가치

- Call = Max[0, S_T − X]
- Put = Max[0, X − S_T]

(S_T = 만기시점의 기초자산가격, X = 행사가격)

[88~91] 투자운용결과분석

88 난이도 중 | 표준편차 | 정답 ②

'㉠, ㉡'은 왜도에 대한 적절한 설명이다.

오답 개념 체크

㉢ 첨도에 대한 설명이다.

이것도 알면 합격!

수익률 분포의 또 다른 통계적 특성

- 왜도는 좌나 우로 얼마나 기울어져 있는지를 측정하는 지표로 우로 편중된 경우 평균보다 낮은 수익률이, 좌로 편중된 경우 평균보다 높은 수익률이 발생할 가능성이 높다.
- 첨도는 봉우리가 얼마나 뾰족한가를 측정하는 지표로 뾰족할수록 평균근처의 수익률이 발생할 가능성이 정규분포보다 높고, 완만할수록 평균 근처의 수익률이 발생할 가능성이 정규분포보다 낮다.

89 난이도 중 | 투자수익률 계산 – 금액가중수익률 | 정답 ③

금액가중수익률은 각 기간별 현금유입액에서 현금유출액을 차감한 순현금흐름을 할인하여 합산한 값을 0으로 만드는 할인율이므로 기간별로 현금 유·출입액에 의하여 변동한다고 할 수 있다.

오답 개념 체크

① 시간가중수익률에 대한 설명이다.
② 펀드매니저와 투자자의 공동의 노력의 결과로 나타나는 수익률 효과가 혼합되어 있어 펀드매니저의 운용능력을 측정하기 어렵다.
④ 투자기간을 고려한 투자자의 실제 획득 수익을 측정하는 데에는 가장 정확한 지표이다.

이것도 알면 합격!

금액가중수익률과 시간가중수익률

금액가중 수익률	· 측정기간 동안 얻은 수익금액을 반영하는 성과지표 · 펀드매니저와 투자자의 공동의 노력의 결과로 나타나는 수익률 효과가 혼합되어 있음 · 각 기간별 현금유입액에서 현금유출액을 차감한 순현금흐름을 할인하여 합산한 값을 0으로 만드는 할인율
시간가중 수익률	· 세부기간별 펀드의 수익률을 계산한 후 기하학적으로 연결하여 총수익률 계산(기간이 짧을수록 왜곡 감소) · 투자자금의 유출입에 따른 수익률 왜곡을 해결한 방법으로 펀드매니저 운용능력 측정 가능

90 난이도 중 | 투자위험 | 정답 ①

'㉠ 베타, ㉡ 잔차위험'은 상대적 위험을 측정하는 지표에 해당한다.

오답 개념 체크

㉢ ㉣ 표준편차, 절대 VaR은 절대적 위험을 측정하는 지표에 해당한다.

이것도 알면 합격!

절대적 위험과 상대적 위험

절대적 위험	전체위험	· 표준편차	· 수익률의 안정성을 중시하는 전략에 활용
	하락위험	· 절대 VaR · 하락편차 · 반편차 · 적자 위험	· 목표수익률을 추구하는 전략에 활용 · 보다 정확한 의미의 위험 측정
상대적 위험	전체위험	· 베타 · 잔차 위험	· 자산배분 전략에 기초한 장기투자전략에 적합
	하락위험	· 상대 VaR	· 기준지표가 미리 정해진 투자에 활용

91 난이도 상 | 샤프비율과 트레이너비율 | 정답 ②

샤프비율로 비교했을 때 A펀드가 1.43으로 가장 우수하고, 트레이너비율로 비교했을 때 D펀드가 13.125로 가장 우수하다.

- A펀드 샤프비율
  = (펀드수익률 − 무위험수익률)/표준편차
  = (13% − 3%)/7%= 1.43
- D펀드 트레이너비율
  = (펀드수익률 − 무위험수익률)/베타
  = (24% − 3%)/1.6 = 13.125

오답 개념 체크

- 샤프비율
  B펀드 = (17% − 3%)/10% = 1.4
  C펀드 = (20% − 3%)/15% = 1.13
  D펀드 = (24% − 3%)/25% = 0.84
- 트레이너비율
  A펀드 = (13% − 3%)/0.8 = 12.5
  B펀드 = (17% − 3%)/1.1 = 12.73
  C펀드 = (20% − 3%)/1.3 = 13.08

[92~95] 거시경제

92 난이도 중 | 경기예측방법 | 정답 ③

실업률은 실업자 수를 경제활동인구로 나누어 구한다.

93 난이도 중 · IS-LM모형 — 정답 ①

조세가 증가하면 IS곡선이 왼쪽으로 이동하므로 금리가 하락한다.

오답 개념 체크
② 정부지출이 증가하면 IS곡선이 오른쪽으로 이동하므로 금리가 상승한다.
③ 물가가 하락하면 LM곡선이 오른쪽으로 이동하므로 금리는 하락한다.
④ 통화량이 감소하면 LM곡선이 왼쪽으로 이동하므로 금리는 상승한다.

94 난이도 중 · 이자율의 기간구조이론 — 정답 ③

유동성 프리미엄 이론은 장단기 채권 간의 불완전한 대체관계를 가정하므로, 장기채권을 보유하는 것이 단기채권을 보유하는 것보다 더 높은 위험을 부담하지만 여전히 장단기 채권 간의 연계성은 존재한다. 따라서 장단기 채권 간의 대체가 불가능하다는 설명은 틀린 내용이다.

이것도 알면 합격!

이자율의 기간구조이론

구분	불편기대 이론	시장분할 이론	유동성 프리미엄 이론	특정 시장 선호 이론
채권 간 대체	완전 대체	대체관계 없음	불완전 대체	불완전 대체
우상향의 수익률 곡선	우상향/우하향 잘 설명 못함	우상향 잘 설명함	우상향 잘 설명함	우상향 설명함(△)
수익률 곡선의 이동	잘 설명함	잘 설명 못함	잘 설명함	잘 설명함

95 난이도 중 · 경기지수 — 정답 ④

'ⓒ 재고순환지표, ⓓ KOSPI'는 선행 종합지수에 해당한다.

오답 개념 체크
㉠ 소매판매액지수는 동행 종합지수에 해당한다.
㉡ CP 유통수익률은 후행 종합지수에 해당한다.

이것도 알면 합격!

경기종합지수

선행 종합지수	동행 종합지수	후행 종합지수
· 재고순환지표	· 비농림어업취업자수	· 취업자수
· 경제심리지수	· 광공업생산지수	· 생산자제품재고지수
· 기계류내수출하지수	· 서비스업생산지수	· 소비물가지수변화율 (서비스)
· 건설수주액(실질)	· 소매판매액지수	· 소비재수입액(실질)
· 수출입물가비율	· 내수출하지수	· CP 유통수익률
· 코스피	· 건설기성액(실질)	
· 장단기금리차	· 수입액(실질)	

[96~100] 분산투자기법

96 난이도 중 · 투자종목 수와 위험분산 효과 — 정답 ①

비체계적 위험은 기업의 고유요인에 의해 발생하는 위험으로써 종목 수가 증가함에 따라 감소한다. 기업 고유위험, 분산 가능 위험이라고도 말한다.

오답 개념 체크
② 상관계수가 0인 경우 분산투자 효과가 나타나며, 분산투자 효과가 없는 것은 상관계수가 완전 양(+)인 경우이다.
③ 투자종목의 수가 증가할수록 포트폴리오 위험은 각 종목들 간의 공분산의 평균에 접근해 간다.
④ 분산투자 대상이 증가할수록 표준편차(위험)가 감소하지만 대상이 무한대로 증가해도 사라지지 않는 체계적 위험이 존재한다.

97 난이도 중 · 차익거래 가격결정이론 – 단일요인 모형 — 정답 ③

단일요인 차익거래 가격결정이론에서의 차익거래 해소 조건

$$\frac{E(R_A) - R_f}{\beta_A} = \frac{E(R_B) - R_f}{\beta_B}$$

$$\Rightarrow \frac{0.05 - 0.01}{0.4} = \frac{0.06 - 0.01}{\beta_B}$$

$$\therefore \beta_B = 0.5$$

98 난이도 중 · 개별증권의 위험과 균형 기대수익률 – 요구수익률 — 정답 ④

$$E(R_j) = R_f + [E(R_m) - R_f] \times \frac{\sigma_{jm}}{\sigma_m^2}$$

$$= 0.06 + (0.12 - 0.06) \times 0.025/0.1^2 = 21\%$$

99 난이도 중 · 최소분산 포트폴리오 — 정답 ③

주식A의 투자비율

$$= \frac{\sigma_B^2 - \sigma_{AB}}{\sigma_A^2 + \sigma_B^2 - 2\sigma_{AB}}$$

$$= \frac{\sigma_B^2 - \sigma_A \sigma_B \rho_{AB}}{\sigma_A^2 + \sigma_B^2 - 2\sigma_A \sigma_B \rho_{AB}}$$

$$= \frac{0.4^2 - 0.5 \times 0.4 \times (-1)}{0.5^2 + 0.4^2 - 2 \times 0.5 \times 0.4 \times (-1)}$$

$$= 0.44$$

100 난이도 중 · 무위험자산이 포함될 때 포트폴리오의 위험 — 정답 ②

무위험자산이 포함될 때 포트폴리오의 위험
= 위험자산의 비중 × 위험자산의 표준편차
= 50% × 10% = 5%

MEMO

해커스
투자자산운용사
최종 실전모의고사

합격 시크릿북 [3종]

쉽고 짧게 끝내는 합격 시크릿북 ②

주/채/파 3일 완성

해커스

목차

PART 1 주식투자운용 및 투자전략

Topic 01	효율적 시장가설	8
Topic 02	자산집단의 기본적 성격	10
Topic 03	자산집단의 기대수익률, 위험 추정	12
Topic 04	전략적 자산배분	14
Topic 05	전술적 자산배분	16
Topic 06	보험자산배분	18
Topic 07	OBPI & CPPI	20
Topic 08	주식 포트폴리오 운용전략	22
Topic 09	액티브 운용	24
Topic 10	패시브 운용	26
Topic 11	주식 포트폴리오 구성	28
Topic 12	주식 포트폴리오 모형	30
Topic 13	ESG 투자	32

PART 2 채권투자운용 및 투자전략

Topic 01	채권의 분류	38
Topic 02	채권의 계산	42
Topic 03	합성채권	44
Topic 04	채권 유통시장	48
Topic 05	채권의 수익률	50
Topic 06	말킬의 채권가격 정리	52
Topic 07	맥컬레이 듀레이션	54
Topic 08	볼록성	56
Topic 09	선도 이자율	58
Topic 10	채권 위험의 종류	60
Topic 11	적극적 채권운용전략	62
Topic 12	소극적 채권운용전략	64

PART 3 파생상품투자운용 및 투자전략

Topic 01	파생상품의 분류	70
Topic 02	선도거래와 선물거래	72
Topic 03	콘탱고와 백워데이션	76
Topic 04	선물의 균형가격	78
Topic 05	선물거래	80
Topic 06	옵션의 기초	82
Topic 07	옵션의 매매	84
Topic 08	옵션 스프레드 전략	86
Topic 09	스트래들 전략	88
Topic 10	풋-콜 패리티	90
Topic 11	포트폴리오 보험과의 연결	92
Topic 12	이항모형	94
Topic 13	블랙-숄즈 모형	96
Topic 14	옵션 프리미엄의 민감도	98

합격의 기준, 해커스금융
fn.Hackers.com

PART 1
주식투자운용 및 투자전략

출제 유형 분석 MAP

PART 1 | 주식투자운용 및 투자전략

I. 배경

Topic 01 효율적 시장가설
- 의의 : 액티브 운용의 반박 논거
- 종류 : 약형, 준강형, 강형의 시장가설 비교 ★★★

Topic 02 자산집단의 기본적 성격
- 자산집단의 성격 5가지

Topic 03 자산집단의 기대수익률, 위험 추정
- 기대수익률의 추정 방법 → 추·시·근·시
- 위험 추정 방법 → GARCH

II. 전략

Topic 04 전략적 자산배분
- 실행과정 4단계
- 이론적 배경 : 효율적 투자기회선의 개념

vs. ★★★

Topic 05 전술적 자산배분
- 전략적 자산배분과의 관계
- 이론적 배경 : 역투자전략 → 고평가 매도, 저평가 매수

Topic 06 보험자산배분
- 보험자산배분의 정의 → 초단기적, 수동적
- 실행 메커니즘 : positive feedback 전략
  → 고평가 매수, 저평가 매도

Topic 07 OBPI & CPPI
- 개념 : 합성 풋옵션 전략 → 위험자산 + 풋옵션
- 계산 : CPPI 공식 → 익스포저 = 쿠션 × 승수

Ⅲ. 운용

Topic 08
주식 포트폴리오 운용전략
- 운용전략간 특성 비교

Topic 09
액티브 운용
- 가치투자 스타일
  - vs. ★★★
- 성장투자 스타일

Topic 10
패시브 운용
- 주가지수 → 주가가중, 시가가중, 동일가중
- 인덱스 펀드 구성방법 → 완전복제, 표본추출, 최적화의 비교 ★★★

Topic 11
주식 포트폴리오 구성
- 포트폴리오 구성 과정 → 트레이딩, 리밸런싱, 업그레이딩
- 종목 선정 : 그룹별 이상현상의 구분

Topic 12
주식 포트폴리오 모형
- 포트폴리오 모형의 비교 → 다중요인, 2차 함수 최적화, 선형계획

Topic 13
ESG 투자
- ESG의 개념

Topic 01 효율적 시장가설

대표 출제 유형

액티브 운용의 반박 논거

01 <보기> 중 효율적 시장가설에 대한 적절한 설명으로만 모두 묶인 것은?

<보기>
㉠ 효율적 시장가설은 패시브 운용을 반대하는 논거로 이용된다.
㉡ 약형의 효율적 시장가설에 의하면 기술적 분석은 아무런 가치가 없다.
㉢ 준강형의 효율적 시장가설에 의하면 어떤 형태의 액티브 운용도 시도할 필요가 없다.
㉣ 강형의 효율적 시장가설에 의하면 기업에 대해 알려진 정보는 주식의 분석에 도움이 되지 않는다.

① ㉠, ㉢   ② ㉠, ㉣   ③ ㉡, ㉢   ④ ㉡, ㉣

TIP '㉡, ㉣'은 효율적 시장가설에 대한 적절한 설명이다.

약형, 준강형, 강형의 시장가설 비교

02 효율적 시장가설에 대한 설명으로 가장 거리가 먼 것은?

① 약형의 효율적 시장가설을 신뢰하는 경우 주가에 공개 가능성 있는 정보가 반영되어 있다고 본다.
② 약형의 효율적 시장가설에 의하면 기술적 분석은 아무런 가치가 없다.
③ 준강형의 효율적 시장가설에 의하면 공개된 정보로부터 이익을 얻는 것은 불가능하다.
④ 강형의 효율적 시장가설에 의하면 기업에 대해 알려진 정보는 주식의 분석에 도움이 되지 않는다.

TIP '강형'의 효율적 시장가설을 신뢰하는 경우 주가에 공개 가능성 있는 정보가 반영되어 있다고 본다.

정답 01 ④ 02 ①

01~02 핵심포인트 해설

1 주식투자운용

주식은 수익률이 높고 위험이 큰 자산이므로, 주식 비중을 얼마만큼 유지하고, 어떻게 포트폴리오를 관리할 것인가가 중요하다.
↳ 자산배분 전략   ↳ 포트폴리오 운용 전략

2 효율적 시장가설

1) 개념
- 주식시장에 새로운 정보가 주어진 경우, 그 모든 정보는 즉시 주가에 반영된다는 가설이다.
  → 투자자들이 주가 관련 정보를 얻고 분석을 하며 시간이 지나는 순간, 더 이상 수익은 낼 수 없다.

2) 의의
- 효율적 시장가설은 액티브 운용을 반대하는 논거로 이용되며, 어떤 효율적 시장가설을 신뢰하는지에 따라 영향을 받는 정보가 결정된다.

[참고] 액티브 운용 vs. 패시브 운용

액티브 운용	초과수익을 내기 위해 적극적으로 주식 정보를 발굴하고 분석하는 운용방식
패시브 운용	효율적 시장가설에 기반하여 현재 주가에 주식 가치가 정확하게 반영되었다고 보아 시장지수를 따라가는 운용방식

3 효율적 시장가설의 구분

1) 약형 vs. 준강형 vs. 강형

약형과 준강형을 신뢰 → 액티브 운용 (O)   강형을 신뢰 → 액티브 운용 (X)

약형	준강형	강형
주가에 과거 정보가 이미 반영됨 → 기술적 분석은 의미 없음 ↳ 주가 차트 등을 통해 주식 및 금융시장을 예측하는 분석 방법	주가에 과거 정보 + 공개된 정보가 이미 반영됨 → 기술적 분석, 공개된 정보는 의미 없음	주가에 과거 정보 + 공개된 정보 + 공개 가능성 있는 정보가 이미 반영됨 → 기술적 분석, 공개된 정보, 공개 가능성 있는 정보는 의미 없음 → 어떤 정보에 따른 분석, 즉 액티브 운용은 의미 없음

강한 효율적 시장가설일수록 더 많은 정보가 주가에 반영되었다고 봄

2) 주가 반영 정보의 범위 비교

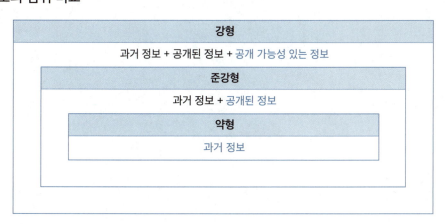

Topic 02 자산집단의 기본적 성격

대표 출제 유형

자산집단의 성격 5가지

01 <보기> 중 자산집단이 가져야 할 5가지 기본적 성격에 대한 적절한 설명으로만 모두 묶인 것은?

<보기>
㉠ 자산집단 내의 자산들은 경제적 또는 자본시장의 관점에서 비슷한 속성을 가져야 한다.
㉡ 자산집단 내에서 실제 투자할 대상의 규모와 수가 충분해야 한다.
㉢ 자산집단 간 상관관계가 높게 나타나야 한다.

① ㉠　　② ㉠, ㉡　　③ ㉡, ㉢　　④ ㉠, ㉡, ㉢

TIP '㉠, ㉡'은 동질성, 충분성에 대한 적절한 설명이다.

자산집단의 성격 5가지

02 자산집단이 가져야 할 5가지 기본적 성격에 대한 설명으로 가장 거리가 먼 것은?

① 자산집단 내의 자산들은 경제적 또는 자본시장의 관점에서의 속성이 비슷해야 한다.
② 자산집단 간 서로 겹치는 부분이 없어야 한다.
③ 자산집단 간 상관계수는 높아야 한다.
④ 개별 자산집단의 규모는 투자활동에 따른 유동성의 문제가 발생하지 않을 정도로 커야 한다.

TIP 자산집단 간 상관계수는 낮을수록 좋다.

정답 01 ② 02 ③

01~02 핵심포인트 해설

1 자산집단의 개요

1) 의미
   - 개별 증권이 모여 마치 큰 의미의 증권처럼 움직이는 투자대상이다.

2) 종류
   - 주식, 채권, 부동산 등이 있으며, 여러 측면에서 다시 세분화할 수 있다.

예) 자산집단의 세분화

주식	(기업규모) 대형주, 중형주, 소형주
	(특성) 가치주, 성장주 등
채권	(만기) 장기채, 중기채, 단기채
	(발행주체) 국채, 지방채 등

2 자산집단의 기본적 성격 5가지

동질성	• 자산집단 내 자산들은 경제적 관점에서 상대적으로 동일한 특성을 가진다.
배타성	• 자산집단은 서로 배타적이어서 겹치는 부분이 없어야 한다.
분산가능성	• 자산집단간 분산투자를 통해 위험을 줄이기 위해서는 독립적이어야 한다. • 자산집단간 상관계수가 낮을 때 분산효과가 높게 나타난다. ↳ 두 변수 간의 연관성을 나타내는 지표로, 연관성이 강하면 상관계수가 높고, 연관성이 약하면 상관계수가 낮음
포괄성	• 자산집단 전체는 투자가 가능한 자산을 대부분 포함하는 것이 좋다. • 투자대상이 많으면 위험 수준이 같아도 수익률이 높아지기 때문이다.
충분성	• 자산집단 내 실제 투자할 대상의 규모와 수가 충분해야 한다. • 투자 대상인 개별 자산집단의 규모가 충분히 크면 유동성의 문제가 발생하지 않기 때문이다.

Topic 03 자산집단의 기대수익률, 위험 추정

대표 출제 유형

기대수익률의 추정 방법

01 <보기>의 빈칸에 들어갈 내용으로 가장 적절한 것은?

<보기>
자산배분 전략을 실행하기 위한 자산집단의 기대수익률 추정 방법 중, 과거 시계열 자료를 바탕으로 각 자산집단별 리스크 프리미엄을 반영하는 기법은 (　　)이다.

① 추세분석법
② 시장공통 예측치 사용방법
③ 펀더멘탈 분석방법
④ 경기순환 접근방법

TIP 자산배분 전략을 실행하기 위한 자산집단의 기대수익률 추정 방법 중, 과거 시계열 자료를 바탕으로 각 자산집단별 리스크 프리미엄을 반영하는 기법은 (펀더멘탈 분석방법)이다.

위험 추정 방법

02 자산집단의 위험 추정방법으로 가장 적절한 것은?

① 시나리오분석법
② 추세분석법
③ GARCH
④ 근본적 분석방법

TIP GARCH는 자산집단의 위험을 추정하는 방법이다.

기대수익률의 추정 방법

03 <보기> 중 자산배분 전략을 수행하기 위한 자산집단의 기대수익률을 추정하는 방법으로만 모두 묶인 것은?

<보기>
㉠ 근본적 분석방법
㉡ GARCH
㉢ 시장공통 예측치 사용방법

① ㉠
② ㉠, ㉡
③ ㉠, ㉢
④ ㉠, ㉡, ㉢

TIP '㉠, ㉢'은 자산집단의 기대수익률을 추정하는 방법에 해당한다.

정답　01 ③　02 ③　03 ③

01~03 핵심포인트 해설

주식투자의 자산배분 전략을 실행하려면 자산집단의 특성을 추정해야 하는데, 그 중에서도 자산집단의 기대수익률과 위험을 추정하는 것이 중요하다.

1 기대수익률 추정방법 → (추·시·근·시)

1) **추세분석법**
   - 장기간의 과거 수익률을 분석하여 미래의 수익률로 사용하는 방법이다.
   - 우리나라의 경우처럼 과거 수익률 자료의 기간이 짧으면 사용하기 어렵다.

2) **시나리오 분석법**
   - 주요 경제변수의 변화 과정을 여러 시나리오로 구성하여 시뮬레이션하는 방법으로 기대수익률을 추정한다.
   - 추세분석법이 단순히 과거 수익률을 사용한 방법이라면, 시나리오 분석법은 여러 경제변수의 상관성을 고려함으로써 더욱 합리적인 수익률 추정을 할 수 있다.
     → 한 변수가 증가할 때 다른 변수가 같은 방향으로 증가하는지 반대 방향으로 감소하는지를 의미
   - 시나리오별 발생확률을 주관적으로 결정해야 하는 단점이 있어 모의분석에 주로 사용된다.

3) **근본적 분석법**
   - 과거 자료를 바탕으로 미래에 대한 기대치를 추가하여 수익률을 추정하는 방법으로, 펀더멘탈 분석법이라고도 한다.
     → 과거 시계열 자료 + 자산집단별 리스크 프리미엄
   - 회귀분석, CAPM, APT 등의 방법이 있다.

4) **시장공통 예측치 사용방법**
   - 시장참여자들이 공통적으로 가지고 있는 미래수익률에 대한 추정치를 이용하는 방법이다.

5) **기타**
   - 이외에도 경기순환 접근방법, 시장 타이밍방법, 전문가의 주관적인 방법으로 자산집단의 기대수익률을 추정한다.

2 위험 추정방법

위험은 주로 과거 자료를 사용하여 추정하나, 최근에는 GARCH를 사용해 더 정교하게 추정한다.

[참고] GARCH : 시계열 데이터의 변동성을 분석하고 예측하는 데 사용되는 통계 모델의 일종

Topic 04 전략적 자산배분

대표 출제 유형

실행과정 4단계

01 전략적 자산배분의 실행단계를 가장 적절하게 나열한 것은?

① 자산집단의 선택 ⇨ 최적 자산구성의 선택 ⇨ 투자자의 투자목적 및 투자제약조건의 파악 ⇨ 자산종류별 기대수익, 위험, 상관관계의 추정

② 자산종류별 기대수익, 위험, 상관관계의 추정 ⇨ 자산집단의 선택 ⇨ 최적 자산구성의 선택 ⇨ 투자자의 투자목적 및 투자제약조건의 파악

③ 투자자의 투자목적 및 투자제약조건의 파악 ⇨ 최적 자산구성의 선택 ⇨ 자산종류별 기대수익, 위험, 상관관계의 추정 ⇨ 자산집단의 선택

④ 투자자의 투자목적 및 투자제약조건의 파악 ⇨ 자산집단의 선택 ⇨ 자산종류별 기대수익, 위험, 상관관계의 추정 ⇨ 최적 자산구성의 선택

TIP 투자자의 투자목적 및 투자제약조건의 파악 ⇨ 자산집단의 선택 ⇨ 자산종류별 기대수익, 위험, 상관관계의 추정 ⇨ 최적 자산구성의 선택

효율적 투자기회선의 개념

02 <보기>의 최적화된 자산구성을 위한 포트폴리오에 대한 설명 중 빈칸에 들어갈 내용으로 가장 적절한 것은?

<보기>

정해진 위험 수준 하에서 가장 높은 수익률을 달성하는 포트폴리오를 (　　　)라고 부르며, 이를 수익률과 위험의 공간에서 연속선으로 연결한 것은 (　　　)이라고 한다.

① 효율적 포트폴리오, 효율적 투자기회선
② 효율적 포트폴리오, 무차별곡선
③ 시장 포트폴리오, 효율적 투자기회선
④ 시장 포트폴리오, 무차별곡선

TIP 정해진 위험 수준 하에서 가장 높은 수익률을 달성하는 포트폴리오를 (효율적 포트폴리오)라고 부르며, 이를 수익률과 위험의 공간에서 연속선으로 연결한 것은 (효율적 투자기회선)이라고 한다.

정답 01 ④ 02 ①

01~02 핵심포인트 해설

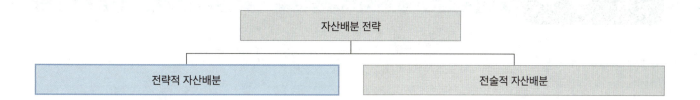

1 전략적 자산배분의 이해

1) 개념
   - 투자 의사결정 시, 중·장기적인 관점에서의 자산구성을 결정하는 것을 말한다.

2) 예시
   - 주식을 50%, 채권을 50%로 투자한다. (단, ±10%까지 변경 가능)
     - 장기적 결정 : 자산집단별 투자비중 결정
     - 중기적 결정 : 자산집단 변경 한계 결정

2 실행과정

3 이론적 배경

1) **효율적 투자기회선**

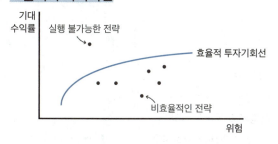

여러 개의 효율적 포트폴리오를 수익률과 위험의 공간에서 연속선으로 연결한 것을 말한다. → 정해진 위험 수준에서 가장 높은 수익률을 달성하는 포트폴리오

→ 더 정확한 효율적 투자기회선을 밝혀내기 위해서는 기대수익, 위험, 자산 간 상관관계 또한 정확히 추정해야 하는데, 이를 위해 최적화 방법이 사용된다.

2) 최적화
   - 일정한 위험 수준에서 최대 수익률을 달성하거나, 일정한 수익률 수준에서 가장 낮은 위험을 부담하도록 포트폴리오를 구성하는 것을 말한다. → 동일한 위험, 최대 수익률 or 동일한 수익률, 최저 위험

3) 최적 자산배분의 선택

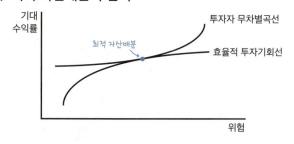

효율적 투자기회선과 투자자의 무차별곡선이 접하는 점에서 최적 자산배분이 결정된다. → 동일한 만족을 느끼는 조합을 연결한 곡선

Topic 05 전술적 자산배분

대표 출제 유형

전략적 자산배분과의 관계

01 전술적 자산배분에 대한 설명으로 가장 거리가 먼 것은?

① 자산집단의 가격이 평균반전 현상을 따른다고 가정한다.
② 장기적으로는 자산집단별 투자비중, 중기적으로는 각 자산집단이 변화할 수 있는 투자비율의 한계를 결정하는 의사결정이다.
③ 저평가된 자산을 매수하고 고평가된 자산을 매도하는 운용방법을 이용한다.
④ 자본시장이 과잉반응하는 비효율적인 시장 상황을 활용하는 전략이다.

TIP 장기적으로 자산집단별 투자비중, 중기적으로 자산집단의 변경 한계를 결정하는 것은 전략적 자산배분에 대한 설명이다.

역투자전략

02 전술적 자산배분에 대한 설명으로 가장 거리가 먼 것은?

① 자산집단의 가격이 평균반전 과정을 따른다는 가정하에 성립되는 전략이다.
② 시장변화에 앞서 사전적으로 자산의 비중을 변화시켜나가는 적극적인 전략이다.
③ 시장가격이 내재가치 대비 고평가되면 매수하며, 내재가치 대비 저평가되면 매도한다.
④ 자산집단의 가치를 과대평가 또는 과소평가하는 자본시장의 과잉반응을 활용한 전략이다.

TIP 시장가격이 내재가치 대비 고평가되면 '매도'하며, 내재가치 대비 저평가되면 '매수'한다.

정답 01 ② 02 ③

01~02 핵심포인트 해설

1 전술적 자산배분의 이해

1) 개념
   - 전술적 자산배분이란 시장의 변화 방향을 예측하여 사전적으로 자산구성을 변동시키는 적극적인 투자전략이다.

2) 전략
   - 저평가된 자산을 매수하고, 고평가된 자산은 매도하는 negative feedback 전략을 사용한다.

2 운용과정

1) 전략적 자산배분과의 관계

   - 전략적 자산배분에 따라 투자한 자산집단들의 가치가 변화한 경우, 이에 대응하여 전술적 자산배분으로서 자산구성을 변경한다.
   - 투자자산의 과대·과소평가를 판단할 수 없다면, 최초 수립한 전략적 자산배분을 유지한다.

2) 운용 방법
   - 중단기적인 가격 착오를 활용하여 전략적 자산배분에 의해 결정된 자산 구성비율을 변경한다.

3) 실행 도구
   - 가치평가모형(기본적 분석방법, 요인 모형 방식), 기술적 분석, 포뮬러 플랜

3 이론적 배경

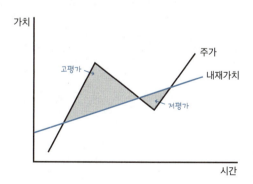

1) 역투자전략 → negative feedback
   - 주가가 고평가되면 매도하고, 저평가되면 매수하는 전략이다.
   - 일반적으로 내재가치가 시장 가격보다 변동성이 매우 낮아 역투자전략이 용이하다.

2) 과잉반응
   - 자산집단이 과대·과소평가되는 과잉반응 현상이 나타나기 때문에 전술적 자산배분이 가능하다.

3) 평균반전 현상
   - 자산집단의 가격은 단기적으로 내재가치에서 벗어나도 장기적으로는 내재가치로 돌아온다는 평균반전 과정을 따른다고 가정한다.

> [비교] 랜덤워크 가설 : 이용·예측 가능한 모든 정보는 증권가격에 반영되어 있어 가격은 전혀 예측할 수 없다.

Topic 06 보험자산배분

대표 출제 유형

보험자산배분의 정의

01 보험자산배분 전략에 대한 설명으로 가장 거리가 먼 것은?

① 포트폴리오 보험에서는 투자기간 동안 자산의 기대수익, 위험, 상관관계가 변화하지 않는다고 가정한다.
② 포트폴리오 보험 전략을 원하는 투자자는 일반적인 투자자들보다 하락 위험을 더 싫어하는 특성을 가진다.
③ 옵션을 이용하지 않고 보험 포트폴리오의 수익구조를 창출하기 위한 전략으로, 포트폴리오 가치가 하락하면 무위험자산에 대한 투자비중을 증가시킨다.
④ 중단기적으로 자산배분을 변경하는 전략으로, 자산집단간 가격착오를 이용해 성과를 내려는 적극적인 투자전략이다.

TIP 전술적 자산배분에 대한 설명이다.

positive feedback 전략

02 보험자산배분 전략에 대한 설명으로 가장 거리가 먼 것은?

① 포트폴리오의 쿠션, 즉 포트폴리오의 현재가치와 최저 보장수익의 현재가치 사이의 차이가 커질수록 위험 허용치는 증가한다.
② 주가가 크게 하락해도 최저 보장수익률을 달성할 수 있다.
③ 옵션의 사용 없이 보험 포트폴리오의 수익구조를 창출하려는 전략으로, 포트폴리오 가치가 하락하면 위험자산에 대한 투자비중을 증가시킨다.
④ 가능한 한 미래 예측치보다는 시장 가격의 변화 추세만을 반영하여 운용하는 수동적인 전략이며, 초단기적으로 변경하는 전략이다.

TIP 포트폴리오 가치가 하락하면 '무위험자산'에 대한 투자비중을 증가시킨다.

정답 01 ④ 02 ③

01~02 핵심포인트 해설

1 보험자산배분의 이해

1) 개념
   - 위험자산(주식)과 무위험자산으로 포트폴리오를 구성하고, 이 두 자산 간의 투자비중을 지속적으로 조정하는 전략이다.

2) 특징
   - 목표 수익률이나 최저 보장수익률(floor)을 반드시 달성해야 하는 경우에 사용한다.
   - 초단기적으로 자산배분을 변경하는 전략이며, 미래 예측치를 최대한 사용하지 않고 시장 가격 변화의 추세만을 반영하여 운용하는 수동적인 전략이다. → 투자기간 동안 자산의 기대수익, 위험, 상관관계가 변하지 않는다고 가정

3) 투자자
   - 위험자산(주식)에 투자하면서도 위험을 극단적으로 회피하며 일정 수익률을 달성하기를 원하는 비정상적인 투자자들이 보험자산배분을 활용한다.

2 이론적 배경

1) 포트폴리오 보험
   - 수익구조 : 주식 + 풋옵션
     → 미리 정한 행사 가격으로 팔 수 있는 권리
   - 주가가 오르면 그에 따른 이익을 획득하고, 주가가 내리면 풋옵션에 의한 이익을 획득한다.
   - → 최소 수익률을 보장하면서도 주가가 상승하면 수익도 일정 부분 획득할 수 있다.

2) 포트폴리오 보험과 보험자산배분 전략
   - 보험자산배분 전략은 옵션 없이도 포트폴리오 보험의 수익구조를 창출하려는 전략이다.

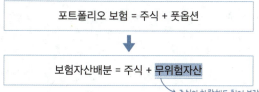

보험자산배분 전략은 옵션 대신 위험자산(주식)과 무위험자산으로 자산을 구성하여 투자비율을 조정한다.

→ 주식이 하락해도 최저 보장수익률을 달성할 수 있음

3 실행 메커니즘

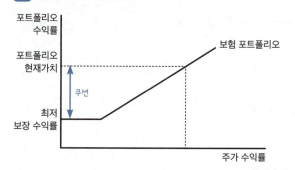

- 쿠션 = 포트폴리오의 현재가치 - 최저 보장수익의 현재가치
- 쿠션이 커질수록 위험허용치가 증가하고, 쿠션이 작아질수록 위험허용치가 줄어든다. → 쿠션과 위험허용치는 비례
- → 포트폴리오 가치가 상승하면 위험자산 비중을 높이고, 가치가 하락하면 무위험자산 비중을 높인다. (= positive feedback)

Topic 07 OBPI & CPPI

대표 출제 유형

합성 풋옵션 전략

01 <보기>의 포트폴리오 보험 전략에 대한 설명 중 빈칸에 들어갈 내용이 순서대로 나열된 것은?

<보기>
( )은 포트폴리오 보험 전략의 가장 고전적인 기법이며, 주식과 채권 사이의 투자비율을 동적으로 조정함으로써 마치 ( )과 같이 위험자산과 풋옵션을 함께 보유한 것과 동일한 결과를 모방해 내고자 하는 전략이다.

① 합성 콜옵션 전략, 이자 추출 전략
② CPPI 전략, 이자 추출 전략
③ 동적 헤징전략, 방어적 풋 전략
④ 합성 풋옵션 전략, 방어적 풋 전략

TIP (합성 풋옵션 전략)은 포트폴리오 보험 전략의 가장 고전적인 기법이며, 주식과 채권 사이의 투자비율을 동적으로 조정함으로써 마치 (방어적 풋 전략)과 같이 위험자산과 풋옵션을 함께 보유한 것과 동일한 결과를 모방해 내고자 하는 전략이다.

CPPI 공식

02 주식과 채권으로만 구성된 포트폴리오 평가액 100억원, 만기의 최저보장수익 70억원, 무위험수익률 연 3%, 투자승수 3일 때, 고정비율 포트폴리오 보험전략(CPPI)을 통해 계산한 주식투자금액은 얼마인가? (단, 투자기간은 1년임)

① 32.04억원   ② 49.75억원   ③ 67.96억원   ④ 96.12억원

TIP 주식투자금액 = 3 × {100억원 - 70억원/(1 + 0.03)} = 96.12억원

CPPI 공식

03 <보기>의 정보를 참고하여 고정비율 포트폴리오 보험전략(CPPI)을 통해 계산한 주식투자금액으로 가장 적절한 것은?

<보기>
- 펀드전체금액 : 120억원
- 최저보장수익 : 100억원
- 승수 : 3
- 투자기간 : 1년
- 무위험수익률 : 3%

① 11.48억원   ② 29.41억원   ③ 53.88억원   ④ 68.74억원

TIP 주식투자금액 = 3 × {120억원 - 100억원/(1 + 0.03)} = 68.74억원

정답 01 ④   02 ④   03 ④

01~03 핵심포인트 해설

1 OBPI(옵션모형을 이용한 포트폴리오 보험)

1) 개념
   - 주식(위험자산)과 채권(무위험자산)의 투자비율을 동적으로 조정하는 전략이다.
   - 실제 옵션 투자 없이 위험자산과 풋옵션을 함께 보유한 포트폴리오 보험 전략의 성과를 창출해내는 합성 풋옵션 전략이다.
     → 주식 + 풋옵션(방어적 풋 전략이라고도 함)

2) 문제점 : 변동성 추정
   - 위험자산 가격의 변동성은 직접 관찰할 수 없으므로, 변동성을 과대·과소평가하여 잘못 추정할 문제가 있다.

2 CPPI(고정비율 포트폴리오 보험)

1) 개념
   - 포트폴리오 보험전략을 간단히 수행할 수 있는 방법으로, 전략의 단순성과 유연성이 두드러진다.

2) 특성
   - 포트폴리오 가치는 사전적으로 정의된 각 시점별 최저 보장가치 이하로 하락하지 않는다.
   - 최저 보장가치는 무위험수익률만큼 매일 증가한다.
     → 각 시점별 최소 보장가치는 만기의 최저 보장가치를 현재가치로 할인한 것과 같다.
   - 계산과정이 간단해서 변동성의 추정 등이 필요하지 않다.
   - 투자기간이 사전에 정해질 필요가 없다.

3) CPPI 전략에 의한 주식 및 채권투자금액 계산

   Step1 최저 보장수익의 현재가치를 구한다.

   > 최저 보장수익의 현재가치 = 만기 시점의 최저 보장수익 ÷ 무위험수익률

   Step2 주식투자금액(익스포저)을 구한다.

   > 주식투자금액(익스포저) = 승수 × 쿠션
   >   = 승수 × (전체 포트폴리오 평가액 - 최저 보장수익의 현재가치)

   참고 승수는 운용자의 주관으로 정해진다.

   Step3 채권투자금액을 구한다.

   > 채권투자금액 = 전체 포트폴리오 평가액 - 주식투자금액

Topic 08 주식 포트폴리오 운용전략

대표 출제 유형

운용전략간 특성 비교

01 다음의 포트폴리오들 중 인덱스 방식으로 운용되는 포트폴리오로 가장 성공적인 것은?

구분	A	B	C	D
추적오차	10%	1.8%	1.5%	0.5%
초과수익률	3%	1.5%	1.0%	0%
정보비율	0.30	0.83	0.67	0

① A   ② B   ③ C   ④ D

TIP 패시브 운용에 속하는 인덱스 방식은 초과수익률 0%, 추적오차 < 1%, 정보비율 0의 특성을 보이므로 D가 가장 성공적이다.

운용전략간 특성 비교

02 준액티브 운용전략에 대한 설명으로 가장 거리가 먼 것은?

① 인핸스드 인덱스펀드는 초과수익을 추구한다는 점에서 액티브 운용의 성격을 가진다.
② 준액티브 운용은 계량적 액티브 운용이라고 불리기도 한다.
③ 추가적인 위험을 과도하게 발생시키지 않으면서도 벤치마크보다는 높은 수익을 획득하려는 전략이다.
④ 일반적인 액티브 운용전략에 비해 추적오차가 크다.

TIP 준액티브 운용전략은 일반적인 액티브 운용전략에 비해 추적오차가 작다.

정답 01 ④ 02 ④

01~02 핵심포인트 해설

1 주식 포트폴리오 운용전략의 개요

구분		액티브 운용	준액티브 운용	패시브 운용
목표수익		벤치마크에 비해 가능한 한 높은 수익	추가적인 위험을 줄이면서 벤치마크를 초과하는 수익	공개된 벤치마크의 수익
초과수익 및 추적오차		높음 ←		→ 낮음
예시	초과수익률	2% + α	1 ~ 2%	0%
	추적오차	4% + α	1 ~ 2%	0.5%
	정보비율	0.50	0.75	0

[참고] 벤치마크 : 투자운용 성과를 평가하기 위해 비교대상으로 삼는 기준을 말하며, 주로 KOSPI, DJIA 등의 주가지수가 이용된다.

2 액티브 운용 vs. 패시브 운용

구분	액티브 운용	패시브 운용
전제	시장은 비효율적임	시장은 효율적임
목표	초과수익	평균수익(벤치마크 수익)
대표 전략	스타일 투자	인덱스 펀드

3 준액티브 운용

1) 개념
   - 추가적인 위험을 줄이면서도 벤치마크는 초과하는 수익을 추구하는 전략이다.
     → 액티브 운용의 성격

2) 특징
   - 위험을 통제하기 위해 계량분석방법을 이용해서 계량적 액티브 운용, 또는 인핸스드 인덱스라고도 부른다.

Topic 09 액티브 운용

대표 출제 유형

가치투자 스타일

01 가치투자 스타일에 대한 설명으로 가장 거리가 먼 것은?

① 기업의 수익은 평균으로 회귀하는 경향을 가진다는 점을 논거로 제시한다.
② 단기간에 호평을 받을 것으로 예상되는 스타일을 찾아서 스타일을 변경시키는 투자방식을 포함한다.
③ 가치투자 스타일에는 저 PER투자, 역행투자, 고 배당수익률 투자 방식 등이 있다.
④ 진입장벽이 높고 이익의 swing factor가 적은 방어주들이 선택되는 경우가 많다.

TIP 단기간에 호평을 받을 것으로 예상되는 스타일을 찾아서 스타일을 변경시키는 투자방식은 혼합투자 스타일 중 스타일 선택형 투자에 해당한다.

성장투자 스타일

02 성장투자 스타일에 대한 설명으로 가장 거리가 먼 것은?

① 미래에 기업의 주당순이익이 증가하고 PER은 낮아지지 않는다면 주가는 최소한 주당순이익의 증가율만큼 상승할 것이라고 가정한다.
② 성장 모멘텀 투자자들은 성장률이 높은 기업에 대해 시장 PER보다 낮은 가격을 지불한다.
③ 기업의 이익이 예상을 상회했는지 또는 하회했는지가 주가에 큰 영향을 미친다.
④ 성장스타일은 장기적인 성장성 외에도 단기적인 이익탄력성에 투자하기도 한다.

TIP 성장 모멘텀 투자자들은 성장률이 높은 기업에 대해 시장 PER보다 '높은' 가격을 지불하며, 성장률이 높은 산업에 투자하는 경향을 가진다.

정답 01 ② 02 ②

01~02 핵심포인트 해설

1 액티브 운용의 이해

1) 개념
   - 주어진 위험 범위와 제약 조건 내에서 가능한 한 가장 좋은 초과이익을 얻으려는 운용방식이다.

2) 운용 방법 : 스타일 투자
   - 스타일이란 비슷한 수익 패턴을 보이는 운용 방식을 말한다.
   - 크게는 가치 스타일과 성장 스타일로 나뉘며, 특별히 구분되지 않는 경우에는 혼합 또는 시장지향 스타일로 본다.

2 스타일 투자

1) 가치투자 스타일 vs. 성장투자 스타일

구분	가치투자 스타일	성장투자 스타일
정의	• 상대적으로 가격이 싼 주식에 투자	• 기업의 수익성에 높은 관심
가정	• 기업의 수익은 평균으로 회귀하는 경향 → 최근 낮았던 기업의 이익은 증가	• 주당순이익이 증가했는데 PER(= $\frac{주가↑}{주당순이익↑}$)이 감소하지 않음 → 주가는 최소 주당순이익의 증가율만큼 상승한다고 예상
특징	• 투자자들이 충분히 인정해주지 않으면 가격이 낮을 수밖에 없다는 사실을 인지하지 못함 • 진입장벽이 높고 이익의 swing factor가 적은 방어주를 선택하는 경향	• 성장률이 높은 기업에 시장 PER보다 높은 가격을 지불함 • 기업의 이익이 예상보다 상회·하회했는지 여부가 주가에 큰 영향을 줌 • 성장성에 투자하는 방식뿐만 아니라 이익의 탄력성에 투자하기도 함
방식	• 저 PER 투자, 고 배당수익률 투자, 역행투자	• 고 PER 투자, 고 PBR 투자, 저 배당수익률 투자

2) 혼합투자 스타일

혼합투자 스타일

• 가치투자와 성장투자를 절충한 형태이다.
• 해당 종목이 가치주인지 성장주인지와는 관계없이 내재가치보다 주가가 낮으면 매입한다.
• 혼합투자 스타일로 시장과 비슷한 수익률을 올렸다면, 비용 면에서 손해이다.
  ↳ 패시브 운용으로도 시장수익률을 달성할 수 있는데, 이보다 비용이 많이 들기 때문임
[예] 가치 편향 혼합투자, 성장 편향 혼합투자, 적정 가격을 가진 성장투자, 스타일 선택형 투자
            ↳ 단기간 내에 호평을 받을 것으로 예측되는 스타일로 변경하는 방법

3) 시장가치에 의한 투자 스타일

안정성	대형주 > 중형주 > 소형주
수익성	소형주 > 중형주 > 대형주

→ 시가총액이 큰 대형주일수록 재무적 안정성이 높고, 소형주일수록 가격이 아직 적절하게 책정되지 않았거나 성장성이 높은 종목을 발견할 가능성이 높다.

Topic 10 패시브 운용

대표 출제 유형

주가지수

01 주가지수에 대한 설명으로 가장 거리가 먼 것은?

① DJIA는 주가가중방식으로 주가지수를 산출한다.
② KOSPI200은 유동시가가중방식을 채택한다.
③ Nikkei225는 시가가중방식으로 주가지수를 구한다.
④ 시가가중방식은 시가총액이 큰 종목의 가격 변화를 잘 반영한다.

TIP Nikkei225는 주가가중방식을 취한다.

인덱스 펀드 구성방법

02 인덱스 펀드의 구성방법에 대한 설명으로 가장 거리가 먼 것은?

① 완전복제법은 벤치마크를 구성하는 모든 종목을 벤치마크의 구성비율대로 매수하는 방법이다.
② 표본추출법은 벤치마크에 포함된 대형주는 모두 포함하되 중소형주들은 펀드의 성격이 벤치마크와 유사하게 되도록 일부 종목만을 포함하는 방식이다.
③ 최적화법은 포트폴리오 모형을 이용하여 벤치마크에 대비한 잔차위험이 허용 수준 이상이 되도록 포트폴리오를 만드는 방식이다.
④ 인덱스 펀드를 구성하거나 인덱스 펀드의 수익률을 높이기 위해 주가지수선물이 이용되기도 한다.

TIP 최적화법은 포트폴리오 모형을 이용하여 벤치마크에 대비한 잔차위험이 허용 수준 '이하'가 되도록 포트폴리오를 만드는 방식이다.

인덱스 펀드 구성방법

03 <보기> 중 최적화법에 대한 적절한 설명으로만 모두 묶인 것은?

<보기>

㉠ 대형주는 벤치마크에 포함된 것을 모두 넣되 중소형주들은 펀드의 성격이 벤치마크와 유사하게 되도록 일부만을 포함하여 인덱스를 구성하는 방식이다.
㉡ 주어진 벤치마크에 대비한 잔차위험이 허용수준 이하가 되도록 포트폴리오 모형을 이용하여 인덱스를 구성하는 방식이다.
㉢ 사용되는 가격정보가 과거 자료이므로 미래의 시장이 급변한다면 대비하지 못할 수 있다.

① ㉠　　　② ㉠, ㉡　　　③ ㉡, ㉢　　　④ ㉠, ㉡, ㉢

TIP '㉡, ㉢'은 최적화법에 대한 적절한 설명이다.

정답 01 ③　02 ③　03 ③

01~03 핵심포인트 해설

1 패시브 운용의 이해

1) 개념
   - 공개된 벤치마크의 수익률을 추종하는 전략이다.

2) 이론적 배경
   - 현재 주가에는 이미 모든 주식 정보가 반영되어 있으므로, 분석을 통한 초과수익은 낼 수 없다는 효율적 시장가설을 따른다.
     → 수익률을 높이려고 할 필요 없이, 단지 시장의 수익률을 추종하기만 하면 된다.

2 주가지수

1) 용도
   - 주식 포트폴리오의 성과를 평가하기 위한 벤치마크로 이용한다.

2) 종류

3 인덱스 펀드의 구성방법

완전복제법	• 벤치마크를 구성하는 모든 종목을 벤치마크의 구성비율대로 보유한다. • 벤치마크를 거의 완벽하게 추종할 수 있지만, 운용 및 관리 보수, 거래 비용 등이 든다.
표본추출법	• 대형주는 모두 포함하되 중소형주는 벤치마크와 유사하도록 일부만 보유한다. • 완전복제법보다는 정확도가 떨어지지만, 관리·거래 비용을 줄이면서도 벤치마크와 유사한 성과를 얻을 수 있다.
최적화법	• 주어진 벤치마크에 대비한 잔차위험이 허용 수준 이하가 되는 포트폴리오를 만든다. (→ 시장상황과 무관한 기업의 고유한 위험(= 비체계적 위험)) • 근본적으로 과거의 가격정보를 사용하기 때문에 주식의 속성을 정확히 반영하지 못하지만, 가장 적은 종목으로도 위험이 충분히 낮은 인덱스펀드를 만들 수 있다.

참고 주가지수선물 : 인덱스펀드를 구성하거나 인덱스펀드의 수익률을 높이기 위해 사용된다.

Topic 11 주식 포트폴리오 구성

대표 출제 유형

포트폴리오 구성 과정

01 <보기> 중 주식 포트폴리오 구성 과정에 대한 적절한 설명으로만 모두 묶인 것은?

<보기>
㉠ 트레이딩은 펀드매니저의 의도대로 실제 포트폴리오가 구성될 수 있도록 주식을 실제 매매하는 단계이다.
㉡ 리밸런싱은 기존의 모델 포트폴리오에서 주가의 변동으로 인하여 발생된 투자비중의 변화를 원래의 의도대로 복구시키는 과정이다.
㉢ 업그레이딩은 초기 모델 포트폴리오를 구성할 때의 모든 가정이 유지되었을 때 행해진다.

① ㉠　　　② ㉠, ㉡　　　③ ㉡, ㉢　　　④ ㉠, ㉡, ㉢

TIP '㉠, ㉡'은 주식 포트폴리오 구성 과정에 대한 적절한 설명이다.

그룹별 이상현상의 구분

02 <보기> 중 성격이 같은 이상현상끼리 적절하게 묶인 것은?

<보기>
㉠ 저PER 효과
㉡ 고유수익률 역전현상
㉢ 저베타(β) 효과
㉣ 1월 효과

① ㉠, ㉢　　　② ㉠, ㉣　　　③ ㉡, ㉢　　　④ ㉡, ㉣

TIP '㉡, ㉢'은 수익률 역전 그룹으로 성격이 같은 이상현상으로 분류된다.

정답 **01** ②　**02** ③

01~02 핵심포인트 해설

1 주식 포트폴리오 구성 과정

1) 주식 포트폴리오 구성 과정

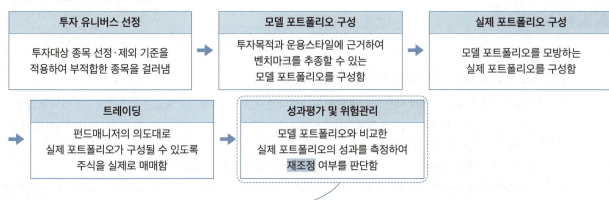

2) 리밸런싱 vs. 업그레이딩

리밸런싱	상황 변화가 있는 경우 포트폴리오가 갖는 원래의 특성을 그대로 유지하면서, 구성종목의 상대 가격 변동에 따른 투자비율의 변화를 원래대로의 비율로 환원시키는 방법이다.
업그레이딩	초기에 비해 시장 상황이 변동했을 때, 변화된 포트폴리오를 기준으로 다시 포트폴리오를 구성하는 방법이다.

2 종목 선정방법

하향식 방법	• 세부적인 종목 선정보다는 섹터, 산업, 테마 선정을 강조하는 방법이다. 예 원유나 비금속광물의 가격 상승 예상 → 원재료 산업 투자비중을 높임 • 섹터가 너무 포괄적이거나 너무 세부적이면 종목 선정이 어려울 수 있다.
상향식 방법	• 유망한 개별 종목을 선정하는 것에 중점을 두고 거시적인 산업, 섹터, 국가별 요소는 부차적인 요소로 생각한다. • 개별 종목의 내재가치를 측정하여, 내재가치에 비해 시장 가격이 낮을 때 투자한다.

3 이상현상과 종목 선정

1) 이상현상의 개념

- 이상현상이란 '예외적인 현상'이라는 의미로 시장이 효율적이라면 발생하지 않았을 현상이 실제 주식시장에서 나타나는 것을 말한다.
- 이상현상을 적극 활용하여 시장 평균보다 더 많은 수익을 올리는 것을 목표로 한다.

2) 그룹별 이상현상

정보비효율 그룹	상대적 저가주 효과 그룹	수익률 역전 그룹
• 수익예상 수정 효과 • 수익예상 추세 효과 • 무시된 기업 효과 • 소형주 효과 • 1월 효과	• 저PER 효과 • 저PBR 효과	• 장기 수익률 역전현상/Winner-Loser 효과 • 저베타(β) 효과 • 잔차수익률 역전현상 • 고유수익률 역전현상

Topic 12 주식 포트폴리오 모형

대표 출제 유형

포트폴리오 모형의 비교

01 주식 포트폴리오 모형에 대한 설명으로 가장 거리가 먼 것은?

① 투자수익률은 위험을 부담한 것에 대한 보상의 결과로 나타나기 때문에 포트폴리오 모형은 리스크 모형이라고도 불린다.

② 다중 요인 모형은 가장 대표적인 리스크 모델로서 주식의 리스크를 베타, 규모, 성장성 등 여러 가지 비체계적인 요인으로 구분하여 리스크의 특성을 분석한다.

③ 2차 함수 최적화 모형은 기대수익률과 추정 위험 간 최적의 균형점을 찾을 수 있도록 한다.

④ 선형계획 모형에서는 일정한 제약조건을 만족시키는 포트폴리오 중에서 기대수익률을 최대화하는 포트폴리오를 찾는다.

TIP 다중 요인 모형은 주식의 리스크를 비체계적인 요인이 아니라 베타, 규모, 성장성, 레버리지, 해외시장 노출도, 산업 등의 여러 가지 체계적인 요인으로 구분한다.

정답 | 01 ②

01 핵심포인트 해설

1 포트폴리오 모형의 이해

1) 개념
- 포트폴리오 모형은 포트폴리오의 특성을 분석하여 투자 의사결정에 활용하는 모형이다.
- 투자 수익률은 위험을 부담한 것에 대한 보상으로 나타나기 때문에 리스크 모형이라고도 불린다.

2) 위험의 구분

2 포트폴리오 모형의 종류

다중 요인 모형	• 가장 대표적인 리스크 모델이다. • 주식의 리스크를 체계적 요인으로 구분한다.
2차 함수 최적화 모형	• 기대수익률과 추정 위험 사이의 최적 균형점을 찾을 수 있는 모형이다. • 기대수익률과 기대위험의 추정치에 오류가 내재되어 있다는 위험이 있다.
선형계획 모형	• 2차 함수 최적화 모형의 대안이다. • 일정한 제약조건을 만족하는 포트폴리오 중 기대수익률을 최대화하는 방법이다.

Topic 13 ESG 투자

대표 출제 유형

ESG의 개념

01 ESG에 대한 설명으로 가장 거리가 먼 것은?

① ESG는 Environment, Society, Government를 줄인 말이다.
② ESG 워싱 논란이 확대됨에 따라 각국은 기업의 지속가능정보 공시에 대한 규정을 강화하고 있다.
③ 금융기관 대상 상품과 정책에 대한 포괄적인 공시 기준인 지속가능금융공시규제(SFDR)를 시행하고 있다.
④ TCFD는 4개 금융산업의 보충지침 중 관련 자산의 탄소배출량 등에 대한 공시 규정을 세분화해 제시하였다.

TIP ESG는 Environment(환경), Social(사회), Governance(지배구조)를 줄인 말이다.

ESG의 개념

02 ESG 투자에 대한 설명으로 가장 적절한 것은?

① 기존의 재무정보에 포함되어 있지 않으나 기업의 중장기 지속가능성에 영향을 미칠 수 있는 요인들을 환경, 사회, 지배구조로 나누어 체계화한 기준이다.
② TCFD 금융산업 보충지침에 따르면 탄소배출량에 대한 공시는 하지 않아도 된다.
③ SFDR 2단계가 적용되면 정해진 기준에 따라 공시하던 주요한 부정적 영향을 자율적인 방식으로 설명할 수 있다.
④ 유럽의 경우 금융기관의 ESG 전략 및 반영 방식, ESG투자 규모 등의 공시를 자율화했다.

TIP ESG는 재무정보에 포함되어 있지 않으나 기업의 중장기 지속가능성에 영향을 미칠 수 있는 요인들을 환경, 사회, 지배구조로 나누어 체계화한 기준으로 자본시장에서 기업을 평가하는 새로운 프레임워크로 발전되었으며, 금융의 관점에서 이를 반영한 투자를 ESG 투자 혹은 책임투자라고 말한다.

ESG의 개념

03 ESG 투자에 대한 일반적인 설명으로 가장 거리가 먼 것은?

① ESG 요소를 반영한 투자를 지속가능투자라고도 한다.
② ESG는 기업의 성장에 영향을 주는 비재무적 요인을 환경, 사회, 지배구조로 구분하여 평가하는 기준이다.
③ ESG 목표나 활동을 과장하거나 모호한 내용을 ESG로 포장한 기업들의 그린워싱 논란이 확대되고 있다.
④ SFDR에서 지속가능성 위험 정책과 부정적인 지속가능성 영향을 설명하는 것은 상품단위로 시행되어야 한다.

TIP SFDR에서 지속가능성 위험 정책과 주요 부정적인 지속가능성의 영향에 대해 설명하고, 이에 대한 실사정책을 설명하는 것은 '주체단위'에서 시행되어야 한다. 상품단위로는 상품을 지속가능성의 반영 정도에 따라 ESG 투자 무관상품과 라이트 그린 펀드, 다크 그린 펀드로 나누어 그 비중 등을 공시한다.

정답 01 ① 02 ① 03 ④

01~03 핵심포인트 해설

1 ESG의 기본 이해

1) ESG의 개념
   - ESG는 Environment(환경), Social(사회), Governance(지배구조)를 줄인 말이다.
   - 기존 재무정보에는 없지만 기업의 지속가능성에 영향을 미치는 요인을 바탕으로 기업을 평가하는 새로운 프레임워크가 되었다.

2) ESG 투자 방식
   - ESG 요소를 반영한 투자로서, 책임투자 혹은 지속가능투자라고 일컫는다.

2 ESG 정보 공시

1) ESG 공시 제도
   - ESG 목표나 활동을 과장하거나 모호한 내용을 ESG로 포장하는 ESG 워싱, 또는 그린 워싱 논란이 확대되고 있어 각국은 관련 공시제도를 정비하고 있다.
   - EU는 ESG의 기준을 제시하고, SFDR 등을 통해 금융기관의 ESG전략 및 반영 방식, ESG 투자 규모 등의 공시를 의무화했다.

2) SFDR(지속가능금융공시규제)
   - 금융기관 대상 상품 및 정책에 대한 포괄적 공시 기준이다.
   - SFDR에 따른 단계별 공시 사항

1단계		2단계		
주체단위	상품단위	기업 투자에 대한 적용 지표	국가 및 초국가적 주체에 대한 투자 시 적용 지표	부동산자산 투자 시 적용 지표
• 지속가능성 리스크 정책 • 주요 부정적인 지속가능성 영향 • 보수 정책	• ESG 투자 무관 상품 • 라이트 그린 펀드 • 다크 그린 펀드	• 온실가스 배출 • 생물다양성 • 물 • 폐기물 • 인권존중, 반부패, 다양성 등	• 온실가스 집약도 • 사회적 폭력에 노출된 투자대상국	• 화석연료 노출도 • 에너지 비효율 부동산 자산에 대한 노출도

3) TCFD(기후 관련 재무 정보 공개 태스크포스)
   - 기후변화 관련 위험 및 기회에 대한 정보공시 제도이다. → 금융 4개 + 비금융 4개 산업은 추가 지침이 있음
   - 지배구조, 경영전략, 리스크관리, 지표 및 목표로 구분하여 정보공개 지침을 제시했다.
   - 금융산업의 보충지침 중 관련 자산의 탄소배출량 등에 대한 공시 규정을 세분화해 제시했다.

합격의 기준, 해커스금융
fn.Hackers.com

PART 2
채권투자운용 및 투자전략

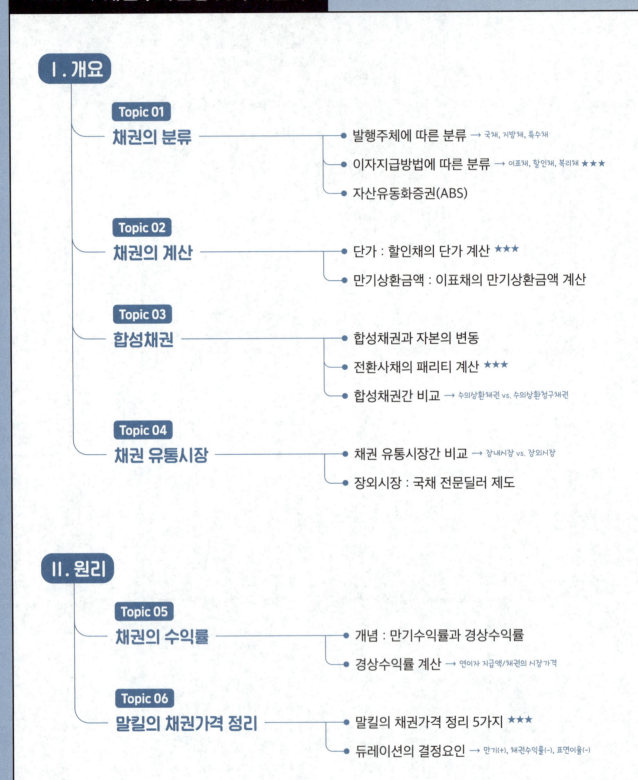

Ⅲ. 분석

Topic 07
맥컬레이 듀레이션
- 맥컬레이 듀레이션의 특성

Topic 08
볼록성
- 개념 : 볼록성의 특징
- 수정 듀레이션으로 측정한 채권가격 변동성
- 채권의 볼록성 계산

Topic 09
선도 이자율
- 내재선도 이자율 계산

Topic 10
채권 위험의 종류
- 채무불이행 위험의 정의

Ⅳ. 운용

Topic 11
적극적 채권운용전략
- 적극적 채권운용전략의 종류 → 금리예측, 채권교체, 스프레드 운용, 수익률 곡선/곡선 타기
- 스프레드 운용전략
- 수익률 곡선 타기 전략 → 숄더효과, 롤링효과

vs.

Topic 12
소극적 채권운용전략
- 소극적 채권운용전략의 종류 → 만기보유, 사다리형 만기, 채권 면역, 현금흐름 일치, 채권 인덱싱
- 채권 면역 전략

Topic 01 채권의 분류

대표 출제 유형

발행주체에 따른 분류

01 <보기> 중 채권의 종류에 대한 적절한 설명으로만 모두 묶인 것은?

―<보기>―
㉠ 국고채는 일반적으로 이표채로 발행한다.
㉡ 할인채의 대표적인 채권에는 국민주택채권이 있다.
㉢ 복리채는 만기 이전에 이자를 지급하는 채권이다.

① ㉠   ② ㉠, ㉡   ③ ㉡, ㉢   ④ ㉠, ㉡, ㉢

TIP '㉠'은 채권의 종류에 대한 적절한 설명이다.

이자지급방법에 따른 분류

02 <보기>의 빈칸에 들어갈 내용이 순서대로 나열된 것은?

―<보기>―
• (   )은 기준금리가 상승하면 현금흐름이 감소하도록 설정된 채권을 말한다.
• (   )는 만기 이전에 이자지급이 없는 채권으로, 통화안정증권이 대표적이다.

① 변동금리채권, 이표채   ② 변동금리채권, 할인채
③ 역변동금리채권, 이표채   ④ 역변동금리채권, 할인채

TIP 기준금리가 상승하면 현금흐름이 감소하도록 설정된 채권은 '역변동금리채권'이며, 만기 이전에 이자지급이 없고, 통화안정증권이 대표적인 채권은 '할인채'이다.

자산유동화증권(ABS)

03 자산유동화증권(ABS)에 대한 설명으로 가장 거리가 먼 것은?

① 기업이나 금융기관이 보유한 자산을 표준화하고 pooling하여 증권을 발행하고 기초자산의 현금흐름을 상환하는 것이다.
② 유동성이 낮고 자산의 동질성이 보장되며 자산의 양도가 불가능한 것을 대상 자산으로 하는 것이 좋다.
③ Pass-Through방식은 자산을 투자자에게 매각하는 형태이므로 발행자의 금융위험을 투자자에게 전가하는 것이 특징이다.
④ Pay-Through방식은 유동화 자산집합에서 발생된 현금흐름을 이용해 증권화한 후 상환 우선순위가 다른 다단계 채권을 발행하는 방식을 말한다.

TIP 유동성이 낮고 자산의 동질성이 보장되며 자산의 양도가 '가능'한 것을 대상 자산으로 하는 것이 좋다.

정답 | 01 ① 02 ④ 03 ②

01~03 핵심포인트 해설

1 채권의 개요

1) **채권의 개념** → 수익성, 안정성, 유동성이 우수!
   - 채권은 **원금과 일정한 이자**를 지급받을 권리가 주어진 **유가증권**을 말한다.
   - 정부나 공공기관, 또는 기업 등이 대중들과 기관투자자로부터 자금을 조달하기 위하여 발행하는 **일종의 차용증서**라고 볼 수 있다.

2) **채권의 기본용어**

```
                          ○ ○ ○ 채 권
                        일 백 만 원
매출일 : 20X1년 XX월 XX일    ◆ 1,000,000 ◆              이 율 : 3%
발행일 : 20X1년 XX월 XX일
상환기일 : 20X6년 XX월 XX일   이 채권은 ○○○법에 의하여 발행합니다.
                          주식회사 ○ ○ ○
```

액면	채권의 권면에 표시되어 있는 금액
발행가격	채권 발행 당시 실제의 매출액
표면이율	액면금액에 대해 1년간 지급하는 이자의 비율 [비교] 수익률 : 투자원본에 대한 수익의 비율
만기	채권 발행일부터 원금상환일까지의 기간
잔존기간	채권 발행 이후 채권 매입일부터 원금상환일까지의 기간

→ 어떤 기업이 "액면 100만원, 표면이율 3%, 만기 5년"의 채권을 발행했다는 것은, 해당 기업이 "**100만원을 3%의 이자로 대출해서 5년 후에 갚을 것을 약속**"하는 것으로 볼 수 있다.

2 채권의 분류

1) 발행주체에 따른 분류
- 국채(정부), 지방채(지방자치단체), 특수채(공기업 등), 회사채(일반 회사, 은행 등)로 구분한다.

2) 이자지급 방법에 따른 분류

이표채	할인채	복리채
이자지급일마다 일정 이자를 지급받는 채권으로, 만기일에 원금과 일정 이자를 지급한다.	만기일 이전에 이자지급이 없으며, 할인된 가격으로 매입하고 만기에 액면금액을 수령한다.	이자를 복리로 재투자하여, 만기일에 원금과 재투자된 이자를 한꺼번에 지급한다.
예 대부분의 회사채, 국고채, 비금융특수채	예 통화안정증권 등 금융채 일부	예 국민주택채권, 지역개발공채, 금융채 일부

3) 통화표시에 따른 분류
- 자국 통화 표시 채권 : 자국 통화로 표시한 채권
- 외화표시 채권 : 타국 통화로 표시한 채권

4) 상환기간에 따른 분류
- 단기채(1년 이하), 중기채(1년 초과 ~ 10년 미만), 장기채(10년 이상)

5) 이자금액의 변동 유무에 따른 분류

변동금리채권	역변동금리채권
• '기준금리 + 가산금리'로 액면이자를 지급한다. • 기준금리에 연동된 이자율이 매 기간 초마다 정해지며, 해당 기간 말에 이자를 지급한다.	• '고정금리채권의 가치 - 변동금리채권의 가치'로 표현된다. • 기준금리가 상승하면 현금흐름이 감소하는 채권이다.

6) 원금지급형태에 따른 분류

만기 일시 상환채권	만기에 원금 전액을 일시 상환하는 채권
액면분할 상환채권	일정 기간동안 거치한 후 원금을 분할하여 상환하는 채권

7) 감채기금사채
- 감채기금을 적립하여 발행한 사채의 일부를 발행회사가 매년 상환하는 채권이다.
  ↳ 채권 발행자가 채권 상환 시 발생하는 자금 부담을 감소시키기 위해 적립하는 기금

3 자산유동화증권(Asset Backed Securities)

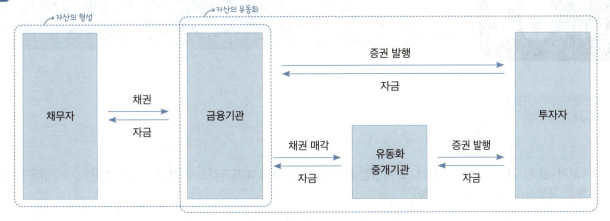

1) 개념
- 주택저당채권(MBS), 상업용 부동산 담보채권, 회사채 등 다양한 형태의 채권을 포함한 자산들이 자산유동화증권의 기초자산으로 쓰인다. → 주택저당대출의 만기와 대응하므로 통상 장기로 발행되는 것이 특징
- 자산을 담보로 발행되는 증권으로, 기업이나 금융기관이 보유한 자산을 표준화하고 특정한 조건에 따라 pooling(집합)해서 증권을 발행하여 기초자산의 현금흐름을 상환한다.
- 대상 자산은 유동성이 낮고, 현금흐름의 예측이 가능하고, 자산의 동질성이 보장된 것이 좋다.
  → 동질성이 결여된 자산의 경우 현금흐름 예측의 정확성이 떨어지므로, 신용보강 및 평가에 필요한 비용이 증가하기 때문임

2) 종류

Pass-Through	유동화자산을 매각하면 유동화중개기관이 이를 pooling(집합화)하여 신탁을 설정한 후, 이 신탁에 대해 지분권을 나타내는 주식의 형태로 발행하는 증권이다. → 자산이 매각되는 형태이므로 발행자는 금융위험을 투자자에게 전가하는 효과를 얻는다.
Pay-Through	유동화 자산집합에서 발생된 현금흐름을 이용해 증권화한 후 상환 우선순위가 다른 다단계 채권을 발행하는 방식이다.

Topic 02 채권의 계산

대표 출제 유형

할인채의 단가 계산

01 <보기>를 참고하여 관행적 방식으로 계산한 통화안정증권 A의 매매가격으로 가장 적절한 것은? (단, 1년은 365일로 가정하며, 원 미만은 절사함)

<보기>
- 잔존기간 : 121일
- 표면이율 : 3%
- 액면가격 : 10,000원
- 만기수익률 : 4%

① 9,869원 ② 11,538원 ③ 29,628원 ④ 40,109원

TIP 통화안정증권 A의 매매가격 = $\dfrac{10,000}{1+(0.04 \times \dfrac{121}{365})}$ = 9,869.13

이표채의 만기상환금액 계산

02 <보기>의 빈칸에 들어갈 내용으로 가장 적절한 것은?

<보기>
액면가 20,000원, 표면금리 6%의 4년 만기 연단위 후급 이표채의 만기상환금액은 (　　)이다.

① 20,000원 ② 21,200원 ③ 23,600원 ④ 23,820원

TIP 연단위 후급 이표채의 만기상환금액 = 연단위 이자 + 원금
= 20,000 × 0.06 + 20,000 = 21,200

정답 01 ①　02 ②

01~02 핵심포인트 해설

1 단가 계산

1) **할인채(무이표채) : 관행적 방식** → 이자만큼 미리 할인한 채권

- **만기일 이전에 이자지급이 없으며,** 만기에 액면을 상환하고 매매 시에 할인한 값으로 거래한다.

$$단가\ P = \frac{S}{(1 + r)^n \times \{1 + (r \times \frac{d}{365})\}}$$

- 액면가(= 만기상환금액) 10,000원, 표면이율 3%, 잔존기간 121일인 경우의 현금흐름

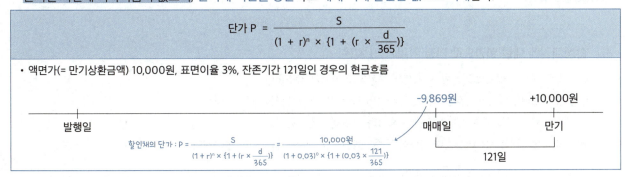

* S : 만기상환금액, r : 표면이율, n : 잔여연수, d : 잔여일수

2 만기상환금액 계산

1) **이표채** → 정기적으로 이자를 주는 채권

- 만기 이전에는 이자지급일마다 일정 이자를 지급하고, **만기일에 원금과 일정 이자를** 상환한다.

$$만기상환금액\ S = F \times (1 + r)$$

- 액면가 20,000원, 표면이율 6%, 만기 4년인 경우 연단위 후급 이표채의 현금흐름

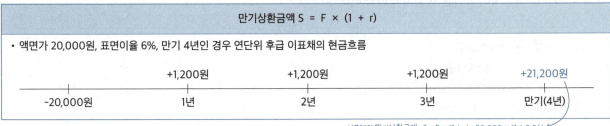

* S : 만기상환금액, F : 액면금액, r : 표면이율

이표채의 만기상환금액 : $S = F \times (1 + r) = 20,000 \times (1 + 0.06)$

2) **복리채** → 이자를 재투자하는 채권

- **이자를 복리로 재투자**하여, **만기일에 원금과 재투자된 이자를 한꺼번에** 지급한다.

$$만기상환금액\ S = F \times (1 + r)^n$$

- 액면가 20,000원, 표면이율 6%, 만기 4년인 경우의 현금흐름

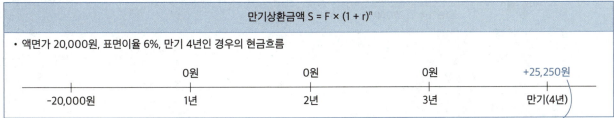

* S : 만기상환금액, F : 액면금액, r : 표면이율, n : 만기연수

복리채의 만기상환금액 : $S = F \times (1 + r)^n = 20,000 \times (1 + 0.06)^4$

Topic 03 합성채권

대표 출제 유형

합성채권과 자본의 변동

01 합성채권에 대한 설명으로 가장 거리가 먼 것은?

① 전환사채는 주식으로의 전환 시 자본이 증가하고 부채가 감소한다.
② 신주인수권부사채의 신주인수권을 행사하면 자본과 자산이 동시에 증가한다.
③ 교환사채는 교환 시 발행사의 자산이 증가하며 부채는 감소한다.
④ 수의상환채권은 시장이자율이 하락하면 수의상환권을 행사할 가능성이 높아진다.

TIP 교환사채를 행사하는 경우 발행사의 자산과 부채가 동시에 감소한다.

전환사채의 패리티 계산

02 <보기>를 참고하여 계산한 전환사채의 패리티는?

<보기>
- 채권액면 : 100,000원
- 전환주수 : 4주(전환비율 100%)
- 채권의 현재가격 : 95,000원
- 주식의 시장가격 : 15,000원

① 25% ② 33% ③ 60% ④ 80%

TIP
- 전환가격 = $\frac{채권액면}{전환주수} = \frac{100,000}{4} = 25,000$
- 전환사채의 패리티 = $\frac{주가}{전환가격} = \frac{15,000}{25,000} = 60\%$

합성채권간 비교

03 합성채권에 대한 설명으로 가장 적절한 것은?

① 수의상환채권은 시장이자율이 하락하면 채권자에게 불리하므로 일반적으로 일반채권에 비해 높은 액면이자율로 발행한다.
② 수의상환청구채권은 채권수익률이 하락하면 중도상환 위험이 높아진다.
③ 수의상환채권은 행사 기간의 제한 없이 언제든지 행사할 수 있다.
④ 수의상환채권의 가치는 일반채권의 가치에 풋옵션 가치를 더하여 나타낸다.

TIP 수의상환채권은 시장이자율이 하락하면 채권자에게 불리하므로 일반사채보다 액면이자율과 만기수익률이 높은 것이 일반적이다.

정답 01 ③ 02 ③ 03 ①

01~03 핵심포인트 해설

1 합성채권

주식과 연계되거나, 옵션이 첨가되는 등 사채권자에게 특수한 권리를 부여한 채권을 말한다.

2 재무구조의 변동에 따른 합성채권간 비교

1) 전환사채 : 자본↑ 부채↓

채권 발행회사의 자사주식

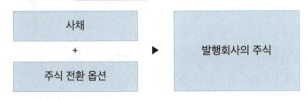

- 사채를 발행회사의 주식으로 전환할 수 있는 채권이다.
- 발행회사 입장에서 부채인 채권이 주식회사의 자본인 주식이 되므로 자본이 증가하고 부채가 감소한다.

2) 교환사채 : 자산↓ 부채↓

채권 발행회사가 소유한 다른 회사의 주식

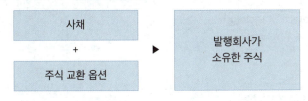

- 발행회사가 소유한 주식으로 교환청구를 할 수 있는 채권이다.
- 발행회사 입장에서 부채인 채권을 해결해서 부채가 감소하지만 회사의 자산인 소유 주식을 채권자에게 지급해야 하므로 자산도 감소한다.

3) 신주인수권부사채 : 자본↑ 자산↑

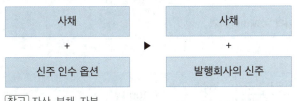

- 발행회사의 새로운 주식, 즉 신주를 인수할 수 있는 채권이다.
- 발행회사 입장에서 부채인 채권은 그대로 유지되고, 발행회사의 주식을 새로 발행하므로 신주 대금이 회사에 유입되어 자산이 증가되기 때문에 자본과 자산이 동시에 증가한다.

[참고] 자산, 부채, 자본

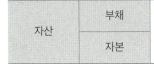

자산	부채	• 자산 : '부채 + 자본'과 같으며, 회사가 보유하고 있는 모든 재산이다.
	자본	• 부채 : 타인의 자본으로 외부에 지급해야 할 의무이다.
		• 자본 : 자산에서 부채를 뺀 순수한 자기자본이다.

3 전환사채와 패리티

1) 전환사채의 특징이 거래 당사자에게 미치는 영향

특징	발행회사가 받는 영향	투자자가 받는 영향
낮은 이자율	• 자금조달비용 경감	• 이자수익이 적음
주식으로의 전환	• 재무구조 개선 • 경영권 지배에 영향 • 잦은 자본금 변동으로 인해 사무처리가 번잡해짐	• 사채로서의 안정성과 잠재적 주식으로서의 고수익 기대 • 주가 하락 시 전환권을 행사하지 못할 위험

2) 전환사채의 가치

- 전환가격

$$전환가격 = \frac{채권액면}{전환주수}$$

- 패리티 → 주식적 측면에서 본 전환사채의 이론가치

$$패리티 = \frac{주가}{전환가격} = \frac{주가}{\frac{채권액면}{전환주수}}$$

- 전환가치(= 패리티 가격)

$$전환가치 = 주가 \times 전환주수$$

- 괴리

$$괴리 = 전환사채\ 가격 - 패리티\ 가격$$

- 괴리율

$$괴리율 = \frac{괴리}{패리티\ 가격} \times 100 = \frac{전환사채\ 가격 - 패리티\ 가격}{패리티\ 가격} \times 100$$

4 수의상환채권 vs. 수의상환청구채권

1) 개념

- 채권의 일부 또는 전부를 만기일 이전에 상환하거나 상환받을 수 있는 조건이 첨부된 사채이다.

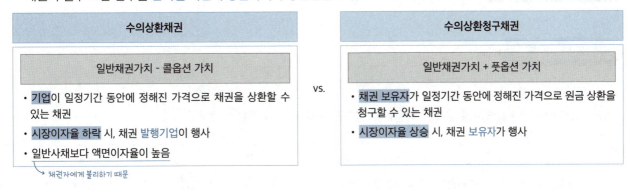

2) 금리변동에 따른 채권 행사 시 손익

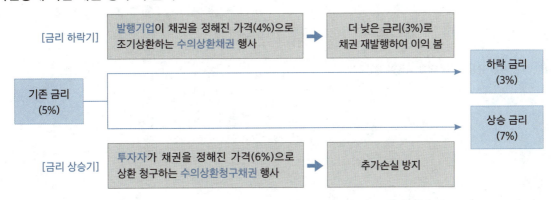

Topic 04 채권 유통시장

대표 출제 유형

[채권 유통시장간 비교]

01 <보기> 중 채권 유통시장에 대한 적절한 설명으로만 모두 묶인 것은?

<보기>
㉠ 장외거래는 거래상대방끼리만 동의하면 어떠한 조건도 삽입이 가능하다.
㉡ 장외시장은 상장 종목 채권의 경쟁매매 비중이 높다.
㉢ 장내시장에서는 주로 기관투자가 간 매매가 이루어진다.

① ㉠ ② ㉠, ㉡ ③ ㉡, ㉢ ④ ㉠, ㉡, ㉢

TIP '㉠'은 채권 유통시장에 대한 적절한 설명이다.

[채권 유통시장간 비교]

02 채권유통시장에 대한 설명으로 가장 거리가 먼 것은?

① 채권은 개별 경쟁매매보다 상대매매로 거래되는 경우가 다수이다.
② 거래의 조건이 규격화되어 있고 거래시간이 한정된 곳은 장내시장이다.
③ 장외시장에서는 주로 증권회사에서 증권회사 상호 간, 증권회사와 고객 간, 고객 상호 간에 거래가 이루어진다.
④ 우리나라의 경우 장외시장보다 장내시장의 거래량 규모가 더 크다.

TIP 우리나라를 포함하여 대부분의 나라가 장외시장의 거래량 비중이 장내시장보다 크게 높다.

[국채 전문딜러 제도]

03 국채 전문딜러에 대한 설명으로 가장 거리가 먼 것은?

① 자본시장법에 따른 국채에 대한 투자매매업의 인가를 받고, 일정 수준의 재무건전성과 경력, 실적 등을 충족하여야 PD 또는 PPD로 지정받을 수 있다.
② 지표종목별로 매월 경쟁입찰 발행물량의 10% 이상을 인수해야 한다는 국고채 인수의무를 수행해야 한다.
③ 호가의무를 수행하기 위해 국채전문유통시장에서 각 지표종목에 대하여 매수·매도 호가를 각 10개 이상씩 장내시장 개장시간 동안 제출해야 한다.
④ 은행·증권사별 평균국고채 거래량의 110% 이상을 거래해야 한다는 보유의무를 이행해야 한다.

TIP 은행·증권사별 평균국고채 거래량의 110% 이상으로 거래해야 하는 것은 국채 전문딜러의 '유통 의무'에 해당하며, 보유의무는 매분기별 자기매매용 국고채 보유 평균잔액을 1조원 이상으로 유지해야 한다는 의무이다.

정답 01 ① 02 ④ 03 ④

01~03 핵심포인트 해설

1 채권 유통시장의 구조 (장내시장 vs. 장외시장)

구분	장내시장	장외시장
의의	한국거래소 내에서 집단적으로 상장종목 채권을 경쟁매매하는 시장	한국거래소 외에 고객과 증권회사, 또는 고객과 고객 사이에 개별적으로 채권을 상대매매하는 비조직적인 시장
대상채권	상장채권, 주식 관련 사채	제한없음
거래장소	거래소	브로커·IDB회사 창구
거래방법	경쟁매매, 전산매매	상대매매
거래조건	규격화, 표준화	제한 없이 다양한 조건
결제방법	당일·익일 결제	T+30일, 익일결제

2 장외시장의 특징

1) 장내시장에 비해 큰 비중
   - 주식과 달리, 채권은 개인투자자가 소화하기 어렵기 때문에 장내시장보다 장외시장이 크게 발달했다.
   - 개별 경쟁매매보다는 대부분 기관투자자 간 대량매매, 상대매매로 채권을 거래한다. *(장외시장의 특징)*
   → 한국을 포함한 대부분의 국가는 장내시장보다 장외시장의 비중이 크다.

2) 국채 전문딜러(PD) 제도 → 국채를 비롯한 전체 채권시장의 효율성 증가를 위해 도입된 제도

PD의 지정	• 자본시장법에 따른 국채에 대한 투자매매업의 인가를 받아야 함 • 재무건전성, 인력, 경력, 실적 기준 충족 • 우선 PPD(예비국채딜러)로 지정받아야 함
PD의 의무	• 국고채 인수 : 지표종목별로 매월 경쟁입찰 발행물량의 10% 이상 인수 • 호가 의무 : 각 지표종목에 대하여 10개 이상 호가 • 유통 의무 : 은행·증권사별 평균국고채 거래량의 110% 이상 거래 • 보유 의무 : 자기매매용 국고채 보유 평균잔액 1조원 이상으로 유지 • 매입 의무 : 매입 예정 물량의 5% 이상 낙찰
PD의 권한	• 국고채 경쟁입찰 독점적 참여 및 발행예정물량의 30%까지 인수 가능 • 국고채 비경쟁인수권한

Topic 05 채권의 수익률

대표 출제 유형

만기수익률과 경상수익률

01 <보기> 중 채권수익률에 대한 적절한 설명으로만 묶인 것은?

― <보기> ―
㉠ 이표채의 채권 시장 가격이 하락하면 경상수익률도 하락한다.
㉡ 만기수익률은 채권에서 발생하는 현금흐름의 현재가치와 채권 시장가격을 일치시키는 할인율이다.
㉢ 무이표채의 경우 재투자위험이 없어 만기까지 보유 시 만기수익률을 실현할 수 있다.

① ㉢   ② ㉠, ㉡   ③ ㉡, ㉢   ④ ㉠, ㉡, ㉢

TIP '㉡, ㉢'는 채권수익률에 대한 적절한 설명이다.

경상수익률 계산

02 <보기> 의 경상수익률에 대한 설명 중 빈칸에 들어갈 내용으로 가장 적절한 것은?

― <보기> ―
액면가 20,000원, 표면이율 6%, 시장가격 19,000원, 만기수익률 5%의 3년 만기 후급 이표채의 경상수익률은 (   )이다.

① 2.56%   ② 6.32%   ③ 11.2%   ④ 18.94%

TIP 경상수익률 = $\dfrac{\text{연이자 지급액}}{\text{채권의 시장 가격}} = \dfrac{20,000 \times 6\%}{19,000} = 6.32\%$

경상수익률 계산

03 <보기> 중 경상수익률에 대한 적절한 설명으로만 모두 묶인 것은?

― <보기> ―
㉠ 채권가격이 상승하면 채권의 경상수익률도 상승한다.
㉡ 가격 대비 발행자로부터 직접 수령하는 이자의 비율을 의미한다.
㉢ 할인 채권 매입자에 대한 잠재적 이익과 할증 채권 매입자에 대한 자본손실을 고려하지 못한다.

① ㉢   ② ㉠, ㉡   ③ ㉡, ㉢   ④ ㉠, ㉡, ㉢

TIP '㉡, ㉢'은 경상수익률에 대한 적절한 설명이다.

정답 01 ③   02 ②   03 ③

01~03 핵심포인트 해설

1 만기수익률

1) 개념

→ 채권에서 발생하는 현금흐름의 현재가치와 채권의 시장가격을 일치시키는 할인율을 말한다.

2) 계산법
- 시행착오법, 재무계산기 사용법, 간이법 등

3) 특징
- 무이표채의 경우 만기까지 보유하면 약속된 만기수익률을 실현할 수 있다.
  → 재투자위험이 존재하지 않음을 의미한다.
- 이표채의 경우 만기가 길어지거나 이표율이 높아질수록 만기수익률을 실현하려면 이자에 대한 이자에 의존한다.
  → 재투자위험이 증가함을 의미한다.

2 경상수익률

1) 개념
- 가격 대비 발행자로부터 직접 수령하는 이자의 비율을 의미한다.

2) 공식

$$\text{경상수익률} = \frac{\text{연이자 지급액}}{\text{채권의 시장 가격}}$$

↳ 연이자 지급액이 동일할 때, 채권의 시장 가격이 상승하면 경상수익률은 하락한다.

3) 단점
- 할인 채권 매입자의 잠재적 이익과 할증 채권 매입자의 자본손실을 고려하지 못한다.

Topic 06 말킬의 채권가격 정리

대표 출제 유형

말킬의 채권가격 정리 5가지

01 채권가격 변동성에 대한 설명으로 가장 거리가 먼 것은?

① 만기가 일정할 때 채권수익률 하락으로 가격이 상승하는 폭이 동일한 폭의 채권수익률 상승으로 인해 가격이 하락하는 폭보다 크다.
② 채권가격은 채권수익률과 서로 반대방향으로 움직인다.
③ 표면이자율이 높아지면 동일한 크기의 수익률 변동에 대한 가격 변동률이 커진다.
④ 채권의 잔존기간이 길수록 수익률 변동에 대한 가격 변동폭이 커진다.

TIP 표면이자율이 높아지면 동일한 크기의 수익률 변동에 대한 가격 변동률은 '작아진다'. 이자지급주기가 짧아지는 경우에도 가격 변동률은 작아진다.

듀레이션의 결정요인

02 <보기>에 제시된 채권들을 듀레이션이 큰 순서대로 적절하게 나열한 것은?

<보기>
㉠ 잔존만기 4년, 표면이율 8%, 만기수익률 5%
㉡ 잔존만기 5년, 표면이율 7%, 만기수익률 4%
㉢ 잔존만기 5년, 표면이율 8%, 만기수익률 4%
㉣ 잔존만기 5년, 표면이율 8%, 만기수익률 5%

① ㉠ > ㉡ > ㉢ > ㉣
② ㉠ > ㉣ > ㉢ > ㉡
③ ㉡ > ㉢ > ㉠ > ㉣
④ ㉡ > ㉢ > ㉣ > ㉠

TIP 듀레이션은 잔존만기가 길수록, 표면이율이 작을수록, 만기수익률이 작을수록 크다.

정답 01 ③ 02 ④

01~02 핵심포인트 해설

1 말킬의 채권가격 정리 5가지

채권가격과 채권수익률

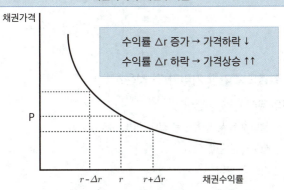

수익률 Δr 증가 → 가격하락 ↓
수익률 Δr 하락 → 가격상승 ↑↑

1	채권가격과 채권수익률은 반대로 움직인다. (1정리)
2	만기가 일정할 때 채권수익률 하락으로 인한 가격 상승폭은 동일한 폭의 채권수익률 상승으로 인한 가격 하락폭보다 크다. (4정리) → 채권의 볼록성에 의해 채권수익률이 낮을수록 듀레이션(채권가격 변동성)은 증가한다. _{채권가격과 수익률 간의 부(-)의 관계를 말하며, 원점에 대해 볼록한 형태를 보임}

듀레이션(채권가격 변동성)과 잔존만기

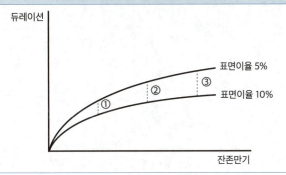

3	수익률 변동에 의한 채권가격 변동은 만기가 길어질수록 증가하나 그 증감률은 체감한다. (3정리)
4	채권의 잔존기간이 길수록 동일한 수익률 변동에 대한 채권가격 변동폭은 커진다. (2정리) → 잔존만기가 많이 남을수록 듀레이션(채권가격 변동폭)이 크다. (① < ② < ③)

채권가격과 채권수익률

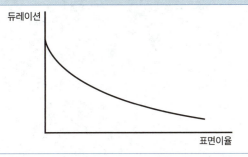

5	표면이자율이 높을수록 동일한 크기의 수익률 변동에 대한 채권가격 변동률은 작아진다. (5정리)

Topic 07 맥컬레이 듀레이션

대표 출제 유형

맥컬레이 듀레이션의 특성

01 맥컬레이 듀레이션에 대한 설명으로 가장 거리가 먼 것은?

① 이자율이 20%인 영구채권의 듀레이션은 6년이다.
② 이표채권의 경우 액면금리가 낮을수록 듀레이션은 길어진다.
③ 일반적으로 만기가 길수록 듀레이션은 길어진다.
④ 이표채의 듀레이션은 항상 만기보다 길다.

TIP 이표채의 듀레이션은 항상 만기보다 '짧다'.

정답 01 ④

01 핵심포인트 해설

1 맥컬레이 듀레이션

1) 의의
- 채권의 각 현금흐름을 회수하기까지 소요되는 가중평균 기간을 말한다.
- 채권의 현금흐름 회수 소요기간을 정확히 측정하기 위해서는 현금흐름의 잔존기간뿐만 아니라 현금흐름과 화폐의 시간적 가치가 함께 고려된 개념이 필요한데, 이것이 맥컬레이 듀레이션이다.
  → 듀레이션이란 각 현금흐름의 시간 단위를 총현금흐름의 현가에서 각 시점별 현금흐름의 현가가 차지하는 비율로 가중한 값, 즉 현가로 산출된 가중평균 만기를 말한다.

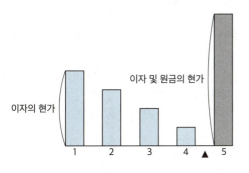

- 왼쪽의 각 현금흐름의 현재가치들의 무게와 오른쪽의 현금흐름의 현재가치의 무게가 일치하는 중심점(▲)까지의 거리가 듀레이션이다.
- 만기가 길수록 무게중심까지의 거리가 길어지므로 듀레이션도 길어진다.

2) 특성
- 듀레이션은 처음 투자할 당시의 만기수익률에 의한 투자수익을 수익률 변동위험 없이 실현할 수 있는 투자의 가중평균 회수기간(면역 전략)과 같다.
- 듀레이션은 시점이 다른 일련의 현금흐름을 가진 채권을 현금흐름이 한 번만 발생하는 채권으로 등가 전환할 때의 그 채권의 잔존만기에 해당한다.
- 일련의 현금흐름의 현재가치들의 무게 중심 역할을 하는 균형점이다.
- 무액면금리채권의 만기는 듀레이션과 같다.
  → 무액면금리채권(할인채, 복리채)은 만기에 한 번만 현금흐름이 생기기 때문임
- 액면금리가 낮을수록, 만기가 길수록 듀레이션은 길어진다.
  → 이표채권의 경우
- 이자율이 i%인 영구채권의 듀레이션은 $\dfrac{1+i}{i}$
- 이표채의 듀레이션은 항상 만기보다 짧다.
  → 만기 전에 현금흐름(이자지급)이 존재하기 때문에 듀레이션이 만기보다 짧다.

Topic 08 볼록성

대표 출제 유형

볼록성의 특징

01 <보기> 중 채권의 볼록성에 대한 적절한 설명으로만 모두 묶인 것은?

― <보기> ―
㉠ 수익률이 하락할수록 채권의 볼록성은 증가한다.
㉡ 동일한 듀레이션에서 볼록성이 큰 채권은 작은 채권보다 낮은 가격을 지닌다.
㉢ 듀레이션이 증가하면 채권의 볼록성은 감소한다.
㉣ 듀레이션이 동일해도 채권 현금흐름의 분산도가 크면 볼록성이 크다.

① ㉠, ㉢   ② ㉠, ㉣   ③ ㉡, ㉢   ④ ㉡, ㉣

TIP '㉠, ㉣'은 채권의 볼록성에 대한 적절한 설명이다.

수정 듀레이션으로 측정한 채권가격 변동성

02 수정 듀레이션이 3.06이고 만기수익률이 2%에서 4%로 상승한 경우, 수정 듀레이션으로 측정한 채권 가격의 변동률과 이와 비교한 실제 채권 가격 변동폭에 대한 평가를 적절하게 연결한 것은?

① +6.12%, 과소평가   ② −6.12%, 과대평가
③ +12.24%, 과소평가 ④ −12.24%, 과대평가

TIP $\frac{dP}{P}$(채권 가격 변동분) = −MD × dy = (−3.06) × (+)2 = −6.12
수익률이 상승하여 채권 가격이 하락한 경우, 채권 가격의 볼록성에 따라 수정 듀레이션으로 측정한 채권 가격의 변동폭은 실제 채권 가격의 변동폭을 과대평가한다.

채권의 볼록성 계산

03 <보기>를 참고하여 계산한 채권의 볼록성은?

― <보기> ―
• 채권의 만기수익률 : 3%에서 4%로 상승함
• 채권 가격 : 3.55% 하락
• 수정 듀레이션 : 3.66

① 11   ② 22   ③ 33   ④ 44

TIP $\frac{dP}{P} = -0.0355 = (-3.66) \times 0.01 + \frac{1}{2} \times C \times (0.01)^2$
∴ C = 22

정답 01 ② 02 ② 03 ②

01~03 핵심포인트 해설

1 볼록성과 듀레이션의 관계

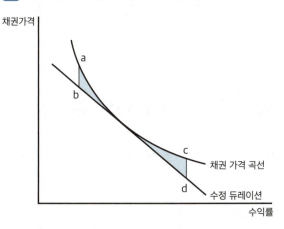

- 볼록성은 듀레이션으로 측정한 채권 가격 변동성을 보완하여 오차(색칠된 영역)를 줄인다.
- 수익률 상승 시 실제 채권 가격은 c로 하락하지만, 수정 듀레이션으로 측정하면 채권 가격은 d로 하락한다.
- 수익률 하락 시 실제 채권 가격은 a로 상승하지만, 수정 듀레이션으로 측정하면 채권 가격은 b로 상승한다.

수익률↑	듀레이션으로 측정하면 실제 채권 가격 하락폭을 과대평가함
수익률↓	듀레이션으로 측정하면 실제 채권 가격 상승폭을 과소평가함

2 볼록성의 특징

- 듀레이션이 동일하다면, 볼록성이 큰 채권이 수익률과 관계없이 항상 가격이 높다.
  ↳ 위 그래프에서 a는 b보다, c는 d보다 높다.
- 수익률이 하락할수록 채권의 볼록성은 증가한다.
- 일정한 수익률과 만기에서 표면이자율이 낮을수록 채권의 볼록성이 커진다.
- 듀레이션이 증가하면 채권의 볼록성은 가속도로 증가한다.
- 달러 듀레이션 변화율을 측정할 수 있으며, 볼록성이 커지면 달러 듀레이션의 변화도 증가한다.
- 듀레이션이 동일해도 채권 현금흐름의 분산도가 크면 볼록성이 크다.

3 채권 가격 변동률의 계산

↳ 만기수익률이 1%p 변동할 때 발생하는 채권 가격 변동률, duration/(1+r)로 구한다.

1) 수정 듀레이션을 활용한 채권 가격 변동률 공식

$$\frac{dP}{P} = -MD \times dy = -D_H \times \Delta r$$

* MD(= D_H) : 수정(힉스) 듀레이션(= duration(1 + r)), dy(Δr) : 수익률의 변화분

2) 볼록성을 함께 활용한 채권 가격 변동률 공식

↳ 수정 듀레이션에 의한 채권 가격 변동률

$$\frac{dP}{P} = \boxed{-D_H \times \Delta r} + \boxed{\frac{1}{2} \times C \times (\Delta r)^2}$$

↳ 볼록성에 의한 채권 가격 변동률

* C : 볼록성

Topic 09 선도 이자율

대표 출제 유형

내재선도 이자율 계산

01 불편 기대 이론이 성립한다는 가정하에 1년 만기 현물수익률 6%, 2년 만기 현물수익률 8%일 때, 현재 시점부터 1년 후 1년 만기 내재선도 이자율은 얼마인가?

① 약 7% ② 약 8% ③ 약 9% ④ 약 10%

TIP $_1f_1 = \frac{(1+S_2)^2}{1+S_1} - 1 = \frac{1.08^2}{1.06} - 1 = 10\%$

내재선도 이자율 계산

02 <보기>와 같은 할인채가 현재 시장에서 거래되고 있을 때, 현재 시점 1년 후부터 1년 간의 내재선도 이자율로 가장 적절한 것은?

<보기>
- 액면가격 : 10,000원
- 만기 1년의 채권 시장가격 : 9,345.79
- 만기 2년의 채권 시장가격 : 8,573.38

① 6.0% ② 7.0% ③ 8.0% ④ 9.0%

TIP
- $S_1 = \frac{10,000}{9,345.79} - 1 = 7\%$
- $S_2 = \sqrt{\frac{10,000}{8,573.38}} - 1 = 8\%$
- $\rightarrow {}_1f_1 = \frac{(1+S_2)^2}{1+S_1} - 1 = \frac{1.08^2}{1.07} - 1 = 9\%$

정답 01 ④ 02 ④

01~02 핵심포인트 해설

1 선도 이자율 관련 이론

1) 수익률 곡선

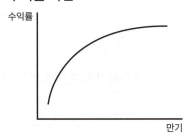

- 수익률 곡선은 이자율의 기간구조, 즉 만기까지의 기간과 채권수익률의 관계를 나타낸 곡선이다.
- 일반적으로 장기채의 이자율은 단기채의 이자율보다 높으므로, 수익률 곡선은 우상향하는 모습을 보인다.

2) 기간구조 이론

불편 기대 이론	• 장단기 채권이 서로 완전히 대체된다고 가정한다. • 장기채권에 투자한 경우와 단기채권에 투자한 경우 모두 예상수익률이 동일하다. • 투자자들이 미래 이자율에 대해서 동질적인 기대를 가지기 때문에, 장기채권수익률은 단기채권수익률의 기하평균과 같아질 것으로 본다.
유동성 프리미엄 이론	• 장기채는 단기에 비해 위험이 크다는 사실을 고려한다. • 장기채는 단기채보다 위험이 크고 유동성이 작기 때문에, 만기가 길수록 커지는 위험에 대해서 유동성 프리미엄을 요구한다. • 선도 이자율은 기대 현물 이자율에 유동성 프리미엄을 가산한 값이 된다.
편중 기대 이론	• 불편 기대 이론과 유동성 프리미엄 이론을 결합한 이론이다. • 기대 선도 이자율과 유동성 프리미엄을 동시에 반영한다.
시장분할 이론	• 장단기 채권은 완전히 서로 분리된 시장이라고 가정한다. • 장단기 채권간 차익거래는 불가능하고, 장단기 채권의 수익률은 서로 아무런 관련 없이 각각 분할된 시장에서 별도로 결정된다.

2 선도 이자율

1) 개념

- 선도 이자율은 현재 시점에서 요구되는 미래 기간에 대한 이자율을 말한다.
- 현재 시점의 장기채와 단기채의 현물 이자율의 기하평균을 이용하여 구한다.
- 2년 만기 채권에 투자할 경우와 1년 만기 채권 매입 후 1년 후에 다시 1년 만기 채권에 투자하는 경우 효과가 동일하도록 만드는 수익률이 내재선도 이자율이다.

$$(1 + S_2)^2 = (1 + S_1)(1 + {}_1f_1)$$

↳ 0~2년 ↳ 0~1년 ↳ 1년 후 1년이 지나기까지의 기간(1~2년)

2) 현재 시점 1기 후부터 1기까지의 내재선도 이자율 계산

$${}_1f_1 = \frac{(1 + S_2)^2}{1 + S_1} - 1$$

→ 만약, 기간별 현물이자율(S_n)이 주어지지 않았다면, 채권의 가격 공식을 활용하여 현물이자율(S_n)을 먼저 구한 후 위 계산 방법을 사용한다.

↳ 할인채 및 복리채의 단가: $P = \dfrac{S}{(1+r)^n \times \{(1 + r \times \frac{d}{365})\}}$

Topic 10 채권 위험의 종류

대표 출제 유형

채무불이행 위험의 정의

01 <보기>는 채권 투자자가 예기치 않은 손실을 입을 위험에 대해 설명하고 있다. 빈칸에 들어갈 내용으로 가장 적절한 것은?

> <보기>
> 채권 투자자는 발행자로부터 채권에 명시된 원금이나 이자의 전부 혹은 일부를 지급받지 못하는 위험, 즉 (　　) 에 노출되게 된다.

① 재투자 위험　　　　　　　　　　② 구매력 위험
③ 이자율 변동 위험　　　　　　　　④ 채무불이행 위험

TIP 채권 투자자는 발행자로부터 채권에 명시된 원금이나 이자의 전부 혹은 일부를 지급받지 못하는 위험, 즉 (채무불이행 위험)에 노출되게 된다.

채무불이행 위험의 정의

02 <보기>에서 설명하는 위험으로 가장 적절한 것은?

> <보기>
> 투자자가 발행자로부터 채권에 명시된 원금 또는 이자를 받지 못하는 경우 발생할 수 있는 위험이다. 보다 넓은 개념으로는 발행자의 신용등급 하락으로 인한 실질자산가치의 하락위험부터 국가에 대한 전체 위험까지 포함된다.

① 이자율 변동 위험　　　　　　　　② 구매력 위험
③ 재투자 위험　　　　　　　　　　④ 채무불이행 위험

TIP 채무불이행 위험(Default Risk)에 대한 설명이다.

정답　01 ④　02 ④

01~02 핵심포인트 해설

1 채권 위험의 의미

채권은 본래 이자와 원금이 계약에 의해 정해져 있는 확정이자부 증권이지만, 계약대로 실행되지 않고 예기치 않은 손실을 입을 가능성이 있는 채권 위험이 존재한다.

2 채권 위험의 종류

체계적 위험	이자율 변동 위험	채권을 만기까지 보유할 투자자는 가격변동에 관심이 없지만, 중간에 매각할 투자자는 이자율 상승 시 가격 하락 위험(투자손실)이 발생할 수 있다.
	구매력 위험 (인플레이션 위험)	예상과 다른 물가 변동에 의해 채권투자의 이익이 구매력 손실(물가 상승)을 보충하지 못할 위험을 말한다.
	재투자 위험	중도에 발생하는 현금에 대한 재투자수익률의 불확실성에서 발생하는 위험을 말한다.
	유동성 위험 (시장 위험)	유동성이 부족하여 원하는 시기와 가격에 채권을 매매하지 못하는 경우 발생하는 위험을 말한다.
비체계적 위험	채무불이행 위험 (신용 위험)	채권에 명시된 원금·이자를 전부 또는 일부를 받지 못할 위험을 말하며, 더 넓게는 발행자의 신용등급이 하락해서 실질자산가치가 하락하거나 발행자가 속하는 산업이나 국가에 대한 위험을 포함한다.
	중도상환 위험	만기 이전에 시장수익률이 하락하여 발행회사가 기존에 발행한 채권의 중도상환을 요구할 때 발생하는 위험을 말한다.
환율 위험		환율시세의 변동에 의해 나타나는 위험을 말한다.

Topic 11 적극적 채권운용전략

대표 출제 유형

적극적 채권운용전략의 종류

01 적극적인 채권운용전략으로 가장 적절한 것은?

① 채권 인덱싱 전략
② 채권교체 전략
③ 현금흐름 일치 전략
④ 만기보유 전략

TIP 채권교체 전략은 적극적인 채권운용전략에 해당한다.

스프레드 운용전략

02 두 자산의 수익률 격차가 일시적으로 확대되었을 때 시간이 경과함에 따라 다시 수익률 격차가 축소하여 정상적인 수준으로 되돌아오는 특성을 이용한 채권 투자 전략은?

① 사다리형만기전략
② 롤링효과
③ 스프레드 운용전략
④ 채권면역전략

TIP 스프레드 운용전략에 대한 설명이다.

수익률 곡선 타기 전략

03 <보기>의 빈칸에 들어갈 내용으로 가장 적절한 것은?

――― <보기> ―――
금리 수준이 일정하더라도 잔존기간이 짧아지면 그만큼 수익률이 하락하여 채권가격이 상승하게 되는데 이것을 (   )(이)라고 한다.

① 채권 교체 전략
② 스프레드 운용전략
③ 롤링효과
④ 숄더효과

TIP 금리 수준이 일정하더라도 잔존기간이 짧아지면 그만큼 수익률이 하락하여 채권가격이 상승하게 되는데 이것을 (롤링효과)라고 한다.

정답 01 ② 02 ③ 03 ③

01~03 핵심포인트 해설

1 적극적 채권운용전략의 개념

채권시장이 비효율적이라는 가정하에 안정성보다는 수익성을 추구하는 운용전략이다.
↳ 채권시장의 가격에 모든 투자정보가 반영되지 못해, 차익기회가 있음을 가정함

2 적극적 채권운용전략의 종류

1) 금리예측 전략
- 금리 변화가 예상될 때에는 장·단기 채권을 교체 운용하여 투자 수익을 극대화한다.

2) 채권교체 전략

동종채권교체	사실상 서로 거의 같은 조건임에도 일시적인 시장 불균형으로 인해 가격이 낮게 평가된 채권으로 교체한다.
이종채권교체	미래 예측에 따라 상대적으로 저평가된 다른 종류의 채권으로 교체한다.

3) 스프레드 운용전략

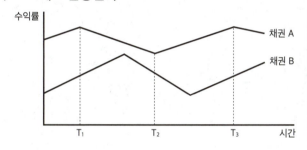

- 두 종목의 수익률 격차가 일시적으로 확대·축소되었다가, 정상 수준으로 되돌아오는 특성을 이용한 전략이다.
- 수익률 격차가 확대·축소되는 시점에서 교체매매를 실시하여 투자효율을 제고하는 전략이다.

4) 수익률 곡선 타기 전략

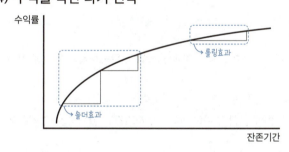

- 숄더효과 : 잔존기간별로 수익률 격차의 차이가 있는데, 만기가 짧을수록 수익률 격차가 커짐
- 롤링효과 : 금리 수준이 일정해도 잔존기간이 짧으면 그만큼 수익률이 하락하여 채권 가격이 상승함
- 수익률 곡선이 우상향인 경우에 한하여 실시 가능하다.

5) 수익률 곡선 전략
- 바벨형 채권운용 : 단기채(O), 중기채(X), 장기채(O) 보유
- 불렛형 채권운용 : 단기채(X), 중기채(O), 장기채(X) 보유

Topic 12 소극적 채권운용전략

대표 출제 유형

소극적 채권운용전략의 종류

01 소극적 채권운용전략에 대한 설명으로 가장 거리가 먼 것은?

① 목표투자기간 중 시장수익률의 변동에 관계없이 채권 매입 당시에 설정하였던 최선의 수익률을 목표기간 말에 큰 차이 없이 실현하도록 하는 기법은 전통적 면역 전략이다.
② 자산과 부채의 듀레이션 갭을 최소화하여 순자산 가치의 변동성을 최소화하고자 하는 방법은 상황대응적 면역 전략이다.
③ 채권시장 전체의 흐름을 그대로 따르는 포트폴리오를 구성하여 채권시장 전체의 수익률을 달성하려는 전략은 채권 인덱싱 전략이다.
④ 채권별 보유량을 각 잔존기간마다 동일하게 유지하여 시세변동의 위험을 평준화하고 적정 수준의 수익성도 확보하려는 전략은 사다리형 만기 전략이다.

TIP 순자산가치 면역 전략에 대한 설명이다.

채권 면역 전략

02 전통적 면역 전략에 대한 설명으로 가장 거리가 먼 것은?

① 채권매입 당시 설정했던 최선의 수익률을 목표투자기간 중의 시장수익률 변동 상황과 관계없이 목표투자기간 말에 실현하도록 하는 기법이다.
② 채권 가격 변동에 의한 매매이익과 재투자수익을 동시에 추구하는 전략이다.
③ 현실적으로 면역전략을 수행하기 어려운 경우 여러 종목의 채권들에 분산 투자하여 목표투자기간과 일치하는 가중 듀레이션을 구하는 방법을 사용한다.
④ 면역 전략에 의해 구성된 채권 포트폴리오도 상황의 변화에 따른 리밸런싱의 필요가 있다.

TIP 전통적 면역 전략은 채권 가격 변동에 의한 매매손익과 재투자수익의 상충적 성격을 이용하여 일정 수준 이상의 투자수익률을 유지하는 전략이므로 매매이익과 재투자수익을 동시에 추구할 수 없다.

정답 01 ② 02 ②

01~02 핵심포인트 해설

1 소극적 채권운용전략의 개념

채권시장이 효율적이라는 가정 하에 수익성보다는 안정성을 추구하는 운용전략이다.
→ 현재의 채권 가격에는 모든 투자정보가 모두 반영되어 있다고 가정한다.

2 소극적 채권운용전략의 종류

만기보유 전략	채권매입 후 만기까지 보유해서 매입 시점에서 미리 투자수익을 확정하는 전략
사다리형 만기 전략	각 잔존기간마다 채권별 보유량을 동일하게 하여 시세변동의 위험을 평준화하고 수익성도 적정 수준을 확보하려는 전략
채권 면역 전략	전통적 면역 전략, 순자산가치 면역 전략, 상황대응적 면역 전략이 있음
현금흐름 일치 전략	채권 포트폴리오에서 발생하는 현금유입이 향후 예상되는 현금유출액을 상회하도록 포트폴리오를 구성하는 전략
채권 인덱싱 전략	채권시장의 흐름을 그대로 따르는 포트폴리오를 구성하여 채권시장 전체의 수익률을 달성하려는 전략

3 채권 면역 전략

1) 전통적 면역 전략

의의	투자기간 중 수익률 변동과 관계없이 채권매입 시 설정한 최선의 수익률을 투자기간 말에 큰 차이 없이 실현하는 기법이다.
원리	채권수익률이 상승하면 채권 가격이 하락함과 동시에 이자수입의 재투자수입이 증가한다. → 가격변동의 매매손익과 재투자수익이 상쇄되어 채권의 투자수익률을 일정 수준 이상으로 유지할 수 있다.
방법	투자자의 목표 투자기간과 채권의 듀레이션을 일치시킨다.
한계	수익률 곡선에 대한 가정과 듀레이션 개념을 이용하므로 면역전략 자체에 위험요소가 있다. → 상황에 따른 리밸런싱이 필요하다.

2) 순자산가치 면역 전략
- 자산과 부채의 듀레이션 갭을 최소화하여 순자산 가치의 변동성을 최소화하는 전략이다.

3) 상황대응적 면역 전략(= 동적 자산배분)
- 최소한의 투자목표를 설정한 다음, 현재의 투자성과에 따라 전략을 다르게 적용한다.
  - 여유수익이 있는 정도 → 적극적 전략 구사
  - 추가손실이 있는 정도 → 면역전략으로 전환

합격의 기준, 해커스금융
fn.Hackers.com

PART 3
파생상품투자운용 및 투자전략

출제 유형 분석 MAP

PART 3 | 파생상품투자운용 및 투자전략

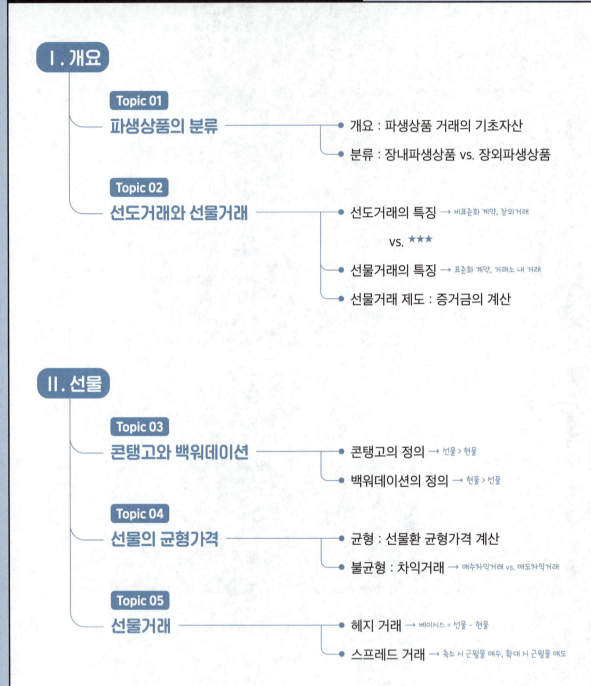

III. 옵션

Topic 06 옵션의 기초
- 옵션의 정의
- 옵션의 내재가치 → 기초자산가격과 행사가격의 차이 ★★★

Topic 07 옵션의 매매
- 옵션 매매별 전략
- 옵션 매매의 수익구조

Topic 08 옵션 스프레드 전략
- 불 스프레드 전략 → 낮은 가격 매수, 높은 가격 매도

Topic 09 스트래들 전략
- 숏 스트래들 전략 : 매도 시 수익 발생 기초자산가격 범위 ★★★

IV. 운용

Topic 10 풋-콜 패리티
- 응용 : 포지션 사이의 동등성 → $p + S = c + B$
- 전략 : 컨버젼 vs. 리버설

Topic 11 포트폴리오 보험과의 연결
- 포트폴리오 보험전략별 특징 → 방어적 풋, 이자 추출, 동적 자산배분, 동적 헤징

Topic 12 이항모형
- 1기간 이항모형의 콜옵션 가격 계산

Topic 13 블랙-숄즈 모형
- 주요 변수 → 기초자산가격, 행사가격, 무위험이자율, 변동성, 만기

Topic 14 옵션 프리미엄의 민감도
- 민감도 부호 ★★★
- 계산 : 델타의 계산
- 특징 : 민감도 지표별 특징 → 델타와 감마 비교

Topic 01 파생상품의 분류

대표 출제 유형

파생상품 거래의 기초자산

01 <보기> 중 장외파생상품의 기초자산에 해당하는 것으로만 모두 묶인 것은?

― <보기> ―
㉠ 통화   ㉡ 원재료
㉢ 신용위험   ㉣ 금리

① ㉠
② ㉠, ㉡
③ ㉠, ㉡, ㉢
④ ㉠, ㉡, ㉢, ㉣

TIP '㉠, ㉡, ㉢, ㉣'은 모두 장외파생상품의 기초자산에 해당한다.

장내파생상품 vs. 장외파생상품

02 <보기> 중 장외파생상품 거래에 대한 적절한 설명으로만 모두 묶인 것은?

― <보기> ―
㉠ 시장조성자와 고객 간의 일대일 계약 형태로 일어나는 거래가 대부분이다.
㉡ 거래상대방끼리만 동의하면 어떠한 조건도 삽입이 가능하다.
㉢ 거래대상은 주로 선물과 옵션이다.

① ㉠
② ㉠, ㉡
③ ㉡, ㉢
④ ㉠, ㉡, ㉢

TIP '㉠, ㉡'은 장외파생상품 거래에 대한 적절한 설명이다.

정답 01 ④ 02 ②

01~02 핵심포인트 해설

1 파생상품의 개요

1) 개념
   - 주식이나 채권 등 기초자산의 가치가 변동함에 따라 가격이 결정되는 상품, 즉 기초자산에서 파생된 자산을 말한다.

2) 거래대상 기초자산

   - 주가지수
   - 개별 주식
   - 금리
   - 채권
   - 통화(외환, 환율)
   - 상품(원자재)
   - 신용위험
   - 임의의 선물계약 → 선물옵션을 전제로 한 분류로, 현물이 아닌 선물을 거래하는 일종의 2차 파생상품

2 장내파생상품 vs. 장외파생상품

구분	장내파생상품	장외파생상품
의미	거래소에 상장되어 계약의 크기, 거래방법 등이 표준화 되어있는 파생상품이다.	거래소 외의 장소에서 당사자들간 일대일 계약을 통해 거래하는 파생상품이다.
특징	• 규칙과 규제가 많지만, 거래가 간편하고 쉬워서 유동성을 확보하기 유리하다. • 반대매매가 쉬워, 만기 전에 청산할 수 있다.	• 장내파생상품에 비해 상대적으로 거래상대방을 찾기 어려워 유동성이 떨어진다. • 반대매매가 어렵다. • 거래 상대방끼리만 동의한다면 어떠한 조건도 삽입할 수 있으나, 그만큼 당사자들간의 신용이 중요하다.
종류	• 선물거래, 옵션거래 등	• 선도거래, 스왑거래 등

Topic 02 선도거래와 선물거래

대표 출제 유형

선도거래의 특징

01 선도거래의 특징에 대한 설명으로 가장 적절한 것은?

① 거래조건이 표준화되었다.
② 당사자 간 직접계약이므로 유동성이 높다.
③ 가격과 거래제한이 없다.
④ 증거금의 추가 조치가 발동할 수 있다.

TIP 선도거래는 가격과 거래제한이 없다.

선물거래의 특징

02 선물거래에 대한 설명으로 가장 거리가 먼 것은?

① 만기일 이전에 반대매매로 포지션을 청산할 수 있다.
② 일일정산제도에 따라 매일 결제가 이루어진다.
③ 거래상대방의 채무불이행 위험이 높아 신용이 중시된다.
④ 청산소에 증거금을 예치하여야 한다.

TIP 선물계약은 거래당사자가 중개자인 청산소에 거래증거금을 예치하므로 당사자의 신용이 중시되지 않는다. 거래상대방의 채무불이행 위험이 존재하는 것은 선도거래의 일반적인 특징이다.

증거금의 계산

03 <보기>의 정보를 참고했을 때, 선물거래를 지속하기 위해 투자자가 추가로 납입해야 하는 증거금은 얼마인가?

―――――――――― <보기> ――――――――――
- 초기증거금 : 115억원
- 유지증거금 : 100억원
- 일일정산 후 증거금 : 50억원

① 50억원　　② 55억원　　③ 65억원　　④ 85억원

TIP 추가로 부담해야 하는 변동 증거금은 65억원(= 115억원 − 50억원)이다.

정답　01 ③　02 ③　03 ③

01~03 핵심포인트 해설

1 선도거래와 선물거래

구분		선도거래	선물거래
의미		현재 정해진 가격으로 특정한 미래에 상품을 사거나 파는 거래	
거래장소		장외거래 중심	거래소 내 거래
거래 방법	가격과 거래 제한	제한 없음	제한함
	표준화	비표준화	표준화
	유동성	낮음	높음
	상품의 인수도	만기일	만기일 이전에 반대매매
	결제시점	만기일	일일정산
	참여거래자	한정됨	다수

2 선도거래 : 비표준화 계약

1) 거래방법

<장외>

- 거래당사자가 상호 합의하여 거래조건을 결정한다.
  → 가격과 거래 제한 X
- 거래의 중개자 없이 계약당사자가 직접거래한다.
  → 당사자의 신용 중시 O
- 상품의 인수도와 결제는 만기일에 이루어진다.

2) 배추밭떼기 거래

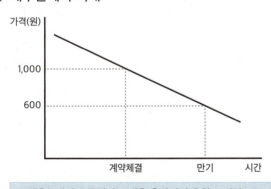

거래대상	배추
만기	출하 시점
가격	1,000원
수량	10,000포기
매도자	배추농가
매수자	유통업자

- 배추농가와 유통업자는 배추 출하시점에 한 포기당 1,000원씩 10,000포기를 거래한다는 계약사항을 정했다.
  ↳ 일대일 계약   ↳ 맞춤형 계약으로 당사자간 합의만 있으면 어떤 조건도 삽입 가능
- 계약체결 시점의 배추가격은 1,000원이었으나 만기 시점의 배추가격은 600원으로 하락하였다.

이와 같은 경우 매도자와 매수자의 손익은 어떻게 되는가?

▼

- 배추가격 하락에도 배추는 포기당 1,000원으로 거래되므로 유통업자는 배추농가에 1,000만원을 지급한다.
  ↳ 선물거래와 달리 중간에 반대매매가 어려움
- 손익평가
  - 배추농가(매도자)의 손익(1포기당) : $F_{t,T}$(계약 가격) - S_t(만기 시점 현물가격)
                                  = 1,000원 - 600원 = 400원 이익
  - 유통업자(매수자)의 손익(1포기당) : S_t(만기 시점 현물가격) - $F_{t,T}$(계약 가격)
                                  = 600원 - 1,000원 = 400원 손실

3 선물거래 : 표준화 계약

1) 거래방법

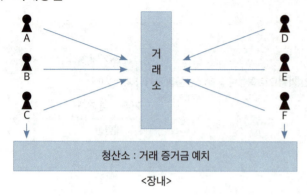

- 거래당사자는 공인된 거래소에서 거래하며, 거래 조건이 표준화되어 있다.
  → 가격과 거래 제한 O
- 거래당사자는 중개자인 청산소에 거래 증거금을 예치해야 한다.
  → 당사자의 신용 중시 X
- 상품의 정산은 일일정산을 통해 매일 결제된다.

2) 증거금 제도

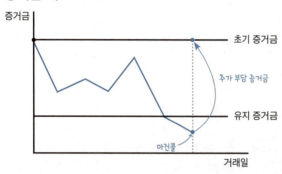

- 증거금이 유지 증거금 수준 이하로 내려간 경우 추가 조치(마진콜)가 발동한다.
- 마진콜이 발동하면, 증거금을 초기 증거금 수준으로 회복시켜야 한다.
  → 추가 부담 증거금 = 초기 증거금 - 일일정산 후 남은 증거금

3) 일일정산 제도

- 매수나 매도포지션을 취한 이후에 반대매매를 하지 않고 다음 날로 포지션을 넘긴 경우, 우선 당일의 종가를 가지고 정산을 하는 제도이다.

4) 거래 시나리오

- 1일 동안의 거래소 내 거래 시나리오를 다음과 같이 가정한다.

시간	10:00	10:10	10:20	...	15:45
가격	1,200원	1,300원	1,350원	...	1,320원
투자자 A	매수 →	전매도 (반대매매)			
투자자 B	매도 →		환매수 (반대매매)		
투자자 C			매수 →		(일일정산)
투자자 D			매도 →		(일일정산)

▼

투자자	거래 내용	손익
A	1,200원에 매수 주문 후, 1,300원에 전매도 함(반대매매O) ↳ 매수 포지션을 청산한다는 의미	100원 이익
B	1,200원에 매도 주문 후, 1,350원에 환매수 함(반대매매O) ↳ 매도 포지션을 청산한다는 의미	150원 손실
C	1,300원에 매수 주문 후, 포지션을 익일로 넘기고(반대매매X) 종가 1,320원으로 일일정산함	20원 이익
D	1,350원에 매도 주문 후, 포지션을 익일로 넘기고(반대매매X) 종가 1,320원으로 일일정산함	30원 이익

Topic 03 콘탱고와 백워데이션

대표 출제 유형

콘탱고의 정의

01 <보기>의 선물거래에 대한 설명 중 빈칸에 들어갈 내용이 순서대로 나열된 것은?

― <보기> ―
- 선물시장에서 선물의 가격이 현물의 가격보다 더 큰 경우를 (   )(이)라고 표현한다.
- 반대로 현물의 가격이 선물의 가격보다 높은 경우를 (   )(이)라고 표현한다.

① 콘탱고 상태, 정상시장
② 정상시장, 역조시장
③ 백워데이션 상태, 콘탱고 상태
④ 역조시장, 백워데이션 상태

TIP
- 선물시장에서 선물의 가격이 현물의 가격보다 더 큰 경우를 (콘탱고 상태 또는 정상시장)이라고 표현한다.
- 반대로 현물의 가격이 선물의 가격보다 높은 경우를 (백워데이션 상태 또는 역조시장)이라고 표현한다.

백워데이션의 정의

02 <보기>의 빈칸에 들어갈 내용으로 가장 적절한 것은?

― <보기> ―
(   )은(는) 선물시장에서 현물 가격이 선물 가격보다 높은 현상을 말한다.

① 콘탱고
② 백워데이션
③ 컨버젼
④ 베이시스

TIP (백워데이션)은 선물시장에서 현물 가격이 선물 가격보다 높은 현상을 말한다.

정답 01 ② 02 ②

01~02 핵심포인트 해설

1 콘탱고(정상시장)

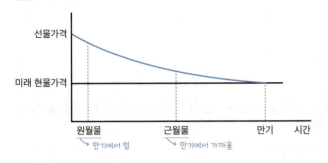

- 선물시장에서 선물가격이 현물가격보다 높은 상태이다.
- 만기가 먼 원월물 가격이 만기가 가까운 근월물의 가격보다 높다.
- 선물은 미래에 실물인수도가 이루어지기 때문에 만기까지의 이자, 창고료, 보험료 등의 보유비용이 소요되어 현물가격보다 높다.

2 백워데이션(역조시장)

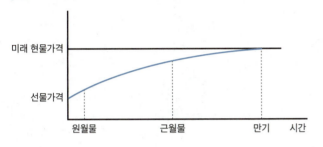

- 선물시장에서 선물가격이 현물가격보다 낮은 상태이다.
- 만기가 먼 원월물 가격이 만기가 가까운 근월물의 가격보다 낮다.
- 향후 시장의 상황이 나빠지며 해당 자산가격이 하락할 것으로 예상되는 경우 선물가격이 하락하여 현물가격보다 낮다.

Topic 04 선물의 균형가격

대표 출제 유형

선물환 균형가격 계산

01 원-달러 환율이 현재 1300원이며, 국내 이자율 5%, 미국 이자율 3%일 때, 잔여 만기가 1년인 균형 선물환가격은 얼마인가? (단, 차익거래 포지션의 만기는 1년으로 가정함)

① 1,302원/달러
② 1,326원/달러
③ 1,365원/달러
④ 1,404원/달러

TIP 균형 선물환 가격 = $S_T \times \{1 + (r - r^f) \times \frac{T-t}{365}\}$
= $1,300 \times \{1 + (0.05 - 0.03) \times \frac{365}{365}\} = 1,326$

차익거래

02 <보기> 중 매수차익거래에 대한 적절한 설명으로만 모두 묶인 것은?

─── <보기> ───
㉠ 현물을 매도하고 선물을 매수하는 포지션이다.
㉡ 시장베이시스가 양수인 경우에 매수차익거래가 가능하다.
㉢ 선물의 시장가격이 선물의 이론가격보다 큰 경우 매수차익거래가 가능하다.

① ㉠
② ㉠, ㉡
③ ㉡, ㉢
④ ㉠, ㉡, ㉢

TIP '㉡, ㉢'은 매수차익거래에 대한 적절한 설명이다.

정답 01 ② 02 ③

01~02 핵심포인트 해설

1 선물의 균형가격

1) 개념
- 차익거래가 불가능한 경우의 선물가격을 선물의 균형가격이라고 한다.

2) 원리
- 선물이란 지금 현물을 받아 운용하며 이자를 획득할 수 있는 기회를 포기하고, 나중에 실물을 넘기기로 계약만 해두는 거래를 말한다.
- 선물계약을 했다면 자금운용으로 발생할 수 있는 금리수익(r)을 못 받으므로 매도자는 현물가격에 금리수익만큼을 더한 금액을 받고자 하며, 이 부분은 선물의 균형가격을 상승시키게 된다.
- 반면에 만기 전까지는 주식을 보유하고 있으면서 배당(d)을 받을 수 있으므로, 이 부분은 선물의 균형가격을 하락시키게 된다. → 현물을 넘기는 시점
- 이와 같이 보유에 따른 비용이 추가되고 이익은 차감되며 균형가격이 설정된다.

3) (선물환 시장) 균형 선물 가격 공식

$$F^*_{t,T} = S_t \times \{1 + (r - r^f) \times \frac{T-t}{365}\}$$

* S_t : 현물가격, r : 국내 이자율, r^f : 외국 이자율, (T - t) : 잔여 만기

[참고] **(주가지수 선물시장) 균형 선물 가격 공식**

$$F^*_{t,T} = S_t \times \{1 + (r - d) \times \frac{T-t}{365}\}$$

* d: 배당률

2 차익거래

1) 개념
- 서로 다른 시장에서 어떤 상품의 가격이 서로 다를 경우, 가격이 싼 시장에서 매입하여 비싼 시장에 매도함으로써 매매차익을 얻는 거래행위를 말한다.

2) 매수차익거래 vs. 매도차익거래

매수차익거래	매도차익거래
$F_{t,T} > S_t \times \{1 + (r - r^f) \times \frac{T-t}{365}\}$	$F_{t,T} < S_t \times \{1 + (r - r^f) \times \frac{T-t}{365}\}$

매수차익거래:
- 선물가격이 균형가격보다 높은 상태에서 실행 가능하다. ($F_{t,T} > F^*_{t,T}$) → 선물가격 고평가
- 고평가된 선물은 매도하고, 현물은 매수한다. → 현물을 매수하는 차익거래 = 매수차익거래

매도차익거래:
- 선물가격이 균형가격보다 낮은 상태에서 실행 가능하다. ($F_{t,T} < F^*_{t,T}$) → 선물가격 저평가
- 저평가된 선물은 매수하고, 현물은 매도한다. → 현물을 매도하는 차익거래 = 매도차익거래

[참고] 차익거래의 전략은 현물의 매매전략에 따라 달라진다.

Topic 05 선물거래

대표 출제 유형

헤지 거래

01 주식을 이용한 선물의 헤지 방안으로 가장 거리가 먼 것은?

① 베이시스는 선물가격과 현물가격의 차이를 말하며, 이는 보유비용의 값과 동일하다.
② 헤지 거래는 현물 포지션 가치 하락에 대비하여 선물로 반대 포지션을 취하는 것을 말하며, 매수헤지와 매도헤지가 여기에 포함된다.
③ 현물 포지션의 크기에 대한 선물 포지션 크기의 적정한 비율을 헤지비율이라고 한다.
④ 제로 베이시스 헤지는 만기시점이 도래하기 전에 현물과 선물을 전부 청산하는 것을 말한다.

TIP '랜덤 베이시스 헤지'는 만기시점이 도래하기 전에 현물과 선물을 전부 청산하는 것을 말한다.

스프레드 거래

02 <보기>와 같은 선물을 보유하고 있을 경우 취해야 할 스프레드 전략으로 가장 적절한 것은?

─<보기>─
- KOSPI200 선물 9월물 : 225pt
- KOSPI200 선물 12월물 : 230pt
- 두 월물 간 스프레드는 축소될 것으로 예상됨

① 9월물 매수, 12월물 매수
② 9월물 매수, 12월물 매도
③ 9월물 매도, 12월물 매수
④ 9월물 매도, 12월물 매도

TIP KOSPI200 선물 9월물이 225pt이고, 12월물은 230pt이며 향후 두 월물 간의 스프레드가 축소될 것으로 예상된다면, 9월물을 매수하고, 12월물을 매도하는 전략이 가장 적절하다.

정답 01 ④ 02 ②

01~02 핵심포인트 해설

1 헤지 거래

1) 개념
- 투자자가 현재 보유하고 있거나 나중에 보유하게 될 현물 포지션의 가치가 하락할 경우에 대비해서 선물로 반대 포지션을 취하는 전략을 말하며, 매수헤지, 매도헤지가 여기에 포함된다.

2) 베이시스

$$\text{시장 베이시스}(b_{t,T}) = \text{선물가격}(F_{t,T}) - \text{현물가격}(S_t)$$

- 베이시스는 현물을 곧바로 매각하지 않고 만기까지 보유하며 부담하는 비용과 같다는 점에서 보유비용이라고도 한다.

3) 제로 베이시스 헤지 vs. 랜덤 베이시스 헤지

제로 베이시스 헤지	현물과 선물 포지션을 만기 시점까지 보유한 후 청산하여, 선물 만기 시점의 베이시스가 0이 되게 하는 헤지이다.
랜덤 베이시스 헤지	만기 시점까지 보유하지 않고 선물 만기 시점이 도래하기 전에 포지션을 청산하는 헤지이다.

4) 헤지비율
- 현물 포지션을 선물로써 헤지하는 경우 둘 사이에 괴리가 발생할 수 있는데, 이 때 현물 포지션의 크기에 대해 선물 포지션이 가져야 할 적정한 비율을 말한다.

2 스프레드 거래

1) 개념
- 만기나 종목이 서로 다른 2개의 선물계약에 서로 다른 포지션을 동시에 취하는 전략을 말하며, 두 선물계약이 움직이는 방향은 비슷하더라도 변동하는 폭이 다를 수 있다는 점을 활용해 수익을 창출할 수 있다.
  - 예) 선물 매수 포지션의 가격이 50만큼 상승했고, 선물 매도 포지션의 가격이 30만큼 하락했다면, 전체적으로는 20만큼의 순이익이 발생한 것으로 봄

2) 시간 스프레드
- 동일한 상품이지만 만기가 상이한 상품에 대해 각각 매수와 매도 포지션을 취하는 전략이다.

구분	시장	예상	전략
강세 스프레드 (스프레드 축소 예상)	강세시장	근월물 상승 > 원월물 상승	근월물 매수, 원월물 매도
	약세시장	근월물 하락 < 원월물 하락	
약세 스프레드 (스프레드 확대 예상)	강세시장	근월물 상승 < 원월물 상승	근월물 매도, 원월물 매수
	약세시장	근월물 하락 > 원월물 하락	

3) 상품 간 스프레드
- 서로 다른 상품에 대해 사용되는 전략으로, 기초자산이 달라도 자산가격이 밀접하게 연관되어 있는 경우 이 전략을 취할 수 있다.
  - 예) 미국의 T-Bill과 유로달러 금리선물에 서로 반대되는 포지션을 취함

Topic 06 옵션의 기초

대표 출제 유형

옵션의 정의

01 옵션에 대한 설명으로 가장 적절한 것은?

① A전자 주식 1주를 1개월 뒤 30만원으로 매도할 수 있는 권리는 콜옵션에 해당한다.
② 콜옵션의 내재가치가 양의 값을 지니는 경우 기초자산가격은 행사가격보다 크다.
③ 옵션의 사용 시점을 만기 시점에 한 번으로 제한한 경우는 미국식 옵션이라고 한다.
④ 콜옵션과 풋옵션에서 내재가치가 양의 값을 보이는 상태를 외가격이라고 한다.

TIP 콜옵션의 경우 기초자산가격이 행사가격보다 큰 내가격일 때 내재가치가 존재한다.

옵션의 내재가치

02 <보기>와 같은 조건을 가진 콜옵션의 내재가치는 얼마인가? (단, 단위는 point)

<보기>
- 만기 : 1개월
- 기초자산가격 : 275
- 행사가격 : 270
- 옵션 프리미엄 : 7

① 2　　② 5　　③ 7　　④ 12

TIP 콜옵션 내재가치 = 기초자산가격(275pt) − 행사가격(270pt) = 5pt

옵션의 정의

03 옵션에 대한 설명으로 가장 적절한 것은?

① 미국식 옵션은 옵션 행사 권리를 만기 시점 한 번으로 사용 시기를 제한한 경우를 말한다.
② 내재가치가 0이면 시간가치보다 옵션 프리미엄이 크다.
③ 콜옵션의 기초자산가격이 행사가격보다 높은 상태를 내가격 상태라고 한다.
④ 미리 정한 가격으로 매도할 권리는 콜옵션, 매수할 권리는 풋옵션이다.

TIP 콜옵션의 경우 기초자산가격이 행사가격에 비해 높다면 내가격 상태, 낮다면 외가격 상태, 두 가격이 같으면 등가격 상태라고 한다.

정답 01 ②　02 ②　03 ③

01~03 핵심포인트 해설

1 옵션의 정의

주어진 자산을 미래 일정 시점에서 미리 정한 가격에 매수·매도할 권리를 말한다.
↳ 기초자산 ↳ 만기 ↳ 행사가격 ↳ 콜옵션(매수), 풋옵션(매도)

2 유럽식 옵션 vs. 미국식 옵션 → 옵션 행사 시점에 따른 구분

1) 유럽식 옵션
   - 옵션을 사용하는 시점이 '만기 시점'에 한 번인 옵션이다.

2) 미국식 옵션
   - 옵션을 사용하는 시점이 '만기 이전에 아무 때나' 한 번인 옵션이다.

3 콜옵션 vs. 풋옵션 → 기초자산 매수·매도 권리에 따른 구분

1) 옵션의 비교

구분	콜옵션	풋옵션
정의	• 자산을 미래의 일정시점에서 미리 정한 가격으로 매수할 권리이다.	• 자산을 미래의 일정시점에서 미리 정한 가격으로 매도할 권리이다.
이익 규모	• 콜옵션은 '살 권리'를 말하므로, 실제 가격보다 싸게 사야 이익을 본다. → 만기 시점의 기초자산가격이 미리 정한 행사가격보다 오른 만큼 이익을 본다.	• 풋옵션은 '팔 권리'를 말하므로, 실제 가격보다 비싸게 팔아야 이익을 본다. → 만기 시점의 기초자산가격이 미리 정한 행사가격보다 떨어진 만큼 이익을 본다.
내재가치	기초자산가격 - 행사가격 ↳ 실제 자산가격 ↳ 살 수 있는 가격	행사가격 - 기초자산가격 ↳ 팔 수 있는 가격 ↳ 실제 자산가격

[참고] 옵션의 가격 상태
- 내가격 : 내재가치 > 0 → 내가격일 때 옵션의 가치가 있음
- 등가격 : 내재가치 = 0
- 외가격 : 내재가치 < 0

2) 옵션 프리미엄

옵션 프리미엄 = 내재가치 + 시간가치
↳ 기초자산가격과 행사가격의 차이

Topic 07 옵션의 매매

대표 출제 유형

옵션 매매별 전략

01 <보기>의 옵션에 대한 설명 중 빈칸에 들어갈 내용으로 가장 적절한 것은?

<보기>
( )는 기초자산가격이 지속적으로 하락하는 경우 수익이 발생하는 전략이다.

① 콜옵션 매수 ② 풋옵션 매수
③ 불 스프레드 ④ 스트래들 매수

TIP (풋옵션 매수)는 기초자산가격이 지속적으로 하락하는 경우 수익이 발생하는 전략이다.

옵션 매매의 수익구조

02 투자자 A가 행사가격이 X인 유럽형 풋옵션을 매수한 경우, A가 만기 시점에 획득할 수 있는 수익구조를 표현한 것으로 가장 적절한 것은? (단, P는 풋옵션 프리미엄, S_T는 만기 시점의 주가임)

① $P - Max[0, S_T - X]$ ② $P - Max[0, X - S_T]$
③ $Max[0, S_T - X] - P$ ④ $Max[0, X - S_T] - P$

TIP 풋옵션 매수의 손익 = $Max[0, X - S_T] - P$

정답 01 ② 02 ④

01~02 핵심포인트 해설

1 옵션의 발행과 매수

구분	옵션의 매수자(매수)	옵션의 매도자(발행)
권리/의무	• 돈(옵션 프리미엄)을 내고 당첨금을 수취할 권리를 가짐	• 돈(옵션 프리미엄)을 받고 당첨금을 지급할 의무가 있음
당첨	• 당첨금을 받음 → 손익 = 당첨금 - 옵션 프리미엄 　　수취할 권리 있는 당첨금만큼 이익	• 당첨금을 지급해야 함 → 손익 = -당첨금 + 옵션 프리미엄 　　지급의무 있는 당첨금만큼 손실
낙첨	• 옵션의 권리를 포기함 → 손익 = 0 - 옵션 프리미엄 　　옵션 행사 X, 손실 실현 X	• 옵션 프리미엄을 받음 → 손익 = 0 + 옵션 프리미엄 　　당첨금을 지급할 필요 X

→ 옵션의 매매는 매도자보다 매수자에게 유리한 거래이므로, 매수자가 매도자에게 옵션 프리미엄을 지불한다.

2 콜옵션과 풋옵션의 매매 손익

1) 콜옵션

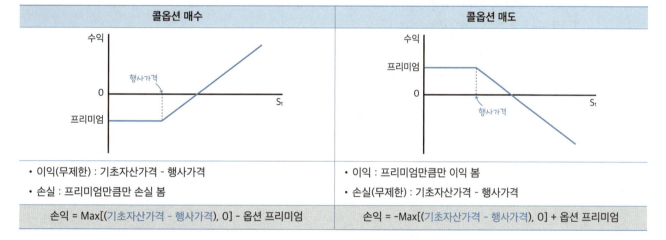

• 이익(무제한) : 기초자산가격 - 행사가격
• 손실 : 프리미엄만큼만 손실 봄

손익 = Max[(기초자산가격 - 행사가격), 0] - 옵션 프리미엄

• 이익 : 프리미엄만큼만 이익 봄
• 손실(무제한) : 기초자산가격 - 행사가격

손익 = -Max[(기초자산가격 - 행사가격), 0] + 옵션 프리미엄

2) 풋옵션

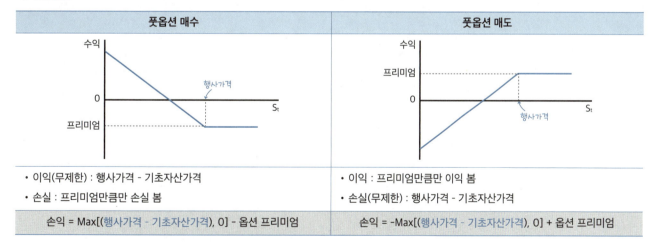

• 이익(무제한) : 행사가격 - 기초자산가격
• 손실 : 프리미엄만큼만 손실 봄

손익 = Max[(행사가격 - 기초자산가격), 0] - 옵션 프리미엄

• 이익 : 프리미엄만큼만 이익 봄
• 손실(무제한) : 행사가격 - 기초자산가격

손익 = -Max[(행사가격 - 기초자산가격), 0] + 옵션 프리미엄

Topic 08 옵션 스프레드 전략

대표 출제 유형

불 스프레드 전략

01 투자자 A는 행사가격이 240pt이고 옵션 프리미엄이 2pt인 풋옵션을 매수하고, 행사가격이 250pt이고 옵션 프리미엄이 5pt인 풋옵션을 매도하는 스프레드 전략을 수행하려고 한다. 만기일에 기초자산 가격이 245pt가 될 경우, 투자자A의 손익으로 가장 적절한 것은? (단, 동일한 기초자산과 만기를 사용함)

① 2pt 손실
② 2pt 이익
③ 3pt 손실
④ 3pt 이익

TIP
- 풋옵션 매수포지션의 손익 = Max[(240pt - 245pt), 0] - 2pt = -2pt
- 풋옵션 매도포지션의 손익 = -Max[(250pt - 245pt), 0] + 5pt = 0pt
- ∴ 투자자 A의 최종 손익 = -2pt + 0pt = -2pt

정답 01 ①

01 핵심포인트 해설

1 옵션 스프레드 전략

1) 개념
- 만기나 행사가격 등이 서로 다른 옵션이 두 종류 이상 있는 경우, 이 옵션들에 대해 각각 매도와 매수 포지션을 동시에 취하는 전략이다.
- 스프레드를 이용하여 시장가격 변동이 예상과 같을 때는 이익을 얻고, 예상과 다를 때는 손실을 줄일 수 있는 전략이다.
  ↳ 두 옵션의 가격차이

2) 종류

수직 스프레드	행사가격이 서로 다른 옵션을 동시에 각각 매도·매수하는 경우를 말한다. 예 불 스프레드 전략
수평 스프레드	만기가 서로 다른 옵션을 동시에 각각 매도·매수하는 경우를 말한다. 예 시간 스프레드 전략
대각 스프레드	만기와 행사가격이 모두 다른 다수의 옵션으로 스프레드 포지션을 구축한 경우를 말한다.

2 불 스프레드 전략(수직 스프레드)

1) 낮은 가격의 옵션을 매수하고, 높은 가격의 옵션을 매도하는 전략으로, 기초자산 가격이 상승하면 이익을 본다.
↳ 투자자의 최종 손익 = 매수 포지션 손익 + 매도 포지션 손익

비교 시간 스프레드 전략(수평 스프레드 전략) : 가격 변화방향과는 관계없이 시간가치의 잠식효과에 초점을 둔다.

매수 시간 스프레드	만기가 짧은 옵션은 매도하고, 만기가 긴 옵션을 매수한다.
매도 시간 스프레드	만기가 짧은 옵션은 매수하고, 만기가 긴 옵션을 매도한다.

2) 콜 불 스프레드

- 콜옵션 매수 포지션 손익 : Max[(기초자산가격 - 행사가격), 0] - 옵션 프리미엄
- 콜옵션 매도 포지션 손익 : -Max[(기초자산가격 - 행사가격), 0] + 옵션 프리미엄

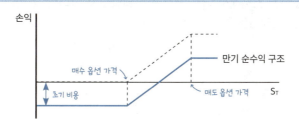

3) 풋 불 스프레드

- 풋옵션 매수 포지션 손익 : Max[(행사가격 - 기초자산가격), 0] - 옵션 프리미엄
- 풋옵션 매도 포지션 손익 : -Max[(행사가격 - 기초자산가격), 0] + 옵션 프리미엄

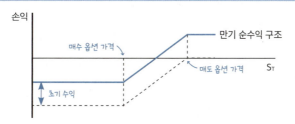

Topic 09 스트래들 전략

정답 01 ④ 02 ④

대표 출제 유형

매도 시 수익 발생 기초자산가격 범위

01 만기가 동일하고 행사가격이 110인 콜옵션과 풋옵션의 옵션 프리미엄이 각각 4포인트와 6포인트이다. 이 두 개의 옵션을 동시에 매도하였을 때, 수익이 발생하는 기초자산가격의 범위로 가장 적절한 것은?

① 108 < P < 112
② 106 < P < 114
③ 104 < P < 116
④ 100 < P < 120

TIP 수익이 발생하는 기초자산가격 범위 = 110 - (4 + 6) < P < 110 + (4 + 6)

매도 시 수익 발생 기초자산가격 범위

02 만기가 동일하고 행사가격이 145pt인 콜옵션과 풋옵션의 옵션 프리미엄이 각각 2포인트와 6포인트이다. 이 두 개의 옵션을 동시에 매도하는 스트래들 매도 전략을 실행하고자 한다면, 수익이 발생하는 기초자산가격의 범위로 가장 적절한 것은? (단, 거래비용은 없다고 가정함)

① 143 < P < 151
② 141 < P < 149
③ 139 < P < 151
④ 137 < P < 153

TIP 수익이 발생하는 기초자산가격 범위 = 145 - (2 + 6) < P < 145 + (2 + 6)

01~02 핵심포인트 해설

1 스트래들 전략
↗ straddle the fence(양다리를 걸치다)

기초자산가격이 현재에 비해 어떻게 변동하는지에 따라 수익이 발생하는 포지션이며, 동일한 만기와 동일한 행사 가격의 콜옵션과 풋옵션을 동시에 매수하거나 동시에 매도하는 전략이다.

[비교] 스트랭글 전략 : 동일한 만기와 서로 다른 행사 가격의 풋옵션과 콜옵션을 동시에 매수하거나 동시에 매도하는 전략이다.
↗ 스트래들 전략과의 차이점

2 숏 스트래들 → 동시에 매도하는 경우

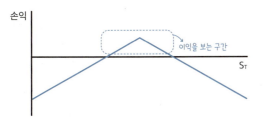

- 동일한 행사가격의 콜옵션 매도 + 동일한 행사가격의 풋옵션 매도
- 기초자산가격의 변동성이 축소될 것이라고 예상할 때 선택한다.
- 기초자산가격이 일정 구간 안에서만 변동할 때 이익을 본다.
- → 수익이 발생하는 기초자산가격(P)의 범위 :
  기초자산가격 - 옵션 프리미엄의 합 < P < 기초자산가격 + 옵션 프리미엄의 합

3 롱 스트래들 → 동시에 매수하는 경우

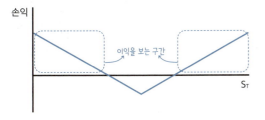

- 동일한 행사가격의 콜옵션 매수 + 동일한 행사가격의 풋옵션 매수
- 기초자산가격의 변동성이 확대될 것이라고 예상할 때 선택한다.
- 기초자산가격이 일정 구간을 벗어나서 변동할 때 이익을 본다.
- → 수익이 발생하는 기초자산가격(P)의 범위 :
  기초자산가격 - 옵션 프리미엄의 합 > P < 기초자산가격 + 옵션 프리미엄의 합

Topic 10 풋-콜 패리티

대표 출제 유형

포지션 사이의 동등성

01 <보기>의 빈칸에 들어갈 내용이 순서대로 나열된 것은?

<보기>
풋-콜 패리티가 성립하는 경우 기초자산을 매수하는 것과 동일한 효과를 내기 위해서 콜옵션을 (　　)하고, 풋옵션을 (　　)하고, 채권을 매수하는 포지션을 취할 수 있다.

① 매수, 매수
② 매수, 매도
③ 매도, 매수
④ 매도, 매도

TIP 풋-콜 패리티가 성립하는 경우 기초자산을 매수하는 것은 콜옵션을 (매수)하고, 풋옵션을 (매도)하고, 채권을 매수하는 것과 동일한 효과를 낸다.

컨버전 vs. 리버설

02 풋-콜 패리티가 성립하는 경우 콜옵션 매수 포지션과 동일한 것은?

① 풋옵션 매수 + 기초자산 매수 + 채권 발행
② 풋옵션 매수 + 기초자산 매도 + 콜옵션 발행
③ 풋옵션 매도 + 주식대차거래 + 채권 발행
④ 풋옵션 매도 + 주식대차거래 + 채권 매수

TIP p + S = c + B 는 c = p + S − B로 변형할 수 있으므로 콜옵션 매수 포지션은 '풋옵션 매수 + 기초자산 매수 + 채권 발행'과 동일하다.

컨버전 vs. 리버설

03 <보기>의 옵션 차익거래에 대한 설명 중 빈칸에 들어갈 내용이 순서대로 나열된 것은?

<보기>
컨버전 전략은 합성 (　　) 포지션과 현물 (　　)포지션을 병행하는 전략이며, 리버설 전략은 주가지수 (　　)차익거래에 해당한다.

① 매수, 매수, 매수
② 매수, 매도, 매도
③ 매도, 매수, 매도
④ 매도, 매도, 매수

TIP 컨버전 전략은 합성 (매도) 포지션과 현물 (매수) 포지션을 병행하는 전략이며, 리버설 전략은 주가지수 (매도)차익거래에 해당한다.

정답 **01** ② **02** ① **03** ③

01~03 핵심포인트 해설

1 풋-콜 패리티의 개요

1) 개념

   → 만기시점에 옵션의 행사가격과 같은 값이 되는 채권의 현재가치
   - 풋옵션 가격, 기초자산의 현재가격, 콜옵션 가격, 채권의 할인가치 간의 관계를 정의하는 원칙이다.

$$p_t + S_t = c_t + B_t$$

* p_t : 풋옵션 가격, S_t : 기초자산의 현재가격, c_t : 콜옵션 가격, B_t : 채권의 할인가치

2) 전제
   - 콜옵션과 풋옵션은 만기 시점에 한 번 권리를 사용할 수 있는 유럽식 옵션이다.
   - 콜옵션과 풋옵션의 만기와 행사가격은 서로 동일하다.
   - 기초자산가격과 행사가격은 동일하다.
   - 기초자산은 무배당 주식이다.

2 풋-콜 패리티의 응용

1) **포지션 사이의 동등성** → 좌변과 우변의 포지션을 이항해도 동등성 성립

풋옵션(p_t) = $c_t + B_t - S_t$	콜옵션 매수 + 채권 매수 + 주식 대차거래
주식(S_t) = $c_t + B_t - p_t$	콜옵션 매수 + 채권 매수 + 풋옵션 발행
콜옵션(c_t) = $p_t + S_t - B_t$	풋옵션 매수 + 주식 매수 + 채권 발행
채권(B_t) = $p_t + S_t - c_t$	풋옵션 매수 + 주식 매수 + 콜옵션 발행

→ 각 항의 부호가 (+)라면 매수, (-)라면 발행(매도)으로 봄

2) 옵션을 이용한 차익거래 → 양변이 동등하지 않은 경우, 차익거래 가능

Topic 11 포트폴리오 보험과의 연결

대표 출제 유형

포트폴리오 보험전략별 특징

01 포트폴리오 보험전략에 대한 설명으로 가장 거리가 먼 것은?

① 방어적 풋 전략은 기초자산인 주식 포트폴리오를 매입하는 동시에 해당 포트폴리오에 대한 풋옵션을 매수하는 전략이다.

② 이자 추출 전략은 채권을 매입하고 해당 채권의 이자금액만큼 콜옵션을 매도하는 전략이다.

③ 동적 자산배분 전략은 주식과 채권으로 자금을 운용함으로써 상승 포텐셜과 하락위험 방어라는 두 가지 목표를 동시에 달성하고자 하는 전략이다.

④ 합성채권 매수전략은 주가지수선물을 균형 가격 수준에서 매도하는 동시에 현물주식을 매수하여 선물 만기시점까지의 금리 수준에 해당하는 이익을 챙기는 전략이다.

TIP 이자 추출 전략은 채권 매수와 동시에 콜옵션을 '매수'하는 전략이다.

포트폴리오 보험전략별 특징

02 방어적 풋 전략에 대한 설명으로 가장 거리가 먼 것은?

① 포트폴리오 보험 전략 중 하나이다.

② 기초자산인 주식 포트폴리오를 매도하는 동시에 포트폴리오에 대한 풋옵션을 매수하는 전략이다.

③ 기초자산의 가격이 하락할 경우 풋옵션을 통한 이익이 발생한다.

④ 풋옵션 매입에 따른 프리미엄 지출 규모가 크다는 것이 단점이다.

TIP 방어적 풋 전략은 기초자산인 주식 포트폴리오를 '매입'하는 동시에 포트폴리오에 대한 풋옵션을 매수하는 전략이다.

정답 01 ② 02 ②

01~02 핵심포인트 해설

1 풋-콜 패리티 조건과 포트폴리오 보험과의 연결

1) 증명

- $p_t + S_t = c_t + B_t$에서, B_t는 만기 시점에 옵션의 행사가격(X)과 같은 값이 되는 채권의 현재가치이다. 따라서 옵션 만기 시점에서의 풋-콜 패리티 조건식은 아래와 같은 2개의 포트폴리오로 나눌 수 있다.
- 포트폴리오 A : p_t(풋옵션) + S_t(기초자산가격)

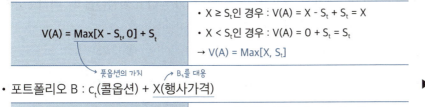

- 포트폴리오 B : c_t(콜옵션) + X(행사가격)

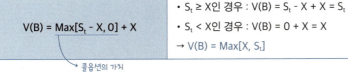

▶ 두 포트폴리오의 가치는 모두 만기 시점에서 Max[S_t, X]가 된다.

2) 수익구조

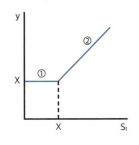

- Max[S_t, X] 그래프 구간별 수익
  ① S_t ≤ X인 구간 : y = X
  ② S_t > X인 구간 : y = S_t
  → 즉, 기초자산가격(S)이 하락하더라도 행사가격(X) 이하로 떨어지지 않는다.

▼

- 결과적으로, 행사가격(X)을 최저보장가치로 하는 **포트폴리오 보험전략**과 동일하다.

2 포트폴리오 보험전략

방어적 풋 전략	• 주식 포트폴리오 매입 + 풋옵션 매수 • 주가 상승 시 주가 상승은 투자자에 귀속되고, 주가 하락 시 포트폴리오 하락은 풋옵션 이익으로 상쇄된다. • 풋옵션 매입 시 지출되는 프리미엄 규모가 크다는 단점이 있다.
이자 추출 전략	• 채권 매수 + 콜옵션 매수 • 기초자산 가격 상승 시 콜옵션 가치상승으로 이익을 획득하고, 기초자산 가격 하락 시 콜옵션의 권리행사를 포기해도 채권의 이자로 콜옵션 매수 시 지급한 프리미엄을 상쇄한다.
동적 자산배분 전략	• 주식 + 채권 • 초기에는 주식과 채권의 비중을 50 : 50으로 구축 후 주가 상승 시 채권을 매도하고 주식 추가 매수하고, 주가 하락 시 주식을 매도하고 채권을 매수한다.
동적 헤징전략	• 현물주식 매수 + 선물주식 매도 • 선물 만기 시점까지의 금리에 해당하는 이익을 추구하는 전략이다. • 동적 자산배분 전략과 유사하지만 채권시장의 유동성 문제를 해결하기 위해 **합성채권 매수전략**(현물주식 매수 + 선물주식 매도)을 사용한다.

Topic 12 이항모형

정답 01 ② 02 ②

대표 출제 유형

1기간 이항모형의 콜옵션 가격 계산

01 1기간 이항분포모형에서 현재 주가가 145이고 1기 후 주가가 135 또는 155가 된다고 가정했을 때, 위험중립확률이 70%, 무위험이자율이 2%라면 콜옵션의 가격은 얼마인가? (단, 단위는 point)

① 5.88 ② 6.86 ③ 9.80 ④ 13.73

TIP 주식가격이 155인 경우 콜옵션 행사에 따라 10의 이익이 발생하고, 주식가격이 135인 경우 콜옵션을 행사하지 않아 손익은 0이다.

콜옵션 가격 = $\dfrac{10 \times 0.7 + 0 \times (1 - 0.7)}{1 + 0.02}$ = 6.86

1기간 이항모형의 콜옵션 가격 계산

02 <보기>와 같은 1기간 이항모형에서 콜옵션의 가격으로 가장 적절한 것은? (단, 단위는 point)

<보기>
- 주식의 현재가격 : 140
- 1기 후의 주식가격 : 150 또는 130
- 콜옵션의 행사가격 : 140
- 위험중립확률 : 60%
- 무위험수익률 : 2%

① 3.70 ② 5.88 ③ 9.47 ④ 15.35

TIP 주식가격이 150인 경우 콜옵션 행사에 따라 10의 이익이 발생하고, 주식가격이 130인 경우 콜옵션을 행사하지 않아 손익은 0이다.

콜옵션 가격 = $\dfrac{10 \times 0.6 + 0 \times (1 - 0.6)}{1 + 0.02}$ = 5.88

01~02 핵심포인트 해설

1 이항모형의 의의

이항모형은 옵션의 기초자산인 주식이 만기에 2개의 가격만을 가질 수 있다고 가정하여 옵션 가격을 구하는 단일기간 모형이다.

2 이항모형 가격결정

1) 개념
- 기초자산을 매수하는 동시에 콜옵션을 발행(매도)하여 무위험 포지션을 창출할 수 있으며, 이러한 포트폴리오의 적절한 콜옵션 가격을 구하기 위해 이항모형이 사용된다. → 커버드 콜옵션 전략이라고 함
- 기초자산(주식)과 콜옵션으로 무위험 포지션을 합성하면, 확률구조가 무의미해진다.
  - 주가 상승 시 : 주식 이익, 옵션 손해
  - 주가 하락 시 : 주식 손해, 옵션 이익

2) 이항모형의 콜옵션 가격 도출

Step1 위험중립확률(p) 구하기

$$현재\ 주가 = \frac{상승한\ 주가 \times p + 하락한\ 주가 \times (1-p)}{1+r}$$

* r : 무위험수익률

주식의 현재가격 100이고, 1기 후의 주가가 110 또는 90이 될 것으로 예상되며, 무위험수익률은 2%이다. 이 경우 위험중립확률(p)은?

$100 = \frac{110 \times p + 90 \times (1-p)}{1 + 0.02}$

$\Rightarrow 100 = \frac{110p + 90 - 90p}{1.02}$

$\Rightarrow 102 = 110p + 90 - 90p$

$\Rightarrow 12 = 20p$

∴ 위험중립확률(p) = 0.6(60%)

Step2 콜옵션 가격 구하기

$$콜옵션\ 가격 = \frac{주가\ 상승\ 시\ 수익 \times p + 주가\ 하락\ 시\ 수익 \times (1-p)}{1+r}$$

* p : 위험중립확률, r : 무위험수익률

주식의 현재가격 100이고, 1기 후의 주가가 110 또는 90이 될 것으로 예상되며, 무위험수익률이 2%, 위험중립확률이 60%이다. 이 경우 콜옵션 가격은?

∴ 콜옵션 가격 = $\frac{10 \times 0.6 + 0 \times (1 - 0.6)}{1 + 0.02}$ = 5.88

[참고]
- 커버드 콜옵션 전략은 무위험 포지션을 창출하기 위한 전략이므로 콜옵션의 가치는 주식의 등락과 무관해야 한다.
- 즉, 포트폴리오 수익률이 무위험수익률과 같아야 하므로, 콜옵션 프리미엄 가격을 무위험수익률로 나누어서 할인한다.

Topic 13 블랙-숄즈 모형

대표 출제 유형

주요 변수

01 블랙-숄즈 모형의 주요 변수로 가장 거리가 먼 것은?
① 변동성 계수
② 옵션의 행사가격
③ 기초자산의 기대수익률
④ 기초자산의 현재가격

TIP 기초자산의 기대수익률은 블랙-숄즈 모형의 주요 변수가 아니다.

주요 변수

02 <보기> 중 블랙-숄즈 모형의 주요 변수에 해당하는 항목으로만 모두 묶인 것은?

―― <보기> ――
㉠ 기초자산의 현재가격
㉡ 무위험이자율
㉢ 기초자산의 기대수익률
㉣ 배당금

① ㉠, ㉡   ② ㉡, ㉢   ③ ㉡, ㉣   ④ ㉢, ㉣

TIP '㉠, ㉡'은 블랙-숄즈 모형의 주요 변수이다

정답 01 ③ 02 ①

01~02 핵심포인트 해설

1 블랙-숄즈 모형의 개념

1) 의의
   - 유럽식 옵션 가격을 산출하는 모델이며, 무배당 주식을 대상으로 한다는 점이 특징이다.

2) 옵션 가격 산출

콜옵션	• $c_t = S_t N_t(d_{1,t}) - B_t N(d_{2,t})$ • 기초자산가격(S_t)과 채권가격(B_t)을 기본으로 하여 콜옵션의 델타값과 콜옵션이 당첨될 확률(N_t)을 이용한 확률조정 계수를 가미하는 방법으로 기술된다.
풋옵션	• 콜옵션 가격을 구한 후 풋-콜 패리티를 활용하여 풋옵션 가격을 구한다.

$$p = c + B(= \frac{X}{(1+r)^{T-t}}) - S$$

2 블랙-숄즈 모형의 주요 변수

$$c = c(S_t, X, r, \sigma, \tau)$$

* S_t : 기초자산의 현재가격, X : 콜옵션의 행사가격, r : 무위험이자율, σ : 변동성 계수, τ : 잔여만기(연단위)

Topic 14 옵션 프리미엄의 민감도

대표 출제 유형

민감도 부호

01 옵션 매수 시 콜옵션과 풋옵션의 부호가 모두 음수인 민감도 지표로 적절한 것은?

① 델타   ② 감마   ③ 쎄타   ④ 로우

TIP '쎄타'는 옵션 매수 시 콜옵션과 풋옵션의 부호가 모두 음수인 민감도 지표이다.

델타의 계산

02 <보기>의 옵션민감도에 대한 설명 중 빈칸에 들어갈 내용이 순서대로 나열된 것은?

<보기>

기초자산의 가격이 100에서 110으로 상승하고 옵션의 가격이 10에서 5로 하락한 경우, ( )의 델타가 ( )의 값을 가지게 된다.

① 콜옵션, +0.5   ② 콜옵션, +5.0
③ 풋옵션, -0.5   ④ 풋옵션, -5.0

TIP 기초자산의 가격이 100에서 110으로 상승하고 옵션의 가격이 10에서 5로 하락한 경우, (풋옵션)의 델타가 (-0.5)의 값을 가지게 된다.

민감도 지표별 특징

03 감마에 대한 설명으로 가장 거리가 먼 것은?

① 풋옵션 매수 시 감마 부호는 (-)이다.
② 감마는 옵션 프리미엄의 기초자산 가격에 대한 2차 미분치이다.
③ 기초자산 가격의 변화에 대한 델타의 변화 비율을 나타내는 지표이다.
④ 옵션이 등가격 근처에 있는 경우 감마의 크기가 가장 커진다.

TIP 풋옵션 매수 시 감마 부호는 (+)이다.

정답 01 ③ 02 ③ 03 ①

01~03 핵심포인트 해설

1 옵션 포지션에 대한 민감도 부호

구분		델타	감마	쎄타	베가
콜옵션	매수	+	+	-	+
	매도	-	-	+	-
풋옵션	매수	-	+	-	+
	매도	+	-	+	-

2 옵션 프리미엄 민감도 지표

1) 델타(Delta)

$$\text{델타} = \frac{\text{옵션 가격의 변화분}}{\text{기초자산 가격의 변화분}}$$

- 기초자산의 가격이 변화할 때 옵션 프리미엄이 얼마나 변하는지에 대한 민감도 지표이다.
- 델타는 기초자산 가격의 변화에 대한 옵션 프리미엄의 기울기(1차 미분치)로 나타낼 수 있다.
- 델타값의 범위 : -1 < 풋옵션의 델타 < 0 < 콜옵션의 델타 < 1

> 기초자산가격이 100에서 110으로 상승하고 옵션의 가격이 10에서 13으로 상승한 경우, 델타의 값은?
> ∴ 델타 = $\frac{+3}{+10}$ = 0.3
> → 델타값이 양수(+)이므로 콜옵션의 델타임을 알 수 있다.

2) 감마(Gamma)
- 기초자산의 가격이 변화할 때 델타값이 얼마나 변하는지에 대한 민감도 지표이다.
- 감마는 기초자산 가격의 변화에 대한 옵션 프리미엄의 2차 미분치와 같다.
- 감마는 ATM(등가격)에서 가장 값이 커진다.
  (기초자산 가격과 행사 가격이 같은 지점)

3) 쎄타(Theta)
- 시간의 경과에 따라 옵션 프리미엄이 얼마나 변하는지에 대한 민감도 지표이다.

4) 베가(Vega)
- 변동성 계수가 변화할 때 옵션 프리미엄이 얼마나 변하는지에 대한 민감도 지표이다.

5) 로우(Rho)
- 금리가 변화할 때 옵션 프리미엄이 얼마나 변하는지에 대한 민감도 지표이다.
- 콜옵션의 로우값은 양수, 풋옵션의 로우값은 음수이다.

해커스
투자자산운용사
최종 실전모의고사
합격 시크릿북 [3종]

핵심 개념만 모아 담은 합격 시크릿북 ③

빈출 개념 O/X 1000제

제1과목 금융상품 및 세제

1장 세제 관련 법규/세무전략

O/X, 빈칸 문제

1. 조세는 납세의무자와 조세부담자가 일치하여 조세부담이 전가되지 않는 (   )와, 부가가치세, 납세의무자와 조세부담자가 서로 달라 조세부담의 전가가 예상되는 (   )로 분류할 수 있다.

2. 종량세는 과세의 단위를 과세 객체인 금액에 두고 세율을 백분율로 표시한 조세체계이며, 종가세는 과세물건의 수량을 과세표준으로 하는 조세체계이다. (O, X)

3. 납세의무는 세법에 규정된 과세요건이 충족될 때 성립하며, 납세의무의 확정은 납세의무자·정부가 일정 행위를 통해 추상적 납세의무를 구체적 납세의무로 확정하는 절차이다. (O, X)

4. 소득세, 법인세, 부가가치세의 납세의무 성립시기는 과세기준일이다. (O, X)

5. 확정된 납세의무는 (   ), (   ), (   )의 경우에 소멸한다.

6. 국세징수권은 국가가 권리를 행사할 수 있는 때부터 (   ) 간 행사하지 않으면 소멸시효가 완성되지만, 납세고지·독촉·납부 최고·교부청구·압류의 경우에는 이미 경과한 시효기간의 효력이 중단된다.

7. 과세표준 수정 신고서를 법정신고기한 경과 후 (   ) 이내에 제출하는 경우 그 경과기간에 따라 최초 과소신고로 인해 부과할 가산세를 일부 경감한다.

8. 이의신청은 청구인의 선택에 따라 생략이 가능한 임의단계로, 심사청구나 심판청구는 이의신청이 없더라도 바로 제기할 수 있다. (O, X)

정답 및 해설
1. 직접세, 간접세
2. X, 종량세 ↔ 종가세
3. O
4. X, 소득세, 법인세, 부가가치세의 납세의무 성립시기는 과세기간이 끝나는 때이다.
5. 납부·충당되거나 부과가 취소된 때, 국세부과의 제척기간이 끝난 때, 국세징수권의 소멸시효가 완성된 때
6. 5년
   참고 단, 5억원 이상의 국세채권일 경우 10년
7. 2년
8. O, 심사청구나 심판청구는 이의신청 없이 바로 제기할 수 있으며, 이의신청을 거치지 않고 바로 심사청구나 심판청구를 할 경우, 처분청의 처분을 안 날로부터 90일 이내에 제기해야 한다.
   이의신청 또한 처분청의 처분을 안 날로부터 90일 이내에 제기해야 하며, 이의신청을 거친 후 심사청구나 심판청구를 할 경우 이의신청에 대한 결정통지를 받은 날로부터 90일 이내에 제기해야 한다.

선택형 문제(2지선다 객관식)

1. 조세 중 목적세의 내용으로 옳은 것은?
   ① 일반적인 지출 충당, 즉 세수의 용도가 불특정한 조세
   ② 특정 목적 지출 충당, 즉 세수의 용도가 특정된 조세

2. 다음 중 과세권자가 국가인 조세로 옳은 것은?
   ① 상속세, 증여세, 주세, 인지세, 증권거래세
   ② 취득세, 등록면허세, 주민세, 재산세, 자동차세

3. 다음 중 서류의 송달을 받아야 할 자가 신청하는 경우에 한해 행해지는 서류 송달 방법은?
   ① 전자송달
   ② 공시송달

4. 과세표준 신고서를 법정신고기한까지 제출하였지만, 과세표준 및 세액을 미달하게 신고한 경우 이를 정정하는 절차는?
   ① 경정청구
   ② 수정신고

정답 및 해설
1. ②, 일반적인 지출 충당, 즉 세수의 용도가 불특정한 조세는 보통세이다.
2. ①, 취득세, 등록면허세, 주민세, 재산세, 자동차세는 과세권자가 지방자치단체인 조세로, 지방세에 해당한다.
3. ①, 공시송달은 ⓐ 송달 장소가 국외에 있고 송달이 곤란한 경우, ⓑ 송달 장소가 분명하지 않은 경우, ⓒ 등기송달 또는 2회 이상 교부송달하였으나 수취인의 부재로 납부기한 내에 송달이 곤란할 경우, 그 서류를 법원 게시판이나 신문 등에 일정 기간 동안 게시함으로써 송달과 동일한 효력을 발생시키는 방법으로, 공고일로부터 14일이 경과함으로써 그 효력이 생긴다.
4. ②, 경정청구는 과세표준 신고서를 법정신고기한 내에 제출하였지만, 과세표준 및 세액을 과다하게 신고한 경우 이를 정정하는 절차로, 법정신고기한 이후 5년 내에 관할 세무서장에게 청구할 수 있다.

O/X, 빈칸 문제

9. 사기 등 부정행위로 국세를 포탈·환급 받는 경우의 국세부과 제척기간은 일반조세의 경우 (   )년, 상속·증여세의 경우 (   )년이다.

10. 현행 소득세법은 열거주의(소득원천설)에 충실하여 법령에 구체적으로 열거되지 않은 소득은 과세하지 않는다. (O, X)

11. (   )는 소득을 종류에 관계없이 일정한 기간 단위로 합산하여 과세하는 방식으로, 현행 소득세법은 원칙적으로 이 방법을 채택하고 있다.

12. 퇴직소득과 양도소득은 그 발생의 성격상 장기간에 걸쳐 발생하는 소득이 일시에 실현되는 특징을 가지고 있기에, 종합과세에 따른 고세율 적용의 부담을 감안하여 예외적으로 분리과세를 허용하고 있다. (O, X)

13. 소득세의 납세의무 대상은 자연인으로, 법인으로 보지 않는 법인격 없는 단체는 거주자로 보아 소득세 과세 대상이다. (O, X)

14. (   )는 원천징수로써 납세의무가 종결되며 납세의무자가 따로 정산을 위한 확정신고의무를 지지 않는 분리과세가 적용된다. (   )는 원천징수로 납세의무가 종결되지 않고 이후 소득을 과세표준에 포함하여 세액을 계산한 후 당해 원천징수된 세액을 기납부세액으로 공제받는 종합과세가 적용된다.

15. 이의신청, 심사청구, 심판청구는 처분청의 처분을 안 날부터 (   ) 이내에 제기하여야 하며, 심사청구와 심판청구를 거치지 않고는 취소소송을 제기할 수 없다.

선택형 문제(2지선다 객관식)

5. 현행 소득세 과세단위에 대한 내용으로 옳은 것은?
   ① 현행 소득세법은 개인단위 주의를 채택하여 개인만을 과세단위로 소득세를 과세한다.
   ② 현행 소득세법은 원칙적으로 개인단위 주의를 채택하여 개인을 과세단위로 소득세를 과세하지만, 예외적으로 공동사업 합산과세를 허용한다.

6. 납세의무자의 구분으로 옳은 것은?
   ① 거주자와 비거주자의 구분은 원칙적으로 국적과 관련이 있다.
   ② 국내에 생계를 같이하는 가족이 있고, 직업과 자산상태를 봤을 때 183일 이상 국내에 거주할 것으로 인정되는 경우, 국내에 주소를 가진 것으로 본다.

7. 법인격 없는 단체에 대한 납세의무로 옳은 것은?
   ① 법인격 없는 단체에 대표자·관리인이 선임되어 있으나 이익의 분배방법과 비율이 정해져 있지 않다면 그 단체를 1거주자로 보며, 해당 단체는 구성원과 독립된 소득세 납세의무자가 된다.
   ② 법인으로 보는 단체 외 법인격 없는 단체의 이익 분배방법과 비율이 명시적으로 정해져 있지 않다면, 사실상 이익이 분배된다 하더라도 이는 1거주자로 본다.

8. 국내에서 거주자·비거주자에게 소득을 지급하는 자가 그 거주자·비거주자의 소득세를 원천징수하여 납부해야 하는 기한은?
   ① 징수일이 속하는 달의 다음 달 5일
   ② 징수일이 속하는 달의 다음 달 10일

정답 및 해설
9. 10, 15
10. X, 현행 소득세법은 과세소득을 8가지(이자·배당·사업·근로·연금·기타·퇴직·양도)로 구분하여, 법령에 구체적으로 열거되지 않는 소득은 과세하지 않는 열거주의(소득원천설)를 채택하고 있지만, 이자·배당소득의 경우에는 법령에 열거되지 않더라도 유사한 소득이라면 과세하는 유형별 포괄주의(순자산 증가설)를 일부 수용하고 있다.
11. 종합과세
12. X, 분리과세 → 분류과세
    분리과세는 일정의 소득을 기간별로 합산하지 않고 그 소득이 지급될 때 소득세를 원천징수함으로써 과세를 종결하는 것을 말한다.
13. O
14. 완납적 원천징수, 예납적 원천징수
15. 90일

정답 및 해설
5. ②, 현행 소득세법은 원칙적으로 개인단위 주의를 채택하지만, 가족 구성원 중 2인 이상의 공동사업으로서 손익분배 비율을 허위로 정하는 경우, 특수관계인의 소득을 합산하여 손익분배 비율이 큰 가족 구성원에게 과세하는 가족단위 주의도 예외적으로 인정한다.
6. ②, 거주자와 비거주자는 국내에 주소 또는 183일 이상 거소를 두고 있는지의 여부에 따라 구분되며, 원칙적으로 국적과는 관련이 없다.
   • 거주자 : 국내에 주소 또는 183일 이상 거소를 둔 자
   • 비거주자 : 거주자가 아닌 자
7. ①, 법인으로 보는 단체 외 법인격 없는 단체의 이익 분배방법과 비율이 명시적으로 정해져 있지 않더라도 사실상 이익이 분배된다면, 구성원이 공동으로 사업을 영위하는 공동사업으로 본다.
8. ②, 소득을 지급한 자는 소득세를 원천징수하여 그 징수일이 속하는 달의 다음 달 10일까지 정부에 납부하여야 한다.

O/X, 빈칸 문제

16. 집합투자기구로부터의 이익은 배당소득으로 과세하지만, 증권시장에 상장된 증권 및 동 증권을 대상으로 하는 장내파생상품에서 발생한 손익은 집합투자기구로부터의 이익으로 보지 않아 배당소득 과세 대상이 아니다. (O, X)

17. (　　　　)이란 법인세법에 따라 배당으로 처분된 금액을 말한다.

18. 법인으로 보지 않고 공동사업자로 보는 단체로부터 받은 분배금은 (　　　　)에 해당하고, 공동사업의 경영에 참여하지 않고 출자만 하는 자가 분배받는 금액은 (　　　　)에 해당한다.

19. 이자·배당소득은 해당 과세기간의 총수입금액으로 하고 필요경비는 인정되지 않으며, 비과세 이자·배당소득 및 분리과세 이자·배당소득은 종합소득금액에 합산하지 않는다. (O, X)

20. 배당소득금액은 당해연도의 배당소득 총수입금액에 (　　　　)를 더하여 계산한다.

21. 잉여금처분에 의한 이익배당의 총수입금액 귀속연도는 당해 법인의 잉여금처분 결의일이며, 무기명주식의 이익·배당에 의한 이익배당의 총수입금액 귀속연도는 실제 지급을 받는 날이다. (O, X)

22. 국내에서 거주자에게 이자·배당소득금액을 지급하는 자는 거주자의 소득세를 원천징수하여 징수일이 속하는 달의 다음 달 (　　　　)까지 관할 세무서 등에 납부해야 하며, 일반적인 이자·배당소득의 원천징수 적용세율은 (　　　　)이다.

23. 국외에서 지급되는 이자·배당소득은 원천징수되지 않기에, 외국법인이 발행한 채권·증권에서 발생하는 이자·배당소득 또한 원천징수할 수 없다. (O, X)

선택형 문제(2지선다 객관식)

9. 이자소득에 대한 내용으로 옳은 것은?
   ① 저축성 보험의 보험차익은 이자소득에 포함되며, 피보험자의 사망·부상 등으로 지급받은 보험금 또한 이자소득에 포함된다.
   ② 채권매매차익은 채권을 중도매각할 때 실현되는 이익 중 발행 당시 시장이자율에 의해 계산한 부분을 초과한 이익으로서 자본이득으로 보아 이자소득으로 과세하지 않는다.

10. 다음 중 이익배당에 대한 내용으로 옳은 것은?
    ① 내국법인으로부터 받는 이익이나 잉여금의 배당·분배금을 말하며, 현금배당과 주식배당을 포함한다.
    ② 합명회사나 합자회사의 경우, 대차대조표상의 순자산에서 자본액, 이미 적립되어 있는 법정적립금, 당기에 적립해야 할 이익준비금 및 미실현 이익을 공제한 후에 이익배당을 진행해야 하며, 이를 위반하면 위법배당에 해당한다.

11. 이자소득의 총수입금액 귀속시기에 대한 내용으로 옳은 것은?
    ① 양도 가능한 무기명 채권의 이자와 할인액은 지급을 받은 날 총수입금액이 귀속된다.
    ② 양도 가능한 기명 채권의 이자와 할인액은 매도일이나 이자지급일에 총수입금액이 귀속된다.

12. 의제배당소득의 총수입금액의 귀속시기로 옳은 것은?
    ① 해산의 경우, 잔여재산가액의 확정일이 총수입금액의 귀속시기이다.
    ② 합병의 경우, 자본전입 결의일이 총수입금액의 귀속시기이다.

13. 무조건 분리과세소득의 세율로 옳은 것은?
    ① 비실명거래로 인한 이자·배당소득은 금융기관을 통하지 않는 경우 45%, 금융기관을 통할 경우 90%로 분리과세(원천징수)한다.
    ② 1거주자로 보는 단체의 이자소득과 배당소득은 납세의 편의를 고려하여 기본세율로 원천징수한다.

정답 및 해설

16. O
17. 인정배당
18. 사업소득, 배당소득
19. O
20. 귀속법인세
21. O
22. 10일, 14%
23. X, 국외에서 지급되는 이자·배당소득은 원칙적으로 원천징수되지 않지만, 외국법인이 발행한 채권·증권에서 발생하는 이자·배당소득에 대해서 국내에서 그 지급을 대리하거나 위임·위탁받은 자가 있는 경우에는 원천징수한다.

정답 및 해설

9. ②, 저축성 보험의 보험차익은 이자소득에 포함되지만, 피보험자의 사망·부상 등으로 인해 지급받은 보험금은 저축 목적이 아닌 보장의 목적으로 이자소득에 포함되지 않는다.

10. ①, 물적회사인 주식회사나 유한회사는 대차대조표상의 순자산에서 자본액, 이미 적립되어 있는 법정적립금, 당기에 적립해야 할 이익준비금 및 미실현 이익을 공제한 후 주주총회나 사원총회를 통해 이익배당을 진행해야 하며, 이를 위반하면 위법배당에 해당한다. 하지만 인적회사인 합명회사나 자회사는 법으로 규정된 내용이 없기에 정관에 따라 이익배당을 할 수 있다.

11. ①, 양도 가능한 기명 채권의 이자와 할인액은 약정에 의한 지급일에 총수입금액이 귀속된다.

12. ①, 합병의 경우, 합병등기일이 총수입금액의 귀속시기이다.

13. ①, 1거주자로 보는 단체의 이자소득과 배당소득은 납세의 편의를 고려하여 14%의 세율로 원천징수한다.

O/X, 빈칸 문제

24. 무조건 분리과세 대상 소득 중 직장공제회 초과반환금은 (   ), 법원에 납부한 경매보증금 또는 경락대금에서 발생한 이자소득은 (   )의 세율로 원천징수한다.

25. 조건부 종합과세 및 무조건 종합과세에 해당하는 이자·배당소득의 합계금액이 2천만원 이하일 경우, 그 소득금액은 전부 종합소득 과세표준에 합산하지 않는다. (O, X)

26. 무조건 종합과세의 대상은 원천징수되지 않은 금융소득으로, 국외에서 지급받는 이자·배당소득이 대부분 이에 해당한다. (O, X)

27. 종합소득 과세표준에 이자·배당소득이 포함되지 않은 경우 종합소득의 산출세액은 종합소득 과세표준에 기본세율(6~45%)을 적용하여 계산한다. (O, X)

28. 종합과세 여부 판정대상금액이 2,000만원을 초과하는 경우, 세액계산 특례가 적용되어 일반 산출세액과 비교 산출세액 중 작은 값을 종합소득 산출세액으로 한다. (O, X)

29. 우리나라는 배당소득에 대한 이중과세의 조정방법으로 (   )을 채택하고 있기에, 주주가 내국법인으로부터 수령한 배당소득은 배당금에 대한 귀속법인세를 가산하여 배당소득금액을 계산하고, 가산한 귀속법인세는 종합소득 산출세액에서 배당세액 공제를 한다.

30. 종합과세되는 금융소득은 '이자소득 ⇨ 본래 Gross-up 대상인 배당소득 ⇨ 본래 Gross-up 대상이 아닌 배당소득'의 순서로 구성된 것으로 본다. (O, X)

31. 양도소득은 일정한 자산을 양도함으로써 발생하는 소득으로, 사업 목적의 부동산 매매 소득 또한 양도소득으로 구분할 수 있다. (O, X)

선택형 문제(2지선다 객관식)

14. 종합소득 산출세액의 일반 산출세액과 비교 산출세액의 산식으로 옳은 것은?
    ① 일반 산출세액 : (종합소득 과세표준 - 2,000만원) × 14% + 2,000만원 × 기본세율
    ② 비교 산출세액 : (종합소득 과세표준 - 금융소득금액) × 기본세율 + 금융소득 총수입금액(귀속법인세 제외) × 14%(25%)

15. 금융소득에 대한 종합과세 시 세액계산 특례에 대한 내용으로 옳은 것은?
    ① 금융소득이 모두 분리과세 되었을 경우 세액을 종합소득 산출세액의 최저한으로 한다는 특례로 인하여 결국 이자·배당소득에 대한 소득세의 최저세율은 14%(비영업대금의 이익은 25%)가 된다.
    ② 특례 적용 시 종합과세의 최저세율은 6%이므로 분리과세되는 경우보다 오히려 세부담이 감소되어 이미 원천징수된 세액이 환급되는 경우가 발생할 수 있다.

16. 배당소득에 대한 이중과세의 조정방법에 대한 내용으로 옳은 것은?
    ① 이중과세 조정대상이 되는 배당소득은 총수입금액에 귀속법인세를 가산한 금액을 배당소득금액으로 하며, 귀속법인세는 조정대상 배당소득 총수입금액에 10%를 일괄 적용하여 산출한다.
    ② 거주자의 종합소득금액에 조정대상 배당소득금액이 합산되어 있을 경우 귀속법인세를 종합소득 산출세액에서 공제하며, 공제액에 한도는 없다.

17. 양도소득세 과세대상 자산에 대한 내용으로 옳은 것은?
    ① 건물은 양도소득세 과세대상이며, 여기에는 건물에 부속된 시설물과 구축물 또한 포함된다.
    ② 전세권, 임차권과 같은 부동산에 관한 권리는 양도소득세 과세대상이며, 특히 임차권은 등기 여부에 상관없이 모두 과세 대상이다.

정답 및 해설

24. 기본세율, 14%
25. X, 조건부 종합과세 및 무조건 종합과세 대상 이자·배당소득의 합계금액이 2천만원 이하일 경우, 조건부 종합과세 대상 이자·배당소득은 분리과세, 무조건 종합과세 대상 이자·배당소득은 종합과세한다. 만약, 조건부 종합과세 및 무조건 종합과세 대상 이자·배당소득의 합계금액이 2천만원 초과일 경우, 이를 전부 종합과세한다.
26. O
27. O
28. X, 작은 → 큰
29. 법인세 주주귀속법(Imputation 방법)
30. X, 종합과세되는 금융소득은 '이자소득 ⇨ 본래 Gross-up 대상이 아닌 배당소득 ⇨ 본래 Gross-up 대상인 배당소득' 순서로 구성된 것으로 본다.
31. X, 양도소득은 일정한 자산의 일시적 양도를 통해 발생하는 소득으로, 계속 반복적인 사업목적의 매매를 통한 소득인 '사업소득'과는 구별해야 한다.

정답 및 해설

14. ②, 일반 산출세액 : (종합소득 과세표준 - 2,000만원) × 기본세율 + 2,000만원 × 14%
    비교 산출세액 : (종합소득 과세표준 - 금융소득금액) × 기본세율 + 금융소득 총수입금액(귀속법인세 제외) × 14%(비영업대금 이익은 25%)
    종합소득 산출세액은 일반 산출세액과 비교 산출세액 중 큰 금액으로 한다.
15. ①, 금융소득에 대한 종합과세 시 세액계산 특례를 적용하면 일반산출세액과 비교산출세액 중 큰 값을 종합소득 산출세액으로 결정하게 된다. 이를 통해 분리과세보다 종합과세 최저세율인 6% 적용 시 오히려 세부담이 감소되어 이미 원천징수된 세액이 환급되는 경우를 방지한다.
16. ①, 공제액은 일반 산출세액에서 비교 산출세액을 차감한 금액을 한도로 하며, 한도액을 초과하는 금액은 없는 것으로 가정한다.
17. ①, 전세권, 임차권과 같은 부동산에 관한 권리는 양도소득세 과세대상이며, 그 중 임차권은 등기된 부동산의 임차권에 한한다.

O/X, 빈칸 문제

32. 원칙적으로 비상장법인의 주식은 대주주가 양도하는 것에 한하여 양도소득세를 과세한다. (O, X)

33. 상장법인의 양도소득세 과세대상이 되는 대주주는, 당해 법인의 지분을 코스피상장법인은 (   ), 코스닥상장법인은 (   ), 코넥스상장법인은 (   ) 이상 소유한 주주를 말한다.

34. 1세대 1주택(고가주택 제외)의 양도로 인해 발생하는 소득과 파산선고에 의한 처분으로 발생하는 소득, 농지의 교환 또는 분합으로 인해 발생하는 소득은 양도소득세가 발생하지 않는다. (O, X)

35. 양도소득세의 과세표준은 총수입금액(양도가액)에서 필요경비(취득가액 + 기타 필요경비)를 차감한 양도차익에서 (   )와 (   )를 차감하여 구할 수 있다.

36. 양도소득세 과세표준 계산 시 장기보유특별공제는 토지·건물의 보유기간이 (   ) 이상인 경우 자산의 양도차익에서 보유기간에 따라 (   )의 특별공제율에 의해 계산한 금액을 공제한다.

선택형 문제(2지선다 객관식)

18. 양도의 개념으로 옳은 것은?

    ① 소득세법상 양도는 반대급부를 수반하는 유상이전을 말한다.

    ② 부담부증여는 반대급부를 수반하지 않는 무상이전으로, 소득세법상 양도에 해당하지 않는다.

19. 양도소득세 과세표준 계산에 대한 내용으로 옳은 것은?

    ① 자산의 양도가액은 양도 당시의 실지거래가액이지만, 실지거래가액을 확인할 수 없는 경우 기준시가를 사용한다.

    ② 양도가액을 기준시가에 따라 산정하였다면, 취득가액 또한 기준시가를 적용해야 한다.

20. 양도소득세 과세표준 계산 시 양도소득 기본공제에 대한 내용으로 옳은 것은?

    ① 미등기 양도자산은 양도소득 기본공제 시 기타 자산 항목에서 제외된다.

    ② 만약, 같은 해에 양도소득 과세대상에 해당하는 토지와 건물을 각각 양도하였다면, 총 500만원을 공제받을 수 있다.

21. 양도소득세율에 대한 내용으로 옳은 것은?

    ① 비중소기업 대주주의 1년 미만 보유 주식의 양도소득세율은 20%가 적용된다.

    ② 1년 미만 보유한 토지의 양도소득세율은 50%, 1년 이상 2년 미만 보유한 토지의 양도소득세율은 40%가 적용된다.

정답 및 해설

32. X, 원칙적으로 비상장법인의 주식은 모두 양도소득세 과세대상이 된다. 주권상장법인 및 코스닥(코넥스)상장법인의 주식은 대주주가 양도하는 것과 장외에서 양도하는 것에 한하여 양도소득세를 과세한다.

33. 1%, 2%, 4%

34. O

35. 장기보유특별공제, 양도소득 기본공제

36. 3년, 6~30%(1세대 1주택은 8~40%, 거주기간에 따라 8~40% 가산)

정답 및 해설

18. ①, 증여, 상속과 같이 반대급부를 수반하지 않는 무상이전은 양도 대상에서 제외되지만, 부담부증여 중 수증자가 증여자의 채무를 인수하는 경우 증여가액 중 그 채무액에 상당하는 부분은 실질적 대가관계에 있으므로 양도로 본다.

19. ②, 실지거래가액을 확인할 수 없는 경우 '매매사례가액 ⇒ 감정가액 ⇒ 환산가액 ⇒ 기준시가'를 순차적으로 사용해야 한다.
    양도차익 계산 시 차감되는 필요경비 중 취득가액 또한 실지거래가액을 적용하되, 실지거래가액을 확인할 수 없는 경우 '매매사례가액 ⇒ 감정가액 ⇒ 환산가액'을 순차적으로 사용하며, 양도가액을 기준시가에 따라 산정했을 경우에는 기준시가를 적용한다.

20. ①, 양도소득 기본공제는 다음 호별 자산별로 각각 연 250만원을 공제받을 수 있기에, 같은 호인 토지와 건물은 합산하여 총 250만원까지만 공제받을 수 있다.
    - 제1호 : 토지·건물 및 부동산에 관한 권리, 기타 자산(미등기 양도자산 제외)
    - 제2호 : 주식 및 출자지분
    - 제3호 : 파생상품 등

21. ②, 비중소기업 대주주의 1년 미만 보유 주식은 30%의 양도소득세율이 적용된다.

O/X, 빈칸 문제

37. 증권거래세는 주권의 시가액을 과세표준으로 하지만, 특수관계자에게 시가액보다 낮은 가액으로 양도한 것이 인정될 경우 양도가액을 과세표준으로 한다. (O, X)

38. 증권거래세의 기본세율은 0.35%이지만, 증권시장에서 거래되는 주권에 한해 그 세율을 인하하거나 0으로 할 수 있다. (O, X)

39. 외국인에 대한 증권세제 시 국내 사업장이나 부동산 임대사업소득이 있는 경우 (   ), 없는 경우 (   )로 과세한다.

40. 국내에 사업장이 없는 비거주자에게 투자소득을 지급하는 경우, 당해 비거주자의 국가와 체결한 조세조약상 제한세율과 우리나라 소득·법인세법상 원천징수 세율 중 높은 것을 적용하여 원천징수해야 한다. (O, X)

41. 비거주자의 장내파생상품을 통한 소득과 위험회피목적 거래의 장외파생상품을 통한 소득은 과세대상 국내 원천소득으로 보지 않는다. (O, X)

42. 비거주자 등의 유가증권 양도소득에 대한 원천징수 세율은 원칙적으로 양도가액의 (   )이며, 취득가액 및 양도비용이 확인되는 경우에는 양도가액의 (   )와 양도차익의 (   ) 중 작은 금액으로 한다.

43. 증여세는 증여자·수증자별로 과세되므로, 한 사람의 수증자에게 동일한 금액을 증여하더라도 증여자를 여러 명으로 하면 증여세를 줄일 수 있다. (O, X)

44. 자녀에게 증여 목적으로 재산을 분할하여 증여하는 경우, 기대수익률이 낮은 자산을 우선 증여하는 것이 바람직하다. (O, X)

45. 부부의 자산소득은 합산하여 과세하기 때문에, 절세를 위해서는 자녀의 명의로 저축하는 것이 유리하다. (O, X)

46. 미성년자에게 직계존속이 증여한 금액은 (   )의 범위 내에서 (   )간 증여재산공제가 가능하다.

선택형 문제(2지선다 객관식)

22. 증권거래세법에 대한 설명으로 옳은 것은?
① 증권거래세의 납세의무자는 대체결제를 하는 한국예탁결제원, 금융투자업자, 또는 당해 양도자이다.
② 국가나 지방자치단체가 주권을 양도하는 경우, 증권거래세율을 인하할 수 있다.

23. 증권거래세의 거래징수 및 신고·납부에 대한 내용으로 옳은 것은?
① 증권거래세의 납세의무자 중 체결제회사(한국예탁결제원)와 금융투자업자는 주권을 양도하는 자의 증권거래세를 거래징수해야 한다.
② 대체결제회사(한국예탁결제원)와 금융투자업자는 매 반기분의 증권거래세 과세표준과 세액을 양도일이 속하는 반기의 말일부터 2개월 이내에 신고·납부해야 한다.

24. 비거주자에 대한 과세 방법으로 옳은 것은?
① 비거주자는 소득세법 또는 법인세법상 과세소득 중 국내 원천소득만을 과세대상으로 한다.
② 소득세법상 국내 원천소득에 대한 과세방법에 따라야 하며, 조세조약에 별도의 규정이 있더라도 소득세법을 우선 적용해야 한다.

25. 증여세 절세전략으로 옳은 것은?
① 증여재산공제 범위라 증여세를 내지 않더라도, 추후 정당한 자금원천의 증빙을 위해 신고를 하는 것이 바람직하다.
② 자녀가 성인이 된 이후부터 조금씩 증여하는 것이 유리하다.

26. 비거주자의 종합과세대상에 대한 내용으로 옳은 것은?
① 조세협약 체결 국가의 거주자가 국내에 고정사업장이 있는 경우 당해 금융소득이 국내 고정사업장에 귀속되거나 관련된 경우에 한해 종합과세대상이 된다.
② 조세협약 미체결 국가의 거주자가 국내에 고정사업장이 있는 경우 당해 금융소득이 국내 고정사업장에 귀속되거나 관련된 경우에 한해 종합과세대상이 된다.

정답 및 해설

37. X, 시가액 ↔ 양도가액
38. O
39. 종합과세, 분리과세
40. X, 조세조약상 제한세율과 우리나라 소득·법인세법상 원천징수 세율 중 낮은 것을 적용하여 원천징수해야 한다.
41. O
42. 10%, 10%, 20%
43. O
44. X, 자녀에게 증여 목적으로 재산을 분할하여 증여하는 경우, 레버리지의 활용을 위해 기대수익률이 높은 자산을 우선 증여하는 것이 바람직하다.
45. X, 부부의 재산은 남편과 부인 각각의 고유재산이므로, 부부의 자산소득에 대해서는 합산하여 과세하지 않는다.
46. 2천만원, 10년

정답 및 해설

22. ①, 국가나 지방자치단체가 주권 등을 양도하는 경우, 자본시장법 제119조에 따라 주권을 매출하는 경우(발행 매출), 주권을 목적물로 하는 소비대차의 경우 증권거래세를 부과하지 않는다.
23. ①, 대체결제회사(한국예탁결제원)와 금융투자업자는 매월 분의 증권거래세 과세표준과 세액을 다음 달 10일까지 신고·납부해야 한다.
그 밖의 납세의무자(양도자)는 매 반기분의 과세표준과 세액을 양도일이 속하는 반기의 말일부터 2개월 이내에 신고·납부해야 한다.
24. ①, 소득세법상 국내 원천소득에 대한 과세방법에 따라야 하며, 조세조약에 별도의 규정이 있는 경우에는 국제법 우선 원칙에 따라 조세조약의 내용을 따라야 한다.
25. ①, 자녀에게 직접 증여할 경우 10년 단위로 증여재산공제를 활용할 수 있으므로, 최대한 자녀가 어릴 때부터 증여하는 것이 유리하다.
26. ①, 조세협약 미체결 국가의 거주자가 국내에 고정사업장이 있는 경우 당해 금융소득이 국내 고정사업장과 관련성이 없더라도 항상 종합과세대상이다.

2장 금융상품

O/X, 빈칸 문제

1. 금융회사는 자금 잉여자와 자금 부족자 간의 자금융통의 거래를 중개하는 자로, 금융회사는 금융마찰 해소를 위해 (   ), (   ), (   ) 등의 역할을 수행한다.

2. 투자매매업자는 누구의 명의로 하든지 타인의 계산으로 금융투자상품의 매도·매수, 증권의 발행·인수 등의 영업을 하는 금융투자업자로, 자신의 계산에 의해 영업을 하는 투자중개업자와는 구분된다. (O, X)

3. 자본시장법은 금융기능별로 진입요건을 정해 놓고 요건의 부합 여부를 심사하는 Add-on 방식을 취함에 따라 금융투자업자가 복수의 업무단위를 자유롭게 선택할 수 있다. (O, X)

4. (   )는 주식 혹은 지분의 소유를 통해 금융업을 영위하는 회사나 금융업 영위와 밀접한 관계가 있는 회사를 지배하는 것을 주 사업으로 하는 회사를 말한다.

5. 금융상품은 (   )에 따라 금융투자상품과 비금융투자상품으로 구분할 수 있으며, 금융투자상품은 (   )에 따라 증권과 파생상품으로 구분할 수 있다.

6. 개인종합자산관리계좌(ISA)는 3년의 의무가입기간이 있으며, 연간 납입한도를 채우지 못하는 경우 미불입 납입한도를 다음 해로 이월할 수 없다. (O, X)

7. 소장펀드(소득공제 장기펀드)는 이자소득 등에 대해 비과세의 혜택을 주는 상품인 반면, 재형저축은 납입금액에 대해 소득공제 혜택을 주는 상품이다. (O, X)

선택형 문제(2지선다 객관식)

1. 금융회사 중 은행에 대한 내용으로 옳은 것은?
   ① 시중은행, 지방은행, 외국은행 국내 지점 등은 일반은행으로, 은행법에 의해 설립되어 은행업무를 영위하는 금융회사는 특수은행으로 분류한다.
   ② 일반은행의 업무 중 고유업무 및 부수업무는 은행업 인가를 받으면 별도 인허가 없이 영위할 수 있으나 일부 겸영업무는 금융위원회의 겸영 인허가를 별도로 받아야 영위할 수 있다.

2. 보험회사에 대한 내용으로 옳은 것은?
   ① 생명보험회사는 사망, 질병, 노후 등을 대비한 보험의 인수·운영을 주 업무로 하며, 손해보험회사는 화재, 자동차 및 해상사고 등에 대비한 보험의 인수·운영을 주 업무로 한다.
   ② 우리나라는 생명보험업과 손해보험업의 상호 겸영이 가능하나, 제3보험업의 겸영은 불가능하다.

3. 개인종합자산관리계좌(ISA)에 대한 설명으로 옳은 것은?
   ① 개인종합자산관리계좌(ISA)는 한 계좌에 펀드, 파생결합증권, 예·적금 등 다양한 금융상품을 담아 운용할 수 있는 절세 계좌이다.
   ② 편입시킬 금융상품을 가입자가 직접 선택하는 방식은 일임형 ISA, 금융회사가 가입자의 위험성향 등을 고려하여 제시하는 모델 포트폴리오 중 하나를 선택하여 투자하는 것은 신탁형·중개형 ISA이다.

4. 총급여액이 7,000만원 이하인 무주택세대주 근로자를 대상으로 하며, 연말정산 시 해당 과세연도 납부금액의 40% 소득공제 혜택이 주어지는 상품은?
   ① 주택청약종합저축
   ② 장기주택마련저축

정답 및 해설

1. 금융거래의 비용 절감, 자금잉여자를 위한 분산투자 및 위험관리, 정보의 비대칭성 축소
2. X, 투자매매업자는 누구의 명의로 하든지 자기의 계산으로 금융투자상품의 매도·매수, 증권의 발행·인수 등의 영업을 한다는 점에서, 타인의 계산에 의해 영업을 하는 투자중개업자와 구분된다.
3. O
4. 금융지주회사
5. 원금 손실 가능성, 원금 초과 손실 가능성
6. X, 개인종합자산관리계좌(ISA)는 3년의 의무가입기간이 있으며, 연간 납입한도를 채우지 못하는 경우 미불입 납입한도를 다음 해로 이월할 수 있다.
7. X, 소장펀드(소득공제 장기펀드) ↔ 재형저축

정답 및 해설

1. ②, 특수은행은 은행법이 아닌 개별적인 특별법에 의해 설립되어 은행업무를 영위하는 금융회사로, 한국산업은행·한국수출입은행·중소기업은행 등이 해당된다.
2. ①, 손해보험은 손해보험사에서, 생명보험은 생명보험사에서만 취급가능하지만, 제3보험은 양사에서 모두 판매 가능하다.
3. ①, 일임형 ISA ↔ 신탁형·중개형 ISA
4. ①, 장기주택마련저축은 무주택자 또는 소형주택을 소유한 서민의 주택마련을 돕기 위한 자유적립식 장기금융상품으로, 일정 요건을 갖추면 비과세혜택이 주어진다.

O/X, 빈칸 문제

8. (　　　　)이란 예금주의 환급청구가 있을 경우, 언제든지 조건 없이 지급해야 하는 금융상품이다.

9. 당좌예금은 은행과 당좌거래계약을 체결한 자가 예금 잔액 범위 내 또는 당좌대출 한도 내에서 거래은행을 지급인으로 하는 당좌수표 또는 거래은행을 지급장소로 하는 약속어음을 발행할 수 있는 예금이다. (O, X)

10. 초단기 예금은 여유자금을 (　　　　)의 초단기간 동안 운용 가능한 예금이고, 단기 예금은 여유자금을 (　　　　)의 기간 동안 운용 가능한 예금이며, 장기 예금은 여유자금을 (　　　　) 장기간 운용 가능한 예금이다.

11. 할인식은 신규 가입 시 예치 기간에 해당하는 이자를 미리 원금에서 차감하여 지급하는 방식이다. (O, X)

12. 보통예금은 가입대상, 예치금액, 예치기간 등에 아무런 제한이 없고 여유자금을 일시적으로 보관하기 위한 목적으로 개설하는 입출금이 자유로운 상품으로, 이자율이 매우 낮고 세금우대가 적용되지 않는다. (O, X)

13. (　　　　)은 서민의 재산형성을 돕기 위한 적립식 장기저축상품으로, 계약기간 중 발생한 이자에 대한 소득세를 부과하지 않으며, 금리는 3년 고정 이후 1년 단위로 변동되는 특징이 있다.

14. 주택청약종합저축은 주택청약을 하기 위해 만들어진 종합저축통장으로, 연령과 주택소유 여부에 따라 최대 1인 2계좌까지 가능하며, 예금자보호법 적용 대상이다. (O, X)

15. 비과세종합저축은 1인당 5,000만원을 한도로 비과세되며, 비과세 한도는 세금우대종합저축의 가입금액과는 별도로 산정한다. (O, X)

16. 비과세종합저축은 각 금융회사가 취급하는 모든 예금에 적용된다. (O, X)

선택형 문제(2지선다 객관식)

5. 저축성예금에 대한 설명으로 옳은 것은?
   ① 정기적금은 일정 기간을 정해 금액을 납입한 경우, 일정 금액을 대출 받을 수 있는 권리가 보장되는 예금이다.
   ② 거치식예금은 일정 금액을 약정 기간 동안 예치하고 약정 기간이 종료된 후 원금과 이자를 인출할 수 있다.

6. 예금의 적립방법에 대한 내용으로 옳은 것은?
   ① 자유적립식은 매월 불입금액과 불입일자, 불입회수 등에 제한을 가하지 않고 예금자의 편의에 따라 자유롭게 불입할 수 있는 상품이다.
   ② 거치식은 만기 전에 이자를 지급하는 선지급식과 만기에 원금과 함께 이자를 지급하는 이자지급식으로 구분된다.

7. 저축예금의 특징에 대한 내용으로 옳은 것은?
   ① 보통예금보다 높은 이자를 받을 수 있는 상품으로, 급여소득자의 급여 이체 통장 등으로 활용된다.
   ② 1인당 1계좌만 거래할 수 있으며, 3개월마다 이자를 원금에 가산하는 복리 형태를 취한다.

8. MMDA(시장금리부 수시입출금식예금)에 대한 내용으로 옳은 것은?
   ① 언제 필요할지 모르는 목돈을 1개월 이내의 초단기로 운용할 때 유리하지만, 예금자보호가 되지 않는다는 단점이 있다.
   ② 예금잔액을 기준으로 차등금리를 지급하며, 이자는 통상 매일의 잔액에 금리를 적용하여 이자를 가산한다.

정답 및 해설

8. 요구불예금
9. O
10. 30일 이하, 30일 이상 1년 이하, 1년 초과
11. O
12. O
13. 재형저축
14. X, 주택청약종합저축은 주택청약을 하기 위해 만들어진 종합저축통장으로, 연령과 주택소유 여부에 관계없이 1인 1계좌만 가능하며, 예금자보호법에 의해 보호되지 않지만 국민주택기금의 조성재원으로 정부가 관리한다.
15. X, 비과세종합저축과 세금우대종합저축의 비과세 한도는 총 5,000만원이다. 따라서 세금우대종합저축을 해지·해약하지 않은 경우, 한도인 5,000만원에서 세금우대종합저축의 계약금액 총액만큼을 뺀 금액이 비과세종합저축의 비과세 한도가 된다.
16. X, 비과세종합저축은 원칙적으로 금융회사가 취급하는 모든 예금이 대상이지만, CD, 표지어음 등 각 금융회사가 별도로 정하는 예금은 제외한다.

정답 및 해설

5. ②, 정기적금은 일정 기간 후 일정한 금액을 지급할 것을 약정하고 매월 특정일에 일정액을 적립하는 예금이다.
   상호부금은 정기적금과 성격이 비슷하나, 일정 기간을 정해 부금을 납입한 경우, 일정 금액을 대출 받을 수 있는 권리가 보장되는 예금이다.
6. ①, 거치식은 만기 전에 이자를 지급하는 이자지급식, 만기에 원금과 이자를 함께 지급하는 만기지급식, 신규 가입 시 이자를 원금에서 차감하여 지급하는 선지급식(할인식)으로 구분된다.
7. ①, 저축예금은 1인당 여러 계좌를 거래할 수 있는 예금이다.
8. ②, MMDA(시장금리부 수시입출금식예금)는 예금자보호 대상이다.

O/X, 빈칸 문제

17. ( )는 주가지수 상승률과 연동하여 사전에 약정한 금리를 지급하는 정기예금 상품으로, 주가지수가 하락하더라도 원금지급이 보장된다.

18. ELS의 수익상환방법은 원금보존추구형과 원금비보장형을 선택할 수 있는 반면, ELD는 원금 100% 보장형 이상만 선택이 가능하다. (O, X)

19. ( )는 정기예금에 양도성을 부여한 상품으로 무기명식으로 발행되며, 이자는 할인식으로 예치기간 동안의 액면금액에 대한 이자를 액면금액에서 차감하여 선지급한다.

20. 환매조건부채권매매(RP)는 일정 기간 경과 후 사전에 정해진 매매가격으로 채권을 재매수·매도할 것을 조건으로 한 매매방식으로, 수익률이 고정적이라는 특징이 있다. (O, X)

21. 신탁이란 ( )가 자산·금전과 같은 특정 재산권을 ( )에게 이전하고, ( )는 ( )를 위해 그 재산권을 관리, 처분하는 법률관계로, 신탁행위는 신탁계약 혹은 유언에 의해 신탁을 설정하기 위한 법률 행위이다.

22. 신탁업무는 신탁에 관한 일반적인 법률관계를 민사적 차원에서 규정하고 있는 신탁법과, 신탁업자 업무 내용, 감독 등을 규정한 자본시장법령에 의해 운영된다. (O, X)

23. 금전신탁은 돈을 맡긴다는 개념에서 예금과 유사하며, 계약관계인, 계약의 성질, 운용방법 등에서도 비슷한 구조를 가지고 있다. (O, X)

24. 신탁과 펀드는 모두 유가증권의 형태를 띠고 있으며, 신탁의 수수료는 신탁보수임에 반해, 펀드의 수수료는 운용보수 + 판매보수 + 수탁보수로 이루어져 있다는 점에서 차이가 있다. (O, X)

선택형 문제(2지선다 객관식)

9. 주택청약종합저축에서 국민주택의 청약 1순위 요건에 대한 내용으로 옳은 것은?
   ① 가입 후 2년이 지나고, 납입인정 회차 24회 이상 납입하여야 한다.
   ② 가입 후 2년이 지나고, 납입인정금액이 지역별 예치금액에 도달해야 한다.

10. 주가지수연동형 상품에 대한 내용으로 옳은 것은?
    ① ELD와 ELS는 예금자보호 대상인 반면, ELF는 예금자보호 대상에 해당하지 않는다.
    ② ELF는 운용성과에 따라 실적을 배당하며, 원금보존추구형과 원금비보장형을 선택할 수 있다.

11. 양도성예금증서(CD)에 대한 내용으로 옳은 것은?
    ① 증서 만기 전 중도해지 및 매매가 불가능하기에 긴급 자금이 필요한 투자자에게는 불리한 상품이다.
    ② 자유금리상품으로 수익률은 실세금리에 따라 매일 고시한다.

12. 신탁업 중 수탁업무에 대한 내용으로 옳은 것은?
    ① 수탁업무는 인수재산의 종류에 따라 금전신탁과 재산신탁으로 구분된다.
    ② 금전신탁은 수탁자가 위탁금전의 운용방법을 지정하는지의 여부에 따라 특정금전신탁과 불특정금전신탁으로 구분된다.

13. 금전신탁과 예금의 차이점에 대한 내용으로 옳은 것은?
    ① 금전신탁의 계약은 신탁행위에 따른 신탁법이 적용되며, 예금은 소비임치계약에 따른 민법이 적용된다.
    ② 금전신탁과 예금은 원칙적으로 원금 및 약정이자를 보장해야 할 의무가 있다.

14. 예금자보호 상품에 해당하는 것으로만 묶인 것은?
    ① 정기예금, 주택청약부금, 재형저축
    ② 환매조건부채권(RP), 양도성예금증서(CD), 실적배당형 신탁

정답 및 해설

17. ELD(주가지수연동정기예금)
18. O
19. 양도성예금증서(CD)
20. X, 환매조건부채권매매(RP)는 자유금리상품으로 실세금리에 따라 매일 금리를 고시한다.
21. 위탁자, 수탁자, 수탁자, 수익자
22. O
23. X, 금전신탁은 돈을 맡긴다는 개념에서는 예금과 유사하나, 계약관계인, 계약의 성질 및 운용방법, 이익분배 등에서 다른 구조를 가지고 있다.
24. X, 신탁의 증권형태는 신탁증서로 유가증권의 형태가 아닌 반면, 펀드의 증권형태는 수익증권으로 유가증권의 형태로 이루어져 있다.

정답 및 해설

9. ①, 민영주택은 가입 후 2년이 지나고, 납입인정금액이 지역별 예치금액에 도달해야 1순위가 된다.
10. ②, ELD는 예금자보호 대상인 반면, ELS와 ELF는 예금자보호 대상이 아니다.
11. ②, 양도성예금증서(CD)는 증서 만기 전에 중도해지는 불가능하지만, 유통시장을 통해 매각하여 현금화할 수 있다.
12. ①, 금전신탁은 위탁자가 위탁금전의 운용방법을 지정하는지의 여부에 따라 특정금전신탁과 불특정금전신탁으로 구분된다.
13. ①, 금전신탁은 원칙적으로 원금 및 수익에 대해 보장할 의무가 없지만, 예금은 원금과 약정이자의 지급의무가 있다.
    또한, 금전신탁은 계약관계상 위탁자와 수익자가 다를 수 있는 위탁자, 수탁자, 수익자의 3자 계약관계이지만, 예금은 예금자와 은행의 양자 계약관계로 이루어져 있다.
14. ①, 환매조건부채권(RP), 양도성예금증서(CD), 실적배당형 신탁은 예금자보호 상품에 해당하지 않는다.

O/X, 빈칸 문제

25. 금전신탁은 신탁업자의 신탁재산 운용 방법에 따라 합동운용신탁과 단독운용신탁으로 구분할 수 있다. (O, X)

26. 특정금전신탁에서 발생한 수익은 고객이 직접 유가증권 등에 투자한 것으로 가정하기에, 유가증권의 매매차익은 비과세, 유가증권이자는 이자소득, 주식배당금은 배당소득으로 과세한다. (O, X)

27. 분양형 토지신탁이란 토지신탁의 기본이 되는 것으로, 신탁토지에 택지조성이나 건축 등의 사업을 시행한 후 일정 기간 동안 임대하여 발생한 임대수익을 수익자에게 교부하는 것을 목적으로 하는 신탁이다. (O, X)

28. (   )은 신탁회사가 부동산 소유자를 대신하여 실수요자를 찾아 매각해주는 신탁으로, 처분 방법과 절차에 어려움이 있는 부동산 등이 대상이 된다.

29. 예금보험제도는 금융회사의 영업정지나 파산 등으로 고객의 예금을 지급하지 못하게 될 때 고객의 예금을 보호하기 위한 제도로, 예금보험료를 납부하는 부보금융회사에는 은행·증권회사·보험회사·신용협동조합 등 다양한 금융기관이 있다. (O, X)

30. 생명보험의 구성 원리에는 (   ), (   ), (   )가 있다.

31. 대수의 법칙이란 보험가입자가 납입하는 보험료의 총액과 보험회사가 지급하는 보험금 및 경비의 총액이 일치해야 한다는 원리이다. (O, X)

32. 손해보험은 생명 또는 신체에 관한 보험사고를 보장하며 사망보험, 생존보험, 생사혼합보험으로 분류한다. (O, X)

33. 보험료는 크게 (   )와 (   )로 구성되어 있다.

선택형 문제(2지선다 객관식)

15. 연금저축신탁에 대한 내용으로 옳은 것은?
    ① 은행에서 취급하는 연금저축으로, 연금저축은 개인의 노후생활 및 장래의 생활안정을 목적으로 일정 금액을 적립하여 연금으로 원리금을 수령할 수 있는 장기 금융상품이다.
    ② 연금저축신탁은 원칙적으로 예금자보호 대상에 해당하지 않기에, 안정성이 떨어진다는 단점이 있다.

16. 부동산 관리신탁 중 갑종관리신탁에 대한 내용으로 옳은 것은?
    ① 부동산에 관련된 복잡한 권리의 보호와 합리적 운용을 위해 건물의 임대차, 시설의 유지보수 등에 대한 관리운용을 하는 신탁이다.
    ② 단순 소유권 보존만을 관리하는 신탁이다.

17. 저당권과 담보신탁의 차이로 옳은 것은?
    ① 저당권의 설정은 담보물 평가비용 등 금융회사의 비용 부담이 증가할 가능성이 있는 반면, 담보신탁은 전문 신탁회사가 관리·처분함으로써 금융회사의 비용이 절감된다.
    ② 담보신탁은 후순위권리 설정에 관여할 수 없으나, 저당권은 후순위권리 설정에 관여하여 동 권리설정을 배제할 수 있다.

18. 생명보험상품의 가격 체계에 대한 내용으로 옳은 것은?
    ① 생명보험상품의 보험료는 예정사망률, 예정이율, 예정사업비율 등 예정기초율을 토대로 수입과 지출이 동일하도록 산출한다.
    ② 생명보험상품의 가격은 최초 목표이윤을 설정한 후 이를 바탕으로 산출한다.

정답 및 해설

25. O, 금전신탁은 신탁업자가 수탁한 금전을 공동으로 운용하면 합동운용신탁, 위탁자 및 수탁 건별로 구분하여 운용하면 단독운용신탁으로 구분된다.
26. O
27. X, 분양형 토지신탁 → 임대형 토지신탁
    분양형 토지신탁은 신탁토지에 택지조성, 건축 등의 사업을 시행한 후 이를 분양하여 발생한 분양수익을 수익자에게 교부하는 것을 목적으로 하는 신탁으로, 우리나라 토지신탁의 주종을 차지하고 있다.
28. 부동산 처분신탁
29. X, 신용협동조합은 중앙회 자체적으로 적립한 기금으로 예금자를 보호한다.
30. 대수의 법칙, 수지상등의 원칙, 생명표
31. X, 대수의 법칙 → 수지상등의 원칙
    대수의 법칙은 관찰의 횟수를 늘려 갈수록 사건의 발생확률이 일정하게 나오고 관찰대상이 많을수록 확률의 정확도가 커진다는 법칙이다.
32. X, 손해보험 → 생명보험
    손해보험은 재산에 관한 경제적인 손해를 보상하며 화재보험, 운송보험, 해상보험, 책임보험, 자동차보험으로 분류한다.
33. 순보험료, 부가보험료
    순보험료는 위험보험료, 저축보험료로 구성되어 있으며, 부가보험료는 신계약비, 유지비, 수금비 등의 운영비로 구성되어 있다.

정답 및 해설

15. ①, 은행의 연금저축신탁과 보험사의 연금저축보험은 예금자보호 대상이나, 증권사의 연금저축펀드 계좌는 예금자보호 대상이 아니다.
16. ①, 단순 소유권 보존만을 관리하는 신탁은 을종관리신탁이다.
17. ①, 저당권은 후순위권리(임대차·저당권) 설정에 관여할 수 없으나, 담보신탁은 소유권이 신탁회사로 이전되어 후순위권리 설정에 관여하여 동 권리설정을 배제할 수 있다.
18. ①, 생명보험상품의 가격에는 목표이윤이 존재하지 않는다.

O/X, 빈칸 문제

34. 생명보험의 보험기간은 보험계약의 보장기간(가입 시부터 종료 시까지)을 말하며, 기간에 따라 나누는 기간만기보험과, 일정 연령까지 보장 받는 세만기 보험으로 나눌 수 있다. (O, X)

35. 손해보험은 보험의 목적을 금전으로 산정할 수 있는 (   )이 존재해야 하며, 이것이 없는 보험계약은 무효이다.

36. 보험회사가 보험사고로 인해 보험금을 지급하였을 시 보험회사가 피보험자의 보험 목적에 대한 소유 권리의 전부·일부를 취득하는 것을 (   )라고 하며, 피보험자가 제3자에 대해 갖는 권리를 취득하는 것은 (   )라고 한다.

37. 배상책임보험이란 타인의 인명, 재산 등에 피해를 입었을 때 배상책임을 부담함으로 입게 되는 손해를 보상하는 보험으로, 계약자의 고의 또는 중과실로 인한 손해는 보상하지 않는다. (O, X)

38. 자동차손해배상보장법상 사업용 자동차가 의무적으로 가입해야 하는 보험은 대인배상Ⅰ + 대인배상Ⅱ(1천만원 이상)이다. (O, X)

39. 파생상품 중 (   )란 기초자산 또는 기초자산의 가격·이자율·지표·단위 등에 의해 산출된 금전 등을 장래 특정 시점에 인도할 것을 약정하는 거래다.

40. (   )이란 특정 투자자가 그 투자자와 타인 간의 공동사업에 금전등을 투자하고 주로 타인이 수행한 공동사업의 결과에 따른 손익을 귀속받는 계약상의 권리가 표시된 것을 말한다.

41. 선물환, 스왑과 같은 파생금융상품은 주로 장내에서 거래가 이루어진다. (O, X)

42. (   )은 특정 고정금리에서 변동금리를 차감하여 지급이자율이 결정되는 상품으로, 금리가 하락한다면 지급이자가 증가하도록 설계되었다.

43. 투자신탁이란 집합투자업자인 위탁자가 신탁업자에게 신탁한 재산을 신탁업자로 하여금 그 집합투자업자의 지시에 따라 투자·운영하게 하는 신탁형태의 집합투자기구이다. (O, X)

선택형 문제(2지선다 객관식)

19. 생명보험의 보험금의 정액 유무에 따른 분류로 옳은 것은?
    ① 체증식보험이란 주택보험과 같이 보험금이 기간이 경과함에 따라 점점 감소하는 보험이다.
    ② 변액보험이란 화폐가치의 하락에 따른 보험금 가치 하락의 위험을 방지하기 위해 개발된 상품이다.

20. 주택화재보험의 지급보험금 계산으로 옳은 것은?
    ① 보험가입금액이 보험가액의 80% 이상일 때 재산손해보험금은 손해액 전액을 보상한다.
    ② 재산손해보험금은 보험가입금액을 초과하여 지급할 수 있다.

21. 장기손해보험에 대한 내용으로 옳은 것은?
    ① 일반손해보험은 소멸성으로 만기환급금이 없는 반면, 장기손해보험은 저축보험료가 분리되어 만기·중도해지 시 환급금이 발생한다.
    ② 장기손해보험은 자동복원제도가 없는 반면, 일반손해보험은 자동복원제도가 있다.

22. 금융투자상품에 대한 설명으로 옳은 것은?
    ① 증권은 투자자가 취득과 동시에 지급한 금전 등 외에 어떠한 명목이든 추가로 지급의무를 부담하지 않는다.
    ② 옵션이란 미래 일정기간 동안 미리 정해진 가격으로 기초자산 혹은 기초자산의 가격·이자율·지표·단위 등에 의해 산출된 금전 등을 교환할 것을 약정하는 계약이다.

23. 집합투자기구에 대한 설명으로 옳은 것은?
    ① 집합투자란 2인 이상에게 투자권유를 하여 모은 금전 등을 투자자의 운용지시를 받아 운용하고 그 결과를 투자자에게 배분하는 것을 말한다.
    ② 투자신탁이란 위탁자가 신탁업자에게 신탁한 재산을 신탁업자가 집합투자업자의 지시에 따라 투자·운영하는 신탁 형태의 집합투자기구를 말한다.

정답 및 해설

34. O, 생명보험은 1년, 5년, 10년 등 기간에 따라 나누는 기간만기보험과, 일정한 연령까지 가입자가 보장을 받는 세만기보험으로 구분된다.

35. 피보험이익

36. 잔존물 대위, 청구권 대위

37. X, 중과실로 인해 생긴 손해에 대해서는 보상을 한다.

38. X
    - 비사업용 자동차 : 대인배상Ⅰ + 대물배상(2,000만원 이상)
    - 사업용 자동차 : 대인배상Ⅰ + 대인배상Ⅱ(1억원 이상) + 대물배상(2,000만원 이상)

39. 선도거래

40. 투자계약증권

41. X, 선물환, 스왑은 주로 장외에서 거래가 이루어진다.

42. 역변동금리상품

43. O

정답 및 해설

19. ②, 기간이 경과함에 따라 보험금이 점점 감소하는 것은 체감식보험이다. 체증식보험은 물가지수연동보험과 같이 기간이 경과함에 따라 보험금이 점점 증가하는 보험이다.

20. ①, 재산손해보험금은 보험가입금액을 초과할 수 없으며, 보험가입금액이 보험가액보다 클 경우에도 보험가액을 초과할 수 없다.

21. ①, 일반손해보험은 자동복원제도가 없어 보험금이 지급되면 잔여기간 동안은 보험가입금액에서 지급된 보험금을 공제한 금액을 잔존보험가입금액으로 하는 반면, 장기손해보험은 1회 사고로 보험금이 보험가입금액의 80% 미만인 경우에는 여러 번의 사고가 발생하여도 감액 없이 이전의 보험가입금액으로 자동복원된다.

22. ①, 스왑에 대한 설명이다. 옵션은 미리 정해진 조건에 따라 당사자 한쪽의 의사표시에 의해 기초자산 혹은 기초자산의 가격·이자율·지표·단위 등에 의해 산출된 금전 등을 수수하는 거래를 성립시킬 수 있는 권리를 부여하는 계약이다.

23. ②, 집합투자란 2인 이상에게 투자권유를 하여 모은 금전 등을 투자자의 일상적인 운용지시를 받지 않고 운용하면서 그 결과를 투자자에게 배분하는 것을 말한다.

O/X, 빈칸 문제

44. 파생결합증권은 자본시장법상 파생상품으로 분류한다. (O, X)

45. (　　　　)은 집합투자기구에 대한 출자지분(수익권)이 표시된 것이다.

46. (　　　　　　　)는 증권에만 투자가 가능하며, 파생상품, 부동산, 실물자산, 특별자산에는 투자가 불가능하다.

47. 투자대상 자산의 즉시 현금화가 어려운 부동산, 특별자산, 시장성 없는 자산에 자산총액의 20%를 초과하여 투자하는 집합투자기구는 환매금지형으로 설정·설립해야 한다. (O, X)

48. 투자자는 집합투자증권을 판매한 판매회사에게 환매를 청구해야 하지만, 판매회사가 환매청구에 응할 수 없을 경우 신탁업자에게 바로 환매를 청구할 수 있다. (O, X)

49. 확정기여형제도는 근로자의 근속기간 및 급여 수준에 따라 퇴직금이 사전에 결정되는 제도로 근로자가 퇴직 시 받을 수 있는 퇴직금이 정해져 있고, 퇴직자산의 손익과 운용의 책임이 기업에 귀속된다. (O, X)

50. 집합투자재산의 평가는 신뢰할 만한 시가가 있는 경우에는 시가로, 신뢰할 만한 시가가 없는 경우에는 공정가액으로 평가한다. (O, X)

51. (　　　　)는 성격이 다른 하위펀드를 3개로 단순화해 투자자가 시장 상황에 따라 자유롭게 전환이 가능한 펀드로, 전환 횟수나 전환에 따른 수수료는 없는 반면, 가입 시 판매수수료를 선취한다.

52. (　　　　)는 다양한 투자수단을 대상으로 가장 적합한 포트폴리오를 추천하는 종합자산관리계좌로, 자산기준의 운용수수료 수입이 가능하며, 고객과의 이익상충가능성이 적다는 장점이 있다.

53. (　　　　)이란 특정 대상물을 사전에 정한 미래의 시기에 미리 정한 가격으로 사거나 팔 수 있는 권리를 지닌 증권이다.

54. 주식워런트증권(ELW)은 주식에 대한 배당금 소득을 누릴 수 있으며, 의결권, 배당청구권과 같은 주주로서의 권리를 행사할 수 있다는 장점이 있다. (O, X)

선택형 문제(2지선다 객관식)

24. 종류형 집합투자기구에 대한 내용으로 옳은 것은?
    ① 집합투자증권 간 전환 시 전환가격은 각 종류의 집합투자증권 기준가격으로 해야 한다.
    ② 투자자 부담 수수료는 각 종류의 집합투자증권별로 차이가 있다.

25. 혼합자산 집합투자기구에 대한 내용으로 옳은 것은?
    ① 주된 투자대상 및 최저 투자한도에 대한 제한이 없어 어떠한 자산이라도 투자비율 제한 없이 투자가 가능하다.
    ② 환매에 대한 제한 또한 없기에, 환매가 가능한 집합투자기구로 설정하여 운용할 수 있다.

26. 금융위원회가 정한 MMF의 운용규정에 대한 설명으로 옳은 것은?
    ① 만기 또는 거래기간 등이 확정되지 않은 자산을 운용하면 안 된다.
    ② 둘 이상의 신용평가업자로부터 신용평가등급을 받은 경우, 그 중 높은 신용평가등급을 적용해야 한다.

27. ELS의 수익구조 중 만기 시점의 주가 수준에 비례하여 손익을 얻되, 최대수익·손실이 일정 수준으로 제한되는 구조는?
    ① Knock-out형
    ② Bull Spread형

28. 자산유동화증권(ABS)의 특징으로 옳은 것은?
    ① 자산유동화증권(ABS)은 기업 혹은 금융기관이 보유하고 있는 자산을 표준화하고 특정 조건별로 집합하여 이를 유동화회사에 양도하고, 유동화회사가 이것을 기초로 증권을 발행한 것이다.
    ② 자산보유자의 신용등급보다 낮은 신용등급의 증권 발행으로 인해 조달비용이 높아진다는 단점이 있다.

29. 다음 중 외부 자산유동화증권(ABS)의 내부 신용보강 방법으로만 모두 묶인 것은?
    ① 지급보증, 신용공여
    ② 후순위 증권 발행, 초과 스프레드

정답 및 해설
44. X, 파생결합증권은 자본시장법상 증권으로 분류한다.
45. 집합투자증권
46. 단기금융 집합투자기구(MMF)
47. O
48. X, 집합투자증권의 투자자는 판매회사 ⇨ 집합투자업자 ⇨ 신탁회사의 순으로 환매를 청구해야 한다.
49. X, 확정기여형제도 → 확정급여형제도
50. O
51. 엄브렐러펀드
52. 랩어카운트
53. 주식워런트증권(ELW)
54. X, 주식워런트증권(ELW)의 수입원은 주가 변동에 따른 자본이득뿐이며, 주식워런트증권 보유자는 회사와 직접적인 관련이 없으므로 주주로서의 권리도 행사할 수 없다.

정답 및 해설
24. ①, 판매보수, 판매수수료, 환매수수료를 제외한 수수료는 각 종류의 집합투자증권별로 동일해야 한다.
25. ①, 혼합자산 집합투자기구는 환매금지형 집합투자기구(폐쇄형)로 설정하여 설립해야 한다는 제한사항이 있다.
26. ①, 보수적인 평가를 위해, 둘 이상의 신용평가업자로부터 신용평가등급을 받은 경우, 그 중 낮은 신용평가등급을 적용해야 한다.
27. ②, Knock-out형은 사전에 정해둔 주가의 수준에 도달할 시 확정된 수익으로 조기상환되고, 그 외의 경우는 만기 시의 주가에 따라 수익이 정해지는 구조이다.
    Digital형은 상승률 수준과는 무관하게 만기 시 주가가 일정 수준을 상회하는지에 따라 사전에 정한 두 가지 수익 중 한 가지를 지급하며, Reverse Convertible형은 미리 정한 하락폭 이하로 주가가 하락하지 않으면 사전에 약정한 수익률을 지급하고, 하락하면 원금 손실이 발생한다.
28. ①, 자산보유자의 신용등급보다 높은 신용등급의 증권을 발행할 수 있기 때문에 조달비용을 낮추는 효과가 있다.
29. ②, 지급보증, 신용공여는 외부 신용보강에 해당한다.

3장 부동산 관련 상품

O/X, 빈칸 문제

1. 제한물권의 종류에는 용익물권으로서 지상권, 지역권, 전세권과 담보물권으로서 유치권, 질권, 저당권으로 구분된다. (O, X)

2. 부동산의 복합개념에는 기술적 측면, 경제·사회적 측면, 법률적 측면이 있으며, 기술적 측면은 유형적 측면으로, 경제·사회적 측면과 법률적 측면은 무형적 측면으로 구분할 수 있다. (O, X)

3. 광업재단, 공장재단, 항공기, 자동차 등과 같이 등기·등록 등의 공시방법을 갖춤으로써 부동산에 준하여 취급되는 특정 동산이나 동산과 일체로 된 부동산의 집단을 (   )이라고 한다.

4. 부동산의 자연적 특성 중 (   )이란 부동산의 지리적 위치는 인위적으로 통제할 수 없기에, 부동산의 위치는 효용과 유용성을 지배하게 된다는 것이다.

5. 물권은 (   ), (   ), (   )의 성질을 가진다.

6. 부동산의 소유권이란 법률이 정하는 범위 내에서 부동산을 자유롭게 사용·수익·처분을 할 수 있는 권리로, 타인의 부동산을 부분적·일시적으로 지배하는 제한물권과는 구분된다. (O, X)

7. (   )은 타인의 물건이나 유가증권을 점유한 자가 그 물건이나 유가증권에 관한 채권이 변제기에 있는 경우, 그 채권을 변제받을 때까지 그 물건을 유치할 수 있는 권리이다.

8. 부동산 가등기는 본등기 전 청구권보전의 효력을 가지며, 본등기 후에는 어떠한 효력도 가지지 않는다. (O, X)

9. 부동산 시장은 일반경기순환의 (   ), (   ), (   ), (   ) 4국면 외에도 부동산 시장만의 고유한 특성인 (   )이라는 국면을 가지고 있다.

선택형 문제(2지선다 객관식)

1. 부동산의 특성 중 부증성(비생산성)에 대한 내용으로 옳은 것은?
   ① 부동산은 생산비나 노동을 투입하여 물리적인 절대량을 늘릴 수 없으며, 재생산 또한 불가능하다.
   ② 부동산은 지리적인 위치가 고정되어 있기 때문에, 물리적으로 위치나 지형, 지세 등이 완벽하게 동일한 토지는 존재하지 않는다.

2. 일물일권주의의 원칙과 관련된 물권의 본질에 대한 것으로 옳은 것은?
   ① 지배성
   ② 배타성

3. 부동산의 제한물권 중 일정한 목적을 위해 타인의 토지를 자기 토지의 편익에 이용하는 권리는?
   ① 지상권
   ② 지역권

4. 부동산의 개별성과 행정적 규제 등으로 인해 일반 재화와는 다르게 거래사실이나 그 내용이 외부에 잘 공개되지 않는다는 부동산 시장의 특징은?
   ① 거래의 비공개성
   ② 시장의 국지성

정답 및 해설

1. O
2. O
3. 의제부동산(또는 준부동산)
4. 부동성(지리적 위치의 고정성)
5. 지배성, 배타성, 절대성
6. O
7. 유치권
8. X, 가등기는 본등기 후 순위보전적인 효력을 가지기에 본등기 시 가등기의 순위를 승계할 수 있다.
9. 확장, 후퇴, 수축, 회복, 안정

정답 및 해설

1. ①, 부동산은 지리적인 위치가 고정되어 있기 때문에 물리적으로 위치나 지형, 지세 등이 완벽하게 동일한 토지가 존재하지 않는 것은 부동산의 개별성(비동질성·비대체성)에 대한 내용이다.
2. ②, 물권의 배타성은 하나의 물건에 대해 지배가 성립하면 그 이익에 관한 다른 자의 지배를 인정할 수 없는 배타적인 권리로, 하나의 물건 위에는 하나의 물권만 존재할 수 있다는 일물일권주의의 원칙이 적용된다.
3. ②, 지상권은 타인의 토지 위에 건물이나 기타 공작물, 수목 등을 소유하기 위해 그 토지를 사용할 수 있는 물권이다.
4. ①, 시장의 국지성은 부동산 시장이 부동산의 지리적 위치의 고정성으로 인해 공간적 적용범위가 일정 지역에 국한된다는 것이다.

O/X, 빈칸 문제

10. 부동산 투자는 일반적으로 투자자금의 규모가 크며, 부채를 활용한 레버리지 효과를 얻을 수 있다는 장점이 있다. (O, X)

11. 부채상환비율(DCR)은 부동산 투자의 원리금 상환능력을 측정하여 부채의 안전도를 분석하기 위한 보조적인 재무비율로서, (　　　)/(　　　　　)으로 계산할 수 있다.

12. 부동산 투자의 타당성 분석 시 간편법에는 내부수익률, 수익성지수 등이 있다. (O, X)

13. (　　　　)은 현재 부동산의 가격이 장래 발생할 현금흐름을 할인한 현재의 가치와 똑같다는 '화폐의 시간가치'의 개념을 기초로 한 분석 방법이다.

14. 시가표준액은 양도소득세·상속세·증여세와 같은 국세의 과세기준으로 삼는 가격이며, 기준시가는 취득세·등록세와 같은 지방세의 과세기준을 정하기 위해 공시된 가격이다. (O, X)

15. 부동산의 (　　　)는 국토교통부장관이 조사·평가하여 매년 1월 1일 공시한 표준지의 단위면적당(m²) 가격으로, 감정평가업자가 개별적으로 토지를 감정평가하는 경우에 그 기준이 된다.

16. (　　　　　)은 특별시·광역시·시·군의 관할구역에 대해 기본적인 공간구조와 장기발전방향을 제시하는 종합계획으로, 도시관리계획수립의 지침이 되는 계획이다.

17. 용도지역 중 도시지역은 (　　)·(　　)·(　　)·(　　)지역으로 구분되며, 관리지역은 (　　)·(　　)·(　　)관리지역으로 구분된다.

18. 용적률은 대지면적에 대한 건축면적의 비율을 의미한다. (O, X)

선택형 문제(2지선다 객관식)

5. 부동산 투자의 제약조건으로 옳은 것은?
   ① 부동산은 타 투자자산에 비해 유동성이 낮으므로, 투자자금의 회수 기간 등을 고려하여 투자를 결정해야 한다.
   ② 부동산은 세금 등의 이유로 인해 타 투자자산에 비해 단기적인 투자기간을 가진다.

6. 부동산 투자의 타당성 분석 시 간편법 중 '투자이율'을 계산하는 방법으로 옳은 것은?
   ① 순운용소득/총투자액
   ② 총투자액/순 운용소득

7. 투자안의 현금유입의 현재가치와 현금유출의 현재가치를 일치시키는 할인율은?
   ① 내부수익률(IRR)
   ② 자기자본수익률

8. 도시계획 중 용도지역·지구·구역에 대한 내용으로 옳은 것은?
   ① 용도지역은 전국의 토지에 대해 중복되지 않도록 지정되고, 용도지구는 용도지역을 보완하기 위해 건축물의 용도나 형태 등을 규제하기 위해 국지적으로 지정되며, 중복지정도 가능하다.
   ② 용도구역은 이미 지정된 용도지역이나 용도지구 내 무질서한 도시의 확산·시가화를 방지하고 개발행위를 유보·제한하기 위해 지정된다.

정답 및 해설
10. O
11. 순운용소득, 부채상환액
12. X, 부동산 투자의 타당성 분석 시 간편법에는 순소득승수, 투자이율, 자기자본수익률이 있다. 부동산 투자의 타당성 분석 시 현금흐름 할인법에는 순현재가치, 내부수익률, 수익성지수가 있다.
13. 현금흐름 할인법
14. X, 시가표준액 ↔ 기준시가
15. 공시지가
16. 도시기본계획
17. 주거, 상업, 공업, 녹지, 보전, 생산, 계획
18. X, 용적률 → 건폐율
    용적률은 대지면적에 대한 건축물의 지상층 연면적의 비율을 의미한다.

정답 및 해설
5. ①, 부동산은 투자기간이 단기인 경우 자본이득에 대한 양도소득세 세율이 높기 때문에 일반적으로 장기적인 투자기간을 가진다.
6. ①, 투자이율은 총투자액에 대한 순운용수익의 비율로 계산할 수 있으며, 이는 순소득 승수(총투자액/순운용소득)의 역수이다.
7. ①, 자기자본수익률은 자기자본투자액에 대한 납세 전 현금흐름의 비율을 의미한다.
8. ①, 용도구역은 도시의 무질서한 확산·시가화를 방지, 개발행위를 유보·제한, 수자원 보호·육성 등을 위해 이미 지정된 용도지역이나 용도지구와는 관계없이 독자적으로 지정된다.

O/X, 빈칸 문제

19. (　　)은 건축물이 없는 대지에 새로 건축물을 축조하는 것이며, (　　)은 기존 건축물의 전부 또는 일부를 철거하고 이전과 동일한 규모의 범위에서 다시 축조하는 것이다.

20. 건축법상 건축물이 있는 대지는 용도지역별 대지의 분할제한 범위 내에서 당해 지방자치단체의 조례가 정하는 면적에 미달하게 분할할 수 없다. (O, X)

21. 부동산 개발의 과정은 일반적으로 (　　) ⇨ (　　) ⇨ (　　) ⇨ (　　) ⇨ (　　) ⇨ (　　) ⇨ (　　)의 일곱 단계로 구성되어 있다.

22. 지주공동사업 중 (　　)은 토지소유자와 개발업자가 공동으로 건물을 건설하는 방식으로, 지주가 토지를 개발업자에게 제공하고, 개발업자는 토지 개발 및 건축물 건설을 통해 양자가 토지와 건축물을 공유·구분소유하는 방식이다.

23. 공모형 부동산 펀드는 유동성이 낮고 수익률이 비교적 높은 반면, 사모형 부동산 펀드는 유동성이 높은 편이고 수익률이 비교적 낮다는 특징이 있다. (O, X)

24. (　　)는 다수의 투자자로부터 자금을 모아 부동산에 투자·운용하고, 그 수익을 투자자에게 돌려주는 부동산 간접투자기구로, 주주총회, 이사회, 감사 등의 내부 구성요소를 지닌 상법상 주식회사이다.

25. (　　)은 개발사업 진행의 가장 기초단계인 토지 매입 및 사업 인허가가 종료되지 않은 시점에서 실시되는 것으로, 현금의 유입보다는 본PF 사업 등의 재차입을 통해 상환이 이루어진다.

선택형 문제(2지선다 객관식)

9. 건축법상 건축허가 및 신고에 대한 내용으로 옳은 것은?
   ① 건축물을 건축 또는 대수선할 경우 시장·군수·구청장의 허가를 받아야 하며, 21층 이상의 건축물을 특별시나 광역시에 건축할 경우에는 국토교통부장관의 허가를 받아야 한다.
   ② 건축물 바닥면적의 합계가 85m² 이내의 증축·개축·재축일 경우, 시장·군수·구청장에게 신고함으로써 건축허가를 받은 것으로 본다.

10. 합동개발방식에 대한 내용으로 옳은 것은?
    ① 지주가 토지를 제공하고 개발업자가 건축공사비 등의 개발비를 부담하여 사업을 시행하고, 분양 또는 임대를 통해 발생한 수익을 투자비율에 따라 수익을 배분하는 방식이다.
    ② 개발업자 등이 사업의 기획부터 설계, 시공, 임대유치, 운영관리까지 일체의 업무를 수탁받아 건물을 완공한 후 건물을 일괄임대 받음으로써 사실상 사업수지를 보증하는 방식이다.

11. 공모형 부동산 펀드의 특징으로 옳은 것은?
    ① 투자금액의 산정이 비교적 자유로우며, 투자조건의 변경이 불가능하다.
    ② 다양한 지분 출자 및 대출을 실행하는 투자방식으로, 투자자 요구사항에 따른 계약조건 및 상품구조의 변경이 가능하다.

12. 대출형(Project Financing) 펀드의 장점으로 옳은 것은?
    ① 비소구 금융을 통한 담보의 한정과 부외금융 효과
    ② 상대적으로 낮은 비용과 단순한 금융 절차

정답 및 해설

19. 신축, 개축
    [참고] 증축이란 기존 건축물이 있는 대지 안에서 건축물의 건축면적·연면적·층수·높이를 증가시키는 것이며, 재축은 천재지변, 기타 재해에 의해 건축물의 전부 또는 일부가 멸실된 경우 그 대지 안에 종전과 동일한 규모로 다시 축조하는 것이다.
20. O
    용도지역별 대지의 분할제한 범위 : 주거·기타지역(60m²), 상업·공업지역(150m²), 녹지지역(200m²)
21. 구상단계 ⇨ 예비적 타당성 분석의 단계 ⇨ 부지모색과 확보단계 ⇨ 타당성 분석의 단계 ⇨ 금융단계 ⇨ 건설단계 ⇨ 마케팅단계
22. 등가교환방식
23. X, 공모형 ↔ 사모형
24. 부동산 투자회사(REITs)
25. 브릿지 론(Bridge Loan)

정답 및 해설

9. ②, 21층 이상의 건축물을 특별시나 광역시에 건축할 경우에는 특별시장 또는 광역시장의 허가를 받아야 한다.
10. ①, 개발업자 등이 사업의 기획부터 설계, 시공, 임대유치, 운영관리까지 일체의 업무를 수탁받아 건물을 완공한 후 건물을 일괄임대 받음으로써 사실상 사업수지를 보증하는 방식은 사업수탁방식이다.
11. ①, 다양한 지분 출자 및 대출을 실행하는 투자방식으로, 투자자 요구사항에 따른 계약조건 및 상품구조의 변경이 가능한 것은 사모형 부동산 펀드의 특징이다.
12. ①, 대출형(Project Financing) 펀드의 단점으로는 상대적으로 높은 비용, 복잡한 계약 및 금융절차, 이해당사자 간 조정의 어려움이 있다. 대출형 펀드의 장점으로는 비소구 금융을 통한 담보의 한정, 부외금융 효과, 현금흐름에 기초한 여신, 이해당사자 간의 위험 배분 등이 있다.

O/X, 빈칸 문제

26. (　　　　)은 수익형 부동산의 1년간 순영업이익(NOI)을 부동산의 가격으로 나눈 비율로 수익형 부동산의 수익환원법 적용시 중요한 요소이다.

27. 부동산 포트폴리오의 위험은 개별 부동산의 위험에 해당 자산이 차지하는 비중을 곱한 가중평균 값으로 산출한다. (O, X)

28. 부동산은 주식 및 채권과 낮은 상관관계를 지니기에, 부동산을 포함한 혼합 포트폴리오를 구성할 때 전반적인 위험을 감소시킨다. (O, X)

29. (　　　　)은 토지이용의 극대화에 따라 부동산의 가치가 다양한 의미를 가진다는 것으로, 부동산에 대한 시장가치를 판단하고 평가할 때 가장 중요한 원칙이다.

30. 부동산 감정평가의 3방식에는 (　　　), (　　　), (　　　)이 있다.

31. 부동산 감정평가 3방식 중 수익환원법(수익방식)이란 평가 대상 부동산과 동일 혹은 유사한 부동산의 거래 사례를 비교하여, 평가 대상 부동산의 현황에 맞게 사정보정 및 시점수정을 가하여 부동산의 가격을 산정하는 방법이다. (O, X)

32. 거래사례비교법을 통한 부동산 가격 산정 시 거래사례 자료는 (　　　), (　　　), (　　　), (　　　)을 고려하여 선택해야 한다.

33. 내부수익률은 화폐의 시간가치를 고려한 반면, Cash on Cash 수익률은 화폐의 시간가치를 고려하지 않는다. (O, X)

34. 부동산 투자회사가 부동산 개발사업에 투자하기 위해서는 실사보고서를 작성해야 하며, 부동산을 취득하거나 처분할 때에는 사업계획서를 작성해야 한다. (O, X)

선택형 문제(2지선다 객관식)

13. 다음 중 부동산의 체계적 위험에 대한 내용으로 옳은 것은?
    ① 해당 부동산의 고유 요인으로 인해 발생하는 위험으로, 포트폴리오에 추가 부동산 편입을 통해 제거할 수 있는 위험이다.
    ② 시장 전체의 변동과 관련된 위험으로, 모든 부동산에 영향을 끼치는 위험이다.

14. 공정한 거래에 필요한 모든 조건이 충족된 상태에서 경쟁자가 있고, 공개 시장이며, 매수자와 매도자는 각각 신중하고 거래에 필요한 지식을 가지고 있으며, 가격이 불공정한 동기에 영향을 받지 않을 시 거래 가능성이 가장 높은 부동산 가격은?
    ① 시장가치
    ② 감정평가액

15. 부동산 감정평가 방식 중 비용접근법(원가방식)의 산식으로 옳은 것은?
    ① 사례가격 × 사정보정 × 시점수정 × 지역요인보정 × 개별요인보정 × 면적
    ② 토지가치 + 건물가치(재조달원가 - 감가수정액)

16. 부동산 투자회사에 대한 내용으로 옳은 것은?
    ① 부동산 투자회사는 발기설립의 방법으로 해야 하며, 자기관리 부동산 투자회사의 설립 자본금은 3억원, 위탁관리 및 기업구조조정 부동산 투자회사의 설립 자본금은 5억원 이상이어야 한다.
    ② 영업인가·등록일로부터 6개월이 지난 경우, 자기관리 부동산 투자회사는 70억원, 위탁관리 및 기업구조조정 부동산 투자회사는 50억원 이상의 자본금이 있어야 한다.

정답 및 해설

26. 자본환원율
27. X, 부동산 포트폴리오의 위험은 단순히 두 부동산의 분산을 가중평균한 것이 아니라, 두 자산 간의 공분산을 포함해야 한다.
    부동산 포트폴리오의 수익률은 개별 부동산의 수익률에 포트폴리오 전체에서 해당 자산이 차지하는 비중을 곱한 것을 더한 값, 즉 가중평균한 값으로 계산한다.
28. O
29. 최유효이용
30. 거래사례비교법, 원가법, 수익환원법
31. X, 거래사례비교법(비교방식)에 대한 설명이다.
    수익환원법(수익방식)은 대상 부동산이 장래에 산출할 것으로 기대되는 순수익이나 미래 현금흐름을 적정한 비율로 환원·할인하여 가격 평가 시점의 평가 가격을 산정하는 방법이다.
32. 위치의 유사성, 물적 유사성, 시점수정의 가능성, 사정보정의 가능성
33. O
34. X, 실사보고서 ↔ 사업계획서

정답 및 해설

13. ②, 해당 부동산의 고유 요인으로 인해 발생하는 위험으로, 포트폴리오에 추가 부동산 편입을 통해 제거할 수 있는 위험은 비체계적 위험이다.
14. ①, 감정평가액은 한국감정원, 감정평가법인, 감정평가사사무소 등에 소속된 감정평가사가 조사·평가한 가액을 말한다.
15. ②, '사례가격 × 사정보정 × 시점수정 × 지역요인보정 × 개별요인보정 × 면적'은 부동산 감정평가 방식 중 시장접근법(비교방식)의 산식이다.
16. ②, 자기관리 부동산 투자회사의 설립 자본금은 5억원, 위탁관리 및 기업구조조정 부동산 투자회사의 설립 자본금은 3억원 이상이어야 한다.

제2과목 투자운용 및 전략 Ⅱ / 투자분석

1장 대안투자운용/투자전략

O/X, 빈칸 문제

1. 대안투자상품에는 헤지펀드, 부동산펀드, 인프라스트럭처펀드, MMF 등이 있다. (O, X)

2. 대안투자에서는 대부분 장외시장에서 거래되는 자산을 거래하므로 환금성이 (   ) 편이고, (   ) 기간이 설정된다.

3. 대안투자에서는 차입, 공매도 사용 및 파생상품 활용이 높아 위험관리가 중요하며, 전통적 투자에 비해 운용자의 능력이 중요시되어 보수율이 높은 수준이다. (O, X)

4. 리츠(REITs)는 주권이 증권시장에 상장됨으로써 유동성이 확보된다는 장점이 있으나, 소액의 자금으로는 투자가 어렵다는 단점이 있다. (O, X)

5. 프로젝트 금융(PF)은 프로젝트의 출자자나 차주에 대하여 상환청구권을 가지지 않는다. (O, X)

6. 부동산 개발사업에서 발생하는 분양수입금은 (   )에서 관리하며, 이는 부동산 개발사업의 참여자 전원의 동의가 있을 경우에 자금이 인출된다.

7. 자본시장법상 부동산펀드와 부동산 투자회사법상 REITs는 모두 (   )의 형태로만 설정 가능하므로, 수익자는 거래소를 통하여 투자회사의 주식, 투자신탁의 수익증권 및 부동산 투자회사의 주식을 매각하여 자금을 회수할 수 있다.

선택형 문제(2지선다 객관식)

1. 최근 대안투자의 변화에 대한 설명으로 옳은 것은?
   ① 환금성이 낮아지고, 고위험에 따라 투자자들의 인식이 낮아져 기관투자가와 거액자산가들로 투자자 범위가 좁아지고 있다.
   ② 전통적인 투자상품과의 동조화현상으로 상관관계가 높아지는 경향을 보인다.

2. 다음 중 프로젝트 금융(PF)에 대한 설명으로 옳은 것은?
   ① 사업에서 발생하는 미래 현금흐름을 담보로 대출(또는 투자)을 시행한다.
   ② 모기업(차주)의 담보 혹은 신용에 근거하여 대출(또는 투자)을 시행한다.

3. 부동산 개발금융에 대한 설명으로 옳은 것은?
   ① 시공사는 사업 전반적인 위험을 부담하고, 가장 높은 수익을 취한다.
   ② 시공사는 일반적으로 인허가 후에 발생하는 공사비(아파트 사업 제외)를 기성 혹은 분양률에 따라 지급받게 된다.

4. 부동산 개발사업 관련 주요 위험 관리 방안에 대한 설명으로 옳은 것은?
   ① 할인 분양권 보유, 시공사 대물조건 등을 통해 분양 저조 시 대처 방안을 강구해야 한다.
   ② 지주 수가 많은 토지의 경우에는 사업부지 개별 지주와 개별 계약하여 토지 매입대금 상승 위험을 축소해야 한다.

정답 및 해설

1. X, Money Market Fund(MMF)는 전통투자상품에 해당한다.
2. 낮은, 환매금지
3. O
4. X, 리츠는 일반투자자들도 소액의 자금으로 부동산 투자가 가능하다.
5. O
6. 에스크로 계좌(Escrow Account)
7. 폐쇄형

정답 및 해설

1. ②, 최근 대안투자상품은 환금성이 높아지고, 투자자들의 인식이 높아져, 투자자의 범위가 기존 기관투자가와 거액자산가에서 일반투자자로 확대되고 있다.
2. ①, 프로젝트 금융(PF)은 기존 대출과 달리 사업에서 발생하는 미래 현금흐름을 분석·평가하여 이를 담보로 대출(또는 투자)을 시행한다.
3. ②, 시행사는 부동산 개발사업 주체로서 사업 전반의 위험을 부담하고, 가장 높은 수익을 취한다. 다만, 부동산 개발사업에서 발생하는 수익에 대해 가장 늦은 후순위 청구권을 갖는다.
4. ①, 지주 수가 많은 토지의 경우에는 사업부지 전체 지주와 일괄계약 및 동시 자금 집행하여 토지 매입대금 상승 위험을 축소해야 한다.

O/X, 빈칸 문제

8. (　　　)는 펀드 실무에서 비상장기업이나 성장의 정체 등으로 인해 사업 또는 지배구조의 개선이 필요한 기업에 투자한 후 해당 기업의 주요 경영사항에 대한 의사결정에 참여하거나 구조조정 등을 통해 기업가치를 높인 다음 주식공개(IPO) 또는 M&A 등을 통해 투자가치를 회수하여 그 수익을 투자자들에게 분배하는 사모펀드를 의미한다.

9. PEF의 운용자인 (　　　　　)도 PEF 투자가 가능하며, 목표를 초과하는 성과에 대해 인센티브를 부여한다.

10. PEF에서 성과가 좋아 무한책임사원에게 성과보수를 지급한 경우, 사업 후기에 투자한 사업으로부터 손실이 발생하더라도 무한책임사원에게 기분배한 성과보수는 회수할 수 없다. (O, X)

11. PEF에서 유한책임사원의 자금납입은 실제 투자대상 기업이 나타난 후 무한책임사원의 (　　　　)이 있는 경우에 이루어진다.

12. PEF의 사원은 (　　) 이상의 무한책임사원과 (　　) 이상의 유한책임사원으로 구성되며, 사원의 총수는 (　　　) 이하이어야 한다.

13. PEF는 현금흐름이 (　　　)하고, 보유하고 있는 자산의 내재가치가 시장가치보다 상대적으로 (　　　) 기업을 인수 대상 기업으로 선정한다.

14. PEF 투자회수 방법에는 PEF 보유 지분 매각, 인수회사의 IPO를 통한 매각, 증자 및 배당, PEF 자체 상장 등이 있다. (O, X)

15. PEF 투자회수(Exit) 전략 중 매각은 가장 고전적인 전략으로서, 매각 상대방은 일반기업만 허용되고 다른 PEF는 될 수 없다. (O, X)

선택형 문제(2지선다 객관식)

5. 다음 중 PEF 구조에 대한 설명으로 옳은 것은?
   ① 유한책임사원은 투자액을 초과하여 책임진다.
   ② 유한책임사원은 일반적으로 소수의 고액 개인투자자 및 기관투자자로 이루어진다.

6. 다음 중 PEF(자본시장법상 기관전용 사모집합투자기구)의 등기·등록사항에서 제외되는 것은?
   ① 유한책임사원의 내역
   ② 무한책임사원의 내역

7. PEF(자본시장법상 기관전용 사모집합투자기구)의 무한책임사원에 대한 상법상 합자회사 특례 규정으로 옳은 것은?
   ① 일반회사는 무한책임사원이 될 수 없다.
   ② 무한책임사원은 노무 또는 신용출자를 할 수 없다.

8. PEF 투자회수(Exit) 전략에 대한 설명으로 옳은 것은?
   ① PEF가 인수한 기업과 동종기업인 경우 주로 주식시장에의 시장가격보다 낮게 평가하여 매각한다.
   ② 상장을 통해 인수기업에 대해 계속해서 일정 지분을 보유할 수 있고, 지속적 영향력 행사를 통해 추가적 자금회수가 가능하다.

9. PEF 투자회수(Exit) 전략 중 해당 기업의 수명 단축, 장기 성장성 저해 등의 부작용을 초래할 가능성이 있는 전략으로 옳은 것은?
   ① 상장
   ② 유상감자

정답 및 해설
8. PEF
9. 무한책임사원
10. X, 무한책임사원에게 기분배한 성과보수를 회수할 수 있도록 하는 조항을 두고 있으며, 이를 무효조항(Clawback)이라고 한다.
11. 출자요청(Capital Call)
12. 1인, 1인, 100인
13. 풍부, 높은
14. X, 증자 → 감자
15. X, 매각 상대방은 일반기업뿐만 아니라 다른 PEF도 될 수 있다.

정답 및 해설
5. ②, 유한책임사원은 투자액 범위 안에서만 책임을 진다.
6. ①, 유한책임사원의 내역은 제외한다. 반면, 무한책임사원은 PEF의 실질적인 운용자로서 대외적인 책임을 지게 되므로 등기·등록 대상으로 규정한다.
7. ②, 원칙적으로 상법상 일반회사는 무한책임사원이 될 수 없으나, PEF의 경우 일반회사도 무한책임사원이 될 수 있다. 또한, 무한책임사원은 노무 또는 출자를 할 수 없도록 하고, 반드시 금전 또는 시장성 있는 유가증권을 출자하도록 한다.
8. ②, PEF가 인수한 기업과 동종기업인 경우 주로 주식시장에의 시장가격보다 높게 평가하여 매각한다.
9. ②, 유상감자 전략을 사용하는 경우 기업의 수명 단축, 장기 성장성 저해 등의 부작용을 초래할 수 있다.

O/X, 빈칸 문제

16. 헤지펀드는 수익률 극대화를 위해 차입과 공매도의 사용이 허용된다. (O, X)

17. 헤지펀드는 일반적으로 운용기간에 제한이 있다. (O, X)

18. 헤지펀드는 원칙적으로 (   ) 형태로 발행되어 자산운용방법에 제한이 없으나, 펀드 오브 헤지펀드의 경우 (   ) 형태로 발행되기 때문에 자산운용방법에 제한이 있을 수 있다.

19. 헤지펀드 운용전략 중 방향성 전략은 위험을 적극적으로 취하고, 상황에 따라 차입과 공매도를 사용하는 방식으로, 주식의 롱숏, 글로벌 매크로, 이머징마켓 헤지펀드, 선물거래 등이 포함된다. (O, X)

20. (   ) 전략은 기업의 합병, 청산 등 기업상황에 영향이 큰 사건을 예측하고, 이에 따라 발생하는 가격 변동을 이용해 수익을 창출하는 방법이다.

21. 100억원 규모의 포트폴리오에서 50억원을 차입하여 Long Position 150억원, Short Position 100억원을 보유한 경우 Net Market Exposure는 (   )가 되고, Long/Short Ratio는 (   )가 된다.

22. (   )는 발표된 M&A, 공개매수, 자본의 재구성, 분사(Spin-off) 등과 관련된 주식을 사고파는 차익거래전략이다.

23. 일반적으로 합병 차익거래에서는 피인수 합병 기업의 주식을 매도하고, 인수기업의 주식을 매수하는 포지션을 취한다. (O, X)

24. 합병 차익거래는 잠재적 이익 추정, 차익거래 포지션 구축, 포지션 구축 후 리스크 관리의 세 단계에 걸쳐 투자를 진행한다. (O, X)

25. 전환증권 차익거래자는 기초자산의 변동성이 (   ), Convexity는 (   ), 유동성은 (   ), 전환 프리미엄이 (   ), 기초자산의 배당률이 (   ), 내재변동성이 (   ) 전환사채를 선호한다.

26. 채권 차익거래에서 수익률 곡선의 기울기가 작아질 것으로 예상되면, 만기가 짧은 채권은 (   )하고, 만기가 긴 채권은 (   )하는 전략을 취하며, 내재적으로는 변동성에 대한 (   ) 포지션을 취한다.

선택형 문제(2지선다 객관식)

10. 헤지펀드에 대한 설명으로 옳은 것은?
    ① 전통적인 펀드 운용자는 운용보수만 부과하는 반면, 헤지펀드 운용자는 운용보수와 성과보수를 동시에 부과한다.
    ② 헤지펀드 운용자는 내부정보 문제로 펀드에 투자가 불가능하다.

11. 자금을 특정 헤지펀드에 투자하지 않고 여러 개의 헤지펀드에 배분하여 투자하는 전략으로 옳은 것은?
    ① 이머징마켓 헤지펀드 전략
    ② 펀드 오브 헤지펀드 전략

12. 합병 차익거래에 대한 설명으로 옳은 것은?
    ① 발표된 정보뿐만 아니라 발표될 것으로 예상되는 추측 정보에 대해서도 투자한다.
    ② 인수·합병이 완료되면 발생하는 주식가치의 변화에서 이익을 창출하는 것을 투자목표로 한다.

13. 채권 차익거래에서 수익률 곡선의 기울기가 커질 것으로 예상될 경우에 대한 설명으로 옳은 것은?
    ① 만기가 짧은 채권은 매수하고 만기가 긴 채권을 매도한다.
    ② 내재적으로 변동성에 대한 매수 포지션을 취한다.

14. 글로벌 매크로 전략에 대한 설명으로 옳은 것은?
    ① 개별 투자자산 선택 시 유동성이 높은 외환, 국채, 원자재 등에 대한 투자를 선호한다.
    ② 공매도, 레버리지, 파생상품 등 위험성이 높은 투자수단은 이용하지 않는다.

정답 및 해설

16. O
17. X, 헤지펀드는 일반적으로 운용기간에 제한이 없다. 정기적으로 펀드의 환매를 허용하고 있으나 최초의 매각제한 기간에는 환매가 금지된다.
18. 사모, 공모
19. O
20. Event Driven
21. 50%, 1.5
    Net Market Exposure = (Long Exposure - Short Exposure)/Capital
    = (150억 - 100억)/100억 × 100% = 50%
    Long/Short Ratio = Long Exposure/Short Exposure
    = 150억/100억 = 1.5
22. 합병 차익거래
23. X, 일반적으로 피인수 합병 기업의 주식을 매수하고, 인수기업의 주식을 매도하는 포지션을 취한다.
24. O
25. 크고, 크고, 높고, 낮고, 낮고, 낮은
26. 매도, 매수, 매수

정답 및 해설

10. ①, 헤지펀드 운용자의 펀드 참여는 허용된다. 투자자와 위험공유를 함으로써 펀드운용자의 책임 있는 운용이 가능하다.
11. ②, 이머징마켓 헤지펀드는 주로 신흥시장에서 거래되는 모든 증권에 대해서 포지션을 취하는 것으로, 일반적으로 매수 전략을 사용한다는 특징이 있다.
12. ②, 합병 차익거래는 발표되지 않은 추측 정보에 투자하지 않는다.
13. ①, 수익률 곡선의 기울기가 커질 것으로 예상될 때 내재적으로는 변동성에 대한 매도 포지션을 취한다.
14. ①, 글로벌 매크로 전략은 공매도, 레버리지, 파생상품 등 다양한 투자수단을 사용하여 제약 없이 투자한다.

O/X, 빈칸 문제

27. 글로벌 매크로 전략은 투자 결정 시 경제상황에 대한 분석방법으로 ( )방식을 사용한다.

28. ( )는 준거자산의 신용위험을 분리하여 보장매입자가 보장매도자에게 이전하고 보장매도자는 그 대가로 프리미엄을 지급받는다.

29. TRS는 시장위험이 아닌 신용위험을 거래 상대방에게 전가시키는 신용파생상품이다. (O, X)

30. ( )은 일반적인 CDS와 동일하지만 다수의 준거자산으로 구성된 포트폴리오를 기본으로 발행된다.

31. 합성 CDO는 보장매입자가 준거자산을 양도하여 자산에 내재된 신용위험을 SPC에 이전하는 방식이다. (O, X)

32. CDO 발행을 통해 자산을 부외로 이전함으로써 재무비율을 개선시킬 수 있다. (O, X)

33. CDO의 신용등급은 신용의 질과 기대 신용손실, 신용보강, 거래구조, 다양한 법적 위험과 거래 감시, 판매회사의 자산건전성 등을 통해 평가된다. (O, X)

34. CDO의 경우 낮은 부도 상관관계를 가진 포트폴리오에서 Equity 트랜치의 델타는 ( ), 이에 따라 다른 트랜치의 델타는 ( ) 모습이 나타난다.

선택형 문제(2지선다 객관식)

15. 신용스프레드 옵션에 대한 설명으로 옳은 것은?
    ① 신용사건의 발생 여부에 따라 현금흐름이 결정된다.
    ② 연속적으로 발생하는 준거자산의 신용변화에 따라 옵션의 만기일마다 현금흐름이 결정된다.

16. Balance Sheet CDO에 대한 설명으로 옳은 것은?
    ① 기초자산의 수익률과 유동화 증권의 수익률 간의 차이에서 발생하는 차익을 취할 목적으로 발행된다.
    ② 위험전가를 목적으로 거래하고, 거래를 통해 대차대조표에서 신용위험 자산이 감소하여 재무비율이 개선되는 효과를 가지고 있다.

17. CDO의 트랜치 중 위험이 가장 낮은 대신 낮은 수익을 가지고 있는 것은?
    ① Senior 트랜치
    ② Equity 트랜치

정답 및 해설

27. Top-Down
28. CDS
29. X, TRS는 신용위험뿐만 아니라 시장위험도 거래 상대방에게 전가시키는 신용파생상품이다. 따라서 총수익 매도자 입장에서는 준거자산에 대한 신용위험과 시장위험에 대한 노출을 동시에 헤지할 수 있는 장점이 있다.
30. Basket Default Swap
31. X, 합성 CDO는 CDO의 특수한 형태로서 보장매입자가 준거자산을 양도하는 것이 아니라 신용파생상품을 이용해 자산에 내재된 신용위험을 SPC에 이전하는 유동화 방식이다.
32. O
33. X, 판매회사의 자산건전성은 CDO의 신용등급 평가요소에 해당하지 않는다.
34. 커지고, 낮아지는

정답 및 해설

15. ②, 신용스프레드 옵션을 제외한 다른 신용파생상품은 신용사건의 발생 여부에 따라 현금흐름이 결정된다.
16. ②, 기초자산의 수익률과 유동화 증권의 수익률 간의 차이에서 발생하는 차익을 취할 목적으로 발행되는 것은 Arbitrage CDO이다.
17. ①, Equity 트랜치는 위험이 가장 높고 수익도 높은 트랜치이다.

2장 해외증권투자운용/투자전략

O/X, 빈칸 문제

1. 국내 분산투자로 제거가 불가능한 체계적 위험은 국제 분산투자를 통해 완전히 제거할 수 있다. (O, X)
2. 국가 간의 상관관계가 (   ) 국제 분산투자효과는 높아진다.
3. 각국 주식시장 간 상관계수를 측정하기 위해서는 가능한 한 오랜 기간의 데이터를 이용해야 한다. (O, X)
4. 주가가 오르더라도 원화가치가 크게 하락했다면 MSCI 한국지수는 하락할 수도 있다. (O, X)
5. 현재 우리나라는 MSCI 지수에서 선진시장으로, FTSE 지수에서는 신흥시장으로 분류된다. (O, X)
6. 완전히 통합된 국제 자본시장에서도 국제 투자의 유인은 존재한다. (O, X)
7. 국제 투자를 하는 경우, 투자대상국의 통화가치가 상승하면 투자수익률은 (   )한다.
8. 국제 투자를 하는 경우, 투자대상국의 통화가치와 주가 간에 음의 상관관계를 가지면 투자위험은 (   )한다.
9. 국제 투자를 하는 경우, 투자대상국의 주가지수선물와 같이 투자 대상인 현물을 기초자산으로 하는 파생상품에 투자함으로써 환위험을 줄일 수 있다. (O, X)
10. 국제 채권 투자의 경우 환위험을 완전히 제거하기 위해 각 쿠폰이자 지급분과 만기 시 원금상환에 대해 선물환 계약을 맺을 수 있다. (O, X)

선택형 문제(2지선다 객관식)

1. MSCI 지수의 산출 기준으로 옳은 것은?
   ① 시가총액 방식
   ② 유동주식 방식

2. MSCI EM 지수에 대한 설명으로 옳은 것은?
   ① 한국을 포함한 주요 신흥시장의 기업을 기준으로 산출된다.
   ② 주가 등락과 환율 변동이 반영되지 않는다.

3. 해외 주식 또는 외국 채권에 투자하는 경우, 해외 투자의 수익률과 위험에 대한 설명으로 옳은 것은?
   ① 본국 통화로 평가한 투자수익률은 외국통화로 표시한 투자수익률과 환율 변동률의 합으로 표시할 수 있다.
   ② 본국 통화로 평가한 투자수익률의 분산은 외국통화로 표시한 투자수익률의 분산과 환율 변동률의 분산의 합으로 표시할 수 있다.

4. 국제 투자의 논리에 따른 관점에서 환율과 주가 간의 상관관계(공분산)를 설명한 것으로 옳은 것은?
   ① 한 나라의 통화가치와 주가는 양(+)의 상관관계를 가진다.
   ② 한 나라의 통화가치와 주가는 음(-)의 상관관계를 가진다.

정답 및 해설

1. X, 국내 분산투자로 제거 불가능한 체계적 위험은 국제 분산투자를 통해 일부 제거할 수 있다. 다만, 세계경제의 상호의존성으로 인해 국제 분산투자로도 포트폴리오의 위험을 완전히 제거할 수는 없다.
2. 낮을수록
3. X, 상관계수 측정을 위해 과거 자료를 이용할 때 통계값의 안정성과 구조적 일관성을 고려하여 적절한 자료기간을 결정해야 한다.
4. O
5. X, 현재 우리나라는 MSCI 지수에서 신흥시장(EM)으로, FTSE 지수에서 선진시장(Developed)으로 분류된다.
6. X, 통합된 국제 자본시장에서는 각국 투자자가 인식하는 시장 포트폴리오가 동일하기 때문에 체계적 위험 간의 괴리가 존재하지 않는다. 또한, 국가 간 무위험자산의 수익률도 동일해지므로 국제 투자에 의한 추가적인 분산투자의 효과가 나타나지 않기 때문에 국제 투자 유인은 존재하지 않는다.
7. 상승
8. 감소
9. O
10. O

정답 및 해설

1. ②, 시가총액 방식은 시장에서 유통되지 않는 주식까지 합쳐 계산하므로 실제 공개시장에 대한 영향력을 정확히 반영하지 못한다는 단점을 가지고 있기 때문에, 실제 유동주식을 기준으로 비중을 계산한다.
2. ①, 주가 등락과 환율 변동이 반영되며 이에 따라 각 국가별 편입비중도 매일 바뀐다. 대상 국가가 외국인 투자자의 매매를 제한하는 경우 역시 반영 비율이 줄어들게 된다.
3. ①, 본국 통화로 평가한 투자수익률의 분산은 외국통화로 표시한 투자수익률의 분산과 환율 변동률의 분산, 그리고 투자수익률과 환율 변동률 간 공분산의 합으로 표시할 수 있다.
4. ①, 한 나라의 통화가치와 주가 변동이 음(-)의 상관관계를 갖는 것은 국제 투자의 논리가 아닌, 기업의 국제경쟁력 변화의 관점에서 설명한 것이다. 일반적으로는 국제 투자의 논리가 강하게 작용하기 때문에 주가와 통화가치는 양(+)의 상관관계를 보인다.

O/X, 빈칸 문제

11. 국제 투자에서 환위험의 헤지를 위해 외환파생상품을 이용하는 경우 파생상품시장의 유동성에 상관없이 정확한 헤지가 가능하다. (O, X)

12. 롤링 헤지(Rolling hedge)는 유동성 높은 헤지수단을 비교적 쉽게 얻을 수 있다는 장점이 있으나, 시장 변화에 탄력적으로 대응하기 어렵다는 단점이 있다. (O, X)

13. 내재적 헤지(Implicit hedge)는 별도의 헤지비용 없이 효과적인 환위험 헤지로 이용된다. (O, X)

14. 환노출을 줄이는 방법으로서 여러 종류의 통화에 분산투자하는 것을 고려해볼 수 있다. (O, X)

15. 국제 투자에서는 환위험을 적극적으로 헤지하는 것이 가장 바람직한 투자전략이다. (O, X)

16. 국가 간 주식시장의 동조화는 경기변동의 전염효과보다 빠르게 진행된다. (O, X)

17. 각국 주가의 동조화 현상이 진행되면 국제 분산투자효과는 (   ).

선택형 문제(2지선다 객관식)

5. 국제 투자에서 주가와 통화가치 간의 상관관계를 이용해 환노출을 줄이는 방법에 해당하는 것은?
   ① 롤링 헤지(Rolling hedge)
   ② 내재적 헤지(Implicit hedge)

6. 국제 주식시장의 동조화 현상에 대한 설명으로 옳은 것은?
   ① 국제 금융시장에서 불안감이 높아질 때 일시적으로 동조화 현상이 나타날 수 있다.
   ② 최근의 국제 주식시장 동조화 현상은 구조적 변화라기보다는 일시적 현상으로 보는 것이 적절하다.

정답 및 해설

11. X, 외환파생상품을 이용해 환위험을 헤지하려는 경우, 파생상품시장의 유동성이 풍부하지 않다면 유동성 부족이 제약조건이 되어 유용한 헤지수단이 될 수 없다. 우리나라 투자자라면 해외 투자에서 실제로 원달러 이외의 원화의 파생상품이 존재하지 않기 때문에 투자대상이 달러화인 경우를 제외하고 정확하게 원화금액을 헤지하는 것은 불가능하다.

12. X, 롤링 헤지는 시장의 변화에 탄력적으로 대처할 수 있다.

13. O

14. O

15. X, 환율 변동은 위험요인인 동시에 수익의 요인이 된다. 국제 투자에서 환차익을 얻는 것은 중요한 동기가 되므로, 환위험을 적극적으로 헤지하는 것이 가장 바람직한 투자전략이라고는 할 수 없다.

16. O

17. 약화된다

정답 및 해설

5. ②, 롤링 헤지는 전체 기간을 몇 개의 단기간으로 나누어 하나의 기간이 만기가 되면 또 다른 헤지를 연결해서 전체 투자기간을 헤지하는 방법이다.

6. ①, 과거 국제 금융시장에서 불안감이 높아질 때 일시적으로 동조화 현상이 나타났으나, 현재의 동조화 현상은 글로벌화에서 기인한 구조적인 변화로 보는 것이 적절하다.

O/X, 빈칸 문제

18. 주식시장의 국제화로 인해 투자자는 해외주식을 통한 분산투자가 가능하다. (O, X)

19. 주식시장의 국제화로 인해 기업은 해외시장에서 주식발행을 통해 자금조달이 가능하다. (O, X)

20. 국제 주식시장 간의 통합에 따라 차익거래를 통한 초과이익의 기회가 증가한다. (O, X)

21. 투자신탁이나 헤지펀드를 통한 국제 투자는 규모의 경제를 통해 거래비용을 줄일 수 있다. (O, X)

22. 경제규모에 비해 주식시장의 규모가 (   ) 국가는 기업자금조달측면에서 효율적인 증권시장을 가진 것으로 볼 수 있다.

23. 단기매매차익을 목표로 하는 투자자의 비중이 큰 시장의 경우 시가총액 대비 거래량이 (   ), 장기적 투자수익을 목표로 하는 투자자의 비중이 큰 경우 시가총액 대비 거래량이 (   ).

24. (   ) 발행으로 해외 주식의 표시 통화를 거래소 국가의 표시 통화로 전환할 수 있다.

25. 해외상장은 예탁증서(DR)의 형태를 취하지 않고 주식 그대로 상장할 수는 없다. (O, X)

26. DR을 발행한 기업이 배당을 하면 발행은행을 거쳐 보관은행으로 전달되어 투자자에게 배당금이 지급된다. (O, X)

선택형 문제(2지선다 객관식)

7. 우리나라 기업의 해외상장 방법으로 옳은 것은?
   ① 원주상장
   ② DR 형태 상장

8. 외국주식이 미국의 증권으로 등록되고 미국 증시에 상장되어 거래되도록 하는 형태로 옳은 것은?
   ① ADR
   ② EDR

9. 달러화 표시 해외 DR 발행이 미국과 미국 이외의 시장에서 동시에 이루어지는 것은?
   ① ADR
   ② GDR

10. 한국기업 주식이 뉴욕증시에 상장될 경우의 경제적 효과로만 옳게 묶인 것은?
    ① 투자자 인지도 제고로 자본비용 저하, 투명성과 지배구조에 대한 인식 제고로 할인율 저하
    ② 홍보효과, 영업위험 축소로 인한 자금조달 비용 저하

11. 채권 표시 통화의 본국에서 발행되는 국제채로 옳은 것은?
    ① 외국채
    ② 유로채

정답 및 해설
18. O
19. O
20. X, 국제 주식시장 간의 통합에 따라 국제 분산투자에 의한 추가적 위험 감소의 효과가 약화되며 차익거래를 통한 초과이익의 기회도 줄어든다.
21. O
22. 큰
23. 많고, 적다
24. 예탁증서(DR)
25. X, 해외상장은 예탁증서(DR)의 형태로 상장하는 경우가 있고, 기업의 본국에서 거래되는 주식을 그대로 상장하는 경우도 있다.
26. X, DR을 발행한 기업이 배당을 하면 보관은행을 거쳐 발행은행으로 전달되어 투자자에게 배당금이 지급된다.

정답 및 해설
7. ②, 우리나라 기업의 해외상장은 현지 제도에 관계없이 DR의 형태로 상장되고 거래된다. 원화가 국제통화가 아니기 때문에 우리나라 기업의 주식은 DR 형태로 해외상장국가의 표시통화로 전환이 필요하다.
8. ①, ADR은 미국(America)에 발행되어 유통되는 DR을 말하고, EDR은 유럽(Europe)에 발행되어 유통되는 DR을 의미한다. 달러화 표시로 전환하는 경우 미국 이외의 거래소에 상장되면 EDR이 된다.
9. ②, GDR은 전세계(Global)에 동시 발행되어 유통되는 DR을 의미한다. 달러화 표시 해외 DR 발행이 미국과 미국 이외의 시장에서 동시에 이루어지면 GDR이 된다.
10. ①, 뉴욕시장 상장에 따른 경제적 효과로는 홍보효과, 투자자 인지도 제고, 투명성과 지배구조에 대한 인식제고로 인한 할인율 저하 등이 있다. 뉴욕시장 상장으로 영업위험 축소를 가져온다고 보기는 어렵다.
11. ①, 유로채는 채권 표시 통화 본국 이외의 국가에서 발행되는 채권을 의미한다.

O/X, 빈칸 문제

27. 양키본드, 사무라이본드 모두 외국채에 해당한다. (O, X)

28. 유로달러본드와 양키본드를 발행하면 미국의 채권 발행 및 조세에 관한 규제를 따라야 한다. (O, X)

29. 해외에 직접 계좌를 만들어 외국 주식을 보유함으로써 지급받는 배당소득은 무조건 종합과세대상이 된다. (O, X)

30. T-bill은 1년 이하의 단기채이며 이자가 있다. (O, X)

31. 만기에 따라 구분하면 T-bond는 (   ), T-note는 (   )에 해당한다.

32. 미국국채 투자 시에는 수익률 곡선 분석, 미국 달러화 움직임, Fed 금리정책, 위험도에 따른 가산금리 수준 등에 유의해야 한다. (O, X)

33. 적극적 투자전략의 목표수익률은 벤치마크의 수익률이다. (O, X)

34. 헤지펀드 투자자들은 분산투자보다는 수익률 제고를 투자 목적으로 한다. (O, X)

선택형 문제(2지선다 객관식)

12. 국내 거주자가 해외 주식시장에서 주식을 매매한 경우 세금에 대한 내용으로 옳은 것은?
    ① 해외 주식시장의 주식을 매매하고 발생한 양도차익은 양도소득세 과세대상으로 반드시 신고해야 한다.
    ② 주식투자한 해당 국가에서 이미 세금을 낸 경우에는 국내에서 양도소득세를 신고할 필요가 없다.

13. 이자지급방법에 따라 구분하는 경우 T-bond와 T-note의 발행형태로 옳은 것은?
    ① 할인채
    ② 이표채

14. 외국기업이 홍콩에서 위안화로 발행하는 채권을 의미하는 것은?
    ① 딤섬본드
    ② 판다본드

15. 적극적 투자전략에 대한 설명으로 옳은 것은?
    ① 환율과 주가를 예측하여 성과 높은 포트폴리오를 구성한다.
    ② 시장이 보다 효율적인 경우에 적합한 투자전략이다.

16. 헤지펀드 투자자에 대한 설명으로 옳은 것은?
    ① 일반적으로 소수의 부유한 투자자나 기관투자자들로 구성된다.
    ② 헤지펀드 투자자들은 소극적 투자전략을 선호한다.

정답 및 해설
27. O
28. X, 양키본드는 외국채이기 때문에 미국의 채권 발행 및 조세에 관한 규제를 따라야 하는 반면, 유로달러본드는 미국 이외의 국가에서 미 달러화로 발행되는 유로채이므로 미국 이외 발행지인 현지국의 규제를 따르게 된다.
29. O
30. X, T-bill은 만기가 1년 이하로 짧기 때문에 할인채로 발행하고 이자는 없다.
31. 장기채(10년 이상), 중기채(1년 이상 10년 이하)
32. X, 미국국채는 안전자산이므로 가산금리가 붙지 않기 때문에 가산금리 수준은 고려대상이 아니다.
33. X, 소극적 전략에서의 목표수익률은 벤치마크의 수익률이고, 적극적 투자전략의 목표수익률은 벤치마크의 수익률을 초과하는 수준이다.
34. O

정답 및 해설
12. ①, 주식투자한 해당 국가에서 이미 세금을 냈다고 하더라도 국내에서도 양도소득세를 신고해야 한다. 다만, 외국에서 주식양도와 관련된 세금을 납부한 경우 외국납부세액공제를 적용받을 수 있다.
13. ②, T-bond와 T-note는 이표채 형태로 발행되어 6개월마다 이자를 받을 수 있다.
14. ①, 딤섬본드는 외국기업이 홍콩에서 홍콩달러가 아닌 위안화로 발행되는 채권으로서, 유로채에 해당한다. 반면, 판다본드는 외국기업이 중국 본토에서 위안화로 발행하는 채권으로서, 외국채에 해당한다.
15. ①, 시장이 효율적이 될수록 예측을 위한 노력은 무의미하며, 예측보다는 분산투자에 중점을 두는 방어적 전략이 적합하다.
16. ①, 헤지펀드는 운용에 대한 규제가 적기 때문에 공격적인 투자가 가능하다. 또한, 소수의 부유한 투자자나 기관투자자들은 이미 잘 분산된 포트폴리오를 가지고 있기 때문에 추가적인 위험분산보다는 보다 공격적 투자를 통한 수익률 제고를 선호한다.

3장 투자분석기법

O/X, 빈칸 문제

1. 현금흐름은 증분 기준, 세전 기준으로 추정되어야 한다. (O, X)

2. 현금흐름 추정 시 현금유입액은 (   )로부터, 현금유출액은 (   )상의 비유동자산과 유동자산 및 유동부채로부터 추정된다.

3. 다른 모든 조건이 동일한 경우 이자지급 횟수가 많아질수록 미래가치는 더 (   ), 현재가치는 더 (   ).

4. 중심위치 지표에는 산술평균, 최빈값, 중앙값 등이 있다. (O, X)

5. 산포경향 지표에는 범위, 평균편차, (   ), (   ) 등이 있다.

6. 표준 정규분포란 정규분포 중에서 평균(μ)이 (   )이고, 분산(σ^2)이 (   )인 정규분포를 의미한다.

7. 공분산이 0이면 어떤 선형의 상관관계가 있음을 의미한다. (O, X)

8. 상관계수는 $-\infty$에서 ∞의 어떤 값이든 가질 수 있다. (O, X)

9. 우선주는 만기가 없으므로, 우선주에 대한 현금흐름은 영구 연금으로 취급된다. (O, X)

10. 우선주에 대하여 매년 말 1,000원의 배당금을 지불하는 경우 요구수익률이 5%인 투자자들이 판단하는 우선주의 가치는 (   )이다.

11. 무성장모형은 기업의 미래 배당금이 매 기간 일정하다고 가정한다. (O, X)

12. 항상성장모형에서 투자자들의 요구수익률은 (   )과 (   )의 합으로 나타난다.

13. 내년에 보통주 배당금으로 주당 900원을 지급하고, 향후 계속해서 매년 5%씩 성장할 것으로 추정된다. 이때 투자자의 요구수익률이 8%라면, 이 회사가 발행한 보통주의 1주당 가치는 (   )이다.

선택형 문제(2지선다 객관식)

1. 다음 중 현금흐름을 추정할 때 반드시 고려해야 하는 것은?
    ① 매몰원가(Sunk cost)
    ② 기회비용(Opportunity cost)

2. 연간 이자율 i, 연간 복리계산 횟수 4회, 투자기간을 n년이라고 할 때 미래가치를 계산한 것으로 옳은 것은?
    ① $FV = PV \times (1 + i/4)^{4n}$
    ② $FV = PV \times (1 + 4i)^{n/4}$

3. 표준 정규분포를 따른다고 할 때, 어떤 값이 $\mu \pm 2.58\sigma$ 사이에 있을 확률로 옳은 것은?
    ① 95%
    ② 99%

4. 고든의 항상성장모형에서 가정하는 내용으로 옳은 것은?
    ① 미래 배당금이 매 기간 일정한 비율(g)로 지속적으로 성장한다.
    ② 주주들의 요구수익률(k)이 배당성장률(g)보다 작다.

정답 및 해설

1. X, 현금흐름은 세후 기준으로 추정되어야 한다.
2. 손익계산서, 재무상태표
3. 커지고, 작아진다
4. O
5. 분산, 표준편차
6. 0, 1
7. X, 공분산이 0보다 크면 양의 관계, 0보다 작으면 음의 관계를 갖고, 0이면 아무런 선형의 상관관계가 없음을 의미한다.
8. X, 공분산은 $-\infty$에서 ∞의 어떤 값이든 가질 수 있으나, 상관계수는 -1에서 1 사이의 값을 갖는다.
9. O
10. 20,000원(= 1,000/0.05)
11. O
12. 예상 배당수익률(D_1/P_0), 자본이득 수익률(g)
13. 30,000원 (= 900/(0.08 - 0.05))

정답 및 해설

1. ②, 현금흐름을 추정할 때 매몰원가는 고려대상이 아니나 기회비용은 고려해주어야 한다.
2. ①, 복리계산 횟수가 m회인 경우 연간 이자율 i는 m으로 나누어져야 하고, 연수인 n에는 m을 곱해야 한다. 따라서 $FV = PV \times (1 + i/4)^{4n}$이 된다.
3. ②, 어떤 값이 $\mu \pm 1.96\sigma$ 안에 있을 확률은 95%, $\mu \pm 2.58\sigma$ 안에 있을 확률은 99%이다.
4. ①, 항상성장모형에서는 요구수익률(k)이 배당성장률(g)보다 큰 것으로 가정한다.

O/X, 빈칸 문제

14. 총자산회전률(TAT)은 기업이 투자한 자산에 의하여 창출되는 매출액을 측정한 지표로서, TAT = $\dfrac{순매출액}{(\quad)}$ 으로 계산한다.

15. 이자보상비율(ICR)은 기업의 차입비용을 얼마나 잘 부담할 수 있는지 측정하는 지표로서, ICR = $\dfrac{이자\ 및\ 법인세\ 차감\ 후의\ 이익}{이자비용}$ 으로 계산한다. (O, X)

16. 고정비용보상비율(FCC)이 높다는 것은 해당 기업이 부채의 레버리지 효과를 충분히 활용하고 있다는 것을 나타낸다. (O, X)

17. 부채-자산비율(DAR)은 기업의 중장기적 채무이행능력을 나타내는 안정성지표로서 DAR = $\dfrac{총부채}{총자산}$ 으로 계산하며, 일반적으로 값이 50% 미만이면 레버리지나 위험의 측면에서 안정적이라고 판단할 수 있다. (O, X)

18. 순이익이 일정한 상태에서 총자산이 증가하면 총자산이익률(ROA)은 증가한다. (O, X)

19. 자기자본이익률(ROE)은 ROE = $\dfrac{순이익}{자기자본}$ 으로 계산한다. (O, X)

20. 부채의 사용이 늘어날 경우 ROE는 감소한다. (O, X)

21. 영업레버리지는 영업활동의 정도와 관계없이 발생하는 (　　　)의 존재로 인해 발생하고, 재무레버리지는 영업이익의 유무에 관계없이 발생하는 (　　　)의 존재로 인해 발생한다.

22. 영업레버리지도(DOL)는 DOL = 판매량 변화율/영업이익의 변화율로 산출한다. (O, X)

선택형 문제(2지선다 객관식)

5. 순매출액이 1,200억원이고 총자산회전률(TAT)이 2라고 할 때 이 기업의 총자산으로 옳은 것은?
   ① 600억원
   ② 400억원

6. 배당성향(DPR) 상승이 의미하는 바로 옳은 것은?
   ① 기업이 점차 성숙단계에 접어들고 있고, 성장률이 둔화되고 있다고 볼 수 있다.
   ② 수익성이 낮아져 운전자본을 더 필요로 하는 경우의 신호라고 볼 수 있다.

7. 부채-자산비율(DAR) 지표가 나타내는 것으로 옳은 것은?
   ① 영업레버리지의 크기
   ② 재무레버리지의 크기

8. 매출액에 대한 순이익비율이 일정한 상태에서 ROA가 증가하였다면 그 원인으로 옳은 것은?
   ① 총자산회전율이 감소했다.
   ② 총자산회전율이 증가했다.

정답 및 해설

14. 총자산
15. X, 이자 및 법인세 차감 후의 이익 → 이자 및 법인세 차감 전의 이익
16. X, 고정비용보상비율(FCC)이 높다는 것은 해당 기업이 부채의 레버리지 효과를 충분히 활용하고 있지 않다는 것을 나타내며, 그 결과 주주들의 부를 극대화시키지 못한다는 것을 의미한다.
17. O
18. X, ROE = $\dfrac{순이익}{총자산}$ 이므로 순이익이 일정한 상태에서 총자산이 증가하면 총자산이익률(ROA)은 감소한다.
19. O
20. X, ROE = $\dfrac{ROA}{자기자본비율} = \dfrac{ROA}{1 - \dfrac{총부채}{총자산}}$ 로 계산되기 때문에 총부채가 늘어나면 ROE는 증가하게 된다.
21. 고정 영업비용, 고정 재무비용
22. X, 영업레버리지도는 DOL = $\dfrac{영업이익의\ 변화율}{판매량\ 변화율}$ 로서, 매출액(판매량)의 변화율에 대한 영업이익의 변화율의 비율을 말한다.

정답 및 해설

5. ①, 총자산 = $\dfrac{순매출액}{TAT}$ 으로 계산하므로, 총자산은 $\dfrac{1{,}200억원}{2}$ = 600억원이 된다.
6. ①, 배당성향(DPR)이 상승하고 있으면 해당 기업이 점차 성숙단계에 접어들고 있어 더 이상의 확장이나 많은 운전자본이 필요하지 않은 경우의 신호라고 볼 수 있다. 일반적으로 기업의 성장률이 둔화되고 있을 때 배당성향이 높게 나타난다.
7. ②, 부채-자산비율(DAR)은 기업이 활용하고 있는 재무레버리지의 크기를 나타낸다.
8. ②, ROA = $\dfrac{순이익}{총자산} = \dfrac{순이익}{순매출액} \times \dfrac{순매출액}{총자산}$
   = 매출액순이익률 × 총자산회전율(TAT)
   따라서 총자산회전율이 증가할 때 ROA도 증가한다.

O/X, 빈칸 문제

23. 영업레버리지도가 2라는 것은 매출액(판매량) 변화율에 대해 영업이익률은 2배 변화하는 것을 의미한다. (O, X)

24. (　　　　)는 기업이 경영을 위해 조달한 총자본 중에서 타인자본이 차지하는 비율을 의미한다.

25. 재무레버리지도(DFL)는 DFL = $\frac{\text{주당이익의 변화율}}{\text{영업이익의 변화율}}$ 로 산출한다. (O, X)

26. 재무레버리지도는 타인자본 의존도가 (　　　), 영업이익이 (　　　) 커진다.

27. 현금흐름표는 (　　)활동, (　　)활동, (　　)활동으로 구분하여 작성한다.

28. 현금흐름표 작성 시, 자기주식의 취득은 현금의 유입으로 본다. (O, X)

29. PER은 투자자가 기업의 이익규모에 두고 있는 가치를 측정하는 지표이다. (O, X)

30. 일반적으로 PER이 클수록 투자자산의 변동성은 (　　), 투자위험은 (　　).

31. 고든의 성장모형에 의한 PER은 ROE가 k보다 클 때 배당성향과 양(+)의 관계에 있다. (O, X)

선택형 문제(2지선다 객관식)

9. 다음 중 ROE와 ROA의 관계를 옳게 나타낸 것은?
   ① ROE = ROA/자기자본비율
   ② ROE = ROA × 자기자본비율

10. 판매량이 400개에서 600개로 증가할 때, 영업이익이 10억원에서 20억원으로 증가했다면 판매량이 400개일 때 영업레버리지도로 옳은 것은?
    ① 0.5
    ② 2

11. 결합레버리지도를 나타내는 것으로 옳은 것은?
    ① 영업레버리지도 × 재무레버리지도
    ② 영업레버리지도 + 재무레버리지도

12. 간접법을 이용하여 영업활동으로 인한 현금흐름 계산 시 당기순이익에 가산하는 항목으로만 옳게 묶인 것은?
    ① 감가상각비, 재고자산평가손실
    ② 매출채권의 증가, 매입채무의 증가

정답 및 해설

23. O
24. 재무레버리지
25. O
26. 높을수록, 작아질수록
27. 영업, 투자, 재무
28. X, 자기주식의 취득은 현금유출로 보며 자기주식의 처분을 현금유입으로 본다.
29. O
30. 커지고, 높아진다
31. X, PER = $\frac{P_0}{E_1} = \frac{1-b}{k-g} = \frac{1-b}{k-b \times ROE}$ 이므로 ROE > k이면 배당성향과 PER은 음(-)의 상관관계에 있다.

정답 및 해설

9. ①, ROE = $\frac{\text{순이익}}{\text{자기자본}} = \frac{ROA}{\text{자기자본비율}}$

10. ②, DOL = $\frac{\text{영업이익의 변화율}}{\text{판매량 변화율}}$
    = $\frac{\frac{20억 - 10억}{10억}}{\frac{600 - 400}{400}}$
    = 2

11. ①, 결합레버리지도는 영업레버리지도와 재무레버리지도를 곱하여 계산한다.

12. ①, 매출채권의 증가는 당기순이익에서 차감하는 항목이다.

O/X, 빈칸 문제

32. PBR은 ROE와 음(-)의 상관관계, 위험(k)과는 양(+)의 상관관계에 있다. (O, X)

33. (　　　　)는 이자 및 세금, 상각비 차감 전 이익을 의미하며 영업이익에 감가상각비, 무형자산상각비를 더한 금액으로 계산한다.

34. PBR은 PER에 기업의 (　　), (　　), (　　)이 추가로 반영된 지표이다.

35. EVA(경제적 부가가치)는 기업의 가중평균 자본비용(WACC)을 초과하는 투자수익률(ROIC)에 투하자본을 곱하여 계산한다. (O, X)

36. EVA는 세후 순영업이익에서 (　　　)을 차감한 잔액을 말한다.

37. EVA보다는 매출액이나 당기순이익이 기업가치의 극대화라는 목표에 보다 적합한 경영지표라고 할 수 있다. (O, X)

38. Tobin's Q는 자본의 장부가치를 자산의 대체원가로 나누어 계산한다. (O, X)

선택형 문제(2지선다 객관식)

13. PER에 대한 설명으로 옳은 것은?

    ① 회계처리방법이 상이한 기업 간 직접비교가 가능하다.
    ② 이익이 전혀 발생하지 않거나 손실이 발생하는 기업에는 적용이 어렵다.

14. 다음 중 PER과 양(+)의 상관관계가 있는 요소로 옳은 것은?

    ① 성장률(g)
    ② 자본비용(k)

15. Tobin's Q 비율이 낮은 경우에 대한 설명으로 옳은 것은?

    ① 투자수익성이 양호하고 경영이 효율적인 것으로 판단할 수 있다.
    ② 적대적 M&A 대상이 될 수 있다.

정답 및 해설

32. X, PBR = $\frac{\text{자기자본의 총시장가치}}{\text{총장부가치}} = \frac{ROE_1 - g}{k - g}$ 이므로 ROE와는 양(+)의 상관관계, 위험(k)과는 음(-)의 상관관계에 있다.

33. EBITDA

34. 마진, 활동성, 부채비율(또는 $\frac{\text{순이익}}{\text{매출액}} \times \frac{\text{매출액}}{\text{총자산}} \times \frac{\text{총자산}}{\text{자기자본}}$)

    → PBR = ROE × PER
    = $\frac{\text{순이익}}{\text{매출액}} \times \frac{\text{매출액}}{\text{총자산}} \times \frac{\text{총자산}}{\text{자기자본}} \times$ PER
    = 마진 × 활동성 × 자기자본비율의 역수 × PER

35. O

36. 자본비용(자기자본비용)

37. X, EVA는 매출액이나 당기순이익과 달리 자기자본에 따른 비용을 명시적으로 고려하고 있으며, 재무제표상의 순이익이 경제적 이익을 반영하도록 수정한다는 점에서 기업가치의 극대화 또는 주주들의 부의 극대화 목표에 적합한 경영지표이다.

38. X, Tobin's Q는 자본의 시장가치를 자산의 대체원가로 나누어 계산한다.

정답 및 해설

13. ②, PER = $\frac{\text{1주당 가격}}{\text{주당이익(EPS)}}$ 에서 EPS는 회계이익이기 때문에 회계처리 방법이 상이할 경우 직접비교가 어렵다.

14. ①, $\frac{P_0}{E_1} = \frac{1 - b}{k - g}$ 이므로 성장률(g)과는 양(+)의 상관관계를 갖지만, 자본비용(k)과는 음(-)의 상관관계를 갖는다.

15. ②, Q 비율이 낮을수록 적대적 M&A 대상이 되는 경향이 있다. 반면 Q 비율이 높을수록 투자수익성이 양호하고 경영이 효율적이라고 볼 수 있다.

O/X, 빈칸 문제

39. 기술적 분석에서 증권의 시장가치는 수요와 공급에 의해서만 결정된다고 가정한다. (O, X)

40. 기술적 분석을 통해 시장이 변화하는 원인을 분석할 수 있다. (O, X)

41. 다우이론 장기추세의 진행과정을 구분해보면 강세장은 (　　)국면, (　　)국면, (　　)국면으로 나눌 수 있고, 약세장은 (　　)국면, (　　)국면, (　　)국면으로 나눌 수 있다.

42. 다우이론 장기추세 진행과정 중 (　　　　)은 전반적인 경제여건 및 기업의 영업수익이 호전됨으로써 일반투자자들의 관심이 고조되어 주가가 상승하고 거래량도 증가하는 국면으로, 마크업국면(Mark-up phase)이라고도 한다.

43. 다우이론 장기추세 진행과정 중에서 보통 일반투자자가 뒤늦게 확신을 가지고 적극매입에 나서서 장세는 과열되지만, 매수자들이 흔히 손해를 볼 수 있는 시기는 강세 제2국면이다. (O, X)

44. 그랜빌의 투자기법에 따르면 다우이론 장기추세 진행과정 상 (　　　　)에서는 점진적 매도, (　　　　)에서는 매도전략이 유효하고, (　　　　)에서 점진적 매수, (　　　　)에서 매수전략이 바람직하다.

45. (　　　)은 고점과 고점을 수평으로 이은 선이고, (　　　)은 이전의 저점과 저점을 수평으로 이은 선이다.

46. 추세선의 신뢰도는 저점이나 고점이 여러 번 나타날수록, 추세선의 길이가 길고 그 기울기가 완만할수록 커진다. (O, X)

47. 추세선이 상승추세를 나타낼 때 기울기가 커지면 추세의 (　　　)를 예상하고, 기울기가 작아지면 추세의 (　　　)를 예상한다.

48. 이동평균을 하는 분석기간이 (　　　) 이동평균선은 완만해지고, 분석기간이 (　　　) 이동평균선은 가팔라진다.

49. 주가가 이동평균선과 괴리가 지나치게 클 경우에는 이동평균선으로 회귀하는 성향이 있다. (O, X)

선택형 문제(2지선다 객관식)

16. 시장에서는 가치(Value)로 거래되는 것이 아니라 가격(Price)으로 거래되기 때문에 가치를 포함한 모든 정보는 가격에 들어 있으므로 가격의 흐름을 파악하여 주가를 예측할 수 있다고 보는 분석 방법에 해당하는 것은?
    ① 기본적 분석
    ② 기술적 분석

17. 다우이론 장기추세 진행과정 중에서 기술적 분석을 이용하여 투자자가 가장 많은 수익을 낼 수 있는 시기로 옳은 것은?
    ① 강세 제2국면
    ② 강세 제3국면

18. 저항선과 지지선에 대한 설명으로 옳은 것은?
    ① 단기간에 걸쳐 형성된 것일수록 신뢰도가 높다.
    ② 최근에 형성된 것일수록 신뢰도가 높다.

19. 다음 중 고점끼리 연결하여 만들어지는 추세선에 해당하는 것은?
    ① 하락추세선
    ② 상승추세선

20. 약세국면에서 주가의 움직임을 보고 하락세가 지속될 가능성이 높다고 판단한 경우, 이때 주가의 움직임으로 옳은 것은?
    ① 주가가 이동평균선 위에서 움직이고 있다.
    ② 주가가 이동평균선 아래에서 움직이고 있다.

정답 및 해설
39. O
40. X, 기술적 분석은 투자가치를 무시하고 시장의 변동에만 주목하기 때문에 시장이 변화하는 원인을 분석할 수 없다.
41. 매집, 상승(마크업), 과열, 분산, 공포(공황), 침체
42. 강세 제2국면
43. X, 강세 제2국면 → 강세 제3국면
44. 강세 제2국면, 강세 제3국면, 약세 제2국면, 약세 제3국면
45. 저항선, 지지선
46. O
47. 강화, 약화
48. 길수록, 짧을수록
49. O

정답 및 해설
16. ②, 기본적 분석은 주가는 가치(Value)에 귀결하기 때문에 기업의 가치를 분석하면 주가를 예측할 수 있다고 본다.
17. ①, 투자자가 가장 높은 수익을 내는 시기는 강세 제2국면이다.
18. ②, 일반적으로 지지선이나 저항선은 장기간에 걸쳐 형성되거나 최근에 만들어진 것일수록 신뢰도가 높다.
19. ①, 하락추세선은 하락추세에서 고점을 연결한 추세선이다. 반면, 상승추세선은 상승추세에서 저점을 연결한 추세선이다.
20. ②, 약세국면에서 주가가 이동평균선 아래에서 움직일 경우 하락세가 지속될 가능성이 높다. 반면, 강세국면에서 주가가 이동평균선 위에서 움직일 경우 상승세가 지속될 가능성이 높다.

O/X, 빈칸 문제

50. 단기 이동평균선이 장기 이동평균선을 아래에서 위로 상향 돌파하는 것을 (   )라고 하고, 단기 이동평균선이 장기 이동평균선을 위에서 아래로 하향 돌파하는 것을 (   )라고 한다.

51. 캔들차트 그래프상에서 지금까지 유지되어오던 매도세와 매수세 사이에 균형이 어느 한쪽으로 치우치면 (   )이 발생한다.

52. 돌파갭은 주가의 예상 목표치의 중간 지점에서 주로 발생하며, 주가 움직임이 급속히 가열되거나 냉각되면서 이전의 추세가 더욱 가속화되고 있음을 확인시켜준다. (O, X)

53. 패턴 분석에서 (   ) 패턴은 이전의 주가 움직임과 다른 추세로 전환되는 것이고, (   ) 패턴은 이전의 주가 움직임과 같은 방향으로 움직이는 것을 말한다.

54. 헤드 앤 숄더형, 원형천장형, 이중천장형, 깃발형, 선형은 반전형 패턴에 해당한다. (O, X)

55. 헤드 앤 숄더형에서는 머리, 왼쪽 어깨, 오른쪽 어깨 순으로 거래량이 많다. (O, X)

56. 삼각형, 깃발형, 쐐기형, 직사각형, 다이아몬드형은 지속형 패턴에 해당한다. (O, X)

57. 삼각형 패턴에서 고점들을 이은 추세선과 저점들을 이은 추세선은 점점 그 폭이 줄어들고 결국 두 추세선은 수렴하게 된다. (O, X)

58. (   )은 주가가 거의 수직에 가까운 빠른 속도로 움직인 이후 기존의 주가 움직임에 일시적으로 반발하는 세력들이 등장하여 잠시 횡보 국면을 보이는 과정에서 나타나는 패턴이다.

59. 사께다 전법에서 일반적으로 적삼병이 바닥권에서 출현하면 의미있는 주가의 (   ) 신호이고, 흑삼병이 천장권에서 출현하면 의미있는 주가의 (   ) 신호로 본다.

60. 사께다 전법에서 (   )은 주가가 크게 상승한 후 매수세력이 계속되는 가운데 매물이 출회되어 더 이상 상승하지 못하는 패턴이다.

정답 및 해설
50. 골든크로스, 데드크로스
51. 갭(Gap)
52. X, 돌파갭 → 급진갭
53. 반전형, 지속형
54. X, 깃발형은 지속형 패턴에 해당한다.
55. X, 왼쪽 어깨가 거래량이 가장 많고, 그 다음 머리, 오른쪽 어깨 순으로 거래량이 많다.
56. O
57. O
58. 깃발형(또는 페넌트형)
59. 상승, 하락
60. 삼산

선택형 문제(2지선다 객관식)

21. 다음 중 이동평균선을 이용한 분석방법의 총 개수로 옳은 것은?

• 이격도 분석	• 크로스 분석
• 밀집도 분석	• 방향성 분석
• 배열도 분석	• 목표치 분석
• RSI 분석	• 지지선·저항선 분석

① 6개
② 8개

22. 다음 중 하락추세에서 상승추세로 반전할 때 나타나는 패턴으로 옳은 것은?

① 헤드 앤 숄더 패턴
② 역 헤드 앤 숄더 패턴

23. 다음 중 거래량이 감소하면서 상승추세가 하락추세로 전환될 때 형성되는 패턴으로 옳은 것은?

① 이중 천장형
② 이중 바닥형

24. 상승추세 이후 조정 과정에서 쐐기형이 만들어진 후 재차 상승하는 상승 지속 패턴에 해당하는 것은?

① 하락 쐐기형
② 상승 쐐기형

25. 캔들 차트에서 몸통이 양선(White Candlestick)인 경우에 대한 설명으로 옳은 것은?

① 종가가 시가보다 높은 상승 신호를 나타낸다.
② 종가가 시가보다 낮은 하락 신호를 나타낸다.

정답 및 해설
21. ①, 이동평균선을 이용한 분석방법에는 이격도 분석, 방향성 분석, 배열도분석, 지지선·저항선 분석, 크로스 분석, 밀집도 분석이 있다.
22. ②, 역 헤드 앤 숄더 패턴은 하락추세에서 상승추세로 반전할 경우에 나타나는 패턴이다. 반면, 헤드 앤 숄더 패턴은 상승추세에서 하락추세로 반전할 경우에 나타난다.
23. ①, 이중 천장형은 거래량이 감소하면서 상승추세가 하락추세로 전환될 때 형성된다. 반면, 이중 바닥형은 거래량이 증가하면서 하락추세가 상승추세로 전환될 때 형성된다.
24. ①, 쐐기형이 형성될 때 하락하므로 하락 쐐기형에 해당한다. 반면, 상승쐐기형은 상승할 때 쐐기형이 형성되고 이후 재차 하락하는 하락 지속 패턴에 해당한다.
25. ①, 몸통이 양선(White Candlestick)이면 종가가 시가보다 높은 상승 신호를, 몸통이 음선(Black Candlestick)이면 종가가 시가보다 낮은 하락 신호를 나타낸다.

O/X, 빈칸 문제

61. MACD, MAO, 소나차트, ROC 중에서 추세추종형 지표에 해당하지 않는 것은 (   )이다.

62. MACD의 지수 이동 평균을 (   )이라고 부른다.

63. MACD가 시그널을 상향 돌파할 때 매수 시점으로, 하향 이탈할 때 매도 시점으로 인식한다. (O, X)

64. (   )은 일정 기간 동안의 주가 변동폭 중에서 금일 종가의 위치를 백분율로 나타낸 것이다.

65. 주가지수의 OBV의 경우 저가주들의 대량거래가 시장 전체 거래량을 왜곡할 수 있으므로, 거래량 대신 거래대금으로 OBV를 산출하는 보조적인 방법을 사용할 수 있다. (O, X)

66. OBV의 경우 기산일을 활황장세에서 잡으면 주가가 하락으로 돌아설 때 매매신호가 빠르게 발생된다. (O, X)

67. VR의 경우 일반적인 수준을 (   ) 정도로 보며, VR이 (   ) 초과하면 단기적으로 주가의 경계신호가 되고, (   ) 이하이면 단기 매입 시점으로 본다.

68. 엘리어트 파동이론에 따르면 주가는 상승 (   )와 하락 (   )로 구성된 하나의 사이클을 형성하여 사이클은 끝없이 순환한다.

선택형 문제(2지선다 객관식)

26. MACD에 대한 내용으로 옳은 것은?
    ① MACD = 단기지수 이동평균 - 장기지수 이동평균
    ② MACD = 단기 이동평균값 - 장기 이동평균값

27. 스토캐스틱 지표에서 %K선이 %D선을 상향 돌파하여 상승하게 되는 경우의 신호 내용으로 옳은 것은?
    ① 매수 신호
    ② 매도 신호

28. 거래량 지표로서, 거래량은 주가에 선행한다는 전제 하에 주가가 전일에 비해 상승한 날의 거래량 누계에서 하락한 날의 거래량 누계를 차감하여 이를 매일 누적적으로 집계, 도표화한 것은?
    ① VR선
    ② OBV선

29. VR이 200%일 경우 의미하는 바로 옳은 것은?
    ① 주가 상승 시의 거래량이 주가 하락 시의 거래량의 1/2배이다.
    ② 주가 상승 시의 거래량이 주가 하락 시의 거래량의 2배이다.

정답 및 해설
61. ROC
    스토캐스틱(Stochastics), ROC, RSI는 추세반전형 지표에 해당한다.
62. 시그널(Signal)
63. O
64. 스토캐스틱(Stochastics)
65. O
66. X, 기산일을 활황장세에서 잡으면 주가가 하락으로 돌아설 때 매매신호가 뒤늦게 발생되어 정확한 분석이 어렵다.
67. 150%, 450%, 70%
68. 5파, 3파

정답 및 해설
26. ①, MACD는 단순 이동평균선이 아니라 지수 이동평균선을 사용한다. 단기 이동평균값에서 장기 이동평균값을 뺀 차이는 MAO이다.
27. ①, %K선이 %D선을 상향 돌파하면 매수 신호이고, 하향 돌파하면 매도 신호이다.
28. ②, OBV선에 대한 설명이다.
29. ②, VR이 200%라면 대체로 주가 상승 시의 거래량이 주가 하락 시의 거래량의 2배라는 것을 나타낸다.

O/X, 빈칸 문제

69. 산업분석은 산업의 성과가 그 기업의 미래 성과 및 프로젝트의 미래 수익률에 상당한 영향을 미치게 된다는 것을 전제한다. (O, X)

70. 산업분석의 가장 중요한 목표는 개별 기업의 수익성과 성장성을 분석하는 것이다. (O, X)

71. 일반적으로 소비와 관련성이 큰 산업은 경기에 (　　)하고, 투자와 관련성이 큰 산업은 경기에 (　　)한다.

72. 산업분석의 방법은 크게 (　　)에 대한 분석, (　　)에 대한 분석, (　　)에 대한 분석으로 구분된다.

73. 산업구조의 변화는 산업 간의 (　　) 차이로 인해 나타난다.

74. 산업별 성장률 격차가 발생하는 공급 측면의 요인들에는 신기술 및 신제품 개발, 생산공정에서의 혁신, 각 산업의 공급능력 차이, 수요 규모의 차이 등이 있다. (O, X)

75. 내생적 성장이론을 국제무역에 응용하면 산업구조의 변화에서 요소부존이 요소창출보다 더 중요하다. (O, X)

76. 경제가 어느 정도 발전하면 고급요소에 대한 투자는 증가하게 된다. (O, X)

77. 단순요소의 경쟁력은 성장기, 구조조정기, 성숙기 모두 계속해서 하락하는 반면, 고급요소의 경쟁력은 경제 발전에 따라 꾸준히 상승한다. (O, X)

선택형 문제(2지선다 객관식)

30. 다음 중 헥셔-올린 모형에서 설명하는 무역패턴의 결정 요소로 옳은 것은?

    ① 노동투입량의 차이
    ② 생산요소(노동, 자본 포함)의 상대적 부존도 차이

31. 산업구조의 동태적 변화는 수요, 공급의 양 측면에서의 변화에 기인하는데, 이 중에서 더 크게 영향을 주는 것은?

    ① 수요측면의 변화
    ② 공급측면의 변화

32. 경쟁력 창출 요인을 구분할 때 천연자원, 단순인력, 금리 수준, 사회간접자본 등이 포함되는 것은?

    ① 단순요소
    ② 고급요소

33. 다음의 경쟁력 구조와 국제 분업 관계를 설명한 것으로 옳은 것은? (N_1과 N_2를 두 개의 국가로 가정함)

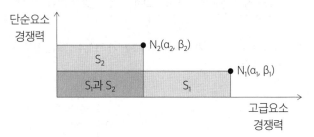

① S_1은 N_1국이 비교우위가 있는 산업군이다.
② 'S_1과 S_2'로 표시된 교집합 부문은 양국 간에 무역이 일어나지 않는 사업군이다.

정답 및 해설

69. O
70. X, 개별 기업보다는 특정 산업 전체의 평균적인 수익성과 성장성을 분석하는 것이 중요하다.
71. 후행, 선행
72. 산업구조 변화, 개별 산업, 산업 정책
73. 성장률(또는 성장속도)
74. X, 수요의 규모, 소득탄력성은 수요 측면의 요인에 해당한다.
75. X, 내생적 성장이론을 국제무역에 응용하면 산업구조의 변화에서 요소부존보다 요소창출이 더 중요하다.
76. O
77. X, 고급요소의 경쟁력은 경제가 발전하면 꾸준히 상승한다. 그러나 단순요소의 경쟁력은 성장기에는 상승하고, 구조조정기에는 빠르게 하락하며, 성숙기에는 하락이 멈춘다.

정답 및 해설

30. ②, 헥셔-올린 모형에서는 생산요소를 노동과 자본으로 확대하여 생산요소의 상대적 부존도의 차이가 무역패턴을 결정한다고 설명한다. 리카도의 비교우위론에서는 노동투입량의 차이가 무역패턴을 결정한다고 설명한다.

31. ②, 한 국가의 산업구조 변화에서는 수요측면보다 공급측면의 변화가 더 크게 영향을 준다.

32. ①, 천연자원, 단순인력, 금리 수준, 사회간접자본 등은 단순요소에 해당한다. 고급요소에는 기술 수준, 인적 자본, 국내 수요의 질, 제조업 관련 서비스 수준 등이 있다.

33. ①, S_1은 N_1국이 비교우위를 갖고, S_2는 N_2가 비교우위를 갖게 되며, 'S_1과 S_2'로 표시된 교집합에 포함되는 산업군에서는 두 국가가 모두 경쟁력을 가질 수 있으므로 산업 내 무역이 이루어질 수 있다.

O/X, 빈칸 문제

78. 산업연관표에서 생산 유발계수는 각 산업 간의 상호의존관계의 정도를 나타내는 것으로서, 중간 수요가 한 단위 증가할 때 각 산업에서 유발되는 산출물의 단위를 나타낸다. (O, X)

79. 산업연관표를 통해 장래 특정 연도에 대한 경제 전체의 공급과 수요를 산업별로 세분하여 예측이 가능하다. (O, X)

80. 산업의 라이프사이클상 성숙기에는 많은 기업들이 철수하거나 업종의 다각화를 적극적으로 실시한다. (O, X)

81. 신무역이론에서는 산업경쟁력 확보를 위해 시장 선점 등 전략적 행동의 결과가 중요하지만, 국가의 전략적 개입은 중요한 요소가 아니라고 본다. (O, X)

82. Poter의 경쟁우위론에 따르면 국가의 산업경쟁력은 혁신과 요소 축적 등을 통해 경쟁우위를 확충함으로써 얻을 수 있다. (O, X)

83. 산업경쟁력 분석 시 생산성 향상 정도, 수출신장률, 산업성장률, 정부규제 등을 통해 산업성과를 파악할 수 있다. (O, X)

84. 허핀달지수(HHI)는 소수 대기업의 시장점유율을 직접 나타내고, 시장집중도를 측정하는 수단이다. (O, X)

85. 산업 내 기업의 수가 일정할 경우 HHI가 커질수록 기업규모의 불균등도는 더 (   ).

선택형 문제(2지선다 객관식)

34. 다음 중 특정 산업 제품에 대한 최종 수요 1단위 증가가 모든 산업의 생산에 미치는 영향을 의미하는 것은?
    ① 전방 연쇄효과
    ② 후방 연쇄효과

35. 산업연관표에 대한 설명으로 옳은 것은?
    ① 최종 수요 증가에 따른 생산·수입·부가가치·고용 유발효과를 계량적으로 측정할 수 있다.
    ② 산업연관표의 투입계수는 각 투입요소의 가격 변화가 각 산업의 생산물 가격에 미치는 영향의 정도를 분석할 수 없다.

36. 산업의 라이프사이클상 매출액이 급증하고, 이익률이 정점에 도달하는 시기로 옳은 것은?
    ① 성장기
    ② 성숙기

37. 허핀달지수(HHI)가 0.5일 때 시장 내에 존재할 수 있는 가상적인 동등 규모의 기업체 수로 옳은 것은?
    ① 2개
    ② 5개

정답 및 해설

78. X, 중간 수요 → 최종 수요
79. O
80. X, 쇠퇴기에 대한 설명이다. 성숙기에는 시장점유율 유지를 위한 가격 경쟁 등으로 인해 이익률이 하락하고 기업별로 영업실적의 차이가 크게 나타나므로, 원가절감이나 철저한 생산관리로 이윤의 하락 추세를 만회해야 한다.
81. X, 신무역이론에서는 시장의 선점 등 전략적 행동의 결과뿐만 아니라 국가의 전략적 개입도 산업경쟁력 확보의 중요한 요소라고 본다.
82. O
83. X, 정부규제는 산업성과를 파악할 수 있는 지표가 아니다.
84. X, 시장집중률 지수에 대한 설명이다. 허핀달지수(HHI)는 시장집중률과 달리 산업 내 모든 기업의 시장점유율을 포함하므로 기업분포에 관한 정보를 정확히 내포하고 있다.
85. 크다

정답 및 해설

34. ②, 후방 연쇄효과에 대한 설명이다. 전방 연쇄효과는 모든 산업제품에 대한 최종 수요가 각각 1단위씩 증가하는 경우 특정 산업의 생산에 미치는 영향을 의미한다.
35. ①, 투입계수는 각 투입요소의 가격 변화가 각 산업의 생산물 가격에 어느 정도 영향을 주는지 분석할 수 있다.
36. ①, 성장기에는 산업의 라이프사이클상 매출액이 급증하고, 이익률이 정점에 도달한다.
37. ①, HHI지수의 역수는 그 HHI지수의 값을 가질 수 있는 가상적인 동등 규모의 기업체 수를 나타낸다. 따라서 HHI가 0.5(= 5/10)이므로 동등 규모의 기업체 수는 2개(= 10/5)가 된다.

4장 리스크관리

O/X, 빈칸 문제

1. 재무위험은 금융시장에서의 손실 가능성과 관련되어 있는 위험으로서, (　　), (　　), (　　), (　　), (　　)으로 분류된다.

2. 기업이 소유하고 있는 자산을 매각하고자 하는 경우 매입자가 없어 매우 불리한 조건으로 자산을 매각해야 할 때 (　　)에 노출된다.

3. (　　)은 부적절한 내부시스템, 관리 실패, 잘못된 통제, 사기, 인간의 오류 등으로 인해 발생하는 손실에 대한 위험이다.

4. (　　)은 시장이 불리한 방향으로 움직일 경우 보유한 포트폴리오에서 일정 기간 동안에 발생하는 최대 손실 가능액을 주어진 신뢰구간 하에서 통계적 방법을 이용하여 추정한 수치이다.

5. 특정 회사의 거래 포지션의 1일 VaR이 신뢰구간 95%에서 10억원이라면, 이는 회사가 이 포트폴리오를 보유함으로써 향후 1일 동안 (　　)을 초과하여 손실을 보게 될 확률이 (　　)임을 의미한다.

6. VaR을 측정하는 방법 중 델타분석법에서는 (　　) 평가법을 사용한다.

7. VaR을 측정하는 방법 중 역사적 시뮬레이션법, 스트레스 검증법, 몬테카를로법에서는 (　　) 평가법을 사용한다.

8. 일반적으로 리스크 요인이 많을수록 VaR의 측정이 간단하고 이에 따라 리스크 측정의 정확도가 높아진다. (O, X)

9. 델타-노말 분석법에서는 리스크 요인의 변동성과 상관계수를 추정해야 한다. (O, X)

10. 리스크 요인 간의 상관계수를 추정할 때 동일 기간의 자료를 이용하면 최근 자료와 오래된 자료의 비중을 다르게 하더라도 추정치가 동일하다. (O, X)

정답 및 해설

1. 시장위험, 신용위험, 유동성위험, 운영위험, 법적위험
2. 유동성위험
3. 운영위험
4. VaR
5. 10억원, 5%(= 100% - 95%)
6. 부분가치
7. 완전가치
8. X, 리스크 요인이 많을수록 리스크의 측정은 더 정확해진다. 다만, 리스크 요인이 많아질수록 상관계수의 추정이 어려워지며 이에 따라 VaR의 측정이 복잡해진다.
9. O
10. X, 동일 기간의 자료를 이용하더라도 최근 자료와 오래된 자료의 비중을 다르게 하면 추정치가 달라질 수 있다.

선택형 문제(2지선다 객관식)

1. 다음 중 주식위험, 이자율위험, 환위험, 상품 가격 위험이 공통적으로 해당되는 것은?
   ① 시장위험
   ② 유동성위험

2. 거래상대방이 약속한 금액을 지불하지 못하는 경우에 발생하는 손실에 대한 위험에 해당하는 것은?
   ① 법적위험
   ② 신용위험

3. 다음 중 일본 국채선물과 주가지수선물에 과잉 투자함으로써 발생한 리스크 관리 실패사례에 해당하는 것은?
   ① 메탈게젤샤프트 사건
   ② 베어링은행 사건

4. 델타-노말 분석법에 대한 설명으로 옳은 것은?
   ① 각 자산의 가치를 평가하는 가격 모형이 요구된다.
   ② 비선형 수익구조를 가진 상품이 포트폴리오에 포함된 경우 시장리스크의 측정이 부정확해진다.

5. 델타-노말 분석법에서 리스크 요인이 변할 때 상품의 가치가 얼마나 변할 것인지를 나타내는 민감도는 각 상품의 성격에 따라 다른 방법으로 정의된다. 채권의 경우에는 다음 중 어떤 것으로 정의되는가?
   ① 베타
   ② 듀레이션

정답 및 해설

1. ①, 시장위험은 시장 가격의 변동으로부터 발생하는 위험이므로, 주식위험, 이자율위험, 환위험, 상품 가격 위험 등은 시장위험에 해당한다.

2. ②, 신용위험에 대한 설명이다. 법적위험이란 계약을 집행하지 못함으로 인해 발생하는 손실에 대한 위험을 말한다.

3. ②, 베어링은행 사건에 해당한다. 메탈게젤샤프트 사건은 장기계약에 대한 Rolling Hedge 전략으로 인해 손해를 보고 파산한 사건이다.

4. ②, 델타분석법은 각 자산의 가치를 평가하는 가격 모형을 요구하지 않는다는 특징을 가지고 있다.

5. ②, 채권의 경우에는 듀레이션으로 정의된다. 이외에 옵션의 경우에는 델타, 주식의 경우 그 리스크 요인이 주가지수라면 베타를 이용할 수 있다. 이러한 민감도들은 옵션의 경우가 널리 알려져 있어 통칭하여 델타라고 부르기도 한다.

O/X, 빈칸 문제

11. 리스크 요인이 정규분포를 따른다고 가정할 경우, 리스크 요인이 한쪽 방향으로 표준편차의 1.65배 이상 벗어날 확률은 (   ) 미만이고, 2.33배 이상 벗어날 확률은 (   ) 미만이다.

12. 모든 리스크 요인이 정규분포를 가진다고 가정하면 이들의 선형결합으로 구성되는 포트폴리오의 변동도 정규분포를 가진다.   (O, X)

13. 델타-노말 분석법으로 옵션 포지션의 VaR 측정 시, 옵션의 델타, 옵션의 가격, 기초자산의 가격, 기초자산의 수익률 변동성 정보가 필요하다.   (O, X)

14. 일반적으로 신뢰수준이 낮을수록 VaR 값은 커진다.   (O, X)

15. 포트폴리오가 아닌, 개별 상품의 VaR 값은 측정이 불가능하다.   (O, X)

16. 투자자가 A주식에 100억원을 투자한다고 한다. A주식의 1일 수익률은 정규분포하고 1일 수익률의 표준편차가 3%라면, 델타-노말분석법에 따라 95% 신뢰도 1일 VaR의 계산식은 (   ), 99% 신뢰도 1일 VaR의 계산식은 (   )이 된다.

17. 투자자는 3년 만기 국채 100억을 보유하고 있다. 이 국채의 만기수익률 증감의 1일 기준 표준편차가 0.07%이고 수정 듀레이션이 2.7년이라면, 델타-노말 분석법에 따라 95% 신뢰도 1일 VaR의 계산식은 (   ), 99% 신뢰도 1일 VaR의 계산식은 (   )이 된다.

18. 주가지수 옵션의 가격이 5point인 경우, KOSPI200이 100point, 주가지수 수익률의 1일 기준 표준편차가 1.7%, 옵션의 델타가 0.6이라면, 델타-노말 분석법에 따라 95% 신뢰도 1일 VaR의 계산식은 (   ), 99% 신뢰도 1일 VaR의 계산식은 (   )이 된다.

19. 델타 분석법에서 옵션의 비선형적 특성은 델타와 함께 (   )를 감안하여 조정될 수 있다.

선택형 문제(2지선다 객관식)

6. 델타-노말 분석법에서 리스크 요인이 포지션의 수익률과 일치하는 경우 델타 값으로 옳은 것은?
   ① 1
   ② 0

7. 등가격에 가까운 콜옵션과 풋옵션을 동시에 매도한 스트래들 매도 포지션의 경우 델타중립에 가까운 상태가 될 수 있다. 이 경우 델타분석법에 의한 VaR은 어느 값에 가깝게 측정되는가?
   ① 1
   ② 0

8. A자산의 VaR 100억원, B자산의 VaR 50억원이고, 두 자산 간에 분산효과가 없을 경우, 두 자산으로 구성된 포트폴리오의 VaR은?
   ① 100억원
   ② 150억원

9. 투자자는 주식과 채권에 투자하는 포트폴리오를 보유하고 있다. 주식의 1일 VaR이 10억원, 채권의 1일 VaR이 20억원이고, 주식과 채권의 수익률 상관계수가 -0.25라면, 델타-노말 분석법에 따라 측정한 포트폴리오 VaR 값과 분산투자효과가 순서대로 묶인 것은?
   ① 10억원, 20억원
   ② 20억원, 10억원

10. A주식의 95% 신뢰도 1일 VaR은 4.95억원이라면, 델타-노말 분석법에 따라 99% 신뢰도 10일 VaR의 계산식으로 옳은 것은?
    ① 4.95억원 × $\sqrt{10}$ × 2.33/1.65
    ② 4.95억원 × 1/$\sqrt{10}$ × 1.65/2.33

정답 및 해설

11. 5%, 1%
12. O
13. X, 델타-노말 분석법으로 VaR을 측정할 경우 옵션의 가격 정보는 필요하지 않다.
14. X, 일반적으로 신뢰수준이 높을수록 VaR 값은 커진다.
15. X, 개별 상품의 VaR 값도 측정 가능하다.
16. 100억원 × 1.65 × 3% × 1,
    100억원 × 2.33 × 3% × 1
17. 100억원 × 1.65 × 0.07% × 2.7,
    100억원 × 2.33 × 0.07% × 2.7
18. 100point × 1.65 × 1.7% × 0.6,
    100point × 2.33 × 1.7% × 0.6
19. 감마

정답 및 해설

6. ①, 리스크 요인이 포지션의 수익률이 되는 특수한 경우에는 델타가 1이다.

7. ②, 델타중립에 가까운 포지션을 취한 경우 델타분석법에 의한 VaR은 0에 가깝게 측정된다.

8. ②, 분산효과가 없으므로 두 자산 간 상관계수는 1이 된다.
   VaR = $\sqrt{100^2 + 50^2 + (2 \times 1 \times 100 \times 50)}$ = 150억원
   즉, 분산효과가 없는(또는 상관계수가 1인) 두 자산으로 구성된 포트폴리오 VaR(150억원)은 개별 자산의 VaR을 단순 합산한 값(= 100억원 + 50억원)과 동일하다.

9. ②, 포트폴리오 VaR은 $\sqrt{10^2 + 20^2 + 2 \times (-0.25) \times 10 \times 20}$ = 20억원이 되고, 이는 각 자산의 VaR을 단순합산한 30억원과 비교했을 때 10억원(= 30억 - 20억)의 차이가 발생하므로 10억원의 분산투자효과가 있음을 알 수 있다.

10. ①, 95% 신뢰도 10일 VaR = 95% 신뢰도 1일 VaR × $\sqrt{10}$ = 4.95억원 × $\sqrt{10}$
    99% 신뢰도 10일 VaR = 95% 신뢰도 10일 VaR × 2.33/1.65
    = 4.95억원 × $\sqrt{10}$ × 2.33/1.65

O/X, 빈칸 문제

20. 역사적 시뮬레이션 방법은 과거 일정 기간 동안 위험 요인의 변동을 향후에 나타날 변동으로 가정하여 현재 보유하고 있는 포지션의 가치 변동분을 측정한다. (O, X)

21. 역사적 시뮬레이션 방법은 수익률의 정규분포를 가정해야 한다. (O, X)

22. 역사적 시뮬레이션 방법은 비선형의 수익구조를 가진 상품이 포함된 경우에도 문제없이 사용할 수 있다. (O, X)

23. 역사적 시뮬레이션 방법은 변동성이 임의적으로 증가한 경우에 측정치가 부정확하다. (O, X)

24. 몬테카를로 분석법에서는 위험요인이 변동할 때 포지션의 가치 변동을 측정하기 위한 가치평가모형이 필요하지 않다. (O, X)

25. 몬테카를로 시뮬레이션의 방법은 역사적 시뮬레이션 방법과 대부분 동일하나, (　　　　　　　)에서 차이점이 있다.

26. 몬테카를로 분석법에서 리스크 요인의 분포는 반드시 정규분포를 가정해야 한다. (O, X)

27. 몬테카를로 분석법은 각 위험요인들 간의 상관계수를 감안하여 시뮬레이션을 진행해야 하므로, 각 리스크 요인에 대한 표준편차와 상관계수에 대한 추정치가 필요하다. (O, X)

28. (　　　　　　　)은 포트폴리오의 주요 변수들에 큰 변화가 발생했을 때 포트폴리오의 가치가 얼마나 변화할 것인지 측정하기 위해 주로 이용되며, 시나리오 분석이라고도 한다.

29. 스트레스 검증법은 포트폴리오가 단 하나의 리스크 요소에 의존하기 보다는 둘 이상의 리스크 요소에 의존하는 경우에 적절히 사용된다. (O, X)

선택형 문제(2지선다 객관식)

11. 역사적 시뮬레이션에 대한 설명으로 옳은 것은?
    ① 위험요인이 변동할 때 포지션의 가치 변동을 측정하기 위한 가치평가모형이 필요하다.
    ② 과거의 가격 데이터가 존재하지 않는 자산에 대해서도 비교적 정확하게 추정이 가능하다.

12. 다음 중 몬테카를로 분석법과 동일한 방법으로 포지션의 가치변동을 측정하는 것은?
    ① 델타-노말 분석법
    ② 역사적 시뮬레이션법

13. 몬테카를로 분석법에 대한 설명으로 옳은 것은?
    ① 시스템 시설과 데이터 처리 능력을 개발시켜야 하므로 많은 비용이 요구된다.
    ② 가격 모형 또는 확률 과정에 대한 의존도가 낮아 항상 정확한 VaR 측정이 가능하다.

14. 스트레스 검증법에 대한 설명으로 옳은 것은?
    ① 과거 데이터가 없는 경우에도 사용 가능하다.
    ② 포트폴리오 리스크의 구성요소인 상관관계를 정확하게 계산할 수 있다.

15. 다음 중 포트폴리오에 옵션의 성격을 지닌 상품이 포함된 경우 VaR 측정법으로 더 적합한 것은?
    ① 몬테카를로 시뮬레이션
    ② 델타-노말 분석법

정답 및 해설
20. O
21. X, 수익률의 정규분포와 같은 가정이 필요 없다.
22. O
23. O
24. X, 완전가치 평가방법으로 측정하기 때문에 위험요인이 변동할 때 포지션의 가치 변동을 측정하기 위한 가치평가모형이 필요하다.
25. 위험요인을 얻는 방법
    역사적 시뮬레이션 방법은 위험요인의 변동분을 과거 실제 일어났던 수치를 사용하나, 몬테카를로 시뮬레이션은 확률 모형으로부터 얻은 수치를 사용한다.
26. X, 몬테카를로 분석법에서는 정규분포 이외에 어떠한 분포를 가정하더라도 분석이 가능하다.
27. O
28. 스트레스 검증
29. X, 포트폴리오가 단 하나의 리스크 요소에 의존하는 경우에 적절히 사용될 수 있는 방법이다. 따라서 스트레스 검증법은 다른 VaR 측정법의 대체방법보다는 보완방법으로, 정상적인 상황보다는 최악의 경우에 변화를 측정하는 데 사용하는 것이 적합하다.

정답 및 해설
11. ①, 완전가치 평가방법으로 측정하므로 위험요인이 변동할 때 포지션의 가치 변동을 측정하기 위한 가치평가모형이 필요하다. 한편, 역사적 시뮬레이션 방법은 과거의 가격 데이터를 바탕으로 VaR을 측정하므로, 과거 자료가 존재하지 않는 자산에 대한 추정이 어렵고 자료의 수가 적을 경우에는 추정치의 정확도가 떨어지게 된다.
12. ②, 몬테카를로 분석법은 역사적 시뮬레이션 방법에서와 마찬가지로 완전 가치 평가방법으로 측정한다. 델타-노말 분석법은 부분가치 평가방법으로 측정한다.
13. ①, 몬테카를로 분석법은 옵션 가격 모형 및 확률과정에 대한 의존도가 높으므로, 모형이나 확률 과정이 잘못 설정될 경우 VaR의 측정이 왜곡될 가능성이 있다.
14. ①, 스트레스 검증은 포트폴리오 리스크의 기본적인 구성요소인 상관관계를 제대로 계산하지 못한다는 단점이 있다.
15. ①, 역사적 시뮬레이션이나 몬테카를로 시뮬레이션은 옵션의 가치를 가격 모형을 이용하여 평가하지만, 델타분석법(델타-노말 분석법)에서는 옵션 가치 평가 시 델타를 이용하여 선형으로 근사치를 계산하기 때문에 기초자산(리스크 요인)의 가격 변동이 큰 경우 오차가 크게 된다.

O/X, 빈칸 문제

30. 스트레스 검증법은 측정 결과가 시나리오의 설정에 따라 결정되기 때문에 지극히 주관적이다. (O, X)

31. VaR은 수치로 표시되기 때문에 현재 회사의 리스크에 대한 측정이 구체적이고, 다른 회사와의 비교가 어려웠던 리스크 간의 비교를 가능하게 한다. (O, X)

32. 투자대상을 선정하는 과정에서 VaR에의 영향을 계산하여 리스크 대비 수익의 개념을 감안한 자산운용의 의사결정이 가능하다. (O, X)

33. (　　　　)은 특정한 포지션을 기존의 포트폴리오에 편입(또는 제거)시킬 때 추가적으로 증가(또는 감소)하는 VaR을 말한다.

34. 투자대상 A의 VaR이 80억원이고, 기존 포트폴리오의 VaR은 100억원이다. 투자대안 A를 기존 포트폴리오에 추가 편입한 후 포트폴리오의 VaR이 160억원이라면, A의 한계 VaR은 (　　　　)이다.

35. 투자대안을 선택할 때에는 한계 VaR을 비교하여 값이 큰 투자대안을 선택하는 것이 바람직하다. (O, X)

36. VaR을 이용하면 성격이 다른 상품 간의 포지션 리스크를 동일한 척도로 나타내어 리스크 비교가 가능하다. (O, X)

37. RAPM에는 투자에서 얻은 수익을, 그 수익을 얻기 위해 사용한 리스크로 조정한 (　　　　)가 이용된다.

38. RAROC는 (　　　　)을 VaR로 나누어 계산한다.

39. VaR의 측정치는 사용하는 데이터, 방법론 및 가정에 관계없이 일정한 값을 갖는다. (O, X)

40. VaR은 과거 데이터에 의존하지 않는다는 장점이 있다. (O, X)

41. VaR은 어떤 모형에 사용하느냐에 따라 측정치에 차이가 있으며, 같은 모형을 사용한다 하더라도 분포의 가정에 따라서도 다르게 계산된다. (O, X)

42. 설정하는 보유기간에 따라서 VaR 값은 달라진다. (O, X)

선택형 문제(2지선다 객관식)

16. A은행은 100억원을 대출하고 있다. 예상되는 손실이 1.02억원, 회수율이 70%일 때 대출의 부도율은?
    ① 1.7%
    ② 3.4%

17. 다음 중 과거 한 기간의 표본에만 의존하기 때문에 시간이 지남에 따라 바뀔 수 있는 리스크 요인의 변동을 감안하기 어려운 VaR 측정법은?
    ① 델타분석법
    ② 역사적 시뮬레이션

18. 최악의 상황을 나타내는 시나리오 효과를 잘 설명해주며 비선형 포지션을 가지는 경우에도 계산할 수 있는 VaR 측정법은?
    ① 스트레스 검증법
    ② 델타분석법

19. 비선형 포지션, 비정규분포, 사용자가 임의로 정한 시나리오까지 포함하여 모든 경우에 VaR 측정이 가능한 측정법은?
    ① 스트레스 검증법
    ② 몬테카를로 분석법

20. 다음 중 RAROC로 측정한 투자결과가 더 우수한 것은?
    ① 투자금액 100억, 순수익률 1%, VaR 2억
    ② 투자금액 100억, 순수익률 3%, VaR 5억

21. 다음 중 화폐의 평가절하, 주식거래 시스템 변화, 신상품 도입 등 예기치 못한 구조적 변화가 발생하는 경우 더 적합한 VaR 측정 방법은?
    ① 역사적 시뮬레이션
    ② 스트레스 검증법

정답 및 해설
30. O
31. O
32. O
33. 한계 VaR(Marginal VaR)
34. 60억원(= 160억원 - 100억원)
35. X, 한계 VaR의 값이 작은 투자대안이 우월한 투자대안이다.
36. O
37. RAROC
38. 순수익
39. X, VaR의 측정치는 데이터, 방법론 및 가정에 따라 계산값이 달라진다.
40. X, VaR은 과거의 데이터에 의해 추정된다.
41. O
42. O

정답 및 해설
16. ②, 기대손실(EL) = EAD × 부도율 × LGD = 100억원 × 부도율 × 30%
    = 1.02억원
    ∴ 부도율 = 3.4%

17. ②, 역사적 시뮬레이션은 측정이 용이하고 모든 상품들의 완전가치 측정을 가능하게 해주지만, 과거 한 기간의 표본에만 의존하기 때문에 시간이 지남에 따라 바뀔 수 있는 리스크 요인의 변동을 감안하는 데 취약하다는 단점이 있다.

18. ①, 최악의 상황을 나타내는 시나리오 효과를 잘 설명해주며 비선형 포지션을 가지는 경우에도 계산할 수 있는 VaR 측정법은 스트레스 검증법이다.

19. ②, 몬테카를로 분석법은 비선형 포지션, 비정규분포, 사용자 임의로 정한 시나리오까지 포함하여 모든 경우에 VaR 측정이 가능한 측정법으로, 다른 측정법들의 모든 기술적인 어려움을 완화한 방법이라고 볼 수 있다.

20. ②, RAROC = 순수익/VaR이므로 다음과 같이 계산된다.
    ① RAROC = 1억/2억 = 50%
    ② RAROC = 3억/5억 = 60%

21. ②, 예기치 못한 구조적인 변화가 발생하면 과거 자료에 의해 얻어진 추정치는 큰 오차를 발생시키므로, 과거 자료에 의존하기보다는 스트레스 검증법으로 VaR을 측정하는 것이 유용하다.

O/X, 빈칸 문제

43. ( )는 거래상대방이 계약상의 의무를 이행하지 않으려고 하거나 이행할 수 없을 때 발생한다.

44. KMV의 EDF 모형은 주가의 옵션적 성격을 이용해 미래 특정 시점의 기업 도산 가능성을 예측한다. (O, X)

45. KMV의 채무불이행 예측모형에서는 기업의 주식가치를 자산가치가 ( )이고, 부채금액이 ( )인 콜옵션으로 간주한다.

46. KMV의 채무불이행 예측모형에서는 미래에 자산가치가 부채를 감당할 수 없을 정도로 낮아질 때 채무불이행이 나타난다고 본다. (O, X)

47. KMV는 특정 기간 내에 기업의 자산가치가 상환해야 할 부채규모 이하로 떨어질 확률을 계산하고, 이 확률과 실제 부도율과의 관계를 파악하여 ( )를 계산한다.

48. KMV는 신용평가 시 주로 시간이 지난 회계자료에 대한 의존도가 높다. (O, X)

선택형 문제(2지선다 객관식)

22. 다음 중 KMV에서 부도거리(DD)를 계산할 때 이용하는 EDF는?
   ① 이론적 EDF
   ② 실증적 EDF

23. 이론적 EDF는 부도거리(DD)가 어떤 분포를 따른다고 가정하여 계산된 값인가?
   ① 표준 정규분포
   ② 로그 정규분포

24. A기업의 1년 후 기업가치는 평균 100억원, 표준편차 10억원인 정규분포를 따른다. A기업의 부채가치가 40억원인 경우 부도거리(DD)는?
   ① 4표준편차
   ② 6표준편차

정답 및 해설

43. 신용 리스크
44. O
45. 기초자산, 행사가격
46. O
47. 기대 채무불이행 빈도(EDF)
48. X, 일반적인 신용평가기관들이 주로 시간이 지난 회계자료를 기반으로 신용평가하는 것과 달리, KMV는 현재의 기업에 대한 정보를 반영하고 있는 주가를 이용한다.

정답 및 해설

22. ②, 실증적 EDF를 이용하여 부도거리(DD)를 계산한다.
23. ①, 이론적 EDF는 부도거리(DD)가 표준 정규분포를 따른다는 가정에서 계산된 값이다.
24. ②, 부도거리(DD) = $\dfrac{\text{자산의 시장가치} - \text{부채의 장부가치}}{\text{자산가치의 변동성}}$
   $= \dfrac{100억 - 40억}{10억}$
   $= 6표준편차$

O/X, 빈칸 문제

49. 신용수익률은 시장수익률에 비하여 비대칭성이 강하고, 한쪽으로 두꺼우면서도 긴 꼬리의 분포를 가지는데, 이러한 꼬리 형태는 (　　　　　　)에서 기인한다.

50. 신용리스크는 평균과 분산을 이용하여 모수적 방법으로 리스크를 측정하는 것이 적합하다. (O, X)

51. 부도모형에서 신용손실은 (　　), (　　), (　　)에 의해 결정된다.

52. 신용의 상태의 변화에 따른 채권의 가치 변화의 크기를 일정한 보유기간 동안 주어진 신뢰 수준 하에서 측정한 값을 (　　　　)이라고 한다.

선택형 문제(2지선다 객관식)

25. 다음 중 대손충당금으로 대비하는 손실로 옳은 것은?
    ① 예상손실(EL)
    ② 예상외손실(UL)

26. 통상적으로 부도율은 어떤 형태의 분포를 따르는가?
    ① 베르누이 분포
    ② 표준 정규분포

27. A은행은 100억원을 대출하고 있다. 대출의 부도율은 10%, 부도 시 회수율은 60%라고 할 때, 부도 시 손실률과 기대손실이 순서대로 묶인 것은?
    ① 30%, 3억원
    ② 40%, 4억원

28. 다음 중 신용등급의 변화에 따른 손실 리스크까지도 신용 리스크에 포함시키는 모형은?
    ① 부도모형
    ② MTM모형

정답 및 해설
49. 채무불이행 리스크
50. X, 신용손실분포는 정규분포에 비해 비대칭적인 분포를 나타내고 있어 평균과 분산을 이용한 모수적 방법 보다는 percentile을 이용한 비모수적 방법으로 측정되는 것이 바람직하다.
51. EAD, 부도율, 부도 시의 손실률(LGD)
52. 신용 VaR

정답 및 해설
25. ①, 예상손실(EL)은 일반적으로 대손충당금으로 대비하고, 리스크보다는 비용으로 인식한다.
26. ①, 통상적으로 부도율은 베르누이 분포의 형태를 갖는다.
27. ②, 부도 시 손실률(LGD) = 100% - 60% = 40%
    기대손실(EL) = EAD × 부도율 × 부도 시 손실률(LGD)
    = 100억 × 10% × 40% = 4억원
28. ②, MTM모형은 부도발생뿐 아니라 신용등급의 변화에 따른 손실 리스크까지도 신용 리스크에 포함시키는 모형이다. 따라서 부도모형과는 달리 한 기간 후의 가치 변화에 대한 분포를 도출한 뒤 예상치 못한 변화를 VaR의 개념으로 추정하는데, 이를 신용 VaR이라고 한다.

제3과목 직무윤리 및 법규/투자운용 및 전략 I /거시경제 및 분산투자

1장 직무윤리

O/X, 빈칸 문제

1. '도덕적 딜레마' 상황에서 옳고 그름의 판단 기준이 되는 것을 도덕적인 규칙 혹은 윤리기준이라고 한다. (O, X)

2. ( )는 경영환경에서 발생할 수 있는 모든 도덕적, 윤리적 문제들에 대한 판단기준으로, 조직의 모든 구성원에게 요구되는 윤리적 행동을 강조하는 개념이다.

3. 금융투자업은 고객과의 이해상충의 발생 가능성이 매우 낮은 산업으로, 사후감독을 통한 금융소비자 보호가 주를 이루고 있다. (O, X)

4. 자본시장에서 취급하는 금융투자상품은 대부분 ( ) 즉, 원본 손실의 위험을 내포하고 있다.

5. 2016년 9월 소위 김영란법이라 불리는 ( )이 시행되어, 관행, 관습으로 묵인되어 왔던 공직자 등에 대한 부정청탁 행위 및 부당 금품 제공 행위가 강력하게 금지되었다.

6. 신의성실의 원칙은 금융투자회사의 임직원이 준수해야 할 ( )임과 동시에 ( )이기도 하다.

7. 금융투자업을 영위하는 회사 내의 ( ) 업무영역에서 ( ) 업무영역의 정보를 이용할 경우 이해상충이 발생하게 된다.

선택형 문제(2지선다 객관식)

1. 조직 구성원 개인이 자신의 업무를 수행하면서 지켜야 하는 윤리적 행동과 태도를 구체화한 개념은?
   ① 기업윤리
   ② 직무윤리

2. 금융투자업 직무윤리의 가장 기본적인 원칙 2가지는?
   ① 고객우선의 원칙, 신의성실의 원칙
   ② 객관성의 원칙, 공정성의 원칙

3. 금융투자업자의 이해상충 방지체계에 관한 내용으로 옳은 것은?
   ① 금융투자업자는 이해상충이 발생할 가능성이 있다고 인정되는 경우, 해당 내용을 금융소비자에게 충분히 고지한 후 거래해야 한다.
   ② 금융투자업자 자신이 발행하였거나 관련되어 있는 대상에 대한 조사분석자료의 공표와 제공을 원천적으로 금지한다.

4. 이해상충 방지를 위한 의무와 관련된 내용으로 옳은 것은?
   ① 금융투자업자는 금융소비자와의 이해상충 발생 가능성을 저감하는 것이 곤란하다고 판단될 경우 매매 및 그 밖의 거래를 해서는 안 된다.
   ② 금융투자업자는 미공개중요정보 등에 대한 회사 내부의 정보교류차단 의무가 있다. 단, 계열회사는 제외한다.

정답 및 해설

1. O
2. 기업윤리
3. X, 금융투자업은 고객과의 이해상충 발생 가능성이 높은 산업으로, 특히 자본시장에서의 정보 비대칭으로 인해 사후적으로 감독하는 것만으로는 금융소비자 보호라는 기본적인 역할 수행에 한계가 있다.
4. 투자성
5. 청탁금지법(부정청탁 및 금품 수수등의 금지에 관한 법률)
6. 직무윤리, 법적 의무
7. 공적, 사적

정답 및 해설

1. ②
2. ①, 고객우선의 원칙과 신의성실의 원칙은 금융투자업 직무윤리의 가장 기본적인 원칙 2가지이다.
3. ②, 금융투자업자는 이해상충이 발생할 가능성이 있다고 인정되는 경우, 금융소비자보호에 문제가 없을 수준으로 이해상충 발생 가능성을 낮춘 후 거래를 해야 한다.
4. ①, 회사 내부의 정보교류차단뿐만 아니라 계열회사를 포함한 제3자에게 정보를 제공하는 경우에도 정보교류차단 의무가 있다.

O/X, 빈칸 문제

8. 금융소비자보호 총괄책임자(CCO)는 금융소비자보호 내부통제기준 위반 방지를 위한 예방대책 마련, 준수 여부에 대한 점검 등의 업무를 담당한다. (O, X)

9. 상품 판매 단계에서 금융소비자에 관한 정보파악 시 해당 금융소비자가 일반금융소비자인지 전문금융소비자인지를 가장 우선적으로 확인해야 한다. (O, X)

10. 상품 판매 단계에서 금융소비자에 관한 정보파악 시 금융소비자의 정보를 서명뿐만 아니라 기명날인, 녹취, 전자통신, 우편 등의 방법으로 확인받아야 한다. (O, X)

11. ( ) 원칙에 따라 금융상품판매업자는 보장성·투자성·대출성 상품에 대해 일반금융소비자에게 계약체결을 권유하지 않고 판매계약을 체결하려는 경우 면담·질문 등을 통해 일반금융소비자의 정보를 파악해야 한다.

12. 투자권유를 받은 금융소비자가 이를 거부하는 취지의 의사를 표시하였으면, 어떠한 경우에도 투자권유를 계속하여서는 안 된다. (O, X)

13. 금융투자업 종사자는 업무를 처리함에 있어 필요한 기록 및 증거물을 ( )에서 정한 절차에 따라 보관해야 한다.

14. 금융소비자보호법에 따라 금융소비자는 금융회사에 자료 열람을 요구할 수 있으며, 금융회사는 이를 거절할 수 없다. (O, X)

15. ( ) 제도는 금융투자회사가 자체적으로 혹은 외주전문업체를 통한 불완전판매행위 발생 여부 확인 제도로, 금융소비자를 가장하여 해당 회사의 영업점을 방문해서 판매과정상 금융투자업 종사자의 관련 규정 준수 여부를 확인하는 것이다.

선택형 문제(2지선다 객관식)

5. 과당매매 판단기준에 해당하는 것은?
   ① 일반투자자가 부담하는 수수료의 총액
   ② 일반투자자의 수익률

6. 자기거래의 금지에 관한 내용으로 옳은 것은?
   ① 금융투자업 종사자는 금융소비자가 동의한 경우를 제외하고는 금융소비자와의 거래 당사자가 되면 안 된다.
   ② 금융투자업 종사자가 이해관계인의 대리인이 되는 것은 자기거래의 금지 사항에 해당하지 않는다.

7. 손실보전 등의 금지에 대한 내용으로 옳은 것은?
   ① 투자자가 입거나 입을 손실의 전부·일부를 보전하여 줄 것을 사전·사후에 약속하는 행위는 금지된다.
   ② 투자자에게 사후 일정한 이익을 제공하는 행위는 손실보전 금지 예외사항에 해당한다.

8. 부당한 금품 등의 제공 및 수령 금지에 대한 내용으로 옳은 것은?
   ① 향응이란 음식물·골프 등의 접대 또는 교통·숙박 등의 편의를 제공받는 것을 말한다.
   ② 선물이란 그에 상응하는 대가와 교환되는 물품·증권·숙박권·회원권 등을 말한다.

9. 금융투자업 종사자의 대외활동 범위로 옳은 것은?
   ① 다수인에게 영향을 미칠 수 있는 외부활동 및 언론매체 접촉활동을 말하며, SNS, 온라인 커뮤니티를 통한 대외 접촉활동은 포함하지 않는다.
   ② 다수인에게 영향을 미칠 수 있는 외부활동 및 언론매체 접촉활동뿐만 아니라 SNS, 온라인 커뮤니티를 통한 대외 접촉활동을 포함한다.

정답 및 해설

8. X, 금융소비자보호 총괄책임자는 금융소비자보호 총괄기관의 업무, 금융소비자보호 관련 제도 기획 및 개선 등의 업무를 수행한다.
9. X, 금융소비자에 대한 정보 파악 시 해당 금융소비자가 투자권유를 원하는지 여부를 가장 우선적으로 파악하여야 한다.
10. O
11. 적정성
12. X, 투자권유를 받은 금융소비자가 이를 거부하는 취지의 의사를 표시하였으면 투자권유를 계속하여서는 안 되지만, 아래 2가지 경우는 예외적으로 허용된다.
    · 권유를 받은 투자자가 이를 거부하는 취지의 의사를 표시한 후 1개월이 지난 후 다시 권유를 하는 행위
    · 다른 종류의 금융(투자)상품을 권유하는 행위
13. 금융소비자보호법
14. X, 영업비밀을 현저히 침해할 우려가 있거나 다른 사람의 생명, 신체를 해칠 우려가 있는 등의 경우 금융회사는 금융소비자의 자료열람 요구를 제한하거나 거절할 수 있다.
15. 미스터리 쇼핑

정답 및 해설

5. ①, 일반투자자의 수익률은 과당매매 판단기준이 아니다.
6. ①, 금융투자업 종사자가 이해관계인의 대리인이 되는 경우도 자기거래의 금지 사항에 해당한다.
7. ①, 투자자에게 사후 일정한 이익을 제공하는 행위도 손실보전 금지 사항에 해당한다.
8. ①, 선물이란 대가 없이(대가가 현저히 낮은 경우도 포함) 제공하는 물품·증권·숙박권·회원권 등 사회 상규에 벗어나는 일체의 것을 모두 포함한다.
9. ②, 대외활동은 다수인에게 영향을 미칠 수 있는 외부 강연, 연설, 교육, 언론매체 접촉활동뿐만 아니라 온라인 커뮤니티, SNS 등을 이용한 대외 접촉활동을 포함한다.

O/X, 빈칸 문제

16. 상품 판매 이후 단계의 금융소비자보호조치로서 금융상품판매업자가 금융소비자로부터 자료 열람을 요구받은 경우 요구받은 날로부터 8영업일 이내에 해당 자료를 열람할 수 있게 해야 한다. (O, X)

17. (　　　　　　)은 금융상품 계약체결 시 금융투자업 종사자가 준수해야 할 원칙들을 위반했을 경우, 계약체결 이후에 행사할 수 있는 금융소비자의 권리이다.

18. 일반적으로 거래상대방에게 상품권을 제공하는 행위도 부당 재산이익 제공에 해당하나, 문화활동에 한정된 상품권의 경우에는 예외적으로 허용된다. (O, X)

19. 금융투자회사 및 그 종사자는 거래상대방에게 제공하거나 그로부터 수령한 재산상의 이익 가액이 1억원을 초과할 경우, 홈페이지를 통해 해당 내용을 공시하도록 의무화되어 있다. (O, X)

20. 금융투자회사 및 임직원은 재산상의 이익을 제공·수령하는 경우, 해당 사항을 기록하여 (　　) 이상 관리·유지해야 한다.

21. 시장질서 교란행위는 목적성을 가지고 금융투자상품의 시세에 영향을 주는 행위를 말한다. (O, X)

22. 준법감시인의 임기는 (　　) 이상으로 하며, 금융투자회사가 준법감시인 임면 시 임면일로부터 (　　) 이내에 금융위원회에 보고해야 한다.

23. 준법감시인은 준법감시업무 중 일부 혹은 전부를 준법감시업무를 담당하는 다른 임직원에게 위임하여서는 안 된다. (O, X)

24. 내부통제위원회는 매 (　　)별 1회 이상 회의를 개최해야 하며, 회의 내용을 기재한 의사록을 작성 및 보관해야 한다.

선택형 문제(2지선다 객관식)

10. 시장질서 교란행위에 대한 과징금 계산식으로 옳은 것은?

    ① 시장질서 교란행위에 따른 이익·손실회피액 × 1.5 ≤ 5억원 : 5억원 이하
    ② 시장질서 교란행위에 따른 이익·손실회피액 × 1.5 > 5억원 : 이익·손실회피액 × 1.5

11. 시장질서 교란행위에 대한 내용으로 옳은 것은?

    ① 제제대상은 미공개 중요정보의 1차 수령자뿐만 아니라 이를 전달한 자 모두를 포함한다.
    ② 프로그램 오류로 대량 매매거래가 체결되어 시세의 급변을 초래한 경우, 시장질서 교란행위에 해당하지 않는다.

12. 준법감시인에 대한 설명으로 옳은 것은?

    ① 준법감시인 임면을 위해서는 주주총회의 의결을 거쳐야 한다.
    ② 준법감시인을 해임할 경우, 이사 총수의 2/3 이상의 찬성으로 의결한다.

13. 내부통제위원회에 대한 내용으로 옳은 것은?

    ① 금융회사는 내부통제기준의 운영과 관련하여 준법감시인을 위원장으로 하는 내부통제위원회를 두어야 한다.
    ② 최근 사업연도 말 현재 자산총액이 7,000억원 미만인 상호저축은행은 예외적으로 내부통제위원회를 두지 않을 수 있다

정답 및 해설

16. X, 8영업일 → 6영업일
17. 위법계약해지권
18. O
19. X, 1억 → 10억
20. 5년
21. X, 시장질서 교란행위는 목적성이 없어도 시세에 부당한 영향을 주는 행위로 정의한다.
22. 2년, 7영업일
23. X, 위임의 범위와 책임의 한계 등이 명확이 구분되어 있는 경우, 준법감시인은 준법감시업무 중 일부를 준법감시업무를 담당하고 있는 임직원에게 위임할 수 있다.
24. 반기

정답 및 해설

10. ①, 시장질서 교란행위에 따른 이익·손실회피액 × 1.5 > 5억원 : 이익·손실회피액
11. ①, 목적성이 없어도 시세에 부당한 영향을 주는 행위를 시장질서 교란행위로 보기 때문에, 프로그램 오류 등으로 대량의 매매거래가 체결되어 시세의 급변을 초래하더라도 시장질서 교란행위로 판단하여 제재할 수 있다.
12. ②, 준법감시인 임면을 위해서는 이사회의 의결을 거쳐야 한다.
13. ②, 금융회사는 내부통제기준의 운영과 관련하여 최고경영자를 위원장으로 하는 내부통제위원회를 두어야 한다.

O/X, 빈칸 문제

25. 지배구조법에 따라 금융회사의 준법감시인 및 준법감시부서의 직원은 자산 운용에 관한 업무나 회사의 본질적인 업무를 수행할 수 없다. (O, X)

26. 준법감시인은 준법감시 프로그램을 통한 점검결과와 개선계획 등을 기재한 내부통제보고서를 이사회에 정기적으로 보고해야 한다. (O, X)

27. 금융투자업 종사자는 일반적으로 신규 채용 시와 연 1회 정기적으로 준법서약서를 작성하여 준법감시인에게 제출해야 한다. (O, X)

28. 준법감시인은 내부제보 우수자를 선정하여 인사상 혜택을 부여하도록 회사에 요청이 가능하나 금전적 혜택에 대한 부여 요청은 불가하다. (O, X)

29. 내부제보자의 제보행위로 인해 인사상 불이익을 받은 것이 인정될 경우, (   )은 회사에 시정 요구를 할 수 있고 회사는 정당한 사유가 없는 한 시정 요구에 응해야 한다.

30. 준법감시인은 영업점별 영업관리자에 대해 연 (   ) 이상 법규·윤리 교육을 실시해야 하며, 회사는 영업점별 영업관리자의 임기를 (   ) 이상으로 해야 한다.

31. 금융회사가 준법감시인의 임면 사실을 금융위원회에 보고하지 않은 경우, (   ) 이하의 과태료가 부과될 수 있다.

32. 법률행위에 하자가 있는 경우, 하자의 경중에 따라 중대하면 (   ), 가벼운 하자일 경우 (   )할 수 있는 행위가 된다.

33. 계약을 해지하면 계약이 소급 실효되어 원상회복의무가 발생하지만, 계약을 해제하면 해제시점부터 계약이 실효된다. (O, X)

34. 금융투자업자가 직무윤리기준을 위반하더라도 법적인 제재를 받지 않을 수 있으나, 소비자와 시장으로부터의 신뢰상실, 명예실추, 관계의 단절과 같은 (   )가 나타날 수 있다.

선택형 문제(2지선다 객관식)

14. 준법감시인의 영업점별 영업관리자에 대한 내부통제 권한 위임의 요건으로 옳은 것은?

    ① 영업점 근무 경력이 1년 이상이거나, 준법감시·감사업무를 1년 이상 수행한 경력이 있는 자로, 영업점에 상근하고 있을 것
    ② 영업점장 이상의 책임자급일 것

15. 내부통제기준 위반 시 회사에 대한 조치사항으로 옳은 것은?

    ① 회사가 내부통제기준을 마련하지 않은 경우, 1억원 이하의 과태료를 부과할 수 있다.
    ② 회사가 준법감시인에 대한 별도의 보수지급 및 평가기준을 마련하지 않은 경우, 1억원 이하의 과태료를 부과할 수 있다.

16. 직무윤리 위반행위에 대한 행정제재에 대한 내용으로 옳은 것은?

    ① 금융투자협회는 투자자보호를 위한 자율규제 업무를, 금융위원회와 증권선물위원회는 행정제재 업무를 담당한다.
    ② 금융투자협회는 투자자보호를 위한 행정제재 업무를, 금융위원회와 증권선물위원회는 자율규제 업무를 담당한다.

17. 금융위원회의 처분·조치에 대해 불복하는 금융투자업자 직원의 이의 신청 기간으로 옳은 것은?

    ① 고지를 받은 날로부터 30일 이내
    ② 고지를 받은 날로부터 60일 이내

정답 및 해설

25. O, 준법감시인 및 준법감시부서의 직원은 선량한 관리자로서의 주의의무를 다하여 직무를 수행해야 하며, 자산 운용에 관한 업무, 회사의 본질적·겸영업무 등을 수행할 수 없다.
26. X, 이사회 → 대표이사
27. O
28. X, 인사상 또는 금전적 혜택을 부여하도록 회사에 요청할 수 있다. 단, 내부제보자가 원하지 아니하는 경우에는 요청하지 않을 수 있다.
29. 준법감시인
30. 1회, 1년
31. 2,000만원
32. 무효, 취소
33. X, 계약을 해제하면 계약이 소급 실효되어 원상회복의무가 발생하지만, 계약을 해지하면 해지시점부터 계약이 실효된다.
34. 시장의 통제

정답 및 해설

14. ①, 준법감시인이 영업점에 대한 내부통제를 위해 권한을 영업점별 영업관리자에게 위임하기 위해서는, 해당 영업관리자가 영업점장이 아닌 책임자급이어야 한다.
15. ①, 회사가 준법감시인에 대한 별도의 보수지급 및 평가기준을 마련하지 않은 경우, 3,000만원 이하의 과태료를 부과할 수 있다.
16. ①
17. ①

2장 자본시장 관련 법규

O/X, 빈칸 문제

1. 자본시장법은 금융투자상품을 추상적으로 정의하는 포괄주의 규제체계에서, 구체적으로 나열하는 열거주의 규제체계로 전환하였다. (O, X)

2. (　　　)는 금융산업의 선진화와 금융시장의 안정을 도모하고, 건전한 신용질서와 공정한 금융거래 관행의 확립을 통해 금융소비자를 보호하기 위해 설립된 기관이다.

3. (　　　)은 금융위원회 및 증권선물위원회의 지도·감독을 받아 금융기관에 대한 검사·감독 업무를 시행하는 기관이다.

4. 금융투자상품의 투자성 판단 시 투자자가 지급하는 판매수수료는 투자금액 산정에서 제외해야 한다. (O, X)

5. 금융투자상품이란 권리 취득을 위한 금전의 지급 총액이, 금전의 회수 총액을 초과하게 될 위험, 즉 (　　　)이 있어야 한다.

6. 원화로 표시된 양도성예금증서(CD), 관리형신탁의 수익권, 스톡옵션(주식매수선택권)은 금융투자상품에 포함되지 않는다. (O, X)

7. 금융투자상품은 원금 손실 가능성에 따라 증권과 파생상품으로 구분할 수 있다. (O, X)

8. 워런트와 같이 기초자산에 대한 거래를 성립시킬 수 있는 권리를 포함한 금융투자상품은, 추가 지급의 의무가 있기에 증권이 아닌 파생상품으로 구분해야 한다. (O, X)

9. (　　　)은 기초자산의 가격·이자율·단위·지표나 이를 기초로 한 지수의 변동과 연계하여 사전에 정해진 방식으로 지급금액 또는 회수금액이 결정되는 권리가 표시된 증권이다.

선택형 문제(2지선다 객관식)

1. 자본시장법의 변화에 대한 내용으로 옳은 것은?
   ① 이전 엄격하게 제한되어 있던 금융투자업 간의 겸업을 허용하고, 부수업무의 범위를 포괄주의로 변경하였다.
   ② 동일한 금융서비스이더라도 각 기관별로 다른 규제체계를 적용하여 보다 더 세부적인 규제가 가능해졌다.

2. 금융위원회의 구성 및 운영에 대한 내용으로 옳은 것은?
   ① 금융위원회는 위원장, 부위원장, 상임위원 2명, 비상임위원 5명인 총 9명으로 구성되어 있다.
   ② 금융위원회의 회의는 위원장의 소집이 있을 경우에만 개최할 수 있다.

3. 지분증권에 대한 내용으로 옳은 것은?
   ① 기업의 자본에 투자하는 것으로, 출자지분 혹은 출자지분을 취득할 권리가 표시된 증권이다.
   ② 신주인수권이 표시된 증권은 실질적으로 출자지분이 표시된 것으로 볼 수 없기에 지분증권에 포함되지 않는다.

4. 다음 중 누구의 명의로 하든 타인의 계산으로 금융투자상품의 매도·매수, 그 청약의 권유, 청약, 청약의 승낙 등을 영업으로 하는 금융투자업은?
   ① 투자매매업
   ② 투자중개업

5. 다음 중 절대적 전문투자자로 옳은 것은?
   ① 금융기관, 외국중앙은행, 국제기구
   ② 주권상장법인, 지방자치단체, 해외주권상장 국내법인

정답 및 해설

1. X, 자본시장법은 금융투자상품을 구체적으로 나열하는 열거주의 규제체계에서 추상적으로 정의하는 포괄주의 규제체계로 전환하였다.
2. 금융위원회
3. 금융감독원
4. O, 금융투자상품의 투자성 판단 시 투자자가 지급하는 판매수수료 및 보수, 보험계약에 따른 사업비, 위험보험료 등은 투자금액에서 제외해야 한다.
5. 투자성
6. O
7. X, 금융투자상품은 원금 초과 손실 가능성에 따라 증권과 파생상품으로 구분할 수 있다.
8. X, 워런트와 같이 기초자산에 대한 거래를 성립시킬 수 있는 권리를 포함한 금융투자상품은, 추가 지급의 의무가 있더라도 파생상품이 아닌 증권으로 구분해야 한다.
9. 파생결합증권

정답 및 해설

1. ①, 자본시장법은 규제차익 문제 방지를 위해, 이전 증권거래법, 선물거래법과 같은 기관별 규제에서, 경제적 실질이 같은 금융서비스를 동일하게 규제하는 기능별 규제체계를 채택하였다.
2. ①, 금융위원회의 회의는 위원장의 소집이 있거나 3명 이상의 위원 요구가 있을 경우 개최할 수 있다.
3. ①, 신주인수권이 표시된 증권은 실질적으로 출자지분이 표시된 것으로 볼 수 없지만, 주권에 대한 인수권을 표시하는 것이기에 지분증권으로 분류한다.
4. ②, 투자매매업은 누구의 명의로 하든 자기의 계산으로 금융투자상품의 매도·매수, 증권의 발행·인수 또는 그 청약의 권유 등을 영업으로 하는 것을 말한다.
5. ①, 국가, 한국은행, 금융기관, 외국정부, 외국중앙은행, 국제기구는 절대적 전문투자자에 해당한다.
   주권상장법인, 지방자치단체, 해외주권상장 국내법인 등은 상대적 전문투자자에 해당한다.

O/X, 빈칸 문제

10. (　　　　)은 금융투자상품 등의 가치와 투자판단에 대해 자문하는 것을 주업으로 하는 금융투자업이다.

11. 전문투자자 중 지방자치단체는 장외파생상품을 거래할 경우에 일반투자자로 취급한다. (O, X)

12. 지정신청일 전일 기준 금융투자상품의 잔고가 (　　)억원 이상이고, 외부감사 대상이 아닌 법인이 전문투자자로 대우받고자 할 경우 금융위원회에 신고해야 하며, 금융위원회의 확인 후 2년 간 전문투자자로서 대우를 받을 수 있다.

13. 금융투자업자는 매 분기 자산 및 부채에 대한 건전성을 5단계로 분류해야 하며, 매 분기 말 현재 (　　) 이하로 분류된 채권은 적정 회수예상가액을 산정해야 한다.

14. 한국채택국제회계기준에 따라 대손충당금 적립액이 '정상' 분류자산의 100분의 (　　), '요주의' 분류자산의 100분의 (　　), '고정' 분류자산의 100분의 (　　), '회수의문' 분류자산의 100분의 (　　), '추정손실' 분류자산의 100분의 (　　)의 합계액에 미달할 경우, 그 미달액만큼을 대손준비금으로 적립해야 한다.

15. 순자본비율이 0% 이상 50% 미만인 금융투자업자는 경영개선권고 대상에 해당한다. (O, X)

16. 순자본비율의 기초가 되는 금융투자업자의 자산, 부채, 자본은 연결재무제표상에 계상되어 있는 (　　　)을 기준으로 한다.

17. 영업용순자본은 기준일 현재 금융투자업자의 순자산의 가치로, 자산에서 부채를 차감한 순재산액에서 현금화가 곤란한 자산을 가산하고, 실질적으로 채무이행의 의무가 없는 자산 등을 차감하여 계산한다. (O, X)

선택형 문제(2지선다 객관식)

6. 다음 중 등록대상 금융투자업으로 옳은 것은?
   ① 투자매매업, 투자중개업, 집합투자업, 신탁업
   ② 투자자문업, 투자일임업, 온라인소액투자중개업, 일반사모집합투자업

7. 순자본비율 규제의 기본원칙으로 옳은 것은?
   ① 영업용순자본 차감항목에 대하여는 위험액을 산정하는 것을 원칙으로 한다.
   ② 부외자산 및 부외부채에 대하여는 위험액을 산정하는 것을 원칙으로 한다.

8. 레버리지 규제에 대한 내용으로 옳은 것은?
   ① 레버리지 규제는 외부차입비중이 높아 부실우려가 있는 회사에 대한 선제적 경영개선을 유도하기 위한 것이다.
   ② 레버리지 비율은 자기자본 대비 총자산으로 계산되며, 구체적인 산정 방식은 금융위원회의 장이 정한다.

9. 금융위원회의 적기시정조치에 대한 내용으로 옳은 것은?
   ① 금융위원회는 금융투자업자의 순자본비율이 100% 미만인 경우, 인력 및 조직운용의 개선 혹은 경비절감 등과 같은 경영개선의 권고를 할 수 있다.
   ② 금융위원회는 금융투자업자의 순자본비율이 50% 미만인 경우, 주식의 일부·전부소각 등과 같은 경영개선의 명령을 할 수 있다.

10. 대주주와의 거래 제한에 대한 내용으로 옳은 것은?
    ① 원칙적으로 금융투자업자는 대주주 및 대주주의 특수관계인에 대한 신용공여가 금지된다.
    ② 금융투자업자가 대주주 및 대주주의 특수관계인에게 예외적으로 신용공여를 할 경우, 재적이사 2/3의 찬성에 의한 이사회 결의를 거쳐야 한다.

정답 및 해설
10. 투자자문업
11. O
12. 100, 외부감사 대상인 법인은 50억원 이상의 금융투자상품 잔고를 보유할 경우 금융위원회의 신고를 통해 전문투자자 대우를 받을 수 있다.
13. 고정
14. 0.5, 2, 20, 75, 100
15. X, • 순자본비율 0% 미만 : 경영개선명령 대상
    • 순자본비율 0% 이상 50% 미만 : 경영개선요구 대상
    • 순자본비율 50% 이상 100% 미만 : 경영개선권고 대상
16. 장부가액
17. X, 영업용순자본은 순재산액에서 현금화가 곤란한 자산을 차감하고, 실질적으로 채무이행의 의무가 없거나 자본의 보완적 기능을 하는 항목 등을 가산하여 계산한다.

정답 및 해설
6. ②, 투자매매업, 투자중개업, 집합투자업, 신탁업은 인가대상 금융투자업에 해당한다.
7. ②, 영업용순자본 차감항목은 원칙적으로 위험액을 산정하지 않는다.
8. ①, 금융위원회 → 금융감독원
9. ①, 금융위원회는 금융투자업자의 순자본비율이 0% 미만인 경우, 주식의 일부·전부소각 등과 같은 경영개선의 명령을 할 수 있다.
10. ①, 금융투자업자가 계열회사 발행증권을 한도 내에서 예외적으로 취득하거나, 대주주 및 대주주 특수관계인에게 예외적으로 신용공여를 하는 경우, 재적이사 전원의 찬성에 의한 이사회 결의를 거쳐야 한다.

O/X, 빈칸 문제

18. 순자본비율은 '( )/필요 유지 자기자본'으로 계산할 수 있다.

19. 금융투자업자가 다른 금융업무를 겸영하고자 할 경우, 영위를 시작한 날부터 ( ) 이내에 금융위원회에 보고해야 한다.

20. 금융투자업자가 투자권유를 거부하였다면, 다른 상품 혹은 같은 상품을 이후 다시 권하는 행위는 부당권유에 해당하여 금지된다. (O, X)

21. 투자중개·매매업자는 고객의 주문을 체결하기 전 자신의 계산으로 선행매매를 할 수 없으며, 투자자의 매매주문에 관한 정보를 이용하지 않았음을 입증하더라도 이는 선행매매에 해당한다. (O, X)

22. 조사분석자료의 작성을 담당하는 자에게는 인수업무, 모집·사모·매출의 주선업무 등과 같은 일정한 기업금융업무와 연동된 성과보수를 지급할 수 없다. (O, X)

23. 투자매매·중개업자의 총 신용공여 규모는 ( )의 범위 이내로 해야 하며, 구체적인 한도는 금융위원장이 따로 정할 수 있다.

24. 원칙적으로 집합투자기구 자산총액의 10%를 초과하여 동일종목 증권에 투자하는 행위는 금지되어 있지만, 예외적으로 국채, 한국은행 통화안정증권, 정부보증채는 30%까지 투자할 수 있다. (O, X)

25. 전체 집합투자기구에서 동일법인이 발행한 지분증권 총수의 ( )%를 초과하여 투자하는 행위나, 각 집합투자기구에서 동일법인이 발행한 지분증권 총수의 ( )%를 초과하여 투자하는 행위는 금지된다.

26. 원칙적으로 집합투자기구 자산총액의 50%를 초과하여 동일 집합투자업자가 운용하는 집합투자증권에 투자하는 행위는 금지된다. (O, X)

27. 집합투자업자의 수시공시사항으로는 투자운용인력 변경이 있는 경우 그 사실과 변경된 투자운용인력의 운용경력, 환매연기 또는 환매재개의 결정 및 사유, 부실자산이 발생한 경우 명세 및 상각률, 집합투자자 총회 결의내용이 있다. (O, X)

선택형 문제(2지선다 객관식)

11. 투자매매업자 및 투자중개업자에 대한 영업행위규제로 옳은 것은?
    ① 투자매매·중개업자는 투자자나 그 대리인에게 매매의 청약·주문을 받지 않고 투자자의 재산으로 금융투자상품을 매매하는 임의매매가 금지된다.
    ② 투자매매·중개업자는 투자자로부터 금융투자상품에 대한 투자판단의 전부·일부를 일임받아 금융투자상품을 취득·처분하는 일임매매가 허용된다.

12. 예외적으로 동일 집합투자업자가 운용하는 집합투자증권에 각 집합투자기구 자산총액의 100%까지 투자가 가능한 것은?
    ① 사모투자 재간접 집합투자기구
    ② 정액보험 일반계정

13. 투자일임업자의 금지행위에 대한 설명으로 옳은 것은?
    ① 투자일임재산으로 자기가 운용하는 다른 투자일임재산, 집합투자재산, 신탁재산과 거래하는 행위는 금지된다.
    ② 불특정 다수인이 참여하는 공개시장을 통하여 투자일임재산으로 투자일임업자의 고유재산과 거래하는 행위는 금지된다.

정답 및 해설
18. 영업용순자본 - 총위험액
19. 2주
20. X, 투자권유를 거부한 투자자이더라도, 1개월 경과 후 투자권유 및 다른 종류의 금융투자상품에 대한 투자권유는 예외적으로 허용된다.
21. X, 투자자의 매매주문에 관한 정보를 이용하지 않았음을 입증하거나, 증권시장과 파생상품시장 간의 가격차이를 이용한 차익거래로 투자자의 정보를 의도적으로 이용하지 않았다는 것이 객관적으로 명백한 경우에는 선행매매에 해당하지 않는다.
22. O
23. 자기자본
24. X, 원칙적으로 집합투자기구 자산총액의 10%를 초과하여 동일종목 증권에 투자하는 행위는 금지되어 있지만, 예외적으로 국채, 한국은행통화안정증권, 정부보증채 등은 100% 투자할 수 있으며, 지방채, 특수채, 파생결합증권 등은 30%까지 투자할 수 있다.
25. 20, 10
26. O
27. O

정답 및 해설
11. ①, 투자매매·중개업자는 투자자로부터 금융투자상품에 대한 투자판단의 전부·일부를 일임받아 금융투자상품을 취득·처분하는 일임매매가 금지되며, 투자일임업의 형태로 하는 경우 혹은 예외적으로 투자일임업으로 보지 않는 경우에는 허용한다.
12. ①, 사모투자 재간접 집합투자기구, 부동산·특별자산투자 재간접 집합투자기구, 변액보험의 특별계정의 경우 동일 집합투자업자가 운용하는 집합투자증권에 각 집합투자기구 자산총액의 100%까지 투자가 가능하다.
13. ①, 불특정 다수인이 참여하는 공개시장을 통한 거래는 투자자 보호 및 건전한 거래질서를 해할 우려가 없어 가능하다.

O/X, 빈칸 문제

28. 파생상품 위험평가액이 집합투자기구 (   )의 100%를 초과하여 투자하는 행위나, 기초자산 중 동일법인이 발행한 증권의 가격 변동으로 인한 위험평가액이 집합투자기구 자산총액의 (   )를 초과하여 투자하는 행위는 금지된다.

29. 신탁의 설정으로 수탁자에게 이전된 재산은 수탁자명의의 재산이 되며, 수탁자의 고유 재산과 함께 관리된다.   (O, X)

30. (   )은 부동산신탁 중 신탁회사가 수탁받은 부동산에 대해 소유권 보존, 임대차 등 일체의 관리 서비스를 제공하는 신탁이다.

31. 증권에 대한 발행공시제도는 투자자에게 교부되는 (   )와, 투자자에게 제공하는 정보의 진실성을 높이기 위한 (   )로 구성되어 있다.

32. 모집·매출 시 50인을 산출하는 경우, 청약 권유 이전 6개월 이내에 해당 증권과 같은 종류의 증권에 대해 모집이나 매출에 의하지 않고 청약의 권유를 받은 자를 합산해야 하며, 이 경우 전문투자자나 회계법인 등의 전문가는 제외해야 한다.   (O, X)

33. 청약 권유를 받은 자가 50인 미만이지만, 증권의 발행일로부터 1년 이내에 50인 이상에게 양도될 수 있는 경우, 금융위원회가 고시하는 전매기준에 부합하지 않더라도 모집으로 간주한다.   (O, X)

34. 증권신고서의 제출의무자는 금융투자업자이다.   (O, X)

35. 일정한 방법에 따라 산정한 모집·매출가액 각각의 총액이 (   ) 이상인 경우, 발행인은 모집·매출에 관한 신고서를 금융위원회에 제출하여야 한다.

36. 지분증권의 경우, 50매 이상으로 발행되거나 발행 후 50매 이상으로 권면분할되어 거래될 수 있는 경우 전매 가능성이 있다고 판단할 수 있다.   (O, X)

선택형 문제(2지선다 객관식)

14. 손실의 보전이나 이익의 보장이 예외적으로 가능한 신탁상품으로 옳은 것은?
    ① 노후생활연금신탁, 개인연금신탁, 퇴직일시금신탁
    ② 토지신탁, 담보신탁, 관리신탁

15. 신탁업자의 수익증권 발행에 대한 내용으로 옳은 것은?
    ① 수익증권은 원칙적으로 무기명식이지만, 수익자의 청구가 있는 경우에는 기명식으로 발행이 가능하다.
    ② 기명식 수익증권이 발행된 경우, 해당 신탁계약에 의한 수익권의 양도와 행사는 반드시 그 수익증권으로 이루어져야 한다.

16. 투자설명서에 대한 내용으로 옳은 것은?
    ① 투자설명서에는 어떠한 경우에도 증권신고서에 기재된 내용과 다른 내용의 표기 혹은 기재사항의 누락이 있어서는 안 된다.
    ② 발행인이 증권을 모집·매출하는 경우, 증권신고의 효력이 발생하는 날 투자설명서를 금융위원회에 제출해야 한다.

17. 다음 중 모집에 대한 설명으로 옳은 것은?
    ① 일정 방법으로 산출한 50인 이상의 투자자에게 새롭게 발행하는 증권의 취득 청약을 권유하는 행위이다.
    ② 증권시장 밖에서 일정 방법으로 산출한 50인 이상 투자자에게 기존 발행된 증권의 매매 청약을 권유하는 행위이다.

18. 정정신고서 제도에 대한 내용으로 옳은 것은?
    ① 이미 제출한 증권신고서의 기재사항을 정정하려는 경우 제출하는 증권신고서를 정정신고서라고 한다.
    ② 정정신고서가 제출된 경우에도 기존 제출한 증권신고서는 기존 제출한 날에 수리된 것으로 본다.

정답 및 해설

28. 순자산, 10%
29. X, 신탁의 설정으로 수탁자에게 이전된 재산은 수탁자명의의 재산이 되지만, 독립된 목적재산으로 수탁자의 고유재산과는 구분관리되며, 계산도 독립적으로 이루어진다.
30. 관리신탁
31. 투자설명서, 증권신고서제도
32. O
33. X, 금융위원회가 고시하는 전매기준에 해당할 경우 모집으로 간주한다.
34. X, 금융투자업자 → 해당 증권의 발행인
35. 10억원
36. X, 지분증권은 같은 종류의 증권이 모집·매출된 실적이 있거나 코넥스시장을 제외한 증권시장에 상장된 경우 전매 가능성이 있다고 판단한다. 지분증권 이외의 증권(기업어음 증권 제외)은 50매 이상으로 발행되거나 발행 후 50매 이상으로 권면분할되어 거래될 수 있는 경우 전매 가능성이 있다고 판단할 수 있다.

정답 및 해설

14. ①
15. ①, 수익증권이 발행된 경우, 해당 신탁계약에 의한 수익권의 양도와 행사는 그 수익증권으로 이루어져야 하지만, 기명식 수익증권일 경우에는 그렇지 않을 수 있다.
16. ②, 기업경영과 관련한 비밀유지 혹은 투자자 보호와의 형평성 등을 고려하여 기재의 생략이 필요하다고 여겨질 경우, 금융위원회의 확인을 받은 사항에 대해서는 기재를 생략할 수 있다.
17. ①, 증권시장 밖에서 일정 방법으로 산출한 50인 이상 투자자에게 기존 발행된 증권의 매매 청약을 권유하는 행위는 매출이다.
18. ①, 정정신고서가 제출된 경우에는 그 정정신고서가 수리된 날에 당초 제출한 증권신고서가 수리된 것으로 본다.

O/X, 빈칸 문제

37. 사업보고서 제출 대상 법인의 사업보고서 제출기한은 반기 또는 분기 종료일로부터 45일 이내이다. (O, X)

38. 일상적인 영업활동으로서 상품, 제품, 원재료를 매매하는 행위 등으로 인해 자산을 양수하거나 양도할 것을 결의한 경우, 금융위원회에 주요 사항 보고서를 제출해야 한다. (O, X)

39. 주식을 (   )개월 동안 증권시장 밖에서 10인 이상의 자에게 매수한 자는, 그 매수를 한 후 본인과 그 특별관계자가 보유하게 되는 주식 수의 합이 그 주식 총수의 (   ) 이상이 되는 경우 공개매수해야 한다.

40. 주권상장법인이 주식 등을 발행주식 총수의 (   ) 이상 보유하게 될 경우, 대량보유상황 보고제도에 따라 M&A와 관련된 주식 등의 보유상황을 공시해야 한다.

41. 주식 등의 대량보유자가 증권시장에서 주식 등을 매매할 경우, 변동내용 보고기준일은 주금납입일의 다음 날이 된다. (O, X)

42. 주식 등의 대량보유상황 보고 시 보유목적을 발행인의 경영권에 영향을 주기 위한 것으로 보고하는 자는, 보고 사유가 발생한 날부터 보고한 날 이후 5일까지 발행인의 주식을 추가로 취득하거나 보유주식에 대한 의결권을 행사할 수 없다. (O, X)

43. (   )는 회사의 경영진, 주주 등이 주주총회에서 다수의 의결권을 확보할 목적으로, 기존 주주에게 의결권 행사의 위임을 권유하는 절차 및 방법 등을 규정하고 그 내용을 공시하는 제도이다.

44. 집합투자기구는 그 법적인 형태에 따라 투자회사, 투자유한회사, 투자합자회사, 투자합명회사, 투자유한책임회사, 투자합자조합, 투자익명조합으로 구분할 수 있다. (O, X)

선택형 문제(2지선다 객관식)

19. 수시공시제도에 대한 내용으로 옳은 것은?
   ① 자율공시는 기업의 자율적인 판단과 책임하에 공시하는 것으로, 자율적인 공시 사항이기에 주요 경영사항 공시와는 달리 법적 효력은 없다.
   ② 조회공시는 거래소가 기업의 주요 경영사항이나 그에 준하는 사항에 대한 풍문 등의 사실 여부에 대해 답변을 요구하고, 기업이 이에 응하여 공시하도록 하는 제도이다.

20. 공개매수의 기간에 대한 설명으로 옳은 것은?
   ① 공개매수기간은 공개매수신고서 제출일로부터 10일 이상 30일 이내여야 한다.
   ② 공개매수기간은 공개매수신고서 제출일로부터 20일 이상 60일 이내여야 한다.

21. 주식 등의 대량보유상황 보고제도에 대한 설명으로 옳은 것은?
   ① 새로 주식 등을 5% 이상 보유하게 되는 자는 신규 보고를 해야 한다.
   ② 기존 주식 등을 5% 이상 보유하고 있던 자의 보유비율이 5% 이상 변동되는 경우에는 변동 보고를 해야 한다.

22. 집합투자기구의 업무 수행에 대한 내용으로 옳은 것은?
   ① 투자신탁이나 투자익명조합의 집합투자업자는 집합투자재산의 보관 및 관리에 관한 업무를 일반사무관리회사에 위탁해야 한다.
   ② 투자회사는 투자회사의 운영에 관한 업무를 일반사무관리회사에 위탁해야 한다.

정답 및 해설

37. X, 사업보고서의 제출기한은 사업연도 경과 후 90일 이내이며, 반기·분기 보고서의 제출기한은 반기 또는 분기 종료일로부터 45일 이내이다.

38. X, 일상적인 영업활동으로서 상품, 제품, 원재료를 매매하는 행위 등으로 인해 자산을 양수하거나 양도할 것을 결의한 경우에는 주요 사항 보고사유에 해당하지 않는다.

39. 6, 5%

40. 5%

41. X, 주금납입일의 다음 날 → 계약체결일

42. O

43. 의결권 대리행사 권유제도

44. X, 집합투자기구는 그 법적인 형태에 따라 투자회사, 투자유한회사, 투자합자회사, 투자유한책임회사, 투자합자조합, 투자익명조합으로 구분할 수 있다. (투자합명회사 X)

정답 및 해설

19. ②, 자율공시는 기업의 자율적인 판단과 책임하에 공시하는 것이지만, 일단 자율공시를 하면 그 법적인 효과는 주요 경영사항 공시와 동일하다.

20. ②

21. ①, 기존 주식 등을 5% 이상 보유하고 있던 자의 보유비율이 1% 이상 변동되는 경우에는 변동 보고를 해야 한다.

22. ②, 투자신탁이나 투자익명조합의 집합투자업자는 집합투자재산의 보관 및 관리에 관한 업무를 신탁업자에게 위탁해야 한다.

O/X, 빈칸 문제

45. 집합투자증권 환매수수료는 집합투자증권의 환매를 청구하는 투자자가 부담하며, 해당 수수료는 집합투자재산에 귀속된다. (O, X)

46. 투자신탁의 수익증권은 액면 무기명식으로 발행되어야 하며, 투자신탁의 수익권이 균등하게 분할되어 수익증권으로 표시되어야 한다. (O, X)

47. 사모집합투자기구의 성격상 투자자 보호의 필요성이 적은 공시, 회계, 신탁업자의 감시의무 등의 규정은 적용되지 않는다. (O, X)

48. 각 집합투자기구 자산총액의 (　　)를 초과하여 금융위원회가 고시한 시장성 없는 자산에 투자할 수 있는 집합투자기구를 설정·설립하는 경우 이를 환매금지형 집합투자기구로 해야 한다.

49. 협회가 비상장주권 장외거래 업무를 수행할 때, 주권의 종목별로 금융위원회가 고시하는 단일의 가격 또는 당사자 간 매도·매수호가가 일치할 경우에는 그 가격으로 매매를 체결해야 한다. (O, X)

50. 집합투자업자는 집합투자재산을 운용함에 있어서 집합투자기구의 계산으로 금전을 차입하지 못한다. 단, 대량 환매청구 및 대량 매수청구 발생 시에는 예외로 한다. (O, X)

51. 증권 대차거래는 금융위원회가 고시하는 방법에 따라 차입자로부터 담보를 받고 대상증권의 인도와 담보 제공을 순차적으로 이행해야 한다. (O, X)

선택형 문제(2지선다 객관식)

23. 집합투자재산의 평가 시 신뢰할 만한 시가가 없는 경우 평가방법으로 옳은 것은?
    ① 장부가액
    ② 공정가액

24. 집합투자증권의 환매절차 및 방법으로 옳은 것은?
    ① 원칙적으로 환매청구대상은 해당 집합투자증권을 판매한 투자매매·중개업자이나, 예외적으로 집합투자업자나 신탁업자에게 환매를 청구할 수 있다.
    ② 집합투자업자 등은 원칙적으로 환매청구일로부터 7일 이내에 집합투자규약에서 정한 환매일에 환매대금을 지급해야 한다.

25. 집합투자업자가 단기금융 집합투자기구의 집합투자재산으로 운용할 수 있는 채무증권은, 취득 시점을 기준으로 신용평가등급이 얼마 이내여야 하는가?
    ① 상위 1개 등급
    ② 상위 2개 등급

26. 장외파생상품의 매매에 대한 내용으로 옳은 것은?
    ① 투자매매업자·투자중개업자가 장외파생상품을 매매할 경우, 장외파생상품의 매매에 따른 시장·신용·운영위험액 중 큰 금액이 금융위원회가 정하는 한도를 초과하지 않아야 한다.
    ② 투자매매업자·투자중개업자가 장외파생상품을 매매할 경우, 장외파생상품의 매매에 따른 시장·신용·운영위험액의 합계액이 금융위원회가 정하는 한도를 초과하지 않아야 한다.

정답 및 해설
45. O
46. X, 투자신탁의 수익증권은 무액면 기명식으로 발행되어야 한다.
47. O
48. 20%
49. O
50. O
51. X, 대상증권의 인도와 담보 제공을 동시에 이행해야 한다.

정답 및 해설
23. ②
24. ①, 7일 → 15일
25. ②, 집합투자업자가 단기금융 집합투자기구의 집합투자재산으로 운용할 수 있는 채무증권은, 취득 시점을 기준으로 신용평가등급이 최상위 등급 또는 최상위 등급의 차하위 등급(상위 2개 등급) 이내여야 한다.
26. ②

O/X, 빈칸 문제

52. 투자매매업자·투자중개업자가 기업어음증권을 장외거래할 경우, 둘 이상의 신용평가자로부터 신용평가를 받은 기업어음증권이어야 하며, 기업어음증권에 대해 직·간접적으로 지급보증을 하여야 한다. (O, X)

53. 투자매매업자·투자중개업자가 장외파생상품을 매매할 경우, 상대방이 일반투자자라면 그 거래의 목적이 (   )일 경우에만 매매가 가능하다.

54. 내부자거래 규제 대상인 '특정 증권 등'은 당해 법인이 발행한 증권에 한정된다. (O, X)

55. 당해 법인의 일반 주주로서 권리 행사 과정에서 미공개 중요정보를 알게 된 자는 내부자 거래 규제 대상이다. (O, X)

56. 법인과 계약을 체결하고 있거나 체결을 교섭하고 있어 법인의 미공개 중요정보를 알게 된 자는 '준내부자'에 해당하여 내부자거래 규제 대상이 된다. (O, X)

57. 금융위원회가 설치·운영하는 전자전달매체를 통해 그 내용이 공개된 정보는, 정보 공개 후 (   )이 지나지 않으면 미공개 중요정보에 해당한다.

58. 공개매수 예정자가 공개매수를 목적으로 거래하는 경우와 같이 정보이용이 부득이한 경우에는 미공개정보 이용 규제대상 예외에 해당한다. (O, X)

59. (   )는 일정 내부자에 대해 미공개 중요정보의 이용 여부와는 관계없이 특정 증권 등의 단기매매거래에 따른 이익을 회사에 반환하도록 하는 제도로, 내부자의 미공개 중요정보 이용행위를 예방하는 데 그 목적이 있다.

선택형 문제(2지선다 객관식)

27. 공공적 법인의 주식 소유제한에 대한 내용으로 옳은 것은?
    ① 공공적 법인이 발행한 주식은 누구의 명의로든지 자기의 계산으로 발행주식 총수의 일정 기준량을 초과할 수 없다.
    ② 공공적 법인의 주식 소유제한 시 의결권 없는 주식 또한 발행주식 총수에 포함된다.

28. 외국인의 증권 소유제한에 대한 내용으로 옳은 것은?
    ① 외국인·외국법인 등은 금융위원회가 정하여 고시하는 경우를 제외하고는 누구의 명의로든지 자기의 계산으로 공공적 법인이 발행한 지분증권의 취득한도를 초과하여 취득할 수 없다.
    ② 종목별 외국인·외국법인 등의 전체 취득한도는 해당 종목의 지분증권 총수의 50%이다.

29. 다음 중 내부자거래 규제의 적용대상 법인은?
    ① 상장법인(6개월 내 상장 예정법인 포함)
    ② 상장법인(6개월 내 상장 예정법인 포함) 및 비상장법인

30. 자본시장법상 단기매매차익 반환대상에 해당하는 자는?
    ① 주권상장법인의 주요 주주, 임원 및 재무·회계·기획 관련 직원
    ② 주권상장법인의 주요 주주, 임원 및 모든 직원

31. 다음 중 임원 및 주요 주주의 특정 증권 등 소유상황 보고방법으로 옳은 것은?
    ① 임원 또는 주요 주주가 보유한 특정 증권 등의 누적변동수량이 1,000주 이상인 경우, 그 변동이 있는 날부터 5영업일까지 증선위와 거래소에 보고해야 한다.
    ② 임원 또는 주요 주주가 보유한 특정 증권 등의 누적취득(처분) 금액이 5천만원 이상인 경우 그 변동이 있는 날부터 5영업일까지 증선위와 거래소에 보고해야 한다.

정답 및 해설

52. X, 기업어음증권에 대해 직·간접적으로 지급보증을 하지 않아야 한다.
53. 위험회피
54. X, 내부자거래 규제 대상인 '특정 증권 등'은 당해 법인이 발행한 증권에 한정되지 않고, 당해 법인 관련 증권을 기초자산으로 한 금융투자상품이 포함되어 국내 기업이 외국에서 발행한 증권예탁증권 및 파생결합증권 등도 포함된다.
55. X, 일반 주주가 아닌, 주요 주주를 규제대상으로 한다.
56. O
57. 3시간
58. O
59. 단기매매차익 반환제도

정답 및 해설

27. ①, 의결권 없는 주식은 발행주식 총수에 포함되지 않는다.
    [참고] 공공적 법인의 주식 소유제한 한도
    - 그 주식이 상장된 당시에 발행주식 총수의 10% 이상을 소유한 주주는 그 소유비율
    - 그 외의 자는 발행주식 총수의 3% 이내에서 정관이 정하는 비율
28. ①, 종목별 외국인·외국법인 등의 전체 취득한도는 해당 종목의 지분증권 총수의 40%이다.
    종목별 외국인·외국법인 등의 1인 취득한도는 해당 공공적 법인의 정관에서 정한 한도이다.
29. ①
30. ①, 단기매매차익 반환대상 직원은 재무·회계·기획·연구개발 관련 업무에 종사하는 직원과, 법인의 주요사항보고 대상의 수립·변경 등을 담당하고 있는 직원으로, 증권선물위원회가 직무상 미공개중요정보를 알 수 있다고 인정한 자에 한한다.
31. ①, 5,000만원 → 1,000만원

O/X, 빈칸 문제

60. 주식 등의 대량취득·처분 규제 대상 행위는 (   ), (   ), (   ) 3개의 조건을 모두 충족한 것에 한한다.

61. 반환대상이 되는 특정 증권 등의 단기매매차익은 주권상장법인의 특정 증권 등을 매수한 후 3개월 이내에 매도하거나, 특정 증권 등을 매도한 후 3개월 이내에 매수하여 얻은 이익이다. (O, X)

62. 시세조종금지 및 부정거래행위 금지를 위반한 자는 (   ) 이상의 유기징역 또는 그 위반행위로 얻은 이익이나 회피한 손실액의 (   ) 이상 (   ) 이하에 상응하는 벌금에 처한다.

63. 손익이전, 권리이전, 조세회피를 목적으로 타인과 서로 짜고하는 매매는 시세관여 교란행위에 해당한다. (O, X)

64. 시장질서 교란행위에 대해서는 (   ) 이하의 과징금을 부과할 수 있고, 위반행위와 관련된 거래로 얻은 이익 등의 1.5배가 (   )을 넘는 경우 해당 금액 이하의 과징금을 부과할 수 있다.

선택형 문제(2지선다 객관식)

32. 동일 품목의 장내파생상품을 금융위원회가 고시하는 수량 이상을 보유하게 될 경우, 보유 상황의 보고 일자는?
    ① 보유하게 된 날로부터 5영업일 이내
    ② 보유하게 된 날로부터 7영업일 이내

33. 본인의 매매와 같은 시기에 동일한 가격 혹은 약정수치로 타인이 그 증권이나 장내파생상품을 매매할 것을 사전에 서로 협의한 후 매매하는 행위는?
    ① 가장매매
    ② 통정매매

34. 증권 매매에서 부당한 이익을 얻거나 제3자에게 부당한 이익을 얻게 할 목적으로 그 증권과 연계증권의 시세를 변동 혹은 고정시키는 행위는?
    ① 현·선연계 시세조종
    ② 현·현연계 시세조종

35. 시장질서 교란행위 규제에 대한 내용으로 옳은 것은?
    ① 시장질서 교란행위 규제 도입으로 인해 2차 이상의 다차 정보수령자의 미공개정보이용, 외부정보 이용, 부정한 방법으로 취득한 정보이용 등이 규제된다.
    ② 허수성 주문의 대량 제출, 가장·통정성 매매 등으로 시세에 부당한 영향을 주더라도, 부당이득의 목적이 없다면 처벌 대상이 아니다.

36. 시세조종행위 규제에 대한 내용으로 옳은 것은?
    ① 상장증권·장내파생상품의 시세를 고정시키거나 안정시킬 목적으로 증권·장내파생상품에 관한 일련의 매매·위탁·수탁을 하는 행위는 허용된다.
    ② 상장증권·장내파생상품의 매매를 유인할 목적으로 증권·장내파생상품의 시세를 변동시키는 매매·위탁·수탁을 할 수 없다.

정답 및 해설

60. 회사나 임원에 대해 사실상 영향력을 행사할 목적의 취득일 것, 금융위원회가 정하여 고시하는 비율 이상의 대량취득·처분일 것, 취득·처분이 5% 보고대상에 해당할 것

61. X, 3개월 → 6개월

62. 1년, 3배, 5배

63. X, 손익이전 또는 조세회피의 목적으로 타인과 서로 짜고하는 매매이거나, 권리이전을 목적으로 하지 않고 거짓으로 꾸민 매매일 경우 시세관여 교란행위에 해당한다.

64. 5억원, 5억원

정답 및 해설

32. ①

33. ②, 가장매매란 증권 혹은 장내파생상품 매매 시 권리의 이전이 목적이 아닌 거짓으로 꾸민 매매를 하는 행위를 말한다.

34. ②, 현·선연계 시세조종은 장내파생상품(장내파생상품 기초자산) 매매에서 부당한 이익을 얻거나 제3자에게 부당한 이익을 얻게 할 목적으로 그 장내파생상품 기초자산(장내파생상품)의 시세를 변동 혹은 고정시키는 행위이다.

35. ①, 매매유인 혹은 부당이득의 목적이 없다 하더라도, 허수성 주문의 대량제출, 가장·통정성 매매 등으로 시세에 부당한 영향을 준 경우 과징금 부과 대상이 된다.

36. ②, 누구든지 상장증권·장내파생상품의 시세를 고정시키거나 안정시킬 목적으로 증권·장내파생상품에 관한 일련의 매매·위탁·수탁을 하는 행위는 금지된다.

O/X, 빈칸 문제

65. 상호저축은행법에 따른 상호저축은행과 그 중앙회는 금융감독원의 검사대상기관에 해당한다. (O, X)

66. 금융감독원장은 제재에 관한 사항의 심의를 위해 제재심의위원회를 설치·운영해야 하며, 심의의 생략이 필요할 경우 금융위원회의 승인을 받아야 한다. (O, X)

67. 검사결과 조치는 금융위원회의 심의·의결을 거치되 금융투자업자 또는 그 임직원에 대한 과태료 부과, 자본시장법에 의한 조치·명령 등의 사항은 (   )의 사전 심의를 거쳐 조치해야 한다.

68. 제재를 받은 금융기관이나 임직원은 당해 제재처분이나 조치요구가 위법하거나 부당하다고 인정되는 경우 금융위원회나 금융감독원장에게 이의를 신청할 수 있으며, 이의신청 처리결과가 부당하다고 느껴질 경우 이에 대해 다시 이의를 신청할 수 있다. (O, X)

69. 금융기관은 민사소송에서 패소가 확정되거나, 소송물 가액이 최근 분기 말 현재 자기자본의 (   )% 또는 (   )억원을 초과하는 민사소송에 피소된 경우 해당 사항을 금융감독원장에게 보고해야 한다.

70. 미공개정보 이용행위, 주식의 대량보유 등의 보고 등은 증권거래법상 금융위원회의 자본시장 조사의 주요 대상에 해당한다. (O, X)

71. 자본시장법상 금융위원회의 조사결과 조치에 따른 주요 사항 보고서의 과징금 기준금액 및 주가 변동률 산정대상기간은 공시의무발생일 전후 3개월이다. (O, X)

선택형 문제(2지선다 객관식)

37. 금융기관 검사에 대한 내용으로 옳은 것은?
    ① 검사의 종류는 종합검사와 부문검사로 나뉘며, 종합검사는 대부분 현장검사로 진행된다.
    ② 검사의 종류는 종합검사와 부문검사로 나뉘며, 종합검사는 대부분 서면검사로 진행된다.

38. 금융기관 검사의 절차로 옳은 것은?
    ① 사전조사 ⇨ 검사실시 ⇨ 검사결과조치 ⇨ 결과보고 ⇨ 사후관리
    ② 사전조사 ⇨ 검사실시 ⇨ 결과보고 ⇨ 검사결과조치 ⇨ 사후관리

39. 금융사고의 내용으로 옳은 것은?
    ① 금융기관은 금융사고 보고를 고의적으로 지연·숨기려 한 임직원에 대해 금융사고 관련 임직원에 준하여 처리해야 한다.
    ② 금융사고 보고의 대상 및 보고시기와 관련된 사항은 금융위원회에서 정한다.

40. 자본시장 조사업무의 대상에 대한 내용으로 옳은 것은?
    ① 내부자의 단기매매차익 취득은 자본시장 조사 대상에 해당한다.
    ② 공시자료나 언론보도와 같이 널리 알려진 풍문을 근거로 의뢰된 조사 또한 자본시장 조사 대상에 해당한다.

정답 및 해설
65. O
66. X, 금융감독원장의 재량으로 심의회의 심의를 생략할 수 있다.
67. 증권선물위원회
68. X, 이의신청의 처리결과에 대해서는 다시 이의신청을 할 수 없다.
69. 1, 100
70. O
71. X, 3개월 → 15거래일
    산정대상기간을 종전에는 공시의무발생일 전후 3개월으로 했으나, 자본시장법 개정에 따라 공시의무발생일 전후 15거래일간으로 단축되었다.

정답 및 해설
37. ①
38. ②
39. ①, 금융사고 보고 대상 및 보고시기와 관련된 사항은 금융감독원장이 정한다.
40. ①, 공시자료나 언론보도와 같이 널리 알려진 풍문을 근거로 조사를 의뢰하는 경우에는 조사 면제대상에 해당한다.

3장 한국금융투자협회규정

O/X, 빈칸 문제

1. 금융상품판매업자는 금융소비자와 상품 계약을 체결하기 전, 상대방이 일반투자자인지 여부를 우선적으로 확인해야 한다. (O, X)

2. 일반투자자로부터 파악한 투자자 정보는 서명뿐만 아니라 기명날인, 녹취 등의 방법을 통해 해당 일반투자자에 확인받고, 이를 유지·관리해야 한다. (O, X)

3. 주권상장법인은 전문투자자이지만 일반투자자로 대우받기를 원할 경우 그 내용을 서면으로 금융투자업자에게 통지해야 한다. (O, X)

4. 원칙적으로 금융투자회사가 일반투자자를 대상으로 투자권유를 하는 경우, 투자설명서를 의무적으로 제공해야 한다. (O, X)

5. 일반투자자가 고난도 금융투자상품 이외에 공모로 발행된 파생결합증권을 매매하고자 할 경우, 투자설명서 이외에 (   )를 추가로 교부하여야 한다.

6. (   )란 같은 날 같은 종목의 금융투자상품을 매수한 후 매도하거나, 매도한 후 매수하여 일중 가격 등락의 차액을 얻는 것을 목적으로 하는 매매거래이다.

7. (   )란 투자자 본인의 판단은 배제한 채 사전에 내장된 조건에 의해 금융투자상품의 매매종목·매매시점·매매호가에 대한 의사결정 정보를 제공하거나 자동매매주문을 내는 전산소프트웨어에 의한 매매거래이다.

8. 일반투자자인 법인·단체가 전문투자자 지정신청을 하려는 경우, 지정신청일 전일 기준 금융투자상품 잔고가 (   ) 이상이어야 한다.

9. 전문투자자 지정의 효력은 지정된 날부터 (   )이다.

10. (   )란 금융투자회사 명의로 공표되거나 제3자에게 제공되는 자료로, 집합투자증권을 제외한 특정 금융투자상품의 가치에 대한 주장이나 예측을 담고 있다.

정답 및 해설
1. O
2. O
3. O
4. O
5. 핵심설명서
6. 일중매매거래
7. 시스템매매
8. 100억원
9. 2년
10. 조사분석자료

선택형 문제(2지선다 객관식)

1. 다음 중 금융투자회사의 조사분석대상 제한사항으로 옳은 것은?
   ① 자신이 발행한 금융투자상품
   ② 자신이 발행주식 총수의 1% 이상 주식을 보유한 법인이 발행한 주식 또는 주권 관련 사채권

2. 금융투자분석사의 매매거래 제한에 대한 내용으로 옳은 것은?
   ① 금융투자분석사는 조사분석자료를 공표한 금융투자상품의 공표일부터 3일 동안은 공표한 투자의견과 같은 방향으로 매매해야 한다.
   ② 자본시장법은 조사분석자료 공표 후 24시간 경과 전에 회사가 자기 계산으로 공표된 금융투자상품을 매매하는 행위를 금지한다.

3. 주식워런트·상장지수증권에 대한 투자자보호 특례로 옳은 것은?
   ① 금융투자회사는 일반투자자가 최초로 주식워런트증권 혹은 상장지수증권을 매매하고자 할 경우, 기존 위탁매매거래계좌가 있더라도 서명 등의 방법으로 매매의사를 별도로 확인해야 한다.
   ② 법인·단체·외국인이 주식워런트증권을 매매하고자 하는 경우, 협회가 인정하는 교육을 사전에 이수해야 한다.

4. 투자광고 시 금지행위에 대한 것으로 옳은 것은?
   ① 투자자들이 손실보전 또는 이익보장으로 오인할 우려가 있는 표시를 하는 행위는 금지된다.
   ② 전환형 집합투자기구의 전환목표수익률과 같이 실현되지 않은 수익률을 표시하는 행위는 금지된다.

5. 투자광고 시 펀드의 운용실적 표시에 대한 내용으로 옳은 것은?
   ① 운용실적 표기 시 혼란을 방지하기 위해 기준일로부터 과거 1개월 이상의 수익률만을 표시해야 한다.
   ② MMF의 운용실적을 표시하는 경우 과거 1개월의 수익률을 표시해야 한다.

정답 및 해설
1. ①, 자신이 발행한 주식 총수의 5% 이상 주식을 보유한 법인이 발행한 주식 또는 주권 관련 사채권은 조사분석자료를 공표하거나 특정인에게 제공해서는 안 된다.
2. ②, 금융투자분석사는 조사분석자료를 공표한 금융투자상품의 공표일부터 7일 동안은 공표한 투자의견과 같은 방향으로 매매해야 한다.
3. ①, 금융투자회사는 일반투자자가 주식워런트증권을 매매하고자 하는 경우 협회가 인정하는 교육을 이수하도록 해야 한다. 하지만 법인·단체·외국인의 경우 사전 교육 이수 대상에서 제외된다.
4. ①, 운용실적에 따라 수익이 결정되는 금융투자상품 등의 실현되지 않은 수익률을 표시하는 것은 금지되지만, 전환형 집합투자기구의 전환목표수익률, 성과보수형 집합투자기구의 기준수익률 등은 예외로 가능하다.
5. ②, 운용실적 표기 시 기준일로부터 과거 1개월 이상의 수익률을 사용하되, 과거 6개월 및 1년 수익률도 함께 표시해야 한다.

O/X, 빈칸 문제

11. 회사가 증권시장에 최초로 주권을 상장하기 위해 대표주관업무를 수행한 경우, 해당 법인에 대해 최초 거래일로부터 1년 간 (   ) 회 이상 조사분석자료를 무료로 공표해야 한다.

12. 금융투자회사는 최근 1년간 3회 이상 조사분석자료를 공표한 경우, 최종 공표일이 속하는 월말부터 (   ) 이내에 조사분석자료를 추가로 공표해야 한다.

13. 투자광고 시 다른 금융투자회사가 판매하는 MMF와 운용실적 등에 관한 비교광고를 할 수 있다. (O, X)

14. 투자광고를 하려는 경우 준법감시인의 사전승인을 거친 후 협회에 심사 청구해야 하지만, 단순 이미지 광고나 지점 광고의 경우에는 준법감시인의 사전승인만으로 투자광고가 가능하다. (O, X)

15. 협회에 투자광고와 관련한 심사를 청구하기 위해서는 (   )와 투자광고안을 함께 제출해야 하며, 협회는 신고서가 접수된 날부터 3영업일 이내에 심사결과를 금융투자회사에 통보해야 한다.

16. 사업보고서 제출대상법인이 반기보고서와 분기보고서를 전산파일과 함께 제출하였을 경우, 해당 분기의 영업보고서는 제출한 것으로 본다. (O, X)

17. 파생상품 판매 시 금융투자회사 영업활동의 자율성 보장을 위해 재산상 이익의 제공 한도 규제가 폐지되었다. (O, X)

18. 금융투자회사는 투자자의 요청이 있을 경우에만 투자자의 계좌를 폐쇄할 수 있다. (O, X)

19. 새로운 비즈니스 모델을 적용한 금융투자상품 또는 이에 준하는 서비스로, 국내외에서 이미 공지되었거나 판매된 적이 없는 것은 신상품에 해당한다. (O, X)

20. 금융투자회사가 이해관계인과 합하여 발행회사 주식의 5% 이상 10% 미만을 보유하였을 경우에는 다른 금융투자회사(이해관계인이 아니고 발행회사의 주식을 보유하지 않은)와의 공동 주관업무의 수행은 가능하다. (O, X)

선택형 문제(2지선다 객관식)

6. 유사해외통화선물거래(FX마진거래)제도에 관한 내용으로 옳은 것은?
   ① 유사해외통화선물 거래대상은 원화-외국통화 간 환율을 포함한 이종통화 간의 환율이다.
   ② 유사해외통화선물의 위탁증거금은 거래단위당 미화 1만 달러 이상이며, 미국 달러만이 증거금으로 인정된다.

7. 금융투자회사의 단기물 발행 제한에 관한 내용으로 옳은 것은?
   ① 금융투자회사는 주식워런트증권을 제외한 파생결합증권 및 파생결합사채의 만기를 3개월 이상으로 설정해야 한다.
   ② 파생결합증권 및 파생결합사채 발행 시 즉시 지급조건 달성에 의해 발행일로부터 상환금 지급일까지의 기간이 3개월 미만이 될 경우에는 발행이 불가능하다.

8. 투자광고 시 금지되는 행위로 옳은 것은?
   ① 수익률이나 운용실적 표시 시 세전·세후 여부를 표시하지 않는 행위는 금지된다.
   ② 금융투자회사의 경영실태 및 위험에 대한 평과결과를 타 금융회사와 비교할 경우, 그 사실을 광고 내에 기재할 경우에만 예외적으로 가능하다.

9. 금융투자업규정상 ETF를 제외한 집합투자증권이 신용공여의 담보 및 보증금으로 제공될 경우의 평가방법으로 옳은 것은?
   ① 당일 종가
   ② 당일에 고시된 기준 가격

10. 금융투자회사의 약관운용에 관한 규정으로 옳은 것은?
    ① 금융투자사가 금융투자업과 관련한 약관을 제정하거나 변경하려는 경우 약관의 제정 또는 변경 후 7일 이내에 협회에 보고해야 한다.
    ② 약관의 제정·변경이 사전신고에 해당되는 경우에는 약관의 제정 또는 변경 시행예정일 3영업일 전까지 협회에 신고해야 한다.

정답 및 해설

11. 2
12. 6개월
13. X
14. O
15. 투자광고계획신고서
16. O
17. X, 금융투자회사의 영업활동의 자율성 보장을 위해 재산상 이익의 제공 한도 규제를 폐지하였으나, 거래의 위험성이 높은 파생상품에 대해서는 재산상 이익 제공을 활용한 고객 유치경쟁을 제한하기 위해 예외적으로 재산상 이익의 제공 한도 규제를 유지하였다.
18. X, 투자자의 계좌 폐쇄 요청이나 계좌의 잔액과 잔량이 0이 된 날로부터 6개월이 경과하였을 경우 해당 계좌를 폐쇄할 수 있다.
19. O
20. O

정답 및 해설

6. ②, 유사해외통화선물 거래대상은 원화-외국통화 간 환율을 제외한 이종통화 간의 환율이다.
7. ①, 파생결합증권 및 파생결합사채가 즉시 지급조건 달성에 의해 발행일로부터 상환금 지급일까지의 기간이 3개월 미만이 될 경우에도 발행이 가능하다.
8. ①, 금융투자회사의 경영실태 및 위험에 대한 평과결과를 타 금융투자회사의 그것과 비교하여 표시하는 행위는 금지된다.
9. ②, ETF를 제외한 집합투자증권이 신용공여의 담보 및 보증금으로 제공될 경우 당일에 고시된 기준 가격(당일에 고시된 기준가격에 따른 평가가 제한될 경우 최근일에 고시된 기준 가격)으로 평가해야 하며, 상장지수집합투자기구의 집합투자증권(ETF)은 당일 종가(당일 종가에 따른 평가가 제한될 경우 최근일 기준 가격)로 평가해야 한다.
10. ①, 3영업일 → 10영업일

4장 주식투자운용/투자전략

O/X, 빈칸 문제

1. 자산운용은 (   ), (   ), (   )의 3단계 활동이 긴밀하게 연결되어 있는 의사결정체계이다.
2. 포트폴리오 관점에서 국내 주식과 채권의 상관계수는 거의 0으로 나타난다. (O, X)
3. 약형 효율적 시장가설에 의하면, 공개된 정보로부터 이익을 얻는 것은 불가능하다. (O, X)
4. 마켓타이밍, 테마 선택, 종목 선택 전략은 패시브 운용전략에 해당한다. (O, X)
5. 자산배분전략의 의사결정이 되는 자산집단은 (   ), (   ), (   ), (   ), (   )의 기본적 성격을 지녀야 한다.
6. (   ) 자산배분은 장기적인 기금의 자산구성을 정하는 의사결정이다.
7. 전략적 자산배분은 자본시장에 대한 가정이 크게 변하더라도 자산배분을 변경하지 않고 유지한다. (O, X)
8. 전략적 자산배분은 포트폴리오 이론에 토대를 두고 있다. (O, X)
9. 여러 개의 효율적 포트폴리오를 수익률과 위험의 공간에서 연속선으로 연결한 것을 (   )이라고 한다.
10. 입력자료의 추정 오차를 반영한 효율적 투자기회선을 (   )이라고 한다.

선택형 문제(2지선다 객관식)

1. 주식운용의 최근 인식 변화로 옳은 것은?
   ① 액티브 운용이 점차 중요하게 인식된다.
   ② 패시브 운용이 점차 중요하게 인식된다.

2. 효율적 시장가설에 대한 설명으로 옳은 것은?
   ① 약형 효율적 시장가설에 의하면 기술적 분석을 고려해야 한다.
   ② 약형 효율적 시장가설에 의하면 기술적 분석은 아무런 가치가 없다.

3. 인덱스펀드가 속하는 운용전략은?
   ① 패시브 운용전략
   ② 액티브 운용전략

4. 자산과 자산집단을 구분한 내용으로 옳은 것은?
   ① 자산은 자산집단보다 세분화된 개념이다.
   ② 자산집단은 자산보다 세분화된 개념이다.

5. 전략적 자산배분의 결정자로 옳은 것은?
   ① 전략적 자산배분은 투자자가 정하는 것이 원칙이다.
   ② 전략적 자산배분은 자산운용자가 정하는 것이 원칙이다.

6. 퍼지 투자기회선에 대한 설명으로 옳은 것은?
   ① 투자기회선이 선으로 표시된다.
   ② 투자기회선이 영역으로 표시된다.

정답 및 해설

1. 계획(Plan), 실행(Do), 평가(See)
2. O
3. X, 약형 효율적 시장은 과거 정보로는 이익을 얻을 수 없고, 준강형 효율적 시장은 공개된 정보로부터 이익을 얻을 수 없으며, 강형 효율적 시장은 알려진 정보나 예측 가능한 정보로도 이익을 얻을 수 없다.
4. X, 패시브 → 액티브
5. 동질성, 배타성, 분산 가능성, 포괄성, 충분성
6. 전략적
7. X, 근본적인 자본시장의 가정이 변화하지 않으면 자산배분을 유지하지만, 자본시장의 가정이 크게 변한다면 수정하게 된다.
8. O
9. 효율적 투자기회선(Efficient Frontier)
10. 퍼지 투자기회선(Fuzzy Frontier)

정답 및 해설

1. ②, 저성장 기조로 안정성을 강조한 패시브 펀드가 확대되고 있다.
2. ②, 약형 효율적 시장가설은 과거 주가의 움직임이 미래 주가의 움직임에 영향을 주지 않기 때문에 기술적 분석은 아무런 가치가 없다.
3. ①, 인덱스펀드는 패시브 전략의 대표적 예이다.
4. ②, 자산집단은 자산보다 세분화된 개념이다. 주식이라는 자산 내에 대형주, 중형주, 소형주 등의 세부적인 자산집단이 존재할 수 있다.
5. ①, 전략적 자산배분은 투자자가 정하는 것이 원칙이다.
6. ②, 퍼지 투자기회선은 선이 아니라 일종의 영역으로 표시된다.

O/X, 빈칸 문제

11. 최적 포트폴리오는 (   )과 (   )이 접하는 점에서 결정된다.

12. (   ) 자산배분의 이론적 배경이 되는 역투자전략은 시장가격이 내재가치 대비 고평가되면 (   ), 저평가되면 (   )하는 전략이다.

13. 전술적 자산배분은 자본시장에서 자산집단의 가격이 랜덤워크(Random Walk)를 따른다고 가정한다. (O, X)

14. 전술적 자산배분은 자본시장의 과잉반응 현상과 자산집단 가격의 평균 반전 현상을 활용하는 전략이다. (O, X)

15. 자산집단의 가격이 단기적으로는 내재가치에서 벗어나지만 장기적으로는 결국 내재가치로 수렴한다는 것을 (   )이라고 한다.

16. 시장 방향과 역으로 투자하는 역투자전략을 지향하는 전략으로, 정액법과 정률법에 의해 주식의 편입금액 및 편입비중을 일정하게 유지하는 전략을 (   )이라고 한다.

17. 투자자가 원하는 특정 투자성과를 달성하기 위해 기금이나 펀드의 자산 구성 비율을 초단기적으로 변경하는 전략을 (   ) 전략이라고 한다.

18. 포트폴리오 보험 전략은 주로 정상적 투자자가 선호하는 전략이다. (O, X)

19. 보험자산배분 전략은 옵션을 이용하지 않고 보험 포트폴리오의 수익구조를 창출하고자 한다. (O, X)

20. 옵션의 가격 변동과 기초자산의 가격 변동의 비율인 (   )를 위험자산 투자 비중과 일치시키는 기법을 (   )이라고 한다.

선택형 문제(2지선다 객관식)

7. 기대수익과 위험 간의 관계를 고려하여 지배원리에 의해 포트폴리오를 구성하는 자산배분의 실행방법은?
   ① 위험수익 최적화 방법
   ② 시장가치 접근 방법

8. 시장의 변화 방향을 예상하여 사전적으로 자산구성을 변동시켜 나가는 전략은?
   ① 전술적 자산배분
   ② 전략적 자산배분

9. 전술적 자산배분에서 가정하는 자금운용자의 위험허용한도에 대한 설명으로 옳은 것은?
   ① 전술적 자산배분은 자금운용자가 고정적인 위험허용한도를 가지고 있다고 가정한다.
   ② 전술적 자산배분은 자금운용자가 시장 가격 변동 상황에 따라 다른 위험허용한도를 가지고 있다고 가정한다.

10. 보험자산배분에 대한 설명으로 옳은 것은?
    ① 시장가격에 대한 미래 예측치를 사용하여 운용하는 능동적인 전략이다.
    ② 미래 예측치를 사용하지 않고 시장가격 변화의 추세만을 반영하여 운용하는 수동적 전략이다.

11. KOSPI, KOSPI200에서 채택하는 방식이며, 지수를 구성하는 종목의 모든 발행 주식을 보유했을 때의 성과를 나타내는 주가지수는?
    ① 주가가중 주가지수
    ② 시가가중 주가지수

정답 및 해설

11. 효율적 투자기회선, 투자자의 무차별곡선
12. 전술적, 매도, 매수
13. X, 전술적 자산배분은 랜덤워크(Random Walk)가 아니라 미래 증권 가격이 예측 가능하다고 본다. (증권시장이 비효율적이라고 가정함)
14. O
15. 평균 반전 현상
16. 포뮬러 플랜
17. 보험자산배분
18. X, 포트폴리오 보험 전략을 선호하는 투자자는 위험자산에 투자하면서 극단적으로 위험을 회피하려는 비정상적인 투자자이다.
19. O
20. 델타, 델타 헤징

정답 및 해설

7. ①, 위험수익 최적화 방법은 기대수익과 위험 간의 관계를 고려하여 지배원리에 의해 포트폴리오를 구성하는 방법으로, 효율적 투자기회선과 투자자의 무차별곡선이 접하는 점을 최적 포트폴리오로 한다.
8. ①, 전술적 자산배분에 대한 설명이다.
9. ①, 전술적 자산배분은 자금운용자가 고정적인 위험허용한도를 가지고 있다고 가정한다. 이는 평범한 펀드운용조직이나 자금운용자에게 기대하기 어려운 가정이다.
10. ②, 보험자산배분은 초단기적으로 자산배분을 변경하는 전략이지만, 가능한 한 미래 예측치를 사용하지 않고 시장가격의 변화 추세만을 반영하여 운용하는 수동적인 전략이다.
11. ②, 주가가중 주가지수는 시가총액을 가중치로 하는 시가가중 주가지수와 달리, 절대적인 주당 가격을 가중치로 하며 지수를 구성하는 모든 종목을 1주씩 매입하여 보유함으로써 주가가중 방식의 주가지수 수익률을 얻을 수 있다.

O/X, 빈칸 문제

21. 고정비율 포트폴리오 보험 전략(CPPI)은 단순하고 유연성이 높은 전략이다. (O, X)

22. CPPI 전략은 사전에 반드시 투자기간을 설정해야 한다. (O, X)

23. CPPI 전략에서 익스포저는 (   )을 뜻한다.

24. CPPI 전략은 채권에 투자하고 남은 금액을 주식부문에 배분한다. (O, X)

25. 포트폴리오 보험은 투자 만기 시에 최소 보장가치 이하의 투자성과가 나타날 확률이 0이다. (O, X)

26. 주가지수선물을 이용한 포트폴리오 보험 전략은 거래비용이 (   ), 유동성이 (   ), 선물의 (   )제도로 자산들의 동시적 거래가 가능하다.

27. 주식투자는 전통적으로 (   ) 운용전략이 주를 이루었으나, 최근 (   ) 운용전략이 빠르게 증가하고 있다.

28. (   ) 운용전략의 대표적인 형태에는 인덱스펀드가 있다.

29. 인덱스펀드의 구성방법 중 포트폴리오 모형을 이용해 벤치마크 대비 잔차 위험이 허용 수준 이하인 포트폴리오를 만드는 방법은 (   )이다.

30. 인덱스펀드는 일반적으로 낮은 운용비용, 높은 회전율, 분산투자라는 속성을 지닌다. (O, X)

선택형 문제(2지선다 객관식)

12. 옵션모형을 이용한 포트폴리오 보험(OBPI) 전략에 대한 설명으로 옳은 것은?
    ① 위험자산과 풋옵션을 함께 보유하는 전략이다.
    ② 풋옵션을 매입하지 않고, 델타 헤징을 통해 자산의 투자 비중을 동적으로 조정하는 전략이다.

13. CPPI 전략에서 주식투자금액의 투자 공식으로 옳은 것은?
    ① 포트폴리오 평가액 - 최저 보장수익의 현재가치
    ② 승수 × 쿠션

14. CPPI 전략에서 쿠션(Cushion)을 올바르게 표현한 것은?
    ① 포트폴리오 평가액 - 최저 보장수익의 현재가치
    ② 승수 × (포트폴리오 평가액 - 최저 보장수익의 현재가치)

15. 투자대상에 대한 기대수익률이나 위험을 반영하여 주식구성을 변경시키지 않는 운용전략은?
    ① 액티브 운용전략
    ② 패시브 운용전략

16. 인덱스펀드의 구성방법 중 벤치마크를 구성하는 모든 종목을 벤치마크의 구성비율대로 사서 보유하는 가장 단순하고 직접적인 방법은?
    ① 표본추출법
    ② 완전복제법

정답 및 해설

21. O
22. X, 투자기간이 반드시 사전에 정해질 필요는 없다.
23. 주식투자금액
24. X, 쿠션에 승수를 곱하여 주식투자금액을 구한 뒤, 주식에 투자하고 남은 금액을 채권부문에 배분한다.
25. O
26. 절감되고, 높으며, 당일결제
27. 액티브, 패시브
28. 패시브
29. 최적화법
30. X, 인덱스펀드는 일반적으로 회전율이 낮다.

정답 및 해설

12. ②, 위험자산과 풋옵션을 함께 보유하는 전략은 방어적 풋이고, 풋옵션을 매입하지 않지만 방어적 풋의 성과를 모방하기 위해 델타 헤징으로 자산의 투자 비중을 동적으로 조정하는 전략이 OBPI 전략이다.
13. ②, 주식투자금액(익스포저) = 승수 × 쿠션
14. ①, 쿠션 = 포트폴리오 평가액 - 최소 보장가치의 현재가치
15. ②, 패시브 운용전략은 주식구성을 변경시키려 하지 않는다.
16. ②, 완전복제법에 대한 설명이다. 표본추출법은 벤치마크에 포함된 대형주는 모두 포함하되, 중소형주들은 펀드의 성격이 벤치마크와 유사하게 되도록 일부 종목만을 포함하는 방법이다.

O/X, 빈칸 문제

31. 대표적인 준액티브 운용전략의 하나로, 인덱스펀드의 장점을 살리면서도 초과수익을 추구하여 '인덱스 + 알파 펀드'로 불리는 전략을 (　　　　　)라고 한다.

32. 투자기간의 만기까지 원하는 수익·위험구조와 동일한 델타를 가지도록 주식이나 선물 등의 포지션을 지속적으로 변화시키는 운용전략을 (　　　　　)이라고 한다.

33. 델타 헤징전략은 적극적으로 초과수익을 추구하지 않는다는 점에서 패시브 운용전략으로도 볼 수 있고, 거래가 빈번하다는 관점에서 액티브 운용전략으로도 볼 수 있다. (O, X)

34. 기존 모델 포트폴리오에서 주가의 변동으로 인해 발생한 투자비중의 변화를 원래의 의도대로 복구하는 과정을 업그레이딩이라고 한다. (O, X)

35. 개별 종목 선정보다는 섹터, 산업, 테마의 선정을 강조하는 방법은 (　　) 방법이고, 개별 종목 선정을 강조하는 방법은 (　　) 방법이다.

36. 정보비효율 그룹에서 나타나는 이상현상에는 (　　　　), (　　　　), (　　　　), (　　　　), (　　　　)가 있다.

37. 패시브 펀드의 잔차 위험은 액티브 펀드의 잔차 위험보다 크다. (O, X)

38. (　　　)는 기존 재무정보에 포함되어 있지 않으나, 기업의 중장기 지속가능성에 영향을 미칠 수 있는 요인들을 환경, 사회, 지배구조로 나누어 체계화하여 평가하는 Tool이다.

선택형 문제(2지선다 객관식)

17. 저PER 투자, 역행투자, 고배당수익률 투자 방식 등을 포함하는 투자스타일로 옳은 것은?
    ① 가치투자 스타일
    ② 성장투자 스타일

18. 벤치마크와 괴리될 위험을 적절히 통제하며, 벤치마크에 비해 초과수익을 획득하려는 운용전략은?
    ① 액티브 운용전략
    ② 준액티브 운용전략

19. 델타 헤징을 이용한 운용전략에 대한 설명으로 옳은 것은?
    ① 투자기간에 대한 제한이 없고, 사전에 지불해야 하는 비용이 없다.
    ② 파생상품의 만기에 제한을 받고, 사전에 지불해야 하는 비용이 크다.

20. 패시브 펀드를 핵심 포트폴리오로 활용하고 액티브 펀드는 초과수익을 올리기 위한 특수 포트폴리오로 이용하는 혼합전략은?
    ① 핵심-위성 조합
    ② 액티브-보완 조합

21. 주식 포트폴리오 구성 과정으로 옳은 것은?
    ① 투자 유니버스 선정 ⇨ 모델 포트폴리오 구성 ⇨ 실제 포트폴리오 구성 ⇨ Trading ⇨ 성과평가 및 위험관리 ⇨ 리밸런싱&업그레이딩
    ② 투자 유니버스 선정 ⇨ 모델 포트폴리오 구성 ⇨ 실제 포트폴리오 구성 ⇨ Trading ⇨ 리밸런싱&업그레이딩 ⇨ 성과평가 및 위험관리

22. 상대적 저가주 효과 그룹에 해당하는 이상현상은?
    ① 저β 효과
    ② 저PER 효과

정답 및 해설

31. 인핸스드 인덱스펀드
32. 델타 헤징전략
33. O
34. X, 리밸런싱이라고 한다. 업그레이딩은 주가 변동으로 인해 변화된 포트폴리오를 기준으로 그 시점에서 다시 최적 포트폴리오를 구성하는 방법이다.
35. 하향식(Top-Down), 상향식(Bottom-Up)
36. 수익예상 수정 효과, 수익예상 추세 효과, 무시된 기업 효과, 소형주 효과, 1월 효과
37. X, 분산 투자 효과가 큰 패시브 펀드의 잔차 위험은 액티브 펀드의 잔차 위험보다 현저하게 낮다.
38. ESG

정답 및 해설

17. ①, 가치투자 스타일은 현재의 수익이나 자산의 가치 관점에서 상대적으로 가격이 저렴한 주식에 투자하는 운용방식으로, 저PER 투자, 역행투자, 고배당수익률 투자 방식이 포함된다.
18. ②, 준액티브 운용전략에 대한 설명이다.
19. ①, 델타 헤징을 이용한 운용전략은 파생상품을 이용하는 전략과 달리, 투자기간에 대한 제한이 없고, 사전에 지불해야 하는 비용이 없다.
20. ①, 핵심-위성 조합(액티브-핵심 조합)에 대한 설명이다. 액티브-보완 조합은 액티브 운용 분야에 초점이 맞춰져 액티브 운용 전체는 시장 전반을 담당하고, 패시브 펀드는 액티브 운용에서 제외된 분야를 보충하기 위한 펀드로 이용된다.
21. ①, '투자 유니버스 선정 ⇨ 모델 포트폴리오 구성 ⇨ 실제 포트폴리오 구성 ⇨ Trading ⇨ 성과평가 및 위험관리 ⇨ 리밸런싱&업그레이딩' 순이다.
22. ②, 상대적 저가주 효과 그룹의 이상현상에는 저PER 효과, 저PBR 효과가 있다. 저β 효과는 수익률 역전 그룹의 이상현상이다.

5장 채권투자운용/투자전략

O/X, 빈칸 문제

1. 한국에서 외국인이 발행하는 원화표시 채권을 (   ), 미국에서 외국인이 발행하는 달러화표시 채권을 (   ), 일본에서 외국인이 발생하는 엔화표시 채권을 (   )라고 한다.

2. (   )는 만기일 이전에 이자지급이 없는 채권으로, 통화안정증권 등 금융채의 일부가 여기에 속한다.

3. 전환사채는 전환권 행사 시 부채와 자기자본이 증가한다. (O, X)

4. 전환가격은 전환 대상 주식의 시장가격보다 낮게 설정될 수 있다. (O, X)

5. 전환가치(패리티 가격)는 전환된 주식들의 시장가치를 나타내며, 전환 대상 주식의 시장 가격을 (   )로 곱한 것이다.

6. 일반적으로 채권 발행 이율은 '보통사채 > 신주인수권부사채 > 전환사채' 순으로 높다. (O, X)

7. 신주인수권부사채는 신주인수권 행사 시 부채는 감소하고 자기자본은 증가한다. (O, X)

8. 수의상환채권은 시장이자율이 (   )하면 채권 발행기업이 상환권을 행사할 수 있는 권리가 부여된 채권이다.

9. 자산유동화증권은 신용등급이 낮은 자산보유자가 높은 신용 수준을 지닌 일정 규모 이상의 유동화증권 발행을 통해 조달비용을 낮출 수 있다. (O, X)

10. 자산유동화증권은 유동화를 통해 자산의 (   ) 효과를 거둘 수 있기 때문에 금융기관의 자기자본 관리를 강화하는 방안으로 활용된다.

선택형 문제(2지선다 객관식)

1. 역변동금리채권의 가치로 옳은 것은?
   ① 고정금리채권의 가치 + 변동금리채권의 가치
   ② 고정금리채권의 가치 - 변동금리채권의 가치

2. 패리티와 주가와의 관계로 옳은 것은?
   ① 패리티는 주가와 정(+)의 상관관계에 있다.
   ② 패리티는 주가와 음(-)의 상관관계에 있다.

3. 교환사채의 교환권 행사 시 재무구조 변동으로 옳은 것은?
   ① 부채 : 감소, 자기자본 : 증가, 자산 : 변동 없음
   ② 부채 : 감소, 자기자본 : 변동 없음, 자산 : 감소

4. 수의상환청구채권의 가치로 옳은 것은?
   ① 일반채권 가치 - 콜옵션 가치
   ② 일반채권 가치 + 풋옵션 가치

5. 채권자에게는 불리하고, 채권 발행기업에게는 유리한 채권은?
   ① 수의상환채권
   ② 수의상환청구채권

정답 및 해설

1. 아리랑본드, 양키본드, 사무라이본드
2. 할인채
3. X, 전환사채는 전환권 행사 시 채권이 주식으로 전환되면서 고정부채가 자기자본이 되므로 부채는 감소하고, 자기자본은 증가한다.
4. X, 전환가격이 전환 대상 주식의 시장가격보다 낮으면 투자자는 즉시 전환하여 차액을 얻으려고 할 것이기 때문에 전환가격이 시장가격보다 낮게 설정될 수 없다.
5. 전환주의 수
6. O
7. X, 사채는 그대로 존속하고, 신주만 추가로 인수하기 때문에 부채는 변동이 없고, 자기자본은 증가한다. (= 부채 그대로, 자기자본 증가, 자산 증가)
8. 하락
9. O
10. 부외화

정답 및 해설

1. ②, 역변동금리채권 가치 = 고정금리채권의 가치 - 변동금리채권의 가치
2. ①, 패리티는 '주가/전환가격 × 100%'이므로 주가와 양(+)의 상관관계를 가진다.
3. ②, 교환사채는 채권을 발행사가 보유한 타사의 상장주식으로 교환하는 것이므로, 부채는 감소하지만 자본금으로 유입되는 자금은 없다. 따라서 자기자본은 변동 없고, 부채와 자산은 감소한다.
4. ②, 수의상환채권 가치 = 일반채권 가치 - 콜옵션 가치
   수의상환청구채권 가치 = 일반채권 가치 + 풋옵션 가치
5. ①, 수의상환채권은 발행회사가 수의상환권을 행사하기 때문에 채권자에게 불리하고 발행자에게 유리하다. 반면, 수의상환청구채권은 채권자가 수의상환청구권을 행사하기 때문에 채권자에게 유리하고 발행자에게 불리하다.

O/X, 빈칸 문제

11. 공모발행의 간접발행 방식 중 발행회사의 발행위험 부담이 큰 방법은 '총액인수방법 > 잔액인수방법 > 위탁모집방법' 순이다. (O, X)

12. 채권 발행시장은 (　　) 시장으로 간접적 시장인 반면, 채권 유통시장은 (　　) 시장으로 계속적, 구체적, 조직적 시장이다.

13. 채권 가격과 수익률은 (　　)의 관계를 가지며, (　　)한 형태를 가진다.

14. (　　)은 채권으로부터 발생하는 현금흐름의 현재가치와 그 채권의 시장 가격을 일치시켜주는 할인율을 의미하며, 채권의 내부수익률이라고도 불린다.

15. 채권 가격은 잔존기간이 길수록 동일한 수익률 변동에 대한 가격 변동폭은 커진다. (O, X)

16. 채권수익률 변동에 의한 채권 가격 변동은 만기가 길수록 (　　)하지만, 그 증감률은 (　　)한다.

17. 만기가 일정할 때 채권수익률 하락으로 인한 가격 상승폭은 같은 폭의 채권수익률 상승으로 인한 가격 하락폭보다 (　　).

18. 채권의 각 현금흐름을 회수하는 데 걸리는 가중평균 기간을 (　　)이라고 한다.

19. 맥컬레이 듀레이션은 채권 현금흐름의 무게 중심 역할을 하는 균형점이다. (O, X)

20. 이표채의 경우 액면금리가 낮을수록 듀레이션은 짧아진다. (O, X)

21. 이표채의 듀레이션은 항상 만기보다 짧다. (O, X)

선택형 문제(2지선다 객관식)

6. 채권 유통시장에 대한 설명으로 옳은 것은?
   ① 주식의 유통시장과 달리 장외시장의 비중이 크게 높은 것이 특징이다.
   ② 주식의 유통시장과 동일하게 장내시장의 비중이 크게 높은 것이 특징이다.

7. 채권의 이표율이 채권수익률보다 큰 경우, 해당 채권은 유통시장에서 어떻게 거래되는가?
   ① 채권은 액면가보다 비싸게 거래된다.
   ② 채권은 액면가보다 저렴하게 거래된다.

8. 채권 보유에 따른 재투자위험에 대한 설명으로 옳은 것은?
   ① 무이표채는 재투자위험이 존재한다.
   ② 무이표채는 재투자위험이 존재하지 않는다.

9. 다음 중 채권의 변동성이 커지는 경우로 옳은 것은?
   ① 이표율이 낮을수록, 만기가 길수록, 만기수익률 수준이 낮을수록 채권의 변동성은 커진다.
   ② 이표율이 높을수록, 만기가 짧을수록, 만기수익률 수준이 높을수록 채권의 변동성은 커진다.

10. 듀레이션에 대한 설명으로 옳은 것은?
    ① 무액면금리채권의 만기는 듀레이션보다 길다.
    ② 무액면금리채권의 만기는 듀레이션과 동일하다.

11. 이자율이 i%인 영구채권의 듀레이션 공식은?
    ① $i/(1+i)$
    ② $(1+i)/i$

정답 및 해설
11. X, '위탁모집방법 > 잔액인수방법 > 총액인수방법' 순이다.
12. 1차, 2차
13. 역(Inverse), 볼록(Convex)
14. 만기수익률
15. O
16. 증가, 체감
17. 크다
18. 맥컬레이 듀레이션
19. O
20. X, 액면금리가 낮을수록 듀레이션은 길어진다.
21. O

정답 및 해설
6. ①, 한국을 포함한 대부분의 국가에서는 주식의 유통시장과 달리 장외시장의 비중이 크게 높은 것이 특징이다.
7. ①, '이표율 > 수익률'인 경우 액면가보다 비싸게 거래되고, '이표율 < 수익률'인 경우 액면가보다 저렴하게 거래된다.
8. ②, 무이표채는 만기까지 보유 시 약속된 만기수익률을 실현할 수 있으므로 재투자위험이 존재하지 않는다.
9. ①, 이표율이 낮을수록, 만기가 길수록, 만기수익률 수준이 낮을수록 채권의 변동성은 커진다. (반대의 경우 채권 변동성은 낮아짐)
10. ②, 무액면금리채권은 중도에 현금흐름이 없으므로 만기가 듀레이션과 동일하다.
11. ②, 영구채권의 듀레이션 = $(1+i)/i$

O/X, 빈칸 문제

22. 만기가 길면 듀레이션은 (   ), 수익률이 높을수록 듀레이션은 (   ), 표면이자율이 높을수록 듀레이션은 (   ).

23. 볼록성이 큰 채권은 볼록성이 작은 채권에 비해서 수익률이 하락할 때 더 큰 상승을 가져오고, 수익률이 상승할 때 더 작은 가격 하락을 가져온다. (O, X)

24. 일정한 수익률과 만기에서 표면이자율이 낮을수록 채권의 볼록성은 (   ).

25. 채권의 볼록성은 듀레이션이 증가함에 따라 가속도로 (   ).

26. 듀레이션이 동일하더라도 채권 현금흐름의 분산도가 크다면 볼록성은 작아진다. (O, X)

27. 유동성 프리미엄 이론에 따르면 투자자들은 만기가 길수록 유동성 프리미엄을 요구하며, 장기채권수익률은 기대 현물 이자율에 유동성 프리미엄을 가산한 값의 기하평균과 같다. (O, X)

28. 편중 기대 이론 측면에서 향후 예상되는 수익률 하락폭이 유동성 프리미엄을 초과함으로써 나타나는 수익률 곡선의 형태는 (   )이다.

29. 장기적으로는 금리의 하향 안정이 기대되지만, 갑작스러운 통화긴축으로 채권시장이 일시적으로 위축되는 경우 나타나는 수익률 곡선은 (   )이다.

선택형 문제(2지선다 객관식)

12. 만기, 수익률, 표면이자율과 듀레이션의 관계로 옳은 것은?
    ① 만기와 듀레이션은 정(+)의 관계이고, 수익률과 듀레이션은 역(-)의 관계, 표면이자율과 듀레이션은 역(-)의 관계이다.
    ② 만기와 듀레이션은 역(-)의 관계이고, 수익률과 듀레이션은 정(+)의 관계, 표면이자율과 듀레이션은 정(+)의 관계이다.

13. 볼록성에 대한 설명으로 옳은 것은?
    ① 동일한 듀레이션에서 볼록성이 큰 채권이 작은 채권보다 항상 높은 가격을 지닌다.
    ② 동일한 듀레이션에서 볼록성이 큰 채권이 작은 채권보다 수익률 상승 시에는 낮은 가격을, 하락 시에는 높은 가격을 지닌다.

14. 다음 중 채권의 볼록성이 커지는 경우는?
    ① 채권수익률의 상승
    ② 채권수익률의 하락

15. 순수 기대 가설 측면에서 볼 때 금융완화 정책에 따른 향후 높은 인플레이션 기대로 인해 장기금리가 불안한 경우 나타나는 수익률 곡선의 형태는?
    ① 우상향형 형태
    ② 우하향형 형태

16. 이자율 상승 기간구조에서의 선도, 현물, 만기수익률 곡선의 관계로 옳은 것은?
    ① 만기수익률 > 현물이자율 > 선도이자율
    ② 선도이자율 > 현물이자율 > 만기수익률

정답 및 해설
22. 커지고, 작아지고, 작아진다
23. O
24. 커진다
25. 증가한다
26. X, 듀레이션이 동일하더라도 채권 현금흐름의 분산도가 크다면 볼록성은 커진다.
27. O
28. 우하향형 형태
29. 낙타형 수익률 곡선

정답 및 해설
12. ①, 만기와 듀레이션은 정(+)의 관계이고, 수익률과 듀레이션은 역(-)의 관계, 표면이자율과 듀레이션은 역(-)의 관계이다.
13. ①, 동일한 듀레이션에서 볼록성이 큰 채권이 작은 채권보다 수익률의 상승이나 하락에 관계없이 항상 높은 가격을 지닌다.
14. ②, 채권수익률이 하락할수록 채권의 볼록성은 커진다.
15. ①, 금융완화 정책에 따라 장기금리가 불안정한 경우 우상향형 형태가 나타난다. 반면, 통화긴축 정책에 따른 장래의 물가안정 기대는 장기금리가 상대적으로 안정화되어 우하향형 형태가 나타난다.
16. ②, 이자율 상승 기간구조 : 선도이자율 > 현물이자율 > 만기수익률
    이자율 하락 기간구조 : 만기수익률 > 현물이자율 > 선도이자율

O/X, 빈칸 문제

30. 불편 기대 가설에서는 수익률 곡선의 형태가 미래의 단기이자율에 대한 투자자의 기대에 의해 결정된다고 본다. (O, X)

31. 불편 기대 이론은 모든 투자자가 위험중립형이고, 단기채권과 장기채권은 완전 대체관계에 있으며, 미래 이자율은 정확히 예측 가능하다고 가정한다. (O, X)

32. 불편 기대 이론과 유동성 프리미엄 이론의 결합으로 수익률 곡선이 어느 시기의 기대 선도이자율과 유동성 프리미엄을 동시에 반영한다는 이론은 (　　　　)이다.

33. 구매력 위험은 채권투자로부터 실현된 이득이 물가상승으로 인해 발생하는 구매력 손실을 충분히 보충하지 못하는 위험이다. (O, X)

34. 채권의 수익률 스프레드는 약정수익률과 기대수익률 간의 차이를 의미한다. (O, X)

35. 서로 다른 두 종목 간의 수익률 격차가 일시적으로 확대/축소되었다가 시간이 지나면서 정상 수준으로 되돌아오는 특성을 이용하여 교차매매를 하는 전략은 (　　　　)이다.

36. 수익률 곡선 타기 전략에서 금리 수준이 일정하여도 잔존만기가 짧아지면 수익률이 하락하여 채권가격이 상승하게 되는 것을 숄더 효과라고 한다. (O, X)

37. (　　　　) 전략은 채권별 보유량을 각 잔존 기간마다 동일하게 유지하는 전략으로, 관리가 용이하고 금리 예측이 필요하지 않다.

38. 투자자의 목표 투자기간과 채권의 듀레이션을 일치시키는 전략을 만기보유 전략이라고 한다. (O, X)

39. 인덱싱 전략은 적극적 투자전략에 비해 자문수수료 등의 비용이 적게 든다. (O, X)

선택형 문제(2지선다 객관식)

17. 장단기채권시장은 장·단기채권 간에 차익거래가 가능하지 않은 완전히 분리된 시장이라는 이론으로, 불편 기대 이론과 극단적인 대조를 이루는 이론은?
    ① 편중 기대 이론
    ② 시장 분할 이론

18. 분산투자로도 회피가 불가능한 위험으로 모두 묶인 것은?
    ① 이자율 변동 위험, 구매력 위험, 재투자위험
    ② 신용위험, 중도상환위험, 시장·유동성위험

19. 채권의 약정수익률이 15%, 기대수익률이 10%, 무위험수익률이 5%인 경우 지급불능 프리미엄과 위험 프리미엄을 순서대로 나열한 것은?
    ① 5%, 5%
    ② 10%, 5%

20. 채권투자전략 중 적극적 투자전략으로 모두 묶인 것은?
    ① 채권 교체 전략, 금리예측 전략, 수익률 곡선 전략
    ② 만기보유 전략, 인덱스펀드 전략, 면역 전략, 현금흐름 일치 전략, 상황적 면역 전략

21. 인덱싱 전략에 대한 설명으로 옳은 것은?
    ① 펀드매니저의 자의적 판단이 많이 제한된다.
    ② 펀드매니저가 좋은 투자기회를 찾아 포트폴리오를 구성할 수 있다.

정답 및 해설

30. O
31. O
32. 편중기대이론
33. O
34. X, 수익률 스프레드는 약정수익률과 무위험수익률 간의 차이를 의미한다.
35. 스프레드 운용전략
36. X, 롤링 효과에 대한 설명이다. 숄더 효과는 중·단기채에서 볼 수 있는 극단적인 수익률 하락폭으로 인해 더 큰 가격 상승 이익을 보는 효과이다.
37. 사다리형 만기
38. X, 면역 전략에 대한 설명이다. 만기보유 전략은 채권을 매입하여 만기까지 보유함으로써 투자 시점에서 미리 투자 수익을 확정하는 전략이다.
39. O

정답 및 해설

17. ②, 시장 분할 이론에 대한 설명으로, 장단기 채권의 수익률은 양자 간에 아무런 관련 없이 각각 분할된 시장에서 수요 공급이 결정된다고 설명한다.

18. ①, 회피가 불가능한 위험(체계적 위험) : 이자율 변동 위험, 구매력 위험, 재투자위험
    회피 가능한 위험(비체계적 위험) : 신용위험, 중도상환위험, 시장·유동성위험 등

19. ①, 지급불능 프리미엄(5%) = 약정수익률(15%) - 기대수익률(10%)
    위험 프리미엄(5%) = 기대수익률(10%) - 무위험수익률(5%)
    [참고] 수익률 스프레드 = 지급불능 프리미엄 + 위험 프리미엄
    = 약정수익률 - 무위험수익률

20. ①, 적극적 투자전략 : 채권 교체 전략, 금리예측 전략, 수익률 곡선 전략
    소극적 투자전략 : 만기보유 전략, 인덱스펀드 전략, 면역 전략, 현금흐름 일치 전략, 상황적 면역 전략

21. ①, 인덱싱 전략은 펀드매니저의 자의적 판단이 많이 제한되며, 포트폴리오 구성방법이 기계적이어서 펀드매니저는 좋은 투자기회가 있어도 이를 포기해야 한다.

6장 파생상품투자운용/투자전략

O/X, 빈칸 문제

1. 장내파생상품은 거래방법이 표준화되어 거래가 간편하고, 유동성 확보가 쉬우며, 반대매매로 만기 전에 얼마든지 청산이 가능하다. (O, X)

2. 원래 포지션을 그대로 둔 채 추가 포지션을 취하여 전체적으로 손익을 중립적으로 만드는 기법을 (　　　)이라고 한다.

3. 차익거래와 스프레드 거래는 무위험투자이다. (O, X)

4. 일반적으로 선도거래는 실물인수도 방식에 의해 결제하지만, 선도거래의 변형된 형태인 (　　　　　)은 현금결제 방식에 의해 미리 약정한 선물환 계약의 가격과 만기 시점 현물환 시세의 차이만을 결제한다.

5. 선물거래는 신용위험을 없애기 위해 (　　　), (　　　)제도를 도입하고 있다.

6. 선물 및 옵션거래에서 일정 시점을 기준으로 반대매매를 하지 않고 대기 중인 계약이 몇 계약 정도가 되는가를 계산한 개념을 (　　　)이라고 한다.

7. (　　　)은 거래조건이 비표준화되어 있고, 일반적으로 만기일에 실물인수도가 되며, 장외거래가 중심이 된다. 직접계약으로 유동성이 낮고, 가격과 거래제한이 없으며, 한정된 거래자와 거래를 한다.

8. (　　　)은 거래조건이 표준화되어 있고, 일반적으로 만기일 이전에 반대매매로 청산되며, 정형화된 거래소 내에서 거래한다. 간접계약이므로 유동성이 높고, 가격과 거래제한이 있으며, 다수의 거래자와 거래를 한다.

9. 수출기업이 환위험(가격하락 위험)을 헤지하고자 선물환 (　　　) 계약을 취하는 경우, 이를 (　　　)라고 하고, 수입기업이 환위험(가격상승 위험)을 헤지하고자 선물환 (　　　)계약을 취하는 경우, 이를 (　　　)라고 한다.

정답 및 해설

1. O
2. 헤징
3. X, 차익거래는 무위험투자이지만, 스프레드 거래는 위험이 존재한다.
4. 차액결제 선물환 또는 현금결제 선도계약(NDF)
5. 증거금, 일일정산
6. 미결제약정
7. 선도계약
8. 선물계약
9. 매도, 매도헤지, 매수, 매수헤지

선택형 문제(2지선다 객관식)

1. 장내파생상품 시장의 특징으로 모두 묶인 것은?

   ① 거래방법 표준화, 높은 유동성, 만기 전 반대매매 가능
   ② 맞춤형 거래, 상품설계의 유연성

2. 차익거래에 대한 설명으로 옳은 것은?

   ① 많은 투자자들이 차익거래를 통해 수익을 추구하는 경우 차익거래 기회가 더욱 확대된다.
   ② 많은 투자자들이 차익거래를 통해 수익을 추구하는 경우 차익거래의 기회는 곧 사라진다.

3. 초기 증거금이 100, 유지증거금이 70이다. 일일정산 후 증거금 수준이 60이 되었을 때, 추가로 납입해야 하는 증거금은 얼마인가?

   ① 10
   ② 40

4. 선물가격이 현물가격보다 높고, 선물가격 내에서 원월물 가격이 근월물 가격보다 높은 상태를 의미하는 것은?

   ① 콘탱고(정상시장)
   ② 백워데이션(역조시장)

5. 현물이 고평가되어 매도하고, 선물이 저평가되어 매수하는 차익거래는?

   ① 매수차익거래
   ② 매도차익거래

6. 보유 중인 현물과 선물 포지션을 선물 만기 시점까지 가서 청산하는 헤지 방법으로 옳은 것은?

   ① 제로 베이시스 헤지
   ② 랜덤 베이시스 헤지

정답 및 해설

1. ①, 맞춤형 거래, 상품설계의 유연성은 장외파생상품 시장의 특징이다.
2. ②, 많은 투자자들이 차익거래를 통해 수익을 추구하는 경우 가격의 불균형이 해소되므로 차익거래의 기회는 곧 사라진다.
3. ②, 증거금 수준이 유지증거금(70) 이하로 하락(60)하는 경우 초기 증거금 수준(100)까지 회복시켜야 한다. (100 - 60 = 40)
4. ①, 콘탱고(정상시장) 상태를 의미한다. 백워데이션(역조시장) 상태는 현물가격이 선물가격보다 높고, 선물가격 내에서 근월물 가격이 원월물 가격보다 높은 상태를 의미한다.
5. ②, 현물을 매도하고 선물을 매수하는 차익거래는 매도차익거래이다. 매수차익거래는 현물을 매수하고 선물을 매도한다.
6. ①, 제로 베이시스 헤지이다. 랜덤 베이시스 헤지는 만기 시점까지 보유하지 않고 선물 만기 이전에 포지션을 청산하는 경우를 말한다.

O/X, 빈칸 문제

10. 투기적 거래는 일종의 방향성 전략이다. (O, X)

11. (   )란 임의의 거래일에 있어서 현물가격과 선물가격의 차이를 의미한다.

12. 시장 베이시스는 (   )과 (   )의 차이를 의미하고, 이론 베이시스는 (   )과 (   )의 차이를 의미한다.

13. 시장 베이시스가 이론 베이시스보다 큰 경우 매수차익거래, 시장 베이시스가 이론 베이시스보다 작은 경우 매도차익거래를 취하면 된다. (O, X)

14. 동일한 품목 내에서 서로 만기가 다른 두 선물계약에 대해 각각 매수와 매도 포지션을 동시에 취하는 전략을 (   )라고 한다.

15. 기초자산이 서로 다른데도 두 자산 가격이 서로 밀접하게 연관되어 움직이는 경우 두 자산의 가격 차이를 통해 이익을 취하는 전략을 (   )라고 한다.

16. 권리를 만기 시점에 한 번 행사할 수 있는 옵션을 (   ), 만기 시점 이전에 아무 때나 한 번 행사할 수 있는 옵션을 (   )이라고 한다.

17. 콜옵션 매도자는 기초자산 가격이 행사가격보다 낮은 경우 손실이 발생한다. (O, X)

18. 풋옵션 매수자는 기초자산의 가격이 (   )하면 이익이 발생하는 손익구조를 가지는 반면, 풋옵션 매도자는 기초자산의 가격이 (   )하면 이익이 발생하는 손익구조를 갖는다.

19. 옵션의 내재가치는 권리행사를 포기하면 0이 되며, 이 경우 옵션의 프리미엄은 시간가치와 동일하다. (O, X)

20. 콜옵션의 행사가격이 기초자산 가격보다 낮은 경우 (   ) 상태, 기초자산 가격과 같은 경우 (   ) 상태, 기초자산 가격보다 높은 경우 (   ) 상태이다.

선택형 문제(2지선다 객관식)

7. 시가가 100억원인 주식 포트폴리오 포지션을 KOSPI200 주가지수선물을 이용하여 헤지하고자 한다. KOSPI200 주가지수선물의 가격이 100point이고, 선물계약 승수가 25만원, 베타가 1.5인 경우 선물은 몇 계약 매도하면 되는가?

   ① 400계약
   ② 600계약

8. 강세장에서 근월물 가격이 원월물보다 더 많이 오르고, 약세장에서 근월물 가격이 원월물보다 덜 떨어질 것으로 예상될 때 취하는 스프레드 전략은?

   ① 강세 스프레드 전략(근월물 매입/원월물 매도전략)
   ② 약세 스프레드 전략(근월물 매도/원월물 매입전략)

9. 다음 중 콜옵션의 내재가치를 표현한 것으로 옳은 것은? (S_T : 만기 시점의 기초자산 가격, X : 행사가격)

   ① $Max[0, S_T - X]$
   ② $Max[0, X - S_T]$

10. 콜옵션의 프리미엄이 10point이고, 행사가격이 100point인 경우, 콜옵션 매수자가 기초자산 가격이 120point에 옵션을 행사하면 총 손익은 얼마인가?

    ① 10point
    ② 20point

11. 콜옵션의 프리미엄이 10point이다. 해당 콜옵션의 내재가치가 8point인 경우 옵션의 시간가치는 얼마인가?

    ① 0point
    ② 2point

정답 및 해설

10. O
11. 베이시스
12. 실제 선물가격, 현물가격, 이론 선물가격, 현물가격
13. O
14. 시간 스프레드(= 상품 내 스프레드)
15. 상품 간 스프레드
16. 유럽식 옵션, 미국식 옵션
17. X, 콜옵션 매도자는 '기초자산 가격 < 행사가격'인 경우 옵션 프리미엄만큼 이익이 발생한다.
18. 하락, 상승
19. O
20. 내가격, 등가격, 외가격

정답 및 해설

7. ②, 헤지계약수 = (포트폴리오 보유금액 × β)/(선물가격 × 승수)
   = (100억원 × 1.5)/(100 × 25만원)
   = 600계약

8. ①, 강세 스프레드 전략(근월물 매입/원월물 매도전략)을 취하는 것이 바람직하다. 약세 스프레드 전략(근월물 매도/원월물 매입전략)은 강세장에서 근월물보다 원월물이 더 많이 오르고, 약세장에서는 근월물이 원월물보다 더 많이 떨어질 것이 예상되는 경우 취하는 전략이다.

9. ①, 콜옵션의 내재가치 = $Max[0, S_T - X]$
   풋옵션의 내재가치 = $Max[0, X - S_T]$

10. ①, (기초자산 가격 - 행사가격) - 옵션 프리미엄
    = (120point - 100point) - 10point = 10point

11. ②, 옵션 가치(옵션 프리미엄)(10) = 내재가치(8) + 시간가치
    ∴ 시간가치 = 2

O/X, 빈칸 문제

21. 콜옵션의 시간가치는 항상 양의 값을 가지지만, 풋옵션의 시간가치는 음수가 될 수 있다. (O, X)

22. (　　　　)는 만기가 서로 다른 두 개의 옵션에 대해 매수·매도를 동시에 취하는 경우를 의미하고, (　　　　)는 행사가격이 서로 다른 두 개 이상의 옵션에 대해 매수·매도를 동시에 취하는 경우를 의미한다.

23. 불 스프레드는 수평 스프레드이다. (O, X)

24. 콜 불 스프레드는 기초자산 가격 상승 시 이익을 보는 포지션이지만, 풋 불 스프레드는 기초자산 가격 하락 시 이익을 보는 포지션이다. (O, X)

25. 동일한 만기와 동일한 행사가격을 가지는 두 개의 콜과 풋옵션을 동시에 매수 또는 매도하는 것을 (　　　　)이라고 한다.

26. 만기는 동일하나 행사가격이 다른 두 개의 콜과 풋옵션을 동시에 매수 또는 매도하는 것을 (　　　　)이라고 한다.

27. 옵션만기일 이전에 배당이 존재하는 경우 유럽식 콜옵션이 미국식 콜옵션보다 더 가치가 있게 된다. (O, X)

28. 콜옵션 매수 + 채권 매수 + 주식 매도의 합은 (　　　　) 포지션과 동일하다.

29. 콜옵션 매수 + 채권 매수 + 풋옵션 매도의 합은 (　　　　) 포지션과 동일하다.

30. 풋옵션 매수 + 주식 매수 + 채권 매도의 합은 (　　　　) 포지션과 동일하다.

31. 풋옵션 매수 + 주식 매수 + 콜옵션 매도의 합은 (　　　　) 포지션과 동일하다.

선택형 문제(2지선다 객관식)

12. 콜옵션이 외가격 상태이고, 옵션의 시간가치가 8point인 경우 옵션의 프리미엄은 얼마인가?
    ① 0point
    ② 8point

13. 수평 스프레드 중 만기가 짧은 옵션을 매도하고 동일 행사가격의 만기가 긴 옵션을 매수하는 전략으로 옳은 것은?
    ① 매수시간 스프레드
    ② 매도시간 스프레드

14. 향후 기초자산 가격의 변동성이 클 것을 예상하여 취하는 옵션 합성전략으로 옳은 것은?
    ① 롱스트래들, 롱스트랭글
    ② 숏스트래들, 숏스트랭글

15. 풋-콜 패리티의 항등식으로 옳은 것은? (단, 기초자산은 무배당주식임)
    ① $p_t + S_t = c_t + B_t$
    ② $c_t + S_t = p_t + B_t$

16. 다음 중 컨버전 전략에 해당하는 것은?
    ① 합성매수(콜옵션 매수 + 풋옵션 매도) + 현물 매도
    ② 합성매도(풋옵션 매수 + 콜옵션 매도) + 현물 매수

17. 풋-콜 패리티에 따라 '$p_t + S_t > c_t + B_t$'가 성립하는 경우 시행되는 전략은?
    ① 컨버전 전략
    ② 리버설 전략

정답 및 해설

21. O
22. 수평 스프레드, 수직 스프레드
23. X, 불 스프레드는 수직 스프레드이다.
24. X, 콜/풋 불 스프레드 모두 기초자산 가격이 상승할 경우 이익을 보는 포지션이다.
25. 스트래들(Straddle)
26. 스트랭글(Strangle)
27. X, 옵션만기일 이전에 배당이 존재하는 경우 미국식 콜옵션이 유럽식 콜옵션보다 더 가치 있게 된다. (미국식 콜옵션은 만기 이전에 언제든 행사가 가능하여 배당수익까지 고려하면 유럽식 콜옵션보다 가치가 높음)
28. 풋옵션 매수
29. 주식 매수
30. 콜옵션 매수
31. 채권 매수

정답 및 해설

12. ②, 콜옵션이 외가격 상태이므로 해당 콜옵션의 내재가치는 0이다. 따라서 옵션 프리미엄(= 내재가치 + 시간가치)이 8point인 경우 시간가치는 8point이다.
13. ①, 매수시간 스프레드 : 만기가 짧은 옵션 매도, 만기가 긴 옵션 매수
    매도시간 스프레드 : 만기가 짧은 옵션 매수, 만기가 긴 옵션 매도
14. ①, 롱스트래들, 롱스트랭글은 기초자산의 변동성이 클 것을 예상할 때 취하는 포지션이고, 숏스트래들, 숏스트랭글은 기초자산의 변동성이 작을 것을 예상할 때 취하는 포지션이다.
15. ①, 풋-콜 패리티 : $p_t + S_t = c_t + B_t$
16. ②, 컨버전 전략 : 합성매도(풋옵션 매수 + 콜옵션 매도) + 현물 매수
    리버설 전략 : 합성매수(콜옵션 매수 + 풋옵션 매도) + 현물 매도
17. ②, $p_t + S_t > c_t + B_t$ ⇨ 리버설 전략 시행
    $p_t + S_t < c_t + B_t$ ⇨ 컨버전 전략 시행

O/X, 빈칸 문제

32. 기초자산인 주식 포트폴리오를 매입하는 동시에 그 포트폴리오에 대한 풋옵션을 매수하는 전략은 (　　　　)이다.

33. 대부분의 자금으로 채권을 매수하고, 채권에서 발생하는 이자만큼 콜옵션을 매수하는 전략은 (　　　　)이다.

34. 동적 헤징 전략은 현물채권시장의 유동성이 좋지 못한 경우 활용하기 어려운 전략이다. (O, X)

35. 커버된 콜옵션 전략은 콜옵션 한 계약을 매도하는 동시에 기초자산을 일정 수량 매수함으로써 일종의 무위험 포지션을 창출하는 전략이다. (O, X)

36. 콜옵션의 델타는 (　　)에서 (　　) 사이의 값을 가지고, 풋옵션의 델타는 (　　)에서 (　　) 사이의 값을 가진다.

37. (　　　)는 기초자산의 변화에 따른 델타값의 변화비율을 나타내는 값으로, 항상 양수의 값이 나온다.

38. 콜옵션 매수 포지션의 감마는 양수이고, 베가는 음수이다. (O, X)

39. 콜옵션 매수 포지션의 쎄타는 음수이고, 풋옵션 매수 포지션의 쎄타는 양수이다. (O, X)

40. 옵션의 감마값은 등가격(ATM) 상태일 때 가장 커진다. (O, X)

선택형 문제(2지선다 객관식)

18. 주식과 채권에 절반씩 자금을 배분한 후, 주가 상승 시 주식의 편입비율을 늘리고, 주가 하락 시 채권의 편입비율을 늘리는 전략으로 옳은 것은?

    ① 동적 자산배분 전략
    ② 동적 헤징 전략

19. 기초자산의 가격이 변할 때 옵션 프리미엄이 얼마나 변하는지를 나타내는 지표는?

    ① 델타
    ② 쎄타

20. 만기와 행사가격이 동일한 콜옵션의 절대치와 풋옵션의 절대치를 합한 값은 얼마인가?

    ① 0.5
    ② 1

정답 및 해설

32. 방어적 풋 전략
33. 이자 추출 전략
34. X, 동적 헤징 전략은 현물채권시장의 유동성이 좋지 못하여 동적 자산배분 전략을 수행하는 데 어려움이 있는 경우 유용한 전략이다.
35. O
36. 0, 1, -1, 0
37. 감마
38. X, 콜옵션 매수 포지션의 감마와 베가는 모두 양수이다.
39. X, 콜옵션 매수 포지션과 풋옵션 매수 포지션의 쎄타는 모두 음수이다.
40. O

정답 및 해설

18. ①, 동적 자산배분 전략에 대한 설명이다. 동적 헤징 전략은 주식을 매수하고 선물을 매도하는 전략이다.
19. ①, 델타에 대한 설명이다. 쎄타는 시간의 경과에 따른 옵션 가치의 변화분을 나타내는 지표이다.
20. ②, 만기와 행사가격이 동일한 콜옵션의 절대치와 풋옵션의 절대치를 합한 값은 1이 된다.

7장 투자운용결과분석

O/X, 빈칸 문제

1. 성과평가의 목적은 일정 기간 동안 얻어진 투자결과가 운에 의한 것인지, 기술과 실력에 의한 것인지를 판명하기 위함이다. (O, X)

2. 펀드의 회계처리는 공정가치 평가방법에 따라 시장 가격을 적용하여 평가하되, 신뢰할 만한 시가가 없는 경우 이론 가격이나 평가위원회의 적정 가격 등으로 평가한다. (O, X)

3. 펀드의 수익률 계산은 (　　　　)을 사용하는 것을 원칙으로 한다.

4. 성과 평가 시 여러 개의 펀드 중에 운용기간이 길고 규모가 큰 대표적인 펀드만을 대상으로 판단하는 것이 바람직하다. (O, X)

5. 성과 평가는 성과를 측정하는 시점에 운용되고 있는 펀드를 대상으로 하며, 중도에 해지된 펀드의 성과는 포함하지 않는다. (O, X)

6. 포트폴리오의 베타가 1보다 (　　) 경우 공격적으로 운용한 포트폴리오이고, 베타가 1보다 (　　) 경우 방어적으로 운용한 포트폴리오이다.

7. 인덱스펀드의 베타는 0에 가깝다. (O, X)

8. 펀드수익률에서 기준수익률을 차감한 것을 초과수익률이라고 하며, 초과수익률의 변동성을 (　　　)이라는 위험지표로 이용한다.

9. 공분산이 (　　)이면 펀드와 기준지표가 같은 방향으로 움직이며, (　　)이면 펀드와 기준지표가 반대방향으로 움직인다.

선택형 문제(2지선다 객관식)

1. 펀드매니저의 의사결정 이외에 투자자의 현금 유입·유출의 시점과 규모 등의 변수에 영향을 받는 수익률은?
   ① 금액가중 수익률
   ② 시간가중 수익률

2. 성과분석을 위한 회계처리 원칙으로 모두 묶인 것은?
   ① 공정가 평가, 발생주의 원칙, 체결시점 평가
   ② 장부가 평가, 현금주의 원칙, 결제시점 평가

3. 다음 중 절대적 위험 지표로 모두 묶인 것은?
   ① 표준편차, 하락 편차, 적자 위험
   ② 베타, 잔차 위험, 반편차

4. 수익률의 안정성을 중시하는 전략에 활용되는 위험지표는?
   ① 베타
   ② 표준편차

5. 정규분포의 왜도와 첨도를 순서대로 나열한 것은?
   ① 왜도 : 3, 첨도 : 0
   ② 왜도 : 0, 첨도 : 3

6. 초과수익률이 정규분포를 따르는 경우, 잔차 위험과 상대VaR의 관계에 대한 옳은 설명은?
   ① 상대VaR은 잔차 위험만으로 계산이 가능하다.
   ② 상대VaR은 잔차 위험만으로는 추정이 불가하다.

정답 및 해설

1. O
2. O
3. 시간가중 수익률
4. X, 대표 펀드로 선정되지 않은 펀드의 성과는 누락됨으로써 더 나은 판단의 가능성을 차단하는 문제가 발생한다. (대표 펀드의 문제)
5. X, 해지된 펀드를 포함하여 성과평가 기간 동안 운용된 모든 펀드를 평가 대상으로 해야 한다. (생존계정의 오류)
6. 큰, 작은
7. X, 인덱스펀드의 베타는 1에 가깝다.
8. 잔차 위험(추적오차)
9. 양수, 음수

정답 및 해설

1. ①, 금액가중 수익률에 대한 설명이다. 시간가중 수익률은 투자자금의 유출입에 따른 수익률 왜곡현상을 해결한 방법으로 펀드매니저의 운용능력을 측정하기 위해 사용된다.
2. ①, 펀드의 회계처리는 공정가 평가, 발생주의 원칙, 체결시점 원칙에 따른다.
3. ①, 절대적 위험 지표 : 표준편차, 하락 편차, 반편차, 적자 위험, 절대VaR
   상대적 위험 지표 : 베타, 잔차 위험, 상대VaR
4. ②, 수익률의 안정성을 중시하는 전략 : 표준편차 활용
   목표수익률을 추구하는 전략 : 절대VaR, 하락 편차, 반편차, 적자 위험 활용
   기준지표가 미리 정해진 투자 전략 : 베타, 잔차 위험, 공분산, 상대VaR 활용
5. ②, 정규분포의 왜도(기울어진 정도)는 0이고, 첨도(봉우리의 뾰족한 정도)는 3이다.
6. ①, 초과수익률이 정규분포를 따르는 경우 상대VaR은 잔차 위험만으로 계산이 가능(잔차 위험과 동일)하다. 한편, 초과수익률이 정규분포를 따르지 않는다면 잔차 위험만으로는 상대VaR을 추정할 수 없다.

O/X, 빈칸 문제

10. 바람직한 기준지표의 속성에는 (   ), (   ), (   ), (   ), (   ), (   )이 있다.

11. 정상 포트폴리오 수익률은 펀드매니저의 능력을 가장 정확하게 평가할 수 있는 기준지표이지만, 투자자 입장에서는 (   ), (   ) 조건을 충족시키기 어렵다는 한계가 있다.

12. 시장지수는 운용에 특이한 제약조건이 없는 경우에 적합하며 대표적으로 종합주가지수 및 종합채권지수가 있다. (O, X)

13. 기준지표와 동류 집단 수익률은 모두 절대적 지표이다. (O, X)

14. 단위 위험당 초과수익률에는 (   ), (   ), (   ) 등이 포함되고, 위험조정 수익률에는 (   )가 있다.

15. 우수한 성과를 낸 펀드매니저의 젠센의 알파값은 양의 값을 가지지만, 열등한 성과를 낸 펀드매니저의 젠센의 알파값은 음의 값을 가진다. (O, X)

16. 샤프비율은 체계적 위험 한 단위당 어느 정도의 보상을 받았는가를 나타내는 위험보상률을 의미한다. (O, X)

17. 전체 자산을 충분하게 분산투자하고 있는 경우 샤프비율의 평가결과가 트레이너비율의 평가결과보다 높게 나타난다. (O, X)

18. 정보비율은 펀드의 위험조정 후 수익률이 (   )에 대한 노출로 달성된 것인가를 파악한다.

19. 하락위험이 가지는 장점을 이용한 위험조정 성과지표에는 (   ), (   ) 등이 있다.

선택형 문제(2지선다 객관식)

7. 바람직한 기준지표의 속성 중 시장지수를 기준지표로 사용하기에 부적합한 것으로 만드는 속성은?

   ① 명확성
   ② 투자 가능성

8. 일반적인 상황에서 펀드매니저들이 구성하는 포트폴리오로, 채권형 BM으로 많이 활용되는 기준지표는?

   ① 정상 포트폴리오
   ② 시장지수

9. 자본시장선(CML)의 원리를 이용하여 포트폴리오의 성과를 측정하는 위험조정성과지표는?

   ① 트레이너비율
   ② 샤프비율

10. 소수 종목에 집중투자하는 포트폴리오의 경우 샤프비율과 트레이너비율의 평가결과는 어떻게 나타나는가?

    ① 샤프비율에서는 순위가 낮고, 트레이너비율에서는 순위가 높게 나타날 것이다.
    ② 샤프비율에서는 순위가 높고, 트레이너비율에서는 순위가 낮게 나타날 것이다.

11. 다음 중 헤지펀드나 파생상품펀드처럼 수익률 분포가 정규분포로 보기 어렵거나 극단적인 상황에서의 위험에 대한 보상을 평가하는 경우 적합한 지표는?

    ① 소티노비율
    ② 샤프비율

정답 및 해설

10. 명확성, 투자 가능성, 측정 가능성, 적합성, 투자의견 반영, 사전적으로 결정
11. 명확성, 측정 가능성
12. O
13. X, 기준지표를 절대적 지표라고 하면, 동류 집단 수익률은 상대적 지표이다.
14. 샤프비율, 트레이너비율, 정보비율, 젠센의 알파
15. O
16. X, 샤프비율은 총위험을 사용한다. 체계적 위험을 사용하는 지표는 트레이너비율이다.
17. X, 전체 자산을 충분하게 분산투자하고 있는 경우에는 두 위험조정 성과지표의 평가결과는 유사하게 나타난다.
18. 잔차 위험(또는 분산 가능한 위험)
19. 소티노비율, RAROC

정답 및 해설

7. ②, 시장지수는 펀드매니저가 시장에서 전혀 투자할 수 없는(투자성이 없는) 채권을 많이 포함하여 산출되므로 기준지표로 적용하기 어려운 경우가 많다.
8. ①, 정상 포트폴리오는 펀드매니저들이 일반적인 상황에서 선택하는 종목 집단을 말하며, 채권형 BM으로 많이 활용된다.
9. ②, 자본시장선(CML)의 원리를 이용한 것은 샤프비율이다. 트레이너비율은 증권시장선(SML)의 원리를 이용한다.
10. ①, 소수 종목에 집중투자되었으므로 충분히 분산투자가 되지 못해 총위험이 크게 나타난다. 따라서 총위험으로 평가하는 샤프비율에서는 순위가 낮고, 체계적 위험만으로 평가하는 트레이너비율에서는 순위가 높게 나타난다.
11. ①, 정규분포로 보기 어렵거나 극단적인 상황에서의 위험에 대한 보상을 평가하는 데에는 소티노비율이 샤프비율보다 유용하다.

O/X, 빈칸 문제

20. 포트폴리오 수익률을 P, 기준지표 수익률을 B, 시장 인덱스수익률을 M이라고 할 때, 'P - B'는 (　　　　)를, 'B - M'은 (　　　　)를 나타낸다.

21. 인덱스펀드의 기준지표는 시장 인덱스수익률이 되므로 스타일효과는 0이 될 것이다. (O, X)

22. 젠센의 알파 모형은 시장 예측 능력을 나타낸다. (O, X)

23. 트레이너-마주이 모형과 헨릭슨-머튼 모형은 시장 예측 능력과 종목 선정 능력을 구분하여 판단할 수 있는 지표를 보여준다. (O, X)

24. 주식 포트폴리오는 베타를 이용한 위험조정 후 수익률 계산이 보편화되어 있지만, 채권 포트폴리오는 (　　　　)을 사용하는 방법이 보편화되어 있다.

25. (　　　　)이란 유사한 투자약관, 목적, 전략에 따라 운용되는 하나 이상의 포트폴리오들의 집합체를 말한다.

26. GIPS®의 통합계정 구성 규칙에 따라 재량권 없는 포트폴리오는 회사의 통합계정에 포함하지 않는다. (O, X)

선택형 문제(2지선다 객관식)

12. 시장 예측 능력과 종목 선정 능력을 구분하기 위해서 사용할 수도 있고, 스타일이 기여한 수익률의 정도를 각 기간별로 정확하게 측정할 수 있는 성과 요인 분석방법은?

   ① 젠센의 알파
   ② 가상 포트폴리오

13. 스타일 분석기법 중 하나로 포트포리오 수익률과 스타일 지수와의 상관성에 기초하여 스타일을 판단하는 통계기법은?

   ① 수익률에 기초한 분석기법(샤프 방법)
   ② 포트폴리오에 기초한 분석기법

14. GIPS®의 통합계정 구성 규칙으로 옳은 것은?

   ① 회사는 모형 포트폴리오의 성과를 실제 성과에 연결시키지 않아야 한다.
   ② 종료된 포트폴리오는 컴포지트(통합계정)의 과거 성과에 포함하지 않는다.

정답 및 해설

20. 종목 선정 효과, 스타일 효과
21. O
22. X, 젠센의 알파 모형은 종목 선정 능력을 나타낸다.
23. O
24. 듀레이션
25. 통합계정(Composite)
26. O

정답 및 해설

12. ②, 가상 포트폴리오 방법은 시장 예측 능력과 종목 선정 능력을 구분하는 것뿐만 아니라 시장 예측 능력에 따라 기여한 수익률과 매 기간마다의 성과 정도를 구분한다.

13. ①, 수익률에 기초한 분석기법(샤프 방법)에 대한 설명이다. 포트폴리오에 기초한 분석기법은 포트폴리오를 구성하는 종목분석을 통해 스타일을 판단하는 방법이다.

14. ①, 회사는 모형 포트폴리오의 성과를 실제 성과에 연결시키지 않아야 한다. 또한, 종료된 포트폴리오는 각각의 포트폴리오가 운용 중이었던 마지막 완전한 측정기간까지 컴포지트(통합계정)의 과거 성과에 포함되어야 한다.

8장 거시경제

O/X, 빈칸 문제

1. n개의 시장 중 (n - 1)개의 시장이 균형이면 나머지 하나의 시장도 균형이 된다는 것을 (   )이라고 한다.

2. IS-LM 모형은 물가가 변동한다는 가정하에서 균형 국민소득을 분석하는 총수요 모형이다. (O, X)

3. (   )곡선은 재화시장의 균형을 이루는 이자율과 국민소득의 조합을, (   )곡선은 화폐시장의 균형을 이루는 이자율과 국민소득의 조합을 의미한다.

4. 화폐수요는 소득의 증가함수이고, 이자율의 감소함수이다. (O, X)

5. 확대 재정정책은 IS곡선을 우측으로 이동시키고, 확대 통화정책은 LM곡선을 우측으로 이동시킨다. (O, X)

6. 확대 재정정책이 이자율을 상승시켜 민간투자를 위축시키는 현상을 (   )라고 한다.

7. (   )이 발생하면 화폐수요의 이자율 탄력성이 무한이 되고 LM곡선이 수평이 되므로 통화정책 자체가 무력해진다.

8. 피구효과는 재정정책을 취하지 않으면 유동성 함정을 벗어날 수 없다는 점을 보여준다. (O, X)

9. 리카르도 불변 정리에 따르면 세금 감소는 민간의 저축을 증가시킬 뿐 총수요에는 변동이 없다고 주장한다. (O, X)

선택형 문제(2지선다 객관식)

1. 재화시장의 균형식에서 국민소득이 증가하는 요소로 모두 묶인 것은?

   ① 이자율 하락, 정부지출 증가, 세금 감소
   ② 이자율 상승, 정부지출 감소, 세금 증가

2. 화폐시장의 균형식에서 국민소득이 증가하는 요소로 모두 묶인 것은?

   ① 이자율 하락, 통화량 감소, 물가 상승
   ② 이자율 상승, 통화량 증가, 물가 하락

3. 완전한 구축효과가 발생하는 경우 국민소득은 어떻게 변화하는가?

   ① 국민소득에는 변화가 없다.
   ② 국민소득이 증가한다.

4. 유동성 함정과 구축효과에 대한 설명으로 옳은 것은?

   ① 유동성 함정에 의해 화폐수요의 이자율 탄력성이 무한이 되면, 구축효과는 전혀 나타나지 않는다.
   ② 유동성 함정에 의해 화폐수요의 이자율 탄력성이 무한이 되면, 구축효과는 극대화된다.

5. 예상된 통화량 정책의 무용성을 주장한 경제학파로 옳은 것은?

   ① 케인즈학파
   ② 합리적 기대학파

정답 및 해설

1. 왈라스의 법칙
2. X, IS-LM 모형은 물가 불변의 가정하에서 균형 국민소득을 분석하는 총수요 모형이다. 물가가 변동한다고 가정하면 총수요(AD)-총공급(AS) 모형을 통해 균형 국민소득을 분석할 수 있다.
3. IS, LM
4. O
5. O
6. 구축효과
7. 유동성 함정
8. X, 피구효과는 재정정책을 취하지 않더라도 실질 잔액 효과에 의해 유동성 함정을 벗어날 수 있음을 보여준다.
9. O

정답 및 해설

1. ①, 재화시장의 균형식(Y = C(Y - T) + I(R) + G)에서 이자율(R)과 세금(T)은 국민소득(Y)과 반대 방향, 정부지출(G)은 국민소득(Y)과 같은 방향으로 움직인다.
2. ②, 화폐시장의 균형식(M/P = L(Y, R))에서 이자율(R)과 통화량(M)은 국민소득(Y)과 같은 방향, 물가(P)는 국민소득과 반대 방향으로 움직인다.
3. ①, 완전한 구축효과가 발생하면 정부지출의 증가만큼 민간투자가 감소하므로 국민소득은 아무런 변화가 없다.
4. ①, 유동성 함정에 빠지면 통화정책 자체가 무력해지는 반면에 재정정책을 시행하면 구축효과가 전혀 나타나지 않아 큰 효과를 볼 수 있다.
5. ②, 케인즈학파는 통화량 증가가 국민소득 증가로 이어진다고 주장하지만, 합리적 기대학파는 예상된 화폐공급의 증가는 물가만 상승시킬 뿐 국민소득에 영향을 미칠 수 없다고 주장한다.

O/X, 빈칸 문제

10. 케인즈 이론은 이자율을 (   ) 현상으로 간주하고, 고전학파는 (   ) 현상으로 간주한다.

11. 케인즈 이론은 이자율을 (   )이자율, 고전학파에서는 (   ) 이자율이라고 한다.

12. 케인즈 이론은 (   ) 분석을 통해, 고전학파는 (   ) 분석을 통해 이자율 결정요인을 분석한다.

13. 케인즈 이론은 이자율 수준이 통화량의 영향을 받는다고 보지만, 고전학파는 이자율이 통화량과 관계없이 결정된다고 본다. (O, X)

14. (   )은 유량분석과 저량분석을 종합하여 이자율 결정요인을 설명하며, 대부자금의 공급과 수요에 의해 이자율이 결정된다고 본다.

15. 불편기대 이론은 수익률 곡선이 대체로 우상향한다는 사실을 정확히 설명하고 있다. (O, X)

16. 시장분할 이론은 수익률 곡선의 이동을 정확히 설명한다. (O, X)

17. 유동성 프리미엄 이론에 따르면 장기채권의 금리는 (   ) 과 (   )의 합으로 나타난다.

18. 특정 시장 선호 이론은 (   ) 이론과 (   ) 이론을 결합한 형태이다.

선택형 문제(2지선다 객관식)

6. 유동성 프리미엄 이론의 3기간 모형에서 올해 단기이자율이 4%, 내년 단기예상이자율이 5%, 내후년의 단기예상이자율이 6%, 유동성 프리미엄이 0.3%라면 올해 장기이자율은?

   ① 5%
   ② 5.3%

7. 이자율은 현재 또는 과거에 소비하지 않고 화폐가 아닌 다른 금융자산의 형태로 보유함으로써 유동성을 희생시킨 데에 대한 보상이라고 생각한 이론은?

   ① 유동성 선호설
   ② 시간선호설

8. 실질이자율이 5%이고, 기대인플레이션이 3%인 경우, 피셔 방정식에 의해 계산한 명목이자율은 얼마인가?

   ① 2%
   ② 8%

9. 장단기 채권 간의 완전한 대체관계의 가정하에 투자자가 장기채권과 단기채권에 투자할 경우 예상수익률은 동일해야 한다는 이론은?

   ① 불편기대 이론
   ② 시장분할 이론

정답 및 해설

10. 화폐적, 실물적
11. 시장, 자연
12. 저량, 유량
13. O
14. 현대적 대부자금설
15. X, 불편기대 이론에 따르면, 단기금리에 대한 예상에 따라서 수익률 곡선은 우상향 또는 우하향할 수 있다. 이에 수익률 곡선이 대체로 우상향한다는 사실을 잘 설명하지 못한다.
16. X, 시장분할 이론은 장단기금리 간의 대체관계가 없다고 가정하기 때문에 장단기금리 간의 연계성이 없게 되어 수익률 곡선의 이동을 설명하지 못한다.
17. 평균 단기이자율(불편기대 이론), 유동성 프리미엄
18. 불편기대, 시장분할

정답 및 해설

6. ②, (4% + 5% + 6%)/3 + 0.3% = 5.3%
7. ①, 유동성 선호설에 대한 설명이다.
8. ②, 명목이자율(8%) = 실질이자율(5%) + 기대인플레이션율(3%)
9. ①, 불편기대 이론에 대한 설명이다. 시장분할 이론은 장단기 채권 간의 대체관계가 없다는 가정하에 단기채권과 장기채권의 발행시장 사이에는 괴리가 발생한다고 본다.

O/X, 빈칸 문제

19. 기대인플레이션이 높아지는 경우 일정 수준의 실질금리하에서 명목금리는 상승하게 되고, 금리는 인플레이션에 후행하여 나타난다. (O, X)

20. 통화량 증가 시 단기적으로 명목금리가 하락하는 효과를 ( )라고 하고, 이자율 하락은 투자 증가로 이어져 국민소득이 증대되어 다시 명목금리가 상승하는 효과를 ( )라고 하며, 통화량 증가에 따라 기대인플레이션이 상승하여 명목금리가 상승하는 효과를 ( )라고 한다.

21. 경상수지와 금리는 강한 양(+)의 상관관계를 가진다. (O, X)

22. 생산국민소득과 분배국민소득, 지출국민소득은 모두 같다는 것을 ( )이라고 한다.

23. 명목 국민총소득(GNI)은 ( )와 ( )을 더해 산출한다.

24. 군인과 재소자를 제외한 만 15세 이상 인구를 생산활동가능인구라고 하며, 이 중 취업자와 실업자의 합을 경제활동인구로 구분한다. (O, X)

25. 비경제활동인구에는 ( ), ( ), ( ), ( ), ( ) 등이 포함된다.

26. 유통속도(V)는 '명목 GDP(P × Y)/통화량(M)'이며, 통화증가율(MG)은 '물가상승률(PG) + 실질 GDP 상승률(YG) - 유통속도 변화율(VG)'이다. (O, X)

27. 경기확산지수(DI)는 경기변동의 변화방향과 전환점뿐만 아니라 진폭이나 속도까지 측정이 가능하다. (O, X)

선택형 문제(2지선다 객관식)

10. 환율과 이자율의 관계를 설명한 것으로 옳은 것은?
    ① 환율 하락은 단기적으로 이자율을 하락시키지만, 장기적으로 이자율을 상승시킨다.
    ② 환율 하락은 단기적으로 이자율을 상승시키지만, 장기적으로 이자율을 하락시킨다.

11. 생산활동가능인구가 100명이고, 취업자가 40명, 실업자가 10명인 경우 경제활동 참가율은?
    ① 40%
    ② 50%

12. 생산활동가능인구가 100명이고, 취업자가 40명, 실업자가 10명인 경우 실업률은?
    ① 10%
    ② 20%

13. 100개의 기업을 설문한 결과, 장래의 경기를 낙관적으로 보는 기업이 60개, 비관적으로 보는 기업이 40개인 경우 기업경기실사지수(BSI)는 얼마인가?
    ① 80
    ② 120

정답 및 해설

19. O
20. 유동성 효과, 소득 효과, 피셔 효과(기대인플레이션 효과)
21. X, 경상수지와 금리는 강한 음(-)의 상관관계를 가진다.
    - 경상수지 흑자 ⇨ 외화 국내 유입 ⇨ 국내 화폐공급 증가 ⇨ 이자율 하락
    - 경상수지 적자 ⇨ 외화 국외 유출 ⇨ 국내 화폐공급 감소 ⇨ 이자율 상승
22. 국민소득 3면 등가의 원칙
23. 명목 국내총생산(GDP), 명목 국외순수취 요소소득
24. O
25. 가정주부, 학생, 연로자, 심신장애자, 구직단념자
26. O
27. X, 경기확산지수는 경기변동의 변화방향과 전환점을 식별할 수 있지만, 진폭이나 속도는 측정하지 않는다.

정답 및 해설

10. ①, 환율 하락은 단기적으로 이자율을 하락시키지만, 장기적으로 이자율을 상승시킨다.
11. ②, 경제활동 참가율 = 경제활동인구(취업자 + 실업자)/생산활동가능인구
    = (40 + 10)/100 = 50%
12. ②, 실업률 = 실업자/경제활동인구(취업자 + 실업자) = 10/(40 + 10)
    = 20%
13. ②, BSI = (낙관 응답업체 비율 - 비관 응답업체 비율) × 100 + 100
    = (60% - 40%) × 100 + 100 = 120

9장 분산투자기법

O/X, 빈칸 문제

1. 투자 실행 과정은 ( ), ( ), ( )으로 구분된다.

2. 증권들 간의 수익률 움직임을 공분산으로 측정하면 값의 범위가 무한이지만, 상관계수로 측정하면 -1에서 1의 값을 취하게 된다. (O, X)

3. 상관계수가 완전 양의 값일 경우 투자위험 분산효과가 가장 크게 나타나며, 완전 음의 값일 경우 분산효과는 나타나지 않는다. (O, X)

4. 상관계수가 0일 경우에도 분산투자 효과는 발생한다. (O, X)

5. 포트폴리오 결합선에서 위험(분산)이 최소가 되는 포트폴리오를 ( )라고 한다.

6. 포트폴리오에 포함되는 종목의 수가 계속 증가할수록 개별 증권의 위험이 포트폴리오 위험에 미치는 영향은 감소하고, 포트폴리오의 위험은 각 종목들 간의 공분산의 평균에 접근한다. (O, X)

7. ( )는 동일한 위험에서 가장 높은 기대수익을 선택하고, 동일한 기대수익에서 가장 낮은 위험을 선택하는 방법을 의미한다.

8. 특정 투자자에게 동일한 효용을 가져다주는 기대수익과 위험(표준편차)의 조합을 연결한 곡선을 ( )라고 한다.

선택형 문제(2지선다 객관식)

1. 자산 A와 자산 B의 기대수익률은 각각 10%, 8%이다. A와 B자산의 투자비중이 6 : 4인 경우 자산 A, B로 구성된 포트폴리오의 기대수익률은?
   ① 8.5%
   ② 9.2%

2. 증권 X와 Y사이의 상관계수를 식으로 표현한 경우 옳은 것은?
   ① $\rho_{XY} = \dfrac{Cov(R_X, R_Y)}{\sigma_X \times \sigma_Y}$
   ② $\rho_{XY} = \dfrac{\sigma_X \times \sigma_Y}{Cov(R_X, R_Y)}$

3. 포트폴리오의 구성 종목수를 무한대로 증가시켜도 사라지지 않는 위험은?
   ① 체계적 위험
   ② 비체계적 위험

4. 위험회피형 투자자의 효용함수 형태를 올바르게 설명한 것은?
   ① 가로축에 대해 오목한 형태를 보이면서 투자수익의 증가가 있을 때 체감하는 모양을 보인다.
   ② 가로축에 대해 볼록한 형태를 보이면서 투자수익의 증가가 있을 때 체증하는 모양을 보인다.

5. 위험회피형 투자자 중 등 효용함수(무차별 곡선)의 기울기가 가파르게 나타나는 투자자는?
   ① 보수적인 투자자
   ② 공격적인 투자자

정답 및 해설
1. 자산배분, 증권선택, 시점선택
2. O
3. X, 상관계수가 완전 양의 값일 경우 투자위험 분산효과는 없고, 완전 음의 값일 경우 분산효과가 가장 크므로 완전 헤지가 가능하다.
4. O
5. 최소분산 포트폴리오
6. O
7. 지배원리
8. 등효용함수(등효용곡선, 무차별 곡선, 무차별 효용곡선)

정답 및 해설
1. ②, $R_P = w_A \times R_A + w_B \times R_B = 60\% \times 10\% + 40\% \times 8\% = 9.2\%$
2. ①, $\rho_{XY} = \dfrac{Cov(R_X, R_Y)}{\sigma_X \times \sigma_Y}$
3. ①, 분산 불능 위험을 체계적 위험, 분산 가능 위험을 비체계적 위험이라고 한다.
4. ①, ②의 경우 위험선호형 투자자의 효용함수를 표현한 것이다.
5. ①, 보수적인 투자자의 등효용함수의 기울기는 가파르지만, 공격적인 투자자의 효용함수의 기울기는 완만하다.

O/X, 빈칸 문제

9. 투자자의 등효용 곡선과 효율적 투자선의 접점이 (　　　　)가 된다.

10. 무위험자산과 어느 특정 위험자산으로 구성된 두 펀드 포트폴리오를 구성할 때 기대되는 기대수익과 위험의 조합은 직선으로 표시되는데, 이 직선을 (　　　　)이라고 한다.

11. (　　　　　　　)이란 자본시장이 균형 상태를 이룰 때 자본자산의 가격(기대수익)과 위험과의 관계를 예측하는 모형으로, 넓은 의미로 자본시장선과 증권시장선을 포함하는 개념이다.

12. 무위험자산과 시장포트폴리오 M을 연결한 선을 (　　　　)이라고 한다.

13. 자본시장선(CML)상의 모든 점들은 효율적 포트폴리오를 나타낸다. (O, X)

14. 이성적 투자자라면 자신들의 위험선호도와 관계없이 모두 동일하게 시장 포트폴리오(M)를 선택하게 된다. (O, X)

15. 토빈의 분리정리는 증권 선택과 자본 배분의 결정을 서로 연관된 문제로 보았다. (O, X)

16. 시장 포트폴리오의 특성을 가장 잘 나타내는 현실적인 대용치는 (　　　　)이다.

17. 증권시장선(SML)상에 오는 것은 완전 분산 투자된 효율적 포트폴리오뿐이다. (O, X)

18. CAPM은 (　　　), (　　　), (　　　), (　　　), (　　　), (　　　) 등에 이용된다.

선택형 문제(2지선다 객관식)

6. 자본배분선(CAL)상에서 시장 포트폴리오(M)의 좌측에 위치한 포트폴리오는?
   ① 차입 포트폴리오
   ② 대출 포트폴리오

7. 개별증권의 기대수익과 체계적 위험(베타)과의 선형관계를 나타낸 선은?
   ① 자본시장선(CML)
   ② 증권시장선(SML)

8. 자본시장선(CML)과 증권시장선(SML)에 대한 설명으로 옳은 것은?
   ① 개별증권은 자본시장선(CML)상에 위치한다.
   ② 개별증권은 증권시장선(SML)상에 위치한다.

9. 증권시장선(SML)보다 위쪽에 위치한 증권에 대한 설명으로 옳은 것은?
   ① 저평가 되었으므로 매수하는 것이 바람직하다.
   ② 고평가 되었으므로 매도하는 것이 바람직하다.

10. 무위험수익률 3%, 시장수익률 8%, 주식 A의 베타가 1.2인 경우 주식 A의 요구수익률은?
    ① 5%
    ② 9%

정답 및 해설

9. 최적 포트폴리오
10. 자본배분선(CAL)
11. 자본자산 가격결정 모형(CAPM)
12. 자본시장선(CML)
13. O
14. O
15. X, 증권 선택과 자본 배분의 결정은 별개의 문제로 보았다.
16. 종합주가지수
17. X, 증권시장선(SML)에는 효율적·비효율적 포트폴리오뿐만 아니라 개별주식까지 모두 포함된다. 반면, 자본시장선(CML)상에는 완전 분산 투자된 효율적 포트폴리오만 위치한다.
18. 특정 증권의 요구수익률 추정 및 증권 평가, 자기자본 비용 추정과 주식의 내재가치 추정, 자본예산, 공공요금 산정, 비상장주식 평가, 투자성과평가

정답 및 해설

6. ②, 시장 포트폴리오(M)의 좌측을 대출 포트폴리오, 우측을 차입 포트폴리오라고 한다.
7. ②, 자본시장선(CML)은 기대수익과 총위험(표준편차)과의 선형관계를 나타낸 반면, 증권시장선(SML)은 기대수익과 체계적 위험(베타)과의 선형관계를 나타낸 선이다.
8. ②, 개별 증권은 비체계적 위험을 지니고 있으므로, CML상에는 위치하지 않지만 SML상에는 위치한다.
9. ①, SML보다 위쪽에 위치한 증권은 저평가 되었으므로 매수하는 것이 바람직하고, 아래쪽에 위치한 증권은 고평가 되었으므로 매도하는 것이 바람직하다.
10. ②, $k = R_f + \beta \times \{E(R_m) - R_f\} = 3\% + 1.2 \times \{8\% - 3\%\} = 9\%$

O/X, 빈칸 문제

19. 단일 지표 모형에서는 증권투자수익의 변동성이 ( )과 ( )의 두 가지 원천에 의해서 초래된다는 것을 전제로 한다.

20. 개별 주식과 시장수익률 간의 관계를 회귀분석에 따라 선형 관계식으로 나타낸 선을 ( )이라고 한다.

21. 단일 지표 모형에서는 시장수익률과 개별 주식의 공분산을 0[$Cov(R_m, \varepsilon_i) = 0$]으로 보며, 두 주식의 공분산도 0[$Cov(\varepsilon_j, \varepsilon_k) = 0$]으로 가정한다. (O, X)

22. 단일 지표 모형에서 β는 증권특성선의 기울기를 나타낸다. (O, X)

23. ( )은 자산의 수익률이 k개의 공통요인의 영향을 받아 변동할 경우, 무위험 차익기회가 해소되기 위한 조건이 충족될 때의 가격을 균형 가격으로 설명한다.

선택형 문제(2지선다 객관식)

11. CAPM과 단일 지표 모형의 차이점으로 옳은 것은?

    ① CAPM의 베타계수와 단일 지표 모형의 β는 본질적으로 의미하는 바가 다르다.

    ② CAPM의 이론적 시장 포트폴리오 대신 단일 지표 모형은 실제 관찰이 가능한 시장지표(종합주가지수)를 사용한다.

12. A주식의 표준편차가 0.3, 시장 포트폴리오와의 상관계수가 0.5, 시장 포트폴리오의 표준편차가 0.1인 경우 A주식의 베타는 얼마인가?

    ① 1.5

    ② 2.0

13. A주식의 베타가 0.5, B주식의 베타가 1.5이고 A와 B주식의 투자비중이 각각 2 : 8인 경우, A, B주식으로 구성된 포트폴리오의 베타는 얼마인가?

    ① 1.0

    ② 1.3

정답 및 해설

19. 시장 전체 공통요인의 변동, 개별 기업 고유 요인의 변동
20. 증권특성선(SCL)
21. O
22. O
23. 차익거래 가격결정이론(APT)

정답 및 해설

11. ②, CAPM의 베타계수와 단일 지표 모형의 β는 시장수익률의 움직임에 따라 변동하는 개별 수익률의 민감도이므로 본질적으로 동일하다.

12. ①, $\beta_A = \dfrac{\sigma_A}{\sigma_M} \times \rho_{AM} = \dfrac{0.3}{0.1} \times 0.5 = 1.5$

13. ②, $\beta_P = (w_A \times \beta_A) + (w_B \times \beta_B) = (0.2 \times 0.5) + (0.8 \times 1.5) = 1.3$

O/X, 빈칸 문제

24. 소극적 투자전략의 하나로 주가의 등락에 관계없이 정기적으로 일정 금액을 주식에 계속 투자하는 방법을 (   )이라고 한다.

25. 포뮬러 플랜에는 (   ), (   ), (   )이 있다.

26. 베타계수의 추정에 근거하여 강세시장이 예상될 때에는 베타계수가 작은 것을 선택하는 것이 바람직하다. (O, X)

27. (   )은 초과수익의 획득과 비체계적 분산 가능 위험의 감소, 양자 간에 적절한 균형 내지 최적화를 이루는 방법이다.

28. 트레이너-블랙모형에 따르면, 각 증권별 최적 투자비율은 그 증권의 체계적 위험에 대한 초과수익의 비율에 의해 결정된다. (O, X)

29. 산술평균 수익률은 복리로 증식되는 것을 감안한 계산방법이다. (O, X)

30. 현금유출액의 현재가치와 현금유입액의 현재가치를 일치시켜주는 할인율을 (   )이라고 한다.

31. 자본시장선의 사후적 기울기 공식을 이용하여 포트폴리오 운용성과를 평가하는 위험 조정 후 성과지표는 트레이너 지수이다. (O, X)

32. 평가비율은 초과수익률을 비체계적 위험의 측정치인 잔차의 표준편차로 나눈 비율이다. (O, X)

선택형 문제(2지선다 객관식)

14. 포뮬라 플랜 중 하나로, 주식과 채권에 투자된 금액의 비율을 언제나 일정하게 유지하는 방법은?
    ① 불변금액법
    ② 불변비율법

15. 트레이너-블랙모형의 특성으로 옳은 것은?
    ① 비체계적 위험에 비하여 과소·과대평가된 크기(초과수익)가 큰 증권일수록 투자비율을 낮게 가져간다.
    ② 비체계적 위험에 비하여 과소·과대평가된 크기(초과수익)가 큰 증권일수록 투자비율을 높게 가져간다.

16. 다음 중 위험에 비해 상대적으로 높은 기대수익을 얻고자 하거나, 기대수익에 비해 상대적으로 낮은 위험을 부담하도록 포트폴리오의 구성을 수정하는 것은?
    ① 포트폴리오 리밸런싱
    ② 포트폴리오 업그레이딩

17. 기간별 단일기간 수익률을 모두 합한 다음 이를 기간 수로 나누어 측정한 수익률은?
    ① 산술평균 수익률
    ② 기하평균 수익률

18. 첫해 초, 주식에 100만원을 투자하였고, 둘째 해에 120만원이 된 경우 기하평균 수익률은 얼마인가?
    ① 9.54%
    ② 12.21%

정답 및 해설

24. 평균 분할투자전략
25. 불변금액법, 불변비율법, 변동비율법
26. X, 강세시장이 예상될 때는 베타계수가 큰 것을 선택하고, 약세시장이 예상될 때는 작은 것을 선택하는 것이 바람직하다.
27. 트레이너-블랙모형
28. X, 체계적 위험 → 비체계적 위험
29. X, 산술평균 수익률은 복리로 증식되는 것을 감안하지 않은 수익률이고, 기하평균 수익률은 중도 투자수익이 재투자되어 증식되는 것을 감안한 계산방법이다.
30. 내부수익률(IRR)
31. X, 자본시장선의 사후적 기울기 공식을 이용하는 것은 샤프지수이다. 트레이너 지수는 증권시장선의 사후적 기울기 공식을 이용한다.
32. O

정답 및 해설

14. ②, 불변비율법에 대한 설명이다. 불변금액법은 주식에 투자한 금액을 언제나 일정하게 유지하는 방법이다.
15. ②, 비체계적 위험에 비하여 과소·과대평가된 크기가 큰 증권일수록 투자비율을 높게 가져가는 것이 특징이다.
16. ②, 포트폴리오 업그레이딩에 대한 설명이다. 포트폴리오 리밸런싱은 포트폴리오가 갖는 원래 특성을 그대로 유지하고자 하는 전략이다.
17. ①, 산술평균 수익률에 대한 설명이다.
18. ①, 기하평균 수익률 $= \sqrt[n]{\dfrac{n년 후 기말의 부}{기초의 부}} - 1 = \sqrt[2]{\dfrac{120}{100}} - 1 = 0.0954$

MEMO

**2025 기본서 개정사항 및
최근 출제경향 완벽 반영!**

해커스
투자자산운용사
최종 실전모의고사
+ 합격 시크릿북 [3종]

2025년 4월 시험 반영

- 무료 바로 채점 및 성적 분석 서비스
- 이론정리+문제풀이 무료 특강

해커스금융 fn.Hackers.com

1회

합격의 기준, 해커스금융

fn.Hackers.com

수험번호	
이름	

실전모의고사
1회

시   분 ~   시   분 (총 100문항/120분)

*시작과 종료 시각을 정한 후, 실전처럼 모의고사를 풀어보세요.

□ 응시자 유의사항

1. 답안 작성 시 반드시 검정색 필기구(연필류 제외)를 사용하여 "●"와 같이 표기하며 정정을 원할 시 답안지를 교체할 것
   (위반 시 0점 처리됨)

2. 본 문제지는 시험종료 후 답안지와 함께 반드시 제출할 것(수험번호, 성명 기재)
   (문제지 유출, 응시표 등에 문제 또는 답안을 옮겨적는 등의 행위는 부정행위로 간주)

3. 시험시간 종료 후의 문제풀이 및 답안지 표기는 부정행위로 간주
   ※부정행위자는 소속 기관 통보 및 본회 주관 모든 시험의 응시제한 등 불이익을 받을 수 있음

자본시장과 금융투자업에 관한 법률은 이하 자본시장법이라 하겠다.

제1과목 금융상품 및 세제

01 다음 중 간접세에 해당하는 것은?

① 종합부동산세
② 법인세
③ 증여세
④ 부가가치세

02 납세의무에 대한 설명으로 가장 거리가 먼 것은?

① 독촉은 이미 경과한 시효기간의 효력이 중단되는 것으로 납세의무가 소멸하지 않는다.
② 소득세는 정부가 과세표준과 세액을 결정함으로써 납세의무가 확정된다.
③ 상속인에게 납세의무가 승계된 경우 상속인은 상속받은 재산을 한도로 국세 및 강제징수비를 납부해야 한다.
④ 증권거래세는 해당 매매거래가 확정되는 때에 납세의무가 성립한다.

03 <보기> 중 배당소득의 수입시기에 대한 설명으로 적절한 것은 모두 몇 개인가?

── <보기> ──
㉠ 해산으로 인한 의제배당의 수입시기는 잔여재산가액 확정일로 한다.
㉡ 잉여금처분에 의한 이익배당의 수입시기는 법인의 잉여금 처분결의일로 한다.
㉢ 분할로 인한 의제배당의 수입시기는 분할등기일로 한다.

① 0개
② 1개
③ 2개
④ 3개

04 <보기>의 국세기본법상 불복절차에 대한 설명 중 빈칸에 들어갈 내용이 순서대로 나열된 것은?

── <보기> ──
• 심사청구는 처분청의 처분을 안 날부터 (　　) 이내에 (　　)에게 제기하여야 하는 불복이다.
• (　　)은(는) 청구인의 선택에 따라 본 절차를 생략할 수 있다.

① 60일, 국세청장, 이의신청
② 90일, 국세청장, 이의신청
③ 60일, 조세심판원장, 심판청구
④ 90일, 조세심판원장, 심판청구

05 다음 중 양도소득세 과세대상에 해당하는 것은?

① 소액주주의 상장기업 장내거래주식
② 사업용 고정자산과 별도로 양도하는 영업권
③ 한국토지주택공사가 발행하는 토지상환채권
④ 등기되지 않은 전세권과 부동산 임차권

06 <보기> 중 종합소득세를 신고하지 않아도 되는 자로만 모두 묶인 것은? (단, A, B, C는 모두 거주자임)

── <보기> ──
㉠ 비실명 배당소득 2,300만원 및 근로소득 4,200만원이 있는 A
㉡ 국내상장기업으로부터 받은 배당소득 1,500만원 및 퇴직소득 8,000만원이 있는 B
㉢ 공익신탁의 이익 500만원이 있는 C

① ㉠, ㉡
② ㉠, ㉢
③ ㉡, ㉢
④ ㉠, ㉡, ㉢

07 비거주자의 과세에 대한 설명으로 가장 적절한 것은?

① 유가증권 양도소득 중 장내파생상품 또는 위험회피목적 거래의 장외파생상품을 통한 소득은 과세대상 국내 원천소득으로 보지 않는다.
② 국내 사업장이 없는 비거주자에게 투자소득을 지급하는 경우 당해 비거주자 등의 국가와 체결한 조세조약상의 제한세율과 우리나라 원천징수세율 중 높은 세율을 적용한다.
③ 비거주자의 소득은 국내·외 원천소득을 과세대상으로 한다.
④ 비거주자의 소득은 원칙적으로 열거되지 않은 것까지 포함하여 과세한다.

08 환매조건부채권(RP)에 대한 설명으로 가장 적절한 것은?

① 채권을 일정 가액으로 환매수·환매도할 것으로 조건으로 하는 거래로, 정해진 기간은 없다.
② 기관 간 조건부채권매매는 가능하지만 대고객 조건부채권매매는 불가능하다.
③ 투자자는 원하는 투자기간에 맞춰 확정이자를 받기 어렵다.
④ 예금자보호가 되지 않는 금융상품이다.

09 특정금전신탁에 대한 설명으로 가장 적절한 것은?

① 수탁자는 위탁자가 정한 방법으로 운용하고, 운용수익에서 신탁보수 등의 일정한 비용을 차감해 실적배당한다.
② 특정금전신탁에서 발생하는 매매차익은 유가증권의 매매차익으로 가정하여 이자소득을 과세한다.
③ 위탁자는 투자기간, 기대수익률 등을 지정할 수 없다.
④ 위탁자가 운용방법 및 운용자 등을 지정한 금전신탁이다.

10 주식워런트증권(ELW)에 대한 설명으로 가장 거리가 먼 것은?

① 호가의 종류는 지정가호가로 한다.
② 증권 및 장외파생금융상품을 대상으로 하는 투자매매업자가 발행할 수 있다.
③ 주식 및 주가지수를 기초자산으로 한다.
④ 가격 변동폭이 적어 안정적인 투자가 가능하다.

11 <보기> 중 출자지분이 표시된 집합투자증권을 발행하지 않는 집합투자기구로만 모두 묶인 것은?

―――― <보기> ――――
㉠ 투자조합
㉡ 투자신탁
㉢ 투자유한회사

① ㉠
② ㉡
③ ㉠, ㉡
④ ㉡, ㉢

12 <보기> 중 공모 환매금지형 집합투자기구가 집합투자증권을 추가로 발행할 수 있는 적절한 사유로만 모두 묶인 것은?

―――――― <보기> ――――――
㉠ 기존 투자자의 이익을 해칠 염려가 없다고 신탁업자로부터 확인 받은 경우
㉡ 환매금지형 집합투자기구로부터 받은 이익분배금의 범위에서 그 집합투자증권을 추가로 발행하는 경우
㉢ 기존 투자자 전원의 동의를 받은 경우
㉣ 집합투자증권을 추가로 판매하기 위해 판매업자가 요구하는 경우

① ㉠
② ㉠, ㉡
③ ㉠, ㉡, ㉢
④ ㉠, ㉡, ㉢, ㉣

13 <보기> 중 손해보험에 해당하는 것은 모두 몇 개인가?

―――――― <보기> ――――――
㉠ 운송보험
㉡ 화재보험
㉢ 생존보험

① 0개
② 1개
③ 2개
④ 3개

14 <보기> 중 집합투자재산의 평가에 대한 적절하지 않은 설명으로만 모두 묶인 것은?

―――――― <보기> ――――――
㉠ 집합투자업자 또는 투자회사 등은 산정된 기준 가격을 매일 공고·게시하여야 한다.
㉡ 과세기준 가격은 기준 가격보다 클 수 없다.
㉢ 집합투자업자 또는 투자회사 등은 기준 가격을 변경하고자 할 경우 금융위원회의 허가를 받아야 한다.

① ㉡
② ㉠, ㉡
③ ㉡, ㉢
④ ㉠, ㉡, ㉢

15 퇴직연금제도에 대한 설명으로 가장 거리가 먼 것은?

① 확정급여형 제도는 개인형 IRP를 통해 추가납입이 가능하다.
② 확정기여형 제도는 기업이 부담할 수준이 사전에 확정되어 있다.
③ 확정급여형 제도는 근로자를 적립금의 운용주체로 한다.
④ 확정기여형 제도는 퇴직금을 담보로 하여 대출이 가능하다.

16 부동산과 관련된 용어에 대한 설명으로 가장 적절한 것은?

① 건폐율 : 대지면적에 대한 건축면적(대지에 2 이상의 건축물이 있는 경우 이들 건축면적의 합계)의 비율
② 계획관리구역 : 농업·임업·어업생산 등을 위하여 관리가 필요하나, 주변의 용도지역과의 관계 등을 고려할 때 농림지역으로 지정하여 관리하기가 곤란한 지역
③ 용적률 : 대지면적에 대한 건축물의 지상층과 지하층 연면적(대지에 2 이상의 건축물이 있는 경우 이들 연면적의 합계)의 비율
④ 기준시가 : 취득세, 등록세 등 각종 지방세의 과세기준을 정하기 위해 공시된 토지, 건축물 및 주택의 가격

17 <보기>의 제한물권에 대한 설명 중 빈칸에 들어갈 수 없는 것은?

―――――― <보기> ――――――
제한물권은 크게 용익물권과 담보물권으로 분류할 수 있으며, (   ) 등이 제한물권에 해당한다.

① 질권
② 유치권
③ 저당권
④ 점유권

18 <보기>의 개발행위의 허가에 대한 설명 중 빈칸에 들어갈 내용으로 가장 적절한 것은?

<보기>
도시계획사업에 의하지 아니하고 개발행위를 하고자 할 경우 원칙적으로 특별시장·광역시장·시장 또는 군수의 허가를 받아야 하나, (　)의 경우는 그렇지 아니하다.

① 경작에 의한 토지
② 자연환경보전지역에 1개월 이상 물건 보관
③ 토지의 채굴
④ 건축물 건축 또는 공작물 설치

19 PF(Project Financing) 사업 중 담보신탁제도에 대한 설명으로 가장 거리가 먼 것은?

① 신탁회사가 직접 담보물을 관리한다.
② 후순위권리설정의 배제가 가능하다.
③ 저당권을 통해 담보를 설정한다.
④ 신탁회사가 직접 공매하여 채권을 실행한다.

20 순이익이 20억원인 부동산의 가치를 수익환원법을 통해 계산하고자 한다. 해당 부동산의 수익가격을 계산한 것은? (단, 환원이율은 8%로 가정함)

① 1.6억원
② 20억원
③ 150억원
④ 250억원

제2과목 투자운용 및 전략 Ⅱ / 투자분석

21 신용파생상품에 대한 일반적인 설명으로 가장 적절한 것은?

① CDS는 보장매입자가 프리미엄을 지급받는다.
② TRS는 만기일의 준거자산의 가치보다 최초 계약일의 준거자산의 가치가 작을 경우 총수익매입자가 그 차이만큼을 총수익매도자에게 지급해야 한다.
③ 합성 CDO는 보장매입자가 준거자산을 양도하지 않고 신용파생상품을 이용하여 신용위험을 이전한다.
④ CDO Mezzanine 트랜치 투자자는 잔여 이익에 대한 참여권이 있다.

22 <보기>에서 설명하는 CDO의 종류로 가장 적절한 것은?

<보기>
• 기초자산의 수익률과 유동화 증권의 수익률 간의 차이에서 발생하는 차익을 취할 목적으로 발행된다.
• 기초자산은 주로 수익률이 높은 자산으로 구성한다.

① Hybrid CDO
② Arbitrage CDO
③ Synthetic CDO
④ Balance Sheet CDO

23 부동산금융에 대한 설명으로 가장 거리가 먼 것은?

① 자산 보유자는 자산담보부증권(ABS) 발행을 통해 유동성 위험을 회피할 수 있다.
② 주택저당증권(MBS)은 주택자금대출로 발생하는 채권과 저당권을 기초자산으로 발행한다.
③ REITs는 부동산 및 관련 사업에 투자하기 때문에 일반 투자자들이 소액의 자금으로 투자하기에는 적합하지 않다.
④ 부동산 개발사업의 분양수입금은 에스크로 계좌로 관리하며, 참여자 전원 동의 시에만 자금 인출이 가능하다.

24 다음 중 대안투자펀드에 해당하지 않는 것은?

① 부동산펀드
② 헤지펀드
③ 인프라스트럭처펀드
④ MMF

25 <보기> 중 헤지펀드 운용전략에 대한 적절한 설명으로만 모두 묶인 것은?

<보기>
㉠ 수익률곡선 차익거래전략은 방향성 전략에 해당한다.
㉡ 전환증권 차익거래전략에서는 기초자산의 변동성이 작은 전환사채를 선호한다.
㉢ 캐리트레이드 전략은 높은 금리로 자본을 조달하여 낮은 금리에 투자하는 전략이다.

① 0개
② 1개
③ 2개
④ 3개

26 국제 분산투자에 대한 설명으로 가장 적절하지 않은 것은?

① 개별 증권이 전체 시장과 비슷하게 움직일 경우 총위험에서 체계적 위험이 차지하는 비중이 크다.
② 국내적으로 분산 불가능한 체계적 위험을 국제 분산투자함으로써 일부 제거할 수 있다.
③ 개별 기업 특유의 요인으로 발생하는 비체계적 위험은 국제 분산투자를 통해서도 제거가 불가능하다.
④ 국가 간의 상관관계가 높을수록 국제 분산투자효과는 작아진다.

27 국제 주식시장에 대한 설명으로 가장 거리가 먼 것은?

① 헤지펀드를 통한 국제 투자는 규모의 경제를 활용하여 거래비용을 줄일 수 있다.
② 경제규모에 비해 주식시장의 규모가 작은 국가는 경제 전체에서 차지하는 금융시장의 역할이 상대적으로 작다.
③ 상장주식의 시가총액과 투자자의 거래행태, 주식보유의 동기와 분포 등은 모두 주식시장 거래규모의 중요한 결정요인이 된다.
④ 주식시장의 시가총액 대비 거래량 회전율이 낮을 경우 단기매매차익을 노리는 투자자의 비중이 크다고 볼 수 있다.

28 <보기> 중 해외 주식투자에 대한 적절한 설명으로만 모두 묶인 것은?

<보기>
㉠ 투자대상국의 통화가치가 상승하면 본국 통화로 표시한 수익률도 높아진다.
㉡ 상관관계가 낮은 여러 종류의 통화에 분산투자함으로써 환노출을 줄일 수 있다.
㉢ 내재적 헤지는 효과적인 헤지방법이지만 별도의 헤지비용이 수반된다.
㉣ 롤링헤지는 투자대상 증권과 환율 간의 상관관계를 이용한 헤지방법이다.

① ㉠, ㉡
② ㉠, ㉣
③ ㉡, ㉢
④ ㉢, ㉣

29 MSCI 지수에 대한 설명으로 가장 거리가 먼 것은?

① 미국계 펀드 운용에 주요 벤치마크로 활용된다.
② 기본적으로 미국 달러화를 기준통화로 산출한다.
③ 유동주식 방식으로 산출된다.
④ 한국은 MSCI 세계지수(World Index)에 편입되어 있다.

30 <보기>의 국제 채권에 대한 설명 중 빈칸에 들어갈 내용이 순서대로 나열된 것은?

― <보기> ―
양키본드는 미국에서 발행되는 ( )로서 ( )식 채권으로 발행된다.

① 외국채, 기명
② 외국채, 무기명
③ 유로채, 기명
④ 유로채, 무기명

31 <보기>는 일정 기간 동안 관찰된 투자 수익률 자료이다. 자료를 분석하여 산출한 통계 수치가 가장 적절하게 연결된 것은?

― <보기> ―
투자 수익률(%) : 3, 3, 5, 13, −11, −4, −2

① 산술평균 : −1
② 최빈값 : 2
③ 중앙값 : 3
④ 범위 : 2

32 다음 중 재무상태표와 손익계산서의 항목을 모두 활용하여 계산할 수 있는 지표가 아닌 것은?

① 총자산이익률
② 자기자본이익률
③ 총자산회전율
④ 매출액영업이익률

33 기업 현금흐름 분석에 대한 설명으로 가장 거리가 먼 것은?

① 현금흐름표는 일정기간 동안 현금 조달 및 운용 내역을 영업활동, 투자활동, 재무활동으로 분류하여 작성한다.
② 현금흐름표를 통해 기업의 부채상환능력 및 배당지급능력을 평가할 수 있다.
③ 자기주식의 처분과 취득은 재무활동으로 인한 현금흐름으로 분류한다.
④ 차입금의 차입과 상환은 투자활동으로 인한 현금흐름으로 분류한다.

34 A기업은 투자자의 요구수익률이 15%, 자기자본이익률이 25%, 배당성향은 60%이다. 고든의 항상성장모형에 따라 A기업의 PER을 계산하면 얼마인가? (단, EPS는 다음 기의 예측된 주당이익을 이용하는 것으로 가정함)

① 8
② 10
③ 12
④ 16

35 <보기>의 정보를 참고하여 계산한 A기업의 주당 가치는 얼마인가?

― <보기> ―
- 유사기업의 EV/EBITDA : 10배
- A기업의 EBITDA : 100억원
- 채권자가치 : 400억원
- 발행주식수 : 600만주 (단, 발행주식수와 유통주식수는 동일함)

① 1만원
② 2만원
③ 3만원
④ 4만원

36 <보기>의 정보를 참고했을 때, 다음 중 EVA가 가장 높게 산출되는 기업은 어디인가?

―――――― <보기> ――――――
- 세후순영업이익 : 100억원
- 투하자본 : 200억원
- 자기자본 기회비용 : 10%
- 타인자본 조달비용 : 10%
- 법인세율 : 20%

① 타인자본비율이 20%인 A기업
② 타인자본비율이 40%인 B기업
③ 타인자본비율이 60%인 C기업
④ 타인자본비율이 80%인 D기업

37 <보기> 중 잉여현금흐름(FCF) 모형에서 잉여현금흐름이 증가하는 경우로만 모두 묶인 것은?

―――――― <보기> ――――――
㉠ 매출채권 증가
㉡ 재고자산 증가
㉢ 미지급금 증가
㉣ 지급어음 증가

① ㉠, ㉡
② ㉠, ㉣
③ ㉡, ㉢
④ ㉢, ㉣

38 이동평균선에 대한 설명으로 가장 거리가 먼 것은?

① 이동평균선은 추세의 대표값으로, 계산이 편리하고 계산 결과와 모양에 따라 기계적으로 매수·매도 신호를 객관적으로 도출할 수 있다.
② 이미 지나가버린 과거 주가를 평균하여 미래의 주가 방향을 분석한다는 점에서 후행성(time-lag)의 문제가 따른다.
③ 강세국면에서 주가가 이동평균선 위에서 움직일 경우 하락 반전할 가능성이 높다.
④ 하락하고 있는 이동평균선을 주가가 상향 돌파할 경우 추세는 조만간 상승 반전할 가능성이 높다.

39 캔들 차트 분석에서 향후 상승 전환 신호로 가장 거리가 먼 것은?

① 망치형(Hammer)
② 관통형(Piercing Pattern)
③ 샛별형(Morning Star)
④ 교수형(Hanging Man)

40 엘리어트 파동이론에 대한 설명으로 가장 거리가 먼 것은?

① 주가는 상승 5파와 하락 3파로 구성된 완전한 사이클로 움직인다.
② 조정파동은 주가의 진행 방향과 반대 방향으로 움직이고, 충격파동은 주가의 진행방향과 같은 방향으로 움직인다.
③ 3번 파동은 상승 파동 중 제일 짧은 파동이 될 수 없다.
④ 2번 파동은 5개의 파동 중 가장 강력하고 가격 변동도 활발하게 일어난다.

41 <보기> 중 산업연관표에 대한 적절한 설명은 모두 몇 개인가?

―――――― <보기> ――――――
㉠ 투입계수는 총투입액을 다른 산업으로부터 구입한 중간투입액으로 나누어 계산한다.
㉡ 후방 연쇄효과는 특정 산업제품에 대한 최종 수요 1단위 증가가 모든 산업의 생산에 미치는 영향을 의미한다.
㉢ 수입유발계수는 최종 수요가 1단위 증가할 때 각 산업에서 직·간접적으로 유발되는 산출물의 단위를 나타낸다.
㉣ 장래 특정 연도에 대한 경제 전체의 공급과 수요를 산업별로 세분하여 예측할 수 있다.

① 1개
② 2개
③ 3개
④ 4개

42 허핀달 지수(HHI)에 대한 설명으로 거리가 먼 것은? (단, 시장점유율은 소수점으로 측정한다고 가정함)

① 산업이 순수 독점인 경우 HHI는 최대값인 1이 된다.
② 시장 내에 존재하는 모든 기업의 시장점유율이 동일하고 HHI가 0.2라면 동등 규모의 기업체는 5개이다.
③ 시장 내에 존재하는 모든 기업의 시장점유율이 동일할 때 기업체 수가 증가하면 HHI는 0(zero)으로 수렴한다.
④ 개별 기업의 시장점유율이 변화할 때 CR(시장집중률 지수)이 불변이라면 HHI도 변하지 않는다.

43 재무위험과 그 설명이 적절하게 연결되지 않은 것은?

① 운영위험 – 부적절한 내부시스템, 관리 실패, 잘못된 통제, 사기, 인간의 오류 등으로 인해 발생하는 손실에 대한 위험
② 신용위험 – 기업이 소유하고 있는 자산을 매각하고자 하는 경우 매입자가 없어 불리한 조건으로 자산을 매각해야 할 때 노출되는 위험
③ 시장위험 – 금리, 환율, 주가 등 시장 가격의 변동으로부터 발생하는 손실에 대한 위험
④ 법적위험 – 계약 불이행, 법규 위반, 규제 변화 등으로 인해 발생하는 손실에 대한 위험

44 델타-노말분석법에 대한 설명으로 가장 적절한 것은?

① 각 자산의 가치를 평가하는 가격 모형을 요구한다.
② 보유기간이 길수록, 신뢰도가 높을수록 VaR은 높게 측정된다.
③ 몬테카를로 시뮬레이션법으로 산출한 VaR 값과 동일하다.
④ 극단적인 사건 발생 시에도 왜곡이 없다는 장점이 있다.

45 <보기> 중 델타-노말분석법으로 옵션의 VaR 측정 시 필요한 요소로만 모두 묶인 것은?

―――――<보기>―――――
㉠ 기초자산 수익률의 변동성
㉡ 옵션의 델타
㉢ 옵션의 가격
㉣ 무위험이자율

① ㉠
② ㉠, ㉡
③ ㉠, ㉡, ㉢
④ ㉠, ㉡, ㉢, ㉣

46 A자산의 VaR은 12억원이고, B자산의 VaR은 5억원이다. <보기>의 포트폴리오 VaR 계산에 대한 설명 중 빈칸에 들어갈 수로 가장 적절한 것은? (단, VaR은 델타-노말분석법에 의해 측정한다고 가정)

―――――<보기>―――――
투자 자금의 50%를 A자산에, 나머지 50%를 B자산에 배분하여 포트폴리오를 구성할 때, 두 자산의 상관계수가 0인 경우 포트폴리오의 VaR은 (   )이 된다.

① 13억
② 20억
③ 30억
④ 37억

47 역사적 시뮬레이션 방법에 대한 설명으로 가장 거리가 먼 것은?

① 위험요인이 변동할 때 포지션의 가치 변동을 측정하기 위한 가치 평가모형이 필요하다.
② 분산, 공분산 등과 같은 통계적 모수(parameter)에 대한 측정이 요구된다.
③ 과거의 가격 데이터만 있으면 비교적 쉽게 VaR을 측정할 수 있다.
④ 수익률의 정규분포 가정이 필요하지 않다.

48 5년 만기 국채를 1,500억원 보유한 경우, 이 국채의 만기수익률 증감(Δy)의 1일 기준 표준편차가 0.4%, 수정듀레이션이 3년일 때, 99% 신뢰수준에서의 1일 VaR은 얼마인가? (단, 99% 신뢰상수 z = 2.33)

① 27.96억
② 36억
③ 41.94억
④ 83.8억

49 신용손실 분포에 대한 설명으로 가장 거리가 먼 것은?

① 신용리스크는 신용손실 분포로부터 예상외손실(UL)로서 정의된다.
② 비대칭성이 강한 신용손실 분포의 형태는 채무불이행 리스크에서 기인한다.
③ 신용손실 분포는 정규분포와 비교하여 꼬리가 길고 두꺼운 특성을 가지고 있다.
④ 평균과 분산을 이용하여 모수적 방법으로 신용리스크를 측정한다.

50 A은행은 100억원의 대출을 하고 있다. 대출의 부도율은 10%이고, 회수율이 40%라고 할 때, 부도모형(Default Mode)에 따라 예상손실의 변동성(표준편차)을 계산한 것은?

① 3억
② 6억
③ 12억
④ 18억

제3과목 직무윤리 및 법규 / 투자운용 및 전략 I / 거시경제 및 분산투자

51 <보기> 중 준법감시인에 대한 적절한 설명으로만 모두 묶인 것은?

<보기>
㉠ 준법감시인은 감사의 지휘를 받아 업무를 수행한다.
㉡ 준법감시인은 사내이사 또는 업무집행책임자 중에서 선임하여야 한다.
㉢ 준법감시인을 임면하려는 경우에는 이사 총수의 2/3 이상의 찬성으로 의결하여야 한다.

① ㉡
② ㉠, ㉢
③ ㉡, ㉢
④ ㉠, ㉡, ㉢

52 금융투자업종사자의 직무윤리에 대한 설명으로 가장 거리가 먼 것은?

① 금융상품 중 투자성 상품 판매 시 투자성과를 보장하는 표현은 금지된다.
② 투자자에게 투자권유의 요청을 받지 않고 방문, 전화 등 실시간 대화의 방법으로 장외파생상품의 투자권유를 하여서는 안 된다.
③ 비밀정보는 회사에서 정한 기준에 따라 정당한 권한을 보유하고 있거나 권한을 위임받은 자만이 열람할 수 있다.
④ 고객의 금융 거래정보는 비밀정보로 보아 어떠한 경우에도 제3자에게 전달하여서는 안 된다.

53 「금융회사의 지배구조에 관한 법률」상 금융위원회가 금융투자회사에 최대 3천만원 이하의 과태료를 부과하는 사항이 아닌 것은?

① 준법감시인이 금융회사의 본질적 업무를 겸직한 경우
② 준법감시인에 대하여 회사의 재무성과와 연동되지 않는 별도의 보수지급 및 평가기준을 마련하지 않은 경우
③ 내부통제기준을 마련하지 아니한 경우
④ 준법감시인이 자산 운용에 관한 업무를 겸직한 경우

54 「금융투자회사의 금융소비자보호 표준내부통제기준」상 금융소비자보호 총괄책임자의 직무에 해당하지 않는 것은?

① 상품설명서, 금융상품 계약서류 등의 사전 심의
② 위험관리지침의 제정 및 개정 업무
③ 대내외 금융소비자보호 관련 교육 프로그램의 개발 및 운영 업무 총괄
④ 민원발생과 연계한 관련부서 및 직원 평가 기준의 수립

55 「금융투자회사의 표준내부통제기준」상 준법감시체제의 운영에 대한 설명으로 가장 거리가 먼 것은?

① 준법감시인은 회사의 경영 및 영업활동 등 업무 전반에 대한 준법감시 프로그램을 구축, 운영하여야 한다.
② 준법감시인은 내부제보 우수자에게 인사상 또는 금전적 혜택을 부여해서는 안 된다.
③ 금융투자업 종사자는 회사가 정하는 준법서약서를 작성하여 준법감시인에게 제출하여야 한다.
④ 금융투자회사는 임직원의 위법, 부당한 행위를 사전에 방지하기 위하여 명령휴가제도를 운영하여야 한다.

56 금융기관 검사 및 제재에 관한 규정에 대한 설명으로 가장 거리가 먼 것은?

① 이의신청 처리결과에 대해 이의가 있는 경우에는 다시 이의신청을 할 수 있다.
② 현장검사를 실시하는 경우 금융감독원의 장은 긴급한 현안사항 점검 등 사전통지를 위한 시간적 여유가 없는 불가피한 때에는 검사사전예고통지서를 통지하지 아니할 수 있다.
③ 금융감독원의 장이 필요하다고 인정하는 경우에는 심의위원회의 심의를 생략할 수 있다.
④ 금융감독원의 장은 금융기관의 업무 및 재산상황 또는 특정 부문에 대한 검사를 실시할 수 있다.

57 <보기> 중 자본시장법상 사업보고서 제출대상법인에 해당하지 않는 것은?

―――― <보기> ――――
㉠ 파생결합증권을 증권시장에 상장한 발행인
㉡ 신주인수권부사채권을 증권시장에 상장한 발행인
㉢ 전환사채권을 증권시장에 상장한 발행인
㉣ 집합투자증권을 증권시장에 상장한 발행인

① ㉠
② ㉡
③ ㉢
④ ㉣

58 자본시장법상 금융투자상품에 대한 설명으로 가장 거리가 먼 것은?

① 수익증권은 신탁의 수익권이 표시된 것을 말한다.
② 주가연계증권(ELS)은 파생상품에 해당한다.
③ 원금 초과 손실 가능성 유무에 따라 증권과 파생상품으로 구분된다.
④ 주식매수선택권은 금융투자상품에 해당하지 않는다.

59 자본시장법상 공모투자신탁의 수익자총회에 대한 설명으로 가장 적절한 것은?

① 총회는 자본시장법과 신탁계약에서 정한 사항만 결의할 수 있다.
② 수익자총회의 소집을 할 때에는 수익자총회일의 1주 전까지 각 수익자에게 서면 등의 방법으로 통지하여야 한다.
③ 발행된 수익증권 총좌수의 100분의 3 이상을 소유한 수익자는 수익자총회를 열 수 있다.
④ 수익자총회의 통지가 수익자명부상의 수익자 주소에 12개월간 계속하여 도달하지 아니한 경우 회사는 그 수익자에게 총회의 소집을 통지하지 아니할 수 있다.

60 자본시장법상 장내파생상품의 대량보유 보고 등에 관한 <보기>의 설명에서 밑줄 친 자에 해당하는 자를 모두 고른 것은?

―― <보기> ――
파생상품시장에서의 시세에 영향을 미칠 수 있는 정보를 <u>업무와 관련하여 알게 된 자</u>와 그 자로부터 그 정보를 전달받은 자는 그 정보를 누설하여서는 안 된다.

㉠ 장내파생상품의 시세에 영향을 미칠 수 있는 정책을 입안, 수립하는 자
㉡ 장내파생상품 기초자산의 중개, 유통과 관련된 업무에 종사하는 자
㉢ 장내파생상품의 시세에 영향을 미칠 수 있는 정보를 생성, 관리하는 자

① ㉡
② ㉠, ㉢
③ ㉡, ㉢
④ ㉠, ㉡, ㉢

61 순자본비율 산출에서 총위험액 산정 시 시장위험액에 포함되지 않는 것은?

① 금리위험액
② 외환위험액
③ 신용위험액
④ 주식위험액

62 <보기> 중 환매금지형으로 설정(설립)해야 하는 집합투자기구에 해당하는 것으로만 모두 묶인 것은?

―― <보기> ――
㉠ 특별자산 집합투자기구
㉡ 부동산 집합투자기구
㉢ 혼합자산 집합투자기구

① ㉠
② ㉠, ㉡
③ ㉡, ㉢
④ ㉠, ㉡, ㉢

63 자본시장법상 공모집합투자기구 집합투자업자의 영업행위 규칙에 대한 설명으로 가장 거리가 먼 것은?

① 집합투자업자는 집합투자재산을 운용함에 있어서 일반적인 거래조건에 비추어 집합투자기구에 유리한 거래의 경우에는 이해관계인과의 거래를 할 수 있다.
② 국내에 있는 부동산 중 주택법상 주택에 해당하지 아니하는 부동산은 1년 내에 처분하여서는 안 된다.
③ 원칙적으로 각 집합투자기구 자산총액의 100분의 20을 초과하여 동일 집합투자업자가 운용하는 집합투자증권에 투자할 수 없다.
④ 각 집합투자기구 자산총액의 100분의 100까지 국채증권에 투자할 수 있다.

64 금융위원회가 긴급조치를 발동할 수 있는 경우로 가장 거리가 먼 것은?

① 유동성이 일시적으로 급격히 악화되어 투자자예탁금 등의 지급불능 사태에 이른 경우
② 발행한 어음 또는 수표가 부도로 되거나 은행과의 거래가 정지 또는 금지되는 경우
③ 순자본비율이 100% 미만인 경우
④ 휴업 또는 영업의 중지 등으로 돌발사태가 발생하여 정상적인 영업이 불가능하거나 어려운 경우

65 다음 중 자본시장법상 투자회사 주식의 발행 및 명의개서 업무를 수행하는 기관은?

① 집합투자업자
② 투자중개업자
③ 일반사무관리회사
④ 신탁회사

66 자본시장법상 투자일임업자의 영업행위 규칙에 대한 설명으로 가장 거리가 먼 것은?

① 원칙적으로 투자일임재산을 자기가 운용하는 다른 투자일임재산과 거래할 수 없다.
② 원칙적으로 투자자로부터 투자일임재산을 예탁하는 투자매매업자의 변경을 위임받을 수 있다.
③ 원칙적으로 투자자로부터 금전, 증권, 그 밖의 재산을 보관받을 수 없다.
④ 원칙적으로 투자일임재산을 각각의 투자자별로 운용하지 않고 여러 투자자의 자산을 집합하여 운용하는 행위를 할 수 없다.

67 일반투자자에게 집합투자증권 판매 시 준수사항에 대한 설명으로 가장 거리가 먼 것은?

① 일반투자자에게 계열회사인 집합투자회사가 운용하는 집합투자기구의 집합투자증권만을 투자권유하거나 안내하는 행위는 금지된다.
② 집합투자기구의 수익률에 대하여 단정적인 판단을 제시하는 행위는 금지된다.
③ 판매회사가 다른 금융투자상품과 연계하여 집합투자증권을 판매하는 경우에는 펀드투자권유자문인력이 아닌 임직원도 투자권유를 할 수 있다.
④ 판매회사가 계열회사인 집합투자회사의 집합투자증권을 투자권유하는 경우 그 집합투자회사가 자기의 계열회사라는 사실을 고지하여야 한다.

68 기업공개 시 수요예측에 대한 설명으로 가장 거리가 먼 것은?

① 불성실 수요예측 등 참여 행위를 한 자에 대하여 자율규제위원회의 의결을 거쳐 불성실 수요예측 등 참여자로 지정될 수 있다.
② 기업공개와 관련하여 불성실 수요예측 등 참여자로 지정된 자에 대하여 최대 36개월까지 수요예측 참여가 제한된다.
③ 위원회는 불성실 수요예측 참여자로 지정된 자의 고유재산에 한하여 수요예측 등 참여제한을 병과할 수 있다.
④ 사모의 방법으로 설정된 벤처기업투자신탁이 수요예측에 참여하여 공모주식을 배정받은 후 최초 설정일로부터 1년 6개월 이내에 환매되는 경우 불성실 수요예측 참여행위로 본다.

69 조사분석자료 작성 및 공표 시 유의사항으로 가장 거리가 먼 것은?

① 조사분석자료의 작성, 심사 및 승인 등의 업무를 수행하기 위해서는 협회가 인정하는 금융투자분석사 자격을 취득해야 한다.
② 금융투자회사는 금융투자분석사의 확인 없이 조사분석자료를 공표하거나 제3자에게 제공해서는 안 된다.
③ 금융투자회사는 자신이 발행한 금융투자상품에 대한 조사분석자료를 공표할 수 없다.
④ 금융투자회사는 발행주식 총수의 1% 이상의 주식 등을 보유한 경우 법인이 발행한 금융투자상품에 관한 조사분석자료를 공표할 수 없다.

70 <보기>의 기대수익률 추정방법에 대한 설명 중 빈칸에 들어갈 내용이 순서대로 나열된 것은?

― <보기> ―
자산배분 전략을 수행하기 위해서는 자산집단의 기대수익률을 추정해야 한다. 이 중 (　　)은 과거 장기간 수익률을 분석하여 미래의 수익률로 사용하는 방법이며, (　　)은 과거 시계열 자료를 바탕으로 수익률을 예측하는 동시에 각 자산집단별 리스크 프리미엄 구조를 반영하는 기법이다.

① 추세분석법, 근본적 분석방법
② 근본적 분석방법, 추세분석법
③ 시나리오 분석법, 근본적 분석방법
④ 추세분석법, 경기순환 접근방법

71 <보기> 중 전략적 자산배분의 이론적 배경에 대한 적절한 설명으로만 모두 묶인 것은?

― <보기> ―
㉠ 시장 포트폴리오는 정해진 위험 수준 하에서 가장 높은 수익률을 달성하는 포트폴리오를 말한다.
㉡ 효율적 투자기회선은 수익률과 위험의 공간에서 다수의 효율적 포트폴리오를 연속선으로 연결한 것을 말한다.
㉢ 최적 자산배분은 효율적 투자기회선과 투자자의 무차별곡선이 접하는 점에서 결정된다.

① ㉢
② ㉠, ㉡
③ ㉡, ㉢
④ ㉠, ㉡, ㉢

72 다음 중 전술적 자산배분의 실행 방법으로 가장 거리가 먼 것은?

① 가치평가모형
② 요인 모형
③ 포뮬러 플랜
④ 시장가치 접근방법

73 인덱스펀드 구성 방법에 대한 설명으로 가장 거리가 먼 것은?

① 완전복제법은 벤치마크의 구성비율과 동일하도록 모든 종목을 보유하는 방법이다.
② 표본추출법은 벤치마크를 구성하는 모든 종목을 보유하지 않으면서도 관리 및 거래비용을 낮출 수 있는 방법이다.
③ 최적화법은 벤치마크에 포함된 대형주를 모두 매수하고 중소형주는 일부만 매수하는 방법이다.
④ 인덱스펀드 구성 방법 중 가장 간단하면서도 벤치마크를 거의 완벽하게 추종할 수 있는 방법은 완전복제법이다.

74 준액티브 운용전략에 대한 설명으로 가장 적절한 것은?

① 패시브 운용의 성격에 추가적인 위험이 더 작다는 점이 더해진 전략이다.
② 액티브 운용전략보다 추적오차가 큰 전략이다.
③ 액티브 운용에 비해서 초과수익을 획득하려는 전략이다.
④ 계량적 액티브 운용이라는 표현을 사용하기도 한다.

75 <보기> 중 주가지수에 대한 적절한 설명으로만 모두 묶인 것은?

― <보기> ―
㉠ 시가총액이 큰 종목의 가격 변화를 잘 반영하는 것은 시가가중방식이다.
㉡ DJIA는 주가가중방식으로 주가지수를 산출한다.
㉢ Nikkei225는 시가가중방식으로 주가지수를 구한다.

① ㉡
② ㉠, ㉡
③ ㉠, ㉢
④ ㉠, ㉡, ㉢

76 <보기> 중 적극적 채권운용전략은 모두 몇 개인가?

―――― <보기> ――――
㉠ 채권교체전략
㉡ 금리예측전략
㉢ 수익률 곡선 전략
㉣ 만기보유 전략

① 1개
② 2개
③ 3개
④ 4개

77 <보기>의 채권 가격에 대한 설명 중 빈칸에 들어갈 내용으로 가장 적절한 것은? (단, 1년은 365일로 가정하고, 원 미만은 절사함)

―――― <보기> ――――
액면가격이 10,000원, 만기 2년 중 잔존기간 1년 91일, 만기수익률 6%인 할인채 A가 있다. 관행적 방식으로 계산했을 때의 할인채 A의 매매가격은 (   )이다.

① 9,294원
② 9,365원
③ 9,852원
④ 9,993원

78 자산유동화증권에 대한 설명으로 가장 적절한 것은?

① 높은 신용 수준의 유동화증권을 일정 규모 이상 발행하면 신용등급이 낮은 자산보유자의 조달비용을 낮출 수 있다.
② 유동화대상 자산의 동질성이 높으면 예측의 정확성이 낮아져서 신용보강 및 평가에 따른 비용이 증가한다.
③ Pass-Through는 원금의 상환순위가 다른 다단계 채권을 발행하는 방식을 말한다.
④ Pay-Through은 주택저당채권을 기초로 발행되며, 통상 장기로 발행되는 것이 특징이다.

79 <보기> 중 전환사채에 대한 적절한 설명으로만 모두 묶인 것은?

―――― <보기> ――――
㉠ 패리티는 주가를 전환가격으로 나누어 백분율로 나타낸 값이다.
㉡ 패리티가격은 패리티와 액면가를 곱한 값이다.
㉢ 전환가치는 전환사채시장 가격에서 패리티가격을 뺀 값이다.

① ㉡
② ㉠, ㉡
③ ㉠, ㉢
④ ㉠, ㉡, ㉢

80 채권의 볼록성에 대한 설명으로 가장 거리가 먼 것은?

① 듀레이션이 동일해도 채권 현금흐름의 분산도가 클수록 볼록성이 더 높다.
② 일정한 수익률과 만기에서 표면이자율이 낮을수록 채권의 볼록성은 커진다.
③ 듀레이션이 같다면 볼록성이 큰 채권은 작은 채권보다 항상 낮은 가격을 가진다.
④ 수익률이 하락할수록 채권의 볼록성은 증가한다.

81 <보기>를 참고하여 계산한 채권의 볼록성은 얼마인가?

> ─── <보기> ───
> • 채권의 만기수익률 : 7%p 상승
> • 채권 가격 : 3.5% 하락
> • 수정듀레이션 : 2.18

① 24
② 48
③ 118
④ 236

82 <보기> 중 선도거래의 특징으로만 모두 묶인 것은?

> ─── <보기> ───
> ㉠ 거래소 내에서 거래한다.
> ㉡ 가격과 거래의 제한이 없다.
> ㉢ 상대적으로 신용위험이 크다.

① ㉠
② ㉠, ㉡
③ ㉡, ㉢
④ ㉠, ㉡, ㉢

83 <보기>에서 설명하는 선물가격의 현상으로 가장 적절한 것은?

> ─── <보기> ───
> 선물시장에서 선물가격보다 현물가격이 더 높은 현상이다. 이 상태에서는 선물가격 내에서 만기가 가까운 근월물의 가격이 만기가 먼 원월물의 가격보다 높다.

① 콘탱고
② 베이시스
③ 정상시장
④ 백워데이션

84 <보기>와 같은 콜옵션과 풋옵션을 동시에 매도한다면, 수익이 발생하는 기초자산가격(P)의 범위로 가장 적절한 것은? (단, 단위는 point)

> ─── <보기> ───
> • 콜옵션의 옵션프리미엄 : 7pt
> • 풋옵션의 옵션프리미엄 : 5pt
> • 두 옵션의 행사가격 : 120pt
> • 두 옵션의 만기는 서로 같음

① 125 < P < 115
② 113 < P < 125
③ 108 < P < 132
④ 106 < P < 134

85 포트폴리오 보험전략에 대한 설명으로 가장 거리가 먼 것은?

① 방어적 풋전략은 주식 포트폴리오와 그 포트폴리오의 풋옵션을 동시에 매수하는 전략이다.
② 이자추출전략은 채권과 콜옵션을 동시에 매수하는 전략이다.
③ 동적자산배분전략은 주식 가격 상승 시 주식의 편입비율을 줄이는 전략이다.
④ 동적헤징전략은 현물주식을 매수하는 동시에 선물주식을 매도하는 전략이다.

86 <보기> 중 블랙-숄즈 모형의 주요 변수에 해당하는 것은 모두 몇 개인가?

<보기>
- ㉠ 무위험이자율
- ㉡ 기초자산의 변동성계수
- ㉢ 기초자산의 기대수익률
- ㉣ 옵션의 행사가격

① 1개
② 2개
③ 3개
④ 4개

87 옵션 프리미엄의 민감도 지표에 대한 설명으로 가장 거리가 먼 것은?

① 감마의 경우 콜옵션과 풋옵션의 매수 포지션은 민감도 부호가 (+)로 동일하다.
② 풋옵션 매수 시 델타와 쎄타의 민감도 부호는 모두 (−)이다.
③ 콜옵션 매도 시 베가의 민감도 부호는 (+)이다.
④ 로우는 금리의 변화에 따른 옵션프리미엄의 민감도를 나타낸다.

88 다음 중 수익률의 분포가 좌측 또는 우측으로 치우친 정도를 측정하는 통계량은 무엇인가?

① 왜도
② 첨도
③ 반편차
④ 표준편차

89 기준지표가 지녀야 할 특성으로 가장 거리가 먼 것은?

① 실행 가능한 투자안이어야 한다.
② 운용 성과에 따라 사후 변경이 가능해야 한다.
③ 기준지표의 종목명과 비중이 명확히 표시되어야 한다.
④ 원하는 기간의 기준지표 수익률을 계산할 수 있어야 한다.

90 <보기> 중 펀드의 성과지표에 대한 적절한 설명으로만 모두 묶인 것은?

<보기>
- ㉠ 샤프비율은 초과수익률을 총위험으로 나누어 계산한다.
- ㉡ 트레이너비율은 베타 한 단위당 실현된 위험 프리미엄의 비율이다.
- ㉢ 초과수익률이 동일하다면 정보비율이 낮을수록 잔차위험이 작다.

① ㉠
② ㉠, ㉡
③ ㉡, ㉢
④ ㉠, ㉡, ㉢

91 포트폴리오 수익률이 15%, 베타가 1.7, 벤치마크 수익률이 8%일 때, 젠센의 알파값은 얼마인가? (단, 무위험수익률은 2%임)

① 2.8%
② 3.0%
③ 3.2%
④ 3.4%

92 IS-LM곡선에 대한 설명으로 가장 적절한 것은?

① IS곡선은 재화시장, LM곡선은 화폐시장의 균형을 이루는 이자율과 국민소득의 조합이다.
② 확대재정정책을 시행하면 IS곡선이 좌측으로 이동한다.
③ 확대통화정책을 시행하면 LM곡선이 좌측으로 이동한다.
④ LM곡선에서 화폐수요는 소득의 감소함수, 이자율의 증가함수이다.

93 <보기> 중 경기순환에 대한 적절한 설명으로만 모두 묶인 것은?

― <보기> ―
㉠ 경기순환이란 경기 확장국면과 경기 수축국면이 반복되는 현상을 말한다.
㉡ 경기순환의 주기는 경기 저점부터 경기 고점까지의 기간을 의미한다.
㉢ 기준순환일이란 국면전환이 발생하는 경기 전환점을 말한다.

① ㉡
② ㉠, ㉢
③ ㉡, ㉢
④ ㉠, ㉡, ㉢

94 다음 중 합리적 기대학파가 주장한 것으로, 세금 감면 정책은 민간의 저축을 증가시킬 뿐 소비를 증가시키지 않는다는 이론은 무엇인가?

① 피구효과
② 유동성 함정
③ 리카르도 불변 정리
④ 구축효과

95 고용지표에 대한 설명으로 가장 거리가 먼 것은?

① 실업률은 실업자를 경제활동인구로 나눈 값을 백분율로 나타낸 것이다.
② 취업률은 생산활동 가능인구 중 취업자의 비율을 나타낸다.
③ 구직단념자, 가정주부, 학생은 비경제활동인구로 분류한다.
④ 취업자수는 후행 종합지수의 구성지표이지만 비농림어업취업자수는 동행 종합지수에 포함된다.

96 A~C자산에 대한 상관계수가 다음과 같을 때, 가장 위험이 작은 포트폴리오 구성은?

구분	A자산	B자산	C자산
A자산	1.0	0.7	0.8
B자산	0.7	1.0	−0.4
C자산	0.8	−0.4	1.0

① A자산을 100% 편입한다.
② A를 50%, B를 50% 편입한다.
③ B를 50%, C를 50% 편입한다.
④ A를 50%, C를 50% 편입한다.

97 자본자산 가격결정 모형(CAPM)의 가정으로 가장 적절한 것은?

① 무위험자산은 존재하지 않으며, 비공개적으로 거래되는 금융자산까지도 투자대상으로 폭넓게 인정한다.
② 투자자들은 전부 개별적인 투자기간을 가지며, 이 기간 이후에 발생하는 결과는 고려하지 않는다.
③ 모든 투자자는 경제상황의 결과를 모두 다르게 예측한다.
④ 거래비용과 세금이 존재하지 않아 자본과 정보의 흐름에 아무런 마찰이 없다.

98 <보기>를 참고했을 때, 단일요인 차익거래 가격결정이론에 따라 차익거래 기회가 해소되어 균형을 달성하는 포트폴리오 B의 베타는?

─── <보기> ───
• 포트폴리오 A의 기대수익률 : 18%
• 포트폴리오 A의 베타 : 1.2
• 포트폴리오 B의 기대수익률 : 14%
• 무위험수익률 : 6%

① 0.8
② 1.0
③ 1.2
④ 1.4

99 포트폴리오 A에 80 : 20의 비율로 주식형 펀드 A와 무위험자산을 편입했다. <보기>의 내용을 참고하여 계산한 포트폴리오 A의 변동성보상비율은 얼마인가?

─── <보기> ───
• 주식형 펀드 A의 기대수익률 : 10%
• 주식형 펀드 A의 표준편차 : 6%
• 무위험수익률 : 4%

① 0.5
② 0.67
③ 1.0
④ 1.46

100 위험이 동일한 자산인 A~D주식의 경제상황별 예상수익률이 다음과 같다. 지배원리에 따른다고 가정할 때, 우수한 순서대로 자산을 나열한 것은?

구분	호황(25%)	정상(50%)	불황(25%)
A주식	20%	10%	5%
B주식	7%	3%	−10%
C주식	−15%	8%	25%
D주식	−30%	10%	20%

① A − B − C − D
② A − C − D − B
③ B − C − A − D
④ B − A − D − C

합격의 기준, 해커스금융
fn.Hackers.com

자르는 선

해커스금융

실전모의고사 1회

이름

생년월일

실시일자

수험번호						
⓪	⓪	⓪	⓪	⓪	⓪	⓪
①	①	①	①	①	①	①
②	②	②	②	②	②	②
③	③	③	③	③	③	③
④	④	④	④	④	④	④
⑤	⑤	⑤	⑤	⑤	⑤	⑤
⑥	⑥	⑥	⑥	⑥	⑥	⑥
⑦	⑦	⑦	⑦	⑦	⑦	⑦
⑧	⑧	⑧	⑧	⑧	⑧	⑧
⑨	⑨	⑨	⑨	⑨	⑨	⑨

감독관 확인란
인

1	①	②	③	④	21	①	②	③	④	41	①	②	③	④	61	①	②	③	④	81	①	②	③	④
2	①	②	③	④	22	①	②	③	④	42	①	②	③	④	62	①	②	③	④	82	①	②	③	④
3	①	②	③	④	23	①	②	③	④	43	①	②	③	④	63	①	②	③	④	83	①	②	③	④
4	①	②	③	④	24	①	②	③	④	44	①	②	③	④	64	①	②	③	④	84	①	②	③	④
5	①	②	③	④	25	①	②	③	④	45	①	②	③	④	65	①	②	③	④	85	①	②	③	④
6	①	②	③	④	26	①	②	③	④	46	①	②	③	④	66	①	②	③	④	86	①	②	③	④
7	①	②	③	④	27	①	②	③	④	47	①	②	③	④	67	①	②	③	④	87	①	②	③	④
8	①	②	③	④	28	①	②	③	④	48	①	②	③	④	68	①	②	③	④	88	①	②	③	④
9	①	②	③	④	29	①	②	③	④	49	①	②	③	④	69	①	②	③	④	89	①	②	③	④
10	①	②	③	④	30	①	②	③	④	50	①	②	③	④	70	①	②	③	④	90	①	②	③	④
11	①	②	③	④	31	①	②	③	④	51	①	②	③	④	71	①	②	③	④	91	①	②	③	④
12	①	②	③	④	32	①	②	③	④	52	①	②	③	④	72	①	②	③	④	92	①	②	③	④
13	①	②	③	④	33	①	②	③	④	53	①	②	③	④	73	①	②	③	④	93	①	②	③	④
14	①	②	③	④	34	①	②	③	④	54	①	②	③	④	74	①	②	③	④	94	①	②	③	④
15	①	②	③	④	35	①	②	③	④	55	①	②	③	④	75	①	②	③	④	95	①	②	③	④
16	①	②	③	④	36	①	②	③	④	56	①	②	③	④	76	①	②	③	④	96	①	②	③	④
17	①	②	③	④	37	①	②	③	④	57	①	②	③	④	77	①	②	③	④	97	①	②	③	④
18	①	②	③	④	38	①	②	③	④	58	①	②	③	④	78	①	②	③	④	98	①	②	③	④
19	①	②	③	④	39	①	②	③	④	59	①	②	③	④	79	①	②	③	④	99	①	②	③	④
20	①	②	③	④	40	①	②	③	④	60	①	②	③	④	80	①	②	③	④	100	①	②	③	④

**2025 기본서 개정사항 및
최근 출제경향 완벽 반영!**

해커스
투자자산운용사
최종 실전모의고사

+ 합격 시크릿북 [3종]

2025년 4월 시험 반영

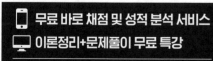
- 무료 바로 채점 및 성적 분석 서비스
- 이론정리+문제풀이 무료 특강

해커스금융 fn.Hackers.com

2회

합격의 기준, 해커스금융

fn.Hackers.com

수험번호	
이름	

실전모의고사
2회

시　　분~　시　　분 (총 100문항/120분)

*시작과 종료 시각을 정한 후, 실전처럼 모의고사를 풀어보세요.

☐ 응시자 유의사항

1. 답안 작성 시 반드시 검정색 필기구(연필류 제외)를 사용하여 "●"와 같이 표기하며 정정을 원할 시 답안지를 교체할 것
   (위반 시 0점 처리됨)

2. 본 문제지는 시험종료 후 답안지와 함께 반드시 제출할 것(수험번호, 성명 기재)
   (문제지 유출, 응시표 등에 문제 또는 답안을 옮겨적는 등의 행위는 부정행위로 간주)

3. 시험시간 종료 후의 문제풀이 및 답안지 표기는 부정행위로 간주
   ※부정행위자는 소속 기관 통보 및 본회 주관 모든 시험의 응시제한 등 불이익을 받을 수 있음

자본시장과 금융투자업에 관한 법률은 이하 자본시장법이라 하겠다.

제1과목 금융상품 및 세제

01 <보기> 중 국세기본법에 대한 설명으로 가장 거리가 먼 것으로만 모두 묶인 것은?

<보기>
- ㉠ 세법에 규정하는 기한이 근로자의 날에 해당한다면 그 다음 날을 기한으로 한다.
- ㉡ 과세표준 신고서를 법정신고기한 내에 제출한 자가 과세표준 및 세액을 과다하게 신고한 경우 법정신고기한이 지난 후 5년 이내에 경정청구를 할 수 있다.
- ㉢ 심사청구는 처분청의 처분을 안 날부터 90일 이내에 조세심판원장에게 제기하여야 한다.
- ㉣ 정부는 필요에 따라 전자송달을 할 수 있다.

① ㉠, ㉡
② ㉡, ㉢
③ ㉢, ㉣
④ ㉡, ㉢, ㉣

02 다음 중 국세에 해당하는 것은?

① 자동차세
② 등록면허세
③ 상속세
④ 취득세

03 소득세법상 집합투자기구의 이익에 대한 설명으로 가장 거리가 먼 것은?

① 집합투자증권 및 외국 집합투자증권을 계좌간 이체, 계좌의 명의변경 등으로 인하여 발생하는 이익도 집합투자기구로부터의 이익에 해당한다.
② 국내 증권시장에 상장된 주식과 채권의 거래로 인하여 발생하는 이익은 집합투자기구로부터의 이익으로 과세하지 않는다.
③ 집합투자기구 이외의 신탁의 이익은 재산권에서 발생하는 소득의 내용별로 소득을 구분하여 과세한다.
④ 집합투자기구로부터의 이익을 지급받은 날을 원칙적인 수입시기로 한다.

04 과세기간 동안 발생한 기타소득에 대해 원천징수가 모두 완료된 경우, 거주자가 분리과세로 납세의무를 종결하도록 선택할 수 있는 기타소득의 기준은 얼마 이하인가?

① 연 300만원
② 연 500만원
③ 연 1,500만원
④ 연 2,000만원

05 소득세에 대한 설명으로 가장 적절한 것은?

① 국내에 183일 이상 거소를 둔 외국인은 비거주자로 본다.
② 거주자의 납세지는 소득 발생지로 한다.
③ 부부의 소득은 합산하여 과세한다.
④ 원칙적으로 열거한 소득에 대해서만 과세한다.

06 양도소득세에 대한 설명으로 가장 거리가 먼 것은?

① 파생상품은 연 250만원의 기본공제를 적용 받을 수 있다.
② 주식은 보유기간이 3년 이상이어도 장기보유특별공제를 받을 수 없다.
③ 현물출자로 인하여 자산이 유상으로 사실상 이전되는 경우에도 양도소득세를 과세한다.
④ 증권거래세는 양도소득의 필요경비에 포함되지 않는다.

07 증권거래세에 대한 설명으로 가장 거리가 먼 것은?

① 예탁결제원은 매월 분의 증권거래세 과세표준과 세액을 다음 달 10일까지 신고·납부하여야 한다.
② 주권을 목적물로 하는 소비대차의 경우 증권거래세 과세대상이다.
③ 유가증권시장뿐만 아니라 코넥스시장에서 양도되는 주권도 증권거래세 과세대상이다.
④ 런던거래소에 상장된 주권을 양도하는 경우 증권거래세를 과세하지 않는다.

08 개인종합자산관리계좌(ISA)에 대한 설명으로 가장 적절한 것은?

① 당해 연도에 납입한도를 채우지 못하는 경우 미불입 납입한도를 다음 해로 이월할 수 없다.
② 일반형·서민형·농어민형 ISA 모두 1년의 의무가입기간이 있다.
③ 일임형 ISA는 편입시킬 금융상품을 직접 고르길 원하는 투자자에게 적합하다.
④ 중개형 ISA는 예금을 제외한 리츠, 파생결합증권, 국내 상장주식 등에 투자할 수 있다.

09 신탁에 대한 설명으로 가장 적절한 것은?

① 수탁자는 위탁자를 위해 신탁재산에 대한 임무의 수행과 권리의 행사를 행하여야 한다.
② 신탁재산은 수탁자의 고유재산에 속해있다.
③ 신탁재산은 수탁자의 상속재산에 속하지 않는다.
④ 수탁자가 사망 또는 사임할 경우 신탁관계는 종료된다.

10 <보기> 중 랩어카운트에 대한 적절한 설명으로만 모두 묶인 것은?

―〈보기〉―
㉠ 일임형 랩어카운트는 증권사나 투자자문사의 자문을 받아 운용된다.
㉡ 자문형 랩어카운트는 증권사가 자산 포트폴리오의 구성 및 운용 등과 같은 모든 자산운용 업무를 대신한다.
㉢ 고객성향에 따른 다양한 상품들을 대상으로 가장 적합한 포트폴리오를 추천하는 자산종합관리계좌이다.
㉣ 잔고평가금액에 근거한 일정 비율의 수수료를 받는다.

① ㉠, ㉡
② ㉠, ㉢
③ ㉡, ㉢
④ ㉢, ㉣

11 <보기>에서 설명하는 집합투자기구 관계회사로 가장 적절한 것은?

―〈보기〉―
집합투자재산과 관련하여 기준 가격의 산정이 적정한지 여부를 확인해야 하며, 확인 결과 법령 등에 위반된 사실이 있음을 알았다면 집합투자업자에게 시정을 요구하거나 투자회사의 감독이사에게 위반사실을 지체 없이 보고해야 하는 집합투자기구 관계회사이다.

① 일반사무관리회사
② 집합투자기구평가회사
③ 신탁업자
④ 투자중개업자

12 주가연계증권(ELS)에 대한 설명으로 가장 적절한 것은?

① 파생결합증권의 한 종류이며 은행에서 발행한다.
② 공모ELS만 발행할 수 있다.
③ 예금자보호법상 한도 내로 예금자보호가 가능하다.
④ 투자자는 신용위험에 노출된다.

13 <보기> 중 보험상품에 대한 설명으로 적절하지 않은 것은 모두 몇 개인가?

<보기>
㉠ 생명보험의 보험료는 순보험료와 부가보험료로 구분된다.
㉡ 종신보험은 일정 기간 내에 사망할 때 보험금을 지급한다.
㉢ 화재보험은 크게 주택화재보험과 일반화재보험으로 구분되는 손해보험상품이다.
㉣ 해상보험은 우연한 해상사고로 인하여 발생하는 경제적 손해를 보상하는 보험상품이다.

① 1개　② 2개　③ 3개　④ 4개

14 자산유동화증권(ABS)에 대한 설명으로 가장 거리가 먼 것은?

① 자산유동화에 따라 최초 자산보유자가 계속해서 자산을 보유한다.
② 대출채권, 리스채권 등 외에도 미래 현금흐름, 부실대출, 임대료, 무형자산 역시 자산유동화증권의 기초자산이 될 수 있다.
③ 「자산유동화에 관한 법률」에 근거한 자산유동화증권은 유동화계획에 대해 금융감독원의 승인이 필요하다.
④ 현금수취방법에 따라 지분이전증권(pass-through securities)과 원리금이체채권(pay-through bond)으로 구분할 수 있다.

15 주택저당증권(MBS)의 특징에 대한 설명으로 가장 거리가 먼 것은?

① 조기상환에 의해 수익이 변동되기도 한다.
② 주택저당대출 만기와 대응하기 때문에 통상 단기로 발행한다.
③ 대상자산인 주택저당대출의 형식 등에 따라 다양한 상품이 구성된다.
④ 채권상환과정에서 자산관리수수료 등이 발생한다.

16 부동산 경기변동의 유형과 특징에 대한 설명으로 가장 거리가 먼 것은?

① 상향시장 : 부동산 전문가의 활동에 있어서 매수자 중시 현상이 커진다.
② 안정시장 : 부동산 시장 고유의 특징으로, 가격은 가벼운 상승을 유지하거나 안정된다.
③ 하향시장 : 부동산 가격의 하락으로 금리가 높아진다.
④ 회복시장 : 과거의 사례 가격이 새로운 거래 가격의 기준 가격이 될 수 있다.

17 <보기> 중 용익물권에 해당하지 않는 것은?

<보기>
㉠ 지역권
㉡ 전세권
㉢ 지상권
㉣ 소유권

① ㉠
② ㉡
③ ㉢
④ ㉣

18. 당해에 구매한 부동산 A의 현재가격이 100억원이고, 전문가들은 2년 후 해당 부동산의 가격은 120억원으로 예상한다. 부동산 A를 2년간 임대하며 얻을 수익이 10억원으로 예상될 때, 해당 부동산의 수익성지수는 얼마인가? (단, $(1+R)^2 = 1.2$라고 가정함)

    ① 1.00 ② 1.05
    ③ 1.10 ④ 1.15

19. 부동산투자의 분석에 대한 설명으로 가장 적절한 것은?

    ① Cash on Cash 수익률은 화폐의 시간가치를 고려한 수익률이다.
    ② 자본환원률은 부동산의 가격을 수익형 부동산의 순영업이익으로 나눈 비율이다.
    ③ 부채상환비율은 순운용소득을 부채상환액으로 나눈 비율이다.
    ④ 내부수익률은 투자안의 현금유입의 현재가치와 현금유출의 현재가치를 일치시키는 할인율로, 순현재가치를 1로 만드는 할인율이다.

20. 부동산 투자회사(REITs)에 대한 설명으로 가장 적절한 것은?

    ① 부동산 투자회사는 유한회사로 분류된다.
    ② 부동산 투자회사법에서 특별히 정한 경우를 제외하고 상법의 적용을 받는다.
    ③ 발기설립을 원칙으로 하지만 경우에 따라 현물출자에 따라 설립할 수 있다.
    ④ 부동산 투자회사가 자산의 투자운용업무를 하기 위해서는 부동산 투자회사의 종류별로 금융위원회의 영업인가를 받거나 금융위원회에 등록해야 한다.

제2과목 투자운용 및 전략 Ⅱ / 투자분석

21. 다음 중 PEF 투자회수(Exit) 방법으로 거리가 먼 것은?

    ① 인수한 회사의 IPO 후 지분 매각
    ② 일반기업이나 다른 PEF에 지분 매각
    ③ 증자
    ④ 배당

22. <보기> 중 부동산금융에 대한 적절한 설명은 모두 몇 개인가?

    <보기>
    ㉠ 주택저당증권은 주택자금으로부터 발생하는 채권과 저당권을 기초자산으로 발행된다.
    ㉡ 부동산 개발사업에서 사업부지의 지주가 여러 명인 경우 전체 지주와 일괄 계약하고 동시 자금 집행함으로써 토지 매입대금 상승 위험을 축소할 수 있다.
    ㉢ 초년도 NOI가 5억, 차입상환액이 1억이라면 부채 부담능력 비율은 0.2이다.

    ① 0개 ② 1개 ③ 2개 ④ 3개

23. 신용파생상품에 대한 일반적인 설명으로 가장 적절한 것은?

    ① CDS에서 보장매도자는 준거자산의 신용위험을 이전하고, 보장매입자는 그 대가로 프리미엄을 지급받는다.
    ② 합성 CDO는 보장매입자가 준거자산을 양도하여 준거자산의 신용위험을 SPC에 이전한다.
    ③ CDO의 트랜치 중 Senior 트랜치가 위험과 수익이 가장 높다.
    ④ Equity 트랜치 투자자는 up-front 방식으로 수익을 초기에 한 번에 받는다.

24 다음 중 위험 전가를 목적으로 거래하며, 거래에 따라 대차대조표에서 신용위험 자산이 감소하여 재무비율이 개선되는 효과가 있는 CDO는 무엇인가?

① Arbitrage CDO
② Balance Sheet CDO
③ Cash Flow CDO
④ Hybrid CDO

25 합병 차익거래에 대한 설명으로 가장 거리가 먼 것은?

① Event Driven 전략에 해당한다.
② 일반적으로 인수기업의 주식을 매수하고, 피인수기업의 주식을 매도하는 포지션을 취한다.
③ 인수·합병 완료 후 발생하는 주식가치의 변화에서 이익을 창출하고자 한다.
④ 발표된 정보에만 투자하며, 발표되지 않은 추측 정보에는 투자하지 않는다.

26 DR에 대한 설명으로 가장 거리가 먼 것은?

① ADR은 미국 증권거래위원회(SEC)에 등록되고 미국거래소에서 거래된다.
② ADR의 경우 발행 기업이 배당을 하면 배당금은 미국 달러화로 전환되어 투자자에게 지급된다.
③ 기업이 DR 발행 및 상장과 관련된 비용을 직접 부담할 경우 sponsored DR이라고 한다.
④ 미국 달러화 표시 EDR은 미국과 미국 이외 시장에 동시에 상장된다.

27 <보기> 중 국제 채권에 대한 적절한 설명으로만 모두 묶인 것은?

― <보기> ―
㉠ 미달러화 표시 채권이 미국 이외의 국가에서 발행되는 경우 무기명식으로 발행된다.
㉡ 양키본드는 미국에서 발행되는 외국채이다.
㉢ 딤섬본드는 외국기업이 홍콩에서 홍콩달러 표시로 발행하는 채권이다.

① ㉠, ㉡
② ㉠, ㉢
③ ㉡, ㉢
④ ㉠, ㉡, ㉢

28 미국 국채에 대한 설명으로 가장 적절한 것은?

① T-bill은 이표채로 발행된다.
② T-bond는 만기 1년 이상 10년 이하의 중기채이다.
③ T-note는 만기 1년 이하의 단기채이다.
④ T-note는 이표채로 발행된다.

29 미국 국채 투자 시 유의해야 할 사항으로 거리가 먼 것은?

① 위험도에 따른 가산금리
② 미국 물가 등 거시경제지표
③ 미국 달러 가치의 움직임
④ 채권의 수급

30 해외투자 포트폴리오 구축에 대한 설명으로 가장 거리가 먼 것은?

① 적극적 투자전략은 시장의 비효율성이 존재하여 관련 정보가 가격에 천천히 반영되는 것을 가정한다.
② 소극적 투자전략에서는 벤치마크 포트폴리오의 구성을 정확하게 모방하기 때문에 거래비용이 낮아진다.
③ 하향식 접근방법은 국가 비중을 우선 결정한 다음 각국에서 산업과 개별 기업별 비중을 결정한다.
④ 상향식 접근방법에서는 세계경제를 글로벌화된 산업들의 집합체로 본다.

31 현금흐름 추정원칙에 대한 설명으로 가장 적절한 것은?

① 현금흐름은 세전 기준으로 추정되어야 한다.
② 감가상각비는 법인세에 영향을 주는 요인이므로 현금흐름 추정 시 고려되어야 한다.
③ 현금흐름 추정 시 매몰원가는 고려되어야 하지만, 기회비용은 고려하지 않는다.
④ 현금유출액은 손익계산서에서 추정한다.

32 증권분석을 위한 통계에 대한 설명으로 가장 거리가 먼 것은?

① 산술평균, 최빈값은 중심위치를 나타내는 지표이다.
② 정규분포 중 평균이 0(zero), 분산이 1인 것을 표준 정규분포라고 한다.
③ 공분산 및 상관계수가 0(zero)이라는 것은 어떠한 선형 관계가 없다는 것을 의미한다.
④ 공분산을 변수 각각의 분산의 곱으로 나눈 것이 상관계수이다.

33 순매출액 대비 순이익이 0.4이고, 총자산회전율이 2회인 경우 ROA를 계산하면 얼마인가?

① 0.8
② 0.6
③ 0.4
④ 0.2

34 <보기> 중 레버리지 분석에 대한 적절한 설명은 모두 몇 개인가?

<보기>
㉠ 영업레버리지도는 판매량의 변화율을 영업이익의 변화율로 나누어 계산한다.
㉡ 영업고정비와 이자비용이 존재한다면 결합레버리지는 1보다 작다.
㉢ 영업이익이 동일할 경우 타인자본 의존도가 높을수록 재무레버리지도는 작아진다.

① 0개
② 1개
③ 2개
④ 3개

35 다음 중 기업 자본구조를 감안한 평가방식으로서, 당기순이익을 기준으로 하는 PER 모형의 한계점을 보완하는 지표로 가장 적절한 것은?

① PBR
② EVA
③ EV/EBITDA
④ Tobin's Q

36 <보기>의 내용을 참고하여 계산한 기업의 EVA는 얼마인가?

———— <보기> ————
- 영업이익(세전) : 600억원
- 투하자본 : 1,000억원
- 자기자본비율 : 40%, 타인자본비율 : 60%
- 타인자본조달비용 : 20%
- 자기자본의 기회비용 : 10%
- 법인세율 : 20%

① 288억
② 296억
③ 344억
④ 396억

37 <보기> 중 그랜빌의 주가·이동평균선에서 매입 신호에 해당하는 경우로만 모두 묶인 것은?

———— <보기> ————
㉠ 이동평균선이 하락한 뒤에 상승국면으로 진입한 상황에서 주가가 이동평균선을 상향 돌파하는 경우
㉡ 이동평균선이 상승하고 있을 때 주가가 일시적으로 이동평균선의 아래로 하락하는 경우
㉢ 주가가 이동평균선 위에서 빠르게 하락하다가 이동평균선 부근에서 지지를 받고 재차 상승하는 경우
㉣ 주가가 상승하고 있는 이동평균선을 상향 돌파한 후 다시 급등하는 경우

① ㉠
② ㉠, ㉡
③ ㉠, ㉡, ㉢
④ ㉠, ㉡, ㉢, ㉣

38 <보기>의 갭(gap)에 대한 설명 중 빈칸에 들어갈 내용을 순서대로 나열한 것은?

———— <보기> ————
- (   )은 주가의 움직임이 급속하게 가열 또는 냉각되면서 이전의 추세가 더욱 가속화되고 있음을 확인할 수 있는 갭(gap)으로, 다우 이론의 추세추종국면이나 엘리어트 파동이론의 3번 파동에서 주로 발생한다.
- (   )은 일반적으로 장기간에 걸친 조정 국면이나 횡보 국면을 마감하고 주가가 과거 중요한 지지선이나 저항선을 돌파할 때 나타난다.

① 돌파갭, 보통갭
② 돌파갭, 소멸갭
③ 급진갭, 돌파갭
④ 급진갭, 섬꼴반전

39 <보기>의 지표 분석에 대한 설명 중 빈칸에 들어갈 내용을 순서대로 나열한 것은?

———— <보기> ————
- (   )은(는) 일정기간 동안의 주가 변동폭 중 금일 종가의 위치를 백분율로 나타낸다.
- (   )은(는) 일반적으로 14일간 상승폭과 하락폭의 평균값을 구하여 상대강도를 나타낼 수 있는 지표이다.

① 스토캐스틱, RSI
② 스토캐스틱, ROC
③ MAO, RSI
④ MAO, ROC

40 거래량 지표에 대한 설명으로 가장 적절한 것은?
① VR은 주가가 전일에 비해 상승한 날의 거래량 누계에서 하락한 날의 거래량 누계를 차감하여 집계한 지표이다.
② OBV는 일정기간 동안의 주가 상승일의 거래량과 주가 하락일의 거래량 비율의 백분비이다.
③ OBV선의 상승은 매입세력의 분산, 하락은 매입세력의 집중을 나타낸다.
④ 주가지수 OBV의 경우 저가주들의 대량거래가 시장 전체의 거래량을 왜곡할 수 있다.

41 산업구조 변화 경제이론에 대한 설명으로 가장 거리가 먼 것은?

① 비교우위론에 따르면 각국은 상대적으로 생산비가 낮은 제품을 특화하여 생산하고 수출해야 한다.
② 제품 수명주기 이론은 한 국가의 공급능력 변화에서 기술혁신 또는 신제품 개발이 갖는 중요성을 분석했다.
③ 신무역이론은 규모의 경제와 불완전경쟁 등 시장실패를 가정하여 산업 내 무역과 정부개입의 필요성을 주장한다.
④ 내생적 성장이론은 동태적 비교우위와 산업구조의 변화에서 요소창출보다 요소부존이 더욱 중요하다.

42 산업경쟁력 분석에서 마이클 포터의 경쟁우위론에 대한 설명으로 가장 적절한 것은?

① 생산비 및 요소부존도에 근거한 비교우위를 창출함으로써 경쟁우위를 증진시킬 수 있다.
② 산업경쟁력의 결정요인 중 요소 조건, 연관산업 및 지원산업 등은 직접적 요인으로, 수요조건, 정부 등은 간접적 요인으로 구분한다.
③ 결정요인을 종합적으로 고려하여 다이아몬드 모형으로 산업경쟁력을 설명한다.
④ 경쟁자산이 충분히 축적되어 있다는 것은 곧 높은 산업성과라고 볼 수 있다.

43 <보기>의 재무위험(financial risk)에 대한 설명 중 빈칸에 들어갈 내용으로 가장 거리가 먼 것은?

―<보기>―
시장위험(market risk)이란 시장 가격의 변동으로부터 발생하는 위험으로서, 대표적으로 (   )이 있다.

① 상품 가격 위험
② 환위험
③ 운영위험
④ 주식위험

44 KOSPI200 주가지수 옵션의 가격 및 델타가 20pt, 0.3이고, KOSPI200 주가지수가 200pt, 주가지수 수익률의 1일 기준 표준편차가 2%인 경우, 95% 신뢰도 1일 VaR은 얼마인가? (단, 95% 신뢰수준 z = 1.65)

① 1.98pt
② 5.94pt
③ 6.60pt
④ 9.90pt

45 1일 VaR이 신뢰구간 99%에서 100억인 경우, 이에 대한 해석으로 가장 적절한 것은?

① 향후 1일 동안 100억 이내로 손실을 보게 될 확률은 1%이다.
② 향후 1일 동안 100억 이내로 손실을 보게 될 확률은 90%이다.
③ 향후 1일 동안 100억을 초과하여 손실을 보게 될 확률은 1%이다.
④ 향후 1일 동안 100억을 초과하여 손실을 보게 될 확률은 99%이다.

46 95% 신뢰도 1일 VaR이 3.30인 경우 99% 신뢰도 4일 VaR은 얼마인가? (단, 95% 신뢰상수 z = 1.65, 99% 신뢰상수 z = 2.33)

① 3.30
② 4.66
③ 6.60
④ 9.32

47 A자산과 B자산을 매입하여 포트폴리오를 구성하는 경우 <보기>의 설명 중 빈칸에 들어갈 내용을 순서대로 나열한 것은?

A자산 VaR	B자산 VaR	두 자산의 상관계수(ρ)
6억	8억	0(zero)

─── <보기> ───
- 포트폴리오의 VaR을 계산하면 ( )이다.
- 포트폴리오의 분산투자효과로 인해 줄어든 VaR 금액은 ( )이다.

① 10억, 4억
② 10억, 14억
③ 14억, 4억
④ 14억, 10억

48 몬테카를로 시뮬레이션법에 대한 설명으로 가장 적절한 것은?

① 위험요인의 변동과 포지션의 가치 변동 중 하나만 파악하여도 VaR 측정이 가능하다.
② 주가의 움직임에 대한 확률 모형으로 기하학적 브라운 운동모형을 주로 사용한다.
③ 리스크 요인의 분포는 정규분포만을 가정할 수 있다.
④ 옵션 포지션을 포함하는 경우 몬테카를로 시뮬레이션법보다는 델타분석법이 더 정확하다.

49 다음 포트폴리오들의 투자결과를 RAROC로 측정하는 경우 투자결과가 두 번째로 우수한 것은? (단, Risk의 값은 VaR임)

포트폴리오	A	B	C	D
투자금액	100억	100억	100억	100억
순수익률	6%	8%	6%	7%
VaR	4억	6억	3억	4억

① 포트폴리오 A
② 포트폴리오 B
③ 포트폴리오 C
④ 포트폴리오 D

50 스트레스 검증법에 대한 설명으로 가장 거리가 먼 것은?

① 최악의 상황을 나타내는 시나리오 효과를 설명해준다.
② 과거의 데이터가 없는 경우에도 사용이 가능하다.
③ 비선형 포지션을 가지는 경우에도 계산이 가능하다.
④ 포트폴리오가 여러 리스크 요소에 의존하는 경우 유용하다.

제3과목 직무윤리 및 법규 / 투자운용 및 전략 Ⅰ / 거시경제 및 분산투자

51 내부통제위원회에 대한 설명으로 가장 거리가 먼 것은?

① 매 반기별 1회 이상 회의를 개최해야 한다.
② 모든 금융투자회사는 내부통제위원회를 두어야 한다.
③ 출석위원, 논의안건 및 회의결과 등 회의 내용을 기재한 의사록을 작성해야 한다.
④ 대표이사를 위원장으로 하고, 준법감시인을 위원으로 하는 내부통제위원회를 두어야 한다.

52 금융투자회사 표준준칙 제6조(정보보호)에 대한 설명으로 가장 거리가 먼 것은?

① 특정한 정보가 비밀정보인지 확실하지 않을 경우 준법감시인의 사전 확인을 받기 전까지 당해 정보를 공유하거나 제공할 수 없다.
② 고객 또는 거래상대방에 관한 신상정보는 기록 형태나 기록 유무와 관계없이 비밀정보로 본다.
③ 회사와 임직원은 업무수행 과정에서 알게 된 회사의 정보를 어떠한 경우에도 제3자에게 제공해서는 안 된다.
④ 비밀정보가 다뤄지는 회의는 다른 임직원의 업무장소와 분리되어 정보노출이 차단된 장소에서 이루어져야 한다.

53 <보기>의 위법계약의 해지권에 대한 설명 중 빈칸에 들어갈 내용이 순서대로 나열된 것은?

<보기>
- 금융상품판매업자 등이 설명의무 위반 시 금융소비자는 위법계약 사실을 안 날로부터 (　) 이내에 위법계약의 해지 요구가 가능하며, 위법계약 사실을 안 날이 계약 체결일로부터 (　) 이내여야 한다.
- 금융회사는 금융소비자의 위법계약 해지 요구가 있는 경우 해당일로부터 (　) 이내에 계약 해지 요구의 수락 여부를 결정하여 금융소비자에게 통지하여야 한다.

① 1년, 3년, 7일
② 1년, 5년, 10일
③ 6개월, 3년, 7일
④ 6개월, 5년, 10일

54 금융투자업자와 금융소비자 사이에 대표적으로 발생하는 이해상충의 사례인 과당매매를 판단하는 기준에 해당하는 것으로 가장 거리가 먼 것은?

① 일반투자자가 부담하는 수수료의 총액
② 일반투자자의 재산상태 및 투자목적의 적합성
③ 일반투자자의 투자지식이나 경험에 근거하여 당해 거래에 수반되는 위험에 대한 이해 여부
④ 해당 거래를 통해 달성한 이익 또는 손실의 정도

55 자본시장법상 매매명세의 통지에 대한 설명으로 거리가 먼 것은?

① 투자중개업자와 투자자 간에 미리 합의된다면 서면, 전자우편 등의 방법으로 통지할 수 있다.
② 매매가 체결된 후 지체 없이 매매의 유형, 수수료 등 모든 비용과 그 밖의 거래내용 등을 통지해야 한다.
③ 투자자가 통지를 받기를 원하지 않는 경우라 하더라도 투자자 보호를 위해 서면 교부 등의 방법으로 매매명세를 통지해야 한다.
④ 집합투자증권 외의 금융투자상품의 매매가 체결된 경우 체결된 날의 다음 달 20일까지 월간 매매내역 등을 통지해야 한다.

56 투자설명서제도에 대한 설명으로 가장 거리가 먼 것은?

① 발행인은 투자설명서를 해당 증권의 발행인의 본점, 금융위, 거래소, 청약사무취급장소에 비치 및 공시해야 한다.
② 일반투자자가 투자설명서의 교부를 거부한다는 의사를 서면, 전화 등의 방법을 통해 표시하더라도 투자설명서를 교부해야 한다.
③ 발행인은 증권을 모집하거나 매출하는 경우 투자설명서 및 간이투자설명서를 증권신고의 효력이 발생하는 날에 금융위에 제출하여야 한다.
④ 발행인의 기업비밀에 해당되는 것으로서 금융위원회의 확인을 받은 사항에 대해서는 투자설명서에 그 기재를 생략할 수 있다.

57 집합투자기구의 업무 수행에 대한 설명으로 가장 거리가 먼 것은?

① 투자신탁재산의 운용업무는 그 투자신탁의 집합투자업자가 수행한다.
② 투자회사는 투자회사 주식의 발행 및 명의개서 등 투자회사의 운영에 관한 업무를 일반사무관리회사에 위탁한다.
③ 신탁업을 함께 영위하는 집합투자업자는 자신이 운용하는 집합투자재산을 보관·관리하는 신탁업자가 될 수 없다.
④ 투자회사의 집합투자재산에 속하는 지분증권의 의결권 행사는 그 투자신탁의 신탁업자가 수행한다.

58 단기금융 집합투자기구(MMF)에 대한 설명으로 가장 거리가 먼 것은?

① 증권을 대여하거나 차입하는 방법으로 운용할 수 없다.
② 남은 만기가 1년 이상인 국채증권에 집합투자재산의 100분의 5 이내에서 운용해야 한다.
③ 환매조건부매도의 방법으로 운용하는 경우 해당 집합투자기구에서 보유하고 있는 증권 총액의 100분의 5 이내에서 운용해야 한다.
④ 환매조건부 지방채증권을 매수하는 경우에는 남은 만기가 1년 이내이어야 한다.

59 집합투자업자의 금전차입 및 대여 등의 제한에 대한 설명으로 가장 거리가 먼 것은?

① 집합투자재산으로 해당 집합투자기구 외의 자를 위한 채무보증이나 담보제공은 금지된다.
② 부동산 개발사업을 영위하는 법인은 집합투자기구 자산총액에서 부채총액을 뺀 가액의 100분의 200 이내로 대여가 가능하다.
③ 집합투자재산으로 부동산을 취득하는 경우 부동산 집합투자기구 외 기타 집합투자기구는 부동산가액의 100분의 70 이내로 차입이 가능하다.
④ 대량 환매청구가 발생한 경우 예외적으로 집합투자기구의 계산으로 금전차입이 가능하다.

60 집합투자기구 이익금의 분배에 대한 설명으로 가장 거리가 먼 것은?

① MMF의 경우 집합투자규약이 정하는 바에 따라 이익금의 분배를 집합투자기구에 유보할 수 있다.
② 집합투자업자 또는 투자회사 등은 집합투자기구의 특성에 따라 이익금을 초과하여 분배할 필요가 있는 경우에는 이익금을 초과하여 분배할 수 있다.
③ 집합투자업자 또는 투자회사 등은 집합투자기구의 집합투자재산 운용에 따라 발생한 이익금을 투자자에게 금전 또는 새로 발행하는 집합투자증권으로 분배해야 한다.
④ 투자회사는 이익금 전액을 새로 발행하는 주식으로 분배하려는 경우 정관에서 정하는 주식발행에 필요한 사항에 관하여 이사회의 결의를 거쳐야 한다.

61 <보기> 중 각 집합투자기구 자산총액의 10%를 초과하여 동일종목의 증권에 투자가 가능한 경우에 해당하는 것으로만 모두 묶인 것은?

―― <보기> ――
㉠ 파생결합증권
㉡ 특수채
㉢ 한국은행통화안정증권

① ㉠
② ㉠, ㉡
③ ㉡, ㉢
④ ㉠, ㉡, ㉢

62 투자자 재산보호를 위한 규제 중 투자자예탁금의 별도 예치에 대한 설명으로 가장 거리가 먼 것은?

① 누구든지 예치기관에 신탁한 투자자예탁금을 상계, 압류하지 못한다.
② 예치 금융투자업자가 파산선고를 받은 경우에는 예치기관에 예치한 투자자예탁금을 인출하여 투자자에게 우선 지급 해야 한다.
③ 투자매매업자는 투자자예탁금을 고유재산과 구분하여 증권금융회사에 예치해야 한다.
④ 은행의 경우 투자자예탁금을 신탁업자에 신탁할 수 있지만 자기계약은 불가능하다.

63 전매제한조치를 위해 예탁된 증권의 인출을 허용할 수 있는 경우에 해당하는 것으로 가장 거리가 먼 것은?

① 공개매수신청에 대해 응모를 하기 위한 경우
② 통일규격증권으로 교환하기 위한 경우
③ 액면의 분할 또는 병합에 따라 새로운 증권으로 교환하기 위한 경우
④ 신주인수권에 부여된 권리행사를 위한 경우

64 적기시정조치에 대한 설명으로 가장 거리가 먼 것은?

① 금융투자업자의 순자본비율이 0% 미만인 경우 경영개선 명령 조치가 발동된다.
② 주식의 전부 소각, 임원의 직무집행 정지의 경우 경영개선 명령 조치가 발동된다.
③ 금융투자업자가 경영실태평가 결과 종합평가등급을 4등급 이하로 판정받은 경우 경영개선 명령 조치가 발동된다.
④ 영업의 전부 또는 일부의 양도의 경우 경영개선 명령 조치가 발동된다.

65 <보기> 중 투자일임업자가 자기 또는 관계인수인이 인수한 증권을 투자일임재산으로 매수할 수 있는 항목으로만 모두 묶인 것은?

―― <보기> ――
㉠ 사채권
㉡ 주권 관련 사채권
㉢ 통안채
㉣ 인수일부터 3개월이 지난 경우

① ㉠, ㉡, ㉢
② ㉠, ㉡, ㉣
③ ㉠, ㉢, ㉣
④ ㉡, ㉢, ㉣

66 금융투자회사의 위험관리체제 구축에 대한 설명으로 가장 거리가 먼 것은?

① 금융투자업자는 각종 거래에서 발생하는 제반 위험을 적시에 관리하기 위한 체제를 갖추고, 효율적인 위험관리를 위해 부서별, 거래별 또는 상품별로 적절한 위험부담도와 거래한도 등을 설정하여 운영해야 한다.
② 금융투자업자는 주요 위험 변동 상황을 자회사와 연결하여 종합적으로 인식하고 감시해야 한다.
③ 위험관리지침의 제정에 관한 사항은 주주총회에서 심의·의결한다.
④ 금융투자업자는 순자본비율 및 자산부채비율의 수준, 운용자산의 내용과 위험의 정도 등을 정한 위험관리지침을 마련하고 이를 준수해야 한다.

67 재산상 이익의 가치를 올바르게 산정한 것으로 가장 거리가 먼 것은?

① 금전의 경우 해당 금액
② 금융투자회사 임직원과 거래상대방이 공동으로 접대에 참석한 경우 해당 접대 비용 전체 금액
③ 물품의 경우 구입 비용
④ 연수, 세미나 등의 경우 거래상대방에게 직접적으로 제공받은 비용

68 투자광고 시 집합투자기구의 운용실적을 비교하고자 할 경우 준수해야 할 사항으로 가장 거리가 먼 것은?

① 평가자료의 출처 및 공표일을 표시해야 한다.
② 비교대상이 동일한 유형의 집합투자기구이어야 한다.
③ 협회 등 증권유관기간의 공시자료 또는 집합투자기구평가회사의 평가자료를 사용해야 한다.
④ MMF의 수익률을 비교할 때에는 과거 1개월 수익률을 표시해야 한다.

69 한국금융투자협회 규정상 금융투자회사의 설명의무에 대한 설명으로 가장 거리가 먼 것은?

① 일반투자자가 신용융자거래를 하고자 하는 경우 금융투자회사는 핵심설명서를 추가로 교부해야 한다.
② 일반투자자가 고난도금융투자상품 이외의 공모의 방법으로 발행된 주식워런트증권(ELW)을 매매하는 경우 핵심설명서를 추가로 교부해야 한다.
③ 금융투자회사는 일반투자자가 최초로 상장지수증권(ETN)을 매매하고자 하는 경우 서명 등의 방법으로 매매의사를 별도로 확인해야 한다.
④ 금융투자회사는 일반투자자가 주식워런트증권(ELW)을 매매하고자 하는 경우 협회가 인정하는 교육을 사전에 이수하도록 하고 그 이수 여부를 확인해야 한다.

70 효율적 시장가설에 대한 설명으로 가장 적절한 것은?

① 효율적 시장가설은 패시브 운용을 반대하는 논거로 이용된다.
② 약형의 효율적 시장가설에 의하면 모든 공개된 정보는 아무런 가치가 없다.
③ 준강형의 효율적 시장가설을 신뢰하는 경우 액티브 운용을 배제한다.
④ 강형의 효율적 시장가설에 의하면 예측 가능한 정보는 주식의 분석에 도움이 되지 않는다.

71 자산배분 전략에 대한 설명으로 가장 적절한 것은?

① 전략적 자산배분은 시장상황이 일부 변동하면 즉시 변경하여 대응하는 전략이다.
② 전술적 자산배분은 저평가된 자산을 매도하고, 고평가된 자산을 매수하는 전략이다.
③ 전략적 자산배분은 효율적 시장을 가정하고, 전술적 자산배분은 비효율적 시장을 가정한다.
④ 전술적 자산배분은 시장 변화의 예측치를 사용하지 않는 수동적인 전략이다.

72 <보기>의 주식 현물을 이용하여 인덱스펀드를 구성하는 방법 중 최적화법에 대한 적절한 설명으로만 모두 묶인 것은?

<보기>
㉠ 과거의 가격정보를 사용하기 때문에 주식의 속성을 정확히 반영하지 못한다는 근본적인 단점이 있다.
㉡ 벤치마크에 대비한 잔차위험이 허용 수준 이하가 되도록 포트폴리오를 만드는 방식이다.
㉢ 대형주는 모두 포함하되 중소형주들은 펀드의 성격이 벤치마크와 유사하게 되도록 적은 종목만을 포함하는 방식이다.

① ㉠
② ㉠, ㉡
③ ㉡, ㉢
④ ㉠, ㉡, ㉢

73 <보기> 중 성장투자 스타일에 대한 적절한 설명으로만 모두 묶인 것은?

― <보기> ―
㉠ 고 PER 투자, 고 PBR 투자 방식이 있다.
㉡ 기업의 수익은 평균으로 회귀한다는 점을 가정한다.
㉢ 성장 모멘텀 투자자는 성장률이 높은 기업에 시장 PER보다 낮은 가격을 지불한다.

① ㉠
② ㉠, ㉡
③ ㉡, ㉢
④ ㉠, ㉡, ㉢

74 주식포트폴리오 모형에 대한 설명으로 가장 거리가 먼 것은?

① 주식포트폴리오 모형은 리스크 모형이라고도 불리며, 액티브 운용과 패시브 운용 모두에서 사용된다.
② 다중 요인 모형은 주식의 리스크를 베타, 규모 등의 비체계적인 요인으로 구분한다.
③ 2차함수 최적화 모형은 기대수익과 기대위험의 추정치에 오류가 있다는 단점이 있다.
④ 선형계획 모형은 일정한 조건을 충족하는 포트폴리오 중 기대수익률을 최대화하는 방법을 취한다.

75 주식 포트폴리오 구성에 대한 설명으로 가장 적절한 것은?

① 상향식 방법은 산업, 테마보다 개별 종목 선정을 우선시한다.
② 하향식 방법에 의하면 산업, 국가별 요소는 부차적 요소로 두고 유망한 개별 종목을 선정하는 것에 중점을 두어 포트폴리오를 구성한다.
③ 패시브 포트폴리오는 시장 상황에 따라 벤치마크 수익률을 초과달성하기 위해 구성하는 포트폴리오이다.
④ 주식 포트폴리오는 투자수익률이 높을수록 우수한 포트폴리오이며, 위험수준은 부차적인 요소이다.

76 <보기> 중 이자지급 방법에 따라 분류되는 채권으로 적절한 것은 모두 몇 개인가?

― <보기> ―
㉠ 회사채
㉡ 할인채
㉢ 이표채
㉣ 특수채

① 1개
② 2개
③ 3개
④ 4개

77 <보기>의 정보를 참고하여 계산한 5년 만기 후급 이표채의 경상수익률로 가장 적절한 것은?

― <보기> ―
• 채권 액면 : 30,000원
• 표면이율 : 연 6%
• 채권의 시장 가격 : 27,000원

① 5.40%
② 6.67%
③ 14.87%
④ 19.99%

78 채권액면 100,000원, 전환가격 25,000원, 전환주식의 시장 가격 15,000원일 때, <보기> 중 전환사채에 대한 적절한 설명으로만 모두 묶인 것은? (단, 전환비율은 100%임)

― <보기> ―
㉠ 전환주수는 4주이다.
㉡ 전환사채의 패리티는 60%이다.
㉢ 전환가치는 60,000원이다.

① ㉠
② ㉠, ㉡
③ ㉡, ㉢
④ ㉠, ㉡, ㉢

79 듀레이션에 대한 설명으로 가장 거리가 먼 것은?

① 듀레이션은 일련의 현금흐름을 가진 채권 현재가치의 균형점으로서 무게 중심 역할을 한다.
② 이표채의 듀레이션은 액면이자가 낮을수록 길다.
③ 복리채의 듀레이션은 만기와 같다.
④ 이자율이 20%인 영구채의 듀레이션은 12년이다.

80 <보기>를 참고하였을 때, 현재 시점부터 1년 후 1년 만기 내재선도이자율은 얼마인가? (단, 불편 기대 이론이 성립한다고 가정함)

<보기>
- 1년 만기 현물이자율 : 3%
- 2년 만기 현물이자율 : 5%

① 약 4%
② 약 5%
③ 약 6%
④ 약 7%

81 수정듀레이션이 2.78이고 만기수익률이 2%에서 4%로 상승한 경우, 선형의 수정듀레이션으로 측정한 채권가격 변동률을 구하고, 이것이 실제 채권가격 변동을 어떻게 평가하는지를 적절하게 나열한 것은?

① +5.56%, 과소평가
② −5.56%, 과대평가
③ +2.84%, 과소평가
④ −2.84%, 과대평가

82 장외파생상품 거래에 대한 설명으로 가장 거리가 먼 것은?

① 거래대상은 주로 스왑과 선도거래이다.
② 거래상대방 간 동의가 있다면 계약서에 어떠한 조건도 추가하거나 변경할 수 있다.
③ 거래자 간 계약불이행 위험이 존재한다.
④ 복수의 매도자와 매수자가 경쟁하는 경쟁매매 방식이다.

83 <보기>의 선물거래에 대한 설명 중 빈칸에 들어갈 내용으로 가장 적절한 것은?

<보기>
초기증거금이 100억원, 유지증거금이 55억원일 때, 일일정산을 실시하는 과정에서 증거금 수준이 75억원으로 하락했다면, 추가로 부담해야 하는 변동 증거금은 (   )이다.

① 0원
② 5억원
③ 20억원
④ 55억원

84 <보기>의 옵션에 대한 설명 중 빈칸에 들어갈 내용이 적절하게 나열된 것은?

<보기>
옵션을 행사했을 때, 행사가격으로 기초자산을 매입하게 되는 포지션은 (   )와 (   )이다.

① 콜옵션 매수, 콜옵션 매수
② 콜옵션 매수, 풋옵션 매도
③ 콜옵션 매도, 풋옵션 매수
④ 풋옵션 매도, 풋옵션 매도

85 옵션의 합성전략에 대한 설명으로 가장 적절한 것은?
① 콜 불 스프레드 전략은 기초자산가격 상승 시 이익을 본다.
② 풋 불 스프레드 전략은 더 높은 가격의 풋옵션을 매수하고 더 낮은 가격의 풋옵션을 매도하는 전략이다.
③ 스트랭글 전략은 서로 다른 만기의 콜옵션과 풋옵션을 동시에 매수하거나 매도하는 전략이다.
④ 스트래들 매도 포지션의 경우 기초자산가격이 현재에 비해 크게 등락하는 경우 이익을 본다.

86 <보기> 중 콜옵션 매도, 풋옵션 매도 시 부호가 모두 음수인 민감도 지표는 모두 몇 개인가?

<보기>
㉠ 델타
㉡ 감마
㉢ 쎄타
㉣ 베가

① 0개
② 1개
③ 2개
④ 3개

87 풋-콜 패리티 관계가 성립하는 경우, <보기>의 조건과 동일한 포지션으로 가장 적절한 것은?

<보기>
• 콜옵션 매수
• 채권 매수
• 주식 대차거래

① 주식 매수
② 주식 매도
③ 풋옵션 매수
④ 풋옵션 매도

88 다음 자료를 참고했을 때, 동류 그룹별로 측정한 통합계정수익률은 얼마인가?

구분	자산 A의 순자산		자산 B의 순자산	
	연초	연말	연초	연말
20X4년	1,000	1,200	1,100	1,200
20X5년	400	500	1,400	1,200

① −60.36%
② −15.62%
③ +7.94%
④ +23.05%

89 <보기>의 수익률에 대한 설명 중 빈칸에 들어갈 내용으로 가장 적절한 것은?

<보기>
주로 펀드매니저만의 운용능력을 평가하기 위하여 사용되며, 총투자기간을 기간별로 구분하여 계산하는 방식의 수익률은 (   )이다.

① 시간가중수익률
② 금액가중수익률
③ 산술평균수익률
④ 요구수익률

90 <보기> 중 펀드의 회계처리에 대한 적절한 설명으로만 모두 묶인 것은?

<보기>
㉠ 결제가 일어나지 않았다면 회계상에 반영하지 않고, 결제일에 회계처리를 한다.
㉡ 공정가 평가와 발생주의 방식으로 평가한 자산가치에서 부채가치를 뺀 것을 순자산가치라고 한다.
㉢ 현금의 수입이나 지출에 관계없이 발생시점에서 손익을 인식한다는 발생주의 원칙에 근거한다.

① ㉠
② ㉠, ㉡
③ ㉡, ㉢
④ ㉠, ㉡, ㉢

91 다음 자료를 참고했을 때, 펀드의 성과지표에 대한 설명으로 가장 거리가 먼 것은? (단, 두 펀드는 동일 기간에 운용되었으며 시장포트폴리오의 수익률은 15%로 기준지표 수익률과 동일하고, 무위험수익률은 4%로 가정함)

구분	A펀드	B펀드
펀드수익률	18%	25%
베타	1.13	1.56
표준편차	10%	12%
잔차위험	12%	15%

① A펀드의 샤프비율은 1.4이다.
② B펀드의 트레이너비율은 0.75이다.
③ 젠센의 알파의 경우 A펀드가 B펀드보다 작다.
④ A펀드의 정보비율은 0.25이다.

92 <보기> 중 IS-LM모형에 대한 적절한 설명으로만 모두 묶인 것은? (단, IS곡선은 우하향, LM곡선은 우상향한다고 가정함)

─── <보기> ───
㉠ 정부지출이 증가하면 금리가 상승한다.
㉡ 물가가 하락하면 금리는 하락한다.
㉢ 조세가 감소하면 금리가 상승한다.

① ㉠
② ㉠, ㉡
③ ㉡, ㉢
④ ㉠, ㉡, ㉢

93 경기예측방법에 대한 설명으로 가장 거리가 먼 것은?
① 소비자태도지수(CSI)는 경기수축기에 일정기간 동안 기업실사지수에 선행한다.
② 기업경기실사지수(BSI)가 80라면 수축국면으로 본다.
③ 경기확산지수는 경기변동의 진폭과 속도를 측정하지 않는다.
④ 화폐유통속도는 통화량을 명목 GDP로 나눈 값이다.

94 국민소득에 대한 설명으로 가장 거리가 먼 것은?
① 국민소득의 생산, 분배, 지출로 파악한 국민소득의 크기가 모두 동일한 것을 국민소득 3면 등가법칙이라고 말한다.
② 국내총생산(GDP)이란 국내 생산자가 생산한 부가가치 또는 최종 생산물을 모두 합한 것을 말한다.
③ 국민총소득(GNI)이란 국민이 해외에서 벌어들인 소득에 국내에서 외국인에게 지급한 소득을 합한 값이다.
④ 명목 GNI는 명목 GDP에 명목 국외순수취 요소소득을 합한 것으로 한다.

95 <보기>의 구성지표가 모두 포함되는 경기지수로 가장 적절한 것은?

─── <보기> ───
• 장단기 금리차
• KOSPI
• 재고순환지표
• 건설수주액(실질)

① 선행종합지수
② 동행종합지수
③ 후행종합지수
④ 소비자물가지수

96 A주식과 B주식의 경제상황별 예상수익률이 다음과 같을 때, 두 주식을 50:50으로 편입한 포트폴리오의 기대수익률로 가장 적절한 것은?

경제상황	확률	예상수익률	
		A주식	B주식
호황	35%	−20%	15%
정상	40%	10%	10%
불황	25%	5%	−5%

① 1.75%
② 3.13%
③ 5.25%
④ 7.50%

97 <보기>의 내용을 참고하여 주식 A와 주식 B의 최소분산 포트폴리오를 만들고자 할 때 주식 B의 투자비율로 가장 적절한 것은?

<보기>
- 주식 A의 표준편차 : 0.3
- 주식 B의 표준편차 : 0.7
- 주식 A와 주식 B의 공분산 : 0

① 0.16
② 0.43
③ 0.62
④ 0.84

98 <보기>의 포트폴리오 수정 전략에 대한 설명 중 빈칸에 들어갈 내용이 순서대로 나열된 것은?

<보기>
포트폴리오 (　　)은 상황 변화가 있을 때, 가격 변동에 따른 투자비율의 변화를 원래대로의 비중으로 조정하는 방법이며, 포트폴리오 (　　)은 변화된 포트폴리오를 해당 시점에서 다시 최적 포트폴리오로 구성하는 방법이다.

① 트레이딩, 리밸런싱
② 업그레이딩, 트레이딩
③ 리밸런싱, 업그레이딩
④ 업그레이딩, 리밸런싱

99 다음 중 동일한 수익률에서 더 낮은 위험을 선택하고, 동일한 위험에서 더 높은 수익률을 선택하는 방법으로 가장 적절한 것은?

① 잔차
② 위험분산
③ 계절조정법
④ 지배원리

100 <보기>를 참고했을 때, 자본자산 가격결정 모형(CAPM)에 따라 계산한 주식 J의 요구수익률은 얼마인가?

<보기>
- 무위험수익률 : 5%
- 시장기대수익률 : 10%
- 주식 J와 시장기대수익률 간의 공분산 : 20%
- 시장기대수익률의 표준편차 : 25%

① 12%
② 15%
③ 18%
④ 21%

합격의 기준, 해커스금융
fn.Hackers.com

해커스금융

실전모의고사 2회

(answer sheet / OMR form)

**2025 기본서 개정사항 및
최근 출제경향 완벽 반영!**

해커스
투자자산운용사
최종 실전모의고사
+ 합격 시크릿북 [3종]

2025년 4월 시험 반영

- 무료 바로 채점 및 성적 분석 서비스
- 이론정리+문제풀이 무료 특강

해커스금융 fn.Hackers.com

3회

합격의 기준, 해커스금융

fn.Hackers.com

수험번호	
이름	

실전모의고사
3회

시 분 ~ 시 분 (총 100문항/120분)

*시작과 종료 시각을 정한 후, 실전처럼 모의고사를 풀어보세요.

☐ 응시자 유의사항

1. 답안 작성 시 반드시 검정색 필기구(연필류 제외)를 사용하여 "●"와 같이 표기하며 정정을 원할 시 답안지를 교체할 것
   (위반 시 0점 처리됨)

2. 본 문제지는 시험종료 후 답안지와 함께 반드시 제출할 것(수험번호, 성명 기재)
   (문제지 유출, 응시표 등에 문제 또는 답안을 옮겨적는 등의 행위는 부정행위로 간주)

3. 시험시간 종료 후의 문제풀이 및 답안지 표기는 부정행위로 간주
   ※부정행위자는 소속 기관 통보 및 본회 주관 모든 시험의 응시제한 등 불이익을 받을 수 있음

자본시장과 금융투자업에 관한 법률은 이하 자본시장법이라 하겠다.

제1과목 금융상품 및 세제

01 다음 중 간접세에 해당하지 않는 것은?
① 인지세
② 소득세
③ 개별소비세
④ 부가가치세

02 <보기>의 납세의무의 소멸사유에 대한 설명 중 빈칸에 들어갈 수 없는 것은?

― <보기> ―
확정된 납세의무는 (　　) 때에 소멸한다.

① 납부독촉된
② 부과가 취소된
③ 국세징수권 소멸시효가 완성된
④ 국세부과의 제척기간이 만료된

03 <보기> 중 비거주자에 대한 적절한 설명으로만 모두 묶인 것은?

― <보기> ―
㉠ 유가증권의 취득가액 및 양도비용이 확인되는 경우 양도소득의 20%를 원천징수한다.
㉡ 조세규약에 별도의 규정이 없다면 국내 사업장이나 부동산 임대사업소득이 없는 비거주자의 소득은 분리과세한다.
㉢ 국내에 거주지가 없는 비거주자의 장내투자상품을 통한 소득은 과세대상 국내원천소득이다.
㉣ 국내에 거주지가 없는 비거주자의 위험회피목적 거래의 장외투자상품을 통한 소득은 과세대상 국내원천소득으로 보지 않는다.

① ㉠, ㉡
② ㉡, ㉢
③ ㉡, ㉣
④ ㉢, ㉣

04 <보기>의 소득세법상 원천징수세율에 대한 설명 중 빈칸에 들어갈 내용이 순서대로 나열된 것은?

― <보기> ―
• 법원의 경락대금 등에서 발생한 이자소득의 원천징수세율은 (　　)이다.
• 은행 정기예금이자의 원천징수세율은 (　　)이다.
• 개인종합자산관리계좌의 비과세 한도 초과 이자 및 배당소득의 원천징수세율은 (　　)이다.

① 9%, 14%, 9%
② 9%, 14%, 14%
③ 14%, 14%, 9%
④ 14%, 14%, 14%

05 종합소득의 과세에 대한 설명으로 가장 적절한 것은?
① 근로소득과 퇴직소득만 있는 거주자는 반드시 다음 연도에 확정신고를 해야 한다.
② 10년 이상의 장기채권이자에 대해 분리과세를 받고자 할 경우 이자를 받을 때 분리과세를 신청해야 한다.
③ 직장공제회 초과반환금은 무조건 종합과세대상이다.
④ 부부의 소득은 합산하여 소득세를 과세한다.

06 금융소득의 총수입시기에 대한 설명으로 가장 거리가 먼 것은?
① 무기명주식의 이익이나 배당의 수입시기는 매도일이다.
② 법인의 잉여금처분에 의한 배당의 수입시기는 당해 법인의 잉여금처분결의일이다.
③ 기명채권의 이자와 할인액의 수입시기는 약정에 의한 지급일이다.
④ 비영업대금의 이익의 수입시기는 약정에 의한 이자지급일이다.

07 성년이 아닌 자녀에게 증여하고자 할 때 증여재산공제의 한도로 적절한 것은?

① 5년간 2,000만원을 한도로 한다.
② 5년간 5,000만원을 한도로 한다.
③ 10년간 2,000만원을 한도로 한다.
④ 10년간 5,000만원을 한도로 한다.

08 집합투자증권의 평가와 기준 가격 산정에 대한 설명으로 가장 적절한 것은?

① 집합투자업자는 집합투자재산평가위원회가 집합투자재산을 평가한 경우 그 평가명세서를 신탁업자에게 통보할 의무는 없다.
② 공고·게시된 기준 가격을 변경할 경우 준법감시인에게 확인을 받아야 하지만, 신탁업자에게는 확인을 받지 않을 수 있다.
③ 과세표준 기준 가격은 집합투자증권 기준 가격보다 클 수 없다.
④ 기준 가격은 집합투자증권의 추가 발행 시에 필요한 추가 신탁금 산정의 기준이 된다.

09 <보기> 중 예금자보호대상 금융상품에 해당하는 것은?

<보기>
㉠ 주택청약저축
㉡ 상호저축은행 표지어음
㉢ 양도성예금증서(CD)
㉣ 환매조건부채권(RP)

① ㉠
② ㉡
③ ㉢
④ ㉣

10 다음 중 손해보험에 해당하지 않는 것은?

① 책임보험
② 화재보험
③ 해상보험
④ 생존보험

11 <보기>에서 설명하는 집합투자기구로 가장 적절한 것은?

<보기>
이 집합투자기구는 다양한 자산과 투자전략을 가진 투자기구를 묶어 하나의 투자기구세트를 만들고 투자자로 하여금 그 투자기구세트 내에 속하는 다양한 투자기구 간에 교체투자를 할 수 있게 한다.

① 종류형 집합투자기구
② 모자형 집합투자기구
③ 전환형 집합투자기구
④ 환매금지형 집합투자기구

12 주가지수연동형 금융상품에 대한 설명으로 가장 거리가 먼 것은?

① 주가지수연동정기예금(ELD)은 중도해지 시 원금이 보장되지 않는다.
② 주가지수연동펀드(ELF)는 중도환매가 가능하다.
③ 주가지수연동증권(ELS)은 증권회사가 발행한다.
④ 주가지수연동펀드(ELF)와 주가지수연동증권(ELS)은 예금자보호가 되지 않으나, 주가지수연동정기예금(ELD)은 예금자보호법상 한도 내로 예금자보호가 가능하다.

13 주택저당증권(MBS)과 저당대출상품에 대한 설명으로 가장 거리가 먼 것은?

① 원리금 균등상환 고정금리부 대출은 상환할수록 매월 상환액 중 이자의 비중은 줄어들고 원금의 비중은 늘어난다.
② 주택저당증권(MBS)은 조기상환으로 인해 수익률이 변동될 수 있다.
③ 매월 대출원리금 상환액에 기초하여 발행증권에 대해 매달 원리금을 상환한다.
④ 저당대출담보부채권은 채무불이행위험을 투자자가 부담한다.

14 <보기> 중 퇴직연금제도에 대한 설명으로 적절한 것은 모두 몇 개인가?

<보기>
㉠ 개인형 퇴직연금제도는 사전지정운용제도에 의한 운용이 가능하다.
㉡ 확정기여형 퇴직급여의 운용손익은 근로자에게 귀속된다.
㉢ 확정급여형 퇴직급여의 적립금 운용주체 사용자이다.
㉣ 확정기여형 퇴직급여는 근로자가 수령할 퇴직금 수준이 사전에 확정되어 있다.

① 1개 ② 2개 ③ 3개 ④ 4개

15 <보기> 중 자산유동화증권(ABS)의 외부신용보강방법과 내부신용보강방법을 적절하게 분류한 것은?

<보기>
㉠ 신용공여
㉡ 예치금
㉢ 초과 스프레드
㉣ 후순위 증권의 발행

	외부신용보강방법	내부신용보강방법
①	㉠	㉡, ㉢, ㉣
②	㉢	㉠, ㉡, ㉣
③	㉠, ㉢	㉡
④	㉠, ㉣	㉡, ㉢

16 다음 중 도시지역 용적률의 상한이 두 번째로 높은 용도지역은?

① 상업지역
② 공업지역
③ 주거지역
④ 녹지지역

17 지주공동사업에 대한 설명으로 가장 적절한 것은?

① 차지개발방식은 개발업자가 토지소유자로부터 특정 토지에 대한 이용권을 설정 받아 그 토지를 개발하고 건축물을 건설하여 그 건축물을 제3자에게 양도·임대하거나, 개발업자가 직접 이용하여 토지소유자에게 임차료를 지불하는 방식이다.
② 합동개발방식은 토지소유자가 그 보유토지의 유효이용을 도모하기 위하여 부동산 신탁회사에 위탁하고, 수탁자인 신탁회사는 부동산의 분양 및 임대를 통한 수익의 일부를 신탁배당으로서 수익자인 토지소유자에게 반환하는 방식이다.
③ 사업수탁방식은 토지소유자와 개발업자가 공동으로 건물 등을 건설하는 방식으로 토지소유자는 토지의 일부 또는 전부를 개발업자에게 제공하고, 개발업자는 토지를 개발하고 건축물을 건설하여 토지평가액과 건설비를 기준으로 토지소유자와 개발업자가 토지와 건축물을 공유 또는 구분소유하는 방식이다.
④ 등가교환방식은 토지소유자는 토지를 제공하고, 개발업자는 개발비를 부담하고 사업을 시행하여 분양 또는 임대를 통해 발생한 수익을 개발사업의 각 주체가 투자한 토지 가격과 건축공사비 등을 금액으로 환산한 투자비율에 따라 수익을 배분하는 방식이다.

18 <보기>의 부동산 소유권에 대한 본등기의 효력에 대한 설명 중 빈칸에 들어갈 수 있는 적절한 내용으로만 나열한 것은?

<보기>
부동산 소유권에 대한 등기의 효력에 있어서 본등기는 (　　), (　　), (　　) 등을 가진다.

① 대항적 효력, 청구권 보전 효력, 물권 변동적 효력
② 물권 변동적 효력, 청구권 보전 효력, 순위 확정적 효력
③ 대항적 효력, 순위 확정적 효력, 청구권 보전 효력
④ 대항적 효력, 물권 변동적 효력, 순위 확정적 효력

19 <보기> 중 부동산투자의 타당성분석에 대한 적절하지 않은 설명으로만 모두 묶인 것은?

<보기>
㉠ 수익성지수는 투자로부터 얻어지는 편익을 비용으로 나눈 비율이 0보다 크면 투자안을 채택한다.
㉡ 투자안의 현금유입의 현재가치와 현금유출의 현재가치를 일치시키는 할인율이 요구수익률(k)보다 작을 때 투자안을 채택한다.
㉢ 전통적인 감정평가방법에 의한 정상 가격이 최초의 가격보다 더 클 경우 투자안을 채택한다.
㉣ 순현재가치법은 현금유입의 현재가치에서 현금유출의 현재가치를 뺀 값이 0보다 크면 투자안을 채택한다.

① ㉠, ㉡
② ㉠, ㉢
③ ㉡, ㉢
④ ㉢, ㉣

20 PF(Project Financing) 사업 중 담보신탁제도에 대한 설명으로 가장 적절한 것은?

① 담보물을 채권기관에서 관리한다.
② 후순위권리설정을 배제할 수 없다.
③ 저당권설정을 통해 담보를 설정한다.
④ 신탁회사에 직접 공매함으로써 채권을 실행한다.

제2과목 투자운용 및 전략 II / 투자분석

21 PEF에 대한 일반적인 설명으로 가장 적절한 것은?

① 무한책임사원은 PEF에 본인이 출자한 범위 내에서 책임을 진다.
② 유한책임사원은 펀드를 설립하고 투자와 운영을 책임진다.
③ 업무집행사원은 무한책임사원 중에서 선정된다.
④ 다른 PEF에 지분을 매각(Sale)하는 것은 투자회수(Exit) 전략이 될 수 없다.

22 <보기> 중 대안투자펀드로만 모두 묶인 것은?

<보기>
㉠ 부동산펀드
㉡ 주식형펀드
㉢ MMF
㉣ 헤지펀드

① ㉠, ㉢
② ㉠, ㉣
③ ㉡, ㉢
④ ㉢, ㉣

23 신용파생상품에 대한 일반적인 설명으로 가장 거리가 먼 것은?

① CDS는 보장 프리미엄과 손실보전금액을 교환하는 계약이라고 할 수 있다.
② TRS는 만기일의 준거자산 가치보다 최초 계약일의 준거자산의 가치가 작을 경우 그 차액을 총수익매도자가 총수익매입자에게 지급해야 한다.
③ 합성 CDO는 보장매입자가 준거자산을 양도하여 신용위험을 SPC에 이전한다.
④ CLN은 일반채권에 CDS를 결합한 상품이다.

24 다음 중 헤지펀드 운용전략이 적절하게 분류된 것은?

① 합병 차익거래전략, 시장중립형전략 – 이벤트 드리븐 전략
② 이머징마켓 헤징펀드전략, 선물거래전략 – 방향성 전략
③ 수익률곡선 차익거래전략, 부실채권투자전략 – 차익거래전략
④ 전환사채 차익거래전략, 회사채 및 국채 간 이자율 스프레드 전략 – 방향성 전략

25 <보기>의 헤지펀드 운용전략에 대한 설명 중 빈칸에 들어갈 내용으로 가장 적절한 것은?

<보기>
( )은 거시경제 분석을 바탕으로 특정 국가나 시장에 제한되지 않고 전세계를 대상으로 역동적으로 자본을 운용하는 전략으로서, 투자 결정 시 여러 거시경제변수에 대한 계량분석에 의해 변수들의 방향을 예측하여 투자를 수행하는 등 Top-down 방식을 사용한다.

① 글로벌 매크로(Global macro) 전략
② 캐리트레이드(Carry trade) 전략
③ 이벤트 드리븐(Event Driven) 전략
④ 펀드 오브 헤지펀드(Fund of hedge funds) 전략

26 <보기> 중 기업의 입장에서 복수상장의 긍정적 효과로만 모두 묶인 것은?

<보기>
㉠ 외화자금의 조달
㉡ 기업 홍보효과
㉢ 상장 유지비용 절감
㉣ 기업 인지도를 제고하여 자본비용 절감

① ㉠, ㉡, ㉢
② ㉠, ㉡, ㉣
③ ㉠, ㉢, ㉣
④ ㉡, ㉢, ㉣

27 <보기> 중 국제 채권에 대한 적절한 설명은 모두 몇 개인가?

<보기>
㉠ 양키본드는 미국 이외의 국가에서 발행되는 미달러화 표시 채권이다.
㉡ 사무라이본드는 일본에서 발행되는 외국채이다.
㉢ 외국채는 유로채와 달리 무기명채권이다.
㉣ 유로달러본드는 미증권거래위원회(SEC)의 엄격한 공시규정이 적용된다.

① 1개
② 2개
③ 3개
④ 4개

28 미국 국채에 대한 설명으로 가장 적절한 것은?

① T-bond는 만기 1년 미만의 단기채에 해당한다.
② T-bond는 할인채로 발행된다.
③ T-note는 만기 10년 이상의 장기채에 해당한다.
④ T-bill은 할인채로, T-note는 이표채로 발행된다.

29 MSCI 지수에 대한 설명으로 가장 거리가 먼 것은?

① 미국계 펀드의 운용에 주요 기준으로 사용된다.
② MSCI 지수는 유동주식 방식으로 산출된다.
③ MSCI 지수는 크게 세계지수(World Index)와 신흥시장지수(EM Index)로 나뉘며, 한국은 세계지수에 포함된다.
④ 신흥시장지수는 주가 등락과 환율 변동에 따라 각 국가별 편입비중이 바뀐다.

30 <보기>의 환위험 관리 전략에 대한 설명 중 빈칸에 들어갈 내용으로 가장 적절한 것은?

<보기>
( )은(는) 투자대상 증권과 환율 간의 상관관계를 이용한 환위험 관리 전략으로 별도의 헤지비용이 없다는 장점이 있다.

① 롤링헤지
② 내재적 헤지
③ 통화파생상품 이용 전략
④ 통화 분산투자 전략

31 <보기>는 일정 기간 동안 관찰된 투자 수익률 자료이다. <보기>의 자료를 분석하여 산출한 통계 수치가 가장 낮게 나타나는 것은?

<보기>
투자 수익률(%) : −5, −4, −1, 0, 0, 2, 3

① 산술평균
② 최빈값
③ 중앙값
④ 범위

32 고든의 항상성장모형에 따라 계산한 주식 A의 현재 주가는 10,800원이다. 당기 주당순이익은 4,000원, 유보율은 40%, 배당성장률은 매년 8%로 예상될 때, 투자자의 요구수익률은 얼마인가?

① 10%
② 12%
③ 24%
④ 32%

33 영업고정비와 이자비용이 다음과 같을 때, 결합레버리지도(DCL)가 가장 크게 나타나는 것은? (단, 나머지 조건은 모두 동일하다고 가정함)

① 영업고정비 240, 이자비용 220
② 영업고정비 300, 이자비용 280
③ 영업고정비 320, 이자비용 360
④ 영업고정비 540, 이자비용 80

34 <보기> 중 기업 현금흐름 분석에 대한 적절한 설명으로만 모두 묶인 것은?

<보기>
㉠ 현금의 범위는 현금 및 현금성자산이다.
㉡ 자기주식의 처분은 현금유입으로 본다.
㉢ 차입금의 차입은 투자활동으로 인한 현금흐름에 해당한다.

① ㉠
② ㉠, ㉡
③ ㉡, ㉢
④ ㉠, ㉡, ㉢

35 현금흐름표 작성 시 간접법을 이용하여 영업활동으로 인한 현금흐름을 측정하는 경우, <보기> 중 당기순이익에 가산하는 항목으로만 모두 묶인 것은?

<보기>
㉠ 매출채권의 증가
㉡ 매입채무의 증가
㉢ 감가상각비
㉣ 유가증권 처분이익

① ㉠, ㉡
② ㉠, ㉣
③ ㉡, ㉢
④ ㉢, ㉣

36 Tobin's Q 비율에 대한 설명으로 가장 적절한 것은?

① 자산의 대체원가를 자본의 시장가치로 나누어 산출한다.
② 자산의 대체원가는 현재가치를 기반으로 한다.
③ 비율이 높을수록 투자수익성이 떨어져 투자 매력도가 떨어진다고 평가할 수 있다.
④ 비율이 낮을수록 적극적 M&A 대상이 될 가능성이 낮다.

37 EVA와 당기순이익에 대한 설명으로 가장 적절한 것은?

① 당기순이익은 기업이 일정기간 동안 경영활동에 투입한 자기자본에 따른 비용이 반영된다.
② 영업성과 측정도구로서 EVA를 사용하는 경우 자기자본비용 이상의 이익을 실현하는 것을 기업투자의 목표로 설정한다.
③ 두 지표 중 주주자본비용의 기회비용적 성격을 보다 명확하게 설정할 수 있는 것은 당기순이익이다.
④ EVA는 회계이익이 경제적 이익을 반영하도록 수정하는 대체적 회계처리 방법을 사용한다.

38 기술적 분석에 대한 설명으로 가장 거리가 먼 것은?

① 증권의 시장가치는 수요와 공급에 의해서만 결정된다.
② 계량화하기 어려운 심리적 요인도 고려한다는 점에서 기본적 분석의 한계점을 보완한다.
③ 시장의 변동에 집중하기 때문에 시장이 변화하는 원인을 정확하게 분석할 수 있다.
④ 과거의 주가 추세나 패턴이 반복해서 나타난다는 가정은 비현실적이다.

39 <보기>의 다우 이론의 장기추세에 대한 설명 중 빈칸에 들어갈 내용이 순서대로 나열된 것은?

<보기>
- (　　)은 주식시장이 지나치게 과열된 것을 감지한 전문투자자들이 투자수익을 취한 후 빠져나가는 단계로, 주가가 조금만 하락해도 그동안 매수하지 못한 대기매수세에 의하여 거래량이 증가하지만 새로운 상승추세로 진행되지 못한다.
- (　　)은 전반적인 경제 여건 및 기업의 영업수익이 호전됨으로써 일반투자자들의 관심이 고조되어 주가가 상승하고 거래량도 증가하는 단계로, 마크업(mark-up)국면이라고도 한다.

① 강세 3국면, 강세 1국면
② 강세 3국면, 강세 2국면
③ 약세 1국면, 강세 1국면
④ 약세 1국면, 강세 2국면

40 이동평균선에 대한 설명으로 가장 거리가 먼 것은?

① 이동평균을 하는 분석기간이 길수록 이동평균선은 완만해진다.
② 주가가 이동평균선과 괴리가 클 경우 이동평균선으로 회귀하려는 성향이 있다.
③ 약세국면에서 주가가 이동평균선 아래에서 움직일 경우 상승 반전할 가능성이 높다.
④ 하락하고 있는 이동평균선을 주가가 상향 돌파할 경우 추세는 조만간 상승 반전할 가능성이 높다.

41 OBV에 대한 설명으로 가장 거리가 먼 것은?

① 주가가 전일 대비 상승한 날의 누적 거래량을 하락한 날의 누적 거래량으로 나누어 산출한다.
② 강세장에서는 OBV선의 고점이 이전의 고점보다 높게 형성된다.
③ 특정 종목이 자전거래가 발생하는 경우 비정상적으로 거래량이 급증하여 분석의 유용성이 줄어들 수 있다.
④ 활황장에서 OBV 기산일을 설정하면 주가 하락 시 OBV의 매도 신호가 지연될 수 있다.

42 패턴분석에 대한 설명으로 가장 거리가 먼 것은?

① 이중 바닥형과 이중 천장형은 반전형 패턴에 해당한다.
② 원형 바닥형은 주가의 상승추세가 완만한 곡선을 그리면서 서서히 하락추세로 전환되는 패턴이다.
③ 확대형은 일반적으로 상승추세의 말기적 현상으로, 좁은 등락 폭으로 움직이던 주가가 그 등락 폭이 점점 확대되는 형태로 나타난다.
④ 다이아몬드형은 지속형 패턴에 해당한다.

43 <보기>에서 설명하는 재무위험으로 가장 적절한 것은?

―――― <보기> ――――
- 포지션을 마감하는 데에서 발생하는 비용에 대한 위험
- 기업이 소유하고 있는 자산을 매각하고자 하는 경우 매입자가 없어 불리한 조건으로 자산을 매각해야 할 때 노출되는 위험

① 상품 가격위험
② 신용위험
③ 유동성위험
④ 운영위험

44 VaR 측정방법 중 델타-노말분석법에 대한 설명으로 가장 적절한 것은?

① 완전가치 평가법에 의해 VaR을 측정한다.
② 리스크 요인이 많을수록 리스크 요인 간의 상관계수 추정이 용이하고 VaR의 측정도 간단해진다.
③ 각 자산의 가치를 평가하는 가격 모형을 요구하지 않는다.
④ 옵션과 같은 비선형 수익구조를 가진 상품을 포함하는 경우 시장리스크 오차가 더욱 줄어든다.

45 자산 A와 B를 편입하여 포트폴리오를 구성하고자 한다. 각 자산의 정보가 다음과 같을 때, 포트폴리오의 VaR이 가장 높은 포트폴리오와 가장 낮은 포트폴리오를 순서대로 나열한 것은?

구분	포트폴리오			
	가	나	다	라
VaR_A	2억	3억	3억	6억
VaR_B	4억	1억	4억	10억
두 자산의 상관계수	1	0.5	0	−1

① 가, 나
② 가, 라
③ 다, 나
④ 다, 라

46 투자자는 기존 포트폴리오에 다음 중 하나의 투자대안을 추가로 편입하고자 한다. 투자자가 선택할 우월한 대안과 해당 대안을 추가했을 때의 추가되는 위험(Marginal VaR)이 순서대로 연결된 것은? (단, 기존 포트폴리오 VaR은 100억이라고 가정함)

투자대안	A	B
기대수익률	20%	20%
VaR	90억	80억
편입 후 포트폴리오 VaR	150억	160억

① 투자대안 A, 50억
② 투자대안 A, 60억
③ 투자대안 B, 60억
④ 투자대안 B, 80억

47 VaR의 한계와 효용에 대한 설명으로 가장 거리가 먼 것은?

① 리스크에 대한 정보를 제공한다는 점에서 기존의 회계자료의 한계점을 보완한다.
② 위험 대비 수익률을 측정할 수 있어 자산운용 의사결정에 도움이 된다.
③ 각 상품 간의 상관관계를 고려할 수 있기 때문에 거래한도 설정 시 포트폴리오 효과(Portfolio effect)를 가져다준다.
④ 델타-노말분석법과 몬테카를로 시뮬레이션 방법에 의한 VaR이 동일하게 도출된다.

48 다음 중 KMV의 EDF모형에 의해 측정한 부도율이 가장 높은 기업은?

기업	A	B	C
기대자산가치	200억	300억	500억
부채금액	170억	220억	350억
표준편차	30억	40억	50억

① A기업
② B기업
③ C기업
④ 모든 기업의 부도율이 동일하다.

49 신용손실 분포에 대한 설명으로 가장 거리가 먼 것은?

① 신용리스크의 측정치는 신용리스크에 따른 손실의 불확실성에 의해 결정된다.
② 일반적으로 정규분포에 비해 꼬리가 얇고 짧은 편이다.
③ 부도모형(Default Mode)은 부도가 발생한 경우에만 신용손실이 발생한 것으로 간주한다.
④ MTM모형은 신용등급의 변화에 따른 손실리스크를 신용리스크에 포함한다.

50 A은행은 100억원의 대출을 하고 있다. 대출의 부도율은 10%이고, 부도 시 손실률(LGD)은 30%라고 할 때, 부도모형(Default Mode)에 따라 예상손실의 변동성(표준편차)을 계산한 것은?

① 3억
② 6억
③ 9억
④ 12억

제3과목 직무윤리 및 법규 / 투자운용 및 전략 I / 거시경제 및 분산투자

51 준법감시인에 대한 설명으로 가장 적절한 것은?

① 준법감시인의 임기는 3년 이상이다.
② 준법감시인은 대표이사의 지휘를 받아 금융투자회사 전반의 내부통제 업무를 수행한다.
③ 준법감시인을 해임할 경우에는 이사 총수의 2/3 이상의 찬성으로 의결을 거쳐야 한다.
④ 준법감시인을 임면한 때에는 임면일로부터 7영업일 이내에 금융투자협회에 보고해야 한다.

52 영업점에 관한 내부통제에 대한 설명으로 가장 거리가 먼 것은?

① 영업점별 영업관리자는 영업점에서 1년 이상 근무한 경력이 있어야 한다.
② 금융투자회사는 영업점별 영업관리자에게 업무수행 결과에 따라 적절한 보상을 지급할 수 있다.
③ 금융투자회사는 영업점별 영업관리자가 준법감시업무로 인하여 불이익을 받지 않도록 해야 한다.
④ 준법감시인은 영업점별 영업관리자에 대하여 매월 1회 이상 법규 및 윤리 관련 교육을 실시해야 한다.

53 <보기> 중 내부통제기준을 위반한 회사에 대한 조치로서 지배구조법 제43조에 따라 금융투자회사에 1억원을 초과하여 과태료를 부과할 수 있는 경우로 적절한 것은 모두 몇 개인가?

―――― <보기> ――――
㉠ 준법감시인에 대한 별도의 보수지급 및 평가기준을 마련하지 않은 경우
㉡ 금융위원회가 부당한 행위를 한 회사에게 내리는 제재조치를 이행하지 않은 경우
㉢ 준법감시인이 자산 운용에 관한 업무를 겸직한 경우

① 1개
② 2개
③ 3개
④ 없음

54 금융소비자보호 표준내부통제기준 제12조에 따른 금융소비자보호 총괄책임자(CCO)의 직무에 대한 설명으로 가장 거리가 먼 것은?

① 대표이사로부터 위임받은 업무를 수행한다.
② 위험관리기준의 제정 및 개정 업무를 수행한다.
③ 민원접수 및 처리에 관한 관리·감독 업무를 수행한다.
④ 대내외 금융소비자보호 관련 교육 프로그램 개발 및 운영 업무를 총괄한다.

55 금융투자회사의 표준윤리준칙 제16조(대외활동)에 대한 설명으로 가장 거리가 먼 것은?

① 대외활동으로 인하여 회사의 주된 업무 수행에 지장을 주어서는 안된다.
② 회사가 운영하지 않는 온라인 커뮤니티, SNS, 웹사이트 등은 모두 대외활동에 포함된다.
③ 대외활동으로 인하여 금전적인 보상을 받게 되는 경우 회사에 신고해야 한다.
④ 대외활동 시 회사의 공식의견이 아닌 사견을 밝히는 것은 금지된다.

56 자본시장법상 인가대상 금융투자업에 해당하는 것으로 가장 거리가 먼 것은?

① 신탁업
② 투자중개업
③ 집합투자업
④ 투자자문업

57 집합투자증권 환매에 대한 설명으로 가장 거리가 먼 것은?

① 집합투자업자는 원칙적으로 환매청구일부터 15일 이내에 집합투자규약에서 정한 환매일에 환매대금을 지급해야 한다.
② 집합투자업자 또는 투자회사 등은 투자자 전원의 동의를 얻은 경우 집합투자재산으로 환매대금을 지급할 수 있다.
③ 환매수수료는 집합투자증권의 환매를 청구하는 투자자가 부담한다.
④ 환매를 연기한 경우 4주 이내에 집합투자자 총회를 개최하여 환매에 관한 사항을 결의해야 한다.

58 집합투자업자의 영업행위 규칙 중 자산운용의 제한에 대한 설명으로 가장 거리가 먼 것은?

① 예외적으로 국채, 한국은행통화안정증권의 경우 100% 투자가 가능하다.
② 원칙적으로 국내에 있는 부동산 중 주택법에 따른 주택을 1년 내에 처분하는 행위는 금지된다.
③ 원칙적으로 집합투자업자가 각 집합투자기구 자산총액의 20%를 초과하여 동일 집합투자업자가 운용하는 집합투자증권에 투자하는 행위는 금지된다.
④ 원칙적으로 집합투자업자가 자산총액의 5%를 초과하여 사모 집합투자기구의 집합투자증권에 투자하는 행위는 금지된다.

59 건전성 규제에 대한 설명으로 가장 거리가 먼 것은?

① 레버리지 비율은 개별 재무상태표상의 자기자본 대비 총자산의 비율로 계산된다.
② 필요 유지 자기자본은 금융투자업자가 영위하는 인가업무 또는 등록업무 단위별로 요구되는 자기자본을 합계한 금액이다.
③ 영업용 순자본의 계산은 재무상태표상 순재산액을 기본으로 한다.
④ 순자본비율은 영업용순자본을 필요 유지 자기자본으로 나누어 구한다.

60 집합투자기구의 수익자총회에 대한 설명으로 가장 적절한 것은?

① 수익자총회는 원칙상 투자신탁재산을 보관·관리하는 신탁업자가 열 수 있다.
② 수익자총회는 자본시장법 또는 신탁계약에서 정한 사항에 대해서만 의결이 가능하다.
③ 발행된 수익증권의 총좌수의 1% 이상을 보유한 수익자는 예외적으로 수익자총회를 열 수 있다.
④ 수익자총회의 소집을 위해 수익자총회 7일 전에 각 수익자에 대하여 서면으로 통지해야 한다.

61 투자일임업자의 영업행위 규칙에 대한 설명으로 가장 거리가 먼 것은?

① 원칙적으로 투자일임업자가 자기가 인수한 증권을 투자일임재산으로 매수하는 행위는 금지된다.
② 원칙적으로 투자일임업자가 투자일임재산에 속하는 증권의 의결권을 행사하는 행위를 위임받는 것은 가능하다.
③ 원칙적으로 투자일임업자가 투자자에 대한 제3자의 금전 및 증권의 대여를 중개하는 행위는 금지된다.
④ 원칙적으로 투자일임업자가 투자일임재산으로 자기가 운용하는 다른 신탁 재산과 거래하는 행위는 금지된다.

62 금융기관 검사 및 제재에 관한 규정에 대한 설명으로 가장 거리가 먼 것은?

① 긴급한 현안사항 점검 등 불가피한 경우 사전 통지 없이도 금감원장은 현장검사를 실시할 수 있다.
② 이의신청이 이유 없다고 인정할 명백한 사유가 있는 경우에는 금융감독원의 장이 이의신청을 기각할 수 있다.
③ 이의신청 처리결과에 대해 다시 이의신청을 할 수 있다.
④ 검사결과의 조치는 금융위원회의 심의·의결을 거쳐 조치해야 한다.

63 투자자 재산보호를 위한 규제 중 투자자예탁금의 별도 예치에 대한 설명으로 가장 거리가 먼 것은?

① 예치 금융투자업자가 금융투자업의 전부를 양도하는 경우 양도내용에 따라 양수회사에 예치기관에 예치한 투자자예탁금을 양도할 수 없다.
② 투자매매업자는 신탁업자에게 투자자예탁금을 신탁하는 경우 그 투자자예탁금이 투자자의 재산이라는 점을 명시해야 한다.
③ 누구든지 예치기관에 신탁한 투자자예탁금을 상계, 압류하지 못한다.
④ 예치기관이 인가취소의 사유가 발생할 경우 예치 금융투자업자에게 예치받은 투자자예탁금을 우선하여 지급해야 한다.

64 <보기>의 집합투자업자의 금전차입, 대여 등의 제한에 대한 설명 중 빈칸에 들어갈 숫자의 합으로 가장 적절한 것은?

───── <보기> ─────
- 부동산 개발사업을 영위하는 법인은 집합투자기구 자산총액에서 부채총액을 뺀 가액의 (　　)% 이내로 대여가 가능하다.
- 집합투자재산으로 부동산을 취득하는 경우 집합투자기구의 계산으로 금전차입이 예외적으로 허용되며, 기타 집합투자기구는 부동산가액의 (　　)% 이내로 차입이 가능하다.

① 110
② 150
③ 170
④ 200

65 <보기>의 집합투자재산 평가에 대한 설명 중 빈칸에 들어갈 내용이 순서대로 나열된 것은?

───── <보기> ─────
집합투자재산은 원칙상 (　　)(으)로 평가하되, 원칙을 적용하기 어려울 경우 (　　)(으)로 평가하며, MMF의 경우에는 (　　)(으)로 평가할 수 있다.

① 공정가액, 시가, 장부 가격
② 시가, 장부 가격, 공정가액
③ 시가, 공정가액, 장부 가격
④ 장부 가격, 시가, 공정가액

66 <보기>의 집합투자업자 영업행위 규칙에 대한 설명 중 빈칸에 들어갈 내용이 순서대로 나열된 것은?

<보기>
원칙적으로 각 집합투자기구 자산총액의 (　　)%를 초과하여 동일종목의 증권에 투자하는 행위는 금지되지만, 파생결합증권의 경우에는 (　　)%까지 투자가 가능하다.

① 10, 20
② 10, 30
③ 20, 30
④ 20, 50

67 금융투자회사의 영업 및 업무에 관한 규정상 일반투자자에게 집합투자증권 판매 시 준수사항에 대한 설명으로 가장 거리가 먼 것은?

① 판매회사는 정당한 사유 없이 공모로 발행되는 집합투자증권의 판매를 거부하여서는 안된다.
② 판매회사의 임직원은 판매회사 변경과 관련하여 부당하게 다른 판매회사의 고객을 유인하여서는 안된다.
③ 일반투자자에게 계열회사인 집합투자회사가 운용하는 집합투자기구의 집합투자증권을 투자권유하는 경우 그 집합투자회사가 자기의 계열회사라는 사실을 고지하여야 한다.
④ 다른 금융투자상품과 연계하여 집합투자증권을 판매하는 경우에는 펀드투자권유자문인력이 아닌 임직원도 투자권유를 할 수 있다.

68 한국금융투자협회의 금융투자회사의 영업 및 업무에 관한 규정상 재산상 이익에 해당하는 것으로 가장 적절한 것은?

① 금융투자회사가 자체적으로 작성한 조사분석자료
② 경제적 가치가 5만원인 물품
③ 경제적 가치가 20만원인 화환
④ 금융투자상품에 대한 가치분석을 위해서 자체적으로 개발한 소프트웨어

69 <보기> 중 펀드 투자광고 시 원칙적으로 포함되어야 할 사항에 해당하는 것으로만 모두 묶인 것은?

<보기>
㉠ 수수료 부과기준 및 절차
㉡ 환매수수료 및 환매신청 후 환매금액의 수령이 가능한 구체적인 시기
㉢ 투자자의 손실보전 및 이익보장에 관한 사항

① ㉠, ㉡
② ㉠, ㉢
③ ㉡, ㉢
④ ㉠, ㉡, ㉢

70 자산배분 전략을 수행하기 위해 자산집단의 기대수익률을 추정하는 방법으로만 모두 묶인 것은?

<보기>
㉠ 근본적 분석방법
㉡ GARCH
㉢ 시장공통 예측치 사용방법

① ㉠
② ㉠, ㉡
③ ㉠, ㉢
④ ㉠, ㉡, ㉢

71 전략적 자산배분의 실행단계를 순서대로 적절하게 나열한 것은?

① 자산집단의 선택 ⇨ 최적 자산구성의 선택 ⇨ 투자자의 투자목적 및 투자제약조건의 파악 ⇨ 자산종류별 기대수익, 위험, 상관관계의 추정
② 자산종류별 기대수익, 위험, 상관관계의 추정 ⇨ 자산집단의 선택 ⇨ 최적 자산구성의 선택 ⇨ 투자자의 투자목적 및 투자제약조건의 파악
③ 투자자의 투자목적 및 투자제약조건의 파악 ⇨ 최적 자산구성의 선택 ⇨ 자산종류별 기대수익, 위험, 상관관계의 추정 ⇨ 자산집단의 선택
④ 투자자의 투자목적 및 투자제약조건의 파악 ⇨ 자산집단의 선택 ⇨ 자산종류별 기대수익, 위험, 상관관계의 추정 ⇨ 최적 자산구성의 선택

72 주식과 채권으로만 구성되어 있는 포트폴리오의 평가액이 100억원, 만기의 최저 보장수익 70억원, 무위험 수익률 연 3%, 투자승수가 3일 때, 고정비율 포트폴리오 보험전략(CPPI)을 통해 계산한 이 포트폴리오의 주식투자금액은 얼마인가? (단, 투자기간은 1년임)

① 32.04억원
② 49.75억원
③ 67.96억원
④ 96.12억원

73 보험자산배분전략에 대한 설명으로 가장 거리가 먼 것은?

① 포트폴리오의 쿠션, 즉 포트폴리오의 현재가치와 최저 보장수익의 현재가치 사이의 차이가 커질수록 위험 허용치는 증가한다.
② 보험자산배분 전략 중 변동성에 대한 추정문제가 발생하는 것은 옵션모형을 이용한 포트폴리오 보험(OBPI) 전략이다.
③ 옵션의 사용 없이 보험 포트폴리오의 수익구조를 창출하려는 전략으로, 포트폴리오 가치가 하락하면 위험자산에 대한 투자비중을 증가시킨다.
④ 가능한 한 미래 예측치보다는 시장 가격의 변화 추세만을 반영해 운용하는 수동적인 전략이며, 초단기적으로 변경하는 전략이다.

74 인덱스펀드의 구성방법에 대한 설명으로 가장 거리가 먼 것은?

① 완전복제법으로 인덱스를 구성할 경우 인덱스수익률은 벤치마크수익률을 거의 완벽하게 추종한다.
② 표본추출법은 벤치마크에 포함된 대형주는 성격이 벤치마크와 유사하게 되도록 일부 종목만을 포함하고, 중소형주들은 모든 종목을 포함하는 방식이다.
③ 최적화법은 포트폴리오 모형을 이용하여 벤치마크에 대비한 잔차위험이 허용 수준 이하가 되도록 포트폴리오를 만드는 방식이다.
④ 인덱스펀드를 구성하거나 인덱스펀드의 수익률을 높이기 위해 주가지수선물이 이용되기도 한다.

75 가치투자 스타일에 대한 설명으로 가장 거리가 먼 것은?

① 운용방식의 논거로서 기업의 수익이 평균으로 회귀하는 경향을 가진다는 점을 제시한다.
② 투자자의 예상 투자기간 내에 저평가된 주식이 회복되지 않을 위험이 존재한다.
③ 가치투자 스타일에는 저 PER투자, 역행투자, 고배당수익률 투자 방식 등이 있다.
④ 현재의 수익과 자산가치보다 주식의 시가총액을 기준으로 투자하는 것도 가치투자 스타일에 해당된다.

76 <보기> 중 채권수익률에 대한 적절한 설명으로만 모두 묶인 것은?

<보기>
㉠ 이표채의 경우 채권 시장 가격이 하락하면 경상수익률도 하락한다.
㉡ 만기수익률은 채권에서 발생하는 현금흐름의 현재가치와 채권 시장가격을 일치시키는 할인율이다.
㉢ 무이표채의 경우 재투자위험이 없어 만기까지 보유 시 만기수익률을 실현할 수 있다.

① ㉢
② ㉠, ㉡
③ ㉡, ㉢
④ ㉠, ㉡, ㉢

77 <보기> 중 투자자에게 옵션이 부여되는 채권으로만 모두 묶인 것은?

<보기>
㉠ 수의상환청구채권
㉡ 교환사채
㉢ 수의상환채권

① ㉠
② ㉠, ㉡
③ ㉠, ㉢
④ ㉠, ㉡, ㉢

78 <보기>는 채권 투자자가 예기치 않은 손실을 입을 위험에 대해 설명하고 있다. 빈칸에 들어갈 내용으로 가장 적절한 것은?

― <보기> ―
채권 투자자는 발행자로부터 채권에 명시된 원금이나 이자의 전부 혹은 일부를 지급받지 못하는 위험, 즉 ( )에 노출되게 된다.

① 재투자위험
② 구매력 위험
③ 이자율 변동 위험
④ 채무불이행 위험

79 <보기>를 참고하여 관행적 방식으로 계산한 할인채의 매매가격으로 가장 적절한 것은? (단, 원 미만은 절사하며, 1년은 365일로 가정함)

― <보기> ―
- 만기 : 2년
- 잔존기간 : 91일
- 표면이율 : 연 4%
- 만기수익률 : 연 7%
- 액면가격 : 12,000원

① 9,686원
② 10,690원
③ 11,794원
④ 12,266원

80 채권 가격 변동성에 대한 설명으로 가장 적절한 것은?

① 채권의 잔존기간이 길어지면 동일한 수익률 변동에 대한 가격 변동폭은 작아진다.
② 만기가 길어질수록 채권 수익률 변동에 의한 채권 가격 변동은 증가하지만 그 증감률은 체감한다.
③ 만기가 일정한 경우 채권수익률 하락으로 인한 가격의 상승 폭이 동일한 폭의 채권수익률 상승으로 가격의 하락 폭보다 작다.
④ 표면이자율이 높아지면 동일한 크기의 수익률 변동에 대한 가격 변동률이 커진다.

81 <보기>를 참고하여 계산한 채권의 볼록성은 얼마인가?

― <보기> ―
- 채권의 만기수익률 : 3%에서 4%로 상승함
- 채권 가격 : 3.55% 하락
- 수정듀레이션 : 3.66

① 11
② 22
③ 33
④ 44

82 <보기>와 같은 조건을 가진 콜옵션의 내재가치는 얼마인가? (단, 단위는 point)

― <보기> ―
- 만기 : 1개월
- 기초자산가격 : 275
- 행사가격 : 270
- 옵션프리미엄 : 7

① 2
② 5
③ 7
④ 12

83 투자자 A는 행사가격이 240pt이고 옵션프리미엄이 2pt인 풋옵션을 매수하고, 행사가격이 250pt이고 옵션프리미엄이 5pt인 풋옵션을 매도하는 스프레드 전략을 수행하려고 한다. 만기일에 기초자산 가격이 245pt가 될 경우, 투자자 A의 손익으로 가장 적절한 것은? (단, 동일한 기초자산과 만기를 사용함)

① 2pt 손실
② 2pt 이익
③ 3pt 손실
④ 3pt 이익

84 만기가 동일하고 행사가격이 145pt인 콜옵션과 풋옵션의 옵션프리미엄이 각각 2포인트와 6포인트이다. 이 두 개의 옵션을 동시에 매도하는 스트래들 매도 전략을 실행하고자 한다면, 수익이 발생하는 기초자산 가격의 범위로 가장 적절한 것은? (단, 거래비용은 없다고 가정함)

① 143 < P < 151
② 141 < P < 149
③ 139 < P < 151
④ 137 < P < 153

85 주식을 이용한 선물의 헤지 방안으로 가장 거리가 먼 것은?

① 베이시스는 선물 가격과 현물가격의 차이를 말하며, 이는 보유비용의 값과 동일하다.
② 헤지거래는 현물 포지션 가치 하락에 대비하여 선물로 반대 포지션을 취하는 것을 말하며, 매수헤지와 매도헤지가 여기에 포함된다.
③ 현물 포지션의 크기에 대한 선물 포지션 크기의 적정한 비율을 헤지비율이라고 한다.
④ 제로 베이시스 헤지는 만기시점이 도래하기 전에 현물과 선물을 전부 청산하는 것을 말한다.

86 <보기> 중 옵션 프리미엄의 민감도 지표에 대한 적절한 설명으로만 모두 묶인 것은?

─── <보기> ───
㉠ 콜옵션의 매수 포지션에서 감마와 로우의 민감도 부호는 모두 음(−)의 값을 가진다.
㉡ 쎄타의 경우 콜옵션 매수 포지션과 풋옵션 매수 포지션의 민감도 부호가 서로 같다.
㉢ 콜옵션 매수 포지션과 풋옵션 매수 포지션에서 감마는 모두 양(+)의 값을 가진다.
㉣ 델타와 베가는 풋옵션 매수, 풋옵션 매도 포지션에서 서로 같은 민감도 부호를 가진다.

① ㉠, ㉡
② ㉡, ㉢
③ ㉡, ㉢, ㉣
④ ㉠, ㉡, ㉢, ㉣

87 <보기>의 옵션 민감도에 대한 설명 중 빈칸에 들어갈 내용으로 가장 적절한 것은?

─── <보기> ───
기초자산 가격이 100pt에서 105pt으로 상승하고 옵션의 가격이 7pt에서 7.5pt로 상승했다면, 옵션의 델타는 ( )이다.

① +0.1
② +1
③ −0.2
④ −2

88 무위험수익률이 3%일 때, 연간수익률 9%, 연간표준편차 5%인 펀드의 샤프비율은 얼마인가?

① 1.0
② 1.2
③ 1.5
④ 2.0

89 <보기>를 참고하여 계산한 젠센의 알파 값은 얼마인가?

─── <보기> ───
• 포트폴리오 수익률 : 12%
• 무위험수익률 : 8%
• 기준지표 수익률 : 10%
• 포트폴리오 베타 : 1.3
• 표준편차 : 9%

① 1.4%
② 1.9%
③ 2.2%
④ 2.5%

90 <보기>의 빈칸에 들어갈 내용으로 가장 적절한 것은?

― <보기> ―
- ( )는 수익률 분포가 좌나 우로 기울어진 정도를 측정하는 통계량이다.
- ( )는 수익률 분포 중 가운데 봉우리가 얼마나 뾰족한가를 측정하는 지표이며, 정규분포에서 ( )의 값을 갖는다.

① 왜도, 첨도, 1
② 첨도, 왜도, 1
③ 왜도, 첨도, 3
④ 첨도, 왜도, 3

91 금액가중수익률에 대한 설명으로 가장 거리가 먼 것은?

① 금액가중수익률은 자금의 유출입 시기에 영향을 받는다.
② 투자자가 실제로 얻은 수익을 측정하는 측면에서는 시간가중수익률보다 정확하다.
③ 펀드매니저의 성과를 시기별로 평가할 때 유용하게 사용할 수 있다.
④ 투자자와 펀드매니저의 수익률 효과가 혼합되어 있다.

92 <보기> 중 IS-LM모형에 따른 국민소득의 변화에 대한 적절한 설명으로만 모두 묶인 것은? (단, IS곡선은 우하향, LM곡선은 우상향한다고 가정함)

― <보기> ―
㉠ 정부지출이 증가하면 국민소득이 감소한다.
㉡ 통화량이 증가하면 국민소득이 증가한다.
㉢ 조세가 증가하면 국민소득이 감소한다.

① ㉡
② ㉠, ㉡
③ ㉡, ㉢
④ ㉠, ㉡, ㉢

93 유동성 함정에 대한 설명으로 가장 적절한 것은?

① 유동성 함정은 경기불황이 심해져 물가가 급락하고 화폐의 실질가치가 증가하며 소비가 증대되는 현상을 말한다.
② 화폐수요의 이자율 탄력성은 0에 수렴한다.
③ LM곡선이 수평이 되어 재정정책을 시행해도 효과가 없다.
④ 유동성 함정 구간에서는 구축효과가 발생하지 않는다.

94 <보기> 중 이자율의 기간구조이론에 대한 적절한 설명으로만 모두 묶인 것은?

― <보기> ―
㉠ 불편기대 이론에 의하면 장단기 채권 간 완전한 대체가 가능하다는 가정하에 장단기 채권의 예상수익률은 서로 동일해야 한다.
㉡ 시장분할 이론은 장단기금리 간의 대체가 불가능하다고 가정하기 때문에 수익률 곡선의 이동을 설명하지 못한다.
㉢ 특정 시장 선호 이론은 불편기대 이론과 시장분할 이론을 결합한 이론으로, 장단기 채권간 대체관계가 없음을 가정한다.

① ㉠
② ㉠, ㉡
③ ㉡, ㉢
④ ㉠, ㉡, ㉢

95 이자율의 변동에 대한 설명으로 거리가 먼 것은?

① 물가상승이 예상되면 명목금리가 반응하여 이자율이 상승한다.
② 화폐공급의 증가는 단기적으로 명목이자율을 하락시킨다.
③ 경상수지가 흑자이면 국내 화폐공급이 감소하여 이자율은 상승하게 된다.
④ 원화가 약세일 경우 단기적으로 국내 금리가 상승하나, 중장기적으로는 하락한다.

96 기대수익률과 표준편차가 다음과 같은 투자안들이 있을 때, 지배원리에 의해 평가한 가장 효율적인 포트폴리오는?

구분	기대수익률	표준편차
투자안 Ⅰ	9%	2%
투자안 Ⅱ	9%	7%
투자안 Ⅲ	15%	7%
투자안 Ⅳ	15%	2%

① 투자안 Ⅰ ② 투자안 Ⅱ
③ 투자안 Ⅲ ④ 투자안 Ⅳ

97 포트폴리오 A는 자산 A가 20%, 무위험자산이 80%가 되도록 구성되어 있다. <보기>의 내용을 참고하여 계산한 포트폴리오 A의 변동성보상비율은?

― <보기> ―
- 자산 A의 기대수익률 : 16%
- 자산 A의 표준편차 : 10%
- 무위험수익률 : 2%

① 1.1 ② 1.4
③ 1.7 ④ 2.1

98 자산의 기대수익률과 베타가 다음과 같고, 무위험이자율은 5%, 시장수익률은 10%일 때, 증권시장선(SML)에 따른 A주식과 B주식의 평가로 가장 적절한 것은?

구분	기대수익률	베타
A주식	15%	1.5
B주식	12%	1.0

	A주식	B주식
①	과소평가	과소평가
②	과소평가	과대평가
③	과대평가	과소평가
④	과대평가	과대평가

99 단일 지표 모형이 성립할 때, 포트폴리오 A의 정보가 <보기>와 같다. A자산과 B자산에 50%씩 투자하고 있다면, 포트폴리오 A의 베타로 가장 적절한 것은?

― <보기> ―
- A자산의 베타 : 1.5
- B자산의 베타 : 2.0
- 무위험수익률 : 3%

① 0.50
② 1.17
③ 1.75
④ 2.30

100 <보기>를 참고했을 때, 단일요인 차익거래 가격결정이론에 따라 균형을 달성하는 포트폴리오 B의 베타는 얼마인가?

― <보기> ―
- 포트폴리오 A의 기대수익률 : 22%
- 포트폴리오 A의 베타 : 1.4
- 포트폴리오 B의 기대수익률 : 19%
- 무위험수익률 : 1%

① 0.15
② 1.20
③ 1.36
④ 1.40

합격의 기준, 해커스금융
fn.Hackers.com

합격의 기준, 해커스금융
fn.Hackers.com

해커스금융

실전모의고사 3회

이름									
생년월일									
실시일자									
수험번호	⓪ ① ② ③ ④ ⑤ ⑥ ⑦ ⑧ ⑨								
	⓪ ① ② ③ ④ ⑤ ⑥ ⑦ ⑧ ⑨								
	⓪ ① ② ③ ④ ⑤ ⑥ ⑦ ⑧ ⑨								
	⓪ ① ② ③ ④ ⑤ ⑥ ⑦ ⑧ ⑨								
	⓪ ① ② ③ ④ ⑤ ⑥ ⑦ ⑧ ⑨								
	⓪ ① ② ③ ④ ⑤ ⑥ ⑦ ⑧ ⑨								
	⓪ ① ② ③ ④ ⑤ ⑥ ⑦ ⑧ ⑨								
감독관 확인란	인								

번호	답	번호	답	번호	답	번호	답	번호	답
1	① ② ③ ④	21	① ② ③ ④	41	① ② ③ ④	61	① ② ③ ④	81	① ② ③ ④
2	① ② ③ ④	22	① ② ③ ④	42	① ② ③ ④	62	① ② ③ ④	82	① ② ③ ④
3	① ② ③ ④	23	① ② ③ ④	43	① ② ③ ④	63	① ② ③ ④	83	① ② ③ ④
4	① ② ③ ④	24	① ② ③ ④	44	① ② ③ ④	64	① ② ③ ④	84	① ② ③ ④
5	① ② ③ ④	25	① ② ③ ④	45	① ② ③ ④	65	① ② ③ ④	85	① ② ③ ④
6	① ② ③ ④	26	① ② ③ ④	46	① ② ③ ④	66	① ② ③ ④	86	① ② ③ ④
7	① ② ③ ④	27	① ② ③ ④	47	① ② ③ ④	67	① ② ③ ④	87	① ② ③ ④
8	① ② ③ ④	28	① ② ③ ④	48	① ② ③ ④	68	① ② ③ ④	88	① ② ③ ④
9	① ② ③ ④	29	① ② ③ ④	49	① ② ③ ④	69	① ② ③ ④	89	① ② ③ ④
10	① ② ③ ④	30	① ② ③ ④	50	① ② ③ ④	70	① ② ③ ④	90	① ② ③ ④
11	① ② ③ ④	31	① ② ③ ④	51	① ② ③ ④	71	① ② ③ ④	91	① ② ③ ④
12	① ② ③ ④	32	① ② ③ ④	52	① ② ③ ④	72	① ② ③ ④	92	① ② ③ ④
13	① ② ③ ④	33	① ② ③ ④	53	① ② ③ ④	73	① ② ③ ④	93	① ② ③ ④
14	① ② ③ ④	34	① ② ③ ④	54	① ② ③ ④	74	① ② ③ ④	94	① ② ③ ④
15	① ② ③ ④	35	① ② ③ ④	55	① ② ③ ④	75	① ② ③ ④	95	① ② ③ ④
16	① ② ③ ④	36	① ② ③ ④	56	① ② ③ ④	76	① ② ③ ④	96	① ② ③ ④
17	① ② ③ ④	37	① ② ③ ④	57	① ② ③ ④	77	① ② ③ ④	97	① ② ③ ④
18	① ② ③ ④	38	① ② ③ ④	58	① ② ③ ④	78	① ② ③ ④	98	① ② ③ ④
19	① ② ③ ④	39	① ② ③ ④	59	① ② ③ ④	79	① ② ③ ④	99	① ② ③ ④
20	① ② ③ ④	40	① ② ③ ④	60	① ② ③ ④	80	① ② ③ ④	100	① ② ③ ④

2025 기본서 개정사항 및 최근 출제경향 완벽 반영!

해커스
투자자산운용사
최종 실전모의고사

+ 합격 시크릿북 [3종]

2025년 4월 시험 반영

- 무료 바로 채점 및 성적 분석 서비스
- 이론정리+문제풀이 무료 특강

해커스금융 fn.Hackers.com

4회

합격의 기준, 해커스금융

fn.Hackers.com

수험번호	
이름	

실전모의고사
4회

시　　분 ~ 　시　　분 (총 100문항/120분)

*시작과 종료 시각을 정한 후, 실전처럼 모의고사를 풀어보세요.

□ 응시자 유의사항

1. 답안 작성 시 반드시 검정색 필기구(연필류 제외)를 사용하여 "●"와 같이 표기하며 정정을 원할 시 답안지를 교체할 것
   (위반 시 0점 처리됨)

2. 본 문제지는 시험종료 후 답안지와 함께 반드시 제출할 것(수험번호, 성명 기재)
   (문제지 유출, 응시표 등에 문제 또는 답안을 옮겨적는 등의 행위는 부정행위로 간주)

3. 시험시간 종료 후의 문제풀이 및 답안지 표기는 부정행위로 간주
   ※부정행위자는 소속 기관 통보 및 본회 주관 모든 시험의 응시제한 등 불이익을 받을 수 있음

자본시장과 금융투자업에 관한 법률은 이하 자본시장법이라 하겠다.

제1과목 금융상품 및 세제

01 <보기> 중 배당소득의 수입시기에 대한 적절한 설명으로만 모두 묶인 것은?

<보기>
㉠ 법인이 분할하는 경우의 의제배당은 분할합병으로 인한 액면배당일을 수입시기로 한다.
㉡ 법인의 인정배당은 당해 사업연도의 결산확정일을 수입시기로 한다.
㉢ 법인이 해산하는 경우의 의제배당은 잔여재산가액 확정일을 수입시기로 한다.
㉣ 무기명주식의 배당은 실제 지급받은 날을 수입시기로 한다.

① ㉠, ㉢
② ㉡, ㉣
③ ㉠, ㉡, ㉣
④ ㉡, ㉢, ㉣

02 <보기> 중 무조건 분리과세대상 금융소득으로 적절한 것은 모두 몇 개인가?

<보기>
㉠ 파생상품결합증권
㉡ 비실명거래로 인한 배당소득
㉢ 직장공제회 초과반환금
㉣ 법원에 납부한 경매보증금

① 1개
② 2개
③ 3개
④ 4개

03 다음 중 거주자가 분리과세를 선택할 수 있는 소득으로 가장 적절한 것은?

① 1,800만원의 출자공동사업자의 배당
② 2,000만원의 외국배당소득금액(원천징수하지 않음)
③ 300만원의 기타소득금액
④ 2,100만원의 정기예금이자

04 심사와 심판에 대한 설명으로 가장 적절한 것은?

① 심사청구는 처분청의 심사를 안 날부터 90일 이내에 국세청장에게 제기하여야 한다.
② 심판청구는 청구인의 선택에 따라 본 절차를 생략할 수 있다.
③ 청구인은 이의신청 후 심사청구와 심판청구 모두 제기할 수 있다.
④ 이의신청절차는 취소소송의 전제 요건이 되어 있어 본 절차를 거쳐야만 취소소송을 제기할 수 있다.

05 다음 중 지방세로만 나열된 것은?

① 취득세, 재산세
② 농어촌특별세, 취득세
③ 농어촌특별세, 증여세
④ 증여세, 재산세

06 증여세 절세전략에 대한 설명으로 가장 적절한 것은?

① 자녀에게 재산분할하여 증여할 경우 큰 금액이 아닌 경우에는 기대수익률이 낮은 자산을 증여하는 것이 바람직하다.
② 같은 금액을 증여하더라도 증여자가 여럿일 때보다 한 명일 때 증여세를 줄일 수 있다.
③ 자녀에게 직접 증여하는 경우 10년 단위 증여재산공제를 활용하여 어릴 때부터 증여하는 것이 유리하다.
④ 증여재산공제 범위 내의 금액을 증여할 경우 증여세를 내지 않아도 되므로 증여세 신고를 하지 않는 것이 유리하다.

07 증권거래세가 부과되는 상황으로 가장 적절한 것은?

① 지방자치단체가 주권을 양도한 경우
② 주권을 통해 대물변제하는 경우
③ 뉴욕 증권거래소에 상장된 주권을 양도하는 경우
④ 주권을 목적물로 하는 소비대차의 경우

08 개인형 퇴직연금제도(IRP)에 대한 설명으로 가장 적절한 것은?

① 기업형 IRP에 가입할 수 있는 특례사업장은 상시근로자 5인 미만을 사용하는 것을 기준으로 한다.
② 개인형 퇴직연금제도는 사용자에 의해 관리되고 운용손익은 기업에 귀속된다.
③ 가입자가 어떤 운용상품을 선택하여 적립금을 운용하느냐에 따라 본인의 퇴직급여가 달라진다는 점에서 확정급여형 제도와 운용방법이 같다.
④ 확정기여형과 확정급여형 퇴직연금에서 개인형 퇴직연금제도를 통해 추가 납입이 가능하다.

09 생명보험상품에 대한 설명으로 가장 적절한 것은?

① 체증식보험은 기간이 경과함에 따라 보험금이 점점 증가하는 보험이다.
② 변액보험은 보장사고가 가입 시부터 일정기간 내에 발생했을 경우 보험금을 감액하는 보험이다.
③ 사망정기보험은 피보험자가 사망할 때까지 보험금을 지급하는 보험이다.
④ 신계약비, 유지비, 수금비 등은 순보험료로 구분된다.

10 특정금전신탁에 대한 설명으로 가장 거리가 먼 것은?

① 운용수익에서 신탁보수와 같은 일정한 비용을 차감한 후 실적배당하는 상품이다.
② 수탁자는 위탁자가 지정한 방법에 따라 운용해야 한다.
③ 위탁자가 운용대상, 운용방법, 운용자 등을 지정할 수 있다.
④ 다른 신탁상품과 합동운용할 수 없다.

11 <보기> 중 신탁에 대한 적절한 설명으로만 모두 묶인 것은?

―――――― <보기> ――――――
㉠ 위탁자는 자기 외의 자를 수익자로 지정할 수 없다.
㉡ 수탁자는 수익자를 위해 행하여야 한다.
㉢ 신탁재산은 수탁자의 고유재산 및 위탁자의 고유재산과 분리하여 관리해야 한다.
㉣ 신탁재산의 관리 및 처분으로 인한 제3자와의 권리는 수익자에 귀속된다.

① ㉠, ㉢
② ㉠, ㉣
③ ㉡, ㉢
④ ㉡, ㉣

12 각종 예금상품에 대한 설명으로 가장 거리가 먼 것은?

① 정기예금은 안정적인 운용이 가능하고 통상 약정기간이 길수록 높은 이자가 보장되는 상품이다.
② 비과세 종합저축은 19세 이상의 거주자라면 누구나 가입할 수 있다.
③ 은행의 주가지수연동정기예금(ELD)은 예금자보호법상 한도 내로 예금자보호가 가능하다.
④ 요구불예금은 예금주 환급청구가 있을 때 조건 없이 지급해야 하는 금융상품이다.

13 <보기>의 집합투자기구에 대한 설명 중 빈칸에 공통으로 들어갈 내용으로 가장 적절한 것은?

―― <보기> ――
( )을(를) 제외한 집합투자기구의 투자자의 지위는 출자지분이 표시된 지분증권 소유자가 되지만, ( )의 투자자의 지위는 수익권이 표시된 수익증권 소유자가 된다.

① 투자익명조합
② 투자합자회사
③ 투자유한회사
④ 투자신탁

14 금융투자상품의 정의에 대한 설명으로 가장 거리가 먼 것은?

① 지분증권은 지급청구권이 표시된 것으로, 국채증권, 지방채증권, 사채권 등이 있다.
② 파생결합증권은 기초자산의 가격·이자율·지표·단위 또는 이를 기초로 하는 지수 등의 변동과 연계하여 미리 정하여진 방법에 따라 지급금액 또는 회수금액이 결정되는 권리가 표시된 것이다.
③ 투자계약증권은 특정 투자자가 그 투자자와 타인 간의 공동사업에 금전 등을 투자하고 주로 타인이 수행한 공동사업의 결과에 따른 손익을 귀속받는 계약상의 권리가 표시된 것이다.
④ 증권예탁증권은 채무증권, 지분증권, 수익증권, 투자계약증권, 파생결합증권을 예탁 받은 자가 그 증권이 발행된 국가 외의 국가에서 발행한 것으로서 그 예탁받은 증권에 관련된 권리가 표시된 것이다.

15 모자형 집합투자기구에 대한 설명으로 가장 적절한 것은?

① 투자설명서를 작성하는 경우 집합투자기구의 명칭, 투자목적·투자방침·투자전략 등의 모집합투자기구에 관한 사항만 작성하면 된다.
② 자집합투자기구와 모집합투자기구의 집합투자재산을 운용하는 집합투자업자는 동일해야 한다.
③ 자집합투자기구는 모집합투자기구의 집합투자증권이 아닌 다른 집합투자증권도 취득할 수 있다.
④ 자집합투자기구 외의 자도 모집합투자기구의 집합투자증권을 취득할 수 있다.

16 <보기>의 용도지역에 대한 설명 중 빈칸에 들어갈 수 없는 것은?

―― <보기> ――
용도지역은 전국의 토지에 대하여 중복되지 않도록 지정되며, ( ) 등이 용도지역 안에 포함된다.

① 수산지역
② 관리지역
③ 농림지역
④ 자연환경보전지역

17 도시계획사업에 의하지 아니하고 개발행위를 하고자 할 때 특별시장·광역시장·시장 또는 군수의 허가를 받지 않아도 되는 자로 가장 적절한 것은?

① 건축물을 건축하거나 공작물을 설치한 자
② 토석의 채취를 위해 개발하는 자
③ 자연환경보전지역에 1개월 이상 물건을 보관한 자
④ 경작에 의해 토지의 형질을 변경한 자

18. 직접환원법을 사용하여 토지의 가치를 판단하고자 한다. 해당 토지의 순영업소득(NOI)이 50억원이고 자본환원율이 10%일 때 토지의 수익 가격으로 가장 적절한 것은?

① 5억원
② 50억원
③ 500억원
④ 5,000억원

19. 시장접근법에 의한 부동산 감정평가방법에 대한 설명으로 가장 거리가 먼 것은?

① 매매가 잘 이루어지지 않은 부동산에는 적용하기 곤란하다.
② 대상물건의 재조달원가에 감가수정을 하여 대상물건의 가액을 산정한다.
③ 극단적인 호황이나 불황에는 적용하기 곤란하다.
④ 토지평가에 있어서 다른 방식보다 중추적인 역할을 수행한다.

20. <보기> 중 부동산투자 시 사업타당성 및 리스크관리 분석에 활용되는 지표에 대한 적절한 설명으로만 모두 묶인 것은?

— <보기> —
㉠ Cash on Cash 수익률은 화폐의 시간적 가치를 고려하지 않는다.
㉡ 순소득승수는 순운용소득에 대한 총투자액의 비율을 의미한다.
㉢ 운용에 의한 현금흐름이 초기 투자자금보다 큰 투자안을 채택하는 것이 합리적인 선택이다.
㉣ 부동산투자의 원리금 상환능력을 측정하기 위한 부채상환비율은 차입액을 영업이익으로 나누어 구한다.

① ㉠
② ㉠, ㉡
③ ㉠, ㉡, ㉢
④ ㉠, ㉡, ㉢, ㉣

제2과목 투자운용 및 전략 II / 투자분석

21. 대안투자에 대한 일반적인 설명으로 가장 거리가 먼 것은?

① 헤지펀드, 부동산펀드, PEF 등은 대안투자펀드에 해당한다.
② 대안투자에서 거래하는 대부분의 자산은 장내시장에서 거래되어 환금성이 높은 편이다.
③ 전통투자상품과의 상관관계가 낮다.
④ 차입, 공매도의 사용 및 파생상품 활용이 높아 위험관리가 중요하다.

22. <보기> 중 부동산금융에 대한 적절한 설명으로만 모두 묶인 것은?

— <보기> —
㉠ 부동산 개발금융은 수익형 부동산금융의 대표적인 형태이다.
㉡ REITs의 주권은 증권시장에 상장됨으로써 유동성이 확보되며, 소액의 자금으로 부동산 투자가 가능하다.
㉢ 차입상환액이 2억, NOI(순영업이익)이 4억인 경우 DCR(부채 부담능력 비율)은 0.5이다.

① ㉢
② ㉠, ㉡
③ ㉡, ㉢
④ ㉠, ㉡, ㉢

23. <보기>의 헤지펀드 투자전략에 대한 일반적인 설명 중 빈칸에 들어갈 내용이 순서대로 나열된 것은?

— <보기> —
• 수익률곡선 차익거래는 대표적인 (　　)에 해당한다.
• 무상증자 이벤트 전략은 권리락일에 해당 종목의 주가가 높은 확률로 (　　)하는 현상을 이용하는 전략이다.

① 방향성 전략, 상승
② 방향성 전략, 하락
③ 차익거래전략, 상승
④ 차익거래전략, 하락

24 <보기>에서 설명하는 CDO의 유형으로 가장 적절한 것은?

<보기>
- 기초자산의 수익률과 유동화 증권의 수익률 간의 차이에서 발생하는 차익을 얻을 목적으로 발행된다.
- SPC는 신용도가 높은 선순위 CDO 트랜치를 발행함으로써 낮은 이자비용을 발생시키고, 기초자산으로부터 얻는 높은 수익과의 차익을 남긴다.
- 기초자산으로 주로 수익률이 높은 자산을 구성한다.

① Arbitrage CDO
② Balance Sheet CDO
③ Cash Flow CDO
④ Synthetic CDO

25 <보기> 중 CDO 및 트랜치(tranche)에 대한 적절한 설명으로만 모두 묶인 것은?

<보기>
㉠ CDO 발행자는 CDO 발행을 통해 자산의 신용위험을 투자자에게 전가함으로써 위험 관리를 할 수 있다.
㉡ CDO 발행자는 자산을 부외(off balance)로 옮기면서 재무비율을 개선시키는 효과를 얻을 수 있다.
㉢ Equity 트랜치 투자자의 수익은 up-front 방식으로 초기에 한 번에 받고, 만기에 남아있는 담보자산의 원금을 받는다.
㉣ Mezzanine 트랜치는 Senior 트랜치와 Equity 트랜치의 중간에 위치하며, 잔여이익에 대한 참여권이 없다.

① ㉠
② ㉠, ㉡
③ ㉠, ㉡, ㉢
④ ㉠, ㉡, ㉢, ㉣

26 국제 분산투자에 대한 설명으로 가장 거리가 먼 것은?

① 국내적으로 분산 불가능한 체계적 위험을 국제 분산투자를 통해 일부 제거할 수 있다.
② 개별 기업 특유의 요인으로 발생하는 비체계적 위험은 국내뿐만 아니라 국제 분산투자를 통해서도 제거가 불가능하다.
③ 국제 분산투자를 통해서 국가 특유의 요인으로 인한 위험의 분산이 가능하다.
④ 국가 간의 상관관계가 높아질수록 국제 분산투자효과는 작아진다.

27 국제 주식시장에 대한 설명으로 가장 적절한 것은?

① 헤지펀드를 통한 국제 투자는 거래비용을 증가시킨다.
② 경제규모에 비해 주식시장의 규모가 큰 국가는 비효율적인 증권시장을 가진 것이라고 볼 수 있다.
③ 상장주식의 시가총액은 주식시장 거래규모에 영향을 주는 중요한 결정요인이지만, 투자자의 거래행태는 결정요인이 아니다.
④ 주식시장 회전율이 높은 경우 장기적 투자수익보다는 단기매매차익을 목표로 하는 투자자의 비중이 크다고 해석할 수 있다.

28 DR에 대한 설명으로 가장 거리가 먼 것은?

① 거래소에 따라 DR의 형태를 취하지 않고 기업 본국에서 거래되는 주식이 그대로 상장되기도 한다.
② ADR은 외국 주식이 미국 증권으로 등록되고 미국 증시에 상장되어 거래되도록 한다.
③ 정의상 GDR은 미국달러 표시 DR이 미국 이외의 거래소에 상장되는 것을 의미한다.
④ 해당 기업이 DR의 발행 및 상장 관련 비용을 부담하는 형태를 sponsored DR이라고 한다.

29 국제 채권시장에 대한 설명으로 가장 적절한 것은?

① 국제 채권에는 채권 표시통화의 본국에서 발행되는 유로채와 채권 표시통화의 본국 이외에서 발행되는 외국채가 있다.
② 판다본드는 외국기업이 홍콩에서 발행하는 위안화 표시 채권이다.
③ 유로채는 감독 당국에 등록되지 않고 채권의 소지자가 청구권을 가지는 무기명채권이다.
④ 외국채는 채권에서 발생하는 수익에 대한 소득세를 원천징수하지 않는 것이 일반적이다.

30 해외투자 포트폴리오 구축에 대한 설명으로 가장 거리가 먼 것은?

① 소극적 투자전략은 벤치마크 포트폴리오의 구성을 정확하게 모방하기 때문에 거래비용이 낮아진다.
② 적극적 투자전략은 시장의 비효율성으로 인해 관련 정보가 가격에 천천히 반영된다고 가정하여 전망과 예측을 적극적으로 활용한다.
③ 상향식 접근방법은 기업 및 산업분석을 통해 투자대상 주식과 주식별 투자액을 미리 정하고 그 결과 전체 포트폴리오에서 차지하는 각국 투자비중이 결정된다.
④ 하향식 접근방법은 세계경제를 완전히 통합되지 않고 분리된 각국 경제의 결합체로 본다.

31 재무비율에 대한 일반적인 설명으로 가장 거리가 먼 것은?

① 매출채권회전율(ART)이 높을 경우 현금흐름에 어려움을 겪는 기업이 매출채권을 높은 할인율로 현금화했을 가능성이 있다.
② 총자산회전율(TAT)이 높을 경우 기업의 매출이 둔화되거나 기계설비가 노후화되고 있는 것으로 해석한다.
③ 비유동자산회전율(NAT)이 높을 경우 비유동자산에 충분한 투자를 하고 있지 않다고 분석할 수도 있다.
④ 재고자산회전율(IVT)이 급격히 증가할 경우 기업이 덤핑으로 재고를 처분했을 가능성이 있다.

32 A기업의 ROE가 ROA의 5배이고, 총자산이 400억원이라면 자기자본과 총부채는 각각 얼마인가?

① 자기자본 320억원, 총부채 80억원
② 자기자본 275억원, 총부채 125억원
③ 자기자본 125억원, 총부채 275억원
④ 자기자본 80억원, 총부채 320억원

33 레버리지도에 대한 설명으로 가장 거리가 먼 것은?

① 판매량의 변화율을 영업이익의 변화율로 나누면 영업레버리지도가 계산된다.
② 재무레버리지도는 타인자본 의존도가 높을수록 커진다.
③ 결합레버리지도는 타인자본 의존도가 높을수록 커진다.
④ 영업레버리지도에 재무레버리지도를 곱하면 결합레버리지도가 계산된다.

34 A기업은 투자자의 요구수익률이 10%, 자기자본이익률이 10%, 배당성향은 20%이다. 고든의 항상성장모형에 따라 A기업의 PER을 계산하면 얼마인가? (단, EPS는 다음 기의 예측된 주당이익을 이용하는 것으로 가정함)

① 20
② 15
③ 10
④ 5

35 <보기>의 정보를 참고하여 계산한 A기업의 주당 가치는 얼마인가?

<보기>
- 유사기업의 EV/EBITDA : 10배
- A기업의 EBITDA : 60억원
- 채권자가치 : 200억원
- 발행주식수 : 100만주(단, 발행주식수와 유통주식수는 동일함)

① 4만원
② 5만원
③ 7만원
④ 9만원

36 <보기>의 A~D기업 공통 정보를 참고했을 때, 다음 중 EVA가 가장 높게 산출되는 기업은 어디인가?

<보기>
- 세후순영업이익 : 150억원
- 투하자본 : 300억원
- 자기자본 기회비용 : 10%
- 타인자본 조달비용 : 10%
- 법인세율 : 20%

① 타인자본비율이 20%인 A기업
② 타인자본비율이 40%인 B기업
③ 타인자본비율이 60%인 C기업
④ 타인자본비율이 80%인 D기업

37 <보기>에서 설명하는 형태의 패턴에 해당하지 않는 것은?

<보기>
이전까지의 주가 움직임이 잠시 횡보 국면을 보이면서 앞으로 현재의 주가 추이를 지속시키기 위한 모양을 형성하는 과정을 말한다.

① 헤드 앤 숄더형
② 삼각형
③ 쐐기형
④ 페넌트형

38 <보기>에서 설명하는 추세분석기법 지표로 가장 적절한 것은?

<보기>
- 단기 이동평균값에서 장기 이동평균값을 차감하여 계산한다.
- 값이 (+)이면 현재 주가가 상승추세에 있고, (−)이면 하락추세에 있음을 의미한다.
- 0선을 교차하는 시점을 매매 시점으로 포착한다.

① RSI
② ROC
③ MAO
④ OBV

39 산업구조 변화이론에 대한 설명으로 가장 적절한 것은?

① 내생적 성장이론은 산업구조의 변화에서 요소부존이 요소창출보다 더 중요하다.
② 헥셔-올린 모형에 따르면 노동이 상대적으로 풍부한 국가는 노동집약적인 제품에서 비교우위를 갖는다.
③ 신무역이론에서는 산업 내 무역과 정부개입이 불필요하다.
④ 리카도 비교우위론에서는 국가 간에 각 제품생산에 필요한 노동투입량이 다르므로 각국은 상대적으로 생산비가 높은 제품의 생산에 특화하는 것이 이익이다.

40 산업분석표에 대한 설명으로 가장 거리가 먼 것은?

① 투입계수는 중간 투입액과 부가가치액을 총투입액으로 나눈 것이다.
② 후방 연쇄효과는 특정 산업제품에 대한 최종 수요 1단위의 증가가 모든 산업의 생산에 미치는 영향을 말한다.
③ 장래 특정 연도에 대한 경제 전체의 공급과 수요를 산업별로 세분하여 예측할 수는 없다.
④ 생산유발계수는 최종 수요가 1단위 증가할 때 각 산업에서 직·간접적으로 유발되는 산출물의 단위를 나타낸다.

41 다음 중 매출액의 증가율이 시장 평균보다 낮아지거나 감소하고, 이익률은 하락하며 업종의 다각화를 적극적으로 실시하는 라이프사이클 단계로 가장 적절한 것은?

① 도입기
② 성장기
③ 성숙기
④ 쇠퇴기

42 <보기> 중 산업정책의 특징에 대한 적절한 설명으로만 모두 묶인 것은?

<보기>
㉠ 공급지향적 정책이다.
㉡ 국민경제의 성장잠재력이 훼손되는 상황에서도 강조되는 경향이 있다.
㉢ 국민경제의 실제 생산 수준을 잠재적 생산 수준에 접근시키고자 한다.
㉣ 경제상황과 무관하게 국가가 동일하면 산업정책도 동일하다.

① ㉠
② ㉠, ㉡
③ ㉠, ㉡, ㉢
④ ㉠, ㉡, ㉢, ㉣

43 역사적 시뮬레이션 방법에 대한 설명으로 가장 거리가 먼 것은?

① 완전가치 평가법에 해당한다.
② 과거 일정기간 동안의 위험요인의 변동을 향후에 나타날 변동으로 가정한다.
③ 분산, 공분산 등 모수에 대한 추정을 요구한다.
④ 옵션과 같은 비선형의 수익구조를 가진 상품에 대해서도 사용할 수 있다.

44 델타-노말분석법에 대한 설명으로 가장 거리가 먼 것은?

① 각 자산의 가치를 평가하는 가격 모형을 요구하지 않는다.
② 몬테카를로 시뮬레이션으로 산출한 VaR과 동일하다.
③ 보유기간이 길수록, 신뢰도가 높을수록 VaR은 높게 측정된다.
④ 델타 리스크를 제외한 모든 종류의 리스크를 고려하지 않는다.

45 5년 만기 국채를 200억 보유한 경우, 이 국채 만기수익률 증감(Δy)의 1일 기준 표준편차가 1%, 수정 듀레이션이 2년일 때, 99% 신뢰수준에서의 1일 VaR은 얼마인가? (단, 99% 신뢰상수 z = 2.33)

① 4.66억
② 6.99억
③ 9.32억
④ 46.6억

46 99% 신뢰도 1일 VaR이 6.99인 경우 95% 신뢰도 4일 VaR은 얼마인가? (단, 95% 신뢰상수 z = 1.65, 99% 신뢰상수 z = 2.33)

① 2.33
② 4.66
③ 6.99
④ 9.90

47 스트레스 검증법에 대한 설명으로 가장 적절한 것은?

① 부분가치 평가법에 해당한다.
② 과거 데이터가 있는 경우에만 사용이 가능하다.
③ 시나리오의 설정이 바뀌어도 일관된 결과를 낸다.
④ 포트폴리오가 단 하나의 리스크 요소에 주로 의존하는 경우에 사용 가능하다.

48 포트폴리오들의 투자결과를 RAROC로 측정하는 경우 투자결과가 가장 우수한 것은? (단, Risk의 값은 VaR임)

포트폴리오	A	B	C	D
투자금액	100억	100억	100억	100억
순수익률	3%	4%	6%	7%
VaR	2억	3억	3억	4억

① 포트폴리오 A
② 포트폴리오 B
③ 포트폴리오 C
④ 포트폴리오 D

49 다음 중 부도모형(Default Mode)에서 신용리스크 측정 시 필요하지 않은 변수는 무엇인가?

① 신용리스크 노출 금액
② 신용등급
③ 부도 시 손실률
④ 부도율

50 신용손실 분포에 대한 설명으로 가장 거리가 먼 것은?

① 신용리스크는 신용손실 분포로부터 예상외 손실(UL)로 정의된다.
② 예상손실(EL)은 비용으로 인식하여 대손충당금 등으로 대비한다.
③ 한쪽으로 치우쳐진 모양으로 꼬리가 두꺼운(fat-tail) 특성을 가지고 있다.
④ 평균과 분산을 이용한 모수적 방법으로 측정한다.

제3과목 직무윤리 및 법규 / 투자운용 및 전략 I / 거시경제 및 분산투자

51 금융상품 판매 단계에서는 6대 판매원칙이 적용된다. 이 중 일반금융소비자와 전문금융소비자에게 공통적으로 적용되는 원칙으로 가장 적절한 것은?

① 적정성 원칙
② 설명의무
③ 적합성 원칙
④ 부당권유 행위 금지

52 금융투자업자와 금융소비자 사이에 대표적으로 발생하는 이해상충의 사례인 과당매매를 판단하는 기준으로 가장 거리가 먼 것은?

① 일반투자자가 부담하는 수수료의 총액
② 일반투자자의 재산상태 및 투자목적의 적합성 여부
③ 일반투자자의 투자로 인해 발생한 수익률의 총액
④ 개별 매매거래 시 권유내용의 타당성 여부

53 금융투자업자의 직무윤리 위반행위에 대한 제재로 가장 거리가 먼 것은?

① 금융위원회는 투자자 보호와 건전한 거래질서의 유지를 위해 금융투자업자가 관계법령을 적절히 준수하는지 감독해야 할 의무가 있다.
② 금융위원회는 직무윤리 위반행위에 대하여 금융투자업자의 임원에게 제재 및 조치를 명할 수 있으나 직원에게는 제재 및 조치를 명할 수 없다.
③ 금융위원회는 금융투자업자가 인가조건을 위반한 경우 6개월 이내의 업무의 전부 또는 일부의 정지 조치를 내릴 수 있다.
④ 금융위원회의 처분 또는 조치에 대해 불복하는 자는 해당 처분 또는 조치의 고지를 받은 날로부터 30일 이내에 이의신청이 가능하다.

54 <보기> 중 금융투자회사 표준준칙 제6조(정보보호)에 대한 적절한 설명으로만 모두 묶인 것은?

<보기>
㉠ 비밀정보가 보관되는 장소는 책임 있는 자에 의해 효과적으로 통제가 가능해야 하며, 권한이 없는 자는 접근할 수 없는 곳이어야 한다.
㉡ 특정한 정보가 비밀정보인지 불명확한 경우 준법감시인의 사전 확인을 받기 전까지 당해 정보를 공유하거나 제공할 수 없다.
㉢ 고객 또는 거래상대방에 관한 신상정보, 매매거래내역, 계좌번호 등은 비밀정보의 범위에 포함된다.
㉣ 회사와 임직원이 업무의 수행을 위해 비밀정보를 이용하는 것은 어떠한 경우에도 허용되지 않는다.

① ㉠, ㉡
② ㉠, ㉢
③ ㉠, ㉡, ㉢
④ ㉡, ㉢, ㉣

55 상품 판매 이후 단계의 금융소비자보호에 대한 설명으로 가장 거리가 먼 것은?

① 금융소비자로부터 자료 열람 등을 요구받은 금융회사는 어떠한 경우에도 이를 거절할 수 없다.
② 금융투자업 종사자는 업무 처리 과정에서 필요한 기록 및 증거물을 금융소비자보호법에서 정하고 있는 절차에 따라 보관해야 한다.
③ 금융투자업 종사자는 금융소비자로부터 위임받은 업무를 처리한 경우 그 결과를 금융소비자에게 지체 없이 보고해야 한다.
④ 금융소비자가 우편 등을 통해 해당 자료의 열람을 요청한 경우 금융회사는 우송료를 금융소비자에게 청구할 수 있다.

56 집합투자업자의 금전차입, 대여 등의 제한에 대한 설명으로 가장 거리가 먼 것은?

① 집합투자업자는 집합투자재산을 운용함에 있어서 원칙상 집합투자재산으로 금전을 대여할 수 없다.
② 집합투자재산으로 부동산을 취득하는 경우 부동산 집합투자기구 외 기타 집합투자기구는 부동산가액의 70% 이내로 차입이 가능하다.
③ 부동산 개발사업을 영위하는 법인은 집합투자기구 자산총액에서 부채총액을 뺀 가액의 200% 이내로 대여가 가능하다.
④ 집합투자재산으로 해당 집합투자기구 외의 자를 위한 담보제공은 금지된다.

57 금융투자상품에 대한 설명으로 가장 거리가 먼 것은?

① 원금 초과 손실 가능성에 따라 금융투자상품은 증권과 파생상품으로 구분된다.
② 원화 표시 CD는 금융투자상품에 해당하지 않는다.
③ 지분증권은 금융투자상품 중 증권에 해당한다.
④ 주가연계증권은 파생상품에 해당한다.

58 <보기> 중 미공개정보 이용 규제대상자로만 모두 묶인 것은?

<보기>
㉠ 계열회사의 주요 주주
㉡ 해당 법인과 계약을 체결하고 있는 자
㉢ 계열회사 대리인

① ㉠, ㉡
② ㉠, ㉢
③ ㉡, ㉢
④ ㉠, ㉡, ㉢

59 환매금지형 집합투자기구에 해당하는 것으로 가장 거리가 먼 것은?

① 부동산 집합투자기구
② 단기금융 집합투자기구
③ 혼합자산 집합투자기구
④ 특별자산 집합투자기구

60 자본시장조사 업무규정에 따른 조사결과에 대한 조치로 가장 거리가 먼 것은?

① 임원에 대한 해임권고
② 인가·등록취소
③ 벌금 부과
④ 1년 이내의 범위에서 증권의 발행제한

61 <보기> 중 순자본비율 산출에서 총위험액 산정 시 시장위험액에 포함되는 위험으로만 모두 묶인 것은?

―<보기>―
㉠ 외환위험액
㉡ 일반상품위험액
㉢ 신용위험액
㉣ 금리위험액

① ㉠, ㉡
② ㉢, ㉣
③ ㉠, ㉡, ㉣
④ ㉠, ㉢, ㉣

62 신용공여에 관한 규제로 가장 거리가 먼 것은?

① 투자매매업자가 청약자금을 대출할 때에는 원칙적으로 청약하여 배정받은 증권을 담보로 징구해야 한다.
② 투자매매업자의 총 신용공여 규모는 원칙적으로 총자산의 범위 이내로 한다.
③ 투자매매업자는 투자자의 신용상태 및 종목별 거래상황 등을 고려하여 원칙적으로 신용공여금액의 140% 이상에 상당하는 담보를 징구해야 한다.
④ 한국증권거래소가 관리종목으로 지정한 증권에 대해서는 신규의 신용거래를 할 수 없다.

63 <보기>의 등록요건을 통해 알 수 있는 집합투자기구 관계회사로 가장 적절한 것은?

―<보기>―
• 주식회사, 명의개서대행회사 또는 시행령에 정하는 금융기관
• 자기자본 : 20억원
• 전문인력 : 집합투자재산계산전문인력 2인 이상

① 일반사무관리회사
② 채권평가회사
③ 신탁회사
④ 집합투자기구 평가회사

64 경영실태평가 시 긴급조치를 발동할 수 있는 경우로 가장 거리가 먼 것은?

① 발행한 어음 또는 수표가 부도로 되거나 은행과의 거래가 정지 또는 금지되는 경우
② 유동성이 일시적으로 급격히 악화되어 투자자예탁금 등의 지급불능사태에 이른 경우
③ 휴업 또는 영업의 중지 등으로 돌발사태가 발생하여 정상적인 영업이 어려운 경우
④ 순자본비율이 100% 미만인 경우

65 금융기관의 검사결과 조치에 대한 이의신청의 규정으로 가장 거리가 먼 것은?

① 제재를 받은 금융기관은 당해 제재처분이 위법 또는 부당하다고 인정하는 경우에는 금융위원회에 이의신청을 할 수 있다.
② 이의신청이 이유 없다고 인정할 명백한 사유가 있더라도 금융감독원의 장은 이의신청을 기각할 수 없다.
③ 이의신청 처리결과에 대해서는 다시 이의신청을 할 수 없다.
④ 금융감독원의 장은 증거서류의 오류로 그 제재가 위법함을 발견했을 때에는 직권으로 재심하여 조치를 취할 수 있다.

66 <보기> 중 법인이 증권을 상장할 경우 사업보고서를 제출해야 하는 증권으로만 모두 묶인 것은?

<보기>
- ㉠ 집합투자증권
- ㉡ 파생결합증권
- ㉢ 전환사채권
- ㉣ 신주인수권부사채권

① ㉠, ㉡
② ㉢, ㉣
③ ㉠, ㉡, ㉣
④ ㉡, ㉢, ㉣

67 펀드 투자광고 시 의무표시사항에 대한 설명으로 가장 거리가 먼 것은?

① A4용지 기준 9포인트 이상의 활자체로 투자자가 쉽게 알아볼 수 있도록 표시해야 한다.
② 바탕색과 구별되는 색상으로 선명하게 표시해야 한다.
③ 영상매체를 이용한 투자광고의 경우 위험고지내용을 1회 이상 표시해야 하며, 10분 이상의 광고물은 2회 이상 표시해야 한다.
④ 인터넷 배너를 이용한 투자광고의 경우에는 위험고지내용을 포함하지 않아도 된다.

68 재산상 이익의 제공 및 수령에 관한 설명으로 가장 거리가 먼 것은?

① 재산상 이익의 수령 한도는 협회가 일률적인 금액 기준을 제시하지는 않고 있으며, 회사가 스스로 정하여 준수하도록 하고 있다.
② 금융투자회사가 최근 5개 사업연도를 합산하여 특정 투자자에게 10억원을 초과하는 금전을 제공받은 경우에는 재산상 이익 제공 및 수령내역을 공시해야 한다.
③ 금융투자회사는 재산상 이익의 제공현황 및 적정성 점검 결과 등을 3년마다 이사회에 보고해야 한다.
④ 금융투자회사가 거래상대방에게 재산상 이익을 제공하거나 제공받은 경우 제공목적, 제공내용 등을 5년 이상 기록 보관해야 한다.

69 신상품 보호 규정에 대한 설명으로 가장 거리가 먼 것은?

① 해외에서 이미 공지되었거나 판매된 상품이 국내에 출시된 경우는 신상품으로 보지 않는다.
② 타당성이 없는 빈번한 이의신청 등으로 배타적 사용권의 행사를 방해하는 행위는 금지된다.
③ 배타적 사용권에 대한 직접적 침해가 발생하는 경우 심의위원회가 정한 서식에 따라 침해배제를 신청할 수 있다.
④ 심의위원회 위원장은 침해배제 신청 접수일로부터 10영업일 이내에 심의위원회를 소집하여 배타적 사용권 침해배제 신청에 대해 심의해야 한다.

70 전술적 자산배분에 대한 설명으로 가장 적절한 것은?

① 내재가치는 시장 가격보다 매우 높은 변동성을 보이므로 역투자전략의 수행을 어렵게 만든다.
② 시장 가격이 내재가치 대비 저평가되면 매수하며, 내재가치 대비 고평가되면 매도한다.
③ 장기적인 가격 착오를 적극적으로 활용하여 고수익을 지향하는 운용전략이다.
④ 시장변화를 따라가며 사후적으로 비중을 변화하는 소극적 전략이다.

71 <보기> 중 액티브 운용에 대한 적절한 설명으로만 모두 묶인 것은?

<보기>
- ㉠ 가치투자 스타일에는 저 PER 투자, 역행투자, 고배당수익률 투자 방식 등이 있다.
- ㉡ 성장투자 스타일은 저 PER 투자, 고 PBR 투자, 저배당수익률 투자 방식 등을 포함한다.
- ㉢ 혼합투자 스타일은 단기간에 호평을 받을 것으로 예상되는 스타일로 변경시키는 방식을 포함한다.

① ㉡
② ㉠, ㉡
③ ㉠, ㉢
④ ㉠, ㉡, ㉢

72 <보기>의 빈칸에 들어갈 내용으로 가장 적절한 것은?

> ─── <보기> ───
> 자산배분 전략을 실행하기 위한 자산집단의 기대수익률 추정 방법 중, 과거 시계열 자료를 바탕으로 각 자산집단별 리스크 프리미엄을 반영하는 기법은 (   )이다.

① 추세분석법
② 시장공통 예측치 사용방법
③ 펀더멘탈 분석방법
④ 경기순환 접근방법

73 인덱스펀드의 구성방법에 대한 설명으로 가장 거리가 먼 것은?

① 완전복제법은 모든 종목을 벤치마크의 구성비율대로 모방하여 매수하는 방법이다.
② 표본추출법을 이용하면 관리 및 거래비용을 절감하면서도 벤치마크와 유사한 성과를 얻을 수 있다.
③ 표본추출법은 대형주는 모두 포함하되 중소형주들은 펀드의 성격이 벤치마크와 유사하게 되도록 적은 종목만을 포함하는 방법이다.
④ 최적화법은 벤치마크에 대비한 잔차위험이 허용 수준 이상이 되도록 포트폴리오를 만드는 방법이다.

74 <보기>의 빈칸에 들어갈 내용으로 가장 적절한 것은?

> ─── <보기> ───
> (   )은 수익률과 위험의 공간에서 연속선으로 동일 위험 대비 가장 높은 수익률의 여러 포트폴리오를 연결한 것을 말한다.

① 증권시장선
② 효율적 투자기회선
③ 이동평균선
④ 수익률곡선

75 주가지수의 종류에 대한 설명으로 가장 거리가 먼 것은?

① 시가가중방식은 시가총액이 큰 종목의 가격 변화를 잘 반영한다.
② DJIA는 주가가중방식으로 주가지수를 산출한다.
③ Nikkei225는 시가가중방식으로 주가지수를 구한다.
④ KOSPI200은 유동시가가중방식을 채택한다.

76 <보기>의 빈칸에 들어갈 내용으로 가장 적절한 것은?

> ─── <보기> ───
> 액면가 20,000원, 표면금리 6%의 3년 만기 연단위 후급 이표채의 만기상환금액은 (   )이다.

① 20,000원
② 21,200원
③ 23,600원
④ 23,820원

77 채권유통시장 중 장내시장에 대한 설명으로 가장 적절한 것은?

① 장내시장에서는 당일결제가 불가능하다.
② 장내시장에서의 거래는 주로 증권회사 브로커 창구에서 이뤄진다.
③ 국내 채권유통시장은 장내시장의 비중이 더 작다.
④ 장내시장에서는 대상채권에 대해 상대매매가 이뤄진다.

78 주식적 측면에서 본 전환사채의 이론가치로서 현재 주가를 전환가격으로 나눈 가격을 나타내는 지표로 가장 적절한 것은?

① 패리티가격
② 패리티
③ 괴리율
④ 전환비율

79 불편 기대 이론이 성립한다는 가정하에 1년 만기 현물수익률 6%, 2년 만기 현물수익률 8%일 때, 현재 시점부터 1년 후 1년 만기 내재선도이자율은 얼마인가?

① 약 7%
② 약 8%
③ 약 9%
④ 약 10%

80 채권면역전략에 대한 설명으로 가장 거리가 먼 것은?

① 채권 가격 변동에 의한 매매이익과 재투자수익을 동시에 추구하는 전략이다.
② 목표투자기간 중에 시장수익률이 변동하여도 목표기간 말에 채권매입 당시 설정했던 최선의 수익률을 실현할 수 있게 하는 기법이다.
③ 투자자의 목표 투자기간과 채권의 듀레이션을 일치시켜 면역상태를 유도할 수 있다.
④ 면역전략 자체에도 위험요소가 있어 상황이 변화함에 따른 리밸런싱이 필요하다.

81 <보기> 중 적극적 채권운용전략으로만 모두 묶인 것은?

─ <보기> ─
㉠ 금리예측 전략
㉡ 수익률 곡선 전략
㉢ 현금흐름 일치 전략

① ㉠
② ㉠, ㉡
③ ㉡, ㉢
④ ㉠, ㉡, ㉢

82 <보기>의 정보를 참고하여 계산한 잔여 만기가 1년인 균형 선물환 가격은 얼마인가? (단, 차익거래 포지션의 만기는 1년이고, 1년은 365일로 가정함)

─ <보기> ─
• 원-달러 환율 : 1,200원/달러
• 국내 이자율 : 4%
• 미국 이자율 : 2%

① 1,212원/달러
② 1,224원/달러
③ 1,248원/달러
④ 1,272원/달러

83 선도거래의 특징에 대한 설명으로 가장 적절한 것은?

① 주로 거래소 내에서 거래된다.
② 거래상대방의 신용이 중시되지 않는다.
③ 가격과 거래의 제한이 없다.
④ 증거금의 추가 조치가 발동될 수 있다.

84 <보기>와 같은 선물을 보유하고 있을 경우 취해야 할 스프레드 전략으로 가장 적절한 것은?

<보기>
- KOSPI200 선물 9월물 : 225pt
- KOSPI200 선물 12월물 : 230pt
- 두 월물 간 스프레드는 축소될 것으로 예상됨

① 9월물 매수, 12월물 매수
② 9월물 매수, 12월물 매도
③ 9월물 매도, 12월물 매수
④ 9월물 매도, 12월물 매도

85 블랙-숄즈 모형의 주요 변수로 가장 거리가 먼 것은?
① 변동성 계수
② 옵션의 행사가격
③ 기초자산의 기대수익률
④ 기초자산의 현재가격

86 1기간 이항분포모형에서 현재 주가가 145이고 1기 후 주가가 135 또는 155가 된다고 가정했을 때, 위험중립확률이 70%, 무위험이자율이 2%라면 콜옵션의 가격은 얼마인가? (단, 단위는 point)
① 5.88
② 6.86
③ 9.80
④ 13.73

87 <보기> 중 콜옵션 매수, 풋옵션 매수 시 민감도 부호가 모두 양수인 민감도 지표로만 모두 묶인 것은?

<보기>
㉠ 델타
㉡ 감마
㉢ 베가

① ㉠
② ㉠, ㉡
③ ㉡, ㉢
④ ㉠, ㉡, ㉢

88 상대적 위험을 측정하는 지표로만 나열된 것은?
① 표준편차, 하락편차
② 절대 VaR, 베타
③ 하락편차, 상대 VaR
④ 잔차 위험, 베타

89 <보기> 중 벤치마크 수익률에 대한 적절한 설명으로만 모두 묶인 것은?

<보기>
㉠ 실제로 실행 가능한 투자대안이어야 한다.
㉡ 평가기간 전에 미리 정해져야 한다.
㉢ 원하는 기간마다 수익률을 다시 계산할 수 있어야 한다.

① ㉠
② ㉠, ㉡
③ ㉡, ㉢
④ ㉠, ㉡, ㉢

90 다음 중 시장수익률이 하락할 경우, 포지션의 수익률이 가장 크게 상승하는 포지션베타로 가장 적절한 것은? (단, 다른 조건은 모두 동일함)

① −1.0
② +1.0
③ −0.5
④ +0.5

91 다음은 모두 같은 기간 동안 운용된 주식형 펀드이다. 샤프비율과 트레이너비율의 성과가 가장 우수한 펀드를 순서대로 나열한 것은? (단, 시장 포트폴리오 수익률은 15%, 무위험수익률은 3%로 가정함)

구분	A	B	C	D
펀드수익률	25%	24%	21%	18%
베타	1.8	1.6	1.4	1.2
표준편차	35%	30%	25%	20%

① 샤프비율 B, 트레이너비율 B
② 샤프비율 B, 트레이너비율 D
③ 샤프비율 D, 트레이너비율 B
④ 샤프비율 D, 트레이너비율 D

92 IS곡선이 우하향하고 LM곡선이 우상향한다고 가정했을 때, <보기> 중 이자율에 대한 적절한 설명으로만 모두 묶인 것은?

― <보기> ―
㉠ 물가가 하락하면 이자율은 하락한다.
㉡ 정부지출이 감소하면 이자율은 하락한다.
㉢ 화폐공급을 확대하면 이자율은 상승한다.

① ㉠
② ㉠, ㉡
③ ㉡, ㉢
④ ㉠, ㉡, ㉢

93 <보기>의 고용지표에 따라 계산한 실업률과 경제활동참가율을 순서대로 나열한 것은?

― <보기> ―
• 실업자 수 : 50명
• 취업자 수 : 150명
• 비경제활동인구 : 50명

① 실업률 20%, 경제활동참가율 60%
② 실업률 25%, 경제활동참가율 60%
③ 실업률 25%, 경제활동참가율 80%
④ 실업률 20%, 경제활동참가율 80%

94 통화량 3,000, 명목 GDP 2,400, 실질 GDP 2,000이라고 가정했을 때 통화유통속도로 가장 적절한 것은?

① 0.48
② 0.66
③ 0.73
④ 0.80

95 <보기>의 빈칸에 들어갈 내용이 순서대로 나열된 것은?

― <보기> ―
물가 하락 시 실질화폐가치 상승으로 인해 민간의 부가 증가하고 소비와 총수요가 증가하는 현상은 (   )이며, (   )에 대항하여 불황에서 자동적으로 탈출하여 완전고용을 이룩할 수 있다는 논거로 사용된다.

① 피구효과, 유동성 함정
② 피구효과, 구축효과
③ 유동성 함정, 깁슨의 패러독스
④ 유동성 함정, 구축효과

96 <보기>의 내용을 참고하여 주식 A와 주식 B의 최소분산 포트폴리오를 만들려고 할 때, 주식 A의 투자비율로 가장 적절한 것은?

― <보기> ―
- 주식 A의 표준편차 : 0.5
- 주식 B의 표준편차 : 0.8
- 주식 A와 주식 B의 상관계수 : 0

① 0.28
② 0.45
③ 0.64
④ 0.72

97 경제상황별 A주식과 B주식의 예상수익률이 다음과 같을 때, 두 주식을 각각 50%씩 편입한 포트폴리오의 기대수익률은 얼마인가?

경제상황	확률	예상수익률	
		A주식	B주식
호황	30%	−10%	20%
정상	50%	5%	10%
불황	20%	10%	−20%

① 1.75%
② 3.0%
③ 3.7%
④ 4.25%

98 시장의 기대수익률이 8%, 표준편차는 40%, 증권시장선상의 주식 J와 시장기대수익률 간의 공분산은 20%라고 할 때, 주식 J의 요구수익률은 얼마인가?
(단, 무위험수익률은 3%임)

① 5.30%
② 6.25%
③ 7.50%
④ 9.25%

99 <보기> 중 자본자산 가격결정 모형(CAPM)의 기본가정에 대한 적절한 설명으로만 모두 묶인 것은?

― <보기> ―
㉠ 투자자들은 개인마다 모두 다른 방법으로 증권을 분석하므로 미래의 경제상황도 다르게 예측한다.
㉡ 모든 투자자의 투자기간은 동일하며 이후에 발생하는 결과는 무시한다.
㉢ 투자위험이 전혀 없는 무위험자산이란 존재하지 않는다고 가정한다.
㉣ 거래비용과 세금이 없고 자본과 정보의 흐름에 마찰이 없다고 가정한다.

① ㉠, ㉡
② ㉠, ㉢
③ ㉡, ㉣
④ ㉢, ㉣

100 <보기>에서 설명하는 투자수익률로 가장 적절한 것은?

― <보기> ―
현금유출액과 현금유입액의 현재가치를 같게 하는 할인율로, 서로 다른 시점에서 발생하는 현금흐름의 크기와 화폐의 시간적 가치가 고려된 평균 투자수익률이다.

① 연환산 수익률
② 내부수익률
③ 산술평균수익률
④ 기하평균 수익률

합격의 기준, 해커스금융
fn.Hackers.com

합격의 기준, 해커스금융

fn.Hackers.com

해커스금융

실전모의고사 4회

(OMR answer sheet)

2025 기본서 개정사항 및
최근 출제경향 완벽 반영!

해커스
투자자산운용사
최종 실전모의고사

합격 시크릿북 [3종]

2025년 4월 시험 반영

- 무료 바로 채점 및 성적 분석 서비스
- 이론정리+문제풀이 무료 특강

해커스금융 fn.Hackers.com

5회

합격의 기준, 해커스금융

fn.Hackers.com

수험번호	
이름	

실전모의고사
5회

시 분 ~ 시 분 (총 100문항/120분)
*시작과 종료 시각을 정한 후, 실전처럼 모의고사를 풀어보세요.

□ 응시자 유의사항

1. 답안 작성 시 반드시 검정색 필기구(연필류 제외)를 사용하여 "●"와 같이 표기하며 정정을 원할 시 답안지를 교체할 것
   (위반 시 0점 처리됨)

2. 본 문제지는 시험종료 후 답안지와 함께 반드시 제출할 것(수험번호, 성명 기재)
   (문제지 유출, 응시표 등에 문제 또는 답안을 옮겨적는 등의 행위는 부정행위로 간주)

3. 시험시간 종료 후의 문제풀이 및 답안지 표기는 부정행위로 간주
   ※부정행위자는 소속 기관 통보 및 본회 주관 모든 시험의 응시제한 등 불이익을 받을 수 있음

> 자본시장과 금융투자업에 관한 법률은 이하 자본시장법이라 하겠다.

제1과목 금융상품 및 세제

01 <보기> 중 국세기본법에 대한 적절한 설명으로만 모두 묶인 것은?

<보기>
㉠ 「근로자의 날 제정에 관한 법률」에 따른 근로자의 날에 해당하는 때에는 그 다음 날을 기한으로 한다.
㉡ 과세표준을 과다하게 신고하거나 결손금을 과소신고한 경우 법정신고기한이 지난 후 5년 이내에 관할 세무서장에게 경정청구할 수 있다.
㉢ 심판청구는 처분청의 처분을 안 날부터 90일 이내에 조세심판원장에게 제기해야 한다.
㉣ 국가에서 필요하다고 판단하는 경우 정보통신망을 통해 서류를 송달할 수 있다.

① ㉠, ㉢
② ㉠, ㉡, ㉢
③ ㉠, ㉡, ㉣
④ ㉡, ㉢, ㉣

02 <보기> 중 국세에 해당하는 것으로만 모두 묶인 것은?

<보기>
㉠ 재산세
㉡ 취득세
㉢ 농어촌특별세
㉣ 개별소비세

① ㉠, ㉡
② ㉠, ㉢
③ ㉡, ㉣
④ ㉢, ㉣

03 다음 중 종합소득에 대한 과세표준 확정신고의무가 있는 자는?

① 근로소득 3,400만원과 비영업대금의 이익 600만원이 있는 A
② 내국법인으로부터의 배당소득 1,500만원과 외국법인으로부터의 배당소득 1,500만원이 있는 B
③ 퇴직소득 8,000만원과 비실명거래로 인한 이자소득 1,200만원이 있는 C
④ 근로소득 1,400만원과 퇴직소득 600만원이 있는 D

04 거주자에 대한 설명으로 가장 적절한 것은?

① 거주자인 부부의 이자 및 배당소득은 합산하여 종합과세한다.
② 국내에 183일 동안 거소를 둔 개인은 거주자로 보지 않는다.
③ 국외에서 근무하는 공무원이나 내국법인의 국외 사업장에 파견된 임직원은 거주자이다.
④ 거주자가 사망한 경우 과세기간은 1월 1일부터 사망한 날의 전 날까지로 한다.

05 주식 및 파생상품의 양도소득세에 대한 설명으로 가장 적절한 것은?

① 양도차익 계산 시 취득가액, 자본적 지출액, 증권거래세 등을 필요경비로 차감할 수 있다.
② 3년 이상 보유한 경우 장기보유특별공제가 적용된다.
③ 파생상품의 양도소득세율은 30%이다.
④ 주식과 파생상품은 같은 호에 속하므로 합산하여 연 250만원을 공제한다.

06 외국법인이 국내에서 금융투자업자를 통하지 않고 내국법인에게 주권을 양도하였을 경우, 증권거래세법상 납세의무자에 해당하는 자는?

① 외국법인
② 내국법인
③ 금융투자업자
④ 한국예탁결제원

07 증권거래세에 대한 설명으로 가장 적절한 것은?

① 뉴욕 증권거래소에 상장된 주권을 양도하면 0.15%의 세율로 증권거래세가 부과된다.
② 코넥스시장에서 양도되는 주권은 0.10%의 세율로 증권거래세가 부과된다.
③ 주권을 목적물로 하는 소비대차의 경우 0.35%의 세율로 증권거래세가 부과된다.
④ 예탁결제원 또는 금융투자업자가 납세의무자라면 매반기 분의 증권거래세 과세표준액과 세액을 양도일이 속하는 반기의 말일부터 2개월 이내에 신고납부해야 한다.

08 <보기>의 빈칸에 들어갈 내용으로 가장 적절한 것은?

―― <보기> ――
금융회사가 영업정지나 파산 등으로 고객의 예금을 지급하지 못하게 될 경우, 해당 예금자와 전체 금융제도의 안정성이 입게 될 타격을 방지하기 위해 (　　)와(과) 같은 상품은 「예금자보호법」을 통해 보호받는다.

① 환매조건부채권
② 단기금융 집합투자기구(MMF)
③ 주택청약부금
④ 양도성예금증서

09 생명보험상품에 대한 설명으로 가장 적절한 것은?

① 종신보험은 피보험자가 일정 기간 내에 사망할 때 보험금을 지급한다.
② 체증식보험은 기간이 경과함에 따라 보험금이 점점 증가하는 보험이다.
③ 변액보험은 피보험자가 일정기간 생존 시 보험금을 지급한다.
④ 단체취급보험은 2인 이상을 피보험자로 한다.

10 주가연계증권(ELS)에 대한 설명으로 가장 거리가 먼 것은?

① 모든 주가연계증권은 원금보장 여부에 따라 원금보장형과 원금비보장형을 명시하여 구분한다.
② Step-down형 주가연계증권의 Knock-in형은 기초자산 가격이 일정 수준 이상 하락하지 않을 경우 약정수익률로 지급한다.
③ 주가연계증권은 장외파생상품 겸영업무 인가를 획득한 증권회사와 자산운용사가 발행할 수 있다.
④ 주가연계증권은 사전에 정해진 조건에 따라 조기 상환 수익률이 정해지며 중도상환이 가능하다.

11 <보기>의 역모기지(Reverse Mortgage)에 대한 설명으로 적절한 것은 모두 몇 개인가?

―― <보기> ――
㉠ 연금수령액 등이 집값을 초과할 경우 상속인에게 초과분을 청구할 수 있다.
㉡ 연금수령액 등이 집값보다 낮아 잔액이 남으면 상속인에게 지급한다.
㉢ 금융기관은 역모기지를 체결한 자에게 종신 시점까지 상환청구권을 행사할 수 없다.
㉣ 대출신청자의 신용상태 및 상환능력에 근거하여 대출금액이 결정된다.

① 1개
② 2개
③ 3개
④ 4개

12 금융상품에 대한 설명으로 가장 거리가 먼 것은?

① 투자자가 법인으로만 이루어진 단기금융 집합투자기구는 원칙적으로 집합투자재산을 시가로 평가한다.
② 직전 연도에 근로소득이 있는 거주자만 개인종합자산관리계좌(ISA)에 가입할 수 있다.
③ 집합투자증권의 환매수수료는 환매청구를 하는 자가 부담하며 집합투자재산에 귀속된다.
④ 투자익명조합은 집합투자기구에 대한 출자지분이 표시된 증권을 발행할 수 있다.

13 자산유동화증권(ABS)에 대한 설명으로 가장 적절한 것은?

① 미래 현금흐름, 부실대출, 임대료, 무형자산 등은 유동화될 수 없다.
② 매매가 가능하여도 자산보유자의 파산 시 파산재단에서 분리될 수 있는 자산은 유동화될 수 없다.
③ 자산유동화증권의 발행자는 유동화자산이 매각됨으로써 관련 위험을 투자자들에게 전가시킨다.
④ 자산유동화증권은 지분이전증권만 존재한다.

14 집합투자업자 등은 같은 집합투자기구에서 판매보수의 차이로 인하여 기준 가격이 다르거나 판매수수료가 다른 여러 종류의 집합투자증권을 발행하는 이 집합투자기구를 설정하여 설립할 수 있다. 여러 종류의 집합투자증권 간에 전환하는 경우 그 전환 가격은 각 종류의 집합투자증권의 기준 가격으로 해야 하며, 전환을 청구한 투자자에게 환매수수료를 부과하지 않아야 하는 집합투자기구로 가장 적절한 것은?

① 환매금지형 집합투자기구
② 전환형 집합투자기구
③ 모자형 집합투자기구
④ 종류형 집합투자기구

15 퇴직연금의 확정기여형제도와 확정급여형제도를 비교한 다음 표의 내용 중 가장 적절한 것은?

	구분	확정기여형	확정급여형
①	사전확정	근로자가 수령할 퇴직금	기업이 부담할 부담금
②	IRP 가입 여부	가능	불가능
③	적립금 운용주체	사용자	근로자
④	운용손익 귀속자	근로자	기업

16 다음 중 부동산과 관련된 용어에 대한 설명으로 가장 거리가 먼 것은?

① 용적률이란 대지면적에 대한 건축물의 지상층과 지하층 연면적(대지에 2 이상의 건축물이 있는 경우 이들 연면적의 합계)의 비율이다.
② 건폐율이란 대지면적에 대한 건축면적(대지에 2 이상의 건축물이 있는 경우 이들 건축면적의 합계)의 비율이다.
③ 계획관리지역이란 도시지역으로의 편입이 예상되는 지역 또는 자연환경을 고려하여 제한적인 이용·개발을 하려는 지역이다.
④ 기준시가란 국세청이 부동산 거래 등에 따른 양도소득세와 상속·증여세를 매길 때 기준으로 삼는 가격이다.

17 부동산 포트폴리오에 대한 설명으로 가장 거리가 먼 것은?

① 포트폴리오의 수익률은 개별 부동산의 수익률을 가중평균한 값이다.
② 상관계수가 0인 부동산 포트폴리오는 분산투자효과가 발생하지 않는다.
③ 포트폴리오에 투자되는 자산들이 다양해진다면 비체계적 위험이 줄어들게 된다.
④ 시장전체의 총위험이 감소하더라도 체계적 위험은 감소하지 않는다.

18 다음 중 제한물권으로만 이루어진 것은?

① 질권, 유치권, 점유권
② 질권, 유치권, 저당권
③ 질권, 점유권, 저당권
④ 유치권, 점유권, 저당권

19 부동산 투자회사(REITs)에 대한 설명으로 가장 적절한 것은?

① 부동산 투자회사가 투자 및 운용업무를 하려는 때에는 금융위원회의 영업인가를 받아야 한다.
② 자기관리 부동산 투자회사는 자산운용 전문인력을 포함한 임직원을 상근으로 둘 수 없다.
③ 부동산 투자회사는 발기설립의 방법으로 하며 현물출자에 의해 설립할 수 없다.
④ 부동산 투자회사는 자기관리 부동산 투자회사, 위탁관리 부동산 투자회사, 개발전문 부동산 투자회사로 구분된다.

20 <보기>의 빈칸에 들어갈 내용으로 가장 적절한 것은?

―― <보기> ――
( )은 현금유입액을 현재가치로 할인하여 현금유출액을 차감한 값을 이용해 투자안을 평가하는 방법이다.

① 자본환원법
② 수익환원법
③ 요소구성법
④ 순현재가치법

제2과목 투자운용 및 전략 Ⅱ / 투자분석

21 PEF의 투자회수(Exit) 전략으로 가장 거리가 먼 것은?

① 다른 PEF에 매각하여 현금화
② 인수한 회사의 IPO를 통해 매각
③ PEF 자체의 상장
④ 유상증자

22 대안투자펀드에 해당하는 펀드로만 모두 묶인 것은?

① MMF, 헤지펀드
② MMF, 주식형펀드
③ 부동산펀드, 헤지펀드
④ 부동산펀드, 채권형펀드

23 부동산 개발사업 관련 주요 위험관리 방안에 대한 설명으로 가장 거리가 먼 것은?

① 사업부지의 지주 수가 다수인 경우 각각의 지주와 개별 계약을 함으로써 토지 매입대금 상승 위험을 축소할 수 있다.
② 에스크로(escrow) 계좌를 통해서 분양수입금을 관리함으로써 사업위험을 축소할 수 있다.
③ 인허가 리스크에 대비해 일정 인허가 승인 조건부 자금 인출을 계약사항에 명문화해두어야 한다.
④ 분양이 저조할 경우를 대비해 할인 분양권 보유, 시공사 대물조건 등의 대처방안을 강구한다.

24 <보기> 중 헤지펀드 운용 시 방향성 전략에 해당하는 전략으로만 모두 묶인 것은?

―― <보기> ――
㉠ 주식시장중립형 전략
㉡ 글로벌 매크로 전략
㉢ 선물거래 전략
㉣ 이머징마켓 헤지펀드 전략

① ㉠, ㉡, ㉢
② ㉠, ㉡, ㉣
③ ㉠, ㉢, ㉣
④ ㉡, ㉢, ㉣

25 신용파생상품에 대한 일반적인 설명으로 가장 거리가 먼 것은?

① CDS는 준거자산의 신용위험을 분리하여 보장매입자가 보장매도자에게 이전한다.
② TRS 계약에서 총수익 매도자는 준거자산에 대한 신용위험뿐만 아니라 시장위험도 헤지할 수 있다.
③ 합성 CDO는 보장매입자가 준거자산을 양도하여 자산에 내재된 신용위험을 이전한다.
④ CLN 발행자는 투자자로부터 수령한 대금을 신용등급이 높은 담보자산에 투자하고 이로부터 발생하는 현금흐름으로 투자자에게 이자와 원금을 상환한다.

26 국제 주가지수 MSCI에 대한 설명으로 가장 거리가 먼 것은?

① MSCI 지수는 미국계 펀드 운용에 주요 기준으로 사용되는 지수이다.
② MSCI 신흥시장 지수는 주가 등락과 환율 변동에 따라 각 국가별 편입비중이 매일 변동한다.
③ 한국은 신흥시장으로 분류되어 있다.
④ MSCI 지수는 시가총액 방식으로 계산된다.

27 해외자금 조달 수단 중 하나인 국제 채권에 대한 설명으로 가장 거리가 먼 것은?

① 유로채는 외국채와 달리 무기명식이다.
② 미국에서 발행하는 외국채는 미국 증권거래위원회(SEC)의 공시규정이 적용된다.
③ 딤섬본드는 외국채에 해당한다.
④ 해외 채권에 투자한 경우 투자대상국 화폐가치가 하락하면 원화 환산 투자수익률이 떨어진다.

28 미국 국채는 발행 시의 만기와 이자지급방법에 따라 구분된다. T-note와 T-bond의 이자지급방법은 무엇인가?

① 할인채
② 이표채
③ 복리채
④ 단리채

29 미국 국채 투자 시 유의해야 할 사항으로 가장 거리가 먼 것은?

① 위험도에 따른 가산금리
② 미 달러화의 가치 변동
③ 미국 연준(Fed)의 금리정책
④ 채권의 수급

30 <보기>의 환위험 관리 전략에 대한 설명 중 빈칸에 들어갈 내용이 순서대로 나열된 것은?

<보기>
• 주가와 통화가치 간의 상관관계에 의해 환노출이 낮아지는 전략을 (　　)라고 한다.
• 짧은 헤지기간을 연결해서 전체 투자기간을 헤지하는 전략을 (　　)라고 한다.

① 내재적 헤지, 교차헤지
② 내재적 헤지, 롤링헤지
③ 직접헤지, 롤링헤지
④ 직접헤지, 교차헤지

31 증권분석을 위한 통계에 대한 설명으로 가장 적절한 것은?

① 평균편차는 중심위치를 나타내는 지표이다.
② 상관계수는 공분산을 변수 각각의 분산으로 나누어서 계산한다.
③ 공분산은 -1에서 +1까지의 범위에서 값을 갖는다.
④ 두 변수 간에 어떠한 선형 관계가 없는 경우 공분산은 '0(zero)'이다.

32 항상성장모형에 따라 계산한 주식 A의 현재 주가는 27,000원이다. 당기 주당순이익은 5,000원, 배당성향은 40%, 배당성장률은 8%로 예상될 때, 투자자의 요구수익률은 얼마인가?

① 8%
② 12%
③ 14%
④ 16%

33 재무제표 분석 중 재무비율을 해석한 내용으로 가장 거리가 먼 것은?

① 총자산회전율이 상승한다면 기업의 매출이 신장되고 있거나 자산의 활용이 더욱 효율적으로 이루어지고 있는 것이다.
② 고정비용보상비율이 낮다면 해당 기업이 부채의 레버리지 효과를 충분히 활용하고 있지 않다는 것이다.
③ 부채-자산비율이 낮으면 기업의 이익은 안정적이며, 해당 기업이 발행한 주식의 위험이 낮고, 주주의 기대수익률도 낮다.
④ 유동비율은 높지만 당좌비율은 낮게 산출된다면, 재고자산과 선급금이 많은 것이다.

34 총자산회전율이 2회이고, 매출액순이익률이 20%라고 할 때 총자산이익률(ROA)은 얼마인가?

① 10%
② 20%
③ 40%
④ 60%

35 결합레버리지도(DCL)에 대한 설명으로 가장 거리가 먼 것은?

① 매출액의 변화율에 대한 주당순이익의 변화율의 비율로 정의된다.
② 영업레버리지도와 재무레버리지도의 곱으로 계산된다.
③ 영업고정비와 이자비용을 많이 지급할수록 결합레버리지도는 높다.
④ 타인자본 의존도가 높은 기업은 결합레버리지도가 낮다.

36 기업의 현금흐름 분석에 대한 설명으로 가장 거리가 먼 것은?

① 현금흐름표를 통해 분석대상 기업의 미래 현금흐름을 추정하고, 부채상환능력 및 배당지급능력을 파악할 수 있다.
② 현금의 범위에는 현금 및 현금성 자산이 포함된다.
③ 영업활동으로 인한 현금흐름은 간접법을 이용하여 계산할 수 있다.
④ 현금의 차입과 원금상환은 투자활동으로 인한 현금흐름으로 본다.

37 <보기> 중 빈칸에 들어갈 내용이 순서대로 나열된 것은?

― <보기> ―
- (　　)은(는) 자본의 시장가치 대 자산의 대체원가의 비율로서, 자산의 대체원가를 장부가가 아닌 현재가치에 기반을 둔다는 점에서 시간성의 차이 문제를 가지고 있는 PBR의 한계점을 보완한다.
- (　　)은(는) 순수하게 영업으로 벌어들인 이익에 대한 기업가치의 비율로서, 기업 자본구조를 감안한 평가방식이라는 점에서 당기순이익을 기준으로 평가하는 PER의 한계점을 보완한다.

① Tobin's Q, PBR
② Tobin's Q, EV/EBITDA
③ EVA, PBR
④ EVA, EV/EBITDA

38 <보기>의 내용을 참고하여 기업의 EVA를 계산하면 얼마인가?

― <보기> ―
- 영업이익(세전) : 500억원
- 투하자본 : 1,000억원
- 자기자본비율 : 60%, 타인자본비율 : 40%
- 타인자본조달비용 : 10%
- 자기자본의 기회비용 : 12%
- 법인세율 : 20%

① 288억
② 296억
③ 388억
④ 396억

39 주식시장 접근 방식 중 기술적 분석에 대한 설명으로 가장 거리가 먼 것은?

① 과거의 주가 추세나 패턴은 미래에도 반복된다고 가정한다.
② 추세의 변화는 수요와 공급의 변동에 의해 발생한다고 가정한다.
③ 시장의 변동에만 집중하여 시장이 변화하는 근본원인을 분석할 수 있다.
④ 기술적 분석을 통해 주가가 변화할 것이라는 점과 변화의 방향을 알 수 있다.

40 추세 분석에 대한 설명으로 가장 거리가 먼 것은?

① 추세선의 길이가 길고 기울기가 완만할수록 신뢰도가 크다.
② 상승추세에서 저점을 연결한 선을 상승추세선이라고 한다.
③ 추세선이 상승추세를 나타낼 때 기울기가 커지면 추세의 강화를 예상할 수 있다.
④ 부채형 추세선이 시간을 두고 여러 개 형성된다는 것은 기존의 추세가 강화되고 있음을 의미한다.

41 주가 패턴에 대한 설명으로 가장 거리가 먼 것은?

① 원형 바닥형은 주가의 상승추세가 완만한 곡선을 그리면서 서서히 하락추세로 전환되는 패턴이다.
② 삼각형은 그래프상 가장 빈번하게 나타나는 지속형 패턴으로, 최소 4번 이상 주가의 등락이 있어야 하고 밑변과 꼭지점으로 구성된다.
③ 다이아몬드형은 확대형과 대칭 삼각형이 합쳐진 모양으로, 주로 주가의 큰 변동이 있고 난 이후에 나타난다.
④ 확대형은 주가의 등락 폭이 점차 확대되는 형태로서 상승 추세의 말기적 현상으로 보는데, 투자자들의 심리가 극도로 민감하고 불안정한 상태에 있음을 의미한다.

42 산업연관표에 대한 설명으로 가장 거리가 먼 것은?

① 중간생산물의 산업 간 거래를 포괄한다.
② 생산유발계수는 각 투입요소의 가격 변화가 각 산업의 생산물 가격에 어느 정도 영향을 주는지 분석할 수 있다.
③ 후방 연쇄효과는 특정 산업제품에 대한 최종 수요 1단위의 증가가 모든 산업의 생산에 미치는 영향을 의미한다.
④ 국민경제 전체의 공급과 수요구조뿐만 아니라 각 산업의 공급과 수요구조도 파악할 수 있다.

43 <보기> 중 VaR 측정방법인 델타-노말분석법에 대한 적절한 설명으로만 모두 묶인 것은?

― <보기> ―
㉠ 각 자산의 가치를 평가하는 가격 모형을 요구하지 않는다.
㉡ 시나리오 분석법이라고도 한다.
㉢ 완전가치 평가법에 해당한다.

① ㉠
② ㉠, ㉡
③ ㉡, ㉢
④ ㉠, ㉡, ㉢

44 KOSPI200 주가지수 옵션의 가격 및 델타가 20pt, 0.2이고, KOSPI200 주가지수가 300pt, 주가지수 수익률의 1일 기준 표준편차가 6%인 경우, 95% 신뢰도 1일 VaR은 얼마인가? (단, 95% 신뢰수준 z = 1.65이며, 정답은 계산 값에서 가장 가까운 값으로 함)

① 0.39pt
② 1.2pt
③ 5.9pt
④ 11.8pt

45 주식 A의 VaR이 3억, 주식 B의 VaR이 4억, 주식 A와 B의 수익률 간 상관계수가 0일 때, 주식 A와 B를 매입하여 구성한 포트폴리오의 VaR은 얼마인가? (단, VaR은 델타-노말분석법에 의해 측정한다고 가정함)

① 1억
② 4억
③ 5억
④ 7억

46 기업의 1년 후 기대 기업가치는 100억, 부채가치는 70억, 표준편차는 10억이다. <보기>의 EDF 모형에 의해 측정한 기업의 부도거리와 부도율에 대한 설명 중 빈칸에 들어갈 내용이 순서대로 나열된 것은? (단, 1년 후 기업가치는 정규분포를 이룬다고 가정함)

―― <보기> ――
기업의 부도거리(DD)는 (　　)이고, 부도율은 표준정규분포상 (　　)일 확률이다.

① 1, 1표준편차 이하
② 1, 1표준편차 이상
③ 3, 3표준편차 이하
④ 3, 3표준편차 이상

47 <보기>의 A은행이 보유한 채권의 신용리스크에 대한 설명 중 빈칸에 들어갈 내용으로 가장 적절한 것은? (단, 부도율은 베르누이 분포하고, 부도율은 양수라고 가정함)

―― <보기> ――
A은행이 보유한 채권은 기대손실과 변동률(표준편차)이 동일하다. 이때, 부도모형(Default Mode)에 따라 계산한 채권의 부도율은 (　　)이다.

① 5%
② 25%
③ 50%
④ 75%

48 <보기> 중 시장위험에 해당하는 재무위험으로만 모두 묶인 것은?

―― <보기> ――
㉠ 주식위험
㉡ 이자율위험
㉢ 환위험
㉣ 유동성위험

① ㉠
② ㉠, ㉡
③ ㉠, ㉡, ㉢
④ ㉠, ㉡, ㉢, ㉣

49 델타-노말분석법으로 옵션의 VaR을 측정하는 경우 다음 중 필요한 요소는 무엇인가?

① 옵션의 만기
② 옵션의 행사가격
③ 옵션의 델타
④ 무위험이자율

50 개별 자산의 1일 VaR이 신뢰구간 95%에서 1억원이라는 것의 의미로 가장 적절한 것은? (단, 개별 자산의 리스크 요인은 정규분포를 한다고 가정함)

① 1일 동안 5%의 확률로 손실이 1억원 이내로 발생한다.
② 1일 동안 5%의 확률로 손실이 1억원을 초과하여 발생한다.
③ 1일 동안 90%의 확률로 손실이 1억원 이내로 발생한다.
④ 1일 동안 95%의 확률로 손실이 1억원을 초과하여 발생한다.

제3과목 직무윤리 및 법규 / 투자운용 및 전략 I / 거시경제 및 분산투자

51 위법계약해지권에 대한 설명으로 가장 거리가 먼 것은?

① 금융회사는 해지를 요구받은 날부터 10일 이내에 금융소비자에게 수락 여부를 통지해야 한다.
② 금융소비자는 금융상품에 관한 계약체결일로부터 3년, 위법계약 사실을 안 날로부터 1년 이내에 위법계약의 해지를 요구할 수 있다.
③ 금융소비자가 위반사실을 거짓으로 제시한 경우 금융회사는 금융소비자의 위법계약해지 요구를 거절할 수 있다.
④ 금융회사가 금융소비자의 해지 요구를 거절하는 경우에는 그 거절사유를 같이 전달해야 한다.

52 <보기> 중 준법감시체제의 운영에 대한 적절한 설명으로만 모두 묶인 것은?

<보기>
㉠ 회사는 임직원의 업무수행의 공정성 제고 및 위법·부당행위의 사전 예방을 위해 명령휴가제도를 운영해야 한다.
㉡ 내부제보제도에는 위법한 행위를 알고도 회사에 제보하지 않는 미제보자에게 불이익을 줄 수 있는 조항이 포함되어야 한다.
㉢ 준법감시인이 내부제보 우수자에게 인사상 또는 금전적 혜택을 부여하는 것은 금지된다.

① ㉠
② ㉡
③ ㉠, ㉡
④ ㉠, ㉡, ㉢

53 준법감시인에 대한 설명으로 가장 적절한 것은?

① 준법감시인은 이사회 및 대표이사의 지시에 따라 금융투자회사의 전반적인 내부통제업무를 수행한다.
② 준법감시인은 어떠한 경우에도 준법감시업무 중 일부를 준법감시업무를 담당하는 임직원에게 위임할 수 없다.
③ 금융투자회사는 준법감시인에게 회사의 재무적 경영성과와 연계된 보수지급 및 평가 기준을 적용해야 한다.
④ 준법감시인을 임면한 경우 임면일로부터 10영업일 이내에 금융투자회사에 보고해야 한다.

54 내부통제위원회에 대한 설명으로 가장 거리가 먼 것은?

① 내부통제기준의 운영과 관련하여 대표이사를 위원장으로, 준법감시인을 위원으로 두어야 한다.
② 내부통제위원회는 매 분기별 1회 이상 회의를 개최해야 한다.
③ 최근 사업연도말 현재 자산총액이 7천억원 미만인 상호저축은행은 내부통제위원회를 두지 않을 수 있다.
④ 내부통제위원회는 회의 내용을 기재한 의사록을 작성 및 보관해야 한다.

55 <보기> 중 투자매매업자가 금융투자상품을 매매하는데 있어 예외적으로 자기계약이 가능한 경우로만 모두 묶인 것은?

<보기>
㉠ 투자매매업자가 자신이 판매하는 집합투자증권을 매수하는 경우
㉡ 투자중개업자가 증권시장을 통해 매매가 이루어지도록 한 경우
㉢ 종합금융투자사업자가 자본시장법에 따라 금융투자상품의 장외매매가 이루어지도록 한 경우

① ㉠, ㉡
② ㉠, ㉢
③ ㉡, ㉢
④ ㉠, ㉡, ㉢

56 단기금융 집합투자기구(MMF)의 집합투자재산으로 운용할 수 있는 것으로 가장 거리가 먼 것은?

① 일반사무관리회사가 평가한 신용평가등급이 상위 2개 등급 이내인 채무증권
② 보증인의 신용평가등급이 상위 2개 등급 이내인 채무증권
③ 신용평가등급이 없는 채무증권 중 집합투자재산평가위원회가 상위 2개 등급에 해당한다고 인정하는 채무증권
④ 담보 또는 처분 옵션을 고려하여 집합투자재산평가위원회가 상위 2개 등급에 해당한다고 인정하는 채무증권

57 집합투자증권의 환매에 대한 설명으로 가장 적절한 것은?

① 환매 가격은 환매청구일 이전에 산정되는 기준 가격으로 하는 것이 원칙이다.
② 투자자가 집합투자증권의 환매를 청구할 경우 원칙적으로 그 집합투자증권을 판매한 투자매매업자 또는 투자중개업자에게 청구해야 한다.
③ 환매수수료는 집합투자업자가 직접 부담해야 한다.
④ 집합투자업자는 투자자 과반수의 동의를 얻은 경우 집합투자재산으로 환매대금을 지급할 수 있다.

58 <보기> 중 투자일임업자의 영업행위 규칙에서 원칙적으로 금지행위에 해당하는 것으로만 모두 묶인 것은?

―― <보기> ――
㉠ 투자일임업자가 자신이 인수한 증권을 투자일임재산으로 매수하는 행위
㉡ 투자일임업자가 투자자로부터 금전이나 증권을 보관하는 행위
㉢ 투자일임업자가 투자일임재산을 예탁하는 투자매매업자를 지정하거나 변경하는 행위

① ㉠, ㉡
② ㉠, ㉢
③ ㉡, ㉢
④ ㉠, ㉡, ㉢

59 금융투자업에 관한 설명으로 가장 거리가 먼 것은?

① 투자권유대행인이 투자권유를 대행하는 경우는 투자중개업에 해당하지 않는다.
② 금융투자업자가 금융투자상품을 매매하는 것은 투자중개업에 해당한다.
③ 역외영업 특례 적용에 해당하는 역외 투자자문업은 투자자문업에 해당하지 않는다.
④ 종합금융회사의 어음관리계좌는 집합투자업에 해당한다.

60 <보기> 중 집합투자기구 이익금의 분배에 대한 적절한 설명으로만 모두 묶인 것은?

―― <보기> ――
㉠ 집합투자업자는 집합투자기구의 집합투자재산 운용에 따라 발생한 이익금을 투자자에게 금전 또는 새로 발행하는 집합투자증권으로 분배해야 한다.
㉡ MMF의 경우 집합투자규약이 정하는 바에 따라 이익금의 분배를 집합투자기구에 유보할 수 있다.
㉢ 집합투자기구의 특성에 따라 이익금의 초과분배가 허용될 수 있으나, 투자회사의 경우 순자산액에서 최저순자산액을 뺀 금액을 초과하여 분배할 수 없다.

① ㉠
② ㉡
③ ㉠, ㉢
④ ㉡, ㉢

61 <보기>의 적기시정조치에 대한 설명 중 빈칸에 들어갈 내용으로 가장 적절한 것은?

―― <보기> ――
금융투자업자의 순자본비율이 0% 미만인 경우 금융위원회는 ( )의 적기시정조치를 취해야 한다.

① 자본금의 증액 또는 감액
② 조직의 축소
③ 임원진 교체 요구
④ 영업의 전부 양도

62 집합투자업자의 영업행위 규칙 중 이해관계인과의 거래에 대한 설명으로 가장 적절한 것은?

① 일반적인 거래조건에 따라 집합투자기구에 유리한 거래는 허용되지 않는다.
② 집합투자업자는 집합투자재산 운용 시 집합투자기구의 계산으로 집합투자업자가 발행한 증권을 취득할 수 있다.
③ 집합투자업자가 운용하는 전체 집합투자기구 자산총액 중 지분증권에 투자가능한 금액의 5%를 초과하여 투자할 수 없다.
④ 이해관계인이 되기 1년 전에 체결한 계약에 따른 거래는 허용된다.

63 투자자예탁금의 별도 예치 시 유의사항으로 가장 거리가 먼 것은?

① 원칙적으로 예치기관에 예치한 투자자예탁금을 상계, 압류해서는 안 된다.
② 투자매매업자는 투자자예탁금을 증권금융회사에 예치할 경우 고유재산과 구분하여 예치해야 한다.
③ 예치 금융투자업자의 파산이 선고될 경우 예치기관에 예치한 투자자예탁금을 인출하여 투자자에게 우선적으로 지급해야 한다.
④ 예치 금융투자업자가 금융투자업의 일부를 양도하는 경우 양도내용에 따라 양수회사에 예치기관에 예치한 투자자예탁금을 양도할 수 없다.

64 금융기관 검사 및 제재에 관한 규정에 대한 설명으로 가장 거리가 먼 것은?

① 금융감독원의 장은 현장검사를 실시하는 경우 원칙적으로 사전에 통지해서는 안 된다.
② 검사는 현장검사 또는 서면검사의 방법으로 실시된다.
③ 금융감독원의 장은 매년 당해 연도의 검사업무의 기본방향과 검사를 실시한 금융기관 등이 포함된 검사계획을 금융위원회에 보고해야 한다.
④ 검사결과의 조치는 금융위원회의 심의·의결을 거쳐 조치해야 한다.

65 <보기> 중 집합투자업의 정의에 대한 적절한 설명으로만 모두 묶인 것은?

— <보기> —
㉠ 투자자의 일상적인 운용지시를 받지 않아야 한다.
㉡ 투자자별로 자산을 구분하여 개별적으로 운용해야 한다.
㉢ 2인 이상의 투자자로부터 금전 등을 위탁받아야 한다.

① ㉠, ㉡
② ㉠, ㉢
③ ㉡, ㉢
④ ㉠, ㉡, ㉢

66 <보기> 중 전매제한조치를 위해 예탁된 증권에 대하여 예외적으로 인출을 허용하는 경우로만 모두 묶인 것은?

— <보기> —
㉠ 회사의 합병에 따라 다른 증권으로 교환하기 위한 경우
㉡ 공개매수신청에 대해 응모를 하기 위한 경우
㉢ 전환형 조건부자본증권을 주식으로 전환하기 위한 경우
㉣ 액면의 분할 및 병합에 따라 새로운 증권으로 교환하기 위한 경우

① ㉠, ㉡
② ㉠, ㉡, ㉢
③ ㉠, ㉢, ㉣
④ ㉡, ㉢, ㉣

67 조사분석자료 작성 및 공표 시 유의사항으로 가장 거리가 먼 것은?

① 금융투자분석사는 조사분석업무를 수행함에 있어 선량한 관리자로서의 주의의무를 다해야 한다.
② 금융투자회사가 조사분석자료를 공표하거나 제3자에게 제공하기 위해서는 금융투자분석사의 확인이 필요하다.
③ 금융투자회사는 발행주식 총수의 1% 이상의 주식을 보유한 경우 해당 법인이 발행한 금융투자상품에 대한 조사분석자료를 공표할 수 없다.
④ 금융투자회사는 자사에서 발행한 금융투자상품에 대한 조사분석자료를 공표할 수 없다.

68 금융투자회사가 투자광고 시 펀드의 운용실적을 비교하고자 하는 경우 준수해야 할 사항으로 가장 거리가 먼 것은?

① 집합투자기구평가회사의 평가자료를 사용해야 한다.
② 동일한 유형의 집합투자기구를 대상으로 비교해야 한다.
③ 평가자료에 대하여 출처와 공표일을 표시해야 한다.
④ 다른 금융투자회사가 판매하는 MMF와 운용실적 등에 관한 비교광고를 해야 한다.

69 <보기> 중 금융투자전문인력에 대한 적절한 설명으로만 모두 묶인 것은?

─ <보기> ─
㉠ 신용평가전문인력은 신용평가회사에서 신용평가업무를 수행하며, 그 결과에 대해 심사 및 승인하는 업무를 수행한다.
㉡ 투자운용인력은 신탁재산을 제외한 집합투자재산과 투자일임재산을 운용하는 업무를 수행한다.
㉢ 위험관리전문인력은 금융투자회사의 지점에서 해당 지점에 소속된 권유자문인력 및 투자권유대행인의 업무에 대한 관리·감독 업무를 수행한다.

① ㉠
② ㉡
③ ㉠, ㉢
④ ㉡, ㉢

70 효율적 시장가설에 대한 설명으로 가장 거리가 먼 것은?

① 효율적 시장가설은 패시브 운용을 반대하는 논거로 이용된다.
② 약형의 효율적 시장가설에 의하면 기술적 분석은 아무런 가치가 없다.
③ 준강형의 효율적 시장가설에 의하면 공개된 정보로부터 이익을 얻는 것은 불가능하다.
④ 강형의 효율적 시장가설에 의하면 기업에 대해 알려진 정보는 주식의 분석에 도움이 되지 않는다.

71 <보기> 중 자산집단이 가져야 할 5가지 기본적 성격에 대한 적절한 설명으로만 모두 묶인 것은?

─ <보기> ─
㉠ 자산집단 내의 자산들은 경제적 또는 자본시장의 관점에서 비슷한 속성을 가져야 한다.
㉡ 자산집단 내에서 실제 투자할 대상의 규모와 수가 충분해야 한다.
㉢ 자산집단 간 상관관계가 높게 나타나야 한다.

① ㉠
② ㉠, ㉡
③ ㉡, ㉢
④ ㉠, ㉡, ㉢

72 준액티브 운용전략에 대한 설명으로 가장 거리가 먼 것은?

① 인핸스드 인덱스펀드는 초과수익을 추구한다는 점에서 액티브 운용의 성격을 가진다.
② 준액티브 운용은 계량적 액티브 운용이라고 불리기도 한다.
③ 추가적인 위험을 과도하게 발생시키지 않으면서도 벤치마크보다는 높은 수익을 획득하려는 전략이다.
④ 일반적인 액티브 운용전략에 비해 추적오차가 크다.

73 <보기> 중 최적화법에 대한 적절한 설명으로만 모두 묶인 것은?

─ <보기> ─
㉠ 대형주는 벤치마크에 포함된 것을 모두 넣되 중소형주들은 펀드의 성격이 벤치마크와 유사하게 되도록 일부만을 포함하여 인덱스를 구성하는 방식이다.
㉡ 주어진 벤치마크에 대비한 잔차위험이 허용수준 이하가 되도록 포트폴리오 모형을 이용하여 인덱스를 구성하는 방식이다.
㉢ 사용되는 가격정보가 과거 자료이므로 미래의 시장이 급변한다면 대비하지 못할 수 있다.

① ㉠
② ㉠, ㉡
③ ㉡, ㉢
④ ㉠, ㉡, ㉢

74 가치투자 스타일에 대한 설명으로 가장 거리가 먼 것은?

① 기업의 수익은 평균으로 회귀하는 경향을 가진다는 점을 이용하여 투자한다.
② 투자자들이 충분히 인정해주지 않은 주식은 가격이 저렴해질 수밖에 없다는 경제적인 기본 원칙을 무시한다는 위험이 있다.
③ 고 PER 투자, 역행투자, 저배당수익률 투자 방식 등을 포함한다.
④ 미래 성장성보다는 현재의 수익이나 자산의 가치 관점에서 상대적으로 가격이 저렴한 주식에 투자한다.

75 <보기>에서 설명하는 수익률 추정방법으로 가장 적절한 것은?

─── <보기> ───
과거 시계열 자료를 바탕으로 하되 미래의 특정 상황이 발생한 경우에 대한 기대치를 반영하여 수익률을 추정한다. 과거 자료에 각 자산집단별 리스크 프리미엄 구조를 반영하는 기법으로, 회귀분석, CAPM, APT 등의 방법이 있다.

① 시장공통 예측치 사용방법
② 추세분석법(technical analysis)
③ 근본적 분석방법(fundamental analysis)
④ 시나리오 분석법(multi-scenario analysis)

76 <보기>의 빈칸에 들어갈 내용이 순서대로 나열된 것은?

─── <보기> ───
• (   )은 기준금리가 상승하면 현금흐름이 감소하도록 설정된 채권을 말한다.
• (   )는 만기 이전에 이자지급이 없는 채권으로, 통화안정증권이 대표적이다.

① 변동금리채권, 이표채
② 변동금리채권, 할인채
③ 역변동금리채권, 이표채
④ 역변동금리채권, 할인채

77 <보기> 중 합성채권에 대한 적절한 설명으로만 모두 묶인 것은?

─── <보기> ───
㉠ 전환사채를 주식으로 전환하면 자본이 증가하고 부채가 감소한다.
㉡ 사채권자가 신주인수권을 행사하면 자본과 자산이 동시에 증가한다.
㉢ 교환사채를 행사하면 발행사의 자산이 증가하며 부채는 감소한다.
㉣ 시장이자율이 상승하면 채권 발행기업은 수의 상환권을 행사할 가능성이 높아진다.

① ㉠, ㉡
② ㉠, ㉢
③ ㉡, ㉢
④ ㉡, ㉣

78 자산유동화증권(ABS)에 대한 설명으로 가장 거리가 먼 것은?

① 기업이나 금융기관이 보유한 자산을 표준화하고 pooling하여 증권을 발행하고 기초자산의 현금흐름을 상환하는 것이다.
② 유동성이 낮고 자산의 동질성이 보장되며 자산의 양도가 불가능한 것을 대상 자산으로 하는 것이 좋다.
③ Pass-Through방식은 자산을 투자자에게 매각하는 형태이므로 발행자의 금융위험을 투자자에게 전가하는 것이 특징이다.
④ Pay-Through방식은 유동화 자산집합에서 발생된 현금흐름을 이용해 증권화한 후 상환 우선순위가 다른 다단계 채권을 발행하는 방식을 말한다.

79 <보기> 중 맥컬레이 듀레이션에 대한 적절한 설명으로만 모두 묶인 것은?

─── <보기> ───
㉠ 이자율이 10%인 영구채권의 듀레이션은 11년이다.
㉡ 이표채의 듀레이션은 액면금리가 낮을수록 길어진다.
㉢ 복리채의 듀레이션은 만기보다 짧다.
㉣ 이표채의 듀레이션은 항상 만기보다 길다.

① ㉠, ㉡
② ㉠, ㉢
③ ㉡, ㉢
④ ㉡, ㉣

80 <보기>의 정보를 참고하여 계산한 이표채의 경상수익률로 가장 적절한 것은?

─── <보기> ───
- 채권 액면 : 20,000원
- 이자율 : 6%
- 잔존만기 : 3년
- 이표채 금액 : 19,000원

① 2.56%
② 6.32%
③ 11.2%
④ 18.94%

81 두 자산의 수익률 격차가 일시적으로 확대되었을 때 시간이 경과함에 따라 다시 수익률 격차가 축소하여 정상적인 수준으로 되돌아오는 특성을 이용한 채권 투자 전략은?

① 사다리형만기전략
② 롤링효과
③ 스프레드운용전략
④ 채권면역전략

82 선도거래의 특징에 대한 설명으로 가장 적절한 것은?

① 거래대상, 만기 등의 거래조건이 표준화되어 있다.
② 당사자 간 직접계약이므로 신용위험이 높다.
③ 만기일 이전에 반대매매가 가능하다.
④ 증거금과 일일정산제도가 도입되어 있다.

83 <보기>의 정보를 참고했을 때, 선물거래를 지속하기 위해 투자자가 추가로 납입해야 하는 증거금은 얼마인가?

─── <보기> ───
- 초기증거금 : 100억원
- 유지증거금 : 75억원
- 일일정산 후 증거금 : 60억원

① 15억원
② 25억원
③ 30억원
④ 40억원

84 <보기>의 빈칸에 들어갈 내용으로 가장 적절한 것은?

─── <보기> ───
(   )은(는) 선물시장에서 현물 가격이 선물 가격보다 높은 현상을 말한다.

① 콘탱고
② 백워데이션
③ 컨버젼
④ 베이시스

85 만기가 동일하고 행사가격이 110인 콜옵션과 풋옵션의 옵션프리미엄이 각각 4포인트와 6포인트이다. 이 두 개의 옵션을 동시에 매도하였을 때, 수익이 발생하는 기초자산가격의 범위로 가장 적절한 것은? (단, 단위는 point)

① 108 < P < 112
② 106 < P < 114
③ 104 < P < 116
④ 100 < P < 120

86 다음의 민감도 지표 중 콜옵션 매수 포지션과 풋옵션 매도 포지션의 부호가 동일하게 나타나는 것은?

① 델타
② 감마
③ 쎄타
④ 로우

87 투자자 A가 행사 가격이 X인 유럽형 풋옵션을 매수한 경우, A가 만기 시점에 획득할 수 있는 수익구조를 표현한 것으로 가장 적절한 것은? (단, P는 풋옵션 프리미엄, S_T는 만기 시점의 주가임)

① P - Max[0, S_T-X]
② P - Max[0, X-S_T]
③ Max[0, S_T-X] - P
④ Max[0, X-S_T] - P

88 <보기>의 자료를 참고했을 때, 금액가중수익률과 시간가중수익률에 대한 설명으로 가장 적절한 것은? (단, 시간가중수익률은 기하평균으로 구함)

<보기>
- 첫해 A주식 1만주를 주당 10,000원에 매수했다.
- 둘째 해 A주식 1만주를 주당 7,200원에 매수했다.
- 셋째 해 A주식 2만주를 주당 10,000원에 매도했다.

① 금액가중수익률은 음(-)의 값이다.
② 금액가중수익률이 시간가중수익률보다 크다.
③ 금액가중수익률이 시간가중수익률보다 작다.
④ 금액가중수익률과 시간가중수익률은 같다.

89 투자자 A가 100만원을 투자하여 160%의 수익을 얻은 후, 원금과 수익금을 모두 재투자하여 30%의 손실을 입었을 경우 투자자 A의 기하평균 수익률로 가장 적절한 것은?

① 30%
② 35%
③ 40%
④ 45%

90 펀드의 회계처리에 대한 설명으로 가장 거리가 먼 것은?

① 소유권의 이전이나 거래대금과 유가증권의 교환은 체결일에 회계처리한다.
② 이자나 배당 등이 실제로 지급되지 않았더라도 발생할 것이 확실한 경우 수익으로 인식한다.
③ 시가가 형성되지 않은 채권은 운용회사에서 자체적으로 자산 가격을 결정하지 않고 채권평가회사와 같은 외부의 전문기관이 공급한 가격을 사용한다.
④ 기금이나 펀드의 편입자산을 장부가 평가와 현금주의 방식으로 평가한 자산가치에서 부채가치를 뺀 것을 순자산가치라고 한다.

91 다음의 자료를 바탕으로 동일 기간에 운용된 주식형 펀드의 성과를 평가하고자 한다. 다음 중 A펀드가 B펀드보다 크게 나타나는 지표는? (단, 시장 포트폴리오 수익률과 벤치마크 수익률은 15%, 무위험수익률은 3%로 가정함)

구분	A펀드	B펀드
펀드수익률	20%	26%
베타	1.4	1.8
표준편차	25%	40%

① 샤프비율
② 트레이너비율
③ 젠센의 알파
④ 소티노비율

92 선행 종합지수의 구성지표로 가장 적절한 것은?
① 생산자제품재고지수
② 수입액
③ 취업자수
④ 장단기금리차

93 <보기> 중 유동성 함정에 대한 적절한 설명으로만 모두 묶인 것은?

── <보기> ──
㉠ 유동성 함정에 빠지면 구축효과가 발생하지 않는다.
㉡ 유동성 함정 구간에서는 LM곡선이 수평이 되므로 재정정책이 효과가 없게 된다.
㉢ 화폐수요의 이자율 탄력성이 0에 수렴한다.

① ㉠
② ㉠, ㉡
③ ㉡, ㉢
④ ㉠, ㉡, ㉢

94 IS-LM곡선에 대한 설명으로 가장 거리가 먼 것은?
① 확대재정정책을 시행하면 국민소득과 이자율이 증가한다.
② IS곡선은 재화시장의 균형을 이루는 이자율과 국민소득의 조합이다.
③ LM곡선은 화폐시장의 균형을 이루는 이자율과 국민소득의 조합이다.
④ 화폐공급을 증대시키면 LM곡선이 좌측으로 이동한다.

95 국민소득 지표와 관련한 설명으로 가장 거리가 먼 것은?
① 국내총생산(GDP)이란 국내 생산자가 생산한 부가가치 또는 최종생산물의 총계이다.
② 국민소득 3면 등가의 원칙이란 국민소득의 생산, 분배, 지출의 양이 모두 같게 되는 것을 말한다.
③ 국민총소득(GNI)은 국내총생산에 국외순수취 요소소득을 가산한 값이다.
④ 국민총소득(GNI)이란 국민이 해외에서 벌어들인 수입에 국내에서 외국인에게 지급한 소득을 더한 값이다.

96 다음 중 위험이 동일한 투자대상들 중에 기대수익이 가장 높은 것을 선택하고, 동일한 기대수익을 가진 투자대상들 중에서는 위험이 가장 낮은 투자대상을 선택하는 방법은?
① 계절조정법
② 위험분산
③ 지배원리
④ 표준편차

97 수익률과 표준편차가 동일한 자산들의 상관계수가 다음 자료와 같을 때, 위험이 최소가 되는 포트폴리오로 가장 적절한 것은?

구분	A자산	B자산	C자산
A자산	1.0	0.4	0.5
B자산	0.4	1.0	−0.4
C자산	0.5	−0.4	1.0

① A자산을 100% 편입한다.
② A를 50%, B를 50% 편입한다.
③ B를 50%, C를 50% 편입한다.
④ C를 50%, A를 50% 편입한다.

98 <보기>의 내용을 참고하여 계산한 포트폴리오 A의 변동성보상비율은?

― <보기> ―
- 포트폴리오 A는 자산 A를 50%, 무위험자산을 50%로 편입했다.
- 자산 A의 기대수익률 : 8%
- 자산 A의 표준편차 : 5%
- 무위험수익률 : 2%

① 0.1
② 0.4
③ 1.2
④ 1.6

99 A주식과 B주식의 자료가 다음과 같고, 무위험 이자율은 3%, 시장포트폴리오의 기대수익률은 5%일 때, 증권시장선(SML)에 따른 A주식과 B주식의 평가로 가장 적절한 것은?

구분	기대수익률	베타
A주식	6%	0.5
B주식	7%	1.5

① A주식과 B주식 모두 과대평가되었다.
② A주식은 과대평가, B주식은 과소평가되었다.
③ A주식은 과소평가, B주식은 과대평가되었다.
④ A주식과 B주식 모두 과소평가되었다.

100 <보기> 중 포트폴리오 투자전략에 대한 적절한 설명으로만 모두 묶인 것은?

― <보기> ―
㉠ 정보비용과 거래비용이 많이 발생한다는 점은 적극적 투자전략의 단점이다.
㉡ 주식시장지수펀드와 자금시장 펀드에 투자하는 방법이 가장 순수한 의미에서의 소극적 투자전략이다.
㉢ 포트폴리오 업그레이딩은 상황변화가 있을 때 포트폴리오가 갖는 기존의 특성을 유지하고자 투자비율의 변화를 원래대로의 비율로 환원시키는 방법이다.

① ㉠
② ㉠, ㉡
③ ㉡, ㉢
④ ㉠, ㉡, ㉢

합격의 기준, 해커스금융
fn.Hackers.com

합격의 기준, 해커스금융
fn.Hackers.com

해커스금융

실전모의고사 5회

**2025 기본서 개정사항 및
최근 출제경향 완벽 반영!**

해커스
투자자산운용사
최종 실전모의고사

+ 합격 시크릿북 [3종]

2025년 4월 시험 반영

- 무료 바로 채점 및 성적 분석 서비스
- 이론정리+문제풀이 무료 특강

해커스금융 fn.Hackers.com

6회

합격의 기준, 해커스금융
fn.Hackers.com

수험번호	
이름	

실전모의고사
6회

시 분 ~ 시 분 (총 100문항/120분)

*시작과 종료 시각을 정한 후, 실전처럼 모의고사를 풀어보세요.

□ 응시자 유의사항

1. 답안 작성 시 반드시 검정색 필기구(연필류 제외)를 사용하여 "●"와 같이 표기하며 정정을 원할 시 답안지를 교체할 것
   (위반 시 0점 처리됨)

2. 본 문제지는 시험종료 후 답안지와 함께 반드시 제출할 것(수험번호, 성명 기재)
   (문제지 유출, 응시표 등에 문제 또는 답안을 옮겨적는 등의 행위는 부정행위로 간주)

3. 시험시간 종료 후의 문제풀이 및 답안지 표기는 부정행위로 간주
   ※부정행위자는 소속 기관 통보 및 본회 주관 모든 시험의 응시제한 등 불이익을 받을 수 있음

자본시장과 금융투자업에 관한 법률은 이하 자본시장법이라 하겠다.

제1과목 금융상품 및 세제

01 국세기본법상 이의신청, 심사청구, 심판청구 제도에 대한 설명으로 가장 거리가 먼 것은?

① 심사청구와 심판청구는 취소소송의 전제요건이 된다.
② 심사청구는 세법에 따른 부당한 처분에 대해 조세심판원장에게 불복할 수 있다.
③ 심판청구는 처분청의 처분을 안 날로부터 90일 이내에 제기해야 한다.
④ 이의신청은 청구인의 선택에 따라 생략할 수 있는 절차이다.

02 국세기본법에 따른 납세의무에 대한 설명으로 가장 거리가 먼 것은?

① 납부독촉된 때에는 확정된 납세의무가 소멸한다.
② 상속인은 피상속인에게 부과되거나 납부할 국세를 상속받은 재산 범위 내에서 납부할 의무를 진다.
③ 증권거래세는 해당 매매거래가 확정되는 때에 납세의무가 성립한다.
④ 소득세는 과세기간이 끝나는 때에 납세의무가 성립한다.

03 <보기> 중 소득세법상 집합투자기구의 이익에 대한 적절한 설명으로만 모두 묶인 것은?

― <보기> ―
㉠ 국내 증권시장에 상장된 주식의 평가로 인해 발생한 손익은 집합투자기구의 이익에 속하지 않는다.
㉡ 외국법인이 일반 사모 집합투자기구를 통해 취득한 주식의 거래로 발생한 손익은 집합투자기구의 이익에 속하지 않는다.
㉢ 집합투자증권의 계좌의 명의변경으로 인해 발생한 이익은 집합투자기구의 이익에 속하지 않는다.

① ㉠ ② ㉡ ③ ㉠, ㉢ ④ ㉡, ㉢

04 <보기>의 소득에 대한 원천징수세율을 가장 높은 것부터 순서대로 나열한 것은?

― <보기> ―
㉠ 비영업대금의 이익
㉡ 채권의 환매조건부 매매차익
㉢ 비실명거래로 인한 배당소득

① ㉡ > ㉠ > ㉢
② ㉡ > ㉢ > ㉠
③ ㉢ > ㉠ > ㉡
④ ㉢ > ㉡ > ㉠

05 <보기>의 소득 중 종합과세대상인 소득금액을 계산한 것은?

― <보기> ―
• 국내 예금에서 발생한 이자소득 : 2,000만원
• 법인으로부터 받은 의제배당소득 : 1,200만원
• 법원에 납부한 경락대금의 이자소득 : 1,500만원
• 근무 중인 회사로부터 지급받은 근로소득 : 4,800만원

① 3,200만원 ② 4,700만원
③ 8,000만원 ④ 9,500만원

06 양도소득에 대한 설명으로 가장 적절한 것은?

① 양도소득의 총수입금액은 양도 당시의 실지거래가액으로 한다.
② 외국법인이 국내 비상장주식을 매매할 경우 양도소득세를 과세하지 않는다.
③ 법인의 현물출자로 인해 자산을 이전할 경우 양도소득세를 과세하지 않는다.
④ 1세대가 보유하고 있는 1고가주택을 양도함으로써 발생하는 소득은 양도소득세를 과세하지 않는다.

07 증여세 절세전략에 대한 설명으로 가장 거리가 먼 것은?

① 성년이 아닌 자녀에게 10년간 2,000만원을 증여한다면 증여세를 내지 않을 수 있다.
② 같은 금액을 증여하더라도 증여자가 여러 명일 경우 증여세 부담이 줄어든다.
③ 자녀에게 증여하는 경우 고평가되어 있는 자산보다 저평가되어 있는 자산을 우선 증여하는 것이 더 유리하다.
④ 자녀에게 증여하는 경우 기대수익률이 높은 자산보다 기대수익률이 낮은 자산을 우선 증여하는 것이 더 유리하다.

08 신탁에 대한 설명으로 가장 적절한 것은?

① 신탁은 위탁자가 재산권을 수탁자에게 이전 또는 처분하는 것으로, 수익자가 그 명의인이 된다.
② 신탁재산의 관리 및 처분으로 인한 제3자와의 권리와 의무는 수익자에게 귀속된다.
③ 위탁자는 유언으로 신탁을 설정할 수 없다.
④ 위탁자는 수탁자에게 신탁재산상의 권리를 행사할 수 없다.

09 특정금전신탁에 대한 설명으로 가장 거리가 먼 것은?

① 특정금전신탁의 위탁자는 수익자와 다를 수 있다.
② 고객의 투자성향, 투자기간 등에 따라 맞춤형 투자가 가능하다.
③ 위탁자가 운용대상, 운용방법, 운용조건, 운용자 등을 지정할 수 있다.
④ 특정금전신탁에서 발생한 수익은 고객이 직접 유가증권 등에 투자한 것으로 보아 과세한다.

10 <보기>의 증권에 대한 설명 중 빈칸에 들어갈 내용으로 가장 적절한 것은?

─── <보기> ───
기초자산의 가격·이자율·지표·단위 또는 이를 기초로 하는 지수 등의 변동과 연계하여 미리 정하여진 방법에 따라 지급금액 또는 회수금액이 결정되는 권리가 표시되는 증권은 (　　)이다.

① 채무증권
② 파생결합증권
③ 증권예탁증권
④ 투자계약증권

11 <보기> 중 손해보험상품에 해당하는 항목으로만 모두 묶인 것은?

─── <보기> ───
㉠ 책임보험
㉡ 생존보험
㉢ 운송보험

① ㉠, ㉡
② ㉠, ㉢
③ ㉡, ㉢
④ ㉠, ㉡, ㉢

12 <보기> 중 랩어카운트에 대한 내용으로 가장 거리가 먼 것은?

─── <보기> ───
㉠ 랩어카운트는 투자자의 자산을 운용해주고 업무를 일괄 처리한 후 잔고평가금액에 근거한 일정 비율의 수수료를 받는 형식을 취한다.
㉡ 일임형 랩어카운트는 고객의 성향 및 투자목적 등을 파악하여 고객에게 가장 적합한 우수 펀드로 최적의 포트폴리오를 구성하는 투자전략을 제안한다.
㉢ 랩어카운트는 투자자에게 가장 적합한 증권 포트폴리오에 관한 상담 결과에 따라 자산을 운용해주는 자산종합관리계좌이다.

① ㉠　　② ㉡　　③ ㉢　　④ 없음

13 환매조건부채권(RP)에 대한 설명으로 가장 거리가 먼 것은?

① 환매조건부채권의 종류로는 약정형 RP와 예금형 RP가 있다.
② 환매조건부채권은 예금자보호대상 금융상품에 해당한다.
③ 투자자는 원하는 투자기간에 맞춰 확정이자를 얻을 수 있다.
④ 금융투자회사는 환매조건부채권을 매도함으로써 자체 자금조달 능력을 향상시킬 수 있다.

14 저당대출상품에 대한 설명으로 가장 적절한 것은?

① 주택저당증권은 주로 단기로 발행되며, 조기상환의 위험으로 수익이 변동하기도 한다.
② 원리금 균등상환 고정금리부 저당대출은 매월 상환될수록 상환액 중 원금 비중이 줄어들고 이자 비중이 커진다.
③ 저당대출지분이전증권은 조기상환위험이 투자자에게 이전된다는 특징이 있다.
④ 저당대출담보부채권은 초과담보로 자금조달비용이 상승하지만, 시장에서의 유통성이 높다.

15 <보기>의 빈칸에 들어갈 내용으로 가장 적절한 것은?

<보기>
( )는 집합투자재산과 관련하여 기준 가격의 산정이 적정한지 여부를 확인해야 하며, 확인 결과 법령 등에 위반된 사실이 있음을 알았다면 집합투자업자에게 시정을 요구하거나 투자회사의 감독이사에게 위반사실을 지체 없이 보고해야 한다.

① 신탁업자
② 투자중개업자
③ 일반사무관리회사
④ 집합투자기구평가회사

16 부동산 감정평가 3방식 중 비교방식(거래사례비교법)에 대한 설명으로 가장 적절한 것은?

① 부동산의 미래 현금흐름을 할인하여 부동산 가액을 산정하는 방법이다.
② 시장성과 수익성이 반영되지 못한다는 단점이 있다.
③ 사정보정과 같은 분석 판단에 명확성을 기하기 어렵다.
④ 주거용, 교육용과 같은 비수익성 부동산을 평가하기 유용하다.

17 부동산의 순이익이 8억원이고, 환원이율은 5%이다. 해당 부동산의 가치를 수익환원법을 통해 확인하고자 할 때, 부동산의 수익가격을 계산한 것은?

① 100억원
② 120억원
③ 140억원
④ 160억원

18 부동산투자의 지주공동사업에 대한 설명으로 가장 거리가 먼 것은?

① 등가교환방식은 토지소유자와 개발업자가 공동으로 건물 등을 건설하고, 토지와 건축물을 공유하거나 구분 소유하는 것이다.
② 차지개발방식은 토지소유자가 보유토지를 부동산 신탁회사에 위탁하고 수익의 일부를 신탁배당으로 반환 받는다.
③ 사업수탁방식은 개발업자 등이 사업의 일체 업무를 수탁받아 건물을 완공한 후, 건물을 일괄 임대 받음으로써 사실상 사업수지를 보증하는 방식이다.
④ 합동개발방식은 개발업자가 사업을 통해 얻은 수익을 개발사업의 각 주체가 투자한 금액으로 환산한 투자비율에 따라 수익을 배분하는 방식이다.

19 부동산투자 시 사업타당성 및 리스크관리 분석에 활용되는 지표에 대한 설명 중 가장 거리가 먼 것은?

① 부채상환비율(DSCR)은 부채상환액을 순운용소득으로 나누어 계산한다.
② 대출비율(LTV)은 저당대출원금을 부동산 가격으로 나누어 계산한다.
③ 현금흐름할인법은 현재의 부동산 가격이 장래의 현금흐름을 할인한 현재가치와 같다고 가정한다.
④ Cash on Cash 수익률은 화폐의 시간가치를 고려하지 않는다.

20 다음 중 지적공부에서 확인할 수 없는 사항으로 가장 적절한 것은?

① 소재지
② 토지형상
③ 토지면적
④ 제한물권

제2과목 투자운용 및 전략 II / 투자분석

21 PEF에 대한 설명으로 가장 거리가 먼 것은?

① 펀드를 설립하고 투자와 운영을 책임지는 사원은 무한책임사원이다.
② 업무집행사원은 유한책임사원 중에서 선정하며, 1인 또는 수인으로 구성할 수 있다.
③ 일반 회사도 PEF의 무한책임사원이 될 수 있다.
④ 투자회수(Exit) 전략에는 매각, 상장, 유상감자 및 배당, PEF 자체 상장 등이 있다.

22 부동산금융에 대한 설명으로 가장 거리가 먼 것은?

① REITs의 주권은 증권시장에 상장됨으로써 유동성 확보가 가능하다.
② MBS는 주택자금대출을 통한 채권과 담보로 확보된 저당권을 기초자산으로 한다.
③ 차입상환액이 4억원, NOI가 5억원이라면, DCR(부채부담능력 비율)은 0.8이다.
④ 건물이 100억원에 매각되고, 해당 건물의 NOI가 11억원이었다면 수익환원율은 11%이다.

23 합병 차익거래(Merger Arbitrage)에 대한 설명으로 가장 거리가 먼 것은?

① Event driven(이벤트 투자형) 전략에 해당한다.
② 합병 차익거래는 발표되지 않은 추측 정보에는 투자하지 않는다.
③ 일반적으로 인수기업의 주식을 매수하고, 피인수 합병기업의 주식을 매도하는 포지션을 취한다.
④ 주요 위험에는 감독기관의 규제로 인한 거래 결렬, 거래 조건에 대한 미합의, 주주의 반대 및 예상치 못한 사태의 발생 등이 있다.

24 헤지펀드 운용전략에 대한 설명으로 가장 적절한 것은?

① 전환증권 차익거래자는 기초자산의 변동성이 크고, 유동성이 높은 전환사채를 선호한다.
② 채권 수익률곡선 차익거래는 방향성 전략에 해당한다.
③ 롱숏 전략은 강세시장에서만 좋은 성과를 달성할 수 있다.
④ 캐리 트레이드는 높은 금리로 자본을 조달하여 낮은 금리에 투자하는 전략이다.

25 신용파생상품에 대한 설명으로 가장 적절한 것은?

① CDO의 Senior 트랜치는 Equity 트랜치보다 위험과 수익이 모두 높다.
② CDS는 보장매도자가 보장매입자에게 프리미엄을 지급하는 금융상품이다.
③ TRS 계약에 따라 현금흐름과 이에 따른 위험, 투표권 등의 경영권은 TRS 수취자에게 이전된다.
④ TRS는 만기일에 준거자산의 가치가 최초 계약일의 가치와 달라질 경우 총수익매입자와 총수익매도자 간에 그 차액을 지급한다.

26 미국 재무부채권 중 이표채로 발행되는 채권으로만 모두 묶인 것은?

① T-bill
② T-bill, T-note
③ T-note, T-bond
④ T-bill, T-note, T-bond

27 국제 채권에 대한 설명으로 가장 적절한 것은?

① 국제 채권은 채권 표시통화의 본국에서 발행되는 유로채와 채권 표시통화의 본국 이외에서 발행되는 외국채로 나뉜다.
② 유로채는 감독 당국에 등록되지 않고 채권의 소지자가 청구권을 가지는 무기명채권이다.
③ 양키본드는 미국 이외에서 발행된다.
④ 외국채는 발행과 관련된 당국의 규제가 없다는 점에서 역외채권에 해당한다.

28 <보기> 중 복수상장에 따른 효과로만 모두 묶인 것은?

<보기>
㉠ 외화자금의 조달
㉡ 기업의 투명성 제고
㉢ 글로벌 홍보효과
㉣ 상장 유지비용 절감

① ㉠
② ㉠, ㉡
③ ㉠, ㉡, ㉢
④ ㉠, ㉡, ㉢, ㉣

29 해외 투자전략에 대한 설명으로 가장 거리가 먼 것은?

① 인덱스펀드는 소극적 전략의 전형적인 포트폴리오에 해당한다.
② 소극적 투자전략에서는 벤치마크 포트폴리오의 구성을 정확하게 모방하여 거래비용이 적게 발생한다.
③ 적극적 투자전략은 기본적으로 가격에 정보가 천천히 반영된다고 가정한다.
④ 전통적으로 해외 주식투자에서는 소극적 투자전략보다 적극적 투자전략이 더 큰 비중을 차지해왔다.

30 환위험 관리 전략에 대한 설명으로 가장 거리가 먼 것은?

① 롤링헤지는 전체 투자기간을 일시에 헤지한다.
② 통화 간의 움직임의 상관관계를 분석하여 여러 종류의 통화에 분산투자함으로써 헤지할 수 있다.
③ 국제 채권투자의 경우 환위험을 완전하게 제거하기 위해서 각 쿠폰이자 지급분과 만기 시 원금상환에 대해 선물환계약을 맺을 수 있다.
④ 국제 투자펀드는 환위험 헤지를 거의 하지 않고, 환율예측과 적극적인 투기를 통하여 환율변동을 초과수익의 기회로 이용하기도 한다.

31 A기업은 투자자의 요구수익률이 14%, 자기자본이익률이 5%, 배당성향은 60%이다. 고든의 항상성장모형에 따라 A기업의 PER을 계산하면 얼마인가? (단, EPS는 다음 기의 예측된 주당이익을 이용하는 것으로 가정함)

① 20
② 15
③ 10
④ 5

32 영업고정비와 이자비용이 다음과 같을 때, 결합레버리지도가 가장 작게 나타나는 것은? (단, 나머지 조건은 모두 동일하다고 가정함)

① 영업고정비 130, 이자비용 110
② 영업고정비 130, 이자비용 150
③ 영업고정비 150, 이자비용 100
④ 영업고정비 150, 이자비용 110

33 EVA와 당기순이익에 대한 설명으로 가장 거리가 먼 것은?

① 당기순이익에는 기업이 일정기간 동안 경영활동에 투입한 자기자본에 따른 비용이 반영되어 있지 않다.
② 당기순이익은 회계이익이 경제적 이익을 반영하도록 수정하는 대체적 회계처리 방법을 사용한다.
③ EVA를 영업성과의 측정도구로 사용할 경우 자본비용 이상의 이익을 실현하는 것을 기업투자의 목표로 설정한다.
④ EVA 계산 시 WACC는 외부차입에 의한 타인자본비용 외에도 주주가 제공한 자기자본비용까지 포함된 개념이다.

34 <보기>의 A기업 정보를 참고하여 계산한 A기업의 주당 가치는 얼마인가?

─── <보기> ───
- 유사기업의 EV/EBITDA : 9배
- A기업의 EBITDA : 100억원
- 채권자가치 : 200억원
- 발행주식수 : 100만주

① 4만원
② 5만원
③ 7만원
④ 9만원

35 다음 중 현금흐름표 작성 시 간접법에 의해 당기순이익에서 차감하는 항목은 무엇인가?

① 유가증권 처분손실
② 매입채무의 감소
③ 매출채권의 감소
④ 감가상각비

36 토빈의 Q 비율에 대한 설명으로 가장 거리가 먼 것은?

① Q 비율은 자본의 시장가치를 자산의 대체원가로 나눈 값이다.
② 자산의 대체원가를 추정하기 어렵다는 단점이 있다.
③ Q 비율이 낮으면 적대적 M&A 대상이 될 우려가 있다.
④ 자산의 대체원가는 현재가치가 아닌 장부가에 기반을 둔다.

37 재무비율에 대한 해석으로 가장 거리가 먼 것은?

① 총자산회전율이 높다는 것은 기계설비의 노후화를 의미한다.
② 재고자산회전율이 급격히 상승한다면 현금흐름에 어려움을 겪는 기업이 덤핑으로 재고를 처분하고 있는지 확인해볼 필요가 있다.
③ 비유동자산회전율이 높다는 것은 기업의 생산공정이 효율적이거나 또는 비유동자산에 충분히 투자하지 않는다는 것을 의미한다.
④ 고정비용보상비율이 높다면 해당 기업이 부채의 레버리지 효과를 충분히 활용하고 있지 않다는 것을 의미한다.

38 <보기> 중 지속형에 해당하는 패턴으로만 모두 묶인 것은?

<보기>
㉠ 깃발형
㉡ 헤드 앤 숄더
㉢ 원형 바닥형
㉣ 이중 바닥형

① ㉠
② ㉠, ㉡
③ ㉠, ㉡, ㉢
④ ㉠, ㉡, ㉢, ㉣

39 이동평균선에 대한 설명으로 가장 적절한 것은?

① 이동평균을 하는 분석기간이 길수록 이동평균선은 가팔라지는 경향이 있다.
② 주가가 장기 이동평균선을 돌파할 경우 주추세가 유지될 가능성이 높다.
③ 약세국면에서 주가가 이동평균선 아래에서 움직일 경우 조만간 상승 반전할 가능성이 높다.
④ 하락하고 있는 이동평균선을 주가가 상향 돌파할 경우 추세는 조만간 상승 반전할 가능성이 높다.

40 거래량 지표 OBV에 대한 설명으로 가장 적절한 것은?

① OBV는 주가가 전일 대비 상승한 날의 누적 거래량을 하락한 날의 누적 거래량으로 나누어 계산한다.
② OBV선의 상승은 매입세력의 집중을, 하락은 매입세력의 분산을 나타낸다.
③ 주가지수의 OBV의 경우 고가주들의 대량거래가 시장 전체의 거래량을 왜곡할 수 있다.
④ OBV 선은 주가가 정체되어 있지 않고 뚜렷한 등락을 보이는 경우에 향후 주가 방향을 예측하는 수단으로 유용하게 활용할 수 있다.

41 산업구조 변화의 경제이론에 대한 설명으로 가장 거리가 먼 것은?

① 헥셔-올린 모형에 따르면 노동이 상대적으로 풍부한 국가는 자본집약적인 제품에서 비교우위를 갖는다.
② 리카도 비교우위론과 헥셔-올린 모형은 완전경쟁시장을 가정한다.
③ 내생적 성장이론에 따르면 산업구조의 변화에서 요소창출이 요소부존보다 더 중요하다.
④ Hoffman 법칙에 따르면 2차 산업 내에서 소비재부문보다 생산재부문의 생산비중이 높아진다.

42 시장 경쟁강도를 측정하는 지표 중 하나인 허핀달지수(HII)에 대한 설명으로 가장 거리가 먼 것은? (단, 시장점유율은 소수점으로 측정한다고 가정함)

① 순수 독점인 산업에서 허핀달지수는 최대 1이 된다.
② 산업 내 기업의 수가 일정할 경우 허핀달지수가 커질수록 불균등도가 커진다.
③ 한 시장 내 각 기업의 시장점유율이 동일하다고 할 때 기업체 수가 늘어나면 허핀달지수는 0으로 수렴한다.
④ 기업체의 시장점유율이 변화할 경우 집중률이 불변한다면 허핀달지수도 불변이다.

43 <보기>의 재무위험에 대한 설명 중 빈칸에 들어갈 내용이 순서대로 나열된 것은?

<보기>
- ( )은 포지션을 마감하는 데에서 발생하는 비용에 대한 위험으로, 기업이 소유하고 있는 자산을 매각하고자 하는 경우 매입자가 없어 매우 불리한 조건으로 자산을 매각해야 할 때 노출된다.
- ( )은 거래상대방이 약속한 금액을 지불하지 못하는 경우에 발생하는 손실에 대한 위험이다.

① 시장위험, 신용위험
② 시장위험, 법적위험
③ 유동성위험, 신용위험
④ 유동성위험, 법적위험

44 <보기> 중 델타-노말분석법에 의해 옵션의 VaR 계산 시 필요한 요소로만 모두 묶인 것은?

<보기>
㉠ 기초자산의 가격
㉡ 기초자산 수익률의 변동성
㉢ 무위험이자율
㉣ 만기까지의 잔존기간

① ㉠
② ㉠, ㉡
③ ㉠, ㉡, ㉢
④ ㉠, ㉡, ㉢, ㉣

45 5년 만기 국채를 2,000억원 보유한 경우, 이 국채 만기수익률 증감(Δy)의 1일 기준 표준편차가 5%, 수정 듀레이션이 3.2년일 때, 95% 신뢰수준에서 1일 VaR은 얼마인가? (단, 95% 신뢰상수 z = 1.65)

① 165억원
② 264억원
③ 320억원
④ 528억원

46 95% 신뢰도 1일 VaR이 4.95인 경우 99% 신뢰도 4일 VaR은 얼마인가? (단, 95% 신뢰상수 z = 1.65, 99% 신뢰상수 z = 2.33)

① 2.33
② 4.66
③ 6.99
④ 13.98

47 VaR의 측정방법 중 역사적 시뮬레이션 방법에 대한 설명으로 가장 거리가 먼 것은?

① 역사적 시뮬레이션 방법은 완전가치 평가법에 해당한다.
② 수익률의 정규분포 가정이 필요하지 않다.
③ 분산, 공분산 등과 같은 모수에 대한 추정이 요구된다.
④ 위험요인의 변동분을 과거 실제 일어났던 자료로부터 얻으므로 자료의 수가 제한적이다.

48 VaR의 측정방법 중 몬테카를로 분석법에 대한 설명으로 가장 거리가 먼 것은?

① 위험요인의 변동과 포지션의 가치 변동 중 하나만 파악하여도 VaR 측정이 가능하다.
② 주가의 움직임에 대한 확률 모형으로 기하학적 브라운 운동모형을 주로 사용한다.
③ 리스크 요인의 분포는 어떠한 분포를 가정해도 분석이 가능하다.
④ VaR 측정 시 위험요인을 얻는 방법 이외에 나머지 과정은 역사적 시뮬레이션 방법과 동일하다.

49 VaR의 유용성과 한계점에 대한 설명으로 가장 거리가 먼 것은?

① VaR은 기존의 회계자료가 제공하지 못한 리스크에 대한 정보를 제공한다.
② 투자대상 선정 시 리스크 대비 수익의 개념을 감안하여 자산운용의 의사결정이 가능하다.
③ 과거에 발생하지 않았던 예기치 못한 구조적인 변화가 발생할 경우 스트레스 검증법으로 VaR을 측정하는 것이 유용하다.
④ 몬테카를로 분석법과 델타-노말분석법으로 각각 계산한 옵션의 VaR은 동일하다.

50 KMV의 EDF모형에 의해 측정한 부도율이 높은 순서대로 나열된 것은?

기업	A	B	C
부채금액	60억	90억	140억
기대기업가치	120억	130억	150억
표준편차	20억	20억	10억

① A > B > C
② A > C > B
③ C > A > B
④ C > B > A

제3과목 직무윤리 및 법규 / 투자운용 및 전략 I / 거시경제 및 분산투자

51 금융소비자보호 총괄책임자(CCO)의 직무로 가장 거리가 먼 것은?

① 상품설명서, 금융상품 계약서류 등 사전 심의
② 민원접수 및 처리에 관한 관리·감독 업무
③ 금융소비자보호 관련 제도 기획 및 개선
④ 위험관리기준의 제정 및 개정

52 내부통제기준을 위반한 회사에 대한 조치로서 지배구조법 제43조에 따라 3천만원 이하의 과태료를 부과하는 사항으로 가장 적절한 것은?

① 준법감시인이 자산 운용에 관한 업무를 겸직한 경우
② 준법감시인을 두지 않은 경우
③ 내부통제기준을 마련하지 않은 경우
④ 이사회 결의를 거치지 않고 준법감시인을 임면한 경우

53 내부제보제도에 대한 설명으로 가장 거리가 먼 것은?

① 회사는 제보자의 신분 및 제보사실을 비밀로 보장해야 한다.
② 회사에 중대한 영향을 미칠 수 있는 위법한 행위를 제보하지 않은 미제보자에 대하여 불이익을 부과해서는 안 된다.
③ 준법감시인은 제보내용이 회사의 재산상의 손실을 방지하는 것에 기여한 경우 포상을 추천할 수 있다.
④ 제보자가 제보행위로 인해 신분상 불이익을 받은 경우 준법감시인은 회사에 대해 시정을 요구할 수 있다.

54 금융소비자보호법 제21조(부당권유 행위 금지) 중 적정한 표시 의무에 대한 설명으로 가장 거리가 먼 것은?

① 중요 사실에 대한 정확한 표시는 반드시 문서로 해야 한다.
② 중요한 사실이라 함은 수익에 영향을 줄 수 있는 금융시장에 관한 정보, 국내에 영향을 미칠 수 있는 외국의 정보 등이 포함된다.
③ 금융상품 중 투자성 상품 판매 시 투자성과를 보장하는 표현은 금지된다.
④ 허위·과장·부실표시의 금지는 투자중개업이나 투자자문업에 종사하는 자에게도 적용된다.

55 영업점에 관한 내부통제에 대한 설명으로 가장 거리가 먼 것은?

① 영업점별 영업관리자는 원칙상 영업점장이 아닌 책임자급이어야 한다.
② 영업점별 영업관리자는 영업점에서 1년 이상 근무한 경력이 있어야 한다.
③ 금융투자회사는 영업점별 영업관리자에게 업무수행 결과에 따라 적절한 보상을 지급할 수 없다.
④ 준법감시인은 영업점별 영업관리자에 대하여 연간 1회 이상 법규 및 윤리 관련 교육을 실시해야 한다.

56 투자자문업자 및 투자일임업자의 영업행위 규칙으로서 불건전 영업행위의 금지에 대한 설명으로 가장 거리가 먼 것은?

① 투자자문업자는 원칙상 투자자에게 금전을 대여하거나 투자자에 대한 제3자의 금전 대여를 중개하는 행위는 금지된다.
② 투자자문업자가 금융투자상품 가격에 중대한 영향을 미칠 수 있는 투자판단에 관한 자문을 진행한 후, 이를 실행하기 전에 해당 금융투자상품을 자기의 계산으로 매매하는 행위는 금지된다.
③ 투자일임업자가 자신이 인수한 증권을 인수일로부터 3개월이 지난 후에 투자일임재산으로 매수하는 행위는 허용된다.
④ 투자일임업자는 투자일임재산을 통해 이해관계인의 고유재산과 거래하는 경우 일반적인 거래조건에 비추어 투자일임재산에 유리한 거래일지라도 해당 거래를 진행해서는 안 된다.

57 <보기> 중 순자본비율 계산 시 총위험액에 포함되는 항목으로만 모두 묶인 것은?

<보기>
㉠ 신용위험액
㉡ 시장위험액
㉢ 운영위험액

① ㉠, ㉡
② ㉠, ㉢
③ ㉡, ㉢
④ ㉠, ㉡, ㉢

58 투자일임업자가 자기 또는 관계인수인이 인수한 증권을 투자일임재산으로 매수할 수 있는 항목으로 가장 거리가 먼 것은?

① 국채
② 주권 관련 사채권
③ 지방채
④ 특수채

59 집합투자기구의 수익자총회에 대한 설명으로 가장 적절한 것은?

① 수익자총회는 원칙상 투자신탁을 보관·관리하는 신탁업자가 열 수 있다.
② 수익자총회의 소집을 위해 수익자총회 7일 전에 각 수익자에 대하여 서면으로 통지를 발송해야 한다.
③ 수익자총회는 자본시장법 또는 신탁계약에서 정한 사항에 대해서만 의결이 가능하다.
④ 발행된 수익증권의 총좌수의 1% 이상을 보유한 수익자는 예외적으로 수익자총회를 열 수 있다.

60 자본시장법에 따른 집합투자기구의 업무 수행에 대한 설명으로 가장 거리가 먼 것은?

① 신탁업을 함께 영위하는 집합투자업자는 자신이 운용하는 집합투자재산을 관리하는 신탁업자가 될 수 없다.
② 투자회사는 상법상 주식회사의 형태이나 투자를 목적으로 설립된 명목상 회사이므로 실질 업무를 수행하는 상근임원을 둘 수 없다.
③ 투자신탁재산에 속하는 지분증권의 의결권 행사는 그 투자신탁의 집합투자업자가 수행한다.
④ 투자회사의 집합투자재산에 속하는 지분증권의 의결권 행사는 그 투자신탁의 신탁업자가 수행한다.

61 적기시정조치에 대한 설명으로 가장 거리가 먼 것은?

① 금융투자업자의 순자본비율이 0% 미만인 경우 경영개선명령 조치가 발동된다.
② 금융투자업자가 경영실태평가 결과 종합평가등급을 4등급 이하로 판정받은 경우 경영개선명령 조치가 발동된다.
③ 주식의 전부 소각, 임원의 직무집행 정지는 경영개선명령 조치에 해당한다.
④ 금융위원회는 금융투자업자가 경영개선명령의 요건에 해당하더라도 단기간 내에 적기시정조치의 요건에 해당하지 않게 될 수 있다고 판단하는 경우 일정기간 동안 조치를 유예할 수 있다.

62 <보기> 중 자본시장조사 업무규정에 따른 조사결과에 대한 적절한 조치로만 모두 묶인 것은?

<보기>
㉠ 6개월 증권발행 제한
㉡ 과태료 부과
㉢ 임원에 대한 해임권고

① ㉠, ㉡
② ㉠, ㉢
③ ㉡, ㉢
④ ㉠, ㉡, ㉢

63 집합투자업자의 금전차입·대여 등의 제한에 대한 설명으로 가장 거리가 먼 것은?

① 집합투자업자는 집합투자재산을 운용함에 있어서 원칙상 집합투자기구의 계산으로 금전을 차입할 수 없다.
② 집합투자재산으로 해당 집합투자기구 외의 자를 위한 채무보증은 금지된다.
③ 집합투자재산으로 부동산을 취득하는 경우 집합투자기구의 계산으로 금전차입이 예외적으로 허용되며, 기타 집합투자기구는 부동산가액의 70% 이내로 차입이 가능하다.
④ 부동산 개발사업을 영위하는 법인은 집합투자기구 자산총액에서 부채총액을 뺀 가액의 200% 이내로 대여가 가능하다.

64 투자자예탁금에 대한 설명으로 가장 거리가 먼 것은?

① 투자매매업자는 일반적으로 예치한 투자자예탁금을 양도하거나 담보로 제공할 수 없다.
② 예치 금융투자업자가 다른 회사에 흡수합병될 경우에는 예외적으로 투자자예탁금을 양도할 수 있다.
③ 예치 금융투자업자가 파산선고를 받은 경우에는 예치한 투자자예탁금을 인출하여 투자자에게 우선지급 해야 한다.
④ 투자매매업자는 신탁업자에게 투자자예탁금을 예치하는 경우 그 투자자예탁금이 투자매매업자의 재산이라는 점을 명시해야 한다.

65 단기금융 집합투자기구(MMF)에 대한 설명으로 가장 거리가 먼 것은?

① 증권을 대여하거나 차입하는 방법으로 운용할 수 없다.
② 환매조건부매도는 해당 집합투자기구에서 보유하고 있는 증권 총액의 5% 이내이어야 한다.
③ 남은 만기가 1년 이상인 국채증권에 집합투자재산의 5% 이내에서 운용해야 한다.
④ 환매조건부 지방채증권을 매수하는 경우에는 남은 만기가 1년 이내이어야 한다.

66 다음 중 금융투자회사의 경영공시사항으로 가장 거리가 먼 것은?

① 금융사고로 인한 5억원의 손실 발생
② 금융투자업자의 채권·채무관계에 중대한 변경을 초래하는 사항
③ 금융투자업자의 경영환경에 중대한 변경을 초래하는 사항
④ 회계기간의 변경

67 집합투자증권 판매 시 준수사항으로 가장 거리가 먼 것은?

① 다른 금융투자상품과 연계하여 펀드를 판매할 경우 펀드투자권유자문인력이 아닌 임직원도 그 펀드를 권유할 수 있다.
② 일반투자자에게 계열회사인 집합투자회사가 운용하는 집합투자기구의 집합투자증권을 투자권유하는 경우 그 집합투자회사가 자기의 계열회사라는 사실을 고지해야 한다.
③ 투자권유를 한 임직원의 집합투자증권 판매 실적평가 시 관계 법규의 준수 여부 및 민원발생 여부 등을 반영해야 한다.
④ 당해 판매회사의 임직원이 집합투자증권에 대한 불완전 판매로 판매회사가 감독당국으로부터 제재를 받았을 경우 판매회사는 제재 사항을 해당 판매회사의 인터넷 홈페이지에 공시해야 한다.

68 <보기> 중 펀드 투자광고 시 의무표시사항으로만 모두 묶인 것은?

―― <보기> ――
㉠ 환매금액의 수령이 가능한 구체적 시기
㉡ 환매수수료
㉢ 투자에 따른 손실보전이나 이익보장

① ㉠, ㉡
② ㉠, ㉢
③ ㉡, ㉢
④ ㉠, ㉡, ㉢

69 신상품 보호 차원의 배타적 사용권에 대한 설명으로 가장 거리가 먼 것은?

① 신상품이란 국내외에서 공지되었거나 판매된 적이 없는 것이어야 한다.
② 배타적 사용권이란 신상품을 개발한 금융투자회사가 일정기간 동안 독점적으로 신상품을 판매할 수 있는 권리를 말한다.
③ 심의위원회 위원장은 침해배제 신청 접수일로부터 10영업일 이내에 심의위원회를 소집하여 배타적 사용권 침해배제 신청에 대하여 심의해야 한다.
④ 금융투자회사가 타 금융투자회사의 배타적 사용권을 침해하는 행위를 했을 경우 협회는 그 위반 내용을 협회 인터넷 홈페이지 등을 통해 공시해야 한다.

70 <보기>의 정보를 참고하여 고정비율 포트폴리오 보험전략(CPPI)을 통해 계산한 주식투자금액으로 가장 적절한 것은?

―― <보기> ――
• 포트폴리오 평가액 : 200억원
• 투자기간 : 1년
• 만기 시 최저보장수익 : 160억원
• 무위험수익률 : 4%
• 투자승수 : 3

① 115.38억원
② 120억원
③ 138.45억원
④ 153.85억원

71 <보기> 중 성격이 같은 이상현상끼리 적절하게 묶인 것은?

―― <보기> ――
㉠ 저PER 효과
㉡ 고유수익률 역전현상
㉢ 저베타(β) 효과
㉣ 1월 효과

① ㉠, ㉢
② ㉠, ㉣
③ ㉡, ㉢
④ ㉡, ㉣

72 전술적 자산배분에 대한 설명으로 가장 거리가 먼 것은?

① 자산집단의 가격이 평균 반전 과정을 따른다는 가정 하에 성립되는 전략이다.
② 시장변화에 앞서 사전적으로 자산의 비중을 변화시켜 나가는 적극적인 전략이다.
③ 시장가격이 내재가치 대비 고평가되면 매수하며, 내재가치 대비 저평가되면 매도한다.
④ 자산집단의 가치를 과대평가 또는 과소평가하는 자본시장의 과잉반응을 활용한 전략이다.

73 <보기> 중 효율적 시장가설에 대한 적절한 설명으로만 모두 묶인 것은?

<보기>
㉠ 약형의 효율적 시장가설에 의하면 기술적 분석은 아무런 가치가 없다.
㉡ 준강형의 효율적 시장가설에 의하면 종목 선정 시 공개된 정보를 활용해야 이익을 얻을 수 있다.
㉢ 강형의 효율적 시장가설에 의하면 기업에 대해 알려진 정보는 주식의 분석에 도움이 되지 않는다.
㉣ 효율적 시장가설은 패시브 운용을 반대하는 근거로 이용된다.

① ㉠, ㉢
② ㉠, ㉣
③ ㉡, ㉢
④ ㉡, ㉣

74 자산집단의 위험 추정방법으로 가장 적절한 것은?

① 시나리오분석법
② 추세분석법
③ GARCH
④ 근본적 분석방법

75 <보기>의 전략적 자산배분의 실행단계 중 빈칸에 들어갈 내용이 순서대로 나열된 것은?

<보기>
투자자의 투자목적 및 투자제약조건의 파악 ⇨ (　　　) ⇨ 자산종류별 기대수익, 위험, 상관관계의 추정 ⇨ (　　　)

① 가치평가 과정, 투자위험 인내 과정
② 투자위험 인내 과정, 가치평가 과정
③ 최적 자산구성의 선택, 자산집단 선택
④ 자산집단 선택, 최적 자산구성의 선택

76 말킬의 채권가격 정리에 대한 설명으로 가장 거리가 먼 것은?

① 채권 수익률이 오르면 채권 가격은 하락하고, 채권 수익률이 떨어지면 채권 가격은 상승한다.
② 만기가 일정하다면 채권 수익률 하락에 따른 가격 상승폭이 동일한 폭의 채권 수익률 상승에 따른 가격 하락폭보다 작다.
③ 수익률 변동폭이 동일할 때 표면이자율이 높을수록 가격 변동폭은 작아진다.
④ 잔존만기가 길수록 같은 폭의 수익률 변동에 대한 가격 변동폭은 커진다.

77 <보기>의 정보를 참고하여 관행적 방식으로 계산한 할인채 A의 매매가격으로 가장 적절한 것은? (단, 원 미만은 절사하며, 1년은 365일로 가정함)

<보기>
- 잔존기간 : 61일
- 표면이율 : 4%
- 만기수익률 : 7%
- 액면가격 : 10,000원

① 8,483원
② 9,237원
③ 9,884원
④ 9,933원

78 <보기>에서 설명하는 위험으로 가장 적절한 것은?

<보기>
투자자가 발행자로부터 채권에 명시된 원금 또는 이자를 받지 못하는 경우 발생할 수 있는 위험이다. 보다 넓은 개념으로는 발행자의 신용등급 하락으로 인한 실질자산가치의 하락위험부터 국가에 대한 전체 위험까지 포함된다.

① 이자율 변동 위험
② 구매력 위험
③ 재투자위험
④ 채무불이행 위험

79 <보기>를 참고하여 계산한 전환사채의 패리티는?

<보기>
- 채권액면 : 200,000원
- 전환주수 : 10주(전환비율 100%)
- 채권의 현재가격 : 40,000원
- 전환사채 발행기업의 주가 : 10,000원

① 50%
② 100%
③ 150%
④ 200%

80 채권유통시장에 대한 설명으로 가장 거리가 먼 것은?

① 채권은 개별 경쟁매매보다 상대매매로 거래되는 경우가 다수이다.
② 거래의 조건이 규격화되어 있고 거래시간이 한정된 곳은 장내시장이다.
③ 장외시장에서는 주로 증권회사에서 증권회사 상호 간, 증권회사와 고객 간, 고객 상호 간에 거래가 이루어진다.
④ 우리나라의 경우 장외시장보다 장내시장의 거래량 규모가 더 크다.

81 <보기> 중 채권의 볼록성에 대한 적절한 설명으로만 모두 묶인 것은?

<보기>
㉠ 수익률이 하락할수록 채권의 볼록성은 증가한다.
㉡ 동일한 듀레이션에서 볼록성이 큰 채권은 작은 채권보다 낮은 가격을 지닌다.
㉢ 듀레이션이 증가하면 채권의 볼록성은 감소한다.
㉣ 듀레이션이 동일해도 채권 현금흐름의 분산도가 크면 볼록성이 크다.

① ㉠, ㉢
② ㉠, ㉣
③ ㉡, ㉢
④ ㉡, ㉣

82 <보기> 중 장외파생상품의 기초자산에 해당하는 것으로만 모두 묶인 것은?

<보기>
㉠ 통화
㉡ 원재료
㉢ 신용위험
㉣ 금리

① ㉠
② ㉠, ㉡
③ ㉠, ㉡, ㉢
④ ㉠, ㉡, ㉢, ㉣

83 행사가격이 292.5pt인 콜옵션의 옵션프리미엄이 12.5pt이고 현재 기초자산가격이 297.5pt인 경우, 이 옵션의 내재가치는 얼마인가? (단, 단위는 point)

① 2.5
② 5
③ 12.5
④ 15

84 옵션에 대한 설명으로 가장 적절한 것은?

① 미국식 옵션은 옵션 행사 권리를 만기 시점 한 번으로 사용 시기를 제한한 경우를 말한다.
② 내재가치가 0이면 시간가치보다 옵션프리미엄이 크다.
③ 콜옵션의 기초자산 가격이 행사가격보다 높은 상태를 내가격 상태라고 한다.
④ 수직스프레드는 만기가 서로 다른 두 개의 옵션의 매수와 매도가 동시에 취해지는 경우를 말한다.

85 선물시장에서 선물 가격이 현물 가격보다 높은 현상을 나타내는 것으로 가장 적절한 것은?

① 베이시스
② 롤링헤지
③ 콘탱고
④ 백워데이션

86 감마에 대한 설명으로 가장 거리가 먼 것은?

① 풋옵션 매수 시 감마 부호는 (-) 이다.
② 감마는 옵션 프리미엄의 기초자산 가격에 대한 2차 미분치이다.
③ 기초자산가격의 변화에 대한 델타의 변화 비율을 나타내는 지표이다.
④ 옵션이 등가격 근처에 있는 경우 감마의 크기가 가장 커진다.

87 투자자 A가 행사가격 295pt의 풋옵션을 옵션 프리미엄 1.5pt에 1계약 매수하였고, 행사가격 300pt의 풋옵션을 옵션 프리미엄 5.0pt에 1계약 매도하였다. 향후 옵션만기시점에 주가지수가 292.5pt로 하락한 경우 투자자 A의 손익으로 가장 적절한 것은? (단, 단위는 point)

① 1.5pt 손실
② 1.5pt 이익
③ 5pt 손실
④ 5pt 이익

88 <보기> 중 왜도에 대한 적절한 설명으로만 모두 묶인 것은?

<보기>
㉠ 분포의 기울기를 나타내는 통계량이다.
㉡ 우로 편중된 경우 평균보다 낮은 수익률이 발생할 가능성이 높다.
㉢ 수익률 분포에서 가운데 봉우리가 얼마나 뾰족한가를 측정하는 지표이다.

① ㉠
② ㉠, ㉡
③ ㉡, ㉢
④ ㉠, ㉡, ㉢

89 금액가중수익률에 대한 설명으로 가장 적절한 것은?

① 펀드매니저가 통제할 수 없는 수익률 왜곡현상을 해결했다.
② 펀드매니저의 운용능력을 측정하기 위하여 사용된다.
③ 각 기간별 현금의 유·출입액에 의하여 변동한다.
④ 투자기간을 고려한 투자자의 실제 획득 수익을 측정하기 어렵다.

90. <보기> 중 상대적 위험을 측정하는 지표로만 모두 묶인 것은?

<보기>
㉠ 베타
㉡ 잔차위험
㉢ 표준편차
㉣ 절대 VaR

① ㉠, ㉡
② ㉡, ㉢
③ ㉡, ㉣
④ ㉢, ㉣

91. 다음 자료와 같이 동일 기간에 운용된 주식형 펀드의 성과를 평가하고자 한다. 샤프비율과 트레이너비율로 각각의 펀드를 비교했을 때 성과가 가장 우수한 펀드는? (단, 시장수익률은 15%, 무위험수익률은 3%로 가정함)

구분	A	B	C	D
펀드수익률	13%	17%	20%	24%
표준편차	7%	10%	15%	25%
베타	0.8	1.1	1.3	1.6

① 샤프비율 A, 트레이너 비율 C
② 샤프비율 A, 트레이너 비율 D
③ 샤프비율 B, 트레이너 비율 C
④ 샤프비율 B, 트레이너 비율 D

92. 거시경제지표에 대한 설명으로 가장 거리가 먼 것은?

① 유통속도는 명목GDP를 통화량으로 나눈 값이다.
② 기업경기실사지수(BSI)가 70이라면 경기가 수축국면인 것으로 판단한다.
③ 실업률은 실업자 수를 총생산인구로 나누어 구한다.
④ 경기종합지수는 경기변동의 진폭과 속도를 측정한다.

93. IS곡선이 우하향하고 LM곡선이 우상향하는 그래프를 가정할 때, 금리의 변동에 대한 설명으로 가장 적절한 것은?

① 조세가 증가하면 금리가 하락한다.
② 정부지출이 증가하면 금리가 하락한다.
③ 물가가 하락하면 금리가 상승한다.
④ 통화량이 감소하면 금리가 하락한다.

94. 이자율의 기간구조이론에 대한 설명으로 가장 거리가 먼 것은?

① 불편기대 이론은 장기 채권과 단기 채권의 예상수익률이 동일해야 한다는 이론이다.
② 시장분할 이론은 장단기금리 간 대체관계가 없다고 가정하기 때문에 수익률곡선의 이동을 설명하지 못한다.
③ 유동성 프리미엄 이론은 장단기 채권 간의 대체가 불가능하다고 가정한다.
④ 특정 시장 선호 이론에서는 장기채권의 금리가 만기까지 예상된 평균 단기이자율과 기간 프리미엄의 합과 같다고 본다.

95. <보기> 중 선행종합지수에 해당하는 것으로만 모두 묶인 것은?

<보기>
㉠ 소매판매액지수
㉡ CP 유통수익률
㉢ 재고순환지표
㉣ KOSPI

① ㉠, ㉡
② ㉠, ㉣
③ ㉡, ㉢
④ ㉢, ㉣

96 분산투자에 대한 설명으로 가장 적절한 것은?

① 기업의 고유요인에 의해 발생하는 위험은 비체계적 위험이다.
② 상관계수가 0인 경우 분산투자 효과가 모두 사라진다.
③ 투자종목의 수가 증가할수록 포트폴리오 위험은 각 종목들 간의 공분산의 평균과 멀어진다.
④ 분산투자 대상이 무한대로 증가하면 위험을 완전히 제거할 수 있다.

97 <보기>를 참고했을 때, 단일요인 차익거래 가격결정이론에 따라 차익거래 기회가 해소되어 균형을 달성하는 포트폴리오 B의 베타는?

―<보기>―
- 포트폴리오 A의 기대수익률 : 5%
- 포트폴리오 A의 베타 : 0.4
- 포트폴리오 B의 기대수익률 : 6%
- 무위험수익률 : 1%

① 0.1
② 0.3
③ 0.5
④ 0.7

98 <보기>를 참고하여 계산한 증권시장선(SML)상의 주식 J의 요구수익률은 얼마인가?

―<보기>―
- 무위험수익률 : 6%
- 시장기대수익률 : 12%
- 시장기대수익률의 표준편차 : 10%
- 주식 J와 시장기대수익률 간의 공분산 : 2.5%

① 7.5%
② 12%
③ 15%
④ 21%

99 <보기>를 참고하여 주식A와 주식B로 위험이 최소가 되는 포트폴리오를 만들 때, 주식A의 투자비율로 가장 적절한 것은?

―<보기>―
- 주식A의 표준편차 : 0.5
- 주식B의 표준편차 : 0.4
- 주식A와 주식B의 상관계수 : −1

① 0.31
② 0.39
③ 0.44
④ 0.68

100 포트폴리오 A에 주식 A를 50%, 무위험채권을 50%로 편입했을 때, <보기>의 내용을 참고하여 계산한 포트폴리오 A의 표준편차는?

―<보기>―
- 주식 A의 기대수익률 : 25%
- 주식 A의 표준편차 : 10%
- 무위험채권 수익률 : 5%

① 2%
② 5%
③ 10%
④ 20%

합격의 기준, 해커스금융

fn.Hackers.com

합격의 기준, 해커스금융
fn.Hackers.com

해커스금융

실전모의고사 6회

이름	
생년월일	
실시일자	

수험번호

감독관 확인란   인